MahaBharat Mein Lord Shri Krishn's Naghma – e – Sukhan

FROM SANSKRIT TO HINDI, ENGLISH, AND URDU;
WORD AND SENTENCE MEANING AND EXPRESSION,
DICTIONARY OF SHRIMAD BHAGVADGITA

MahaBharat Mein Lord Shri Krishn's Naghma – e – Sukhan

FROM SANSKRIT TO HINDI, ENGLISH, AND URDU;
WORD AND SENTENCE MEANING AND EXPRESSION,
DICTIONARY OF SHRIMAD BHAGVADGITA

Dr. Alka Harsh

ISBN 13: 978-93-5530-030-0
ISBN 10: 93-5530-030-1
Phone: +91 9235553524
email ID: alkaharsh9@gmail.com
Printed in India and published by BUUKS

महाभारत में LORD SHRI KRISHN'S

संस्कृत से, हिन्दी, अंग्रेज़ी और उर्दू में शब्दों एवं वाक्यों के अर्थ तथा भावार्थ का गीता शब्द–कोश
From Sanskrit to Hindi, English and Urdu word and sentence meaning and expression Dictionary of Gita

समर्पण

गीता विश्लेषण करके कामों को छोड़ने अथवा उनसे जुड़ने की कहानी है। जो बताती है कि इंसान को पृथ्वी पर आ कर किस प्रकार की तथा किस विधि से कमाई करनी चाहिये। यहाँ हमें समृद्धि, सम्मान, प्यार, दृढ़ता, स्वावलम्बन, स्वास्थ्य, शान्ति, कौशल सिद्धि तथा ईश्वर की कृपा कमानी चाहिये। और उसके लिये, ईश्वर की अराधना के अतिरिक्त दो प्रकार की साधनाओं के लिये अभ्यास रत रहना चाहिये।

1–कर्म योग अर्थात काम से जुड़ने का अभ्यास

2–ध्यान योग अर्थात ध्यान से जुड़ने का अभ्यास

तथा यह अभ्यास सम दृष्टि और शुद्ध मन एवं बुद्धि से किये जाने चाहिये।
ईश्वर को समर्पित करते हुए उसी की रचित गीता की यह कथा ईश्वर की ही रचना विश्व को उसकी प्रजा के लिये समर्पित है।

Devotement

Gita is the tale of leaving or connecting with works on the basis of thorough analysis. It tells humans what to earn and how, once they start existing on earth. Here we should earn prosperity, self respect, affection, confidence, self dependence, health, peace, skill perfection and God's blessings. Besides by worshipping God we can earn all this by keeping ourselves engaged in two types of Yog practices, they are:–

1–Karm Yog ie. to connect to work

2–Dhyan Yog ie. to connect to wisdom

Also, these practices must be done with same eye and pure mind and heart.
Being devoted to God, this God created saga of Gita, is being dedicated to His own creation the universe and it's people.

وقف

گیتا تجزیہ کی بنیاد پر کاموں کو چھوڑنے یا اُن سے جُڑنے کی کہانی ہے۔ جو بیان کرتی ہے کہ زمین پر زندگی ملنے کے بعد انسانوں کو خود کی پروَرِش کرنے کے لِئے کِس طرح اور کِن چیزوں کی کمائی کرنی چاہِئے۔ جن چیزو کی کمائی کی جانی چاہِئے وے ہیں -

خوشحالی ، عزت ، پیار ، مضبوطی ، خود انحصاری ، پر سکون ذہن ، خود لگام من ، کام کی مہارت اور خدا کی برکات ۔

اور یہ ساری مشقت برابری کی نظر اور پاک صاف دِل اور دماغ کے ساتھ کِیا جانا چاہِئے۔

اؤپر لکھا سب کچھ پانا عالی روح کی عبادت کے علاوہ نیچے لکھی دو طرح کی یوٗگ مشقت کے ذریعہ ممکن ہے۔

۱۔ کرٗمَ یوٗگ (کام کے ساتھ جوڑنے کی مشق)

۲۔ دھیانَ یوٗگ (مرکوذ ذہن کے ساتھ علم سے جوڑنے کی مشق)

غیتا کا یہی سچ خدا کی نزر کر کے اُنکی پھیلائی کائنات کو اُس کی عوام کے لئے سرشار ہے۔

लेखिका की कलम से :

श्रीमद्भगवद्गीता देव वाणी संस्कृत में लिखे, स्वयं भगवान श्रीकृष्ण के विचार हैं। इस प्राचीन भाषा में अ की तीन मात्राएं होती हैं। अ की आधी मात्रा अक्षर में नीचे हलन्त लगा कर दिखाई जाती है। जब कि पूरे अक्षर में अ की छोटी मा्त्रा स्वयं छिपी होती है, जो बोलते समय हलकी सुनाई देती है। अक्षर में आगे पूरी मात्रा लगने से बोली में भी उसे पूरा सुना जाता है। हिन्दी भाषा में अ की यही तीन मात्राएं आधे अक्षर, पूरे अक्षर और अक्षर के आगे मात्रा लगा कर लिखे व तदनुसार बोले जाते हैं। अतः यहाँ पर अंग्रेज़ी भाषा में इन्हें पूरे अक्षर, अक्षर के आगे एक ए तथा दो ए (एए) लगा कर संस्कृत के श्लोक लिखे गये हैं। जब कि उर्दू भाषा में लिखे श्लोकों को, अक्षर के ऊपर आधी मात्रा से आधा अक्षर, पूरे अक्षर से पूरा, और आगे अलिफ़ लगा कर अ की मात्रा नियमानुसार दर्शाई गयी है।

संस्कृत में कई शब्द नियमानुसार जोड़ के बड़े शब्द या कभी कभी पूरा वाक्य लिखा जाता है। यहाँ पर उन्हें '+' के चिन्ह से अलग कर के ब्रेकेट में रख के हर शब्द के अर्थ समझाये गये हैं।

संस्कृत में शब्दों के क्रम बदलने से क्योंकि अर्थ नहीं बदलते अतः अन्य तीनो भाषाओं में शब्दों को नियमानुसार क्रमित कर के ही लिखा गया है। और क्रम से बाहर होने पर उन्हें ब्रेकेट में रखा गया है। तथा वाक्यों को पूरे अर्थ के साथ कॉमा लगा कर, समझने लायक बनाया गया है। ताकि आप शब्दों के साथ साथ वाक्यों के अर्थ भी आसानी से समझते जायं। और उन्हें आसानी से याद कर लें।

अंग्रेज़ी में कैपिटल अक्षरों का प्रयोग भी नियमानुसार किया गया है। अर्थात नए वाक्यों, नामों तथा भगवान के संदर्भ में।

प्रथम पंक्ति में संस्कृत का श्लोक उसकी संख्या के साथ, द्वितीय में उपरोक्त अनुसार उस श्लोक के शब्दों तथा वाक्यों के अर्थ एवं तीसरी पंक्ति में उसी संख्या के श्लोक को भाव सहित पद्य में लिखा गया है। हर संख्या के श्लोक का यही क्रम पहले हिन्दी भाषा, फिर अंग्रेज़ी और तत्पश्चात उर्दू में दोहराया गया है। इसी क्रम में यहाँ गीता के सात सौ श्लोक अट्ठारह अध्यायों में, तीनो भाषाओं में नियमित हैं।

हमारे देश के इस शहर लखनऊ में क्योंकि हिन्दी अंग्रेज़ी और उर्दू आम लोगों के बीच आज की प्रचलित आधुनिक भाषाएं हैं, अतः विश्व में सर्वाधिक प्रयुक्त इन तीनों भाषाओं में, अपने देश की प्रचीन धरोहर आपकी भाषा में आपको समर्पित करते हुए मैं अत्यन्त हर्षित हूँ, एवं अपने लखनऊ निवासिनी होने पर गौरवान्वित भी।

आशा है कि ईश्वर के चरणों में किया गया मेरा यह छोटा सा प्रयास आपको प्रसाद स्वरूप आनन्दित करेगा।

आपकी सदा शुभाकांक्षिणी

डा. अलका हर्ष

From the author:

ShrimadBhagwadGita originally written in Dev–vani (Gods' language) Sanskrit, is supposed to be God's own thought. In this ancient language there are three sounds of vowel A. Half sound of A is shown by putting Halant beneath a letter , medium sound by penning full letter and full sound by writing the vertical bar wovel (Maatraa) against a letter. In Hindi language these three sounds of A are shown by writing half letter for half sound, full letter for medium sound and maatraa (A vowel effect written as vertical bar) against letter for full sound. Hence while writing the Sanskrit shloks in English, in order to depict the three sounds, full letter for half, letter with single 'a' for medium and the letter with double 'aa' for full sound of wovel A have been used. In Urdu the same is done by using the set method of putting specific sign over the letter meant for half sound, full letter for medium sound and the prescribed alif against the letter for full sound.

In Sanskrit more than one words are methodologically joint together to create bigger words and some times full sentence. This has been shown here, by using '+' sign in between the words and enclosing them within a bracket.

As in Sanskrit with the change in order of words the meaning of the sentences do not change, in rest of the languages the sentences have been made as per the set rule and the extra or irreguler words have been kept out through brackets. Also, small fully understood sentences have been made, duly seperated by commas in between. So that you not only get the meaning of words but also of the whole sentence. And this way you will remember them too easily in one go.

In English the capital letters have also been used as per the rule. That is to say for new sentences, proper names and while referring God.

The first line is occupied by the Sanskrit shlok with it's number. The second line is for the meaning of words along with whole sentence, as per the rule mentioned above. While the third line depicts the shlok of same number along with it's expression in couplet. These three lines are written first in Hindi, then in English and thereafter in Urdu, for each shlok. The same is repeated for each of 700 shoks in Gita subdivided in 18 chapters.

Because in our country's this city Lucknow, Hindi, English and Urdu are the commonly used modern languages amongst the general public , hence written in all these three mostly used languages of the world, I am not only happy to hand this ancient treasure of my country, over to you in your own langage but equally proud to be the resident of this city.

Hope this as God's gift will bring eternal joy in your lives,

Thanking you,

an always well wisher of yours,

Dr. Alka Harsh

مصنفہ کی قلم سے

شریمدبھگودگیتا دیوتاؤں (چھوٹے خداؤں) کی بولی یعنی سنسکرتَ میں لکھے بھگوان شری کرشن جی کے اپنے خیال ہیں۔ اِس قدیم بولی میں اَ کی تین آوازیں ہوتی ہیں ۔ اَ کی آدھی آواز کے لئے حرف کے نیچے حلنْتْ (ٗ) لگا کے، بیچ کی آواز کے لئے صرف حرف لکھ کے، اور پوری آواز کے لئے اَ اِلف کی علت کو کھڑی چھڑی کی ماترا (ا) لگا کے دکھایا جاتا ہے۔ ہندی میں اَ کی یہی تینوں آوازیں آدھا حرف لکھ کے آدھی، پورا حرف لکھ کے بیچ کی، اور حرف کے آگے کھڑی چھڑی لگا کے، اَ کی پوری آواز یعنی آ دکھاتے ہیں۔ اِس لئے یہاں پر اَنگریزی بولی میں پورا حرف لکھ کے آدھی آواز، حرف کے ساتھ ایک اے (علت اَ) لگا کے بیچ کی آواز، اور حرف کے ساتھ دوَ اے لگا کے، اَ کی پوری آواز آ دکھاتے ہوے سنسکرت کے شلوک لکھے گئے ہیں۔ جب کہ اُردو زبان میں لکھے گئے سنسکرت کے شلوکوں میں، حرف کے اُوپر کا نشان (٘) لگا کے آدھی آواز، پورا حرف لکھ کے بیچ کی آواز، اور حرف کے بعد اَلِف کی علت لگا کے پوری آواز دکھائی گئی ہے۔

سنسکرت زبان میں کئی لفظ جوڑ کے بڑے الفاز یا کبھی کبھی پورا جملہ ہی بنا دیا جاتا ہے۔ اِس لئے اُنہیں + کے نشان کے ساتھ توڑ کے، اور بریکیٹ میں الگ الگ رکھ کے دکھایا گیا ہے۔ اور ہر لفظ کا مطلب اَلگ اَلگ سمجھایا گیا ہے۔

سنسکرت میں لفظوں کا سلسلہ بدلنے پر جملے کے مطلب نہیں بدلتے ہیں۔ اس لئے باقی تینوں زبانوں میں جملہ کے اندر الفاظ کا سلسلہ اصول کے مطابق رکھ کے اضافی الفاظ کو بریکیٹ کے باہر رکھ کے دکھایا گیا ہے۔ ہر جملہ چھوٹا چھوٹا کر کے کوماز کے زریعہ اَلگ کر کے، مطلب سمجھنے لائق بنایا گیا ہے۔ جس کی تحت آپ الفاظ کے ساتھ ساتھ پورے شلوک کا مطلب بھی ایک ہی بار میں سمجھ سکیں۔ اور اس طرح معنی کو یاد رکھنے میں بیحد آسانی پیش آئے ۔

اَنگریزی میں بڑے حرف اصول کی تحت اِستعمال کِیے گئے ہیں۔ یعنی نئے جملے کی شروعات میں، ناموں کے شروع میں، اور خدا کا حوالہ دینے میں۔

پہلی لائن میں سنسکرت کا شلوک اُس کے نمبر کے ساتھ دِیا گیا ہے۔ دوسری میں اُس شلوک کے الفاظ اور جملہ کے معنی اوُپر لکھے طریقے سے دے کے، تیسری لائن میں اُس نمبر کے شلوک کو شاعری میں بنیادی خیال کے ساتھ تصویر کِیا گیا ہے۔ ہر نمبر کے شلوک کا یہی سلسلہ پہلے ہندی، پھر اَنگریزی اور اُس کے بعد اُردو میں دوہرایا گیا ہے۔ اِس طرح یہاں گیتا کے سبھی ۷۰۰ شلوک، ۱۸ باب میں، سنسکرتَ میں ہی تینوں بولیوں میں لکھنے کے بعد اُنکے معنی اور مطلب اظہار کِیے گئے ہیں۔

اس طرح اپنے ملک ہندستان کے قدیمترین ورثے شریمدبھگودگیتا کو آپ کی اپنی بولی میں آپکی نزر کرتے ہوے مجھے نہ صرف بیحد خشی محسوس ہو رہی ہے، بلکہ اپنے لکھنؤ کی رہنے والی ہونے پر اُتنا ہی فخر بھی محسوس ہو رہا ہے۔ مجھے امید ہے کہ خدا کے قدموں میں کی گئی میری یہ چھوٹی سی کوشش آپکو خدا کی برکت کی طرح ہمیشہ کے لئے پرسکون کریگی۔

شکریہ کے ساتھ

آپکی ایک ہمیشہ خیر خواہ

ڈا۰ الکا ہرش

लेखिका का परिचय

डा0 श्रीमती अलका हर्ष (कु0 अलका अग्रवाल) जी ने, लखनऊ विश्वविद्यालय से वनस्पति
विज्ञान में एम0एस0सी0 करने के बाद, इसी विश्वविद्यालय के सम्बद्ध पी. जी. कालेज, नवयुग कन्या महाविद्यालय लखनऊ में पढ़ाते हुए, एन0बी0आर0आई0 में शोध कार्य करके पी0एच0डी0 की डिग्री हासिल की।

शोध पत्र लिखते हुए, लेखन में रुचि हुई और कहानियों, उपन्यासों, काव्य एवं बाल कथाओं पर लेखनी चली। वर्ष 2012 से अध्यात्म में तब रुचि हुई

जब, ज्यातिर्लिंग केदारनाथ जी के मंदिर में, सूर्योदय से पूर्व, दर पर ही उन्हें महाकालेश्वर

एक बड़े काले लिंग रूप में दिखाई दिये। मानो वह कुछ क्षणों के लिये, भावी प्रलय का संदेश देने आए हों। क्योंकि इस के ठीक एक वर्ष बाद, 2013 में ही शिखर पर कस्तूरी मृग के जंगलों से ले कर नीचे रुद्रप्रयाग तक, प्राकृतिक आपदा द्वारा भयंकर त्रासदी मची। गॉव के गॉव बह गए जिस में जीव–जन्तुओं वनस्पतियों तथा मृदा सहित भीषण नर संहार हुआ।

तत्पश्चात अलका जी ने प्रथम बार सुंदर काण्ड का पाठ किया। और महान आश्चर्य! कि अगली सुबह ब्रह्म बेला में ही उन्हें, शिव जी के ग्यारहवें अंश और श्री राम के प्रथम भक्त श्री हनुमान जी के साक्षात दर्शन सहित, कानों में लम्बी फूॅक के रूप में स्वयं उन्हीं से शुभाशीर्वाद भी प्राप्त हुआ।

इसी के फल स्वरूप ईश्वर की अनुकम्पा बरसी, जिस से उन्होंने रामायण एवं श्रीमद्भगवद्गीता पर शोध कार्य किया। इसी शोध के परिणाम के फल स्वरूप उनके द्वारा पॉच पुस्तकें लिखी गईं। जिनमें से एक **महाभारत में लार्ड श्री कृष्णज़ नग़मा ए सुखन** आपके हाथों में है। अन्य चार पुस्तकों के नाम हैं– 1– श्रीमद्भगवद्गीता प्रभा 2– श्रीमद्भगवद्गीत 3– Lord Shri Krishn Sang At Kurukshetr Like This 4– श्री राम चरण स्पर्श।

Introduction To Author

Dr. Alka Harsh (Km. Alka Agarwal) after having acquired MSc. in Botany from Lucknow University, did her research work for PhD. from National Botanical Research Institute, while teaching Botany at the same University's affiliated P.G. College, named Navyug Kanya Mahavidyalay.

While writing research papers she developed interest in writing and penned down various short stories, novels, poetries and children stories etc. She was inclined towards self knowledge since 2012 when she saw Lord Mahakaleshwar in Ling Form at the door of Kedarnath temple before dawn. It was as if He had appeared for a few seconds to indicate the massive hazard in the near future. Because immediately after one year of the incidence, from musk deer forests peak to Rudrprayag base, a natural hazard caused an irrevocable calamity. Heavy rains due to sudden cloud burst brought uncontrolled land slide. myriad villages were swept away. innumerable lives were lost including people, flora and fauna.

Thereafter Alka ji studied Sunder Kand (a chapter in Ramayan) , for the first time. And lo! the very next morning she got blessings from Lord Ram's first devotee and lord Shiv's eleventh part (ansh) Hanuman himself , in the form of long air blown by Him in her ear.

As a result inflew God's compassion, which led her to do research on Ramayan and Bhagwad Gita. One of the resultant five fruits out of this research is in your hands in the form of **Mahabharat mein Lord Shri Krishn's naghma e sukhan**. The titles of the other four books are – 1. Shrimad Bhagvad Gita Prabha 2. Shrimad Bhagvad Geet 3. Lord Shri Krishn Sang At Kurukshetr Like This 4. Shri Ram Charan Sparsh.

تعارف مولفہ

ڈاکٹر مسز اَلکا حرش (کُماری اَلکا اَگروال) جی نے للکھنؤ یونیورسٹی سے نباتیات کی سائنس میں ایم ایس سی کرنے کے بعد، اسی جامع درس گاہ کے متعلقہ گرلز کالج نَوَیگ کَنیا مَہاوِدیالَی میں پڑھاتے ہوئے، این بی آر آئی میں تحقیقی کام کرتے ہوئے، پی ایچ ڈی کی ڈگری حاصل کی۔

تحقیقی مقالے لکھتے ہوئے تحریر کے اندر دلچسپی ہوئی، اور کہانیاں ، ناول، نظم گوئی، بچوں کی کہانیوں پر قلم چلی۔ سال ۲۰۱۲ میں روحانیت کی طرف دلچسپی پیدا ہوئی ۔ یہ تب ہوا جب جیوترلِنگ کیدار ناتھ جی کے عبادت گھر میں ، اُنہیں دروازہ پر ہی ، سورج نکلنے سے پہلے، بڑے کالیشوَر (خدا موت شِوَم) دکھائی دِیے۔ گویا وے خود کُچھ لمحہ کے لِئے مستقبل زلزلے کے زریعہ وقت موت کا احساس کرانے آئے ہوں۔کیوں کہ اس واقعے کے ٹھیک ایک سال بعد ہی، کستوری ہرن جنگلوں سے رودْرَ پْرَیاگ تک ، قدرتی خطرہ سے مہلی آفت مچی۔ گاؤں کے گاؤں بہہ گئے ۔ خوفناک اموات ہوا۔

اُس کے بعد اَلکا جی نے پہلی بار ، سُندَرَ کانْڈَ پڑھا ۔ اور اگلی سبہ ہی ، اُنہوں نے شِوَ جی کے گیارہویں حصہ اور لارڈ شری رام کے پہلے عقیدتمند، سبسے اونچے بھکت شری ہَنُمانَ جی کا، کانوں میں لمبی پھونک کے روپ میں، خدا کی رحمت پائی ۔

اِسی کے پھل کے روپ میں خدا کا کرم برسا۔ کہ الکا جی نے رامائن اور شریمَدْ بھگوَدْگیتا پر تحقیقی کام کیا ۔ اِسی تلاش کی بدولت اُنکی قلم سے نکلے پانچ میں سے ایک پھل کی نعمت مَہابھارت میں لارڈ شری کرِشنَ نغمہ سُخن آپکے ہاتھ میں ہے۔ دوسری کتابیں یہ ہیں-
۰۱ شریمَدْ بھگوَدْگیتا پْرَبھا ۰۲ شریمَدْ بھگوَدْگیت ۰۳ لارڈ شری کرِشن سینگ عٹ کُروکشیتر لائک دِس ۰۴ شری رام چرَنَ سْپَرْش۔

अनुक्रमणिका INDEX فہرست

क्रम संख्या S.No. سلسلہ وار نمبر	विषय वस्तु Contents مشمولات	पृष्ठ संख्या Page Number صفہ نمبر
1	प्राक्कथन Preface	
2	पात्रों और संकेत शब्दों का परिचय	
2	Introduction to characters and key words	
۲	اہم کرداروں اور الفاظ کا تعارف	
3	अध्याय–1 अर्जुन विषाद योगः	
3	Chapter–1 Arjun Vishad Yogah (Yog of Arjun's sorrow)	
۳	باب-۱ اَرجُن وِچاد یوگہ(اَرجن کا دُکھ یوگ)	
4	अध्याय–2 सांख्य योगः (संख्यात्मक विश्लेषण योग)	
4	Chapter–2 Sankhy Yogah (Yog of Numerical Analysis)	
۴	باب-۲ سانکھی یوگہ (یوگ عددی تجزیہ)	
5	अध्याय–3 अविनाशी कर्म योगः	
5	Chapter–3 Avinashi Karm Yogah (Immortal yog of action)	
۵	باب-۳ اَوِناشی کَرم یوگہ(لافانی یوگ کام)	
6	अध्याय–4ज्ञान कर्म संयास योगः	
6	Chapter–4 Gyan Karm Sanyas Yogah (Yog of Knowledge Action & Renunciation)	
۶	باب-۴ گیانَ کَرمَ سَنیاس یوگہ(علم کام قربانی یوگ)	
7	अध्याय–5 संयास योगः	
7	Chapter–5 Sanyas Yogah (Yog of Renunciatin)	
۷	باب-۵ سَنیاس یوگہ (یوگ دستبرداری)	
8	अध्याय–6 आत्म नियंत्रण योगः	
8	Chapter–6 Atm Niyantran Yogah (Yog of self control)	
۸	باب-۶ آتم نینترَن یوگہ (خود پر قابو پانے کا یوگ)	
9	अध्याय–7 ब्रह्म विद्या योग शास्त्र	
9	Chapter–7 Brahm Vidya yog shastr (Yog of the phylosophy of The Universal Creator)	

٩ باب–٧ بْرَہْم وِدْیا یوگہ شاسْتْرہ (یوگ علم خلّاق فلصفہ)
10 अध्याय–8 अक्षर ब्रह्म योगः
10 Chapter–8 Akshar brahm Yogah (Yog of Imperishable Universal Creator)
١٠ باب–٨ اَکْشَر بْرَہْم یوگہ (یوگ لافانی خلّاق)
11 अध्याय–9 राज विद्या राज गुह्य योगः
11 Chapter–9 Raj Vdya Raj Guhy Yogah
(Yog of the highest and most secretive knowledge)

12 अध्याय–10 विभूति योगः
12 Chapter–10 Vibhooti Yogah (Yog of God Blessed Treasures)
١٢ باب–١٠ وِبھوتِ یوگہ (خدا کی عضمتوں کا یوگ)
13 अध्याय–11 विश्व रूप दर्शन योगः
13 Chapter– 11 Vishv roop darshan Yogah (Yog of The Universal God's sight)
١٣ باب–١١ وِشْوَ رُوپ دَرْشَن یوگہ
(خدا کا رُوپ کائنات دِکھانے کا یوگ)
14 अध्याय–12 भक्ति योगः
14 Chapter– 12 Bhakti Yogah (Yog of Devotion)

15 अध्याय–13 क्षेत्र क्षेत्रज्ञ विभाग योगः (खेत–रखवाला / शरीर–आत्मा विभाग योग)
15 Chapter– 13 Kshetr Kshetragyn Vibhag Yogah
(Yog of Area–Onlooker/Body– Soul department)
١٥ باب–١٣ کْشیتْرَ کْشیتْرَگی وِبھاگ یوگہ
(یوگ محکمہ رقبہ–نگران / دیہ–روح)
16 अध्याय–14 गुण त्रय विभाग योगः (तीन गुण विभाग योग)
16 Chapter– 14 Gun Tray Vibhag Yogah (Yog of three characters)
١٦ باب–١٤ گُن تْرَی وِبھاگ یوگہ (یوگ محکمہ تین خصوصیات)
17 अध्याय–15 पुरुषोत्तम योगः (परमात्मा योग)
17 Chapter– 15 Purushottam Yogah (Yog of The Supreme Soul)
١٧ باب–١٥ پُرُشوتَّم یوگہ (یوگ عالی روح)
18 अध्याय–16 दैवासुर सम्पदा विभाग योगः
18 Chapter– 16 Daivasur Sampada vibhag Yogah
(Yog of God & Devil blessed treasures)
١٨ باب–١٦ دیواسُرَ سَمْپَدا وِبھاگ یوگہ (خدائی شیطانی خوبیوں کا یوگ)
19 अध्याय–17 श्रद्धा त्रय विभाग योगः (तीन प्रकार की श्रद्धा योग)

19 Chapter– 17 Shraddha Tray Vibhag Yogah (Yog of Three kinds of faith)
باب-١٧ شرَدّھا ترَی وِبھاگ یوٗگہ(تین طرح کی ایمان داری کا یوٗگ) ١٩
20 अध्याय–18 मोक्ष संयास योग:
20 Chapter– 18 moksh Sanyas Yogah (Yog of Salvation & Renunciation)
باب-١٨ موَکش سَنیاسَہ یوٗگہ (نجات اور دستبرداری کا یوٗگ) ٢٠
21 उपसंहार Conclusion

22 परिशिष्ट Appendix

प्राक्कथन

काम क्रोध मोह और लालच छोड़ कर काम कीजिये। और काम करते समय :–

1– अपना मन काम में ही लगाए वहीं रोके रखिये। मन के न भागने से आपकी सारी ऊर्जा, सुरक्षित रहेगी। साथ ही, मस्तिष्क भी संदेह में नहीं फँसेगा।

2– संदेह मस्तिष्क में विपरीत विचार ला कर उसे भटकाता है। काम के ध्यान में लगा मस्तिष्क शीघ्र एवं उच्च कोटि का काम करता है।

3– अपने हृदय में सबके लिये एक सी भावना रखिये। सब जीवों में एक ही परम आत्मा ;परमात्माद्ध बसी देखिये। यही सत्य है।

4– अल्पज्ञता को ज्ञान और बुद्धि से हराइये।

5– काम में कौशल पाने के लिये, ईश्वर की शरण लीजिये। उनकी सच्ची भक्ति और पूजा में लगिये। वह स्वयं आप पर कृपा करने आप के मस्तिष्क में चले आएंगे। और ज्ञान का दीपक जला कर अज्ञानता के अंधेरे दूर कर देंगे।

6– ईश्वर की भावना स्वयं का ज्ञान है। यही अध्यात्म है।

7– ईश्वर हर एक के हृदय में यज्ञ अर्थात दे देने ;समर्पणद्ध की प्राकृतिक परम्परा ;यज्ञद्ध के रूप में बसते हैं।

8– ईश्वर की कृपा का खज़ाना अर्थात ऐश्वर्य अपार है। उनका सच समझने वाला इंसान कौशल सिद्ध हो जाता है।

9– कौशल सिद्ध इंसान अपने सारे काम भगवान को अर्पित कर देता है। और इस प्रकार भौतिक संसार के हर काम से स्वयं को स्वतंत्र कर लेता है।

10– स्वतंत्र इंसान ही ईश्वर की शरण ले कर संयासी अथवा त्यागी कहलाता है।

11– परन्तु काम करने से पहले ही उससे मिलने वाले फलों को छोड़ देने वाला इंसान कर्म योगी कहलाता है।

12– सच्चा योगी अपने मन और मस्तिष्क को स्वयं लगाम दे कर अपने वश में रखता है।

13– चारों ओर फैली प्रकृति ईश्वर का शरीर और आकाश उनकी आत्मा है। जीवों के शरीर भी उन्हीं की प्रकृति और आत्माएं उन्हीं की आत्मा का अंश हैं। सबके शरीर काम करने की जगहें ;क्षेत्रद्ध और आत्माएं उन कामों के प्रभावों को झेलने वाले क्षेत्रज्ञ होते हैं। ईश्वर सब क्षेत्रों का अकेला क्षेत्रज्ञ है।

14– परम ब्रह्म विश्व के स्त्रोत हैं। उनकी योनि ईश्वर की वृहद योनि है, जिसमें बीज रख ने वाले पिता स्वयं ईश्वर हैं। और उनकी प्रकृति लोगों के अच्छे बुरे कामों के अनुसार उन्हें तीन प्रकार के गुण देने की स्त्रोत। इस प्रकार ईश्वर अच्छे बुरे कामों के हिसाब से लोगों को अच्छी बुरी योनियों द्वारा अच्छे बुरे लोगों में पैदा कराते हैं। नीच काम करने वालों को जानवरों और कीड़े मकोड़ो की योनियां मिलती हैं।

15– लोग बार बार जन्म लेते हैं। परंतु हर बार जन्म ले कर जीवन को स्वयं शुद्ध होने के लिये एक अवसर के रूप में प्राप्त करते हैं।

Preface

Do your work without having lust, anger, attachment or greed. Also through the time of working:

1– Keep your mind wholely in work. Do not allow it to run away. By staying in place, your whole energy will be saved. Also the mind will not be in doubt.

2– The doubt brings opposite thoughts in mind and takes it away to churn. Fix it in work. It will quickly provide good quality work.

3– Retain equal feelings for all the beings within your heart. See one Supreme Soul in all of them. As this is the truth.

4– Conquer ignorance by knowledge and wisdom.

5– To be skilled in works, take refuge in God. Be His ardent devotee,take refuge under Him and worship Him. Out of compassion He will Himself step within your mind, to lit the lamp of knowledge, and rid you from the darkness of ignorance.

6– The sense of God is the sense of soul. And this itslf is the knowledge of self which is called Adhyatm.

7– God is seated in every heart as the alms giving ritual ie. Yagyan.

8– His treasure of blessings ie. Aishwary is unlimited. The one who knows Him truly, becomes perfectly skilled.

9– The perfctly skilled person leaves all his works under God's possession. And thus makes himself physically free from this material world.

10– The free person thus who exists under God's shelter is called saint ie. the sanyasi or the tyagi.

11– But the one who leaves fruits of works prior to initiating the works, is a true karm yogi and is named like that.

12– A true yogi controls his mind and heart by his own reins.

13– The nature that spreads all around, is God's body and the sky above is God's soul. The bodies and the souls of all the living beings are the parts of His body and His soul. Hence all the bodies are the places of work while all the souls are to bear with the effects of these works. The bodies are the areas called kshetr and souls the onlookers, the kshetragyans. God is the One and the Only Kshetragyan of all these areas. Hence He is called the Supreme Soul ie. Paramatma or Ali rooh.

14– The Supreme Brahm is the source of the universe.Whose womb is the Greatest Womb. In this Womb God Himself puts seeds to become every one's Father. His body the nature provides three types of characters to the unborn, as per their good bad deeds. people are thence born through God's grace amongst good bad people, according to their good bad works. Those with lowly deeds take birth through animals and insects.

15– Thus people take birth again and again. But every time they acquire life as a chance to cleanse their minds and hearts.

تمہید

ہوس، غصہ، موہ اور لالچ چھوڑ کر کام کریں۔ اور کام کرتے وقت:۔

۱۔ اپنے من کو کام میں ہی روکے رکھیں۔ من کے نہ بھاگنے سے آپکی توانائی ضائع نہیں ہوگی۔ اور ذہن بھی شک میں نہیں پڑیگا۔

۲۔ شک دماغ میں دوہری سوچ لا کے اسے بھٹکاتا ہے۔ اسے کام کے دھیان میں لگائیں۔ اسسے کام جلد اور اچھا ہوگا۔

۳۔ دل میں سبکے لِئے یک سا جذبہ رکھیں۔ سب مخلوقات میں ایک ہی عالی روح بسی دیکھیں۔ یہی سچ ہے۔

۴۔ جہالت کو علم اور عقل سے ہرائیں۔

۵۔ کام میں مہارت حاصل کرنے کے لِئے ، خدا کی پناہ لیں۔ انکی سچی عقیدت اور عبادت کریں۔ وہ خود آپ پر کرم کرنے آپ کے ذہن میں آئینگے۔ اور علم کا دِیا جلا کر جہالت کے اندھیرے دور کر دینگے۔

۶۔ احساس خدا علم خدا ہے۔ یہی مطالعہ روحانیت ہے۔

۷۔ خدا ہر دل میں روایت قربانی کی طرح رہتے ہیں۔ خدا کی عضمتیں بے شمار ہیں۔ انہیں سمجھنے والا بندا قابل کمال ہو جاتا ہے۔

۹۔ قابل کمال بندا اپنے سارے کام کر کے خدا کی پیش نزر کرتا ہے۔

اور اس طرح معدی دنیا کے ہر کام سے خدکو آزاد کر لیتا ہے۔

۱۰۔ آزاد بندا خدا کی پناہ لے کر، سنیاسی یا تیوگی کہلاتا ہے۔

۱۱۔ مگر کام کرنے سے پہلے ہی، اسسے ملنے والے پھل کو چھوڑنے والا بندا کرم یوگی کہلاتا ہے۔

۱۲۔ سچا یوگی اپنا من اور ذہن خود لگامی کے ذریعہ قابو میں رکھتا ہے۔

۱۳۔ چاروں طرف پھیلی ہوئی قدرت خدا کا جسم اور آسمانی معدمیت انکی روح ہے۔ مخلوقات کے جسم بھی اُن کی قدرت اور روحیں اُنھی کی روح کا حصہ ہیں۔ جسم کام کرنے کے رقبہ اور روحیں اُن کاموں کے اثر کو جھیلنے والے کشیتر گین (نگران) ہیں۔ خدا قدرت کے ہر رقبہ (جسم) کے اکیلے کشیتر گین ہیں ۔ اس لِئے اعالی روح کہلاتے ہیں۔

۱۴۔ اعالی خلاق ذریعہ کائنات ہے۔ للہ کی اعلی گلاف۔ اس گلاف میں بیج رکھ کے مخلوقات کو پیدا کرنے والے پتا بھی خدا ہی ہیں۔ جب کہ خدا کی قدرت تین طرح کی خوبیاں عتا کرنے والی اعالی ذریعہ۔ جس سے خدا لوگوں کو اُن کے اچھے برے کاموں کے ہساب سے، اچھی بری یُونی سے اچھے برے بندوں میں پیدا کراتے ہیں۔ نیچ کام کرنے والوں کو جانوروں اور کیڑے مکوڑوں کی یُونی دیتے ہیں۔

۱۵۔ اِس طرح لوگ بار بار پیدا ہوتے ہیں۔ مگر اُن کی ہر پیدائش اپنے من ذہن پاک صاف کرنے کا موقع زندگی ہے۔

महाभारत में THE LORD SHRI KRISHN'S نغمہ سخن

पात्रों और संकेत शब्दों का परिचय Introduction to characters and key words اہم کرداروں اور الفاظ کا تعرف

1– श्री कृष्ण : कृष्ण भगवान, मधुसूदन (मधु दैत्य हंता), माधव (लक्ष्मी पति), अप्रमेयम् (अपार), अच्युत (अक्षय / न बदलने वाले), सहस्त्रबाहु (हज़ार बाहों वाले), विश्वमूर्ति, जनार्दन (जीवों के रक्षक / उद्धारक / पालक), केशव (केशी असुर हंता) गोविन्द (परमात्मा), वार्ष्णेय (वृष्णि वंशी), ऋषिकेश (इन्द्रियों के स्वामी), अरि सूदन (शत्रु हंता)।

1– Shri Krishn : Lord Krishn, Madhu soodan (Killer of demon Madhu), Maadhav (husband of the Goddess of wealth Laxmi), Aprameyam (Unlimited), Achyut (Indestructable/Unchangeable) , Sahastrbaahu (Thousand armed), Vishva–Moorti (Universal Idol), Janaardan (Saviour/Nurture of beings), Keshav (Killer of Keshee demon), Govind(The Supreme Soul), Vaarshney (of Vrishni Dynasty), Hrishkesh (Lord of senses), Ari soodan And Shatru–Hanta (enemy killer).

۱۔ شری کرشن :۔ یزداں خدا کرشن، مدھسودن(مدھ شیطان کو مارنے والے)، مادھو ، اپرمییم (بیحد)، اچیت(لافانی/نابدلنے والے)، ، سہستر باہ(ہزار بازو والے)، وشو مورت(بُت کائنات)، جناردن (مخلوقات کے محافظ اور نجات دہندہ) ، کیشو (کیشی شیطان کو مارنے والے)، گووند(عمدہ ترین روح) وار شنیی(ورشن نسلی)، ہرشیکیش (مالک حواس) ، ارسودن اور شتر ہنتا (دشمن مارنے والے)۔

2– महर्षि व्यास : महान ऋषि व्यास।चारों वेदों के संपादक।अठारह पुराणों और महाकाव्य 'महाभारत' के भी रचयिता।

2– Maharshi Vyas : Great Saint Vyas. Editor of all the four Veds. And the author of eighteen Purans and epic 'Mahabharat' too.

۲۔ بڑے سنت ویاس :۔ چار ویدوں کے مدیر۔ اٹھارہ پرانوں اور جنگ نامہ مہابھارت کے مصنف۔ سنجے کو الٰہی آنکھیں دینےوالے۔ تاکہ وہ محل سے ہی، اندھے راجا دھرتراشٹر کو ،کرکشیتر کے میدان میں ہونے والی مذہبی جنگ کا آنکھوں دیکھا حال سنا سکیں۔

3– धृतराष्ट्र : कौरवों के अंधे राजा। तथा असली राजा पाण्डु के भाई।

3– Dhritrashtr : The blind Kaurav King. And the brother of the real king Pandu.

۳۔ دھرتراشٹر :۔ کوروؤں کے اندھے راجا۔ اور اصل راجا پانڈو کے بھائی۔

4– कुरुक्षेत्र : 'महाभारत' का धर्मक्षेत्र अर्थात धर्म–युद्ध 'महाभारत' की लड़ाई का मैदान।

4– Kurukshetr:– 'Mahabharat's' Dharmkshetr ie. 'Mahabharat's (The War's) Religious area (Religious Battle field of the religious war named MahaBharat).

۴۔ کُرُوکشیتر / دھرم کشیتر : مذہبی جنگ کا رقبہ / میدان۔ جہاں کوروؤں اور پانڈوؤں کے بیچ مذہبی جنگ مہابھارت لڑی گئی۔

5– पाण्डव : राजा पाण्डु के पांच पुत्र– युधिष्ठिर, भीम, अर्जुन, नकुल, सहदेव।

5– Pandavs : Pandu's five sons– Yudhishthir, Bheem,Arjun, Nakul, Sahdev.

6– संजय : अंधे राजा धृतराष्ट्र के मंत्री और सारथी। महर्षि व्यास से दिव्य ऑखें पाने वाले। महल से ही अंधे राजा को, 'महाभारत' का ऑखों देखा हाल सुनाने वाले।

6– Sanjaya : Blind King Dhritrashr's Minister and Charioteer. Who got devine eyes from saint Vyas. And gave running commentary of 'Mahabharat' to the blind king, right from the palace.

۶۔ سنجی :۔ اندھے راجا دھرِتراشٹر کے وزیر اور رتھبان۔ ویاس رِشی سے الٰہی آنکھیں پانے والے۔ محل سے ہی اندھے راجا کو مہابھارت کا آنکھوں دیکھا حال سنانے والے۔

7– दुर्योधन : अंधे राजा धृतराष्ट्र के सौ पुत्रों में सबसे बड़े पुत्र।

7– Duryodhan : Blind King Dhritrashr's eldest son, amongst his hundred sons.

8– आचार्य द्रोण : कौरवों पाण्डवों के गुरू।

8– Achary Dron : Teacher Dron : The teacher of Kauravs and Pandavs.

۸۔ آچاری (اُستاد) دروَن :۔ کوروؤں اور پانڈوؤں کے اُستاد۔

9– भीम : कुन्ती और पाण्डु के पांच पुत्रों में से एक। भीम को पवन पुत्र भी कहा जाता है।

9– Bhim : One of Kunti–Pandu's five sons.Bhim is also said to be born of air.

۹۔ بھیم :۔ کنتی اور پانڈو کے پانچ بیٹوں میں ایک۔ بھیم ہوا کے بیٹے بھی کہے جاتے ہیں۔

10– अर्जुन : कुन्ती और पाण्डु के तीसरे पुत्र।

10– Arjun : Kunti–Pandu's third son.

۱۰۔ ارجن :۔ کنتی اور پانڈو کے تیسرے بیٹے۔

अर्जुन के अन्य नाम :–

गुडाकेश (नींद पर विजय पाने वाले), भारत, कौन्तेय (कुन्ती के पुत्र), पार्थ (पृथा या पृथ्वी के पुत्र), परंतप (तपस्वी योद्धा), पुरुष श्रेष्ठ, सव्य–सचिन (दोनों हाथों से बाण चलाने में निपुण), भरतवंशी, कुन्तीपुत्र, किरीटी (इन्द्र से प्राप्त मुकुट धारी), भरतर्षभ(सर्व श्रेष्ठ भरत), कुरुनन्दन(कुरु बालक), कुरुप्रवीर(सबसे वीर कुरु), अनघ (निष्पाप), भरत सत्तम(उत्कृष्ट भरत), पुरुष व्याघ्र (नर बाघ)।

Arjun's other names:–

Gudakesh (sleep controller), Bharat, Kuntiputr & Kauntey(Kunti's son), Parth(Earth's son), Parantap (Ascetic warrior), Purush Shreshth, Savy–Sachin (Ambi dexterous archer, can draw bows with both hands), Bharatvanshi, Kireeti(Wearing crown from Indr) , Bharatrishabh(The best Bharat), Kurunandan(Kuru's child/heir), Kurupravir(Bravest kuru),Anagh (Sinless), Bharat sattam(Excellent Bharat), Purush vyaghr (Human Lion).

اَرجُن کے دوسرے نام:- گُڈاکیش (نیند جیتنے والا)، بھارت، کونتیی (کُنتی زادہ)، پارتھ (زمین کا بیٹا)، پَرنتپ (سنیاسی یودقا / عابدی سپاہی)، پُرش شریشٹھ (بہترین انسان)، سَوِی ساچن (دونو ہاتھ سے تیر چلانے میں ماہر)، بھرت وَنشی (بھرت نسلی)، کُنتی پُتر (کُنتی کا بیٹا) کِریٹی (اِندر سے ملا تاج پہننے والا)، بھرت رِشبھ (بہترین بھرت)، کُرنندن (کُرنسل کا بیٹا)، کُرپروِیر (سب سے بہادر کُر)، اَنگھ (بے گناہ)، بھرت سَتّم (عمدہ بھرت)، پُرش ویاگھر (شیر انسان)۔

11– सुभद्रा : अर्जुन की दूसरी पत्नी और कृष्ण की बहन।

11– Subhadra : Arjun's second wife And Krishn's sister.

12– द्रौपदी : पांचों पाण्डवों की पत्नी तथा राजा द्रुपद की पुत्री।

12– Draupadi : Wife of five Pandavs And daughter of King Drupad.

۱۲ ۔ دَروپدی :۔ پانچو پانڈووں کی بیوی۔ راجا دُرپد کی بیٹی۔

13– भीष्म :– कौरवों पाण्डवों के परदादा तथा कौरव सेना के संरक्षक।

13– Bheeshm :– Kaurav's and Pandav's grand father and Kaurav's Army Cheif.

۱۳ ۔ بھیشم :۔ کورووں پانڈووں کے پردادا۔ کورو سینا کے سربراہ۔

14– कर्ण : कुन्ती का छोड़ा हुआ पुत्र और दुर्योधन का सबसे अच्छा दोस्त। जिसको सारथी अधिरथ और उसकी पत्नी राधा ने पाला। अतः कर्ण को 'सूत पुत्र' भी कहते हैं, जिसका अर्थ है, सारथी का बेटा।

14– Karn : Duryodhan's best friend and Kunti's disowned son. Whose foster parents were charioteer Adhirath and his wife Radha. Hence named Soot Putr ie. the son of a charioteer.

۱۴ ۔ کرن :۔ کُنتی کا چھوڑا ہوا بیٹا۔ دُریودھن کا گہرا دوست۔ جسکو سارتھی اَدھِرتھ اور اُن کی بیوی رادھا نے پالا۔
اِس لئے کرن کو سوت پُتر یعنی رتھبان کا بیٹا بھی کہتے ہیں۔

15– अश्वत्थामा : गुरु द्रोण का पुत्र। उसको मृत्यु का सौभाग्य नहीं प्राप्त हुआ।

15– Ashvatthama : Teacher Dron's son. He was not blessed with death.

۱۶ ۔ شنکھ :۔ بجایا جانے والا گھونگھا۔

16– शंखः– बजाया जाने वाला घोंघा।

16– Conch:– Musical conch shell.

۱۶ ۔ شنکھ :۔ بجایا جانے والا گھونگھا۔

17– पांचजन्य :– कृष्ण भगवान का शंख।

17– Panchjany :– Krishn's conch shell.

۱۷ ۔ پانچجنی :۔ کرشن کا شنکھ۔

18– देवदत्त :– अर्जुन का शंख।

18– Devdatt :– Arjun's conch shell.

۱۸ ۔ دیودت :۔ ارجن کا شنکھ۔

19– पॉण्ड्र :– भीम का शंख।

19– Paundr :– Bhim's conch shell.

۱۹ ۔ پونڈر :۔ بھیم کا شنکھ۔

20– अनन्त विजय : युधिष्ठिर का शंख।

20– Anant Vijay : Yudhishthir's conch shell.

۲۰ ۔ اننت وجی :۔ یدھشٹھر کا شنکھ۔

21– सुघोष : नकुल का शंख।

21– Sughosh : Nakul's conch shell.

۲۱ ۔ سگھوش :۔ نکل کا شنکھ۔

22– मणिपुष्पक : सहदेव का शंख।

22– Manipushpak : Sahdev's conch shell.

۲۲ ۔ منیپشپک :۔ سہدیو کا شنکھ۔

23– गाण्डीवः– अर्जुन का धनुष।

23– Gaandeev : Arjun's bow.

۲۳ ۔ گانڈیو :۔ ارجن کی کمان۔

24– भगवानः ईश्वर हैं :–
अव्यक्त : न दिखने वाले।
अचिन्त्य अथवा अकल्पनीय : सोच में न आने वाले।
अविकारी : न बदलने वाले।

24– Bhagwaan : God is:–
Avyakt ie. Unmanifested, Unseen, Unformed.
Achinty ie. Unthinkable.
Avikaari ie. Unchangeable.

۲۴ ۔ بھگوانَ :۔ خُدا ، اللہ ، اعلیٰ روح ۔

اَوْیکّت : نہ دِکھنے والے۔

اَچِنْتی: سوچ میں نہ آنے والے۔

اَوِکاری : نہ بدلنے والے۔

25– आत्मा : देही / देहिनम् / शरीरिणम् । आत्मा अर्थात शरीर के अंदर बैठा 'स्व' या स्वयं 'वह' जो हैः–
अच्छेद्य : न कटने, न छिदने वाली।
अदाह्य : न जलने वाली।
अक्लेद्य : न घुलने वाली।
अशोष्य : न सूखने वाली।
शाश्वत : नित्य रहने वाली।
सर्वगत : अथवा सर्वव्याप्त : सब जगह बसी।
स्थाणु : न बदलने वाली।
अचल : न चलने (न टलने / न मिटने) वाली।
सनातन : अनन्त।
अव्यय : खर्च या नष्ट न होने वाली / अक्षय / अटूट।

25– Aatmaa : Dehi/Dehinam/Shareerinam. Soul ie. The embodied Self, which is:–
Achhedya : that can not be cut.
Adaahya : that can not be burnt.
Acledya : that can not be dissolved.
Ashoshya : that can not be dried.
Shaashvat : continual.
Sarvgat : All pervading/ is every where.
Sthanuh : unchangeable.
Achalah : stable.
Sanatan : Eternal.
Avyay: Indestructible/ inexhaustible.

۲۵ ۔ آتما / دیہی / دیہنم / شریرنم :۔ روح۔

اَچھیدی: جس میں چھید نہ کیا جا سکے۔

اَداہی : جس کو جلایا نہ جا سکے۔

اَکلیدی : جس کو کاٹا نہ جا سکے۔

اَشوشی : جس کو سکھایا نہ جا سکے۔

شاشوت : ابدی۔ ہمیشہ رہنے والی۔

سَرْوَگتہَ: ہرطرف ہر جگہ موجود ہوجو ۔

سْتھائُہ: نہ بدلنے والی (مقرر / قائم)۔

سَناتَن : لگاتار رہنے والی ۔

اَوْیَی : لازوال۔ لافانی ۔

26– उद्भव : उठना / निकलना।

26– Udbhavah : Arise/ Emergence.

۲۶۔ اُدبھَو :۔ اُٹھنا۔ نِکلنا۔

27– उत्पत्ति : उत्पन्न होना।

27– Utpatti : To take birth.

۲۷۔ اُتپتّی :۔ پیدائش ۔ پیدہ ہونا ۔

28– मृत्यु : मरना।

28– Mrityu : Death /To die.

۲۸ ۔ مرِتیُ :۔ موت۔

29– शरीर : कार्य क्षेत्र जो बीच में दिखते हैं, प्रारम्भ;जन्म से पहलेद्ध और अंत में मृत्यु पश्चातद्धनहीं।

29– Shareer : Body the work area which shows in the middle, but disappears in the beginning (before birth)and end (after death).

۲۹ ۔ شَریرَ :۔ دیہ ۔ جسم ۔ کام کرنے کی جگہ / رقبہ / میدان۔جو پیدائش کے پہلے اور موت کے بعاد نہیں دکھائی دیتے، صرف دونو کے بیچ میں ، یعانی زندگی کے دوران دکھائی دیتے ہیں۔

30– धर्म : कर्तव्य है, अर्थात प्रकृति से प्राप्त गुणों , अर्थात ब्राãणों, क्षत्रियों, वैश्यों, शूद्रों वाले Øमशः ज्ञान, युद्ध, व्यापार एवं सेवा वाले प्राकुतिक गुणों का अनुसरण।

30– Dharm: Religion is duty ie. Following the characters got by nature. Those of Brahmin's knowledge, Kshatriy's war, Vaish's buisiness and Shoodr's service related natural characters.

۳۰ ۔ دھرَمَ :۔ مذہب۔ اپنی پیدائشی خصوصیات جو قدرت سے ملی ہوتی ہیں، اُن کی بنیاد پر کام کرنا ہی مذہب ہے۔
جیسے علم کی براہموں والی ، جنگ کی کشتریوں والی، کاروبار کی ویشیوں والی اور خدمت کی شوذروں والی۔

31– स्व + धर्मः : अपना+धर्म / स्वयं को जन्म से प्राप्त प्राकृतिक गुणों द्वारा निर्धारित कर्तव्य करना।

31– Swa+Dharm : Own+ religion/ To perform the natural duties according to the charactrs got by self since birth.

۳۱ ۔ سْوَدھَرْمَ :۔ خود کا مذہب / خود کو قدرت سے مِلی پیدائشی خصوصیات پر کام کرنا۔

32– पर + धर्म : दूसरे का + धर्म : किसी अन्य को जन्म से प्राप्त उसके प्राकृतिक गुणों द्वारा निर्धारित उसके कर्तव्य ।

32– Par+Dharm : Other's + religion : Natural duties of some one else according to the characters got by him since birth.

۳۲ ۔ پَرَ دھَرْمَ :۔ کِسی دؤسرے کا مذہب / کِسی اور کو مِلی اُس کی پیدائشی فترت کا کام۔

33– युद्ध : संग्राम।

33– Yuddh : war.

۳۳ ۔ یُدّھَ :۔ جنگ ۔

34– क्षेत्र /क्षेत्रज्ञ : शरीर/आत्मा। क्षेत्र शरीर हैं, काम करने की जगहें अथवा मैदान।/क्षेत्रज्ञ हैं क्षेत्र अथवा शरीर को देखने वाली आत्माएं।

34– Kshetra / kshetragyan: Shareer/ Atma: Body/ Soul. Kshetra is body which is the area or field of work. kshetragyan is the soul ie. the onlooker of that work field ie. body.

۳۴ ۔ کْشیتْر / کْشیتْرگْیَن :۔ جسم / روح :۔ جسم ہوتا ہے ایک رقبہ (میدان یا جگہ) کام کرنے کا / روح ہوتی ہے، نگران جسم (کام کرنے کے رقبہ) کا ۔

35– क्षत्रिय : वीर योद्धाओं और राजाओं वाले प्राकृतिक गुण प्राप्त लोग।

35– Kshatriya : People with **natural** characters of the mighty kings and warriors.

۳۵ ۔ کْشَتْرِی :۔ راجاؤں اور سپاہیؤں کی قدرتی خصوصیات والے لوگ۔

36– स्वर्ग : देवताओं के राजा इन्द्र का साम्राज्य।

36– Swarg : Heaven : The kingdom of the god's ruler Indr.

۳۶ ۔ سْوَرْگ :۔ جنت / ذنّت ۔

37– सुखम् : सुख।

37– Sukham : Joy/Pleasure.

۳۷ ۔ سُکھَمْ :۔ خشی / سکھ ۔

38– दुःखम् : दुः ख।

38– Dukham : Sorrow/Pain.

۳۸ ۔ دُکھَمْ :۔ دَرْدَ / دکھ ۔

39– पापम् : पाप।

39– Paapam : Sin.

۳۹ ۔ پاپَم :۔ پاپ / گناہ ۔

40– सांख्य : संख्या द्वारा वैश्लेषिक अध्ययन।

40– Sankhy : Analytical study through numbers.

۴۰ ۔ سانکھی :۔ تحلیلی سوچ کے ساتھ کام کرنا ۔

41अ– योग : स्थिर और संतुलित रहने का अभ्यास।
युक्त हो कर/ जुडदृ कर, स्थिर होना:–
बुद्धियोग : बुद्धि द्वारा जुड़ना।
कर्म योग : कर्म द्वारा जुड़ना।
समत्व योग : समता द्वारा योग/ सबके लिये एक दृष्टि, एक भाव रख कर जुड़ना।
ध्यान योग : ध्यान केन्द्रित करके जुड़ना।

41– Yog : Practice to be balanced and stable.
To connect to be balanced through:–
Buddhi Yog : Focused connectivity by mind.
Karm Yog : Focused connectivity by work.
Samatv yog : Focused connectivity by single sightedness ie.keeping same eye for every being.
Dhyan Yog : Mind centric connectivity.

۴۱ (اَ)۔ یوگ :۔ متوازن اور مقرر یعنی قائم رہنے کی مشق ۔
یُکت ہوکر : خود یا خدا کے ساتھ جُڑکر یعنی جڑنے کے زریعہ (خود یا خدا پر) قائم رہنے کی مشق۔
بُدّھی یوگ : عقل کے ذریعہ جُڑنے کی مشق۔
کَرمَ یوگ : کام کے ذریعہ جُڑنے کی مشق۔
سَمتْو یوگ : ایک سی یعنی ایک برابر نظر رکھنے کے ذریعہ جُڑنے کی مشق ۔
دھیانَ یوگ : توجہ مرکوز ذہن کے ذریعہ جُڑنے کی مشق ۔

41ब– निर्योग : उदासीन हो कर अलगाव का अभ्यास:–
कामों के फलों से ,लाभ–हानि से, ईर्ष्या–द्वेष से, प्रीति–घृणा, सुख–दु:ख तथा आदर–अनादर इत्यादि से उदासीन रहकर अलगाव रखना।

41B– Niryog : Practicing separation by being neutral about:–
fruits of actions, benefit–loss, envy–antipathy, lust–hate, pain–pleasure, respect –disrespect and the likes.

۴۱(ب) ۔ نِرْیوگ : علاحدگی کی مشق ۔ خود کو نفع- نقصان ،سکھ- دُکھ وغیرہ کی طرف سے بے پرواہ اور غیرجانبدار رکھنے کی مشق۔

42– आत्म साक्षात्कार : आत्म दर्शन / स्वयं को देखना स्वयं से जुड़ कर।

42– Atm– sakshatkar : Seeing the self/Connectivity with self.

۴۲۔ آتم ساکشاتکار :- خود کو دیکھنا (خود کے ساتھ جُڑنے کی مشق کے زریعہ) ۔

43– प्राणायाम (प्राण+ आयाम) : प्राण ऊर्जा + विस्तार / श्वास़नियंत्रण द्वारा।

43– Pranayam (Pran+ayam) : Life energy+expansion / Through breath +control.

۴۳۔ پرانایامَ (پران + آیامَ) :۔ اَپنی سانسیں متوازن یعنی برابر کرنے کی مشق کے ذریعہ اپنی توانائی جان + بڑھانا ۔

44– मुक्त / मुक्ति / मुच्यते : स्वतन्त्र / स्वतन्त्रता / स्वतन्त्र हो जाना।

44– Mukt/ Mukti/ Muchyate : Free/ Freedom/ To be free.

۴۴۔ مُکت / مُکتِ / مُچّیتے :۔ آزاد / آزادی / آزادی پانا۔

45– बंधन : बंधा होना अर्थात विवश होना।

45– Bandhan : To be bound ie. to be under pressure.

۴۵۔ بَندھَن :۔ بندھا ہونا/ قید میں ہونا ۔

46– निष्काम भाव : फल की इच्छा मन में न लाना।

46– Nishkam Bhav : without desiring fruits.

۴۶۔ نِشکامَ بھاوَ :۔ من میں پھل کی خواہش نہ ہونا ۔

47– भोग : रसपान।

47– Bhog : To enjoy.

۴۷۔ بھوگ :۔ لُطف اُٹھانا ۔

48– इन्द्रियॉ / इन्द्रिय विषय : अनुभव ग्राही अंग / इन्द्रियों द्वारा अनुभव होने वाले तत्व / पदार्थ / तरंगें।

48– Indriyan / Indriy Vishay : sense organs / sense objects (elements / matters/waves)

۴۸۔ اِندریاں / اِندریَ وِشَے :۔ حواس / حواسوں کے اشیاء ۔

49– इन्द्रिय तृप्ति : अनुभव ग्राही अंगों की संतुष्टि।

49– Indriy tripti : Sense organ's satiation/gratification.

۴۹۔ اِندری ترِپتِ :۔ پرسکون حواس ۔

50– कर्म / अकर्म : काम करना / काम न करना।

50– Karm/Akarm : Action/Inaction.

۵۰۔ کَرمَ / اَکَرمَ :۔ کام کرنا / کام نہ کرنا ۔

51– दुष्कर्म/विकर्म : बुरा काम/निषिद्ध काम।

51– Dushkarm/ Vikarm : Bad deed/ prohibited work.

۵۱۔ دُشکَرمَ / وِکَرمَ :۔ بُرا کام / ممنوعہ عمل ۔

52– निष्कर्म / अकर्म : काम में सिद्धि पा लेने पर, काम से छुटकारा / काम करना ही नहीं।

52– Nishkarm / Akarm : Freedom from work after skillful completion/Not to work at all.

۵۲۔ نِشکَرمَ / اَکَرمَ :۔ کام میں مہارت حاصل کرنے کے بعد کام سے فارغ ہونا (مشق چھوڑنا) / کام کرنا ہی نہیں ۔

53– कर्म–फल : काम का फल/नतीजा।

53– karm–Phal : Fruits /results of work.

۵۳ ۔ کَرمَ پھَل :- کام کا پھل (نتیجہ) ۔

54– भौतिक : शारीरिक।

54– Bhautik : Physical / Bodily.

۵۴۔ بھوتِک / شاریرک :۔ مادی / جسمانی ۔

55– चेतसः /सचेतसः/अचेतस : चेतना/ चेतना सहित / चेतना से रहित।

55– Chetsah/ Sachetsah /Achetsah: Conscience /withConscience /without conscience.

۵۵۔ چیتَسَہ / سَچیتَسَہ / اَچیتَسَہ :۔ ہوش / باہوش / بغیر ہوش

56– समाधि /समाधि–स्थ : स्मारक /केन्द्रित स्थिति (जैसे योग या स्मारक में)।

56– Samadhi /Samadhi–sth : Mausoleum /Focused situation (as in yog or mausoleum).

۵۶۔ سمادھ / سمادھ- ستھ :۔ مراقبہ / مراقبہ میں گیا ہوا ہونا (مرکوز ہونا جیسے تواضع کرتیے وقت یا قبر میں)۔

57– गुणः/निर्गुणः/ विगुणः/ त्रिगुणः : गुण/गुण विहीन/ बुरे गुण/ तीन गुण (सत्व/रजस/तमस)।

57– Gunah/Nirgunah/ Vigunah/ Trigunah : Characters/Without characters/ bad characters/ Three types of characters/traits (Satva/Rajas/Tamas).

۵۷۔ گُنہ/ نِرگُنہ / وِگُنہ/ تِرگُنہ :۔ خصوصیت / بغیر خصوصیت / بُری خصوصیت / تین خصوصیات(ستو، رَجس،تَمس)۔

58– ऐश्वर्य : ईश्वर की विभूतियॉ/आशीर्वाद।

58– Aishwary : God's treasure/Blessings.

۵۸۔ ایشوَری :۔ خدا کی عظمتیں (برکت)۔

59– वेद : चार प्राचीन हिन्दू ग्रन्थ समूह–रिक्, यजुः, साम, अथर्व।

59– Ved : Four earliest Hindu scriptures: Rik, Yajuh, Saam, Atharv.

۵۹۔ ویدَ :۔ چار قدیم ترین ہندؤ صحیفہ : رِگ ویدَ، یجُر ویدَ، سامَ ویدَ، اَتھرْوَ ویدَ ۔

60– द्वंद्व (संघर्ष) द्वैत (दो सत्ताओं / दो अस्तित्वों) के बीच (जैसे संघर्ष विपरीत विचारों के बीच, मस्तिष्क में)।

60– Dwandwa (Fight) between Dwait(dualism/duality) : Fight between opposites ie. opposite authorities /entities (like fight between opposite thoughts in mind).

۶۰۔ دْوَنْدْوَ (جنگ) دْویت (دو طاقتوں یا ہستیوں کی مُخالفت) کےدرمیان: جیسے لڈائی دو سوچ کے بیچ ہوتی ہے ذہن، میں۔

۷۲۔ شْرُتِ :۔ سننا۔

61– मंत्र / स्त्रोत / श्लोक : सिद्वि के सूत्र / पूजा के मंत्र / शिक्षक अथवा स्तुति पद्य।

61– Mantr/ Strot /Shlok : Formulations of letters for success / Words of motto / Verses of prayer or teaching

۶۱۔ مَنْتْر / سْتْروْت / شلوْک :- مہارت حاصل کرنے کے الفاظ / اصول عمل کے جملے / عبادت یا تعلیم کے الفاظ۔

62– भजन : ईश्वर की कीर्ति के गीत।

62– Bhajan : Hymns / songs to praise God.

۶۲۔ بھَجَن :۔ خدا کی شہرت اور تعریف کے نغمے ۔

63– तपस्काय–अतपस्काय / भक्ताय–अभक्ताय / शुश्रूषवे–अशुश्रूषवे :
संयमी के लिये–असंयमी के लिये / भक्त (ईश्वर सेवी) के लिये– अभक्त (जो ईश्वर सेवी नहीं उसके) के लिये / भक्ति में रत के लिये– जो भक्ति में रत नहीं, उसके लिये।

63– Tapaskay–Atapaskay/Bhaktay–Abhaktay /Shushrooshve–Ashushrooshve : For the balanced– For the unbalanced/ For the devotee–For the ungodly/For the one engaged with devotion – For the one engaged without devotion.

۶۳۔ تپَسکای-اَتپَسکای / بھکتای- ابھکتای / شُشْرُوشْوے - اَشُشْرُوشْوے :۔ متوازن کے لئے- غیر متوازن کے لئے / عقیدتمند کے لئے- بےدین (ناخدا ترس) کے لئے / دیکھبھال میں عقیدت کےساتھ مشغول کے لئے- وہ جو عقیدت کے ساتھ مشغول نہیں ہے، اُس کے لئے ۔

64– क्षेम : रक्षा करना।

64– Kshem : To guard.

۶۴۔ کْشیم :۔ حفاظت کرنا ۔

65– सिद्धि / सिद्ध : दक्षता / दक्ष।

65– Siddhi /Siddh : Skill /Skilled.

۶۵۔ سِدّھِ / سِدّھ :- مہارت / مہارت حاصل (ماہر) بندا۔

66– समत्व : समता अर्थात सबको बराबर मानना।

66– Samatv : Equal treatment to all.

۶۶۔ سَمَتّو :- سب کو ایک نظر سے دیکھنا۔

67– कृत / सुकृत / दुष्कृत : करना /अच्छा करना/ बुरा करना।

67– Krit / Sukrit / Dushkrit : Deed/Good deed/ Bad deed.

۶۷۔ کِرت / سُ کِرت / دُشکِرت :۔ کرنا / اچھا کرنا / بُرا کرنا ۔

68– कौशल : सामर्थ्य।

68– Kaushal : Skill or capability.

۶۸۔ کَوشَل :۔ قابلیت ۔

69– संस्कृत : प्राचीनतम भारतीय भाषा।

69– Sanskrit : Oldest Indian language.

۶۹۔ سَنسکِرت :۔ قدیم ترین ہندوستانی ذبان ۔

70– वैराग्य : त्याग।

70– Vairaagy : Renunciation.

۷۰۔ وَیراگی :۔ دستبرداری کر کے فارغ ہو جانا۔

71– व्युत्सर्ग : परित्याग करना।

71– Vyutsarg : To abandon.

۷۱۔ وِیُتسَرگ :۔ دستبرداری کے بعد منحرف ہو جانا ۔

72– श्रुति : सुनना।

72– Shruti : To Listen.

۷۲۔ شرُتِ :۔ سننا۔

73– स्थित / स्थिति : होना / स्थापित होना।

73– Sthit/ Sthiti : To be / To be positioned.

۷۳۔ شتھِت / شتھِتِ :۔ قائم یا مقرر رہونا / صورت حال یا مقام ۔

74– प्रज्ञा : बुद्धि।

74– Pragya : intellect.

۷۴۔ پرگیا :۔ عقل ۔

75– मन : हृदय।

75– Mann : Heart.

۷۵۔ من :۔ دِل ۔

76– उद्विग्न : चिंतित।

76– Udvign : Anxious.

۷۶۔ اُدوِگن : پریشان ۔

77– स्पृहः / निःस्पृहः : इच्छा/ इच्छा रहित।

77– Sprihah / Nih–sprihah : Desire/ Without desire.

۷۷۔ سپْرِحہ/ نِسپْرِحہ :۔ خواہش / خواہش بغیر۔

78– इच्छन/अनिच्छन : इच्छा से/बिना इच्छा के।

78– Ichchhan/Unichchhan : With desire/Without desire.

۷۸۔ اِچھن / اَنِچھن :- خواہش کے ساتھ / بغیر خواہش ۔

79– राग–द्वेष : आसक्ति–विरक्ति अथवा लगाव–दुराव।

79– Raag/Dwesh : Attachment–Detachment or Love – Hate.

۷۹۔ راگ / دْویش :- لگاؤ / دُراؤ (یا بیر)۔

80– आसक्तः/विरक्तः(असक्तः) : लिप्तता/अलगाव।

80– Aasaktah–Viraktah(Asaktah): Attached–Detached.

۸۰۔ آسکتہ / وِرَکتہ (اَسَکتہ) :- لگاؤ کرنے والا / دُراؤ یا بیر کرنے والا۔

81– भयः /भयावह(भय+अवह) : डर/ डर+लाने वाला।

81– Bhay/ Bhayaavah(Bhay+Avah) : Fear/ (Fear + fetcher/causing) Fierce.

۸۱۔ بھَی / بھَیاوَحہ (بھَیہ + اَوَحہ) :- خوف (یا ڈر) / ڈر+ لانےوالا (خوف + کا باعث)۔

82– क्रोध : क्रोध।

82– Krodh: Anger.

۸۲۔ کُرودھ :- غصہ۔

83– कूर्म : कछुवा।

83– Koormah : Turtle.

۸۳۔ کوُرمہ :- کچھوا ۔

84– रस : स्वाद / जीवन ऊर्जा।

84– Ras : Juice/Taste/Life energy.

۸۴۔ رس :-سواد / جان توانائی / زندگی / قوت۔

85– विपश्चितः : विवेक बुद्धि वाला।

85– Vipashchitah: Of balanced mind.

۸۵۔ وِپشچِتہ :- متوازن ذہن کا ۔

86– सम्मोहः : पूरा भ्रम / पूरा मोह।

86– Sammoh : Total illusion / total ignorance.

۸۶۔ سمّوہ :- مکمل وہم ۔

87– स्मृति / स्मृति विभ्रम : याददाश्त / भूलना।

87– Smriti/ Smriti Vibhram : Memory/ To forget.

۸۷۔ سُمرتِ / سُمرتِ وِبھرَم :- یاد / بھولنا ۔

88– प्रसादम् : भगवान की कृपा।

88– Prasaadam: God's grace.

۸۸۔ پرسادم :- خدا کی رحمت ۔

89– संयमी अथवा संयत : संतुलित / नियंत्रित।

89– Sanyamee athva sanyat : Balanced / controlled.

۸۹۔ سنیمی یا سنیت :- متوازن یا اختیار اور اصول والا ۔

90– काम कामी : इच्छापूर्ति का इच्छुक।

90– Kaam Kaamee : Desirous of fullfilling desire.

۹۰۔ کامکامی :- خواہشات پوری کرنے کا خواہشمند ۔

91– निर्वाण : जन्म–मृत्यु से मुक्ति।

91– Nirvaan : Salvation.

۹۱۔ نِرْوانَ :۔ اِس جہان سے نجات پانا۔ خدا کے پاس پہنچ کے یہاں پھر پیدہ نہ ہونا۔

92– अहंकार : अहं।

92– Ahankaar : Ego.

۹۲۔ اَہَنْکارَ :۔ اَنا ۔

93–शान्तिम् : शान्ति।

93– Shaantim : Peace.

۹۳۔ شانْتِم :۔ سکون ۔

94–लोक : संसार।

94– Lok: World.

۹۴۔ لوک :۔ جہانَ ، دنیا ۔

95– निष्ठा : श्रृद्धा।

95– Nishtha / Shraddha: Faith.

۹۵۔نِشْٹھا / شْرَدّھا :۔ ایمانَ ۔

96– नियोग / नियोजितः : अभियान / अभियान में लगाया गया।

96– Niyog/Niyojitah: Mission/Employed in mission.

۹۶۔ نِیوگ / نِیوجِتہ :۔ مُہم / مُہم پر لگایا گیا ۔

97– कामः : विषय वासना / इन्द्रिय सुख भोग।

97– Kaamah : sense pleasure/lust.

۹۷۔ کامَہ :- احساس لطف ، پیاس ہوس ۔

98– संन्यासः (सम + न्यासः) : सम–पूरा, न्यास–छोड़ देना।

98– Samnyaasah : (Sam + nyaas) Sam–Whole, nyaas– to quit ie.To quit as a whole.

۹۸۔ سَنْیاسَہ (سَمَ + نْیاسَہ) :۔ سب + چھوڑ دینا ۔ اُس کے بعدخود پر ہی گزر کرنا۔

99– मिथ्या आचारः : झूठा व्यवहार।

99– Mithyaa Aachaarah: False behaviour.

۹۹۔ مِتھیا آچارَہ :۔ جھوٹا سلوک کرنا ۔

100– आदर्श सिद्धि : सम्पूर्ण कुशलता (सिद्धि) दर्पण (आदर्श) जैसी।

100– Aadarsh siddhi : Ideal pefection (siddhi), mirror (Aadarsh) like.

۱۰۰۔ آدَرش سِدّھِ :۔ شیشے جیسی مکمل مہارت ۔

101– यज्ञ : हवन करने की परम्परा (द्रव्य, अनुभूतियों अथवा कर्मों को ब्रह्म की पवित्र अग्नि में आहूत करना / समर्पित करके होम करना)।

101– Yagyn : Sacrificial/Offering ritual (The practice of putting materials, feelings or even actions into God's holy fire).

۱۰۱۔ یگیں :۔ قربانی کی آگ میں پیشکش کی روایت (یعنی رسم ہَوَن کرنے کی / ہوم کرنے کی۔ راکھ کرنے کی، چیزوں کو، جذباتوں کو یا کاموں کو بھی)۔

102– प्रजाः : जनता।

102– Prajaah: People/Public.

۱۰۲۔ پرَجاہ :۔ عوام ۔

103– सृष्टिः : ईश्वर की रचना (विश्व)।

103– Srishtih: God's Creation (The universe).

۱۰۳ ۔ سْرِشٹِہ :۔ خدا یا خلّاق کی خِلقت (کائنات) ۔

104– पुरा : प्राचीन काल में।

104– Pura : In Old time.

۱۰۴۔ پُرا :۔ قدیم زمانے ۔

105– इष्ट : वांछित / इच्छित।

105– Isht : Desired/Wanted.

۱۰۵ ۔ اِشٹ :۔ مَتلوبہ کوئی یا کچھ ۔

106– देव / देवता : कई प्रकार के भगवान।

106– Dev/ Devta : Demi Gods.

۱۰۶ ۔ دیو / دیوتا :۔ کئی طرح کے چھوٹے خدا ۔

107– श्रेयः : अच्छा / शुभ।

107– Shreyah : Auspicious/Lucky.

۱۰۷ ۔ شْریَہ :۔ اَچھا ، صالح ، مُبارک ۔

108– किल्बिषः : पाप / क्लेश।

108– Kilbishah : Sin / Grief.

۱۰۸۔ کِلبِشَہ :۔ پاپ، رنج ، غم ۔

109– अन्न : अनाज।

109– Ann : Grains.

۱۰۹۔ اَنّن :۔ اَناج ۔

110– ब्रह्म : सृष्टि के जन्मदाता ब्रह्मा।

110– Brahm : Source of universe.

۱۱۰۔ بْرَہم :۔ خلاّق ، کائنات تخلیق کرنے والے خاص خدا کا نام ، ماخذ یعنی ذریعہ کائنات ۔

111– चक्रम्/चक्र हस्तम् : जीवन चक्र/चक्र हाथ में (भगवान विष्णु के)।

111– Chakram/Chakra hastam : Life Cycle/Disc in hand (of God Vishnu).

۱۱۱۔ چَکْرَم / ہَسْت چَکْرَم :۔ سلسلہ (قدرت میں) / چَکْر ہاتھ میں (وِشْنُ کے ہاتھ میں چَکْر نام کا قدس ہتھیار) ۔

112– अघ/ अनघ/ अघ+आयुः : पाप/बिना पाप का (पवित्र) / पाप से भरा+जीवन।

112– Agh/ Anagh/ Agh + ayuh : Sin / Without Sin (Pure) / Sin ful + life.

۱۱۲۔ اَگھ / اَنگھ / اَگھ آیُہ :۔ دُشٹ، پاپی، گنہگار / پاک ، قدس ،بے گناہ / پاپ کی زندگی۔

113– आत्म/ आत्म ज्ञान/ आत्म तृप्तः/तृप्तः/अतृप्तः : स्वयं/ स्वयं का ज्ञान/ स्वयं में तुष्ट/संतुष्ट/ असंतुष्ट।

113– Aatma/ Aatma gyan/ Aatma triptah/Triptah/Atriptah : Self/ Self knowledge / Self satisfied/ Satisfied/Dissatisfied.

۱۱۳۔ آتْم / آتْم گیانَ / آتْم تْرِپْتَہ / تْرِپْتَہ / اَتْرِپْتَہ :۔ خود / خود کا علم / خود میں سکون/ پرسکون / پریشان ۔

114– परमाप्नोति (परम+आप्नोति) : परब्रह्म + को पाता है/हो जाता है।

114– Paramaapnoti (Param+aapnoti) : Gets The Supreme (The Supreme + he gets/he becomes)

۱۱۴۔ پَرَماپْنوتِ (پَرَم+آ پْنوتِ) :۔ اعلی کو پاتاہے (اعلی +کو پاتاہے/ ہو جاتا ہے)۔

115– सूयन्तः / अनसूयन्तः / अभ्यसूयन्तः : ईर्ष्या/ ईर्ष्या रहित/ ईर्ष्या वश।

115– Suyantah/ Anasuyantah/ Abhyasuyantah : Envy /Without envy/ With envy (jelousy)

۱۱۵۔ سوُیَنْتہ / اَنَسوُیَنْتہ / اَبھْی سوُیَنْتہ :۔ حسد / بغیر حسد (دِلپسند) / حسد کے ساتھ ۔

116– अनुतिष्ठन्ति / नानुतिष्ठन्ति (न+अनुतिष्ठन्ति) : अनुसरण करते हैं / नहीं + अनुसरण करते हैं।

116– Anushtishthanti / Nanushtishthanti (Na + anushtishthanti) : Follow / Do not + follow.

۱۱۶۔ اَنُتشٹَنتِ / نانُتشٹھنتِ :۔ عمل کرنا ، پیروی کرنا / عمل نہیں کرنا ، پیروی نہیں کرنا ۔

117– सदृशं चेष्टते : उसी प्रकार की चेष्टा / प्रयास करते हैं।

117– Sadrisham cheshtate : Accordingly practice.

۱۱۷ ۔ سادرِش چیشٹَتے :۔ اُس کے متابق + مشقت کرتے ہیں ۔

118– निग्रहः : मारना / दबाना।

118– Nigrahah : To kill / Suppression.

۱۱۸۔ نِگرَحہ :۔ مارنا ، دبانا ۔

119– प्रजहि : नियंत्रण / नियमन।

119– Prajahi : Control/Regulation.

۱۱۹۔ پرَجِہِ :۔ اختیار میں لینا ، روکنا ، قابو میں لانا ، درست کرنا۔

120– इन्द्रियस्य इन्द्रियार्थे : इन्द्रियों का अपने विषयों के लिये(काम करना)।

120– Indriyasya Indriyarthe : senses'(work) for their objects.

۱۲۰۔ اِندرِیَسی اِندرِیارتھے :- حواس کے کام اشیاء کے لئے۔

महाभारत में LORD SHRI KRISHN'S نغمہ سخن

कथा प्रारम्भ Story begins کہانی شروع

मंत्री और सारथी संजय थे, अंधे कौरव राजा धृतराष्ट्र के।
व्यास ने उन्हें दीं दिव्य ऑखें , सुनाएं हाल महायुद्ध देखते।।
Sanjay was minister and charioteer , to the king who had no eyes
To see and narrate the Mahabharat, Vyas ji gave him devine eyes.

وذیر اور رتھبان تھے سنجَی، اَندھے کوّرَو راجا دھرِتَراشٹر کے۔
ؤیاس نے دیں اُنہیں الٰہی آنکھیں ، سُنائیں حال عضیم جنگ دیکھتے۔

अंधे राजा धृतराष्ट्र भी देख सकें, सुन के संजय से पूरी कहानी।

लाचार थीं पर बेताब थी ऑखें, थीं युद्व जीतने की पूरी दीवानी।।
King Dhritrashtr might also see, listening to Sanjay's commentary live.
Disabled was sight but also anxious, conquest of war was burning alive.

اَندھے راجا دھرِتَراشٹر بھی دیکھ سکیں، سن کے سَنجَی سے پوُری کہانی۔
لاچار تھیں پر بےتاب تھیں آنکھیں، تھیں جنگ جیتنے کی پوُری دیوانی۔

अध्याय-1 : अर्जुन विषाद योगः

CHAPTER - 1: ARJUN VISHAD YOGAH

باب۔(۱) اَرجُن وِشاد یوگہ : اَرجُن کا غم سے جوڑ

- धर्म युद्ध के क्षेत्र 'कुरुक्षेत्र' में कौरव पाण्डव सेनाओं के बीच खड़े अपने रथ से शत्रु सेना में अपने पूज्य गुरुजनों एवं प्रिय परिजनों पर तीर चलाने की सोच से शोकाकुल होकर अर्जुन युद्ध न करने का निर्णय लेते हैं।
- उनके सारथी भगवान श्री कृष्ण परिजनों के प्रति उनका मोह एवं उनके अपने क्षत्रिय धर्म के विरुद्ध लिये गये निर्णय पर दृष्टिपात करते हुए उन्हें 'गीता' का ज्ञान देते हैं।
- और कहते हैं
- कि प्रिय–अप्रिय और शोक–प्रसन्नता में समबुद्धि रख कर मोह त्यागो।
- मोह और शोक भ्रम में डालकर बुद्धि दूषित करके डिगा रहे हैं।
- जिससे तुम अपने क्षत्रिय (योद्धा के) धर्म के विरुद्ध निर्णय ले रहे हो।
- इस स्थिति से निकलो और कर्मयोगी बनकर लड़ो।
- In the religious field of war named 'Kurukshetr', Arjun from his chariot standing in the middle of Kaurav and Pandav armies, while aiming arrows at his enemies, saw only his kins standing there. His worshipped teachers and adored relatives were happily ready to fight for land. Seeing this Arjun gets disturbed. And in his sorry state of mind, decides not to fight.
- His charioteer Lord Shri Krishn watching his attachment to relatives and the decision taken against his warrior's religion, provides him with the 'Gita's knowledge.
- He says :
  - Renounce attachment keeping same mind in love–hate and pain–joy like states.
  - Attachment and sorrow are putting you in doubt which is wavering your mind away from the goal of right action.
  - Due to which you are taking the decision against your warrior's religion.
  - Get away from this state of confusion and being devoted to action rise to fight.

- ا۔مذہبی جنگ کے رقبہ کُرکشیتر میں کوُرو پانڈو افواج کے بیچ کھڑے اپنے رتھ سے، دشمنوں کے افواج میں اپنے قابل‌عبادت اساتذہ اور پیارے رشتہ‌داروں پرتیر چلانے
کی سوچ سے پریشان اور اداس ہوکر ارجن جنگ نہ لڑنے کا
فیصلہ لیتے ہیں۔

۲۔ ارجن کے ساتھی لارڈ شری کرشن رشتہ‌دار پر انکے عالم معیار کے چلتے افواجی مذہب کے خلاف لئے گئے فیصلہ کو دیکھ کر انہیں گیتا. کا علم کراتے ہیں ۔ اور
کہتے ہیں کہ۔

ا۔ سکھ۔دکھ، پیار۔نفرت میں ایک‌سا زہن رکھ کر سارے منسلکات چھوڑ دینے چاہیئے۔

۲۔ منسلکہ اورغم شک میں ڈال کر زہن کو نیچا کر خراب کررتے ہیں۔

۳۔ جسکی وجہ سے تم اپنی مذہبی جنگ کے خلاف فیصلہ لےتے ہو۔

۴۔ شک کے اس دائرے سے باہر آؤ اور کام کی عبادت کے لئے اٹھو اور لڑو۔

अध्याय-1 Chapter–1

باب۔ (ا)

धृतराष्ट्र उवाच Dhritaraashtra uvaacha धृतराष्ट्र बोले Dhritrashtr said

دِھرِتراشٹرَ اُواچَ دھرِتراشٹر بولے

1.1 धर्मक्षेत्रे कुरुक्षेत्रे समवेता युयुत्सवः। मामकाः पाण्डवाश्चैव (पाण्डवाः + च + एव) किमकुर्वत (किम् + अकुर्वत) संजय।।

1.1 धर्म क्षेत्र, कुरुक्षेत्र में एकत्र युद्ध इच्छुक। मेरे
और + उसी तरह + पाण्डु के पुत्र पक्ष ने क्या + किया हे! संजय?

1.1 धर्म भूमि कुरुक्षेत्र में, युद्ध की इच्छा लिये जुटे।
मेरे और पाण्डु पुत्र हे, संजय! क्या कर रहे डटे।।1।।

1.1 Dharmakshetre (Dharma + kshetre) kurukshetre (kuru + kshetre) samawetaa yuyutsawah. Maamakaah Paandawaashchaiva (paandavaah + cha + eva) kimakurwata (kim + akurwata) Sanjaya.

1.1 In the religious+ area Kurukshetr, assembled desiring war. What have my sons' group, and+ like that +of Paandu's done, O!Sanjay?

1.1 In Kurukshetr the religious war field, assembled with desire to fight.
Pandu's and my son's,tell O! Sanjay what actions are theirs' in sight. ||1||

۱۰۱۔ دھرمکشیترے(دھرم+کشیترے) کُرُکشیترے(کُرُ+کشیترے) سَموِیتا(سَمَویتاہ) یُیُتسوہ ،
مامکاہ پانڈواشچیوَ(پانڈواہ+چ +ایوَ) کِمکُروَت(کِم+اَکُروَت) سنجے۔

۱۰۱۔ مذہبی جنگ کے+رقبہ ،کُرُکشیتر میں اِکٹھے جنگ کی اِچھا سے ،
میرے اور پانڈُ کے بیٹوں نے کیا کِیا۔

۱۰۱۔ سنجئے میدان جنگ مذہبی میں،کیا کِیا پانڈُ اور میرے بیٹوں نے۔
کُرُکشیتر میں جنگ کی خواہش لیئے، جمع ہوئے کھڈے جو لڑنے۔

संजय उवाच Sanjaya uvaacha **संजय बोले** Sanjay Said سنجے اُواچ سنجے بولے

1.2 दृष्ट्वा तु पाण्डवानीकं (पाण्डव + अनीकम्) व्यूढं दुर्योधनस्तदा (दुर्योधनः + तदा)। आचार्यमुपसंगम्य (आचार्यम् + उपसंगम्य) राजा वचनमब्रवीत् (वचनम् + अब्रवीत्)।।

1.2 देख कर परन्तु पाण्डवों की + विशाल सेना की व्यूह रचना, दुर्योधन + तब। गुरु + के पास जाकर, हे! राजा (धृतराष्ट्र) यह बोल + बोले।।

1.2 संजय बोले व्यूह रचना, देख के पांडव सेना की।
गुरु द्रोण के पास जा, दुर्योधन ने यह बात की।।2।।

1.2 Drishtawaa tu paandavaaneekam (Paandava + aneekam) vyoodham duryodhanastadaa (Duryodhanah+tadaa).
Aachaaryamupasangamya (Aachaaryam + upasangamya) raja vachanamabraweet (vachanam + abraweet).

1.2 Having seen but, the Paandav's + large army's arrangement, king Duryodhan + then, walked to teacher Dron, O! king (Dhritrashtr), and to him these words+ spoke.

1.2 Having seen the brigade, Duryodhan is walking.
Towards teacher Dron, goes to do some talking. ||2||

۱۰۲۔ دِرشٹوا تُ پانڈَوانیکَم(پانڈَو+انیکَم) وْیوڈھَم دُرْیودھنَستدا(دُرْیودھَنہ+تدا) ،
آچارْیمُپسَنگمْی(آچارْیَم+اُپسَنگمْی) راجا وَچَنمَبرویت(وَچَنَم+اَبْرَویت) ۔

۱۰۲۔ دیکھ کے لیکین سدنی ڈھانچاہ پانڈَو فوج دُرْیودھَن اِس سمی ،
اُستاد+ (درون)کے+پاس جاکے، یا+ راجا(دھرِتراشٹر)! یہ بات بولے۔

۱۰۲۔ بھاری پانڈو سیناکے، معائنہ اور ترتیب جانچنے اورمشورہ کے لئے۔
آپکے بیٹے دُرْیودھَن جارہے، استاد درون سے بات کے لئے۔

1.3 पश्यैतां (पश्य + एताम्) पाण्डुपुत्राणामाचार्य (पाण्डु + पुत्राणाम् + आचार्य) महतीं (महतीम्) चमूम्। व्यूढां (व्यूढाम्) द्रुपदपुत्रेण (द्रुपद + पुत्रेण) तव शिष्येण धीमता।।

1.3 देखिये + इधर, पाण्डु + पुत्रों की + हे! आचार्य, विशाल सेना। व्यूह रचना में द्रुपद + पुत्र, अपने शिष्य का + कौशल।

1.3 गुरु जी देखें पाण्डु पुत्रों की, इस बड़ी सी सेना को यहां।
आपके शिष्य ध्रुपद के पुत्र की, व्यूह रचना कौशल है यहां।।3।।

1.3 Pashyaitaam (Pashya + etaam) panduputraanaamaachaarya (Pandu + putraanaam + aachaarya) mahateem chamoom.
Vyoodhaam drupadaputrena (Drupada + putrena) tava shishyenadheemataa (shishyena+ dheemataa).

1.3 Look+ here,of Paandu's+ sons'+ o! teacher, the huge army. In arrangement, Drupad's+ son's, your pupil's+ skill.

1.3 Teacher! please have a look, at this great army.
Son of your pupil Drupad's, skill in laying army. ||3||

۱۰۳۔ پشیتام (پشی + ایتام) پانڈُ پُتر اناماچاری (پانڈُ + پُتر انام + آچاری) مہتیم چموم،
وُیوُڈھام ڈرُپدَپُتریں (ڈرُپدَ + پُتریں) تو شِشیین دھیمتا۔

۱۰۳۔ دیکھیئے + اِدھر ، پانڈُ کے + بیٹوں کی + یا! اُستاد ، بڑی فوج ،
سدنی ڈھانچا (اِس فوج کا) ، ڈرُپدَ کے + بیٹے آپکے شاگرد کا باکمال ہنرمند زہن (تخلیقی صلاحیت) ہے۔

۱۰۳۔ آچاریہ! دیکھیں سامنے، بڑی پانڈو مسلح افواج۔
اپنے شاگرد دروپد کے، بیٹے کی تخلیقی اِستعداد۔

1.4 अत्र शूरा महेष्वासा (महा + इषु + आसा) भीमार्जुनसमा (भीम + अर्जुन + समा) युधि। युयुधानो (युयुधानः) विराटश्च (विराटः + च) द्रुपदश्च (द्रुपदः + च)महारथः।।

1.4 यहां हैं वीर महानधनुर्धर (महान + धनुष + धारी), भीम,+ अर्जुन +जैसे योद्धा। और युयुधान, विराट और द्रुपद जैसे महारथी।।

1.4 इसमें वीर धनुर्धर अर्जुन, भीम जैसे योद्धा लड़ेंगे।
युयुधान विराट और, द्रुपद जैसे महारथी लड़ेंगे।।4।।

1.4 Atra shooraa maheshwaasaa (Maha + ishu + aasaah) bheemaarjunasamaa (Bheema + Arjuna + samaa) yudhi.

Yuyudhaano (Yuyudhaanah) viraatashcha (Viraata+hcha) drupadashch (Drupadah + cha) mahaarathah (mahaa+rathah).

1.4 Here are brave, great archers Bhim,+ Arjun+ like warriors. And Yuyudhaan, Viraat and Drupad like great + charioteers.

1.4 Pandavs have Bhim Arjun, like knightly archers.
Virat Yuyadhan Drupad, like mighty charioteers. ||4||

۱۰۴۔ اَتر شُورا مَہیشواسا(مہا+ایش+آساہ) بھیمارجُنسَما (بھیمَ+ارجُنَ+سَما) یُدھِ،
یُیُدھانو وِراٹشچ(وِراٹہ+چ) ڈرُپدَشچ(ڈرُپدَہ+چ) مَہارَتھہ۔

۱۰۴۔ اِس(فوج) میں، ویر ہیں عظیم+تیر+ انداز ہیں، بھیمَ، اَرجُنَ جیسے جنگجو ہیں ،
یُیُدھانَ بھی، وِراٹ +اور ، ڈرُپدَ+اور (اِن جیسے تمام) بڑے رتھبان۔

۱۰۴۔ بھیم اور ارجن جیسے، عظیم تیراندازوں کی پانڈوَ سینا ہے۔
یُیُدھانَ اور وِراٹ جیسے، بڑے رتھبانوں کی سینا ہے۔

1.5 धृष्टकेतुश्चेकितानः (धृष्टकेतुः + च + चेकितानः) काशिराजश्च (काशिराजः + च)
वीर्यवान्। पुरुजित्कुन्तिभोजश्च (पुरुजित् + कुन्तिभोजः + च) शैब्यश्च (शैब्यः + च) नरपुंगवः।।

1.5 धृष्टकेतु + और + चेकितान, और + काशिराज, जैसे शक्तिधर। पुरुजित, + कुन्तिभोज, + और, शैब्य जैसे मानव शूर।

1.5 अत्यन्त शक्तिशाली ध्रष्टकेतु, चेकितान और काशिराज हैं।
पुरुजित कुन्तिभोज और, शैब्य से शूर वीर मानव राज हैं।।5।।

1.5 Dhritaketushchekitanah (Dhritaketuh + Chekitanah) kaashiraajashcha (Kaashiraajah + cha) veeryawaan. Purujitkuntibhojashcha (Purujt + Kuntibhojah + cha) shaibyashcha (Shaibyah + cha) narapungwah.

1.5 Dhrishtketu, Chekitaan and+ Kaashi king like strength holders. Purujit,+ Kuntibhoj +and Shaibya like human fighters.

1.5 Dhrishtketu Chekitan and, Kashiraj like strong ones.
Purujit Kuntibhoj and, Shaiby like mighty humans. ||5||

۱۰۵۔ دھرِشٹکیتُشچیکِتانہ (دھرِشٹکیتُہ+چیکِتانہ) کاشِراجشچ (کاشراجہ +چَ) ویرِیوان،
پُرُجِتکُنتِبھوجشچ (پُرُجِت+کُنتِبھوجہ+چَ) شیبیشچ (شیبیہ+چَ) نَرپُنگوہ۔

۱۰۵۔ دھرِشٹکیتُ+ چیکِتانَ+ اور، کاشِراجَ، (جیسے) بلوالے۔
پُرُجِتَ، + کُنتیبھوجَ +اور ، شَیبیَ جیسے آدمیوں میں بہادر۔

۱۰۵۔ دھرِشٹکیتُ، چیکِتانَ، کاشِراجَ اور پُرُجِتَ جیسے طاقت والے۔
کُنتیبھوجَ اورشَیبیَ جیسے، بل میں شیر کی طرح لڑنے والے ۔

1.6 युधामन्युश्च (युधामन्युः + च) विक्रान्त उत्तमौजाश्च (उत्तमौजाः + च) वीर्यवान्। सौभद्रो (सौभद्रः) द्रौपदेयाश्च (द्रौपदेयाः + च) सर्व एव महारथाः।।

1.6 युधामन्यु,. + और विक्रान्त और + उत्तमौजा जैसे वीरता भरे। सुभद्रा, द्रौपदी पुत्र + और सारे ऐसे महारथी।।

1.6 युधामन्यु जैसे पराक्रमी, उत्तमौजा जैसे शक्तिशाली।
सुभद्रा और द्रौपदी के पुत्र, महारथी सभी बल शाली।।6।।

1.6 Yudhaamanyushcha (Yudhamanyuh+cha) vikraanta uttamaujaashcha (Uttamaujaah+cha) veeryawaan. Saubhadro (Saubhadrah) draupadeyaashcha (Draupadeyaah+cha) sarva eva mahaarathaah.

1.6 Yudhaamanyu,+and Vikraant, and + Uttamaujaa like bravery filled. Subhadraa's, Draupadi's sons + and all the great charioteers like them.

1.6 Udhamanyu Vikrant and, Uttmauja like energetics.
Subhadra's Draupadi's sons, and all chariot bigwigs. ||6||

۱۰۶۔ یُدھامَنیُشچ (یُدھامَنیُہ+چ) وِکرانتَ اُتّموجاشچ (اُتّموجاہ+چ) ویریَوانْ،
سوبھدرو (سوبھدرَہ) دروپدییاشچ (دروپدییاہ+چ) سَروَ ایوَ مہارتھاہ۔

۱۰۶۔ یُدھامَنیُ +اور ، وِکرانتَ اُتّموجا +اور (بھی) طاقتور ،
سُبھدرا اور دروپدی کے بیٹے سب ایسے ہی عظیم سارتھی (رتھ بان)۔

۱۰۶۔ یُدھامَنیُ اُتّموجا، سُبھدرا، اوردروپدی کے بیٹے۔
سارے کے سارے ویر،موثرجو ہمیشہ ہرجنگ جیتے۔

1.7 अस्माकं तु विशिष्टा ये तान्निबोध (तान् + निबोध) द्विजोत्तम (द्विज + उत्तम)। नायका मम सैन्यस्य संज्ञार्थं तान्ब्रवीमि (तान् + ब्रवीमि) ते।।

1.7 हमारे परन्तु यह विशिष्ट हैं जो, उन्हें + जानिये, हे! ब्राह्मण + श्रेष्ठ। सेना पति, अपनी सेना के, आपकी सूचना के लिये, वे + बताता हूँ।।

1.7 परन्तु विशिष्ट हमारे भी, वीरों को जानिये हे! ब्राह्मण श्रेष्ठ।
संज्ञान में लाऊंगा आपके, कौरव सेनापति हे! ब्राह्मण श्रेष्ठ।।7।।

1.7 Asmaakam tu vishishtaa ye taannibodha (taan + nibodha) dwijottama (dwij + uttama). Naayakaa mama sainyasya sangyaartham (sangyaa + artham) taanbraveemi (taan + braveemi) te.

1.7 Ours but these special who are, know+ them, O! good Brahmin. My army Chiefs, for your information, I introduce them to you now.

1.7 Now have a look at our, important brigades O! good Brahmin.
I shall now introduce you, to our army heads O! best Brahmin||7||

۱۰۷۔ اَسْماکَم تُ وِشِشْٹا یے تانِّبُودھَ (تان+نِبُودھ) دْوِجوتَّم (دْوِج + اُتَّم)،
نایَکا مَمَ سَینْیَسْیَ سَنْگیارْتھَم تانْبَرَوِیم (تان+بَرَوِیم) تے۔

۱۰۷۔ ہمارے لیکین مخصوص ر قابل زکر جو ہیں اُنہیں جانیئے یا!عظیم بْراہْمَن،
صدر ہماری فوج کے جاننے کے لیئے اُن کے بارے میں + بتاؤں گا آپ کو۔

۱۰۷۔ اچھے بْراہْمَن! اب آپکے، زہن میں میَں لاتا ہوں۔
سربراہ کَوْرَو فوج کی، شہرت یہاں سناتا ہوں۔

1.8 भवान्भीष्मश्च (भवान् + भीष्मः + च) कर्णश्च (कर्णः + च) कृपश्च (कृपः + च) समितिन्जयः। अश्वत्थामा विकर्णश्च (विकर्णः + च) सौमदत्तिस्तथैव (सौमदत्तिः + तथा + एव) च।।

1.8 आप, + भीष्म, + और कर्ण + एवं कृपाचार्य जैसे सदा युद्ध विजयी। अश्वत्थामा, विकर्ण + व सोमदत्त + जैसे + ही और ।।

1.8 आप भीष्म कर्ण कृपाचार्य जो, सारे युद्ध सदा जीते।
अश्त्थामा विकर्ण और, सोमदत्त जैसे जो सदा जीते।।8।।

1.8 Bhawaanbheeshmahcha (Bhawaan + Bheeshmah + cha) karnashcha (Karnah+cha) kripashcha (Kripah+cha) samitinjayah. Ashwatthaamaa vikarnshcha (Vikarnah + cha) saumdattistathaiva (Saumdattih + tathaa + eva) cha.

1.8 You,+ Bheeshm, + and Karn and + Kripaachaary like war winners. Ashwatthaamaa, Vikarn+ and Somdatt + like + others too.

1.8 You Bhishm Karn and, Kripachary like all war winners.
Ashwatthama Vikarn and, Somdatt's sons ever winners. ||8||

۱۰۸۔ بھوانْ بھیشمَشْچ (بھوانْ+بھیشمہ+چ) کَرنَشْچ (کَرنہ+چ) کرِپَشْچ (کرِپہ+چ) سَمِتِنجَیَہ ،
اَشْوَتّھاما وِکَرنَشْچ (وِکَرنہ+چ) سوْمَدَتّیستھیوَ (سوْمَدَتّ+تّھا+ایوَ) چ ۔

۱۰۸۔ آپ ، + بھیشم، +اور، کَرنَ+اور کرِپا (اُستاد)+اور سب (ایسے جو)ہمیشہ جنگ جیتے ۔
اَشْوَتّھاما ، وِکَرنَ +اور سوْمَدَتّ کے بیٹے+ جیسے+ہی اور۔

۱۰۸۔ خود آچارْیَ کرِپا اور آپ، پردادا بھیشم اور کَرنَ جیسے۔
وِکَرنَ اور اَشْوَتّھاما جیسے،اور سوْمَدَتّ کے بیٹے جیسے۔

1.9 अन्ये च बहवः शूरा मदर्थे (मत् + अर्थे) त्यक्तजीविताः (त्यक्त + जीविताः)। नानाशस्त्रप्रहरणाः (नाना + शस्त्र + प्रहरणाः) सर्वे युद्धविशारदाः (युद्ध + विशारदाः)।।

1.9 दूसरे और बहुत से शूर मेरे + लिये छोड़ कर + जीवन । अनेकों + शस्त्रों में + कुशल, सभी युद्ध + निपुण।।

1.9 और भी बहुत से शूर वीर, जान देने को मेरे लिये।
युद्ध विद्या में निपुण जो, तैयार खड़े हैं शस्त्र लिये।।9।।

1.9 Anye cha bahawah shooraa (shooraah) madarthe (mat+arthe) tyaktajeevitaah (tyakta + jeevitaah).
Naanaashashtrapraharanaah (Naanaa + shashtra + praharanaah) sarve yuddhavishaaradaah (yuddha + vishaaradaah).

1.9 And many other fighters, for+ me having left life. In innumerable+ arms+ skilled, all are war + perfects.

1.9 And other aplenty brave men, ready to stake their life for me.
Skilled in warfares and weapons, stand here to fight for me. ||9||

۱۰۹۔ اَنْیے چ بَہَوہ شوْرا مَدَرْتھے (مَت+اَرْتھے) تیَکْتَجیوِتاہ (تیَکت+جیوِتاہ)،
ناناشَسْترَپْرَہَرَناہ (نانا+شَسْترَ+پْرَہَرَناہ) سَرْوے یُدّھَوِشارَداہ (یُدّھَ+وِشارَداہ)۔

۱۰۹۔ دوسرے اور بہت سے ویر میرے+لئے زِندگی چھوڑنے والے ،
بہت سے ہتھیاروں کو چلانے میں ہنرمند سبھی جنگ میں+مہارت حاصل ۔

۱۰۹۔ کھڑے ہیں میرے پالے میں، جان دینے کو مجھ پر۔
اٹھالئے ہتھیار مجھے جنگ، جتوانے کو چھوڑ کے گھر۔

1.10 अपर्याप्तं तदस्माकं (तत् + अस्माकम्) बलं भीष्माभिरक्षितम् (भीष्म + अभिरक्षितम्)। पर्याप्तं त्विदमेतेषां (तु + इदम् + एतेषाम्) बलं भीमाभिरक्षितम् (भीम + अभिरक्षितम्)।।

1.10 अपरिमेय है, वह + हमारा बल भीष्म द्वारा + रक्षित होकर। सीमित है लेकिन, उनका बल भीम द्वारा + रक्षित होकर।।

1.10 पितामह भीष्म के संरक्षण से, हमारी शक्ति हो गई है अपार।
मगर सुरक्षा लिये भीम की, पाण्डव सेना का है कम निखार।।10।।

1.10 Aparyaaptam tadasmaakam (tat + asmaakam) balam bheeshmaabhirakshitam (Bheeshma + abhirakshitam).

Paryaaptam twidameteshaam (tu + idam + eteshaam) balam bheemaabhirakshitam (Bheema+abhirakshitam).

1.10 Endless is our strength,that is+ under+ Bheeshm's guard. limited is but their strength being guarded under Bheem.

1.10 Our army holds endless, strength under Bhishm's cover.
While Pandav's strength is, limited under Bhim's cover. ||10||

۱۰۱۰۔ اَپَرْیاپْتَم تَدَسْماکَم (تَت+اَسْماکَم) بَلَم بھیشْمابھِرَکْشِتَم (بھیشْم+ اَبھِرَکْشِتَم)،
پَرْیاپْتَم تْوِدَمیتیشام (تُ+اِدَم+ ایتیشام) بَلَم بھیمابھِرَکْشِتَم (بھیم+اَبھِرَکْشِتَم)۔

۱۰۱۰۔ جو کمی ہے اُس میں +ہمارا بل بھیشْم کے تحت محفوظ ہے۔
کافی ہے لیکن+یہ+اُن (پانڈووں) کا بل بھیم کی حفاظت میں ہے۔

۱۰۱۰۔ پتامہ کی حفاظت سے، کَوْرَو ہم لازوال کھڑے ہیں۔
بھیم سے محفوظ ہو کے، ویر یہ پانڈَو نم پڑے ہیں۔

1.11 अयनेषु च सर्वेषु यथाभागमवस्थिताः (यथा + भागम् + अवस्थिताः)। भीष्ममेवाभिरक्षन्तु (भीष्मम् + एव + अभिरक्षन्तु) भवन्तः सर्व एव हि।।

1.11 मोर्चों में तथा सारे तय + हिस्सों में + रह कर। भीष्म के + ही + सहायक होना है सब ही को ही।

1.11 अतः अपने अपने मोर्चों, अपनी जगह से लड़ेंगे सब।
सुरक्षा भीष्म पितामह की, सारे निश्चित करेंगे अब।।11।।

1.11 Ayaneshu cha sarveshu yathaabhaagamawasthitaah (yathaa + bhaagam + awasthitaah). Bheeshmamevaabhirakshantu (Bheeshmam+eva+abhirakshantu) bhawantah sarva eva hi.

1.11 In fronts + and , from all allotted+ battling positions+will stand. For Bheeshm+ only + to guard, all of them.

1.11 All brigades will support Bhishm, from their positions.
They are pledged to secure, his life from all directions. ||11||

۱۱۰۱۔ اَیَنیشُ چ سَرْویشُ یتھابھاگموَسْتھِتاہ(یتھا+بھاگم+اَوَسْتھِتاہ) ،
بھیشْمَمیوابھِرَکشَنتُ (بھیشْمَم+ایوَ + اَبھِرَکشَنتُ) بھَوَنتہ سَرْوَ ایوَ ہِ۔

۱۱۰۱۔ جنگ میں بھی تمام محازوں سے، جس +جگہ + ڈٹے ہیں ،
بھیشم کی ہی حفاظت کرینگے آپ سب وہیں سے ہی (اپنے اپنے مہرچوں سے ہی)۔

۱۱۰۱۔ فوجی ترتیب میں سبھی، اپنے اپنے مورچوں پے رہ کر۔
فوجی مدد پتامہ بھیشم کی، کریں گے سارے ڈٹ کر۔

1.12 तस्य सन्जनयन्हर्षं (सन्जनयन् + हर्षम्) कुरुवृद्धः (कुरु + वृद्धः) पितामहः। सिंहनादं विनद्योच्चैः (विनद्य + उच्चैः) शंखं दध्मौ प्रतापवान्।।

1.12 उसकी (दुर्योधन की) बढाते हुए + खुशी, कौरवों के + बूढे बाबा ने। शेर की दहाड़ जैसी ऊँची + गर्जना का शंख बजाया, प्रतापी ।।

1.12 इस पर वृद्ध कुरु दादा ने, दुर्योधन का हर्ष बढ़ाते।
सिंह समान ऊँचे स्वरों में, गर्जना की शंख बजाके।।12।।

1.12 Tasya sanjanayanharsham (sanjanayan+harsham) kuruvriddhah (Kuru + vriddhah) pitamahah.
Sinhanaadam (Sinha + naadam) vinadyochchaih (vinadya + uchchaih) shankham dadhmau prataapa+waan.

1.12 Making him (Duryodhan) happier, kaurav's+ old grandfather (Bheeshm). Like the lion's + roar, blew conch of the highest uproar.

1.12 To extend Duryodhan's pleasure, Kuru's great grandfather.
Made sound like lion's roar, blew his conch that louder||12||

۱۰۱۲۔ تسی سنجنیہرشم (سنجنین+ہرشم) کُرو ردّھ پتامہہ،
سنگھنادم ونیدیوچیہ (ونیدی+اُچیہ) شنکھم ددھمو پرتاپوان(پرتاپ+وان)۔

۱۰۱۲۔ اُنکی بڑھاتے ہوئے+خوشی بوڑھے+کورو پردادا جی نے۔
شیر کی گرجنا جیسی بلند آواز میں شنکھ بجایا بڑے دِل سے۔

۱۰۱۲۔ انکی حوصلہ افزائی کرنے، کوروؤں کے بوڑھے بڑے ویرنے۔
شنکھ بجایا پردادا بھیشم نے، شیر دھاڑ کی مانو سینے چیر نے۔

1.13 ततः शंखाश्च (शंखाः + च) भेर्यश्च (भेर्यः + च) पणवानकगोमुखाः (पणव + आनक + गोमुखाः)।
सहसैवाभ्यहन्यन्त (सहसा + एव + अभ्यहन्यन्त) स शब्दस्तुमुलोअभवत् (शब्दः + तुमुलः + अभवत्)।।

1.13 उसके बाद, शंख + और, भेरी + और, ढोल, मृदंग, सींग। अचानक + ही + एक साथ बज उठे, उन आवाजों से + शोर + मच गया।।

1.13 फिर तो और भी बड़े बड़े, शंख मृदंग श्रृंग और ढोल।
एक साथ सहसा बजे, शोर उठा दिया सब ओर।।13।।

1.13 Tatah shankhaashcha (shankhaah + cha) bheryashcha (bheryah + cha) panawaanakagomukhaah (panawa + aanaka + gomukhaah).
Sahsaaivaabhyahanyanta (Sahsaa + eva + abhyahanyanta) sa (sah) shabdastumuloabhawat (shabdah + tumulah + abhawat).

1.13 After that, conchs + and, pipes + and , drums+ cymbals + bugles. Were suddenly + played + all at once, with sounds,+ noisy uproar + which raised.

1.13 Drums cymbals bugles, and pipes followed the roar.
Kuru's army joined in, to raise utmost noisy uproar. ||13||

۱۰۱۳۔ تتہ شنکھاشچ (شنکھاہ +چ) بھیریشچ (بھیریہ +چ) پنوانکگومکھاہ (پنو+آنک+گومکھاہ)،
سہسیوابھیہنینت (سہسا+ایو+ابھیہنینت) س (سہ) شبدستملوابھوت (شبدہ+تملہ+ابھوت)۔

۱۰۱۳۔ اُسکے بعد شنکھ+اور نگاڑا +اور ڈھول+اور ترہی +جھانجھر کھڑتال+ بگل ،
اچانک/ایک دم سے+ہی+ایک ساتھ بجائے گئے وہ سموچا شور+ہنگامہ+ہوگیا۔

۱۰۱۳۔ اسکے بعد شنکھ نگاڑے، ڈھول مجیرے بجے اچانک۔
ترہی سینگ کے شورشرابہ سے، ہنگامہ مچ گیا آسمان تک۔

1.14 ततः श्वेतैर्हयैर्युक्ते (श्वेतैः + हयैः + युक्ते) महति स्यन्दने स्थितौ। माधवः पाण्डवश्चैव (पाण्डवः + च + एव) दिव्यौ शङ्खौ प्रदध्मतुः।।

1.14 उसके बाद सफेद + घोड़ों + जुते, विशाल रथ में आसीन। माधव (कृष्ण) और + पाण्डव (अर्जुन) ने + भी, दिव्य शंख बजाए।।

1.14 इस पर श्वेत घोड़ों जुते, विशाल रथ पे बैठे अपने।
कृष्ण और अर्जुन ने भी, बजाए दिव्य शंख थे अपने।।14।।

1.14 Tatah shwetairhayairyukte (shvetaih + hayaih + yukte) mahati syandane sthitau.
Maadhawah paandavashchaiva (Paandavah + cha + eva) divyau shankhau pradadhmatuh.

1.14 After that seated in white+ horses+ driven big chariot. Madhav (Krishn) and+ Pandav (Arjun) +also, blew divine conches.

1.14 At this seated on large chariot, driven by white horses.
Madhav and Pandav also, blew out loud their conches. ||14||

۱۰۱۴۔ تتہ شویتیر ہییر یکتے (شویتیہ+ہییہ+یکتے) مہت شیندنے ستھتو،
مادھوہ پانڈوشچیو (پانڈوہ+چ+ایو) دِویو شنکھو پردھمتہ۔

۱۰۱۴۔ تب سفید+گھوڑوں سے + چلنے والے ، اپنے عظیم رتھ میں بیٹھے،
مادھو (دیوی لکشمی کے شوہر کرشن) اور پانڈو (ارجن) نے بھی علمی شنکھ بجائے۔

۱۰۱۴۔ سفید گھوڑوں سے کھچنے والے، بڑے رتھ پے بیٹھے۔
کرشن ارجن نے الہی شنکھ بجائے وہیں سے بیٹھے۔

1.15 पान्चजन्यं (पान्चजन्यम्) हृषीकेशो (हृषीकेशः) देवदत्तंधनन्जयः (देवदत्तम् + धनम् + जयः)। पौण्ड्रं दध्मौ महाशङ्खं (महा + शङ्खम्) भीम + कर्मा वृकोदरः (वृक + उदरः)।।

1.15 पान्चजन्य ऋषिकेश ने, देवदत्त धनन्जय ने।। पौण्ड्र महाशंख बजाया कर्मठ और बड़े + पेट वाले भीम नें।।

1.15 पांचजन्य ऋषिकेश ने, और धनंजय ने देव दत्त।
पौंड्र बजाया भीम ने, बहुत खाने करने में प्रवृत्त।।15।।

1.15 Paanchajanyam hrishikesho (Hrishikeshah) devadattam (Devadattam) dhananjayah (Dhanam + jayah).
Paundram dadhmau mahaashankham (mahaa+shankham) bheemakarmaa (Bheema + karmaa) vrikodarah (Vrik + udarah).

1.15 PAANCHJANY was blown by Hrishikesh, DEVDATT by Dhananjay. PAUNDR, was blown , that great+ conch, by Bheem the + hard worker, and heavy+ eater.

1.15 Hrishikesh blew PANCHJANY, and Dhananjay DEVDATT.
PAUNDR was blown by, Bhim great eater good worker but. ||15||

۱۰۱۵۔ پانچجنیم ہرشیکیشو(ہرشیکیش) دیودتّم دھننجیہ(دھنم + جیہ)،
پونڈرم ددھمو مہاشنکھم بھیمکرما ورکودرہ۔

۱۰۱۵۔ 'پانچجنی' ہرشیکیش نے 'دیودتّ' دھننجی نے،
'پونڈر' بجایا عظیم شنکھ بھیم، بہت کام کرنے، بہت خانے والے نے۔

۱۰۱۵۔ ہرشیکیش نے 'پانچجنی' بجایا،اور دھننجی نے 'دیودتّ'۔
بہت محنتی پیٹو بھیم نے، بجایا اپنا 'پونڈر' شنکھ۔

1.16 अनन्तविजयं (अनन्तविजयम्) राजा कुन्तीपुत्रो (कुन्ती + पुत्रः) युधिष्ठिरः। नकुलः सहदेवश्च (सहदेवः + च) सुघोष + मणिपुष्पकौ ।।

1.16 अनन्तविजय, कुन्ती के + पुत्र राजा युधिष्ठिरः ने। नकुलः व + सहदेव ने बजाए सुघोष व + मणिपुष्पक।।

1.16 कुन्ती पुत्र! युधिष्ठिर का गूँजा, अनन्त विजय नाम का शंख।
नकुल और सहदेव ने गुँजाए, सुघोष व मणिपुष्पक दो शंख।।16।।

1.16 Anantavijayam Raja Kuntiputro (Kunti + putrah) Yudhishthirah. Nakulah sahdevashcha (Sahdevah + cha) sughoshamanipushpkau (Sughosha + Manipushpkau).

1.16 ANANTVIJAY was blown by Kunti's+ son, king Yudhishthir. Nakul and+ Sahdev blew SUGHOSH (and) MANIPUSHPAK (respectively).

1.16 Kunti's son king of religionYudhisthir, blew ANANT VIJAY conch.
Nakul and Sahdev blew, SUGHOSH and MANIPUSHPAK Conchs. ||16||

۱۰۱۶۔ اننتوجیم(اننت+وجیم) راجا کنتیپترو(کنتی+پترہ) یدھشٹھرہ،
نکلہ سہدیوشچ (سہدیوہ+چ) سگھوشمنپشپکو(سگھوش+ منپشپکو) ۔

۱۰۱۶۔ 'اننت وجی' راجا،کنتی کے+ بیٹے یدھشٹھر نے،
نکل اور سہدیو نے 'سگھوش' اور 'منِ پشپک' (نام کے شنکھ بجائے)۔

۱۰۱۶۔ 'یدھشٹیر' کا گونجا، 'اَننت وِجَی' نام کا شنکھ۔
اور نکل، سہدیو کے، 'سُگھوش' + 'مَنِپُشپک' شنکھ۔

1.17 काश्यश्च (काश्यः + च) परमेष्वासः (परम् + ईशु + आसः) शिखन्डी च महा + रथः। धृष्टिद्युम्नो (धृष्टिद्युम्नः) विराटश्च (विराटः + च) सात्यकिश्चापराजित (सात्यकिः + च + अपराजितः)।।

1.17 काशी के राजा + और महाधनुर्धर महान + धनुष + धारी शिखन्डी और महा + रथी ।
धृष्टिद्युम्न, विराट + और सात्यकि + अपराजित (जो कभी न हारे)।।

1.17 काशी राज और महा धनुर्धर, शिखण्डी आदि महारथियों ने।
दृष्टिद्युम्न और विराट, सात्यिकी और सदा विजयी लोगों ने।।17।।

1.17 Kaashyashcha (Kaashyah+cha) parameshwaasah (Param + Eeshu + aasah) Shikhandee cha Mahaa + rathah. Dhrishtdyumno (Dhrishtdyumnah) viraatashcha (Viraatah + cha) saatyakishchaaparaajitah (Saatyakih + cha + aparaajitah).

1.17 And + Kashi's king, the great+ divine+ archer and Shikhandi the great+ charioteer.
Dhritidhumn, Viraat+ and +Saatyaki, + the unconquered.

1.17 Kashiraj the great archer, Shikhandi and charioteers aplenty.
Drishtidyumn Virat and Satyiki, the winning warriors already. ||17||

۱۰۱۷۔ کاشیشچ (کاشیَہ+چ) پَرمیشواسہ (پَرم+ایشُ+آسہ) شِکھنڈی چ مہارتھ،
دھرِشٹدیُمنو (دھرِشٹدیُمنہ) وِراٹشچ (وِراٹہ+چ) ساتیکشچاپَراجِتہ (ساتیکہِ+چ+اَپَراجِتہ)۔

۱۰۱۷۔ کاشی کے راجا نے، عظیم تیرنداز شِکھنڈی نے اور عظیم رتھبان وں نے،
دھرِشٹدیُمن نے، وِراٹ نے+اور ساتیکی نے+اور غیر فتح شدہ نے بھی۔

۱۰۱۷۔ قابل ذکر تیرانداز، کاشی راج نے شکھنڈی نے شنکھ اپنے۔
ڈرِشٹدیُمن، وَراٹ، ساتیکی، سبنے بجائے شنکھ اپنے اپنے۔

1.18 द्रुपदो (द्रुपदः) द्रौपदेयाश्च (द्रौपदेयाः + च) सर्वशः पृथिवीपते (पृथिवी + पते)। सौभद्रश्च (सौभद्रः + च) महाबाहुः शङ्खान्दध्मुः (शङ्खान् + दध्मुः) पृथक्पृथक् (पृथक् + पृथक्)।।

1.18 राजा द्रुपद व द्रौपदी के पुत्रों ने + और, सारे पृथ्वी + पतियों ने। तथा + सुभदा के पुत्र महाबाहु (अभिमन्यु) ने, शंख + बजाए अलग अलग।।

1.18 द्रुपद और द्रौपदी पुत्रों, और सभी पृथ्वी पतियों ने।
बजाए शंख अपने अपने, सुभद्रा पुत्र अभिमन्यु सबने ।।18।।

1.18 Drupado (Drupadah) draupadeyaashcha (Draupadeyaah + cha) sarvashah prithivee + pate. Saubhadrashcha (Saubhadrah+cha) mahaabaahuh shankhaandadhmuh (shankhaan+dadhmuh) prithakprithak (prithak + prithak).

1.18 The sons of king Drupad and Draupadi and all the earth's+ rulers. And Subhadraa's son Mahaabaahu (Abhimanyu) all blew their conches individually.

1.18 King Drupad and Draupadi's sons, and all the rulers.
Subhadra's son Abhimanyu, all blew conches theirs'. ||18||

۱۰۱۸۔ ڈرُپدو(ڈرُپدہ) ڈروپدیہ یاشچ(ڈروپدیاہ+چ) سَروشہ پرتھوی پتے(پرتھوی+پتے)،
سوبھدرشچ(سوبھدرہ+چ) مہاباہُہ شنکھاندھمُہ(شنکھان+ددھمُہ) پرتھکپرتھک۔

۱۰۱۸۔ ڈرُپد(پانچال کے راجا) نے، ڈروپدی کے بیٹوں نے+اور سارے، زمین کے+راجاوں نے۔
سُبھدرا زادے مضبوط بازو والے (ابھمنیُ) نے شنکھ بجایئے الگ الگ۔

۱۰۱۸۔ ڈرُپد نے ڈروپدی کے بیٹوں نے، سُبھدرا کے بیٹے نے بجائے۔
وہاں کھڑے سبھی راجاوں نے، ایک ساتھ شنکھ اپنے بجائے۔

1.19 स (सः) घोषोधार्तराष्ट्राणां (घोषः + धार्तराष्ट्राणाम्) हृदयानि व्यदारयत्। नभँच (नभः + च) पृथिवीं (पृथिवीम्) चैव (च + एव) तुमुलोअभ्यनुनादयन् (तुमुलः + अभ्यनुनादयन्)।।

1.19 उस घोष ने + धृतराष्ट्र पुत्रों के, हृदय छेद दिये। और + नभ से पृथ्वी, और + भी कोलाहल+ गूँजा।।

1.19 धृतराष्ट्र के पुत्रों के, हृदय छिदे इस शंखनाद से।
गगन से पृथ्वी सब ओर, शोर मच गया निनाद से।।19।।

1.19 Sa (sah) ghosho (ghoshah) dhaartaraashtraanaam hridayaani vyadaarayat. Nabhashcha (Nabhah + cha) prithiveem chaaiv (cha + eva) tumuloabhyanunaadayan (tumulah + abhyanunaadayan).

1.19 That noise drilled through the hearts of Dhritraashtr's sons. Through sky to earth, much too uproar + reverberated.

1.19 The noise drilled through, hearts of Dhritrashtr's sons.
And tumult resonated from earth, to sky to all regions. ||19||

۱۰۱۹۔ سَ(سَہ) گھوشو(گھوشہ) دھارتراشٹرانام ہِردیانِ ویدارَیَت،
نبھشچ(نبھہ+چ) پرتھویم چیو(چ+ایو) تُملوابھیُنادین(تُملہ+ابھیُنادین)۔

۱۰۱۹۔ اُن آوازوں نے دھرِتراشٹر کے بیٹوں کے دِلوں کو چھید دیا۔
آسمان+اور زمین میں +بھی شور گونجنے لگا۔

۱۰۱۹۔ شورشرابوں نے دہلائی، زمین سے آسمان تک قدرت۔
کانپ اُٹھے دھرِتراشٹر کے بیٹے، چیرچی کانوں سے دل تک۔

1.20 अथ व्यवस्थितान्दृष्ट्वा (व्यवस्थितान् + दृष्ट्वा) धार्तराष्ट्रान्कपिध्वजः (धार्तराष्ट्रान् + कपि + ध्वजः)।
प्रावृत्ते शस्त्रसम्पातेधनुरुद्यम्यपाण्डवः (शस्त्र + सम्पातेधनुः + उद्यम्य + पाण्डवः)।।

1.20 ऐसी स्थिति + देखकर, उन धृतराष्ट्र के पुत्रों की, + झंडे पर + हनुमान वाले ने (पाण्डव ने/ अर्जुन ने)। प्रवृत्त हो कर, बाण (शस्त्र) + चलाने के लिये, + धनुष उठा कर, पाण्डव ने/ अर्जुन ने खींचा।।

1.20 हनुमान चिन्हित ध्वजा के रथ से, बाण खींचते हुए अर्जुन।
धृतराष्ट्र पुत्रों की युद्ध लालसा, देख कृष्ण से बोले भगवन।।20।।

1.20 Atha vyavasthitaandrishtwaa (vyavasthitaan + drishtwaa) dhaartaraashtraankapidhwajah (Dhaartaraashtraan + Kapi + dhwajah).
Pravritte shastrasampaate (shastra + sampaate) dhanuruddyamya (dhanuh + udyamya) paandwah.

1.20 Under this condition+ having seen , the sons of Dhritraashtr, the paandav(Arjun) with Hanumaan indicated on flag (over his chariot). While attempting an arrow (an arm) + to strike, pulled the bow, that Pandav (Arjun).

1.20 In his chariot with Hanuman flag,the pandav left seat and got up.
Aiming arrow paused as at, Dhritrashtr's sons his sight caught up. ||20||

۱۰۲۰۔ اَتھ وْیَوَسْتھِتاندْ رِشْٹْوا (وْیَوَسْتھِتان+دْرِشْٹْوا) دھارْتَراشْٹْرانْکَپِدھْوَجہ (دھارْتَراشْٹْران+کَپِدھْوَجہ)،
پْرَوْرِتّے شَسْتْرَسَمْپاتے (شَسْتْرَ+سَمْپاتے) دھَنُرُدْیَمْیَ (دھَنُہ + اُدْیَمْیَ) پانْڈَوہ۔

۱۰۲۰۔ اِس طرح کھڑے+دیکھ دھرِتراشٹر کے بیٹوں کو، ہنومان نمایاں جھنڈے والے (رتھ میں بیٹھے اَرْجُنَ) نے،
کوشش میں تیر چھوڑنے کی، کمان کھینچتے ہوئے پانڈَوَ (اَرْجُنَ) نے، (ہْرِشیکیش کْرِشْنَ) سے ، تب یہ بات کہی)۔

۱۰۲۰۔ ہنومان علمت کےُ اُٹھُمْ رتھ سے، تیر چھوڑنے کی کوشش میں۔
اَرْجُنَ بولے کْرِشْنَ سے لے چلیں، رتھ دونو فوجیوں کے بیچ میں۔

अर्जुन उवाच Arjuna uvaacha अर्जुन बोले ارجن اُواچ ارجن بولے

1.21 ऋषीकेशं तदावाक्यमिदमाह (तदा + वाक्यम् + इदम् + आह) महीपते (मही + पते)। सेनयारुभयोमध्ये (सेनयाः + उभयो + मध्ये) रथं स्थापय मेऽच्युत (मे + अच्युत)।।

1.21 ऋषीकेश से तब + यह वाक्य + यहाँ + बोले, हे! महाराजा। दोनो सेनाओं के मध्य रथ स्थापित करें, हे! मेरे + अच्युत (हमेशा एक से रहने वाले कृष्ण)।।

1.21 दोनों सेनाओं के बीच में, रथ खड़ा कर दें अच्युत आप।
देख सकूँ ताकि ठीक से, युद्ध इच्छुक सेना एक साथ।।21।।

1.21 Hrisheekesham tadaa vaakyamidamaaha (vaakyam + idam + aaha)
maheepate (mahee + pate).
Senyorubhayormadhye (Senyoh + ubhayoh + madhye) ratham sthaapaya
meachyuta (me + Achyuta).

1.21 To Hrishikesh then Arjun spoke + these + sentences + like this, O!Great king. In the middle of both the armies, please stand the chariot, O! my Achyut (The unchangeable Krishn).

1.21 To Hrishikesh said Arjun, please drive the chariot.
to stand it in between, the two armies O!Achyut. ||21||

۱۰۲۱۔ ہرِشکیشم تدا واکیمدماح (واکیم +اِدم+آح) مہیپتے،
سینیورُبھیورمدھیے (سینیوہ +اُبھیوہ +مدھیے) رتھم ستھاپی مےاَچیُت (مے+اَچیُت)۔

۱۰۲۱۔ ہرِشکیش سے (کرِشن سے ارجن نے) تب جملہ+یہ +بولا، یا راجا ! (دھرِتراشٹر) ،
دونو+سیناوں کے+ بیچ میں، رتھ کھڈا کریدں میرا، یا! اَچیُت (کرِشن)۔

۱۰۲۱۔ اَچیُت! لے چلیں رتھ، دونوں فوجوں کے بیچ میں۔
دیکھ سکوں مجھے لڑنا کنھسے، اس جنگ کی تقریب میں۔

1.22 यावदेतान्निरीक्षेऽहं (यावत् + एतान् + निरीक्षे + अहम्) योद्धकामानवस्थितान् (योद्ध + कामान् + अवस्थितान्)। कैर्मया (कैः + मया) सह योद्धव्यमस्मिन्रणसमुद्यमे (योद्धव्यम् + अस्मिन् + रण + समुद्यमे)।।

1.22 तब तक + उन्हें + देख लूँ + मैं, यु) की + इच्छा से + जो यहां खड़े हैं।
किन को + मेरे साथ यु) करना है, + इस + लड़ाई के + व्यसन में।।

1.22 देखूँ रण की इच्छा लिये, खड़े हुए यहाँ हैं कौन।
लड़ना मुझको है किन से, शत्रु मेरे यहाँ हैं कौन ।।22।।

1.22 Yaavadetaannireeksheaham (Yaavat + etaan + nireekshe + aham) yoddhukaamaanawasthitaan (yoddhu + kaamaan + awasthitaan). Kairmayaa (Kaih + mayaa) sah yoddhawyamasminranasamudyame (yoddhawyam + asmin + rana + samudyame).

1.22 Till then + shall see + them + I, (to those) who stand here with the will to war. With whom+ shall I, fight + in this + battle business.

1.22 I want to see those, willing to fight the battle.
with whom I have to fight, and also win battle. ||22||

۱۰۲۲۔ یاوَدیتانِرِیکشے اہَم (یاوَت+ایتان+نِرِیکشے+اہَم) یوُدّھُکاماَوَستھِتان (یوُدّھُ +کامان+ اوَستھِتان)،
کیرمَیا (کیہ +مَیا) سَہ یوُدّھویَمسمِنرنَسمُدیَمے (یوُدّھویَم+اَسمِن رَن+سَمُدیَمے) ۔

۱۰۲۲۔ تاوقتیکہ/جس سے+ اِن کو جانچ سکوں+مَیں، جو جنگ کی اِچھا سے اِکٹھا ہوئے ہیں ،
کِن کے+ مجھے ،ساتھ میں، جنگ کرنا ہے +اِس +لڑائی مشقت میں۔

۱۰۲۲۔ جانچ لوں اُنہیں، جو جنگ کی چاہ میں جمع ہیں یہاں۔
دیکھ سکوں ایک بار مجھے، کِن کِن کے ساتھ لڑنا ہے یہاں۔

1.23 योत्स्यमानानवेक्षऽअहं (योत्स्यमानान् + अवेक्षे + अहम्) य (ये) एतेअत्र (एते + अत्र) समागताः ।धार्तराष्ट्रस्य दुर्बुद्धेर्युद्धे (दुर्बुद्धेः + युद्धे) प्रियचिकीर्षवः (प्रिय + चिकीर्षवः)।।

1.23 युद्ध करने वालों को+ देखूँ +मैं, जो+ यहां एकत्र हुए हैं। धृतराष्ट्र की दुर्बुद्धि से+ युद्ध में भला +देखने वाले।।

1.23 निरख लूँ उन योद्धाओं को जो, यहाँ खड़े हैं युद्ध करने।
धृतराष्ट्र की बुरी बुद्धि का, भला चाह के खड़े हैं लड़ने।।23।।

1.23 Yotsyamaanaanaweksheaham (Yotsyamaanaan + awekshe + aham)
ya eteatra (ete + atra) samaagataah.
Dhaartaraashtrasya durbuddheryuddhe (durbuddheyh + yudhey)
priyachikeershawah (priya + chikeershawah).

1.23 I wish to sight in those who have collected here to combat. With the dirty mind of Dhritraashtr who views goodness in war.

1.23 Let me have a look at all those, assembled here to fight.
Are with Dhritrashtr's dirty mind, looking forward to fight. ||23||

۱۰۲۳۔ یوَ تسّیمانانویکشے اہَم (یوَ تسّیمانان+اَویکشے+اہَم) یہ(یے) ایتے اَتر (ایتے+اَتر) سَماگتاہ ،
دھارتراشٹرَسی دُربُدّھیر یُدّھے (دُربُدّھیہ+یُدّھے) پرِیچکیرشوَہ (پرِی+چکیرشوَہ)۔

۱۰۲۳۔ جنگ لڑنے آئے+ اُن لوگوں کو +دیکھ سکوں +میں، جو ایسے+ یہاں+ اِکٹھا ہوئے ہیں،
دھرتراشٹر کے بیٹوں کی، بُرے دماغ کی +جنگ سے برکت چاہنے والوں کو۔

۱۰۲۳۔ یہاں کھڑے کوَرووں کو دیکھوں، جو جنگ کی اِچھا رکھتے دل میں۔
دُریودھن کی جنگ کی بُری، سوچ کی ملازمت ہی چاہتے دِل میں۔

संजय उवाच Sanjaya uvaacha संजय बोले Sanjay said سنجے اُواچ سنجے بولے

1.24 एवमुक्तो (एवम् + उक्तः) ऋषीकेशो (ऋषीकेशः) गुडाकेशेन भारत। सेनयोरुभयोर्मध्ये (सेनयोः + उभयोः + मध्ये) स्थापयित्वा रथोत्तमम् (रथ + उत्तमम्)।।

1.24 ऐसा+ कहने पर, ऋषीकेश ने, गुडाकेश भरतवंशी के। दोनों सेनाओं के मध्य, स्थापित कर दिया, उत्तमम रथ को।

1.24 राजन! (धृतराष्ट्र) गुडाकेश की सुन, ऋषिकेश ले चले खींच के।
उत्तम रथ को खड़ा कर दिया, दोनों सेनाओं के बीच में उन्होंने।।24।।

1.24 Ewamukto (Ewam + uktah) hrishikesho (Hrishikeshah) Gudaakeshena Bhaarata. senayorubhayormaddhye (senayoh + ubhayoh + maddhye) sthaapayitwaa rath + uttamam.

1.24 On these words of Bharat heir Gudaakesh, Hrishikesh. In the middle of of both armies, stood the Uttam chariot.

1.24 King Dhritrashtr! at words of Gudakesh, Hrishikesh drove the chariot.
On reaching at the middle of the two armies, He stood the chariot. ||24||

۱۰۲۴۔ ایوَمکتو (ایوَم +اُکتہ) ہرِشکیشو (ہرِشکیشہ) گُڈاکیشین بھارَت،
سینیورُبھیورمدھیے (سینیوہ+اُبھیوہ+مدھیے) ستھاپیتوا رَتھوتّمم (رَتھ +اُتّمم)۔

۱۰۲۴۔ ایسا +کہنے پر، ہرِشکیش نے، گُڈاکیش کے، یا! بھرت نسل کے راجا (دھرِتراشٹر)،
دونو+سیناؤں+کے بیچ میں کھڑا کر دیا اُتّم رت کو۔

۱۰۲۴۔ کرشن جی ارجن کی بات سن، چلا کے اُس کے اُتّم رتھ کو۔
دونوں فوجوں کے بیچ لا کے، روکا سب کے سامنے رتھ کو۔

1.25 भीष्मद्रोणप्रमुखतः (भीष्म + द्रोण + प्रमुखतः) सर्वेषां च महीक्षिताम्। उवाच पार्थ पश्यैतान्समवेतान्कुरूनिति (पश्य + एतान् + समवेतान् + कुरून् + इति)।।

1दृ25 भीष्म, द्रोण व पूरे संसार के राजाओं के सामने। बोले, पार्थ! देखो + यहाँ + इकट्ठे + कुरूओं को + सारे ।।

1दृ25 भीष्म द्रोण व विश्व के राजा, दिखा के बोले देखो सामने।
बोले कृष्ण हे! पार्थ! सारे, कौरव सैनिक खड़े हैं साथ में।।25।।

1.25 Bheeshma Drona pramukhatah sarveshaam cha maheekshitaam. Uwaacha Paartha pashyaaitaansamavetaankurooniti (pashya + etaan + samavetaan + kuroon + iti).

1.25 In front of Bheeshm, Dron and all the kings of the world. Said,"Parth! see all the Kurus collected here.

1.25 In front of Bhishm and Dron, and all the standing earth's kings.
Krishn asked Arjun to watch the whole, Kuru's army of Kinpins. ||25||

۱۰۲۵۔ بھیشمَدرونپرمُکھتَہ (بھیشم+ درون+پرمُکھتہ) سَرویشام چ مَہیکشِتام (مَہی+کشِتام)،
اُوواچ پارتھ پشیتانسَمویتانکُرونِت (پشی+ایتان +سَمویتان +کُرون +اِتِ)۔

۱۰۲۵۔ بھیشم (پردادا)+ درونَ (اُستاد) +سامنے تھے، سارے سنسار کے اور بڑے+راجا۔
بولے یا! پارتھ، دیکھو+اُن+ ایک ساتھ جمع+کوروؤں کو + اِس طرح۔

۱۰۲۵۔ بھیشم درونَ دنیا کے راجا، کھڑے دِکھائے اَرجُن کو سامنے۔
بولے کرِشن یا! پارتھ! دیکھ لو، ایک ایک کَورَو کو دھیان سے۔

1.26 तत्रापश्यत्स्थितान्पार्थः (तत्र + अपश्यत् + स्थितान् + पार्थः) पितृनथ (पितृन् + अथ) पितामहान। आचार्यान्मातुलान्भ्रातृन्पुत्रान्पौत्रान्सखींस्तथा (आचार्यान् + मातुलान् + भ्रातृन् + पुत्रान् + पौत्रान् + सखीन् + तथा)। श्वशुरान्सुहृदश्चैव (श्वशुरान् + सुहृदः + च + एव) सेनयोरुभयोरपि (सेनयोः + उभयोः + अपि)।।

1.26 वहाँ + खड़े देखा + पार्थ ने, पितरों, + पितामहों को। आचार्यों, + मामाओं,+ भाइयों, + पुत्रों, + पौत्रों, मित्रों को भी +तथा। श्वशुरों, और शुभ चिंतकों को, सेनाओं में + दोनों + ही ।।

1.26 दृष्टि डाली पार्थ ने, चाचा ताऊ दादे खड़े थे।
गुरु मामा भाई पुत्र, पौत्र मित्र लड़ने खड़े थे।।26।।

1.26 Tatraapashyatsthitaanpaarthah (Tatra + apashyat + sthihtaan + Paarthah) pitrinatha (pitrin+atha) pitaamahaana. Aachaaryaanmaatulaanbhraatrinputraanpautraansakheenstathaa (Aachaaryaan + maatulaan + bhraatrin + putraan + pautraan+sakheen+tathaa). Shvashuraansuhridashchaiva (Shvashuraan+suhridah+cha+eva) senayorubhayorapi (senayoh + ubhayoh + api).

1.26 Standing there Paarth saw fathers, grandfathers. Teachers, + maternal uncles, + brothers, + sons, + grandsons + and also friends. And father–in–laws + and + noble hearts, + definitely in both the armies.

1.26 There in both the armies, Parth saw his close relatives.
Teachers, uncles, sons, friends,all stood as opposites.||26||

۱۰۲۶۔ تتراپشیتستھتانپارتھہ (تتر + اپشیت + ستھتان + پارتھہ) پترنتھ (پترن + اتھ) پتامہان،
آچاریانماتلانبھرترنپترانپوترانسکھینستتھا (آچاریان + ماتلان + بھرترن + پتران + پوتران + سکھین + تتھا)،
شوشرانسہردچیو (شوشران + سہرده + چ + ایو) سینیورُبھیورپ (سینیوه + اُبھیوه + اپ)۔

۱۰۲۶۔ وہاں + دیکھا + کھڑے تھے + پارتھ نے + باپ دادے (بھی/اور) پردادے + بھی،
اُستاد، + مامے، + بھائی، + بیٹے، + پوتے + اور دوست (بھی/اور)،
سسُر + خیرخواہ + اور + اِسی طرح، فوجوں میں + دونو طرف + بھی۔

۱۰۲۶۔ دونو فوجوں میں چاچا تایا، دادا استاد بھائی دیکھے۔
ارجن نے ماما بیٹے پوتے، دوست سب چاہتے لڑائی دیکھے۔

1.27 तान्समीक्ष्य (तान् + समीक्ष्य) स कौन्तेयः सर्वान्बन्धूनवस्थितान् (सर्वान् + बन्धून् + अवस्थितान्)। कृपया परियाविष्टो (परिया + आविष्टः) विषीदमिदमब्रवीत् (विषीदम् + इदम् + ब्रवीत्)।।

1.27 उन्हें + देख कर वह कुन्ती पुत्र, सारे संबधियों को तैनात। दया से भर कर दुःख में + ऐसे + बोले।।

1.27 शुभचिन्तक सभी दिखे थे, दोनों पक्षों में आमने सामने।
मित्र सम्बन्धी देख अर्जुन, कृष्ण से बोले दया शोक में।।27।।

1.27 Taan + sameekshya sa (sah) Kaunteyah sarwaanbandhoonawasthitaan (sarwaan + bandhoon + awasthitaan). Kripayaa parayaavishto (parayaa + aavishtah) visheedannidamabraweeta (visheedan + idam + abraweeta).

1.27 Them+ saw there, that Kunti's son, all the + brothers + standing. Pity + filled, in sadness, + thus + spoke.

1.27 Seeing all the relatives, willfully standing to fight.
Arjun out of kindness, thus spoke being sad inside. ||27||

۱۰۲۷۔ تانسمیکشی س(سہ) کونتیہ سروانبندھو نوستھتان (سروان+بندھون+اوستھتان)،
کرپیا پریاوشٹو(پریا+آوشٹہ) وشیدنّدمبروبت (وشیدن ادم+ابروبت)۔

۱۰۲۷۔ وہاں+دیکھ کے اُس کُنتی کے بیٹے نے، سب طرح کے رِشتہ داروں کو کھڑے ہوئے
دیا سے بھرکے دُکھی ہوتے ہوئے یہ (الفاظ) بولے۔

۱۰۲۷ میدان جنگ میں دیکھے ،کنتی کے بیٹے نے رشتہ دار ۔
دکھ میں ڈوبے کرکے پیار میں ، بیر دشمنی کا دیدار۔

अर्जुन उवाच Arjuna uvaacha अर्जुन बोले Arjun said ارجن اواچ ارجن بولے

1.28 दृष्ट्वेमं (दृष्ट्वा + इमम्) स्वजनं कृष्ण युयुत्सुं समुपस्थितम्। सीदन्ति मम गात्राणि मुखं च परिशुष्यति।।

1.28 देख कर + इन अपनों को हे! कृष्ण युद्ध की इच्छा से एक साथ उपस्थित। काँप रहे हैं मेरे अंग और मुख सूख रहा है।।

1.28 हे! कृष्ण अपनों को, लड़ने की चाह में खड़ा देख रहा।
कांप रहा है शरीर का अंग अंग, मुख भी मेरा सूख रहा।।28।।

1.28 Drishtwemam (Drishtwaa + imam) swajanam Krishna yuyutsum samupasthitam. Seedanti mama gaatraani mukham cha parishushyati.

1.28 Seeing + these own people O! Krishn, present here with the will to combat. Shivering are my organs and my mouth is drying.

1.28 Having seen my own people, Krishn! with hearts war soaked.
My body organs are shaking, and also my gut is being choked. ||28||

۱۰۲۸۔ دِرِشٹویمم (دِرِشٹوا + اِمم) سوجنم کرشن یُیُتسم سمُپستھتم (سم+اُپستھتم)،
سیدنتِ مم گاترانِ مُکھم چ پرِشُشیتِ،

۱۰۲۸۔ دیکھ کے سارے رشتہ دا روں کو، جنگ کی اچھا سے کھڑے ہوے،
کانپ رہے ہیں میرے جسمانی اعضلاء (بدن کے حصے)، اور منہ خشک ہو رہا ہے۔

۱۰۲۸۔ دوستوں رشتہ داروں میں، جنگ کی پیاس دیکھ کر۔
دیہ کے حصّے کانپ نے لگے، ارجن کا منہ خشک کر۔

1.29 वेपथुश्च (वेपथुः + च) शरीरे मे रोमहर्षश्च (रोम + हर्षः + च) जायते। गाण्डीव स्त्रंसते हस्तात्त्वक्चैव (हस्तात् + त्वक् + च + एव) परिदह्यते।।

1.29 और + काँपते शरीर में मेरे, रोंगटे + खड़े हो रहे हैं + और। गाण्डीव हाथ से सरक रहा है, + त्वचा + भी तथा + ऐसी जल रही है।।

1.29 शरीर थर्रा रहा है मेरा, बिजली सी चल रही उसमें।
गाण्डीव सरक रहा हाथ से, त्वचा झुलस रही जिसमें।।29।।

1.29 Wepathushcha (Wepathuh + cha) shareere me romaharshashcha (roma + harshah + cha) jaayate. Gaandeevam stransate hastaattwakchaiva (hastat + twak + cha + eva) paridahyate.

1.29 In the trembling body, my hair tips are raised. Gaandeev is moving out of my hands, + skin + is + also burning.

1.29 My whole body is shivering, and hair tips are raised.
Gandeev is off hand slipping, My skin is also braised. ||29||

۱۰۲۹۔ ویپتھشچ (ووپتھ +چ) شریرے مے روم ہرششچ (روم ہرشہ+چ) جایتے،
گانڈیوم سترنستے ہستاتوکچیو (ہستات+توک+ چ+ایو) پردہیتے ۔

۱۰۲۹۔ تھرتھراہٹ ہو رہی ہے دیہ میں میری، اور سنسنی/روماںچ ہو رہا ہے پیدہ ،
گانڈیو چھوٹ رسرک رہا ہے ہاتھ سے، اور کھال بھی جل رہی ہے۔

۱۰۲۹۔ میرے کانپ رہے انگ، مکھ سوکھا جا رہا۔
کھڑے بال جلے کھال، گانڈیو سرکا جا رہا۔

1.30 न च शक्नोम्यवस्थातुं (शक्नोमि + अवस्थातुम्) भ्रमतीव (भ्रमति + इव) च मे मनः। निमित्तानि च पश्यामि विपरीतानि केशव।।

1.30 नहीं हूँ समर्थ + और खड़ा रहने में, भूल + ही जा रहा है मेरा मन। कारण भी देख रहा हूँ उल्टे, हे! केशव।।

1.30 खड़ा होने में समर्थ नहीं हूँ, मन भ्रम से पलटा जा रहा।
केशव! जो भी देख रहा हूँ, दिखता वो उलटा जा रहा।।30।।

1.30 Na cha shaknomyawasthaatum (shaknomi + awasthaatum) bhramateeva (bhrmati + iva) cha me manah. Nimittaani cha pashyaami vipareetaani Keshava.

1.30 Am not being able + to stand anymore and my mind is in doubt. Reasons I am seeing all upside down, O! Keshav.

1.30 Unable to stand, my mind moves in doubt.
Hence O! Keshav, seeing all up side down. ||30||

۱۰۳۰۔ نَ چَ شَکنومیوَستھاتُم (شَکنومِ+اَوَستھاتُم) بھرمَتیوَ چَ مے مَنَہ۔
نِمِتّانِ چَ پَشیامِ وِپریتانِ کیشوَ۔

۱۰۳۰۔ نہیں اورقابل ہوں+کھڑا رہنے کے، اُلجھن میں ہے، شک سے میرا من،
ہر کیوں / سوال کو اور دیکھ رہا ہے غلط / اُلٹا یا! کیشوَ۔

۱۰۳۰۔ کھڑا رہ ناپا رہا، مئیں تو لڑکھڑا رہا۔
بھولا خود کو جارہا، سربھی چکر آ رہا۔

1.31 न च श्रेयोऽनुपश्यामि (श्रेयः + अनुपश्यामि) हत्वा स्वजनमाहवे (स्वजनम् + आहवे)। न कांक्षे विजयं कृष्ण न च राज्यं सुखानि च।।

1.31 न ही भलाई + देखता हूँ, अपने लोगों को + मारने में, युद्ध में। न चाहता हूँ जीत हे! कृष्ण, और न राज्य करने का सुख ही ।।

1.31 अपने ही लोगों को मारना, अच्छा नहीं लग रहा यह सब।
हे! कृष्ण न मैं युद्ध चाहता, न जीत न ही राज्य सुख अब।।31।।

1.31 Na cha shreyo (shreyah) anupshyaami hatwaa swajanamaahave (swajanam + aahave). Na kaankshe vijayam Krishna na cha raajyam sukhaani cha.

1.31 No good + do I see in killing my own people + in war. Neither do I want victory O! Krishn, nor even happiness of ruling.

1.31 I am seeing O! Krishna! nothing , why to kill own people in war.
I wish neither the pleasure to rule, nor at all wish to win the war. ||31||

۱۰۳۱۔ نَ چَ شریوَ اَنُپشیامِ (شریئہ+اَنُپشیامِ) ہَتوا سوَجَنماہوے (سوَجَنَم+آہوے)،
نَ کانکشے وِجَیَم کرِشن نَ چَ راجیَم سُکھانِ چَ۔

۱۰۳۱۔ اور نہ اچھائی دیکھ پا رہا ہوں ، اپنے لوگوں کو مارنے میں ،
نہ ہی چاہت ہے فتح کی کرشن! اور نہ بادشاھت کی اور نہ سکھ کی۔

۱۰۳۱۔ اپنوں کو مارنے میں کچھ بھی، اچھا نہیں دیکھ پا رہا ہوں۔
یا! کرشن نا فتح نا سلطنت، نا میں کوئی سکھ چاہ رہا ہوں۔

1.32 किं नो राज्येन गोविन्द किं भोगैर्जीवितेन (भोगैः + जीवितेन) वा। येषामर्थे (येषाम् + अर्थे) काक्षितं नो राज्यं भोगाः सुखानि च।।

1.32 क्या हमें राज्य से, हे! गोविन्द, अथवा क्या भोगने से + ऐसा जीवन।
जिनके + लिये चाहते हैं हम राज्य, भोग और सुख।।

1.32 कौन सा सुख हमें मिलेगा गोविन्द, जीवन भोग के ऐसे भार से।
जिनके लिये जीतते राज्य व सुख, जीना चाहते उन्हें ही मार के।।32।।

1.32 Kim no (nah) rajyena govinda kim bhogairjeevitena (bhogaih + jeevitena) vaa. Yeshaamarthe (Yeshaam + arthe) kaankshitam no (nah) raajyam bhogaah sukhaani cha.

1.32 What have we to do with ruling or what to enjoy in life. Whom + for, do we desire kingdom, enjoyment and pleasure.

1.32 How will the war benefit us, O! Govind, through kingdom or joy.
After having killed all those, for whom do we earn these to enjoy. ||32||

۱۰۳۲۔ کِم نوَ راجیینَ گوَوِندَ کِم بھوَگیز جیوِتینَ (بھوَگیہ+جیوِتینَ) وا۔
ییشامَرتھے(ییشام+اَرتھے) کانکشِتَم نوَ راجیَم بھوَگاہ سُکھانِ چ۔

۱۰۳۲۔ کیا فائدہ ہمیں سلطنت سے، گوَوِندَ! لطف اُٹھانے سے، زندہ رہنے سے یا،
جِن کے لئے چاہت ہے ہمیں راج لطف اور سکھ کی،

۱۰۳۲۔ چاہ جیت کی نہیں ہے، نا راج سکھ یا لطف کی کوئی۔
جینے میں یا! گووند ایسے، فائدہ اب مجھے دِکھتا نہیں کوئی ۔

1.33 त इमेऽवस्थिता (इमे+अवस्थिता) युद्धे प्राणांस्त्यक्त्वा (प्राणान् + त्यक्त्वा) धनानि च। आचार्याः पितरः पुत्रास्तथैव (पुत्राः + तथा+एव) च पितामहाः।।

1.33 वही यहाँ खड़े हैं युद्ध में, प्राण + छोड़ कर, और धन भी। गुरुजन, पितर, पुत्र+ और + वैसे ही, पितामह।।

1.33 वे ही युद्ध के लिये खड़े हैं, धन और प्राण सब छोड़ के।
गुरु व दादा व पुत्र खड़े हैं, बड़े बूढ़े सब ही मुँह मोड़के।।33।।

1.33 Te imeavasthita (ime + avasthita) yuddhe praanaamstyaktwaa (praanaan + tyaktwa) dhanaani cha. Aachaaryaah pitarahputraasthaiva (pitarah + putraah + tathaa + eva) cha pitaamahaah.

1.33 Those very people are+ standing in combat, with life+having aquitted. and treasure too.Teachers, forefathers,+ sons+ and+ also grandfathers.

1.33 Our teachers forefathers, sons and great grandfathers.
Staking their lives and treasures, here stand as fighters. ||33||

۱۰۳۳۔ تے اِیےاَوَسْتِھتا(اِیے+اَوَسْتِھتا) یُدّھے پْرانانْستْیَکْتْوا(پْرانانْ+تْیَکْتْوا) دھنانِ چَ۔
آچاریاہ پِتَرہ پُتْراسْتَھیوَ(پُتْراہ+تَتھا+ایوَ) چَ پِتامَہاہ،

۱۰۳۳۔ وہی یہاں +کھڑے ہیں میدان جنگ میں جان +چھوڑکے، اور خزانہ (چھوڑکے)۔
اُستاد،اسلاف،بزرگ اور یقیناً پردادے بھی،

۱۰۳۳۔ اُستاد بڈھے پردادے کھڑے، جان مال بھول کے بھی لڑنے۔
دولت جان سبھی یہیں چھوڑنے، کیوں پھر بھی کھڑے ہیں لڑنے۔

1.34 मातुलाः श्वसुराः पौत्राः श्यालाः सम्बन्धिनस्तथा (सम्बन्धिनः + तथा)। एतान्न (एतान् + न) हन्तुमिच्छामि (हन्तुम् + इच्छामि) घ्नतोऽपि (घ्नतः + अपि) मधुसूदन (मधु + सूदन)।।

1.34 मामा, श्वसुर, पोते साले तथा+संबन्धी। इन्हें + नहीं मारना + चाहता हूँ, मर कर + भी, हे! मधु दैत्य + मारक, (मधुसूदन कृष्ण)।।

1.34 मामा श्वसुर पोते साले, सारे के सारे सम्बन्धी हैं।
मधुसूदन! मर कर भी इन्हें, मारने की इच्छा न मेरी है।।34।।

1.34 Maatulaah shvashuraah pautraah shyaalaah sambandhinashtathaa (sambandhinah + tathaa). Etaanna (Etaan + na) hantumichchhaami (hantum + ichchhaami) ghnatoapi (ghnatah + api) madhusoodana (Madhu + soodana).

1.34 Maternal uncles, grandsons, brother–in–laws and + relatives. To kill them, + I do not wish, Despite my death, O! killer of demon Madhu, (Madhusoodan Krishn).

1.34 Uncles, in–laws, sons ,and fathers like close relatives.
Madhusudan! shall I die, but won't kill those relatives. ||34||

۱۰۳۴۔ ماتُلاہ شوَشُراہ پوَتراہ شیالاہ سَمبَندھِنستتھا(سَمبَندھِنہ+تتھا) ۔
ایتانَ (ایدانِ +نَ) ہَنتُمِچھامِ (ہَنتُم+اِچّھامِ) گھنَتوَ اَپِ(گھنَتہ+اَپِ) مَدھُسوُدَنَ۔

۱۰۳۴۔ ماما،سسر پوتے،سالے اور رِشتیدار۔
انہیں+کبھی نہیں رکھتاہوں مارنے کی+اِچھا ،یا!مدھوسوُدَنَ (مَدھُ شیطان کو مارنے والے کرِشنَ)۔

۱۰۳۴۔ ماما سسُر پوتے سالے ہیں ، مَدھُسعُدَنَ! رشتہ دار مسلح کھڑے ہیں۔
مرکربھی نہیں مارونگا اِن کو، جان یہ کیوں دینے کو اڑے ہیں۔

1.35 अपि त्रैलोक्यराज्यस्य (त्रै + लोक्य + राज्यस्य) हेतोः किं नु मही + कृते। निहत्यधार्तराष्ट्रान्नः का प्रीतिः स्याज्जनार्दन (स्यात् + जनार्दन)।।

1.35 तीन + संसारों के + राज्य के लिये भी नहीं, क्या कहें मात्र पृथ्वी + के लिये। मार कर धृतराष्ट्र पुत्रों को, हमें क्या प्रसन्नता, होगी+ हे! जर्नादन।।

1.35 तीनों लोकों पे राज्य की चाह नहीं, चाहेंगे क्यों पृथ्वी एक मात्र।
धृतराष्ट्र पुत्रों को मार के, जनार्दन! कैसे होगी सुख की बात।।35।।

1.35 Api trailokyaraajyasya (trai + lokya + raajyasya) hetoh kim nu maheekrite (mahee + krite). Nihatya dhaartaraashtraannah (Dhaartaraashtraan + nah) kaa preetih syaajjanaardana (syaat + Janaardana).

1.35 Not even for ruling+ over+ three planets, what to talk for over only earth. By killing Dhritraashtr's sons, +to us, what joy will be +O! Janaardan.

1.35 Not even for ruling over three worlds, what to talk of only earth.
Shall I kill Dhritrashtr's sons, Janardan! for what gain on earth. ||35||

۱۰۳۵۔ اَپِ ترَیلوَکیَراجیَسیَ (ترَی+لوکیَ+راجیَسیَ) ہیتوہ کِم نُ مَہیکرِتے(مَہی+کرِتے) ۔
نِہتیَ دھارتَراشٹرانَہ کا پرِیتِہ شیاجّنارْدَنَ (شیات+جنارْدَنَ)،

۱۰۳۵۔ (بھی+) تینوں+سنساروں پر بادشاھت، کے لئے بھی نہیں، تو کیا کہاجائے، ایک زمین پر ملنے (والے راج) کے لئے۔
مارکےدھرِتراشٹرَ کے بیٹوں کو، ہمیں کیا خوشی ہوگی یا!جانارْدَنَ (مخلوقات کو پالنےوالےکرِشنَ)۔

۱۰۳۵۔ یا! جنارْدَنَ بھلے ماردیں، سارےمیرے بڑے مجھے۔
نازمین نا تینوں جہاں، پانے کو اسلاحہ جڑنے مجھے۔

1.36 पापमेवाश्रयेदस्मान्हत्वैतानाततायिनः (पापम् + एव + आश्रयेत् + अस्मान् + हत्वा + एतान् + आततायिनः)। तस्मान्नार्हा (तस्मात् + न + अर्हा) वयं हन्तुधार्तराष्ट्रान्सबान्धवान् (धार्तराष्ट्रान् + स + बान्धवान्)। स्वजनं हि कथं हत्वा सुखिनः स्याम माधव।।

1.36 पाप+ ही + लगेगा + हमें, + हत्या करके + इन + आततायियों की। अतः + नहीं + योग्य हैं हम, धृतराष्ट्र +सहित+ रिश्तेदारों को मारने के। अपने ही लोगों को मार कर कैसा सुख हे! माधव।।

1.36 निश्चित ही लगेगा पाप, मार के इन आतताइयों को।
अतः अयोग्य हुए हम कि, मारें धृतराष्ट्र संबन्धियों को।।36।।

1.36 Paapamevaaashrayedasmaanhatvaaitaanaatataayinah
(Paapam + eva + aashrayet + asmaan + hatvaa + etaan + aatataayinah).
Tasmaannaarhaa (Tasmaat + na + arhaah) vayam hanntum
Dhaartaraashtraansabaandhawaan (Dhaartaraashtraan + sa + baandhawaan).
Swajanam hi katham hatvaa sukhinah syaama maadhava (Maadhava).

1.36 We shall only incur sin, after killing these aggressors. Hence +we are not+ worthy of killing Dhritraashtr's sons+ along with+ relatives. To our own people even ,how in assassinating, pleasure will happen O! Madhav (Goddess of wealth Laxmi's husband)

1.36 We shall only be incurring sin, by killing all these assassins.
Hence! not blessed to kill, Dhritrashtr's sons with kiths and kins.
Madhav! how can we be happy, by finishing family as assasins. ||36||

۱۰۳۶۔ پاپمیواشریدسمانہتویتاناتتاینہ (پاپم+ایو +آشریت+اسمان+ ہتوا+ایتان+آتتاینہ)۔
تسماناارہا(تسمات +ن +ارہاہ) ویم ہنتم دھارترا شٹر انسباندھون (دھارترا شٹر ان+س+باندھو ان)۔
شوجنم ہِ کتھم ہتوا سکھینہ شیام مادھو۔

۱۰۳۶۔ پاپ+ہی + لگیگا+ ہمکو مارکے+ اِن +ظالموں کو۔
اس لئے + قابلیت+نہیں ہیں،ہماری، مارنے کی، دھِرتراشٹر کے بیٹوں کو+رِشتہداروں کےساتھ ساتھ۔
اپنے لوگوں کو ہی کیسے مارکے سکھی ہم ہوں گے یا! مادھو۔

۱۰۳۶۔ پاپیوں کو مارکےبھی، ہم کو پاپ ہی لگیگا۔
کیوں ماریں کرشن! تب بھی، جنگ کیا فائدہ دیگا۔

1.37 यद्यप्येते (यद्यपि + एते) न पश्यन्ति लोभोपहतचेतसः (लोभ + उपहत + चेतसः)। कुलक्षयकृतं (कुल + क्षय + कृतम्) दोषं मित्रद्रोहे च पातकम्।।

1.37 यद्यपि + यह नहीं देख पा रहे हैं, लोभ +से कुचले + मन के चलते। कुल +. नाश + करने में दोष, और मित्रों के विरोध में पाप।।

1.37 मन में लालच आ जाने से, यदि यह दोष नहीं देख पाते।
न कुल नाश ऐसा करने में, न ही पाप मित्र द्रोह में पाते।।37।।

1.37 Yadyapyete (Yadi + api + ete) na pshyanti lobhopahatachetasah (lobha + upahata + chetasah). Kulakshayakritam (Kula + kshaya + kritam) dosham mitradrohe (mitra + drohe) cha paatakam.

1.37 Although they are unable to see, due to greed + pressed + heart. The wrong doing in + destroying + family and sin in confronting + friends.

1.37 If they do not see crime in killing , being in mind pressed by greed.
Let them fight with friends and family, and incur sin as good deed. ||37||

۱۰۳۷۔ یَدْیَپیتے (یَدِ+ اَپ+ایتے) نَ پشینتِ لوبھوپہت چیتسہ (لوبھ +اُپہت +چیتسہ)،
کُلکشیکرِتم (کُل+کشَی+کرِتم) دوشم مِترَ دروہے(مِتر+دروہے) چ پاتکم۔

۱۰۳۷۔ حالانکہ+ابھی + یہ ،نہیں دیکھ پا رہے ہیں، لالچ +بھرے+دل والے ہوکے،
کنبہ+ ختم +کرنے میں جُرم رغلطی، دوستوں سے دشمنی میں پاپ۔

۱۰۳۷۔ لالچ میں نہ دیکھ پائیں غلط، خاندان کے قتل میں مگن ہیں۔
دِکھ نہ پاتا پاپ انہیں، دوست سے دُشمنی میں مگن ہیں۔

1.38 कथं न ज्ञेयमस्माभिः (ज्ञेयम् + अस्माभिः) पापादस्मान्निवर्तितुम् (पापात् + अस्मात् + निवर्तितुम्)।
कुलक्षयकृतं (कुल + क्षय + कृतम्) दोषं प्रपश्यद्भिर्जनार्दन (प्रपश्यद्भिः + जनार्दन)।।

1.38 क्यों नहीं जाने (करें) + हम, पाप से + अपना + छुटकारा। कुल + नाश + करने में जो बुराई देखते हैं, + हे! जनार्दन।।

1.38 इन पापों को बन्द करने का, हम ही ज्ञान क्यों न रखें।
अपराध कुल नाश में देखकर, जर्नादन युद्ध हम ही रोकें।।38।।

1.38 Katham na gyeyamasmaabhih (gyeyam + asmaabhih) paapaadasmaannivartitum (paapaat + asmaat + nivartitum).
Kulakshayakritam (Kula + kshaya + kritam) dosham prapashyadbhirjanaardana (prapashyadbhih + Janaardana).

1.38 Why do we not learn (act) + to rid ourselves from sin. In family + killing, +deed, wrong who see+ O! Janaardan.

1.38 Why should we who see,the family killing as sinful crime.
Janardan! would not do anything, to stop this sinful crime. ||38||

۱۰۳۸۔ کتھم نَ گییہَمَسماہھِ (کییم+اَسماہھِ) پاپادَسمانِوَرتِتُم (پاپات+اسمات+نِورتِتُم)،
کُل کشی کرِتَم دوشَم پرَپشییدبھِر جنارْدنَ (پرپشییدبھِ+جنارْدنَ)۔

۱۰۳۸۔ کیوں نہ جاننا چاہئے+ہمیں ، پاپوں سے اِن نمٹ لیں (آزاد ہوں) ،
خاندان ختم کرنے میں جو جُرم / غلط دیکھتے ہیں، یا! جنارْدنَ (کرِشنَ) ۔

۱۰۳۸۔ پر ہمیں تو دِکھ رہا، تو یہ پاپ ہم کیوں کریں۔
خاندان کو ختم کر کے، غیر مذہبی کام کیوں کریں۔

1.39 कुल + क्षये प्रणश्यन्ति कुल + धर्माः सनातनाः। धर्मे नष्टे कुलं कृत्स्त्रमधर्मोऽभिभवत्युत (कृत्स्नम् + अधर्माः + अभिभवति + उत)।।

1.39 कुल + नाश से, नष्ट होता है, सदा रहने वाला कुल + धर्म। धर्म नाश से, परिवार में पूरा+ अधर्म +हो जाता है,+ कहते हैं।।

1.39 कुल मरने से मर जाती हैं, कुल की परम्पराएं शाश्वत।
धर्म मरेगा होगा अधर्म, कुल का धर्म खो जाता शाश्वत।।39।।

1.39 Kulakshaye (Kula + kshaye) pranashyanti kuladharmaah (kula + dharmaah) sanaatanaah. Dharme nashte kulam kritsnamadarmoabhibhavatyuta (kritsnam + adharmah+ abhibhavati + uta).

1.39 Family + destruction ends the eternal family religion. With religion's destruction + within family, total + irreligion, + occurs + it is said.

1.39 As family finishes, finish it's religious eternal traditions.
As it's religion finishes, the family bends into irreligion. ||39||

۱۰۳۹۔ کُلکشیے پرَنشینتِ کُلَدھرْماہ سناتناہ ،
دھرمے نشٹے کُلَم کرِتسنمدھرموَابھبھوتیُتِ (کرِتسنم+اَدھرمہ+ابھبھوتِ +اُت)۔

۱۰۳۹۔ کنبہ ختم ہونے سے، خاتمہ ہو جاتا ہے، خاندانی مذہب کا، ہمیشہ کے لئے ،
مذہبی خاتمہ خاندان کو پورا+ غیر مذہبی +بنا دیتا ہے+ ایسا کہا جاتا ہے۔

۱۰۳۹۔ خاندانی قتل کے ساتھ ہوں، مذہبی روایات بھی ختم سبھی۔
مذہب کا خاتمہ کر دیتا ہے، پورا کا پورا کنبہ ہی غیر مذہبی۔

1.40 अधर्माभिभवात्कृष्ण (अधर्म + अभिभवात् + कृष्ण) प्रदुष्यन्ति कुलस्त्रियः। स्त्रीषु दुष्टासु वार्ष्णेय जायते वर्णसंकरः।।

1.40 अधर्म + होने से + हे! कृष्ण, दूषित होती हैं, कुल की स्त्रियां। स्त्रियों के मैले होने से हे! वृष्णि वंशी (वार्ष्णेय कृष्ण), जन्मते हैं दोगले/मिले जुले वंशज (अधर्मियों संग परिवार द्वारा जन्मे संकर बच्चे)।

1.40 अधर्म ऊँचा हो जाने से, कृष्ण! स्त्रियां दूषित होती हैं।
वार्ष्णेय! उनमें दोष आने से, संतानें मिश्रित जन्मती हैं।।40।।

1.40 Adharmaabhibhawaatkrishna (Adharma + abhibhawaat + krishna) pradushyanti kulastriyah (kula + striyah).
Streeshu dushtaasu vaarshneya jaayate varnasankarah (varna + sankarah).

1.40 When irreligion + enters, + O! Krishn, polluted become the family's + women. Women when polluted, O! Vaarshney, give birth to family's + hybrids (born of irreligious men through family's ladies).

1.40 Krishn! irreligious dynasty, pollutes its women fair folk.
Varshney! polluted women produce, unwanted heir folk. ||40||

۱۰۴۰۔ اَدھَرْ ماَبھِھَواتکرِشْن (اَدھَرْمَ+اَ بھِھَواتْ+کْرِشْن) پْرَدُشْیَنْتِ کُلَسْتْرِیَہ(کُلَ+سْتْرِیَہ)،
سْتْرِیْشُ دُشْٹاس وارْشْنِیَ جایَتے وَرْنَسَنْکَرَہ(وَرْنَ+سَنْکَرَہ)۔

۱۰۴۰۔ غیرمذہب +اُٹھنے سے +یا! کْرِشْن، ناپاک ہوتی ہیں خاندانی خواتینیں،
خواتینوں کے خراب ہونے سے، یا! وارشنیے (وْرِشْنِ نسل کے کْرِشْن)، پیدا ہوتے ہیں خراب اولادیں ۔

۱۰۴۰۔ غیر مذہبی غیرانسانیت آلودہ کرتی ہے خاندانی خواتینیں۔
ناپسندیدہ ناپاک ورثا، پیدا کرتی ہیں یہ خراب خوتینوں۔

1.41 संकरो (संकरः) नरकायैव (नरकाय + एव) कुलघ्नानां (कुल + घ्नानाम) कुलस्य च। पतन्ति पितरो ह्येषां (हि + एषाम्) लुप्तपिण्डोदकक्रियाः (लुप्त + पिण्ड + उदक + क्रियाः)।।

1.41 मिले जुले वंशज, नरक के लिये + ही हैं, कुलनाशियों और कुल के। डूबते हैं पितर भी इनके, न होने से+ पिण्ड और+ जल दान+ क्रियाएं ।।

1.41 नरक जीते अनचाहे बच्चे, कुल को मारते कुल गिरते।
इनके पितृ कभी तरते, पिण्ड दान यह कुछ न करते।।41।।

1.41 Sankaro (Sankarah) narakaayaiva (narakaaya + eva) kulaghnaanaam (kula + ghnaanaam) kulasya cha.
Patanti pitaro (pitarah) hyeshaam (hi + eshaam) luptapindodakakriyaah (lupta + pinda + udaka + kriyaah).

1.41 The hybrids belong to hell + only as heirs of the family destroyers and the families. Down fall their forefathers too, because by ending + grain ball + and water + offering performances.

1.41 These heirs of family killers and family, deep fall to hellish life.
Even doom their fore fathers, by closing family's traditional file. ||41||

۱۰۴۱۔ سنکرو (سنکرہ) نرکائیو (نرکائی+ایو) کلگھنانام (کل +گھنانام) کلسی چ،
پتنتِ پترو ہیی شام (وِ+ایشام) لپتپنڈ ودککریاہ (لپت+ پنڈ+اُدک+کریاہ)۔

۱۰۴۱۔ دونسلی بچے دوزخ کے+ہی ہیں، خاندان ختم کرنے والوں اور کنبہ والوں (اِن دونسلوں) کے،
گرتے ہیں ابا و اجاداد بھی+اِنکے، ختم کرنے سے+ پنڈ اور پانی دینے کے کاموں کو۔

۱۰۴۱۔ کنبہ اورکنبہ مارنےوالوں کے،سنکر بچے دوزخ میں جیتے قاتل بنتے۔
باپ دادوں کےآخری حقوق،انجام نادے کےاُنہیں ہی ختم کریتے۔

1.42 दोषैरेतैः (दोषैः + एतैः) कुलघ्नानां वर्णसंकरकारकैः (वर्ण + संकर + कारकैः)। उत्साद्यन्ते जातिधर्माः (जाति + धर्माः) कुलधर्माश्च (कुल + धर्माः + च) शाश्वताः।।

1.42 दोषों से+ऐसे कुल घातियों के, वंश की + मिलीजुली संतानों+के कारण। समाप्त हो जाते हैं जातियों के+ धर्म और कुल के धर्म, सनातन (सदैव वाले)।।

1.42 इन अवांछित बच्चों के, परिवार को मारने के पापों से।
सदा के जाति धर्म और, पारिवारिक कर्म भी नष्ट होते।।42।।

1.42 Doshairetaih (Doshaih + etaih) kulaghnaanaam varnasankarakaarakaih (varna + sankara + kaarakaih).
Utsaadyante jaatidharmaah (jaati + dharmaah) kuladharmaashcha (kula + dharmaah + cha) shaashvataah.

1.42 Such + blunders of family destruction, by family's + mixed breed ancestors + cause.
The end of family's + religion and + lineage's + religion the eternal.

1.42 Destruction deeds of family killers,and unworthy children.
Destroy communal duties, and nullify welfare traditions. ||42||

۱۰۴۲۔ دوشیریتیہ (دوشیہ + ایتیہ) کلگھنانام ورنسنکرکارکیہ (ورن+سنکر+کارکیہ)،
اُتسادینتے جاتِدھرماہ (جاتِ+دھرماہ) کلدھرماشچ (کلدھرماہ +چ) شاشوتاہ۔

۱۰۴۲۔ غلتیوں سے+ ایسی، خاندان مارنے والی، ناپاک(بندوں کی ناپاک)+اولادوں کی+ وجہ سے،
ختم ہوجاتے ہیں، خاندانی مذہب اور گھریلو رسومات عبدی۔

۱۰۴۲۔ ایسی غلطیاں خاندان کے قاتلوں کے، دونسلی بچوں کی۔
خاندانی مذہب اور قنبہ کی روایت، بھی ختم کر دیتیں۔

1.43 उत्सन्नकुलधर्माणां (उत्सन्न + कुल + धर्माणाम्) मनुष्याणां जनार्दन। नरके नियतं वासो भवतीत्यनुशुश्रुम (भवति + इति + अनुशुश्रुम)।।

1.43 नष्ट होता है, + कुल + धर्म मानवों में हे! जनार्दन। नरक में ही लगातार रहना पड़ता है, + ऐसा + सुना है।।

1.43 जिनके कुल धर्म नष्ट हो जाते, जनार्दन! उनके लिये सुना है।
नरक में ही वो बस जाते, शुरु से शिष्यों ने गरुओं से सुना है।।43।।

1.43 Utsannakuladharmaanaam (Utsanna + kula + dharmaanaam) manushyaanaam janaardana. (swajanam + udyataah).
Narake niyatam waso (wasah) bhawateetyanushushruma (bhawati + iti + anushushruma).

1.43 Gets destoyed, + ancestral + religion amongst men, O! Janaardan. Within hell only, will be bound to live, + so + have been heared.

1.43 Janardan! family's religion killers, always go to hell very fast.
This has been customarily told, by teachers to pupils of past. ||43||

۱۰۴۳۔ اُتسنَّکُلَدھَرْ مانامْ (اُتْسَنّ+کُل+دھَرْ مانامْ) مَنُشْیانامْ جَنارْدَنَ،
نَرَکے نِیَتَمْ واسوَ بھَوَتِیْتْیَنُشُشْرُمَ (بھَوَتِ+اِتِ+اَنُشُشْرُمَ)۔

۱۰۴۳۔ خاتمہ ہونے سے +مذہب +کنبہ، انسانوں کا یا!جنارْدَنَ (کرشن)،
دوذخ میں مسلسل گھر ہو جاتا ہے، ایسا سنا ہے(نسل درنسل غلطیوں سے علم کی تباہی کے زریعہ)۔

۱۰۴۳۔ یا! جناردن خاندان اور خاندانی روایات، مارنے والے لوگ۔
ہمیشہ گذارتے ہیں دزخ میں ، کہتے شاگردوں سے استاد لوگ ۔

1.44 अहो बत महापापं कर्तुं व्यवसिता वयम्। यद्राज्यसुखलोभेन (यत् + राज्य + सुख + लोभेन) हन्तु स्वजनमुद्यताः (स्व+जनम् + उद्यताः)।।

1.44 अरे! आश्चर्य है, महान पाप करना निश्चित किया है हमने। क्योंकि + राज्य + सुख के लालच में, मारने हेतु , अपने+लोगों को, + उतावले हैं।।

1.44 ओहो! घोर आश्चर्य है हमने, महा पाप करना किया निश्चित।
राज्य सुख के लालच में हम, अपनों के ही वध को हैं उद्यत।।44।।

1.44 Aho bata mahatpaapam (mahat + paapam) kartum vyavasitaa vayam.
Yadraajyasukhalobhena (Yat + raajya + sukha + lobhena) hantum swajanamudyataah (swa + janam + udyataah).

1.44 Oh! strange is that, this huge + sin, to incur is caused by us. Because + for achieving ruling + pleasure + under greed, to kill our own + people, we are ready.

1.44 It is astonishing that we have, decided to commit this sinful act.
Under greed to rule and enjoy, agreed to kill by personal tact. ||44||

۱۰۴۴۔ اَہوَ بَت مَہَتپاپَم(مَہَت+ پاپَم) کَرتُم وِیَوَسِتا وَیَم،
یَدراجیَسُکھلوبھین(یَت +راجیَ+سُکھ+لوبھین) ہَنتُم سْوَجَنمُدیَتاہ(سْوَ+ جَنَم+اُدیَتاہ)۔

۱۰۴۴۔ اہ! حیران ہوں بہت کہ+ پاپ کرنے کا فیصلہ لیا ہے ہمنے ،
جس سے +حکومت کرنے کے +سکھ کے+لالچ میں، مارنے کے لئے، اپنے ہی+لوگوں کو+ تیار ہیں۔

۱۰۴۴۔ حیرت ہے!مذہب مارنے کا، گھنونا پاپ خود طے کرکے ہم۔
حکمران خوشی کے لالچ میں، اپنوں کے قتل کرنے تیار ہیں ہم۔

1.45 यदि मामप्रतीकारमशस्त्रं (माम् + अप्रतीकारम् + अशस्त्रम्) शस्त्रपाणयः (शस्त्र + पाणयः)।धार्तराष्ट्रा रणे हन्युस्तन्मे (हन्युः + तत् + मे) क्षेमतरं (क्षेम + तरम्) भवेत्।।

1.45 यदि मुझे + निर्विरोध, + निशस्त्र ही शस्त्र + धारी। धृतराष्ट्र पुत्र, रण में मार दें + तो वो + मेरे लिये श्रेष्ठ + तर होगा।।

1.45 यदि बचाव न करने पर, या शस्त्र नहीं उठा कर।
धृतराष्ट्र पुत्र मार दें मुझको, होगा वही श्रेयस्कर।।45।।

1.45 YadiMaamaprateekaaramashastram(Maam+aprateekaaram+ashastram)shashtrapaanayah (shashtra + paanayah).
Dhaartaraashtraa rane hanyustanme (hanyuh + tat + me) kshemataram (kshema + taram) bhavet.

1.45 If to me + unencountered, + even unarmed the armed. Dhritraashtr, in battle field, killed, it will be better.

1.45 If I am killed by Dhritrashtr's sons,fighting here in this war field.
Without retaliating or raising weapons, better death shall I yeild. ||45||

۱۰۴۵۔ یدِ مامپرتیکارمَشستڑم(مام+اَ پرتیکارم+اَشستڑم) شستڑ پامیہ(شستڑ + پامیہ) ،
دھارتَراشٹرا رَنے ہنیستھ (ہنیہ + تَث + مے) کشیمَتَرم بھویث۔

۱۰۴۵۔ اگر مجھے+ مخالفت کئے بغیر +نہتا ہی، مسلح،
دھرِتراشٹر کے بیٹے میدان جنگ میں ماردیں+ وہ+ میرے لئے، بہتر ہوگا۔

۱۰۴۵۔ بہتر ہوگا مجھ کو نہتاہی، اگر ماریں مئیں سہ لوں مار۔
دھرتراشٹر کے بیٹے کردیں خون، مجھے مار کے وے ہتھیار۔

<u>संजय उवाच Sanjay uvaacha संजय बोले Sanjay said</u> سنجَے اُواچ سنجے بولے

1.46 एवमुक्त्वार्जुनः (एवम् + उक्त्वा + अर्जुनः) संख्ये रथोपस्थ उपाविशत्। विसृज्य सशरं (स + शरं) चापं शोकसंविग्नमानसः (शोक + सविग्न + मानसः)।।

1.46 ऐसा + कह कर + अर्जुन समर भूमि में, रथ की गद्दी पर, फिर बैठ गये। एक ओर रख कर बाण + सहित धनुष, दुःखी + अशान्त + मन से।।

1.46 ऐसा कह कर युद्ध भूमि में, रथ की गद्दी पे अर्जुन बैठे।
धनुष बाण किनारे रख के, शोक संतप्त उद्विग्न हो के।।46।।

1.46 Evamuktvaarjunah (Evam + uktvaa + Arjunah) sankhye rathopastha (rath + upastha) upaavishat.
Visrijya sa + sharam chaapam shokasamvignamaanasah (shoka + samvigna + maanasah).

1.46 Thus + having spoken, + Arjun in the battle ground, over the seat of the chariot + sat down again. Having kept the arrows + with bow aside, sad + with wavering + heart.

1.46 Saying this in the battle field, Arjun seated himself in chariot.
Keeping his bow arrows aside, sorry aggrieved fallen heart. ||46||

۱۰۴۶۔ ایومکتوارجنہ(ایوم +اُکتوا +ارجنہ) سنکھیے رتھوپستھے (رتھ +اُ پستھے) اُپاوِشث،
وِسرِجی سَشَرَم(سَ+شَرَم) چاپَم شوک+سَموِگن + مانسہ۔

۱۰۴۶۔ ایسا +کہ کے+ارجن میدان جنگ میں، رتھ کی+گدی پے، پھر جا بیٹھے ۔
ایک طرف رکھ کے تیروں کے ساتھ کمان، دکھ +بھرے +دل کے ساتھ۔

۱۰۴۶۔ اِتنا کہ کے جنگ کی زمین پے، رکھ کے تیر کمان ارجن۔
دُکھی بیٹھے رتھ کی گدّی پے، نہ لڑنے کی دے کے زبان ارجن۔

अध्याय-2 : सांख्य योगः CHAPTER– 2 : SANKHY YOGAH

باب۔(۲) سانکھی یوگہ

- ज्ञान चक्षुओं से आत्म साक्षात्कार कीजिये जो सच्चा ज्ञान है।
- सच्चे ज्ञान से भय और मोह रहित होकर अपने कर्त्तव्य में लगिये और निष्पाप कर्म कीजिये।
- कर्म फल छोड़ना कर्म बंधन से छुटकारा है।
- कर्मयोगी बंधन मुक्त हो कर धर्म कर्तव्य के लिये संघर्ष करते हैं।
- शुद्ध बुद्धि ज्ञान से परम शान्ति और परमात्मा प्राप्त होते हैं।

- Seeing yourself with the eyes of knowledge is true knowledge.
- With true knowledge be fearless and unattached. And then do your duty and perform without sin.
- To renounce the resultant fruits of your actions is to be free from the action bondage.
- The karmyogi ie the one devoted to duty fights for religion unattached.
- Pure mind gives Supreme peace and Supreme soul.

۱۔ عقل کی نظروں سے اپنی ہی روح کو سامنے سے دیکھنا ہی حقیقی علم ہے۔
۲۔ اسی حقیقی علم سے ڈر اور منسلکہ سے خالص ہوکر خود کے کام میں لگیئے اور پاپ کے بغیر کام کیجیئے۔
۳۔ کام کے نتیجے (پھل) چھوڑنا ہی کام کی زنجیروں سے آزادی پانا ہے یعانی قاید سے چھوٹنا ہے۔
۴۔ بغیر پاپ کے خودکا کام کرنے والے (کرم یوگی) کام سے بندھے بنا (آزاد) فرض منصبی سے زیادہ کام کرتے ہیں۔
۵۔ صاف زہن انتہائی سکون اوراعلی روح دیتا ہے۔

अध्याय-2 CHAPTER – 2 باب(۲)

संजय उवाच Sanjaya uwaacha संजय बोले Sanjaya said سنجے اُواچ سنجے بولے

2.1 तं तथा कृपयाविष्टमश्रुपूर्णाकुलेक्षणम् (कृपया + आविष्टम् + अश्रु + पूर्ण +
आकुल + ईक्षणम्।)। विषीदन्तमिदं (विषीदन्तम् + इदम्) वाक्यमुवाच (वाक्यम् + उवाच) मधुसूदनः।।

2.1 उस ऐसी दया से + भरे + आंसू + भरी + परेशान + आँखों वाले। दुःखी अर्जुन से यह + बात + बोले, मधुसूदन।।

2.1 दया और ऑसुओं से भरे, शोक में डूबे अर्जुन से।
मधु सूदन ने यह कहा, देख उसे विंह्वल रण में ।।1।।

2.1 Tam tathaa kripayaavishtamashrupoornakulekshanam (kripayaa + aavishtam + ashru + poorna + aakula + eekshanam.).
Visheedantamidam (Visheedantam + idam) vaakyamuwaacha (vaakyam + uwaacha) madhusoodanah (Madhu+soodanah).

2.1 To such out of pity, + tear + filled + anxious + eyed. Sad Arjun, + these s+ words + spoke, Madhusoodan.

2.1 Watching Arjun being soft, with painful heart tearful eyes.
In this moment of grief in war, Madhu Sudan thus advised. ||1||

۲.۱۔ تَم تتا کرِپَیاوِشٹَمَشرُ پوُرنا کُلیکشَنَم (کرِپَیا+آوِشٹَم+اَشرُ+پوُرنَ+آکُل+ایکشَنَم)،
وِشیدَنتَمِدَم (وِشیدَنتَم +اِدَم) واکیَمُواچ (واکیَم +اُواچ) مَدھُسوُدَنَہ۔

۲.۱۔ اُس کو(اَرجُن کو) اِس طرح دیا کے ساتھ+مغلوب+آنسوؤں بھری+آنکھوں کے ساتھ،
دُکھ میں دوبے دیکھ کے +ایسے +مشاورت +کی (یہ+کہا) مَدھُسوُدَن(مَدھُ شیطان کو مارنے والے کرِشن) نے۔

۲.۱۔ درد و دیا کے دکھ سے بے چین ،آنسو بھری آنکھوں والے ارجن سے۔
جاں باز جانگجو کا نرم حال دیکھ کے،شری کرشن نے یہ لفاظ اُس سے بولے تھے ۔

श्रीभगवानुवाच Shribhagawaanuvaacha श्री भगवान बोले Lordshri said شری بھگوانُواچ خدابولے

2.2 कुतस्त्वा (कुतः + त्वा) कश्मलमिदं (कश्मलम् + इदम्) विषमे समुपस्थितम् (सम + उपस्थितम्)।
अनार्यजुष्टमस्वर्ग्यमकीर्तिकरमर्जुन (अनार्य + जुष्टम् + अस्वर्ग्यम् + अकीर्ति + करम् + अर्जुन)।

2.2 कहां से + तुमने, ऐसा अज्ञान + इस कठिन घड़ी में, सामने + खड़ा किया। जीवन मूल्यों की + नासमझी के + आचरण वाला, + नारकीय + अपयशकारी, हे! अर्जुन।।

2.2 कहाँ से अर्जुन! दुःख का, कठिन घड़ी में हुआ अज्ञान।
जीवन मूल्य जो देता गिरा, ज्ञानी को दे तथा अपमान।।2।।

2.2 Kutastwaa (Kutah + twaa) kashmalamidam (kashmalam + idam) vishame samupasthitam (sam + upasthitam).
Anaaryajushtamaswargyamakirtikaramarjuna (Anaarya + jushtam + aswargyam + akirti+karam + Arjuna).

2.2 Where from + have you, such + ignorance + at this testing time, brought + in. Of not understanding the values of life, + kind behaviour + hellish + infame + causing, + O! Arjun.

2.2 Where from have you got, Parth! unsuitable weakness in such gruel time.
Which is defamatory,heaven sniper, not understanding the life value kind.

۲۰۲۔ کُتَسْتْوا(کُتہ+تْوا) کَشْمَلَمِدَمْ (کَشْمَلَمْ+اِدَمْ) وِشَمے سَمُپَسْتھِتَمْ،
اَنارْیَجُشْٹَمَسْوَرْگیَمَکِیرْتِکَرَمَرْجُن (اَناری+ جُشْٹَمْ +اَسْوَرْگیَم+کِیرْتِ+کَرَم+اَرْجُن)۔

۲۰۲۔ کہاں سے+تمہیں، لاعلم کی ملول حالت+اِس امتحان میں مِلی ،
جواخلاقی پابندی اورخدکی تشخیص رجنت سےمحروم کرکے بدنامی کی وجہ ہوتا ہے یا! اَرْجُن۔

۲۰۲۔ ارجن کیوں احساس جرم سے، وقت جنگ تُم کمزور پڑتے۔
لاعلم لامذہبی سے درد میں،جنگجو کی قابلیت فضول کرتے۔

2.3 क्लैब्यं मा स्म गमः पार्थ नैतत्त्वय्युपपद्यते (न + एतत् + त्वयि + उपपद्यते)।
क्षुद्रं (क्षुद्रम्) हृदयदौर्बल्यं (हृदय + दौर्बल्यम्) त्यक्त्वोत्तिष्ठ (त्यक्त्वा + उत्तिष्ठ) परन्तप।।

2.3 नपुंसक मत बनो पार्थ! नहीं + यह + तुमको + शोभा देता है।
तुच्छ है हृदय की + दुर्बलता, इसे छोड़कर + उठो, हे! परन्तप।।

2.3 पार्थ! तुम्हें शोभा नहीं देती, ऐसी कायरता छोड़ के उठो।
नीच निर्बलता छोड़ के मन की, शत्रु दमन कारी हे! उठो।।3।।

2.3 Klaibyam maa sma gamah Paartha naitattwayyupapadyate (na + etat + twayi + upapadyate).
Kshudram hridayadaurbalyam (hridaya + daurbalyam) tyaktwottishtha (tyaktwaa + uttishtha) Parantapa.

2.3 Do not be sterile O! Parth, this+ to you + does not suit. Mean is the heart's,+ weakness, having left it + get up, O! Parantap.

2.3 Leave this impotence O ! Parth, small is it does not suit you.
Rise up O! enemy killer Arjun, in war it is of no use to you. ||3||

۲۰۳۔ کلَیبیَم ما سْمَ گَمَہ پارْتھ نیتَتْوَیّوپَپَدْیَتے (نَ+ ایتَت+ توَیِ + اُپَپَدْیَتے)،
کْشُدْرَم ہْرِدَیَہ دَورْبَلْیَم (ہْرِدَیَ+دَورْبَلْیَم) تیَکْتوو تِشْٹھَ (تیَکْتوا +اُتِشْٹھَ) پَرَنْتَپ۔

۲۰۳۔ نامردگی مت قبول کرو یا! پْرِتھازادے (پارْتھ/ارْجن)، یہ+تمہارے لئے+ نامناسب ہے،
کمتر ہوتی ہے دل کی +کمزوری اِسے چھوڑ کے اُٹھو یا! پَرَنْتَپ (دشمن مارنے والے ارْجن)۔

۲۰۳۔ پرتھا کے بیٹے! عدمکاری نیچ ہے، مت ایسے وقت اُس کو پالو تُم۔
چھوڑو من کی کمزوری جنگ ہے، یا! جنگجو لڑو ہتھیار اٹھالو تُم۔

<u>अर्जुन उवाच Arjuna uvaacha अर्जुन बोले Arjun said</u> ارْجن اُوچ ارْجن بولے

2.4 कथं (कथम्) भीष्ममहं (भीष्मम् + अहम्) संख्ये द्रोणं (द्रोणम्) च मधुसूदन (मध+सूदन)। इषुभिः प्रतियोत्स्यामि पूजार्हावरिसूदन (पूजा + अर्हा + अरि + सूदन)।।

2.4 कैसे भीष्म पर + मैं, युद्ध में और द्रोण पर भी हे! मधु दैत्य+ को मारने वाले (मधुसूदन कृष्ण)। तीरों से उलट वार करूँगा? पूजा करने + योग्यों को + हे! शत्रु+हंता (अरिसूदन कृष्ण)।।

2.4 कैसे मार सकूँगा युद्ध में, भीष्म और द्रोण को मधु सूदन।
उलट वार तीरों से करूँगा, पूज्यनीयों पर क्यों अरि सूदन।।4।।

2.4 Katham Bheeshmamaham (Bheeshmam + aham) sankhye dronam cha Madhusoodana (Madhu + soodana).
Ishubhih pratiyotsyaami poojaarhaawarisoodana (pooja + arhao + Ari + soodana) ||4||

2.4 How shall, on Bheeshm + I, in the battle and on Dron O! Madhusoodan (Krishn the killer of demon named Madhu). Strike back arrows on worship + ables + O! the enemy + killer (Arisoodan Krishn).

2.4 How shall I confront, Madhusudan! Bhism and Dron as enemy.
Shall aim arrows at them, Arisudan! as I worship them already. ||4||

۲۰۴۔ کَتھَم بھیشْمَمَہَم (بھیشْمَم +اَہَم) سَنْکھیے دْرونَم چَ مَدھُسوْدَن،
اِشُبھِہ پْرَتِیوتْسْیامِ پوْجارْہاوَرِسوْدَن (پوْجا + اَرْہو + اَرِ+سوْدَن)۔

۲۰۴۔ کیسے بھیشم کو +مَیں جنگ میں اور درون کو بھی یا! مَدھُسوْدَن (مَدھُ شیطان کو مارنے والے کرِشن)،
تیروں سے جوابی حملہ کرونگا قابل عبادت لوگوں کو۔

۲۰۴۔ مدھو شیتان کومارنے والے کرِشن! یہ بوجھا نہیں آپ مُجھ پے ڈالیں۔
بھیشم درون کی عبادت کرتاہوں میں اُنہیں مارنے سے مجھ کو بچا لیں۔

2.5 गुरूनहत्वा (गुरून् + अहत्वा) हि महानुभावान् (महा + अनुभावान्) श्रेयो (श्रेयः) भोक्तुं भैक्ष्यमपीह (भैक्ष्यम् + अपि + इह) लोके। हत्वार्थकामांस्तु (हत्वा + अर्थ + कामान् + तु) गुरूनिहैवभुंजीय (गुरून् + इह + एव + भुंजीय) भोगान्रुधिरप्रदिग्धान् (भोगान् + रुधिर + प्रदिग्धान्)।।

2.5 गुरुओं को, + न मार कर + महान + पुरुषों के लिये, अच्छा है, भोगना भीख माँग कर + भी + यहॉ (इस संसार में)।
हत्या + की + इच्छा से + लेकिन, गुरुओं को + इन, + ऐसे (वध कर के) + भोगने से,सब भोग + रक्त से + सने होंगे।।

2.5 गुरुओं महापुरुषों को मारूँ, इससे अच्छा यहां माँगू भीख।
लाभ चाह के मारते जो गुरु, भोगों में लेते वो रक्त सींच।।5।।

2.5 Guroonahatwaa (Guroon + ahatwaa) hi mahaanubhaawaan (mahaa + anubhaawaan) shreyobhoktum (shreyah + bhoktum) bhaikshyamapeeha (bhaikshyam + api + iha) loke. Hatwaarthakaamaanstu (Hatwaa + artha + kaamaan + tu) guroonihaiva (guroon + iha + eva) bhunjeeya bhogaanrudhirapradigdhaan (bhogaan + rudhira+ pradigdhaan).

2.5 Instead of killing, + the teachers, certainly the great + men should better be + living, through begging + too + in this world. But + killing + for the sake of + desire to kill teachers, all the fruits got for enjoyment, + will be blood + soaked.

2.5 For leaders It is better to beg for earning, than to kill teachers.
All goods we get for killing, blood soaked will be of teachers. ||5||

۲۰۵۔ گرُونہتوا (گرُون + اَہتوا) ہِ مَہانُبھاوان (مَہا + انُبھاوان)، شریو (شریَہ) بھوکتُم بھیکشیمپیہ (بھیکشیم + اپِ + اِہ) لوکے،
ہتوارتھکاماںستُ (ہتوا + ارتھ + کامان + تُ) گرُونیہیو (گرُون + اِہ + ایو) بھُنجی بھوگانرُدھرپرَدِگدھان (بھوگان + رُدھر + پرَدِگدھان)۔

۲۰۵۔ اُستادوں کو + نامارکے + عظیم لوگوں کے لئے + بہتر ہے، لطف اُٹھانا، بھیک مانگ کے + بھی دنیا میں،
مارکے + لطف اُٹھانے کی + چاہت سے + لیکن اُستادوں کو + ایسے + لطف کی ہر چیز خون سے بھیگی ہوئی مِلیگی۔

۲۰۵۔ استادوں کو مارکے جینے سے، بہتر ہے مانگنا بھیک بھی یہاں۔
ہر وہ چیز جو مارکے ملتی، خون سے جاتی ہے بھیگ ہی یہاں ۔

2.6 न चैतद्विद्मः (च + एतत् + विद्मः) कतरन्नो (कतरत् + नः) गरीयो (गरीयः) यद्वा (यत् + वा) जयेम यदि वा नो (नः) जयेयुः। यानेव (यान् + एव) हत्वा जिजीविषामस्तेऽवस्थिताः (जिजीविषामः + ते + अवस्थिताः) प्रमुखेधार्तराष्ट्राः (प्रमुखे + धार्तराष्ट्राः)।।

2.6 न तो+ यह + जानता हूँ ,कि क्या + हमारे लिये, अच्छा है, हमारा जीतना, अथवा हम पर उनका जीतना। जिन्हें + निश्चित ही, मार कर हम नहीं जीना चाहेंगे, + वही + खड़े हैं, सामने,+ धृतराष्ट्र के पुत्र।।

2.6 नहीं जानते क्या हमें अच्छा, हमारी उन पे या उनकी हम पे जीत।
जिन्हें मारके जीना नहीं चाहते, वही धृतराष्ट्र पुत्र सामने चाहें जीत।।6।।

2.6 Na chaitadvidmah (cha + etat + vidmah) kataranno (katarat + nah) gareeyo (gareeyah) yadwaa (yat + waa) jayema yadi waa no (nah) jayeyuh.
Yaan + eva hatwaa na jijeewishaamasteavasthitaah (jijeewishaamah + te + avasthitaah) pramukhe Dhaartaraashtraah.

2.6 Neither do + this + I know, what + for us, is better, + weather our victory or over us their conquest. Killing whom we will not wish to live+ they + are standing, in the front, + those very Dhritraashtr's sons.

2.6 Ours over them or theirs over us, don't know which win will favour us
After killing whom don't want life, those Dhritrashtr's sons devour us. ||6||

۲۰۶۔ نَ چَیتَدْ وِدْمَہ (چَ +ایت+وِدْمَہ) کَتَرّنوَ (کَتَرَت+نَہ) گَریو، یَدْوا جَیم یَدِ وا نوَ جَییُہ ،
یانیوَ ہَتْوا نَ جِجیوِشامَستے اَوَسْتھِتاہ (جِجیوِشامَہ + تے +اَوَسْتھِتاہ) پْرَمُکھے دھارْتَراشْٹراہ۔

۲۰۶۔ نہ ہی اور+یہ+ہم +جانتے ہیں کہ، جو+ہمارے لئے بہتر ہے، کہ ہم جیتیں اگر یا کہ وہ ہم پے فتح حاصل کریں ،
جنہیں مار کے ہم کبھی نہیں، جینا چاہتے ،+وے ہی +کھڑے ہیں سامنے، دھرِتراشٹر کے بیٹے ۔

۲۰۶۔ نہیں جانتا کیا اچھا ہے، اِس جنگ سے جیت یا ہار کا ملنا ۔
نہیں چاہتے جنہیں مار کے جینا ، وہی کَورو چاہتے لڑنا ۔

2.7 कार्पण्यदोषोपहतस्वभावः (कार्पण्य + दोष + उपहत + स्वभावः) पृच्छामि त्वां धर्मसम्मूढचेताः (धर्म + सम्मूढ + चेताः)। यच्छ्रेयः (यत् + श्रेयः) स्यान्निश्चिन्तं (स्यात् + निश्चिन्तम्) ब्रूहि तन्मे (तत् + मे) शिष्यस्तेऽहं (शिष्यः + ते + अहम्) शाधि मां त्वां प्रपन्नम्।।

2.7 क्षुद्र + दुर्बलता+ग्रस्त + स्वभाव से, मैं पूछता हूँ आपसे, धर्म + भ्रष्ट हुए + हृदय से। जिसमें + कल्याण हो + निश्चित कर के, वह मार्ग + मुझे बताइये, शिष्य हूँ + आपका, + मैं, उपदेश दें मुझे, आपकी शरण में हूँ।।

2.7 निर्बलता लदे स्वभाव और, धर्म से हटे भ्रमित मन से पूछ रहा हूँ।
विश्वास से जो अच्छा है कहें, शिष्य हूँ शरण आ चुका क्या करूँ।।7।।

2.7 Kaarpanyadoshopahataswabhaawah (Kaarpanya + dosha + upahata + swabhaawah) prichchhami twaam dharmasammudhachetaah (dharma+sammoodha + chetaah).
yachchhreyah (yat + shreyah) syaannishchitam (syaat + nishchitam) broohi tanme (tat + me) shishyasteaham (shishyah + te + aham) shaadhi maam twaam prapannam.

2.7 Down with + weakness + pressed + nature, I ask You, through religion + distracted/ doubtful + heart. The blissfully + confirmed way, tell that + to me, disciple + Yours + I am, instruct me, in You I have taken refuge.

2.7 Compelled by weakened heart, forgotten duties being in doubt.
As your pupil I seek your words, asking you to clear my doubt. ||7||

۲۰۷۔ کارپنیدوشوپہتسوبھاوہ (کارپنی + دوش + اُپہت + سوبھاوہ) پرچھامِ توام دھرمسموڈھچیتاہ (دھرم + سموڈھ + چیتاہ)،
یچھریہ (یت + شریہ) سیانشچتم (سیات + نشچتم) برُوہی تنمے (تت + مے) ششیستےاہم (ششیہ + تے + اہم) شادھی مام توام پرپنم۔

۲۰۷۔ بددماغ + کمزوری + کی + فطرت کے زریعہ، پوچھ رہا ہوں آپ سے، میں شکی لامذہب ضمیر کے ساتھ،
جو بہتری کا + ہو، + فیصلہ کن کہیے وہ + مجھ سے، چیلا ہوں + آپکا + میں، میری رہنمائی کریں میں آپکی پناہ میں ہوں۔

۲۰۷۔ پناہ لی آپ کی، یا خدا! ہوا میں آپکا چیلا۔
کیا کروں کیا نہیں، من بے صبر ہوا فرض بھولا۔

2.8 न हि प्रपश्यामि ममाप्नुद्याद्यच्छोकमुच्छोषणमिन्दियाणाम् (मम + अपनुद्यात् + यत् + शोकम् + उच्छोषणम् + इन्द्रियाणाम्)। अवाप्य भूमावसपत्नमृद्धं (भूमौ + असपत्नम् + ऋद्धम्) राज्यं सुराणामपि (सुराणाम् + अपि) चाधिपत्यम् (च + अधिपत्यम्)।।

2.8 नहीं कहीं दिखता मुझे, मेरा + दूर हो + जिससे + दुःख यह, + सुखाने वाला + इन्द्रियाँ । मिलने में, पृथ्वी पर + शत्रु विहीन + समृद्ध राज्य अथवा देवताओ पर + भी राज्य करने में + ही।।

2.8 कुछ भी नहीं कर सकता दूर, इन्द्रिय सुखाता यह दुःख मेरा।
शत्रु विहीन समृद्ध भूमि हो, या हो देवताओं पे राज्य तक मेरा।।8।।

2.8 Na hi prapashyaami mamaapanudyaadyachchhokamuchchhoshanamindriyaanaam (mama + apanudyaat + yat + shokam + uchchhoshanam + indriyanaam).
Awaapya bhoomaavasapatnamriddham (bhoomau + asapatnam + riddham) raajyam suraanaamapi (suraanaam + api) chaadhipatyam (cha + adhipatyam). ||8||

2.8 Nowhere do I see, that which can remove my senses drying sorrow. Neither in bountiful kingdom over enemy less Earth nor in ruling over Gods.

2.8 I see no means that can, rid me of this senses drying grief.
Neither enemy free kingdom, nor my becoming gods' chief. ||8||

۲۰۸۔ نَ ہِ پَرپَشیامِ مماپنُدیادْ یچھوکچھو شمندریانامْ (مَم+اَپنُدیات+یت+شوکَم+اُچھوشَنَم+ اِندریانامْ)،
اواپی بھوماوَسَپتنَم رِدّھَم (بھومَو+اَسپتنَم+رِدّھَم) راجیم سُرانامَپ (سُرانام+اَپِ) چادھِپتیم (چ+ادھیپتیم)۔

۲۰۸۔ ناہی دیکھ پاتاہوں (وہ جس سے) میرا +دور ہوسکے+جس سے+دکھ +سکھانے والا +حواس ،
نہ پانے میں+زمین،+بغیر مخالفت کی، نہ دولتمند+بادشاہت اور نہ ہی خداوں پر+بھی میلکیت ہی۔

۲۰۸۔ حواس سکھاتا ہو، یہ میرا، دکھ دور کیسے ہوگا کہئے رب۔
جنت زمین حکمرانی خدانے،ناچاہوں نالگتے زریعہ ہی اب۔

संजय उवाच Sanjaya uvaacha संजय बोले Sanjay said سنجے اُواچ سنجے بولے

2.9 एवमुक्त्वा (एवम् + उक्त्वा) ऋषीकेशं (ऋषीकेशम्) गुडाकेशः परन्तपः। न योत्स्य इति गोविन्दमुक्त्वा (गोविन्दम् + उक्त्वा) तूष्णीं बभूव ह।।

2.9 ऐसा + कह कर, इन्द्रियों के स्वामी ऋषिकेश (कृष्ण) से, अज्ञान मिटाने वाला गुडाकेश (अर्जुन), शत्रु दमनकारी परन्तप (अर्जुन)। 'नहीं लडूँगा', ऐसा इन्द्रियों को सुख देने वाले गोविन्द (कृष्ण) से कह कर, चुप हो गया सचमुच।।

2.9 इन्द्रियों के स्वामी ऋषिकेश से, अज्ञानता व शत्रु हंता अर्जुन।
'गोविन्द! मैं युद्ध नहीं लडूँगा' कह कर, चुप हो गये अर्जुन।।9।।

2.9 Evamuktwaa (Evam + uktwaa) Hrishikesham Gudakeshah Parantapah.
Na yotsya iti Govindamuktwaa (Govindam + uktwaa) tooshneem babhoowa ha. ||9||

2.9 Saying thus to the God of senses Hrishkesh (Krishn), ignorance destroyer Gudaakesh (Arjun), the enemy conqueror Parantap (Arjun). "I shall not fight", saying thus to the senses pleasure provider Govind (Krishn), kept quiet surely.

2.9 Having said so to Hrishikesh Krishn, Gudakesh Parantap Arjun.
"Govind! I shall not fight", saying this remained quiet again Arjun. ||9||

۲۰۹۔ ایومکتوا (ایوم+اُکتوا) ہرشیکیشم گڈاکیشہ پرنتپ،
نَ یوتسیَ اِتِ گووِندمکتوا (گووِندم+اُکتوا) توشنیم بھووَ ہ۔

۲۰۹۔ یہ کہ کے ہرشیکیش سے، گڈاکیش (جہالت ختم کرنے والے ارجن) پرنتپ (دشمن مارنے والے ارجن)،
'نہیں لڈونگا'، ایسے کہ کے گووند (سکھ حواس کے شری کرشن) سے، چُپ ہو گئے۔

۲۰۹۔ جہالت اور دشمن دونو کا خاتمہ کرنے والے ارجن نے کہا یہ۔
'یقیناً نہیں لڑونگا میں گووِند'، چپ ہو گئے کرشن سے کہ یہ۔

2.10 तमुवाच (तम् + उवाच) ऋषीकेशः प्रहसन्निव (प्रहसन् + इव) भारत। सेनयोरुभयोर्मध्ये (सेनयोः + उभयोः + मध्ये) विषीदन्तमिदं (विषीदन्तम् + इदम्) वचः।।

2.10 उस से (अर्जुन से) + कहा, ऋषिकेश ने, मानो हँसते हुए + ही, भरत वंशी अर्जुन से। 'दोनों सेनाओं के बीच में शोक भरे + ऐसे शब्द!'।।

2.10 ऋषिकेश ने मानो हँसकर, कहा भरतवंशी अर्जुन से ।
दोनों सेनाओं के बीच में, दुःख की बातें ये आई कैसे।।10।।

2.10 Tamuwaacha (Tam + uwaacha) hrishikeshah (Hrishikeshah) prahasanniva (prahasan + iva) Bhaarata.
Senayorubhayormadhye (Senayoh + ubhayoh + madhye) visheedantamidam (visheedantam + idam) wachah.

2.10 To him (Arjun) + said ,Hrishikesh laughingly + as if, O ! Bharat (ancestor of Bharat). "In the middle of both the armies, such words of sadness!"

2.10 Hrishikesh then laughed and as if, delightfully addressed Bharat.
"Standing in between armies, how come sad you speak Bharat". ||10||

۲۰۱۰۔ تمواچ (تم+اواچ) ہرشیکیشہ پرہسنو (پرہسن+اِو) بھارت،
سینیورُبھیورمدھیے (سینیوہ+اُبھیوہ+مدھیے) وشیدنتمدم (وشیدنتم+اِدم) وچہ۔

۲۰۱۰۔ اُس سے+بولے ہرشیکیش (مالک حواس کرشن)، گویا ہنستے ہوئے، 'یا! بھارت' (بھرت نصل کے ارجن)،
دونو فوجوں کے بیچ میں غمزدہ ایسے بولنا!'۔

۲۰۱۰۔ یا! بھات دونو فوجوں کے، بیچ دِکھا رہے غم و رنج یہ۔

श्रीभगवानुवाच Shribhagavaanuvaacha श्री भगवान बोलेLord Shri said

2.11 अशोच्यानन्वशोचस्त्वं (अशोच्यान् + अन्वशोचः + त्वम्) प्रज्ञावादांश्च (प्रज्ञावादान् + च) भाषसे। गतासूनगतासूँच (गत + असून् + अगत + असून् + च) नानुशोचन्ति (न + अनुशोचन्ति) पण्डिताः।।

2.11 जो शोक करने योग्य नहीं हैं, + शोक करते हो + तुम, उनके लिये, और + पण्डिताई भरी बातें कहते हो। जाएं + प्राण + या न जाएं (रहें) + जान, नहीं + दुःखी होते हैं, विद्वान लोग।।

2.11 शोक करने के योग्य नहीं जो, उनका दुःख कहते होके पण्डित।
प्राण रहें या छोड़े शरीर को, देह का दुःख करते न कभी पण्डित।।11।।

2.11 Ashochyaananvashochastvam (Ashochyaan + anvashochah + tvam) pragyaavaadanshcha (pragyaa + vaadan + cha) bhaashase.
Gataasoonagataasoonshcha (Gata + asoon + agata + asoon + cha) na + anushochanti panditaah.

2.11 For those unworthy people + being sad + you are, and also + doing intellectual + talking. Whether lost + life + or gained + life, never ever + become sorry + the intelligent people.

2.11 For those not worth lamenting, you speak as wise and knowledgable.
Whereas neither for the living, nor for the dead do pine knowledgeable. ||11||

۲.۱۱۔ اَشوَچیانَوشوَچستوَم (اَشوَچیان+انوشوَچہ+توَم) پرَگیاوادانشچ (پرَگیاوادان+چ) بھاشسے،
گتاسونگتاسونشچ (گت+اَسون+اَگت+اسون+چ) نااَنشوَچنتِ (نَ+اَنشوَچنتِ) پنڈتاہ۔

۲.۱۱۔ جوقابل دکھ نہیں ہے، اُسکے لئے غم و الم میں تم عقلمندی کی+باتیں کررہے ہو ،
نِکل گئی +جان یا نہ نکلی + جان +بھی، کبھی نہیں+رنج کرتے عقلمند۔

۲.۱۱۔ نمائش اونچے علم کی، دکھی ہوکے کرتے ہو تُم۔
جینے- مرنے کا کبھی نہیں، عقلمند دکھ کرتے اَرجُن ۔

2.12 न त्वेवाहं (तु + एव + अहम्) जातु नासं (न + आसम्) न त्वं नेमे (न + इमे) जनाधिपाः (जन + अधिपाः)। न चैव (च + एव) न भविष्यामः सर्वे वयमतः (वयम् + अतः) परम्।।

2.12 नहीं लेकिन + न ही + मैं, किसी समय, न + तुम, न + यह सब प्रजा के + राजा नहीं थे। और + न + ही, कभी ऐसा होगा कि हम सब नहीं रहेंगे इसके आगे।।

2.12 मैं तुम और यह सारे राजा, कभी हुआ न कि न रहे थे।
रहे थे ये और अब भी हैं, भविष्य में भी हम सदा रहेंगे।।12।।

2.12 Na twevaaham (tu + eva+aham) jaatu naasam (na + aasam) na tvam neme (na + ime) janaadhipaah (jana + adhipaah).
na chaiva (cha + eva) na bhavishyaamah sarve vayamatah (vayam + atah) param. ||12||

2.12 Neither but + surely, + I, at any time happened not + to be there, nor + you, nor + any amongst these people + rulers. And + definitely nor it will happen, that all of us will not be existing in future.

2.12 It never happened that I, you, and all these kings were not there.
It will never be in future, we are, we were and will always be here. ||12||

۲۰۱۲۔ نَ تویواہَم (تُ+ایوَ +اَہَم) جاتُ ناسَم (نَ+آسَم) نَ تَوَم نیمے (نَ+اِمے) جَناد ھِپاہ (جَنَ+اَد ھِپاہ)،
نَ چَیوَ (چَ +ایوَ) نَ بھوِشیامَہ سَروے وَیَمَتہ (وَیَم+اَ تہ) پَرَم۔

۲۰۱۲۔ نا لیکن+یقیناً+مَیں (خدا) کسی سے نہیں تھا نا تم نایہ سارے راجا لوگ،
نا+اور+ ہی، کبھی ایسا ہوگا، ہم سبھی+رہینگے، آگے بھی۔

۲۰۱۲۔ مَیں تم اور یہ راجا، ہر وقت تھے ہیں اور رہیں گے۔
کبھی بھی ایسا نہ ہوگا کہ، ہم تم اور یہ سب نہ رہیں گے۔

2.13 देहिनोअस्मिन्यथा (देहिनः + अस्मिन् + यथा) देहे कौमारं यौवनंजरा (यौवनम् + जरा)। तथा देहान्तरप्राप्तिर्धीरस्तत्र (देहान्तर + प्राप्तिः + धीरः + तत्र) न मुह्यति।।

2.13 देही अर्थात आत्मा + इस देह में + जैसे, बचपन, यौवन और बुढापा पाने पर। वैसे ही दूसरी देह + पाने पर, + धीरज रखती है, + उनसे (अवस्थाओं से) मोहित नहीं होती है (उन्हें छूती नहीं/उनसे विचलित नहीं होती)।।

2.13 जीवन में आत्मा बचपन यौवन,व वृद्ध होती देह में चुप से चलती।
मरने पे वैसे ही नई देह में, मोहित न विचलित वो धैर्य से चलती।।13।।

2.13 Dehinoasminyathaa (Dehinah + asmin + yathaa) dehe kaumaaram yauvanam jaraa.
Tathaa dehaantarapraaptirdheerastatra (deha + antara + praaptih + dheerah + tatra) na muhyati.

2.13 As the embodied soul + within + this body, (peacefully) acquires childhood, youth and old age (states). In the same way, on acquiring the new body (during transcendence) + it + keeps patience+ there, does not get confused.

2.13 During life as the soul moves quietly , through all the states within body.
After death at transcendent state too, it peacefully moves to new body. ||13||

۲۰۱۳۔ دیہنوٗ اَسمِنیتھا (دیہنہ+اَسمِن+یتھا) دیہے کوٗمارم یوٗونم جرا،
تتھا دیہانتر پراپتِر دھیر ستتر (دیہہ+انتر+ پراپتِہ+دھیرہ+ تتر) ن مُہیتِ۔

۲۰۱۳۔ روح +رہتی ہے +جیسے +اِس دیہ میں، بچپن سے جوانی اوربڑھاپے تک،
ویسے ہی روح کے دوسری دیہ پانے(کے بیچ) پر، دھیرا (صبرکرنےوالے)، شک نہیں کرتے۔

۲۰۱۳۔ بچپن سے جوانی پھر، بڑھاپےمیں چلتی ہے روح۔
اسے چھوڑ پھرنئے دوسرے، جسم میں چلتی ہے روح ۔

2.14 मात्रास्पर्शास्तु (मात्रा + स्पर्शाः + तु) कौन्तेय शीतोष्णसुखदुःखदाः (शीत + उष्ण + सुख + दुः ख + दाः)। आगमापायिनोअनित्यास्तांस्तितिक्षस्व (आगम + अपायिनः + अनित्याः + तान् + तितिक्षस्व) भारत।।

2.14 इन्द्रिय + विषय + किन्तु हे! कुन्ती पुत्र, सर्दी + गर्मी + सुख + दुःख, + देने वाले होते हैं।
आते + जाते + क्षणिक, + उन्हें सह लो, हे! भरत वंशी।।

2.14 इन्द्रिय विषय हे! कुन्ती पुत्र, सर्दी–गर्मी सुख–दुःख जैसे हैं।
कभी न रुकते आते जाते, इन्हें सह लो भारत! क्षण जैसे हैं।।14।।

2.14 Maatraasparshaastu (Maatraa + sparshaah + tu) kaunteya (Kaunteya) sheetoshnasukha-dukhadaah (sheeta + ushna + sukha + dukha + daah).
Aagamaapaayinoanityaastaanstitikshaswa (Aagam + apaayinah + anityaah + taan + titikshaswa) Bhaarata.

2.14 Sense + objects + but, O! Kunti's son, are cold, + heat, + joy + and sorrow + providers.
Coming + going + unstable, Bear them O! Bharat scion.

2.14 Kunti's son! sense objects, like summer and cold will come and go again.
They are passing objects, forebear them O!Bharat! they are not to remain. ||14||

۲۰۱۶۔ ماترا سپرشاستُ (ماترا+سپرشاہ+تُ) کونتیے شیتوشنسکھدُکھداہ (شیت+اُشن+سکھ+دُکھ+داہ)،
آگماپایِنوٗ انِتیاستانستِتکشسو (آگم+اَپایِنہ+اَنِتیاہ+تان+تِتکشسو) بھارت۔

۲۰۱۶۔ حواس اشیاء (مل کے)+لیکن یا! کُنتی کے بیٹے! سردی - گرمی سکھ-دکھ(احساسات) دیتے ہیں،
آتے ہیں جاتے ہیں، کم وقت کے ہیں، اُنہیں سہ لو یا!بھارت۔

۲۰۱۴۔ حواس-اشیاء کے ملنے پر، پیدا سب احساسات ہوتے۔
برداشت کر لو صبر سے سکھ-دکھ، ہروقت کے یہ نہیں ہوتے۔

2.15 यं हि न व्यथयन्त्येते (व्यथयन्ति + एते) पुरुषं पुरुषर्षभ (पुरुष + ऋषभ)। समदुःखसुखं (सम + दुःख + सुखम्) धीरं (धीरम्) सोऽमृतत्वाय (सः + अमृतत्वाय) कल्पते।।

2.15 जिस भी पुरुष को, नहीं विचलित करते हैं + यह (इन्द्रिय विषय), हे! पुरुष + श्रेष्ठ (अर्जुन)। समान रहता है + सुख दुःख में, धैर्यवान वह + अमर होने योग्य है।।

2.15 अच्छे लोगों को इन्द्रियों के, विषय नहीं विचलित करते हैं।
धैर्य से सह लेते सुख दुःख में, एक सा रह मुक्ति पाते हैं।।15।।

2.15 yam hi na vyathayantyete (vyathayanti + ete) purusham Purusharishabha (Purusha + rishabha). Samadukhasukham (Sama + dukha + sukham) dheeram soamritatvaaya (sah + amritatvaaya) kalpate.

2.15 To whomsoever, do not disturb + these (sense objects), that person, O! good soul. Equally bears + pain + and pleasure, patient he + for eternity, becomes capable

2.15 Those who are not shaken, by the dual opposite forces of senses.
Evenly tolerate sense objects, acquire freedom from all the senses. ||15||

۲.۱۵۔ یَم ہِ نَ وْیتھَیَنْتیتے (وْیتھَیَنْتِ +ایتے) پُرُشَم پُرُشَرْشَبھَ (پُرُش +رِشَبھَ)،
سَمَدُکھسُکھَمْ (سَمَ+دُکھَ+سُکھَمْ) دھیرَم سوآمْرِتَتْواۓ (سَہ+اَمْرِتَتْواۓ) کَلْپَتے۔

۲.۱۵۔ جس کو بھی یہ (سکھ-دکھ) نہیں پریشان کرتے وے لوگ یا! بھرت بہترین،
دکھ سکھ برابر، ایک سا صبر سے سہتا ہے، وہ+ امر ہونے+ لائق ہیں۔

۲.۱۵۔ حواس اشیاء سے جڑتے ہیں تو، کنتی زادے! ہوتے احساس۔
دکھ سکھ میں جو ایک سے رہ تے، وہ ہوتے قابل نجات۔

2.16 नासतो (न + असतः) विद्यते भावो (भावः) नाभावो (न + अभावः) विद्यते सतः। उभयोरपि (उभयोः + अपि) दृष्टोअन्तस्त्वनयोस्तत्त्वदर्शिभिः (दृष्टः + अन्तः + तु + अनयोः + तत्व + दर्शिभिः)।।

2.16 न + असत्य (शरीर) है चिर स्थाई, न + बदलता है सत्य (जीवात्मा)। दोनों दिखते (लगते) हैं+ खत्म हुए, परन्तु+ उनकी+ सच्चाई+ भविष्य में दिखती है।।

2.16 देह झूठी है रहती नहीं है, आत्मा इसमें सच्ची है शाश्वत।
भविष्य दर्शियों ने बताए हैं, देख के इन दोनों के यह सच।।16।।

2.16 Naasato (Na + asatah) vidyate bhaavo (bhaavah) naabhaavo (na + abhaavah) vidyate satah. Ubhayorapi (Ubhayoh + api) drishtoantastwanayostattvadarshibhih (drishtah + antah + tu + anayoh + tatva + darshibhih).

2.16 Neither + false (body) remains persistently, nor + changable is the truth (soul). Both appear to have ended, + but + their (of body and soul) + truth + appears in future.

2.16 False exists to end, but truth remains unchanged eternal.
Both appear to end,truth persists in future it proves real. ||16||

۲۰۱۶۔ ناسَتو (نَ+اَستہ) وِدْیتے بھاوُ(بھاوَہ) نابھاوو(نَ+اَبھاوَہ) وِدْیتے سَتہ،
اُبھیورَپِ(اُبھیوَہ +اپِ) دْرِشٹواَ نْتستْونیو سْتتْودَرْشِبھِہ(دْرِشٹہ+اَنْتہ+تُہ+ اَنیوہ+تتْو+دَرْشِبھِہ)۔

۲۰۱۶۔ نا +جھوٹ کا ہوتاہے وجود، نا +بغیر وجود کاہوتاہے سچ،
دونو+ہی دکھتے ہیں+غایب+ لیکن +انکی سچّائ + دیکھتے ہیں + (سچ) دیکھنے والے۔

۲۰۱۶۔ وجودجھوٹ کا بدلتارہتا، سچ لگاتار ایک جیسا قائم۔
دونو کے سچ دیکھتا عقلمند،جھوٹ ہو غائب سچ قایم۔

2.17 अविनाशि तु तद्विद्धि (तत् + विद्धि) येन सर्वमिदं (सर्वम् + इदम्) ततम्। विनाशमव्ययस्यास्य (विनाशम् + अव्ययस्य + अस्य) न कश्चित्कर्तुमर्हति (कश्चित् + कर्तुम् + अर्हति)।।

2.17 अविनाशी परन्तु उसे + समझो, जिससे सब कुछ + यहां (संसार में) व्याप्त है। नहीं है विनाश + अव्यय का + उस (ईश्वर का), करने में कोई समर्थ।।

2.17 पूरी देह में प्राण जैसा, बसता है जो अमर उसे समझो ।
किसी में सामर्थ्य नहीं करे नष्ट, अविनाशी सर्वत्र है वो ।।17।।

2.17 Avinaashi tu tadviddhi (tat + viddhi) yena sarvamidam (sarvam + idam) tatam. Vinaashamavyayasyaasya (Vinaasham + avyayasya + asya) na kashchitkartumarhati (kashchit + kartum + arhati).

2.17 Persistent but understand + Him, Who in every thing + here (in this world) pervades. To destroy + The Indestructible + Him, none + to do (destroy) + is capable.

2.17 An indestructible element exists, within each body Who lies.
Is God part called soul, to which no one is skilled to destroy. ||17||

۲۰۱۷۔ اَوِناشِ تُ تَدْوِدّھِ (تَت+وِدّھِ) ییَن سَرْوَمِدَمْ(سَرْوَمْ+اِدَمْ) تَتَمْ،
وِناشَمَوْیَیَسیاسْی(وِناشَمْ +اَوْیَیَسْی +اَسْی) نَ کَشْچِتْکَرْتُمَرْہَتِ (کَشْچِت +کَرْتُمْ+ اَرْہَتِ)۔

۲۰۱۷۔ لافانی لیکن، اُسے +سمجھو جس سے سب جگہ + یہاں پھیلا ہے ،
خاتمہ لافانی+ کا +اِس، نہیں کویی کرنےلایق (نہیں) ہے۔

۲۰۱۷۔ اِس لازوال کو جانو، جس سے، سب کچھ پھیلا ہے یہاں ۔
جسے کوئی نا ختم کرسکتا، سب کو سمجھو نا قابل یہاں۔

2.18 अन्तवन्त इमे देहा नित्यस्योक्ताः (नित्यस्य + उक्ताः) शरीरिणः। अनाशिनोऽप्रमेयस्य (अनाशिनः + अप्रमेयस्य) तस्माद्युध्यस्व (तस्मात् + युध्यस्व) भारत।।

2.18 अन्त होने वाले इन शरीरों की नित्य + कहलाती है, जीवात्मा। अविनाशी, अपरिमापी, अतः युद्ध करो हे! भारत।।

2.18 मरने वाले इस शरीर में, अमर कहलाती जो बसती आत्मा।
इसलिये युद्ध करो भारत, सूक्ष्म एवं अनन्त ही होती आत्मा।।18।।

2.18 Antavanta ime dehaa (dehaah) nityasyoktaah (nityasya + uktaah) shareerinah. Anaashinoaprameyasya (Anaashinah + aprameyasya) tasmaadyudhyaswa (tasmaat + yudhyaswa) Bhaarata.

2.18 Mortal in this body, immortal is+ called the soul. Indestructible, + immeasurable, hence + fight the war, O! Bhaarat.

2.18 Each body is destructible, eternal is the embodied soul.
Fight Bharat! deathless micro, immeasurable is the soul. ||18||

۲۰۱۸۔ اَنْتوَنْت (اَنْت + وَنْت) اِے دیہا نِتْیسیوکْتاہ (نِتْیسی + اُکْتاہ) شَریرِنہ،
اَناشِنوَاَپْرَمییسی (اَناشِنہ + اَپْرَمییسی) تَسْماذیُدھْیَسْوَ (تَسْمات + یُدھْیَسْوَ) بھارَت۔

۲۰۱۸۔ ختم + ہونے والے اِن سب جسموں کی لازوال کہی جاتی ہے ہر روح،
روح لافانی ناقابل پیمائش ہیں اِسلیے جنگ لڑو یا! بھارَت۔

۲۰۱۸۔ مرنے والی دیہ میں رہتی، غایب روح لافانی ہمیشہ۔
بھرت نسلی! جنگ لڑو اپنی، ہر ییک کی روح رہیگی ہمیشہ۔

2.19 य (यः) एनं वेत्ति हन्तारं यश्चैनं (यः + च + एनम्) मन्यते हतम्। उभौ तौ न विजानीतो नायं (न + अयम्) हन्ति न हन्यते।।

2.19 जो इसे (आत्मा को) समझता है मारने वाली, और + जो + इसे समझता है मरने वाली। वह दोनों नहीं जानते कि, यह (आत्मा) न तो मारती है न मारी जा सकती है।।

2.19 कोई जीवात्मा हैं मरते समझे, कोई समझे यह मारते।
नहीं जानते दोनों ही सच, कि यह न मरते न मारते।।19।।

2.19 Ya ainam vetti hantaaram yashchainam (yah + cha + ainam) manyate hatam.
Ubhau tau na vijaaneeto (vijaaneetah) naayam (na + ayam) hanti na hanyate.

2.19 The one who understands it (soul) to be killer, and the one who understands it to be killed. Both of them do not know that it neither kills nor gets killed.

2.19 Some think souls can be killed, others think that it kills.
Both do not know souls, which neither kill nor are killed. ||19||

۲۰۱۹۔ ی اینم ویتِ ہنتارم یشچینم (یہ+چ+اینم) منیتے ہتم،
اُبھو تو نَ وِجانیتو (وِجانیتہ) نایم (نَ+ایم) ہنتِ نَ ہنیتے۔

۲۰۱۹۔ جواِسکو (روح کو) سمجھتاہے مارنےوالی یا جو+اور+ اِسے سمجھتاہے مرنے والی،
وہ دونو ہی نہیں جانتے ہیں کہ یہ نامارتی ہیں نا مرتی ہیں۔

۲۰۱۹۔ کچھ اسے مارنے والی، کچھ مرنے والی سمجھتے ہیں روح کو۔
یہ دونوں سچ نہیں جانتے کہ، نامارتی نامرتی ہے روح تو۔

2.20 न जायते म्रियते वा कदाचिन् नायं (न + अयम्) भूत्वा भविता वा न भूयः। अजो (अजः) नित्यः शाश्वतोऽयं (शाश्वतः + अयम्) पुराणोन हन्यते हन्यमाने शरीरे।।

2.20 न जन्मता या मरता है कभी, न + यह हो कर होने वाला, न फिर होने वाला है। अजन्मा, नित्य, स्थाई, + यह (जीवात्मा/जीवों की आत्मा) आदि है, नहीं मारा जाता, शरीर मारे जाने पर भी।।

2.20 जीवों में आत्मा न जन्मती न मरती हैं, न ही होकर फिर से यह होतीं।
सदा से हैं यह सदा तक हैं, शरीर मर जाते जीवात्मा फिर भी होतीं।।20।।

2.20 Na jaayate mriyate waa kadaachinnaayam (kadaachit + na + ayam) bhootwaa bhavitaa waa na bhooyah.
Ajo (Ajah) nityah shaashwatoayam (shaashwatah + ayam) puraano (puraanah) na hanyate hanyamaane shareere.

2.20 Neither it takes birth, nor dies ever, neither it appears to disappear, nor appears again. Unborn, continuous, stable,+it (soul) is first, remains unkilled when the body is killed.

2.20 Never it takes birth never it dies, without rebirth the soul persists.
Continuous it is endless eternal, body dies soul always exists. ||20||

۲۰۲۰۔ نَ جائیے مْرِیتے وا کَداچِن نایَم(نَ+اَیَم) بھوُتوا بھوِتا وا نَ بھوُیہ،
اَجو نِتیہ شاشوَتو اَیَم(شاشوَتہ+اَیَم) پُرانو نَ ہنیتے ہنیمانے شَریرے۔

۲۰۲۰۔ (روح) نا پیدا ہوتی ہے نا مرتی ہے نا کبھی یہ ہو کے پھر ہوتی ہے نا ہونے والی ہے ،
غیر پیدائش ہمیشہ محکم یہ پہلی ہے، جسم کے مارے جانے سے نہیں مرتی۔

۲۰۲۰۔ روحیں نا پیدا ہوتیں نا مرتیں، نا ہو کے پھر سے ہوتیں۔
ہمیشہ سے ہیں سب میں پرانی، جسم مرتے یہ کبھی نا مرتی۔

2.21 वेदाविनाशिनं (वेद + अविनाशिनम्) नित्यं (नित्यम्) य (यः) एनमव्ययम् (एनम् + अव्ययम्)। कथं (कथम् स (सः) पुरुषः कं (कम्) घातयति हन्ति कम्।।

2.21 जानता है + अविनाशी, नित्य, जो इस (आत्मा) को. + अव्यय। कैसे वह पुरुष किसी को मरवाता या मारता है।।

2.21 जो अविनाशी नित्य अजन्मा, अव्यय आत्मा को समझता है।
हे! पार्थ फिर वो कैसे मार या, किसी को मरवा सकता है।।21।।

2.21 Vedaavinaashinam (Veda + avinaashinam) nityam ya enamajamavyayam (enam+ajam + avyayam).
Katham sa (sah) purushah paartha kam ghaatayati hanti kam.

2.21 Knows+ indestructible, continuous the one who to it (to the soul) +as unborn+ imperishable. How can that person get anybody killed or kill.

2.21 One who knows souls, indestructible and eternal entity.
Parth! how can he, slay any one or get killed by anybody. ||21||

۲۰۲۱۔ وِیداوِناشِنَم (وِیدَ+اَوِناشِنَم) نِتیَم یَ اینَمَجَمَویَیَم (اینَم +اَجَم +اَوِیَیَم)،
کَتھَم سَ (سَہ) پُرُشہ پارتھ کَم گھاتَیَتِ ہنتِ کَم۔

۲۰۲۱۔ جو جانتا ہے +لافانی جاریہ اِس روح کو ناذائدہ لازوال،
کیسے وہ آدمی یا! پارتھ، کسکو چوٹ دے سکتا ہے، مار سکتا ہے کس کو۔

۲۰۲۱۔ روحیں جو لافانی عابدی، ناپیدا ہوں ناڈھلتی جانتا۔
زمین زادے پارتھ! وہ کیسے، کسے ہے مرواتا یا مارتا۔

2.22 वासांसि जीर्णानि यथा विहाय नवानि गृह्णाति नरोअपराणि (नरः + अपराणि)।तथा शरीराणि विहाय जीर्णान्यन्यानि (जीर्णानि + अन्यानि) संयाति नवानि देही।।

2.22 पुराने कपड़ों को, जैसे छोड़कर नए पहनते हैं मनुष्य, + दूसरे। वैसे ही शरीर छोड़कर पुराने, + दूसरे अपनाती है, नए आत्मा।।

2.22 वस्त्र पुराने छोड़ पहनते, जैसे मानव दूसरे नए।
देह पुराने छोड़ पहनते, जीवात्मा भी शरीर नए।।22।।

2.22 Vaasaansi jeernaani yathaa vihaaya navaani grihnaati naroaparaani (narah + aparaani). Tathaa shareeraani vihaaya jeernaanyanyaani (jeernaani + anyaani) samyaati navaani dehee.

2.22 Old clothes just as having left, new wear the humans + other (new). Like that having left the old bodies, + other new accept the souls.

2.22 Just as humans throw off, worn–out clothes and wear new.
The souls also move out, from old bodies to accept new. ||22||

۲۰۲۲۔ واسانْسِ جیرنانِ یتھا وِہای نوانِ گرہناتِ نروَاَپرانِ (نرَہ+اَپرانِ)،
تتھا شریرانِ وِہای جیرنانیئیانِ (جیرنانِ+اَ نیانِ) سنْیاتِ نوانِ دیہی۔

۲۰۲۲۔ کپڑے پرانے جیسے چھوڑکے ، نئے پہنتا ہے آدمی+دوسرے ،
ویسے جسم چھوڑکے پرانے+دوسرے پہنتی ہیں نعے روح ۔

۲۰۲۲۔ پرانے کپڑے، بدل کے جیسے، نئے پہنتا ہے آدمی ۔
نیا جسم پہنن نےکو روح بھی، پرانا جسم ہے اُتارتی۔

2.23 नैनं (न + एनम्) छिदन्ति शस्त्राणि नैनं (न + एनम) दहति पावकः। न चैनं (च + एनम्) क्लेदयन्त्यापो (क्लेदयन्ति + आपः) न शोषयति मारुतः।।

2.23 न इसे (आत्मा को) शस्त्र छेदते हैं, न इसे आग जलाती है। और न इसे भिगोता है जल न ही सुखाती है हवा।।

2.23 जीवात्मा काट न सकते शस्त्र, जला न सकती आग इसे।
भिगो न सकता है इसे जल, सुखा न सकती हवा इसे।।23।।

2.23 Nainam (Na + enam) chhindanti shashtraani na + einam dahati paavakah.
Na chainam (cha + enam) kledayantyapo (kledayanti + aapah) na shoshayati maarutah.

2.23 Neither + it (the soul) is cut by weapons, nor + it is burnt by fire. And + it is neither drenched + by water nor is dried by air.

2.23 Souls can neither be slayed by weapons, nor can be burnt by fire.
They can neither be dissolved by water, nor can be dried by air. ||23||

۲۰۲۳۔ نَینَم(نَ+اینَم) چھِندَنتِ شَستْرانِ نَینَم(نَ+اینَم) دَہَتِ پاوَکَہ ،
نَ چَینَم(چَ+اینَم) کلیدَینتیاپہ(کلیدَینتِ+آپہ) نَ شوشَیَتِ مارُتَہ۔

۲۰۲۳۔ نااِسے(روح کو) کاٹ سکتے ہیں ہتھیار، نااِسے جلاسکتی ہے آگ ،
نااِسے بھگو سکتا ہے پانی، ناسکھا سکتی ہے ہوا۔

۲۰۲۳۔ ہتھیار روح ناکاٹ سکتا، آگ جلا نہیں سکتی اسے۔
پانی بھگو نہیں سکتا روح، ہوا سکھا نہیں سکتی اسے۔

2.24 अच्छेद्योअयमदाह्योअयमक्लेद्योअशोष्य (अच्छेद्यः + अयम् + अदाह्यः + अयम् + अक्लेद्यः + अशोष्य) एव च। नित्यः सर्वगतः स्थाणुरचलोअयं (स्थाणुः + अचलः + अयम्) सनातनः।।

2.24 न छेदी,. + यह (आत्मा) न जलाई, + यह, + न भिगोई और न ही + सुखाई जा सकती है। हर दम, सब में रहती है, बिना बदले,. + बिना डिगे, + यह, हमेशा / शाश्वत / एक सी है।।

2.24 न टूट सकता है जीवात्मा, न जलता भीगता है न यह सूखता।
सदा सब जगह है न बदलता, अचल होता है एक सा रहता।।24।।

2.24 Achchhedyoayamadaahyoayamakledyoashoshya (Achchhedyah + ayam + adaahyah + ayam + akledyah + ashoshya) eva cha.
Nityah sarvagatah (sarva+gatah) sthaanurachaloayam (sthaanuh + achalah + ayam) sanaatanah.

2.24 The soul can neither be cut + nor burnt, + nor drenched, + nor dried. Always permanent in every + one, it is unchanged, + everlasting + this is eternal.

2.24 Souls can't be cut or burnt, nor can be dissolved or dried.
It is endless persistent unchangeable, eternal undestroyed. ||24||

۲۰۲۴۔ اَچّھیدیوَ اَیَمدَاہیوَ اَیَمکلیدیوَ اَشوشی (اَچّھیدیَہ+ اَیَم +اداہیہ +اَیَم+اَ کلیدیَہ+اَشوشی) ایو چَ،
نِتیہ سَروَگتہ(سَروَ+گتہ) ستھانُرچلوَ اَیَم(ستھانُہ+اَچلہ+اَیَم) سَناتنہ ۔

۲۰۲۴۔ ناکٹتی ہے+یہ(روح) ناجلتی ہے+یہ +نابھیگ سکتی ہے+اسی طرح +ناسوکھ سکتی ہے یہ ، یقیناً اور ،
ہمیشہ سب +جگہ بنا بدلے مقرر ہے یہ(روح)+مقیم ہے+یہ لگاتار ہے/ عبدی ہے۔

۲۰۲۴۔ کٹے جلے گھولے یاسوکھے، بغیر پوری رہتی ہے روح۔
ہمیشہ قائیم ہے ہر جسم میں، بنا بدلے رہتی ہے روح۔

2.25 अव्यक्तोअयमचिन्त्योअयमविकार्योअयमुच्यते (अव्यक्तः + अयम् + अचिन्त्यः + अयम् + अविकार्यः + अयम् + उच्यते)। तस्मादेवं (तस्मात् + एवम्) विदित्वैनं (विदित्वा + एनम्) नानुशोचितुमर्हसि (न + अनुशोचितुम् + अर्हसि)।।

2.25 अव्यक्त है + यह (आत्मा) दिखती नहीं, + अचिन्त्य + है यह सोच में नहीं आती, अविकारी है + यह, नहीं बदलती + यह, + कहते हैं। अतः + इसे जानकर + ऐसी, नहीं + शोक करना चाहिये + तुम्हें।।

2.25 न आत्मा दिखती है न सोच में आती, न ही बदलती है यह कभी।
इस को इस तरह ठीक से जान लो, वो शोक करने योग्य न कभी।।25।।

2.25 Avyaktoayamachintyoayamavikaaryoayamuchyate.
(Avyaktah + ayam + achintyah + ayam + avikaaryah + ayam + uchyate.)
Tasmaadevam (Tasmat + evam) viditvaainam (viditvaa + enam)
naanushochitumarhasi (na + anushochitum + arhasi).

2.25 unapparent + it (the soul) remains unseen, + unimaginable + it does not come in mind, + unchangeable + it never alters, + it is said. Hence knowing + it thus, you should not be sad.

2.25 Non substance unthinkable, unchangeable is called the soul.
Having learned the soul deeply, do not be sorry for the soul. ||25||

۲۰۲۵۔ اَوْ یکتوَ اَچِنتیوَ اَیَمو کارْ یوَ اَچُّیتے (اَوْ یکتہ +اَیَم +اَچِنتیہ +اَیَم +اَوِکارْیہ + اَیَم +اُچّیتے)،
تسمادیوَم (تسمات +ایوَم) وِدِ توَینَم (وِدِتوا +ا ینَم) نانُشوچِتُمرہسِ (نَ +اَنُشوچِتُم +اَرْہسِ)۔

۲۰۲۵۔ نادکھنے والی + یہ (روح) ہے، سوچ میں نا آنے والی + یہ (روح) ہے، نابدلنے والی + یہ +کہلاتی ہے ،
اِسلیئے + اِسکو (روح کو)، جانکے +ایسی، (اُسکے لیئے تمہیں) نہیں +سوگ + کرنا چاہیئے۔

۲۰۲۵۔ روح نہ دکھتی نہ بدلتی، نہ ہی آپاتی ہے ذہن میں۔
جان کے ناقابل دُکھ کے، دُکھی نا اِس پے ہونا من میں۔

2.26 अथ चैनं (च + एनम्) नित्यजातं (नित्य + जातम्) नित्यं वा मन्यसे मृतम्। तथापि त्वं महाबाहो नैनं (न + एनम्) शोचितुमर्हसि (शोचितुम् + अर्हसि)।।

2.26 और अगर तुम इसे (आत्मा को), हमेशा + जन्म लेने, या मानते हो, हमेशा मरने वाली । तब भी हे! महाबाहु, नहीं है + यह, शोक + करने योग्य ।।

2.26 अगर सोचते हो कि आत्मा, जन्म ले ले कर मरती रहती।
तो भी हे! महाबाहु! तुम, दुःख न करो यह फिर भी रहती।।26।।

2.26 Atha chainam (cha+enam) nityajaatam (nitya+ jaatam) nityam vaa manyase mritam. tathaapi (tathaa+api) twam mahaabaho (mahaa+baho) nainam (na + enam) shochitumarhasi (shochitum + arhasi).

2.26 And if at all you believe that it, continuously takes birth or think it dies. Then + also, for you O! Mighty + armed, it is + not , worth + mourning.

2.26 Even if you think that soul, continuously take birth and dies.
Mighty armed ! to mourn for such entity, no cause there lies. ||26||

۲۰۲٦۔ اَتھ چَینَم (چَ +اینَم) نِتیجاتَم (نِتی + جاتَم) نِتیَم وا مَنیَسے مِرتَم،
تَتھاپِ (تَتھا + اَپِ) تْوَم مَہاباہوُ نَینَم (نَ + اینَم) شوچِتُمَرہَسِ (شوچِتُم + اَرہَسِ)۔

۲۰۲٦۔ اگر پھر بھی + اِس (روح) کو تم ہمیشہ پیدا ہونے والی یا سمجھتے ہو مرنے والی،
تب + بھی تم یا! مضبوط باذو والے (اَرجُن)، نہیں ہو+ اِسکے لیٔے تکلیف میں پڑنے + قابل۔

۲۰۲٦۔ پھر بھی اگر روح کو ہمیشہ، پیدا ہونے مرنے والی سونچتے ہو۔
تب بھی یا! ارجُن روح کو، دکھ دینے والی کیوں سونچتے ہو۔

2.27 जातस्य हि ध्रुवो मृत्युर्ध्रुवं (मृत्युः + ध्रुवम्) जन्म मृतस्य च। तस्मादपरिहार्ये (तस्मात् + अपरिहार्ये) अर्थे न त्वं शोचितुमर्हसि (शोचितुम् + अर्हसि)।।

2.27 जन्म लेते ही तय है मृत्यु, + तय है / अटल है, और जन्म, मरने पर। अतः अमिट / लिखे हुए, के लिये नहीं हो तुम शोक करने + योग्य ।।

2.27 क्योंकि जन्म लेने पर मृत्यु, मरने पर जन्म सुनिश्चित है।
अतः कर्त्तव्य से बचने के लिये, शोक में डूबना अनुचित है।।27।।

2.27 Jaatasya hi dhruvo (dhruvah) mrityurdhruvam (mrityuh + dhruvam) janma mritasya cha. Tasmaadaparihaaryearthe (Tasmaat + aparihaarye + arthe) na tvam shochitumarhasi (shochitum + arhasi).

2.27 For birth taker, surely certain is death, + certain is and birth+ for the dead. Hence + for this indelible fact, to mourn, + you are not worthy.

2.27 The one who takes birth will die, one who dies will come again.
For the things that are written to be, don't forget duty under pain. ||27||

۲۰۲۷۔ جاتَسی ہِ دھرُوؤ(دھرُوَہ) مرِتیُر دھرُوَم جنمَ مرِتَسی چ،
تسماد پرِہاریےارتھے (تسمات+اَپرِہاریے+ارتھے) نَ توَم شوچتُم ارہسِ(شوچتُم+ارہسِ)۔

۲۰۲۷۔ پیدا ہونے والے کا مرنا طے ہے اور طے ہے مرنے والے کا پیدا ہونا،
اسلئے جو+ طے ہے+اُس کے لئے، مت بنو تم دکھ کے+قابل۔

۲۰۲۷۔ پیدا ہونے پر جیسے موت، مرنے پر ویسے پیدائش طے ہے۔
جنم-موت کے بیچ دکھنا بھی طے،غم کس لئے جب سب طے ہے۔

2.28 अव्यक्तादीनि (अव्यक्त + आदीनि) भूतानि व्यक्तमध्यानि (व्यक्त + मध्यानि) भारत। अव्यक्तनिधनान्येव (अव्यक्त + निधनानि + एव) तत्र का परिवेदना।।

2.28 अप्रकट होते हैं + आदि/शुरू में/जन्म से पहले, लोग, प्रकट होते हैं + मध्य/बीच में/जन्म के बाद हे! भारत। अप्रकट + मरने पर/अन्त में + भी, अतः उसमें क्या शोक।।

2.28 जन्म से पहले दिखते नहीं हैं, बीच में प्राणी दिखने लगते।
मरके अन्त में फिर लुप्त होते, हे! भारत क्यों शोक में पड़ते।।28।।

2.28 Avyaktaadeeni (Avyakta + aadeeni) bhootaani vyaktamadhyaani (vyakta + madhyaani) Bhaarata.
Avyaktanidhanaanyeva (Avyakta + nidhanaani + eva) tatra kaa parivedanaa.

2.28 unapparent+ before birth (ie.in the beginning), are people, they appear after birth (ie. in the middle), disapparent after death (in the end) too, hence why be sorry on this.

2.28 Unseen before birth unseen after death , life is apparent only in the middle.
Living beings appear only after birth,Bharat! don't be sad for what is written. ||28||

۲۰۲۸۔ اَوَیکتادینِ (اَوَیکت+آدینِ) بھوتانِ وَیکتم دھیانِ(وَیکت+مدھیانِ) بھارت،
اَوَیکتنِدھنانیو (اَوَیکت+نِدھنانِ+ایوَ) تتر کا پرِدیونا۔

۲۰۲۸۔ نہیں دکھتے لوگ+شروع میں(پیدائش کے پہلے)، دکھتے ہیں+ بیچ میں(پیدائش اور موت کے بیچ میں)یا! بھارت،
نہیں دکھتے مرنے کے بعد، اُس میں کیوں غمزدہ ہونا۔

۲۰۲۸۔ جنم سے پہلے بھارت! شروع میں مشلوق نہیں دکھتے۔
بیچ زندگی دکھتے ہیں مشلوق، مرکے پھر آخر میں نہیں دکھتے۔

2.29 आश्चर्यवत्पश्यति (आश्चर्यवत् + पश्यति) कश्चिदेनमाश्चर्यवद्वदति (कश्चित् + एनम् + आश्चर्यवत् + वदति) तथैव (तथा + एव) चान्यः (च + अन्यः)। आश्चर्यवच्चैनमन्यः (आश्चर्यवत् + च + एनम् + अन्यः) शृणोति श्रुत्वाप्येनं (श्रुत्वा + अपि + एनम्) वेद न चैव (च + एव) कश्चित्।।

2.29 आश्चर्य से + देखते हैं, कुछ + इसे (आत्मा को), और + आश्चर्य से + बताते हैं, इसी + प्रकार, कुछ और + दूसरे। आश्चर्य से + और + इसे + दूसरे, सुनते हैं, सुन कर + भी + इसे, समझ नहीं और. + भी, पाते हैं कुछ।।

2.29 कोई अवाक् हो के देखता, कोई आश्चर्य कहता आत्मा को।
कोई अवाक् सुनता कोई, सुनके समझ नहीं पाता आत्मा को।।29।।

2.29 Aashcharyavatpashyati (Aashcharyavat + pashyati) kashchidenamaashcharyavadwadati (kashchit + enam + aashcharyavat + wadati) tathaaiva (tathaa + eva) chaanyah (cha + anyah). Aashcharyavachchainamanyah (Aashcharyavat + cha + enam + anyah) shrinoti shrutvaapyenam (shrutvaa + api + enam) veda na chaiva (cha + eva) kashchit.

2.29 Some see it (the soul / the self) as strange, and few others describe it as strange. Some listen about it with awe and some do not understand it even after listening about it.

2.29 Some see soul awe struck, some speak of it as to be astonishing.
Some listen about it as wonder, some listen without understanding. ||29||

۲۰۲۹۔ آشچریَوَتپشیت (آشچریَوت+پشیتِ) کشچدینماشچریَوَدوَدَتِ (کشچت+اینم+آشچریَوت+وَدَتِ) تتھیو (تتھا+ایو) چانیہ (چ+انیہ)،
آشچریَوچّینمنیہ (آشچریَوت+چ +اینم+انیہ) شرنوتِ شرُتواپیینم (شرُتوا+اَپِ+اینم) وید نَ چیو (چ+ ایو) کشچت۔

۲۰۲۹۔ حیرانکن جیسا+دیکھتا ہے، کوئی،+اِسے+احترام بتاتے ہیں، اور+اِسی +طرہ کچھ دوسرے،
کچھ مرعب اِسے (روح کے بارے میں) سنتے ہیں، اور کچھ سُن کے بھی سمجھ نہیں پاتے اِسے بھی۔

۲۰۲۹۔ کچھ معاروب ہو کے دکھتے، کچھ احترام بتاتے روح کو۔
کچھ سن کے اجیب مانتے، کچھ سن کے سمجھ نہیں پاتے اس کو۔

2.30 देही नित्यमवध्योअयं (नित्यम् + अवध्यः + अयम्) देहे सर्वस्य भारत। तस्मात्सर्वाणि (तस्मात् + सर्वाणि) भूतानि न त्वं शोचितुमर्हसि (शोचितुम् + अर्हसि)।।

2.30 जीवात्मा नित्य है, + नहीं मारी जा सकती है + यह, देह में हर किसी के/सब के, हे! भारत। अतः + सभी प्रणियों/किसी भी`प्राणी, के लिये, नहीं हो तुम शोक करने योग्य।।

2.30 आत्मा सदा सप्राण रहती, सबकी देह में हे! भारत।
अतः किसी भी प्राणी हेतु, शोक न करो हे! भारत।।30।।

2.30 Dehee nityamavadhyoayam (nityam + avadhyah + ayam) dehe sarvasya Bhaarata.
Tasmaatsarvaani (Tasmaat + sarvaani) bhootaani na tvam shochitumarhasi (shochitum + arhasi).

2.30 The soul is eternal, + it + can not be killed, in any body, O! Bhaarat. Hence + for any living body, your sorry state is + unjust.

2.30 Bharat ! soul always lives in body, without being slain.
Hence do not be sorry for anybody,his soul remains. ||30||

۲۰۳۰۔ دیہی نِتیموَدھیوَ ایَم (نِتیَم +اَوَدھیَہ+ایَم) دیہے سَرْوَسْیَ بھارَت،
تَسْماتْسَرْوانِ (تَسْماتْ + سَرْوانِ) بھوُتانِ نَ توَمْ شوچِتُمَرْہَسِ (شوچِتُمْ+ اَرْہَسِ)۔

۲۰۳۰۔ روح ہمیشہ+ بنا مرے+رہتی ہے جسم میں سب کے، یا! بھارت ،
اِس لیئے کسی مخلوق کے بارے مین تمھیں ملول نہیں ہونا چاہیئے۔

۲۰۳۰۔ ہر جسم میں روح ہمیشہ، رہتی کبھی نا مٹتی ہے یہ بھارت۔
ہمیشہ ہر مخلوق میں رہتی، کسی کے لئے نا دکھ کرو بھارت۔

2.31 स्वधर्ममपि (स्व + धर्म + अपि) चावेक्ष्य (च + अवेक्ष्य) न विकम्पितुमर्हसि (विकम्पितुम् + अर्हसि)।
धर्म्याद्धि (धर्म्यात् + हि) युद्धाच्छ्रेयोअन्यत्क्षत्रियस्य (युद्धात् + श्रेयः + अन्यत् + क्षत्रियस्य) न विद्यते।।

2.31 अपना + धर्म + भी, विचार करके तुम्हारा तिलमिलाना ठीक नहीं। धर्म के लिये भी युद्ध से + अच्छा + दूसरा साधन + क्षत्रिय का, नहीं होता है।।

2.31 अपना धर्म निभाने में, तुम्हें सोच विचार हिचकना क्या।
तुम क्षत्रियों को युद्ध में, लड़ने से बड़ा धर्म और क्या।।31।।

2.31 Swadharmamapi (Swa + dharmam + api) chaavekshya (cha + avekshya) na vikampitumarhasi (vikampitum + arhasi).
Dharmyaddhi (Dharmyat + hi) yuddhaachchhreyoanyatkshatriyasya (yudhaat + shreyah + anyat + kshatriyasya) na vidyate.

2.31 Thinking in terms of your own + religion + also, your diffidence is unworthy. As per religion (of warrior / of kings/ of kshatriys) too, there is no + better means + other than war, + for a warrior.

2.31 Do not hesitate over fight, think about your religious duty.
Because being a warrior, to fight in war is your only duty. ||31||

۲۰۳۱۔ سْوَدھرْمَمپ (سْوَ+دھرْمَمْ+اَپ) چاوِیکْشی (چ+اَوِیکْشی) نَ وِکَمْپِتُمْ ہَسِ (وِکَمْپِتُمْ+اَرْہَسِ)،
دھرْمیادّھِ (دھرْمیات+ھِ) یُدھاچّھرِ یوْنیَکْشترِیَسی (یُدّھاتْ+شرِیَہی+اَنْیَت+کْشترِیَسی) نَ وِدْیَتے۔

۲۰۳۱۔ اپنا+مذہب+بھی، اور+سوچ کے بھی تُمہیں کانپنا (غیرفراُظ) نہین چاہیئے،
مذہب (جنگجو) کے لیئے+ہی جنگ سے+ بہتر +دوسرا کوئی سِپاہی کے لئے ذریعہ نہیں ہے۔

۲۰۳۱۔ اپنا مذہب سوچ کے، فرض سے نہیں ہٹو تم کبھی۔
سپاہی ہو مذہب جنگ ہے، جنگجو ہو کے تمہیں لڑنا ابھی ۔

2.32 यदृच्छया चोपपन्नं (च + उपपन्नम्) स्वर्गद्वारमपावृतम् (स्वर्ग + द्वारम् + अपावृतम्)। सुखिनः क्षत्रियाः पार्थ लभन्ते युद्धमीदृशम् (युद्धम् + ईदृशम्)।।

2.32 अपने आप ही + मिला/पाकर स्वर्ग का + द्वार + खुला हुआ । सुखी होते हैं क्षत्रिय हे! पार्थ, इस तरह मिले + युद्ध से।।

2.32 अपने आप मिले स्वर्ग के, खुले द्वार के जैसा।
पार्थ! क्षत्रिय राजे मानते, खुले भाग्य सा युद्ध ऐसा।।32।।

2.32 Yadrichchhayaa chopapannam (cha + upapannam) swargadwaaramapaavritam (swarga + dwaaram + apaavritam).
Sukhinah kshatriyaah Paartha labhante yudham + eedrisham.

2.32 Having got an autofound + open + gate of heaven. Happy are the warriors, O! Parth, by getting war (opportunity) + like this.

2.32 Parth! the ruling warriors take, wars like these in good faith.
They consider them as heavens, self gotten with open gate. ||32||

۲۰۳۲۔ یَدْرِچّھیا چوپَپَنّم (چَ+اُپَپَنّم) سْوَرْگَدْوارَمَپاوْرِتَم (سْوَرْگ+دْوارَم +اَپاوْرِتَم)،
سُکھِنَہ کْشَتْرِیاہ پارْتھ لَبھَنْتے یُدّھَمیدْرِشَم (یُدّھَم+ایدْرِشَم)۔

۲۰۳۲۔ جیسے خود ہی ملا ہو، وہ بھی+دروازہ جنت کا+کھلا ہوا،
سکھی ہوتے ہین، جنگجو یا! پارتھ، ملے جنگ سے+ اِس طرح کے۔

۲۰۳۲۔ ایسا موقع یا پارتھ! جنگجو، نسیب سے ہی پا پاتے ہیں۔
مانو کھلا دروازہ خود ب خود، جنت کا خواہش پے پاتے ہیں۔

2.33 अथ चेत्त्वमिमं (चेत् + त्वम् + इमम्) धर्म्यं (धम्यर्म्) संग्रामं न करिष्यसि। ततः स्वधर्मं (स्व + धर्मं) कीर्तिं च हित्वा पापमवाप्स्यसि (पापम् + अवाप्स्यसि)।।

2.33 इसलिये अगर + तुम + यह धर्म युद्ध नहीं करोगे। तो अपने + धर्म और यश को भी खोकर पाप + पाओगे।।

2.33 यदि धर्म का ऐसा युद्ध, तुम मन से नहीं लड़ोगे।
अपने क्षत्रिय धर्म से पाई, कीर्ति मारोगे पाप लोगे।।33।।

2.33 Atha chettvamimam (chet + tvam + imam) dharmyam sangraamam na karishyasi.
Tatah swa+dharmam keertim cha hitwaa paapamavaapsyasi (paapam + avaapsyasi).

2.33 Therefore if +you ,+ for this religeous war, do not act (fight the battle). Then along religion you will also lose fame and incur+ sin.

2.33 But if despite knowing this fact, you stay away from your duty.
Besides irreligion and bad name, will incur sin by ignoring duty. ||33||

۲۰۳۳۔ اتھ چیتّوممم (چیت +توم+ اِمم) دھرمیم سنگرامم نَ کرِشیَسِ،
تتہ سْو دھرمم کیرتم چ ہتوا پاپموا پسیَسِ (پاپم+اَواپسیَسِ)۔

۲۰۳۳۔ اسلئے اگر+تم +یہ مذہبی جنگ نہیں لڑوگے ،
تب اپنے مذہب کے ساتھ اپنا نام بھی کھودوگے، اوراِس کا+ پاپ+لوگے۔

۲۰۳۳۔ اپنامذہب جان کے بھی،اگر جنگ نہیں لڑوگے۔
نام اور مذہب دونو کھوکے، نافرمانی کاپاپ لوگے۔

2.34 अकीर्तिं चापि (च + अपि) भूतानिकथयिष्यन्ति (भूतानि + कथयिष्यन्ति) तेअव्ययाम् (ते + अव्ययाम्)। सम्भवितस्य चाकीर्तिर्मरणादतिरिच्यते (च + अकीर्ति + मरणात् + अतिरिच्यते)।।

2.34 अपयश के अतिरिक्त और + भी, लोग + बातें कहेंगे तुम्हें, वे + हमेशा के लिये । एक सम्मानित के लिये अपयश + मरने से भी + बढ़कर है।।

2.34 सारे लोग अनन्त समय तक, तुम्हारी अपकीर्ति करते रहेंगे।
तुम से सम्मानित को अपयश, मृत्यु से भी अधिक दुःख देंगे।।34।।

2.34 Akeertim chaapi (cha + api) bhootani kathaishyanti teavyayaam (te + avyayaam).
Sambhaavitasya chaakeertirmaranaadatirichyate (cha + akeertih + marnaat + atirichyate).

2.34 And apart from defaming, people will keep talking ill of you. For a respectable person ill fame is worse than death.

2.34 For a respected person like you, bad name is worse than death.
Lost repute will follow you, insult will back lash even after death. ||34||

۲۰۳۴۔ اَکیرتِ چاپِ (چَ+اَپِ) بھوتانِ کتھیشئیت تے اَوِییام،
سَمبھاوِتَسی چاکیرتِرمَرنادَتِرِچیتے (چَ+اَکیرتِہ+ مَرناتْ+اَتِرِچیتے)۔

۲۰۳۴۔ توہین اور+بھی لوگ کریں گے وے ہمیشہ کے لئے،
عظیم بندے کے لئے ، اور+بدنامی+موت سے بھی +بڑی ہوتی ہے۔

۲۰۳۴۔ تمہاری بدنامی کی باتیں، ہمیشہ لوگوں میں ہونگی۔
بدنامی موت سے بھی بدتر، عزتداروں کو ہوتی۔

2.35 भयाद्रणादुपरतं (भयात् + रणात् + उपरतम्) मंस्यन्ते त्वां महारथाः। येषां च त्व बहुमतो भूत्वा यास्यसि लाघवम्।।

2.35 भय से + युद्धभूमि से + भागा मानेंगे तुम से महारथी को। जिनसे तुम बहुत ऊपर होकर भी, रह जाओगे छोटे।।

2.35 तुम जैसे महारथी को युद्ध से, डर के भागा मानेंगे।
जो तुमको सम्मानित करते, कायर नीच सदा मानेंगे।।35।।

2.35 Bhayaadranaaduparatam (Bhayaat + ranaat + uparatam) mansyante twaam mahaarathaah. Yeshaam cha tvam bahumato (bahu + matah) bhootvaa yaasyasi laaghavam.

2.35 Feared+ from battle field + ran away, they will consider the great charioteer like you.
Over whom being highly + above, you will be ragged low.

2.35 Great charioteer like you will be, tagged war feared cowardly.
Those who have respected you, will treat you as to be lowly. ||35||

۲۰۳۵۔ بھَیادْرَنادُپَرتَم (بھَیاتْ+رناتْ+اُپَرتَم) مَنْسْیَنتے تْوام مَہارَتھاہ،
یِیشام چَ تْوَم بَہُمَتو(بَہُ+مَتَہ) بھوتْوا یاسْیَسِ لاگھَوَم۔

۲۰۳۵۔ ڈر کے+میدان جنگ سے+بھاگا ہوا، بتائینگے تمہارے جیسے بڑے جنگجو کو ،
اور جنکے لئے تم بہت عزتدار ہوکے، معمولے/نظرانداز کرنے قابل/حقیف ہو جاوگے۔

۲۰۳۵۔ تمنے ڈر کے جنگ چھوڑی، عظیم جنگجو ہوکے یہ سُو گے۔
بہتر سمجھ تے تھے عزت کرتے ،انکے ہاتھوں توہین سہو گے۔

2.36 अवाच्यवादांश्च (अवाच्य + वादान् + च) बहून्वदिष्यन्ति (बहून् + वदिष्यन्ति) तवाहिताः (तव + अहिताः)। निन्दन्तस्तव (निन्दन्तः + तव) सामर्थ्यं ततो दुःखतरं (दुःखतरम्) नु किम्।।

2.36 न बोलने वाली + बातें + और, बहुत सी + कहेंगे, तुम्हारा + अहित चाहने वाले। निन्दित करेंगे, + तुम्हारा सामर्थ्य, इससे बड़ा दुः ख निस्सन्देह क्या होगा।।

2.36 झूठे कडुवे बोल से शत्रु, बुराई तुम्हारी करते रहेंगे।
तुम्हारे सामर्थ्य को इससे, बड़ा कौन सा दुःख देंगे।।36।।

2.36 Avaachyavaadaanshcha (Avaachya + vaadaan + cha) bahoon + vadishyanti
tavaahitaah (tava + ahitaah).
Nindantastava (Nindantah + tava) saamarthyam tato (tatah) dukhataram (dukha + taram) nu kim.

2.36 And will say many nasty things, those who want your bad. Will belittle your potential, what will indeed be more painful than this.

2.36 They will hurt you with, bitter abuses and mockery.
What will be more painful, to your might O! dignitary. ||36||

۲۰۳۶۔ اَواچیواداںشچ (اَواچیہ + واداں + چ) بہو نو دِشینتِ (بہوُن + وَدِشینتِ) تَو اہتاہ (تَو + اہتاہ)،
نِندنتستو (نِندنتہ + تَو) سامرتھیم تتو (تتہ) دُکھترم نُ کِم۔

۲۰۳۶۔ نا کہنے والی (کڑوی) + باتیں + بھی بہوت سی + بولیں گے، تمہارا + بُرا چاہنے والے (دُشمن)،
برائی کرتے ہوئے + تمہاری قابلیت کی، اِس سے بڑا دُکھ بلاشک اور کیا ہوگا۔

۲۰۳۶۔ اُڑایا کریںگے مذاق وے، کڑوا بول کے برائی کر کے۔
تم جیسے احترام والے پر، ہنسا کریں گے دُکھی کر کے۔

2.37 हतो वा प्राप्स्यसि स्वर्गं जित्वा वा भोक्ष्यसे महीम्। तस्मादुत्तिष्ठ (तस्मात् + उत्तिष्ठ) कौन्तेय युद्धाय कृतनिश्चयः (कृत + निश्चयः)।।

2.37 मारे जाओगे तो स्वर्ग लोगे, जीतोगे तो भोगोगे पृथ्वी । इसलिये + उठो हे! कुन्तीपुत्र, युद्ध हेतु करके + दृढ़ निश्चय से।।

2.37 मरके युद्ध में पा लो स्वर्ग, जीत के राज्य पृथ्वी का।
अतः युद्ध के लिये उठो, कुन्तीपुत्र दृढ़ संकल्प ला।।37।।

2.37 Hato (Hatah) vaa praapsyasi swargam jitwaa vaa bhokshyase maheem.
Tasmaduttishtha (Tasmat + uttishtha) kaunteya (Kaunteya) yuddhaaya krita + nishchayah.

2.37 On being killed you will find haven, on conquering you will enjoy earth. Hence + get up, O! Kunti's son, to fight war, taking + strong decision.

2.37 Killed in war you will reach heaven, conquering battle will rule earth.
Therefore get up O! Kunti's son, determined to fight for your worth. ||37||

۲۰۳۷۔ ہتو (ہتہ) وا پراپسیٔسِ سورگم جِتوا وا بھوکشیسے مہیم،
تسماد اُتشٹھ (تسمات + اُتشٹھ) کونتیے یدّھای کرت نشچیہ (کرت + نشچیہ)۔

۲۰۳۷۔ مارے جاکے یا تو پاؤ گے جنت اور یا جیت کے لطف زمین کا لوگے ،
اِسلیئے اُٹھو کُنتی زادے! لڑنے کے لیئے کڑا فیصلہ لے کے۔

۲۰۳۷۔ جنگ میں مارے جا کے بہشت، یا جیت کے ارض پر حکمرانی کا سکھ۔
یا! کنتی زادے! اِسی لیے، لڑو جنگ اب اِس یقین سے اُٹھ۔

2.38 सुखदु:खे समे कृत्वा लाभालाभौ (लाभ + अलाभौ) जयाजयौ (जय + अजयौ)। ततो युद्धाय युज्यस्व (युज्य + स्व) नैवं (न + एवम्) पापमवाप्स्यसि (पापम् + अवाप्स्यसि)।।

2.38 सुख–दु: ख में समान हो कर लाभ–हानि, जीत–हार में। तब युद्ध के लिये, जोड़ो + आत्मा (अपने को), नहीं + इससे, पाप + नहीं पाओगे।।

2.38 सुख–दु:ख हानि–लाभ हार–जीत, मन में एक जैसा सोच के।
युद्ध से पाप नहीं पाओगे, क्षत्रिय कर्तव्य धर्म करना सोच के।।38।।

2.38 Sukha + dukhe same kritwaa laabhaalaabhau (laabha + alaabhau) jayaajayau (jaya + ajayau). tato (tatah) yuddhaaya yujyasva naaivam (na + evam) paapamavaapsyasi (paapam + avaapsyasi).

2.38 Being equally simmiler in pleasure– pain, gain–loss, win– defeat. After that link the soul to war (only), this will get no sin.

2.38 Pain joy benefit win loss free, fight for duty won't make assassin.
If you fight connected with duty as God, you will incur truly no sin. ||38||

۲۰۳۸۔ سکھدُ کھے (سکھ + دُکھے) سمے کرتوا لابھالابھو (لابھ + الابھو) جیاجیو (جَی + اجیو)،
تتو (تتہ) یدّھای یجیسو نیوم (ن + ایوم) پاپم واپسیٔسِ (پاپم + اواپسیٔسِ)۔

۲۰۳۸۔ سکھ + دکھ برابر کر کے نفع نقصان فتح + حار بھی (ایک سا دیکھ کے)،
اُسکے بعاد جنگ سے جُڑو اِس طرح پاپ + نہیں کماو گے۔

۲۰۳۸۔ من میں سکھ۔دکھ،منافع نکسان، جیت ہار نہ لاؤ گے۔
یہ سب چھوڑ کے جنگ کرکے،پاپ کبھی تُم نہ پاوگے۔

2.39 एषा तेअभिहिता (ते + अभिहिता) सांख्ये बुद्धिर्योगे (बुद्धिः + योगे) त्विमां (तु + इमाम्) शृणु। बुद्ध्या युक्तो यया पार्थ कर्मबंधन प्रहास्यसि।।

2.39 यहां तुम्हें + बताया विश्लेषण करके, बुद्धि + जोड़ के, तुम + इसे सुनो। बुद्धि योग (जोड़) जिससे हे! पार्थ, तुम पाप करने से मुक्त हो जाओगे (पाप कर्म के बंधन से छुटोगे)।।

2.39 अभी बताया सांख्य योग, अब बुद्धि योग सुनो मुझसे।
पार्थ! बुद्धि से करते काम जो, हर बंधन छुटते उनके।।39।।

2.39 Esha te + abhihitaa saankhye buddhiryoge (buddhih + yoge) tivimaam (tu + imaam) shrinu. Budhaya yukto (yuktah) yayaa Paartha karma + bamdham prahaasyasi.

2.39 Here I told you after analysis, listen to this with connected (focused) mind (mind yog). With mind yog. O! Paarth, you will not incur sin.

2.39 Hence you have listened to the, mind yog spread through scriptures.
Mental connectivity Parth! during duty, frees you from work captures. ||39||

۲۰۳۹۔ ایشا تے ابھہِتا (تے+ابھہِتا) سانکھیے بُدّھِرِیوگے (بُدّھِہ+یوگے) تِومام (تُ+اِمام) شرِنُ ،
بُدّھایا یکتو (یکتہ) یَیا پارتھ کرمبندھم (کرم+بندھم) پرہاسیَسِ۔

۲۰۳۹۔ یہاں تمہارے لیئے (مجھ خدا نے)+ بتایا فلصفہ ذہن+ جوڑ (دھیان+ یوگ) کا، تم اِسے سُنو ،
ذہن جوڑ (دھیان یوگ) ہے، جِس سے یا! پارتھ، کام سے+ بندھنے سے آزاد ہو جاوگے۔

۲۰۳۹۔ کرایا مقدس صحیفوں کا علم، اب ذہن یوگ سنو۔
ہوگے کام بندھن سے آزاد، ایک ذہن سے کام کرو۔

2.40 नेहाभिक्रमनाशोअस्ति (न + इह + अभिक्रम + नाशः + अस्ति) प्रत्यवायो न विद्यते। स्वल्पमप्यस्य (सु + अल्पम् + अपि + अस्य) धर्मस्य त्रायते महतो भयात्।।

2.40 नहीं + ऐसा (योग अभ्यास) + करने में नष्ट + होता है कुछ, क्षय/नुकसान नहीं होता। इसका (योग अभ्यास का) थोड़ा भी धर्म/कर्तव्य/करना, महान भय दूर करता है।।

2.40 योग है अभ्यास बुद्धि का, कुछ भी जिसमें नहीं खर्च होता।
थोड़ा भी कर्तव्य सा करके, बड़े से बड़ा डर है चला जाता।।40।।

2.40 Nehaabhikramanaashoasti (Na + iha + abhikrama + naashah + asti) pratyavaayo na vidyate. Swalpamapyasya (Su + alpam + api + asya) dharmasya traayate mahatah bhayaat.

2.40 No loss + is here + in ths practice + no wastage occurs. A fraction of religion in act whiles away great fear.

2.40 WisdomYog is only practice, nothing is lost or wasted in it.
All fears are wiped off, if fraction of duty yog is added in it. ||40||

۲۰۴۰۔ نیہابھکرمناشوٗ اَسْتِ (نَ+ اِہ+ اَبھِکْرَم+ ناشَہ+ اَسْتِ) پْرتْیَوایوٗ (پْرتْیَوایَہ) نَ وِدْیتے،
سْوَلپَمَپْیَسْی (سُ+ اَ لْپَم+ اَ پِ+ اَسْی) دھرمسی تْرایتے مہتوٗ (مہتہ) بھیات۔

۲۰۴۰۔ نہیں +اِس (یوگ) مشقت میں+نقصان+ہوتا ہے ، نا (ہی کُچھ) برباد ہوتا ہے ،
جس کا بہت +کم +بھی+ہوتا ہے، حصہ مذہب چھڈا (آزادی دِلا) دیتا ہے بڑے سے بڑے ڈر سے۔

۲۰۴۰۔ فائدہ نکسان کوئی نہیں، زہن کا یوگ ہے بس کوشش۔
اَسمیں زرہ بھر مذہب ہو تو، ہر ڈر چھوڑاتی ہے یہ کوشش۔

2.41 व्यवसायात्मिकाबुद्धिरेकेह (व्यवसाय + आत्मिका + बुद्धिः + एक + इह) कुरुनन्दन। बहुशाखा (बहु + शाखा) ह्यनन्ताश्च (हि + अनन्ताः + च) बुद्धयोअव्यवसायिनाम् (बुद्धयः + अव्यवसायिनाम्)।।

2.41 काम में + अपने, जुड़ी + बुद्धि, + एक + ही होती है, हे! कुरुनन्दन। कई + शाखाओं में बॅट ही + जाती है, असीम + भी बुद्धि, + बिना काम के ।।

2.41 एक बुद्धि आत्म युक्त हो, एक निश्चित लक्ष्य पाती है।
बँटी बुद्धि कई रास्तों, भटक के लक्ष्य को खो देती है।।41।।

2.41 Vyavasaayaatmikaa (Vyavasaaya + aatmikaa) budhirekeha (budhih + eka + iha) kurunandan (Kuru + nandan).
Bahushaakhaa (Bahu + shaakhaa) hyanantaashcha (hi + anantaah + cha) buddhayoavyavasaayinaam (buddhayah + avyavasaayinaam).

2.41 Action + fixed mind + is one + here, O! Kuru's son. In multiple + branches, divides here, even + the unlimited + mind, + without work.

2.41 Kuru's son! a soul in duty, has one mind focus on ultimate goal.
Split branched mind moves through, various path and loses goal. ||41||

۲۰۴۱۔ وْیَوَسایاتْمِکا (وْیَوَسا ی +آتْمِکا) بُدّھرےکیہ (بُدّھِہ+ ایکا+ اِہ) کُرُنندَن،
بَہُشاکھا ہْیَنَنْتاشْچ (ہِ+ اَنَنْتاہ+ چ) بُدّھیوٗ اَوْیَوَسایِنام (بُدّھیَہ+ اَوْیَوَسایِنام)۔

۲۰۴۱۔ جڈاومشقت(دھیان یوگ/توجہ مرکوذی) میں+لگا ، دماغ +ایک ہی ہوتا ہے+ یہاں (اِس دنیا میں)، یا! کوروذادے،
بےشمار شاخوں میں تقسیم (چاک) ذہن ایک منذل نہیں پاتا۔

۲۰۴۱۔ ایک ذہن قائم نگاہ، یوگ دلاتا وہ ایک مقصد۔
بٹے دماغ بھٹکے کئی راح، کنتی ذادے! بھولیں مقصد۔

2.42 यामिमां (याम् + इमाम्) पुष्पितां वाचं प्रवदन्त्यविपश्चितः (प्रवदन्ति + अविपश्चितः)। वेदवादरताः (वेद + वाद + रताः) पार्थ नान्यदस्तीति (न + अन्यत् + अस्ति + इति) वादिनः।।

2.42 यह + सब फूलों भरी बातें बताते हैं + अल्पज्ञ। वेद + ज्ञान + में जुटे, हे! पार्थ, 'अन्य कुछ नहीं है', ऐसा कहते है।

2.42 लच्छेदार बातें कर, अल्पज्ञ ही मोहित करते।
वेद समझने वाले पार्थ, व्यर्थ बातें नहीं करते।।42।।

2.42 Yaamimaam (Yaam + imaam) pushpitaam vaacham pravadantyavipashchitah (pravadanti + avipashchitah).
Vedavaadarataah (Veda + vaada + rataah) Paartha naanyadasteeti (na + anyat + asti + iti) vaadinah.

2.42 All + these, flowery words convey the + lesser brains. Those immersed in knowledge of Veds, O! Paarth, nothing else (apart from Ved scripted knowledge) is there, say thus.

2.42 Little minds speak language, to show off the Ved's wordy frilly knowledge.
Unnecessary words are never uttered, by those with real Ved knowledge. ||42||

۲۰۴۲۔ یامِمامْ(یامْ +اِمامْ) پُشپِتامْ واچَم پْرَوَدَنتیوِپَشچِتہ(پْرَوَدَنتِ+اَوِ پَشچِتہ)،
ویدَوادَرَتاہ(ویدَ+وادَ+رَتاہ) پارتھَ نانیَدَستیتِ(نَ+اَنیَت+ اَسْتِ+اِتِ) وادِنہ۔

۲۰۴۲۔ یہ+سب، بوٗٹے دار (دِکھاوٹی) باتیں بولتے ہیں+لاعلم لوگ،
ویدوں (مقدس صحیفہ) کے+عالم اور+پیروکار ، یا! پارتھ،(ویدوں سے الگ) نہیں +دوسرا کُچھ +ہے+ یہاں بولنے والے۔

۲۰۴۲۔ کم عقل مقدس صحیفوں کے ، لفظی جال میں الجھ جاتے ہیں۔
جنّت بل ذر چاح کے، باتوں میں پھنس کے رہ جاتے ہیں۔

2.43 कामात्मानः (काम + आत्मानः) स्वर्गपरा (स्वर्ग + पराः) जन्मकर्मफलप्रदाम् (जन्म + कर्म + फल + प्रदाम्)। क्रियाविशेषबहुलां (क्रिया + विशेष + बहुलाम्) भोगैश्वर्यगतिं (भोग + ऐश्वर्य + गतिम्) प्रति।।

2.43 कामी + मन वाले, स्वर्ग + इच्छुक, ऊँचे जन्म + कर्म + फल +के लोलुप। क्रियाएं + विशेष + बहुत तरह की करते, भोग + ऐश्वर्य + की ओर बढ़े चलते हैं।।

2.43 इन्द्रिय तृप्ति स्वर्ग, ऊँचे जन्म कर्म फल पाने में लोग।
भोग विलास में हो लिप्त, जुटते जीवन खपाने में लोग।।43।।

2.43 Kaamaatmaanah (Kaama + aatmaanah) swargaparaa (swarga + paraah) janmakarmaphala-pradaam
(janma + karma + phala + pradaam).
Kriyaavishleshabahulaam (Kriyaa + vishlesha + bahulaam) bhogaishvaryagatim (bhoga + aishvarya + gatim) prati.

2.43 Work + bound, heaven + seekers, high birth + and work + fruits + greedy. Move towards various kinds of, special enjoyment and treasure related works.

2.43 Those craving for satiation of senses, heaven heights fruitful treasures.
Indulge into various specific activities, spend life in wasteful pleasures. ||43||

۲۰۴۳۔ کاماتمانہ (کام+آتمانہ) سوَرگپرا (سوَرگ+پراہ) جنمکرمپھل پردام (جنم+کرم+پھل+پردام)،
کریاوشیشبہلام (کریا+وشیش+بہلام) بھوگیشوریگتم (بھوگ+ایشوری+گتم) پرتِ۔

۲۰۴۳۔ احساس کی تسکین کے خواہشمند+ لوگ، جنّت پانے کے+طلبگار، اونچی پیدائش لینے،+کاموں کے بہترین پھل+پانے کے لئے،
کام+خاص +بہت طرح کے لطف اور برکت پانے کے لئے کرتے ہیں۔

۲۰۴۳۔ احساس کی پیاس بجھانے کے لئے، زندگی سکھی کرنے لطف اُٹھاتے یہ۔
اس سے بڑھ کر کچھ نہیں کہیتے، زندگی کا مقصد بھوگ پاتے یہ۔

2.44 भोगैश्वर्यप्रसक्तानां (भोग + ऐश्वर्य + प्रसक्तानाम्) तयापहृतचेतसाम् (तया + अपहृत + चेतसाम्)। व्यवसायात्मिका (व्यवसाय + आत्मिकाः) बुद्धिः समाधौ न विधीयते।।

2.44 भोग ऐश्वर्य में जुटे लोगों की चेतना उसी से (भोग ऐश्वर्य से ही) चुराई जाती है। काम में + जुटी, नियंत्रित बुद्धि से ऐसा नहीं होता अर्थात चेतना नहीं जाती।।

2.44 भोग ऐश्वर्य मन को मोह के, अगवा कर ले जाते हैं।
दृढ़ बुद्धि का निश्चय खो वे, ध्यान मग्न न हो पाते हैं।।44।।

2.44 Bhogaishvaryaprasaktaanaam (Bhoga + aishvarya + prasaktaanaam)
tayaapahritachetasaam (tayaa + apahrita + chetasaam).
Vyavsaayaatmikaa (Vyavsaaya + aatmikaa) buddhih samaadhao na vidheeyate.

2.44 The conscience of the people, engaged in enjoyment and material treasures, is sneaked by these very things. With work + engaged, controlled mind it never happens.

2.44 Sensual and monitory activities, take away self conscience.
Indulged mind loses focus, and soulful state of perseverence. ||44||

۲۰۴۴۔ بھوگایشوریہ پرسکتانام (بھوگ+ایشوری+پرسکتانام) تیاپہرتچیتسام (تیا+اپہرت+چیتسام)،
ویوسایاتمکا (ویوسای+آتمکا) بدھہ سمادھو نَ ودھیتے۔

۲۰۴۴۔ لطف+اورخشحالی+کےمنسلک، انہی کے ذریعہ+ اغوا ہوئے +ضمیر والے،
یوگ مشقت والی عقل مراقبہ شعور حالت میں بھی میسرنہیں ہوتی۔

۲۰۴۴۔ خش طبعی میں لطف اندوز، روح والے ہوتے جو لوگ ۔
خدا میں عقیدت کا من، عیش وآرام میں ڈبوتے وہ لوگ۔

2.45 त्रैगुण्यविषया (त्रैगुण्य + विषयाः) वेदा निस्त्रैगुण्यो (निः + त्रैगुण्यः) भवार्जुन (भव + अर्जुन)। निर्द्वन्द्वो (निः + द्वन्द्वः) नित्यसत्त्वस्थो (नित्य + सत् + तु + अस्थः) निर्योगक्षेम (निर्योग + क्षेम) आत्मवान्।।

2.45 तीन गुणों के + विषय जानकर, बिना + तीनों गुणों के बनो, हे! अर्जुन। बिना + दुविधा के, सदा + मगर + सच में + लगो, बगैर + लाभ + रक्षा (सहारा) लिये, अपने ऊपर (स्वयं के बल पर)।।

2.45 अर्जुन! लाँघो वेद लिखे को, तीनों गुणों के विषयों को।
दुविधा छोड़ सच लाओ, स्वयं पे रखो गति विधियों को।।45।।

2.45 Traigunyavishayaa (Trai + gunya + vishayaah) vedaa (vedaah) nistraigunyo (nistraigunyah) bhavaarjuna (bhava + Arjuna).
Nirdvandvo (Nirdvandvah) nityasatvastho (nitya + satva + sthah) niryoga + kshema (niryoga + kshema) aatmavaan.

2.45 Having learned about the, three + character related + objects, rise above these three characters, (be without them), O! Arjun. Without double thought, ever + engaged in + truth, without seeking + benefit + or guard, standing on self.

2.45 Knowing the three charactered works, Arjun! come across them.
Without opposite thoughts seek truth, act through your self then. ||45||

۲۰۴۵۔ ترَیگُنیو وِشیا (ترَی+گُنی+وِشیاہ) ویدا (ویداہ) نِسترَیگُنیو (نِسترَی+گُنیہ) بھوارجن (بھو+ارجن)،
نِردوَندوَ (نِردوَندوَہ) نِتیستوَستھو (نِتی + ستوَ+ستھہ) نِریوگ کشیم (نِریوگ+کشیمہ) آتموان۔

۲۰۴۵۔ تین+خصوصیات +جانکے ویدوں سے، اُن تینوں +(قدرتی) خصوصیات کے اوپر رہو+ یا !ارجُن،
بغیر دو(مخلف سوچ) کی لڑائی کے، ہمیشہ +بھلائی+ میں قائم، مشغول، بغیر+احساس فایدہ+حفاظت، خود انحصار کرتے ہوئے۔

۲۰۴۵۔ قدرت ی تین خوبیوں کو، پارکر اُٹھوُ ؤپر صحیفے لکھتے ہیں۔
ارجن! لانگھ کے خودکی یہ خوبیاں، خود کو دیکھ پڑھ سکتے ہیں۔

2.46 यावानर्थ (यावान् + अर्थः) उदपाने (उद + पाने) सर्वतः सम्प्लुतोदके (सम्प्लुत + उदके)। तावान्सर्वेषु (तावान् + सर्वेषु) वेदेषु ब्राह्मणस्य विजानतः।।

2.46 जितना + चाहिये, पूरा पानी छोटे कुएं के लिये, बड़े लबालब + जलाशय में होता है। वैसे ही + सभी वेदों में, ब्राह्मण हेतु भरपूर ज्ञान होता है।।

2.46 जैसे बड़े तालाब का पानी, छोटे कुएं भर सकता है।
वैसे ही वेदों का ज्ञान भी, पाण्डित्य पूर्ण कर सकता है।।46।।

2.46 Yaavaanartha (Yaavaan + arthah) udapaane (uda + paane) sarvatahsamplutodake (sarvatah + sampluta + udake).
Taavaansarveshu (Taavaan + sarveshu) vedeshu braahmanasya vijaanatah.

2.46 As full water is there for small wells in big water reservoirs. Similerly Veds have full knowledge for all the Brahmins (Brahm seekers).

2.46 As a huge water rereservoir, can fill small wells.
Veds have full knowledge, for Brahmins as well. ||46||

۲۰۴۶۔ یاوانرتھ (یاوان+ارتھ) اُدپانے (اُد+پانے) سَروَتہ سَمپلُتوُدکے (سَمپلُت+اُدکے)،
تاوانسَروییش (تاوان+سَروییش) ویدیش بَراہمنسی وِجانتہ۔

۲۰۴۶۔ جتنی+زرورت ہے پانی کی+چھوٹے گڈھے کو، اُتنا پورا بھر دیتا ہے+پانی کا ایک بڑا سا حوض،
ویسے ہی+سارے ویدوں میں (مقدس صحیفہ میں) براہمن/عالم میں پورا بھرنے لائق علم ہے۔

۲۰۴۶۔ ایک بڑا تالاب جس طرح، چھوٹے کوؤں کو بھر سکتا ہے۔
ویسے ہی ویدوں صحیفوں سے عقلمند، پورا علم بھر عالم کمال بن سکتا ہے۔

2.47 कर्मण्येवाधिकारस्ते (कर्मणि + एव + अधिकारः + ते) मा फलेषु कदाचन।
मा कर्मफलहेतुर्भूर्मा (कर्म + फल + हेतुः + भूः + मा) ते संगोअस्त्वकर्मणि (संगः + अस्तु + अकर्मणि)।।

2.47 कर्म करने पर + ही, + अधिकार है + तुम्हारा, फल पर कभी नहीं। कामों को + फल के लिये + करो + मत, उनको चाह कर अकर्मण्य न बनो।।

2.47 अधिकार तुम्हारा है कर्म करने पर, उनके फल पे कोई नहीं।
फल मिलते नहीं तुम्हारे कारण, फल से मोह हो कोई नहीं।।47।।

2.47 Karmanyevaadhikaaraste (Karmani + eva + adhikarah + te) maa phaleshu kadaachana. Maa karmaphalaheturbhoormaa (karma + phala + hetuh + bhooh + maa) te sangoastwakarmani (sangah + astu + akarmani).

2.47 You have the right only over doing work, never on their fruits. Neither take credit for the fruits of deeds, nor be tied with not doing works.

2.47 You have full right on duties, but never on their results.
Neither take credit for fruits, nor in not working indulge. ||47||

۲۰۴۷۔ کَرمَنیےوادِھکارَستے (کَرمَنِ +ایوَ +اَدِھکارَہ + تے) ما پھلیشُ کَداچَن،
ما کَرمپھلَہیتُرْ بھوُرْما (کَرمَ +پھَل +ہیتُہ +بھوُہ +ما) تے سَنگوَاَسْتوَکَرمَنِ (سَنگَہ +اَسْتُ +اَکَرمَنِ)۔

۲۰۴۷۔ کام کرنے + پرہی + حق ہے + تمہارا، نہیں ہے اُسکے نتیجہ (پھل) پر کبھی بھی،
کام + نتیجوں + کے لیئے، + ہوُں + نہیں کبھی، اُنکا (پھلوں / نتیجوں کا)، ساتھ + لیکن ہے + ذریہ تعزیت / آرام طلبی۔

۲۰۴۷۔ حق ہے کام کرنے پر، لیکن نتیجوں پر کوئی نہیں تمہارا۔
پھل سے لگاو رکھے بنا، کام میں بس ہوسب دھیان تمہارا۔

2.48 योगस्थः (योग + स्थः) कुरु कर्माणि संग त्यक्त्वाधनन्जय। सिद्धयसिद्धयोः (सिद्धि + असिद्धयोः) समो भूत्वा समत्वं योग उच्यते।।

2.48 जुड़े + हुए (योग + स्थित) करो काम, (फल की) चाहना छोड़कर हे! धनन्जय। सफलता + विफलता में, समान होना समता योग कहलाता है।।

2.48 योग स्थिति में काम करो, चाह फलों की छोड़ के धनंजय।
फल मिले न मिले एक से रहो, समता योग वो है धनंजय।।48।।

2.48 Yogasthah kuru karmaani sangam tyaktwaa Dhananjaya. Siddhyasidhyoh (Sidhi + asidhyoh) samo (samah) bhootvaa samatvam yoga uchyate.

2.48 In focused / connected + state/yog fixed, do all works, leaving wishes. O! Dhananjay (Arjun the conqueror of wealth). To be the same in success + failure, is called balance yog.

2.48 Do your duty being in yog, having no other bent is yog.
Be same in having or not having fruits, sameness is yog. ||48||

۲۰۴۸۔ یوَگَستھَہ کُرُ کَرمانِ سَنگَم تیَکتوا دھَننجَی،
سِدّھیَسِدّھیوہ (سِدّھِ +اَسِدّھیوہ) سَموَ (سَمَہ) بھوُتوا سَمَتوَم یوَگ (یوَگہ) اُچیَتے۔

۲.۴۸۔ جوڑ (یوگ) کے کرو کام ،منسلکہ (پھل پانے کا) چھوڑ کے، یا! دھننجے،
کامیابی ناکمیابی دونو میں ایک سا ہوکے، برابر ہونا سمتو (ایک سی نظر کا یوگ) یوگ کہلاتا ہے۔

۲.۴۸۔ ارجن! من سے جیت ہار چھوڑ کے، یوگی من سے کرنا کام۔
پھل ملنے نا ملنے پر ہو ایک بھاؤ، ہے سمتو یوگ اِسی سے کرنا کام۔

2.49 दूरेण ह्यवरं (हि + अवरम्) बुद्धियोगाद्धनन्जय (बुद्धि + योगात् + धनन्जय)। बुद्धौ शरणमन्विच्छ (शरणम् + अन्विच्छ) कृपणाः फलहेतवः (फल + हेतवः)।।

2.49 दूर + ही + होते, बुरे काम बुद्धि जोड़/योग से, हे! धनन्जय। बुद्धि क़े + आसरे + कोशिश करो, कंजूस होते हैं, फल + के लिये काम करने वाले ।।

2.49 बुरे कामों से दूर रहो, अपनी बुद्धि के सहारे धनंजय।
फलों की छोटी इच्छा भी, छोड़ो इसी सहारे धनंजय।।49।।

2.49 Doorena hyavaram (hi + avaram) karma buddhiyogaaddhananjaya (buddhi + yogaat + Dhananjaya).
Buddhau sharanamanvichchha (sharanam + anvichchha) kripanaah
phalahetawah (phala + hetawah).

2.49 Away remain bad deeds through mind + yog / connectivity, + O! Dhananjay. under conscience (of mind), offer + works, miserly are fruit + seekers.

2.49 Dhananjay! with focused mind, keep lowly acts far away.
With the help of wisdom, from wishful miserly keep away. ||49||

۲.۴۹۔ دُورین ہیَوَرَم (ہِ+اَوَرَم) کَرمَ بُدّھیوگادّھننجی (بُدّھِ+یوگات+دھننجی)،
بُدّھو شَرَنَمنوِچھ (شَرَنَم+انوِچھ) کرِپناہ پھلہیتوہ (پھل+ہیتوہ)۔

۲.۴۹۔ دور سے+ ہی+ چھوڑ دو، + برے کام، ذہن یوگ سے یا! دھننجے (دولت جیتنے والے ارجن)،
عقل کی پناہ لینے کی+ کوشش کرو، تنگ دلی ہے پھل+ کیے لئے (کام) کرنا۔

۲.۴۹۔ دھننجے! ذہنی یوگ سے، برے کاموں کو چھوڑ دو۔
دماغی یوگ کی مشقتوں سے، پھل کی غریبی کو چھوڑ دو۔

2.50 बुद्धियुक्तो (बुद्धि + युक्तः) जहातीह (जहाति + इह) उभे सुकृतदुष्कृते (सुकृत + दुष्कृते)। तस्माद्योगाय (तस्मात् + योगाय) युज्यस्व योगः कर्मसु कौशलम्।।

2.50 बुद्धि + जुड़ा, छुड़ा लेता है, + यहां, दोनों, अच्छा करने + बुरा करने से। अतः योग के लिये जुटो, योग/जोड़, कार्यों का कौशल है।।

2.50 बुद्धि जोड़ के छोड़ सकते हो, अच्छे बुरे दोनो कामों को।
अतः योग अभ्यास करो, इसे ही कामों में कौशल समझो।।50।।

2.50 Buddhiyukto (Buddhi + yuktah) jahaateehubhe (jahaati + ih + ubhe) sukrit + adushkrite. Tasmaadyogaaya (Tasmaat + yogaaya) yujyasva yogah karmasu kaushlam.

2.50 Mind + connection, rids + here, from doing, both the good + bad actions. Hence be engaged with yog, yog is the skill in deeds.

2.50 Focused mind rids here, world's good or bad deeds.
Hence practice yog in which, lies the skill of deeds. ||50||

۲۰۵۰۔ بُدّھیُکتو (بُدّھِ+یُکتہ) جَہاتیہ (جہاتِ+اِہ) اُبھے سُکرِتدُشکرِتے (سُکرِت+دُشکرِتے)،
تسماذیوگای (تسمات+یوگای) یجیسو یوگہ کرمسُ کوشلم۔

۲۰۵۰۔ عقل سے جڑا آزادی پاتا ہے+ یہاں، دونو (نتیجوں پھلوں) اچھے کام سے ملے+ برے کام سے ملے،
اِس لیئے+یوگ کے لئے جڑ جاو+خود یوگ ہی کاموں میں مہارت ہے۔

۲۰۵۰۔ دماغی یوگ سے کاموں کے، اچھے برے پھل دونو چھوڑ نا۔
یوگ ہی سب کامون میں ہی ہند، اسکی مشقتیں کبھی نہ چھوڑنا۔

2.51 कर्मजं बुद्धियुक्ता हि फलं त्यक्त्वा मनीषिणः। जन्मबन्धविनिर्मुक्ताः (जन्म + बन्ध + विनिर्मुक्ताः) पदं गच्छन्त्यनामयम् (गच्छन्ति + अनामयम्)।।

2.51 काम करते ही हैं बुद्धि जुड़े ही, फल छोड़कर विद्वान। जन्म + बंधन से + छुटे पद पाते हैं, + बिना कष्ट के।।

2.51 बुद्धि जोड़ से कर्म करके, फलों से मुक्ति पाते हैं मनीषि ।
जन्म मृत्यु से छुट जाते, सहज सर्वोच्च पद पाते मनीषि।।51।।

2.51 Karmajam buddhiyuktaa (buddhi + yuktaah) hi phalam maneeshinah. Janmabandhavinirmuktaah (Janma + bandha + vinirmuktaah) padam gachchhantyanaamayam (gachchhanti + anaamayam).

2.51 Do work only with mind + connection, having left fruits, the wise. Freed from birth cycle, acquire position, + without pain.

2.51 With mind fixed in deeds, the wise leave fruits of deeds.
Become free of birth death cycle, to God do they reach. ||51||

۲۰۵۱۔ کرمجم (کرم+جم) بدھیکتا (بدھ+یکتاہ) ہی پھلم تیکتوا منیشنہ،
جنمبندھ ونرمکتاہ (جنم+بندھ+ونرمکتاہ) پدم گچھنتیانامیم (گچھنت+انامیم)۔

۲۰۵۱۔ کام سے+پیدا (پھل)، عقل+جوڑکے (دماغ یوگ سے) ہی پھل چھوڑتے ہیں عقلمند،
پیدائش +موت سے+آزاد ہونے کا طبقہ حاصل کرتے ہین آسانی سے۔

۲۰۵۱۔ کام کرکے ملے کام کے پھل، عقل جوڑکے چھوڑتے پھل قابل جو۔
جینے۔مرنے کے چکر سے چھٹ کر، ملتے مجھ خدا سے عالم وہ۔

2.52 यदा ते मोहकलिलं (मोह + कलिलम्) बुद्धिर्व्यतितरिष्यति (बुद्धिः + व्यतितरिष्यति)। तदा गन्तासि (गन्ता + असि) निर्वेदं श्रोतव्यस्य श्रुतस्य च।।

2.52 जब तुम्हारी बुद्धि मोह + जंजाल से परे हो जाएगी। तब तुम सुनने और सुने हुए से विरक्त हो जाओगे।।

2.52 बुद्धि तुम्हारी मोह के जब, जंगलों में से बाहर आती।
सुना हुआ या सुनने योग्य, सभी से विरक्त हो जाती।।52।।

2.52 Yadaa te mohakalilam (moha + kalilam) buddhirvyatitarishyati (buddhih + vyatitarishyati). Tadaa gantaasi (ganta + asi) nirvedam shrotavyasya shrutasya cha.

2.52 When your mind will come across the dense jungle of doubts. Then you will experience freedom from listening and the heard.

2.52 When through fixed mind, they come across the jungle of doubts.
They shut their minds, from all they hear or hearable say mouths. ||52||

۲۰۵۲۔ یدا تے موہکللم (موہ+کللم) بدھرونیترشیت (بدھ+ونیترشیت)،
تدا گنتاس (گنتا+اس) نرویدم شروتویسی شرتسی چ۔

۲۰۵۲۔ جب تمہاری (عقل)، شک کے+جنگل کو، عقل+پار کرلیتی ہے،
تب پہنچتے ہو +تم، غیرجانبداری کی صورتحال میں، سننے کی اور سنے ہوئے کی بھی۔

۲۰۵۲۔ شک کے جنگلوں سے باہر، نکل دماغ جب پار ہوگا۔
سنی سنائی باتوں سے اوب کے، دماغ دست بردار ہوگا۔

2.53 श्रुतिविप्रतिपन्ना (श्रुति + विप्रतिपन्ना) ते यदा स्थास्यति निश्चला। समाधावचला (समाधौ + अचला) बुद्धिस्तदा (बुद्धिः + तदा) योगमवाप्स्यसि (योगम् + अवाप्स्यसि)।।

2.53 सुनने से + अप्रभावित, तुम्हारी जब, स्थिर निश्चल। बुद्धि, ध्यान में भी + अचल होगी, बुद्धि + तब योग प्राप्त करेगी।।

2.53 सुन के प्रभाव न लेकर, बुद्धि ध्यान में स्थिर रहेगी।
एक निष्ठ केन्द्रित हो कर, योग स्थिति पा सकेगी।।53।।

2.53 Shrutivipratipannaa (Shruti + vipratipannaa) te yadaa sthaasyati nishchalaa. Samaadhaavachalaa (Samaadhau + achalaa) buddhistadaa (buddhih+tadaa) yogamavaapsyasi (yogam + avaapsyasi).

2.53 unimpressed by listening, when your stable, unmoved. Mind will remain undiverted, then + the mind will achieve yog.

2.53 When focused mind remains unmoved, by words or hearing.
It becomes yog fixed to acquire, clear vision for self seeing. ||53||

۲۰۵۳۔ شرُتِو پرَتیپنّا (شرُتِ+وِ پرَتیپنّا) تے یدا ستھاسیَت نِشچلا،
سَمادھاوَچلا (سَمادھوٗ+اَچلا) بدّھستدا (بُدّھِہ+تدا) یوگموا پسیَس (یوگم+اَواپسیَس) ۔

۲۰۵۳۔ سننے سے+بے+اثر، تُمہارا (من) جب قائم ہوجاتا ہے+بنا چلے،
دھیان مگن+مقرر+ذہن+تب (اُس وقت) یوگ پاتا ہے۔

۲۰۵۳۔ لفظوں کی چکاچوندھ سے، ذہن ہِل نہ سکیگا جب۔
یوگ میں مرکوز قائم عقل سے، روح بھی دیکھ سیگا تب۔

<u>अर्जुन उवाच Arjuna uvaacha अर्जुन बोले ارجن بولے</u> اَرجُن اُواچ

2.54 स्थित + प्रज्ञस्य का भाषा समाधिस्थस्य (समाधि + स्थस्य) केशव। स्थित + धीः किं प्रभाषेत किमासीत (किम् + आसीत) व्रजेत किम्।।

2.54 निश्चल + बुद्धि ध्यान + मग्न की, भाषा क्या होती है केशव। स्थिर + बुद्धि कैसे बोलता है, कैसे + बैठता है, चलता कैसे है।।

2.54 केशव! स्थिर समाधिस्थ लोग, कैसी बातें करते हैं।
एक निष्ठ बुद्धि के लोग, बोलते कैसे बैठते चलते हैं।।54।।

2.54 Sthitapragyasya (Sthita+pragyasya) kaa bhaashaa samaadhisthasya (samaadhi+sthasya) Keshava.
Sthitadheeh (Sthita + dheeh) kim prabhaasheta kimaaseeta (kim + aaseeta) vrajeta kim.

2.54 Of a (person with) fixed / focused + mind, what is the language, in buried + state (of mind). O! Keshav. How does a (person with) stable + mind speak, sits, how does he walk.

2.54 Keshav! How does a person, with self fixed mind talk.
What language he uses, how does he sit and walk. ||54||

۲۰۵۴۔ شتھتپرگییّی (شتھت+پرگییّی) کا بھاشا سمادھستھسی (سمادھ+ستھسی) کیشو،
شتھتدھیہ (شتھت+دھیہ) کم پربھاشیت کماسیت (کم+آسیت) ورجیت کم۔

۲۰۵۴۔ مقرر ذہن (شخص کی) کیسی زبان ہوتی ہے، خودمرکوز (شخص) کی، یا! کیشو ،
مقرر+دماغ (دھیان یوگ کرنے) والے کیابولتے ہیں، کیسے+رہتے ہیں کیسے+بیٹھتے ہیں، چلتے کیسے ہین۔

۲۰۵۴۔ پوچھا ارجن نے، ''یا! کیشو ! دھیان میں ڈوبا ہوا ہوشمند۔
کیسے اٹھتا بیٹھتا بولتا ہے، کیسا رکھتا ہے وہ چلا چلن''۔

श्रीभगवानुवाच ShreeBhagawaanuvaacha श्री भगवान बोले Lord Shri said

شری بھگونواچ خدا بولے

2.55 प्रजहाति यदा कामान्सर्वान्पार्थ (कामान् + सर्वान् + पार्थ) मनोगतान् (मनः + गतान्)। आत्मन्येवात्मना (आत्मनि + एव + आत्मना) तुष्टः स्थितप्रज्ञस्तदोच्यते (स्थित + प्रज्ञः + तत् + उच्यते)।।

2.55 छोड़ देता है (कोई), जब हे! पार्थ, मन से (स्वेच्छा से) + ही + अपना मन (अपने मनोरथ)। स्वयं में + ही + स्वयं से संतुष्ट, तब वह निश्चल + बुद्धि + कहलाता है।।

2.55 पार्थ! जब सारी इच्छाएं, मन से स्वयं निकाल देता वो।
मन की प्यास बुझा आत्मा से, आत्मस्थित तब होता वो।।55।।

2.55 Prajahaati yadaa kaamaansarvaanpaartha (kaamaan + sarvaan + Paartha) manogataan (manah + gataan).
Aatmanyevaatmanaa (Aatmani + eva + aatmanaa) tushtah sthitapragyastadochyate (sthita + pragyah + tadaa + uchyate).

2.55 Leaves + when, all the + desires, from heart, + O! Paarth. Satisfied by self within self, with fixed + mind + then + he is called.

2.55 Leaving all the desires from heart, satisfies senses enlighten heart.
Enlightened hearts shows the self, self satisfaction fixes the heart. ||55||

۲۰۵۵۔ پْرَجہاتِ یدا کامانْسَرْوانپارْتھَ (کامان+سَرْوان+پارْتھ) مَنوگتان (مَنہ+گتان)،
آتْمَنْیِوا تْمنا (آتْمنِ+ایوَ+آتْمنا) تُشْٹَہ سْتھِتپْرَگیَسْتد وچْیتے (سْتھِت+پْرَگیہ+تدا+اُچْیتے)۔

۲۰۵۵۔ چھوڑتا ہے جب ، اچھایں+ساری + یا! پارْتھ، دِل+سے،
روح میں+ہی+خود سے مطمئن ہوجاتا ہے، قائم/ مقرر +ذہن + تب +کہلاتا ہے۔

۲۰۵۵۔ پارتھ! ساری خواہشات اور، ہوس بھی جو دل سے چھوڑتا۔
خود سے روح اِس طرح صاف رکھ وہ، عقل قائم کر چین نہ کھوتا۔

2.56 दुःखेष्वनुद्विग्नमनाः (दुः खेषु + अनुद्विग्न + मनाः) सुखेषु विगतस्पृहः (विगत + स्पृहः)। वीतरागभयक्रोधः (वीत + राग + भय + क्रोधः) स्थितधीर्मुनिरुच्यते (स्थित + धीः + मुनिः + उच्यते)।।

2.56 दुखों से + अविचलित + मन वाले, सुखों के अहंकार + विहीन। छुड़ा + आसक्ति, + डर और क्रोध, लोग निश्चित + बुद्धि के + मुनि + कहलाते है।

2.56 दुःख में नहीं उतावला होता, न सुख में ही घमण्ड करता है।
मन से लगाव डर क्रोध हटाता, तब स्थित बुद्धि मुनि बनता है।।56।।

2.56 Dukheshvanudvignamanaah (Dukheshu + anudvigna + manaah)
sukheshuvigataiprahah (sukheshu + vigataiprahah).
Veetaraagabhayakrodhah (Veeta + raaga + bhaya + krodhah)
shthitadheermuniruchyate (shthita + dheer + munih + uchyate).

2.56 By sufferings + unmoved,+ hearts, by pleasures + egoless. Unattached, unafraid, angerless people are fixed + mind + sages, called.

2.56 Unmoved by pain, who is ego less in pleasures.
love fear anger free, is focused sage altogether. ||56||

۲۰۵۶۔ دُکھیشْوَنُدْوِگْنَمناہ (دُکھیش+اَنُدْوِگْن+مَناہ) سُکھیش وِگتسْپْرِہہ (وِگت+سْپْرِہہ)،
وِیتَراگبھَیَکْرودھَہ (وِیت+راگ+بھَیَ+کْرودھَہ) سْتھِتَدھِیرْمُنِرُچْیتے (سْتھِت+دھِیہ+مُنِہ+اُچْیتے)۔

۲۰۵۶۔ دکھ سے+ غیراعلانیہ+ من والا، سکھ سے بغیر +آرزو،
پارکر کے+لگاؤ+ ڈر+غصہ، محکم صبر کرنے والا عالم/ر دانش کہلاتا ہیں۔

۲۰۵۶۔ دکھ میں ہو پرسکون ساکن، سکھ میں سارے ہو چاہت بغیر۔
ڈر منسلکہ غصہ چھوڑ کے عالم، کبھی نہ رہتا ٹھہراو بغیر۔

2.57 यः सर्वत्रानभिस्नेहस्तत्तत्प्राप्य (सर्वत्र + अनभिस्नेहः + तत् + तत् + प्राप्य) शुभाशुभम् (शुभ + अशुभम्। नाभिनन्दति (न + अभिनन्दति) न द्वेष्टि तस्य प्रज्ञा प्रतिष्ठिता।।

2.57 जो सब जगह + स्नेह शून्य है + ऐसा + वैसा (अच्छा + बुरा), पाकर। न + प्रशंसा, न बैर करता है, उसकी बुद्धि निश्चल होती है।।

2.57 बुद्धि से हर तरह का स्नेह, अच्छा बुरा हटा देता जो।
न प्रशंसा न बुराई करता, ध्यान बुद्धि पूरी पा लेता वो।।57।।

2.57 Yah sarvtraanabhisnehastattatpraapya (sarvtra + anabhisnehah + tat + tat + praapya) shubhaashubham (shubha + ashubham).
Naabhinandati (Na + abhinandati) na dveshti tasya pragyaa pratishthitaa.

2.57 The one who is detached from getting, all the + love + this + or that, (good + bad). Neither + praises nor condemns, his mind is + fixed / focused.

2.57 The one who remains neutral, whether good or bad he gets.
Neither praises nor disapproves, is said that his mind is set. ||57||

۲۰۵۷۔ یہ سَرْوَتْرانَ بھِسنیہَستَتّتپْراپْی (سَرْوَتْر+اَن بھِسنیہہ+ تَت+تَت+پْراپْی) شُبھا اَشُبھَم (شُبھَ+اَشُبھَم)،
نابھِنَندَتِ (نَ+ابھِنَندَتِ) نَ دْویشٹِ تَسی پْرَگیا پْرَتِشٹھِتا۔

۲۰۵۷۔ جو ہرجگہ +لاتعلق+ یہ+ وہ+ پاکے، سبھی اچھا +برا چھوڑتا ہے،
ناخیرمقدم کرتا ہے نا نفرت کرتا ہے، اُسکی عقل قائم ہوتی ہے۔

۲۰۵۷۔ عقل کو اپنی قائم رکھتا، اچھا برا ملے تو روکتا۔
نا تعریف نا برائی کرتا، لاتعلقی سے مقرر عقل نہ کھوتا۔

2.58 यदा संहरते चायं (च + अयम्) कूर्मोअंगानीव (कूर्मः + अंगानि + इव) सर्वशः। इन्द्रियाणीन्द्रियार्थेभ्यस्तस्य (इन्द्रियाणि + इन्द्रिय + अर्थेभ्यः + तस्य) प्रज्ञा प्रतिष्ठिता।।

2.58 जैसे समेट लेता है, और + अपने, कछुआ + अंग + वैसे ही, सब ओर से।जो इन्द्रियों को + इन्द्रिय विषयों + के लिये समेटे + उसकी, बुद्धि स्थिर होती है।।

2.58 जैसे ढ़ाल में समेट के कछुआ, शत्रु से अंग बचाता है।
वैसे इन्द्रियां विषयों से समेट, बुद्धि को ज्ञानी बचाता है।।58।।

2.58 Yadaa sangharate chaayam (cha + ayam) koormoangaaneeva (koormah + angaani + iva) sarvashah.
Indriyaneendriyaarthebhyastasya (Indriyani + indriya+arthebhyah + tasya) pragyaa pratishthitaa.

2.58 As withdraws, a turtle + it's limbs, + like that ,altogether (from all sides). Those who their senses + from sense–objects, + withdraw, get their minds fixed/focused.

2.58 A turtle withdraws limbs within shell, to protect it from outer enemies.
Wise withdraw senses from objects, to protect mind from it's enemies. ||58||

۲۰۵۸۔ یَدا سَنْہَرَتے چایَم(چ+اَیَم) کُوزْموَا نْگانیوَ(کُوزْمَہ+اَ نْگان+اِوَ) سَرْوَشَہ،
اِنْدرِیانیْندرِیِیازْتھیبھیَسْتَسْی(اِنْدرِیانِ+اِندرِی+اَرتھےبھی+تَسی) پْرَگْیا پْرَتِشْٹھِتا۔

۲۰۵۸۔ جیسے ہٹالیتاہے کچھوا +اپنے حصے ایک ساتھ(قدرتی مخالفت میں خودکوقائم رکھنے کے لیئے)،
حواس سے احساس اشیاء (قدرتی مخالفت میں)ہٹانے کی(علیحدگی کی) مشقت کرنےوالے کی عقل قائم رہتی ہے۔

۲۰۵۸۔ جیسے کچھوااسالاق سکوڑکے، برے ماحول سےہوتاآزاد۔
ویسےعقلمندحواس سےعقل موڑکے،دشمن سےحوش کرتاآزاد۔

2.59 विषया विनिवर्तन्ते निहारस्य देहिनः।। रसवर्जं रसोअप्यस्य (रसः + अपि + अस्य) परं दृष्ट्वा निवर्तते।।

2.59 भोग दूर रहते हैं निराहारी (उपवास रखने वाले) की आत्मा से। रस त्याग से दूर रहते हैं, रस + भी, + उस (भोग) के, (दिव्य) आत्मा को देख कर (भोगरस) छोड़ने से ।।

2.59 आत्मा से खाना दूर रखने का, अभ्यास न खा के देह करता जैसे।
भक्ति में रस को न चखने का, उपवास करता आत्मा देख के वैसे।।59।।

2.59 Vishayaa vinivartante niraahaarasya dehinah. Rasavarjam (Rasa + varjam) rasoapyasya (rasah + api + asya) param drishtvaa nivartate.

2.59 Foods are kept away, by fasting (not eating), from the self. By leaving taste (not tasting), keep away juices, + also + of these (foods), by (divine) self sight withdrawal (from taste pleasures).

2.59 Practice to renounce sense objects, as fasting to keep food away from soul.
Renounce taste to avoid pleasure chains, by divine sense sighting free soul. ||59||

۲۰۵۹۔ وِشَیا وِنوَرتنتے نِراہارسْیَ دیہِنہ،
رَسوَرجَم(رَس+وَرجَم) رَسوَاپیسْیَ(رَسَہ+اَپ+اسْیَ) پَرَم دِرِشٹوا نِوَرتتے۔

۲۰۵۹۔ احساس اشیاء دور ہٹتے ہیں روزہ داروں کی روح سے ،
سواد سے محروم رہنےوالے لذیدار کھانے ہونے پربھی اُنکی چاہ نہیں کرتے۔

۲۰۵۹۔ ہٹاکے احساسات اپنے جسم سے، رسوں کے لطف لے نے میں نا پڑتا۔
لطف کی چاہنا سے نجات پاکے، آزاد دل رسوں میں نا جکڑتا۔

2.60 यततो (यततः) ह्यापि (हि + अपि) कौन्तेय पुरुषस्य विपश्चितः। इन्द्रियाणि प्रमाथीनि हरन्ति प्रसभं (प्रसभम्) मनः।।

2.60 प्रयत्न करते भी हे! कौन्तेय, मनुष्य का विवेक। इन्द्रियाँ मथ के हर लेती हैं, वेग से मन भी।।

2.60 कुन्तीपुत्र! विवेकी का भी, प्रयत्न विफल कर देती हैं।
इन्द्रियां उसके मन को भी, बिलो के वश में करती हैं।।60।।

2.60 Yatato (Yatatah) hyapi (hi + api) Kaunteya purushasya vipashchitah.
Indriyaani pramaatheeni haranti prasabham manah.

2.60 The one who practices+ too, O! Kunti's son, that man's balance. The senses churn to control, by force take away heart.

2.60 Kunti's son! the heart of even a controlled person, can be thrown off.
Under great force of excited senses, the wisest minds get blown off. ||60||

۲۰۶۰۔ یَتتو ہیَپ(ہِ+اَپ) کونتیَ پُرشسْیَ وِپشچِتہ،
اِندریانِ پرمتھینِ ہَرنتِ پرسبھَم مَنہ۔

۲۰۶۰۔ کوشش کرنے کے باوجود +بھی یا!کونتی ذادے، سمجھدار شخص کو بھی،
حواس اُکسا(عقل گھُما) کے گِرا دیتے ہیں، اپنی طاقت سے، اُسکا من۔

۲۰۶۰۔ بہالے جاتا ہے پھربھی زور، احساسات کا، یا!کونتی ذادے۔
متوازن من بھی احساس حواس سے، گھوم کے گِرتا ہے جوش گما کے۔

2.61 तानि सर्वाणि संयम्य युक्त आसीत मत्परः। वशे हि यत्सेन्द्रियाणि (यत्स + इन्द्रियाणि) तस्य प्रज्ञा प्रतिष्ठिता।।

2.61 वे पूरे संयमित जुड़ के/योग से, लेते हैं, मेरा (भगवान का) आश्रय। जिसकी + इन्द्रियाँ काबू में होती हैं, उसकी चेतना भी अचल होती है।।

2.61 अतः पूरे संयम के साथ, मुझ ईश्वर की शरण में आओ।
जिससे इन्द्रियां वश में करके, बुद्धि स्थिर कर पाओ।।61।।

2.61 Taani sarvaani sanyamya yukta aaseeta matparah (Mat + parah).
Vashe hi yasyedriyaani (yasya + idriyaani) tasya pragyaa pratishthitaa.

2.61 They, all balanced, take refuge under Me. Whose senses are under control, his conscience too is unmoved (undiverted).

2.61 Hence in My opinion, pray to keep your 'self' perfectly controlled.
The one whose senses are under control, mind is also controlled. ||61||

۲۰۶۱۔ تانِ سَرْوانِ سَنْیَمْی یُکْت آسیت مَتْپَرَہ،
وَشے ہِ یَسْیِنْدریانِ(یَسْیَ+اِنْدریانِ) تَسْی پْرَگیا پْرَتِشْٹھِتا۔

۲۰۶۱۔ اُن سارے (حواسوں کو) متوازن ہوکے (قابوکرکے)، جوڑکے قائم ہوجاؤ، مجھ خدا میں،
قابومیں ہیں جسکے +حواس، اُسکی عقل قائم رہتی ہے۔

۲۰۶۱۔ احساس قابوکرکے، جو متواضن ہوکے رہتا خدا میں ہے۔
عقل مقررکر لیتاہے،وہ حواس حوش رکھتا مجھ خدا میں ہے۔

2.62 ध्यायतो (ध्यायतः) विषयान्पुंसः (विषयान् + पुंसः) संगस्तेषूपजायते (संगः + तेषु + उपजायते)।
संगात्सन्जायते (संगात् + सन्जायते) कामः कामात्क्रोधोअभिजायते (कामात् + क्रोधः + अभिजायते)।।

2.62 ध्यान से, विषयों के, मनुष्य में चाहत + उनकी (विषयों की) + उपजती है। चाहत + बढ़ाती है, वासना, वासना से + क्रोध + उत्पन्न होता है।।

2.62 इन्द्रीय विषयों के ध्यान से, पैदा होती इच्छा भोगने की।
इच्छा भोग से हवस होती पैदा, हवस से क्रोध होने की।।62।।

2.62 Dhyaayato (Dhyaayatah) vishayaan + punsah sangasteshoopajaayate (sangah + teshu + upajaayate).
Sangaatsanjaayate (Sangaat + sanjaayate) kaamah kaamaatkrodho (kaamaat + krodhah) abhijaayate.

2.62 By focusing over objects, in men their (objects') desire takes birth. From desire lust, from lust takes birth anger.

2.62 Mental focus on sense objects, generates attachment towards them.
Attachment causes desire, desire causes anger if deprived of them. ||62||

۲۰۶۲۔ دھیایتو (دھیایتہ) وِشیانپُنسہ (وِشیان + پُنسہ) سنگستے شوپجایتے (سنگہ + تے شُ + اُپجایتے)،
۲سنگاتسنجایتے (سنگات + سنجایتے) کامہ کاماتکرودھو ابھجایتے (کامات + کرودھ + ابھجایتے)۔

۲۰۶۔ دماغ میں احساسات اشیاء+ لانے سے، +آدمی میں، وابستگی +اُنکے ساتھ کی + پیدا ہوتی ہے،
ساتھ (منسلکہ) سے+ بڑھتی ہے، حوس، حوس سے+ اُگتا ہے، (پوری نا ہونے پر) غصہ کا اظہار ہو جاتا ہے۔

۲۰۶۲۔ حواس اشیاء ذہن میں مل کے، رابطہ اُگا کے عقل بندھواتی ہیں۔
رابطہ سے خواہشات آتیں، جو ناپوری ہونے پے غصہ لے آتی ہیں۔

2.63 क्रोधाद्भवति (क्रोधात + भवति) सम्मोहः सम्मोहात्स्मृतिविभ्रमः (सम्मोहात् + स्मृति + विभ्रमः)। स्मृतिभ्रंशाद् (स्मृति + भ्रंशात्) बुद्धिनाशो (बुद्धि + नाशः) बुद्धिनाशात्प्रणश्यति (बुद्धि + नाशात् + प्रणश्यति)।।

2.63 क्रोध से + होता है, पूरा मोह/भ्रम, पूरे भ्रम से + याद का + अंत। याद खोने से बुद्धि + विनाश, बुद्धि खोने से, + नीचे गिराव ।।

2.63 क्रोध से पूरा मोह होता पैदा, भूलने का भ्रम जो देता।
भूल भ्रम बुद्धि मार देता, मनुष्य नीचे पतन को जाता।।63।।

2.63 Krodhaadbhawati (Krodhaat + bhawati) sammohah sammohaatsmritivibhramah (sammohaat + smriti + vibhramah).
Smritivibhramshaad (Smriti + vibhramshaat) buddhinaasho (buddhi + naashah) budhinaashaat-pranashyati (budhinaashaat + pranashyati).

2.63 Through anger + develops total doubt, through total doubt + memory + loss. From memory + loss, mental + destruction, loss of mind + is down fall.

2.63 Anger provides total desire, which brings loss of memory.
Memory loss destroys mind, mental loss is fall already. ||63||

۲۰۶۳۔ کرودھادبھوتِ (کرودھات + بھوتِ) سموہہ سموہاتسمرتِوبھرمہ (سموہات + سمرتِ + وبھرمہ)،
سمرتِ + بھرنشاد بدھِناشو (بدھِناشہ) بدھِناشاتپرنشیتِ (بدھِ + ناشات + پرنشیتِ)۔

۲۰۶۳۔ غصہ سے + ہوتا ہے، توجہ سے نیند لانے کا عمل، بیہوشی سے + یادداشت +کھونا،
یادداشت +کھونے سے عقل ++مرتی ہے، عقل کے+ مرنے سے، + نیچے گرتا جاتا ہے۔

۲۰۶۳۔ غصہ دیتا حیرت منسلک، جو شک میں ذہن گھوما دیتے ہیں۔
شک یاد کو، یاد عقل کو، مار کے پٹک کے ختم کر دیتے ہیں۔

2.64 रागद्वेषविमुक्तैस्तु (राग + द्वेष + विमुक्तैः + तु) विषयानिन्द्रियैश्चरन् (विषयान् + इन्द्रियैः + चरन्)। आत्मवश्यैर्विधेयात्मा (आत्म + वश्यैः + विधेय + आत्मा) प्रसादमधिगच्छति (प्रसादम् + अधिगच्छति)।।

2.64 लगाव + बैर + विहीन + लेकिन, विषयों को + इन्द्रियों को+ भोगने दे कर। अपने+ वश में नियंत्रित + आत्मा वाला, भगवान का प्रसाद/कृपा + पाता है।।

2.64 इन्द्रियों तक विषयों को रोक के, उनसे लगाव शत्रुता न रखो।
आत्मा के वश में उन्हें कर के, परमात्मा की कृपा पाते रहो।।64।।

2.64 Raagadveshavimuktaistu (Raaga + dvesha + vimuktaih + tu) vishayaanindriyaishcharan (vishayaan + indriyaih + charan).
Aatmavashyairvidheyaatmaa (Aatma + vashyaih + vidheya + aatmaa) prasaadam + adhigachchhati.

2.64 Without + attachment + animosity, + but, letting the objects, + their senses + enjoy. The one having self under control, acquires God's grace.

2.64 Freeing self from love hate, letting the senses deal with their objects.
One acquires control over self, and God's grace within the intellect. ||64||

۲۰۶۴۔ راگدویشومکتیشتُ (راگ +دویش + وِمکتیہ + تُ) وِشیاننِدریشچرن (وِشیان + اِندریہ + چرن)،
آتموَشییز وِدھیاتما (آتم + وَشیہ + وِدھیی + آتما) پرساد مدھیگچھتی (پرسادم + ادھیگچھتی) ۔

۲۰۶۴۔ لگاؤ+ بیر سے آزاد+ لیکن احساسات اشیاء +حواسوں میں + جذب کر کے،
خود پے+ قابو پا کے +متوازن +روح سے خدا کی رحمت+ پاتا ہے۔

۲۰۶۴۔ رابطہ بیر سے آزاد ذہن، احساسات عضو جھیل لیتا ہے۔
خود کی روح اُنسے آزاد رکھ کے، فضل خدا کی پا لیتا ہے۔

2.65 प्रसादे सर्वदुःखानां (सर्व + दुः खानाम्) हानिरस्योपजायत (हानिः + अस्य + उपजायते)। प्रसन्नचेतसो (प्रसन्न + चेतसः) ह्याशु (हि + आशु) बुद्धिः पर्यवतिष्ठते (परि + अवतिष्ठते)।।

2.65 कृपा/प्रसाद से, (ईश्वर की), सारे + दुःख, नाश + इनका (दुःखों का) हो जाता है। प्रसन्न + हृदय वाले की, तुरन्त + ही बुद्धि, पर्याप्त + स्थिर हो जाती है।।

2.65 ईश्वर की कृपा तुम्हारे सारे, दुःखों को दूर कर देती है।
प्रसन्न जिससे हो जाता मन, बुद्धि शीघ्र स्थिर होती है।।65।।

2.65 Prasaade sarvadukhaanaam (sarva + dukhaanaam) haanirasyopajaayate (haanih + asya + upajaayate).
Prasannachetaso (Prasanna + chetasah) hyaashu (hi + aashu) buddhih paryavatishthate (pari + avatishthate).

2.65 By God's grace, all the + pains are lost. A happy + heart quickly + gets quite a stable + mind.

2.65 By God's grace all physical pain, has finished the person finds.
He becomes happy in heart, by that quickly gets fixed his mind. ||65||

۲۰۶۵۔ پرسادے سرو دکھانام (سرو+دکھانام) ہانرسیوپجایتے (ہانہ+اسی+اپجایتے)،
پرسنچیتسو (پرسنن+چیتسہ) ہیاشو (ہی+آشو) بدّھہ پریہ ستشٹھتے (پری+اوستشٹھتے)۔

۲۰۶۵۔ خدا کی رحمت سے سب+دکھوں کا خاتمہ+اُس کے + ہوتا ہے ،
خوش +دل کی، ہی+جلد عقل ، اچھی طرح+مقرر ہو جاتی ہے۔

۲۰۶۵۔ خدا کی فضل سے ہوتا ہے، سبھی دکھوں کا خاتمہ۔
خوش من ہو کے فورن کرتا، ذہن مقرر باخوش آتما۔

2.66 नास्ति (न + अस्ति) बुद्धिरयुक्तस्य (बुद्धिः + अयुक्तस्य) न च युक्तस्य भावना। न चाभावयतः (च + अभावयतः) शान्तिरशान्तस्य (शान्तिः + शान्तस्य) कुतः सुखम्।।

2.66 नहीं + आती, बुद्धि + जुड़े बिना (बुद्धि योग किये बिना), और बिना जोड़ किये (बिना बुद्धि योग किये) चित्त/मन में स्थिरता।
तथा + न + अस्थिर (मन) में शान्ति, + अशान्त (मन) को, कहाँ सुख।।

2.66 स्थिर बुद्धि नहीं है जिसकी, नहीं होती स्थिर मन की भावना।
ऐसे अस्थिर को कैसी शान्ति, बिना शान्ति सुख क्यों आना।।66।।

2.66 Naasti (Na + asti) buddhiryuktasya (buddhih + ayuktasya) na cha + ayuktasya bhaavanaa. Na chaabhaavayatah (cha + abhaavayatah) shaantirashaantasya (shaantih + ashaantasya) kutah sukham.

2.66 Without connecting mind, (without mind yog / without mind being fixed), it + goes off, and + by mental disconnection (without mind yog / fixed mind), heart is not fixed. And there is no peace within unfixed / unstable heart, Where is the happiness to the agitated (ie. wthin unfixed heart)?

2.66 Without having one's mind fixed, controlled heart whose can be.
Unstable heart can't be peace, without peace happy who can be. ||66||

۲۰۶۶۔ ناستِ بدّھِریکتسی (بدّھہ+یکتسی) نَ چایکتسی (چ+ایکتسی) بھاونا،
نا چابھاویتہ (چ +ابھاویتہ) شانترشانتسی (شانتہ +شانتسی) کتہ سکھم۔

۲۰۶۶۔ نا ذہن جوڑے (یوگ) بغیرعقل قاَم ہو سکتی ہے، ناعقل جوڑے بنا دِل میں خوشی ،
ناخوشی کے بغیرسکون (مل سکتا ہے)، سکون بغیر کہاں ہوگا سکھ۔

۲۰۶۶۔ خدا جُڑے دماغ میں عقل ہوتی قائم، مقررعقل سے خوشی دِل میں قائم۔
خوشی سے آتا دِل میں سکون، بغیرسکون سُکھ بھی نہیں ہوتا قائم۔

2.67 इन्द्रियाणां हि चरितां यन्मनोअनुविधीयते (यत् + मनः + अनुविधीयते)। तदस्य (तत् + अस्य) हरति प्रज्ञां वायुर्नावमिवाम्भसि (वायुः + नावम् + इव + अम्भसि)।।

2.67 इन्द्रियों में विचरण करते हुए, जिसका + मन + साथ चलता है। उसकी + यह (इन्द्रियाँ) उड़ा लेती हैं बुद्धि, हवा के समान, नाव की तरह + ही + जल
में, अर्थात इन्द्रियों के जल में नाव सी तैरती उसकी बुद्धि, इन्द्रिय विषयों रूपी हवा के झोंकों की शक्ति से, उड़ जाती है।।

2.67 जल में तिरती नाव को, जैसे डुलाता है हवा का झोंका।
इन्द्रियों में घूमते मन का, होश डुलाता विषयों का झोंका।।67।।

2.67 Indriyaanaam hi charataam yanmanoanuvidheeyate (yat + manah + anuvidheeyate). Tadasya (Tat + asya) harati pragyaam vaayurnaavamivaambhasi (vaayuh + naavam + iva + ambhasi).

2.67 With the moving senses, whose + heart + goes along. They (the senses) blow away his mind,with force like air, floating like a boat (his mind), + over water (of senses).

2.67 The one whose mind floats, along the ever flowing senses.
His mind is blown off, like the floating boat by aerial surges. ||67||

۲۰۶۷۔ اِنْدرِیانامْ ہِ چَرتامْ یَنْمَنوُاَنُودھییتے (یَت + مَنہ +اَنُودھییتے)،
تَدَسْیَ (تَت +اَسْیَ) ہَرَتِ پْرَگیامْ وایُرْناوَمِوامْبھَسِ۔

۲۰۶۷۔ حواس کے ساتھ ہی پھرتے ہوئے جِسکا +من +محسوس کرتا رہتا ہے،
اُسکی دور دھکیل/اُڑا دیتی ہے عقل کو (ذور حواس خمسہ) ویسے ہی جیسے کشتی کو ذور ہوا پانی میں۔

۲۰۶۷۔ جیسے ندی میں ڈولتی ناؤ کو، اڑاتا ہے جھونکا زور ہوا کا۔
ویسے ڈولتی عقل اڑاتا ہے، دھوکھا زور حواس کا۔

2.68 तस्माद्यस्य (तस्मात् + यस्य) महाबाहो निगृहीतानि सर्वशः। इन्द्रियाणीन्द्रियार्थेभ्यस्तस्य (इन्द्रियाणि + इन्द्रिय + अर्थे + अभ्यस्तस्य) प्रज्ञा प्रतिष्ठिता।।

2.68 अतः + जिसकी, हे! महाबाहु, नियंत्रित (अपने वश में हैं) हैं हर प्रकार से इन्द्रियाँ। इन्द्रियाँ + उनके विषयों में ही + लगाए रखने के + अभ्यस्त की, बुद्धि स्थिर होती है।।

2.68 अतः महाबाहु! कर रखते, इन्द्रियाँ हर तरह जो अपने वश में।
इन्द्रीय विषयों से बचाये रखते, बुद्धि किये स्थिर अपने वश में।।68।।

2.68 Tasmaadyasya (Tasmaat + yasya) Mahaa + baaho nigriheetaani sarvashah. Indtriyaneendriyaarthebhyastasya (Indtriyani + indryaarthe + abhyastasya) pragyaa pratishthitaa.

2.68 Hence, + whose, O! Mighty armed, are under control, + in every way + the senses. The one who is practiced in keeping the senses engaged with their objects, gets his mind (free to be) fixed / focused.

2.68 Hence O! Mighty armed! the one, whose senses are self controlled.
Letting senses do with objects, keep mind under self to be controlled. ||68||

۲۰۶۸۔ تَسْماد یَسْی (تَسْمات+یَسْی) مَہاباہو نِگْرِہیتانِ سَرْوَشَہ،
اِنْدْرِیانیندْرِیارْتھیبھیَسْتَسْی (اِنْدْرِیانِ+ اِنْدرِیٰ+اَرْتھیبھیَہ+تَسْی) پْرَگْیا پْرَتِشْٹھِتا۔

۲۰۶۸۔ اسلئے+ جسکے یا! مضبوط باذووالے(اَرْجُن) ،قابومیں رہتے ہیں سب طرح سے،
حواس ، حواس کو اُنکے کاموں میں ہی (مصروف رکھنے والے) کی عقل قائم رہتی ہے۔

۲۰۶۸۔ مضبوط باذو!کرکے اس لئے، جو رکھتے حواسوں پر اختیار۔
ذہن مقرر کرکے اپنا، بلاشک بن جاتا ہے وہ باہوش ہوشیار۔

2.69 या निशा सर्वभूतानां (सर्व + भूतानाम्) तस्यां (तस्याम्) जागर्ति संयमी। यस्यां (यस्याम्) जाग्रति भूतानि सा निशा पश्यते मुनेः।।

2.69 जो रात है सब + लोगों के लिये, उसमें जागता है संयमी। जिसमें जागते हैं बाकी लोग, उसे रात देखते हैं बुद्धिमान मुनि।।

2.69 किसी को जहाँ दिखाई न देता, संयमी सब कुछ देख लेते हैं।।
चकाचौंध जहाँ को जहाँ लुभाता, वहाँ मुनि अंधकार देख लेते हैं।।69।।

2.69 Yaa nishaa sarvabhootaanaam (sarva + bhootaanaam) tasyaam jaagarti sanyamee. Yasyaam jaagrati bhootaani saa nishaa pashyato (pashyatah) muneh.

2.69 That which is night for all +others, in that the controlled mind arises. That in which the other minds arise, night see the wise sages.

2.69 Where the world does not engage, the self controlled one rises.
Where glare dazzles the world, dark sees the wise and drowses. ||69||

۲۰۶۹۔ یا نِشا سَرْوَبھوْتانام(سَرْوَ+بھوْتانام) تَسْیام جاگَرْتِ سَنْیَمی،
یَسْیام جاگَرتِ بھوْتانِ سا نِشا پَشْیَتوْ(پَشْیَتہ) مُنیہ۔

۲۰۶۹۔ جو رات (اندھیرا جس میں دکھائی نہیں دیتا) ہے سب+لوگوں کے لئے، اُس میں جاگتے(دیکھ سکتے) ہیں متوازن،
جس (چکا چوندھ) میں جاگتے (لطف لیتے) ہیں لوگ،اُس میں رات (جہالت کا اندھیرا) دیکھتے ہین عقلمند/دانش۔

۲۰۶۹۔ خود پر اختیار جگا دیتا حوش ، بےجوش مگر جہالت میں سوتے۔
عقلمند جس وقت سب دیکھ لیتے، اندھےرا سمجھ آنکھ میچ سوتے۔

2.70 आपूर्यमाणमचलप्रतिष्ठं (आपूर्यमाणम् + अचल + प्रतिष्ठम्) समुद्रमापः (समुद्रम् + आपः) प्रविशन्ति यद्वत्। तद्वत्कामा (तद्वत् + कामा) यं (यम्) प्रविशन्ति सर्वे स (सः) शान्तिमाप्नोति (शान्तिम् + आप्नोति) न कामकामी।।

2.70 जल भरे + सदा शान्त + स्थिर, समुद्र में नदियां घुसती हैं जैसे। वैसे ही + इच्छाएं घुसती हैं सबमें, वह शान्ति + मिलती, नहीं, इच्छाओं की पूर्ति के इच्छुकों को।।

2.70 जैसे भरे पूरे समुद्र को, हिला न सकती नदियों की बाढ़।
शान्ति भरे व्यक्ति को, हिला न सकती इच्छाओं की बाढ़।।70।।

2.70 Aapooryamaanamachalapratishtham (Aapooryamaanam + achal + pratishtham) samudra-maapah (samudram + aapah) pravishanti yadvat.
Tadvatkaamaa (Tadvat + kaamaah) yam pravishanti sarve, sa (sah)
shaantimaapnoti (shaantim + aapnoti) na kaamakaamee (kaama + kaamee).

2.70 Always full with water, + ever calm / undisturbed + remains sea, when the river waters enter, as this. Like that + the desires enter in all, but he (who does'nt want desires) remains calm, not the one who is desirous (is in want) + of desires (wants fulfilment).

2.70 As oceans remain totally calm, towards the force of entering rivers.
Peaceful mind remains calm, towards the force of desires' quivers. ||70||

۲۰۷۰۔ آپوُرَیمانَمچلَپرَتِشٹھَم (آپوُریمانَم+اَچل+پرَتِشٹھَم) سَمُدرَماپہ (سَمُدرَم+آپہ) پرَوِشَنتِ یَدوَت،
تَدوَت کاما (تَدوَت+کاماہ) یَم پرَوِشَنتِ سَروے، س(سَہ) شانتِماپنوتِ (شانتِم+آپنوتِ) نَ کامَکامی۔

۲۰۷۰۔ ہمیشہ پورے بھرے+مضبوطی سے +قائم ساغر میں، ندیاں گھستی ہیں جیسے ،
ویسے ہی+ہوس بھی جن میں گھوستی ہے،سب میں، (جوساغر جیساہے) وہ سکون+پاتاہے،ناکہ وہ جو اور اچھا چاہتاہے۔

۲۰۷۰۔ لبالب ساغر میں ندیاں گھستیں، پرسکون وہ ناحل چل کرتا۔
حوس گھوس زہن عیاش کا اُڑاتا،مگر پرسکون زہن نہ ہلاتا۔

2.71 विहाय कामान् + यः सर्वान्पुमांश्चरति (सर्वान् + पुमान् + चरति) निस्पृहः। निर्ममो (निर्ममः) निर्हंकारः स शान्तिमधिगच्छति (शान्तिम् + अधिगच्छति)।।

2.71 छोड़कर इच्छाएं, + जो, सारी, + आत्मा से + रहता है, इच्छा रहित। लगाव अहंकार विहीन वह, शान्ति + पाता है।।

2.71 रहता है इच्छाएं छोड़कर, इच्छा रहित आत्मा से जो।
लगाव और अहंकार छोड़कर, पूरी शान्ति पाता है वो।।71।।

2.71 Vihaaya kaamaanyah (kaamaan + yah) sarvaanpumaanshcharati (sarvaan + pumaan + charati) nihsprihah.
Nirmamo (Nirmamah) nirhankaarah sa (sah) shaantimadhigachchhati (shaantim + adhigachchhati).

2.71 Leaving desires, all + from the self + who lives, without wishes. Without attachment and ego, he gets + peace.

2.71 The one who lives with, no desire of any kind.
With no affection or pride, gets peace in mind. ||71||

۲۰۷۱۔ وِہایَ کاما نیہ (کامان +یہ) سَروا نپُماشچرتِ (سَروان+پُمان+چرتِ) نِسپرِہہ،
نِرمَمو (نِرمَمہ) نِرہنکارہ س(سَہ) شانتِمَدھِگچھتِ (شانتِم+اَدھِگچھتِ)۔

۲۰۷۱۔ چھوڑ کے +اچھایں +جو ، سب +آدمیوں میں+رہتاہے بنا خواہشات ،
لاتعلق/ نامنسلک، انا بغیر وہ سکون+پاتاہے۔

۲۰۷۱۔ ہوس چھوڑ دیتا جو بندا،خواہشات سے بے اثر رہتاہے وہ۔
چاہت وابستگی انا چھوڑ کے، زہن پرسکون کررتاہے وہ۔

2.72 एषा ब्राह्मी स्थितिः पार्थ नैनां (न + एनाम्) प्राप्य विमुह्यति। स्थित्वासामन्तकालेअपि (स्थित्वा + अस्याम् + अन्त + काले + अपि) ब्रह्मनिर्वाणमृच्छति (ब्रह्म + निर्वाणम् + ऋच्छति)।।

2.72 ऐसी आध्यात्मिक स्थिति हे! पार्थ, नहीं + इसको, पा कर कोई मोहित होता है। स्थिति में + ऐसी, + मरते+ समय+ भी, ब्रह्म में + मुक्ति को + जाता है।।

2.72 ऐसी आध्यात्मिक स्थिति पाकर, पार्थ! वो कभी न मोहित होता।
अन्तकाल यही स्थिति पाकर, मोक्ष वो ब्रह्म धाम में जाके पाता।।72।।

2.72 Eshaa Barahmee sthitih Paartha nainaam praapya vimuhyati. Sthitvaasyaamantakaaleapi (Sthitvaa + asyaam + anta + kaale + api) Brahmanirvaanamrichchhati (Brahma + nirvaanam + richchhati).

2.72 Having got such self focused state, O! Paarth, no body here exists in doubt. In this state while death too, one goes to Brahm (Almighty) to be free (acquire salvation).

2.72 Parth! in self reliant state, never is one's mind in doubt.
In this at death one gets, salvation in Brahm no doubt. ||72||

۲۰۷۲۔ ایشا برٗاہمی سٗتھِتِہ پارٗتھ نیٗنام (نَ+اینام) پرٗاپیٗ وِمُہیٗت،
سٗتھِتوٗ اسیامنتکالے اَپِ (سٗتھِتوٗا+اَسٗیام+انت+کالے+اَپِ) برٗہمنرٗوانمرِچھتِ (برٗہم+نرٗوانم+رِچّھتِ)۔

۲۰۷۲۔ ایسا خدائی مقام/جگہ یا! پارٗتھ، نہیں ہوتا +اِس کو پا کے شک نہیں ہوتا ہے،
قائم ہوکر اِس میں آخری وقت (وقت موت) میں+بھی خدا کے اندر + نجات +ملتی ہے۔

۲۰۷۲۔ پارتھ! پرسکون حالت میں ، خدائی مقام یقین کا ملتا۔
وقت موت بھی زہن ہوقائم،آخر خدامیں ہی نجات ملتا۔

अध्याय-3: अविनाशी कर्म योग CHAPTER–3: AVINASHI KARM YOGAH بابـ(۳) اَوِناشی کَرَم یوگہ

- अकर्मण्य न बने।
- निष्पाप धर्म कर्मी बने। जिसका आधार है आत्मिक ज्ञान और सही क्रियात्मकता।
- यह दोनों पथ एक दूसरे के पूरक हैं, तथा शुद्ध बुद्धि के बिना असंभव।
- शुद्ध बुद्धि मोह और लालच छोड़ने से मिलती है, जो निश्चयात्मकता देकर शान्ति प्राप्त कराती है।

Do not be inactive.

- Be sinless religious worker. The basis of which is self knowledge and right action.
- Both these paths are complimentary to each other and are impossible to tread without pure mind.
- Pure mind is got by leaving greed and desire away. This gives peace by providing decisive mind.

-

۱۔ کام نا کرنے والے کاہل ، ناکارہ یا کامچور مت بنیئے۔
۲۔ بغیر پاپ کے مذہبی کام کریں۔
۳۔ وہ کام جنکی بنیاد روحانی علم اور صحیح فیصلوں پر ٹکی ہوتی ہے۔
۴۔ روحانی علم اور صحیح فیصلہ یہ دونوں ہی راستے ایک دوسرے کو تکمیل کرتے ہیں۔اور پاک صاف دماغ کے بنا ناممکن ہیں۔
۵۔ پاک صاف دماغ، ملکیت اور لالچ چھوڑنے پر ملتا ہے۔جو اسے فیصلہ کن بنا کر انتہائی سکون دیتا ہے۔

अध्याय-3 CHAPTER–3 بابـ(۳)

अर्जुन उवाच Arjuna Uvaacha अर्जुन बोले Arjun Said ارجن بولے اَرْجُنَ اُواچَ

3.1 ज्यायसी चेत्कर्मणस्ते (चेत् + कर्मणः + ते) मता बुद्धिर्जनार्दन (बुद्धिः + जनार्दन) । तत्किं (तत् + किम्) कर्मणि घोरे मां नियोजयसि केशव।।

3.1 श्रेष्ठ यदि + कर्म से, + आप, समझते हैं, बुद्धि को, + हे! जनार्दन। तो + क्यों भयंकर कर्म में मुझे लगाते हैं, हे! केशव।।

3.1 बढ़कर मानते हैं जनार्दन, यदि कर्म से बुद्धि को आप।
तो क्यों ठेलते हैं मुझे इस, घोर हिंसा के काम में आप।।1।।

3.1 Jyaayasi chetkarmanaste (chet + karmanah + te) mataa buddhirjanaardana (buddhih + janaardana).
Tatkim (Tat + kim) karmani ghore maam niyojayasi Keshava.

3.1 Better if + than action+ you, consider mind+O! Janaardan. Then+ why do You push me to this heinous act, O! Keshav.

3.1 Janardan! If you consider mind, to be better than action.
Keshav! then why you push me to, this heinous action. ||1||

۳۰۱۔جیایسی چیتکرمنستے (چیت+کرمنہ+تے) متا بدّھرجنارْدن (بدّھہ+جنارْدن)،
تتکِم (تت+کِم) کرمنِ گھورے مام نیوجیسِ کیشو۔

۳۰۱۔اگر+کاموں سے +آپ مانتے ہیں عقل کو بہتر یا!جناردن،
تو کیوں اِس گھناونے ر متشدد کام میں مُجھے ذبردستی لگاتے ہیں یا! کیشو۔

۳۰۱۔ دوہری باتیں کر کے آپ،میری عقل کھینچتے شک میں۔
وہ ایک بات کہیں کیشو، فیصلہ کر کے میرے حق میں۔

3.2 व्यामिश्रेणेव (व्यामिश्रेण + इव) वाक्येन बुद्धिं (बुद्धिम्) मोहयसीव (मोहयसि + इव) मे। तदेकं (तत् + एकम्) वद निशिचित्य येन श्रेयोऽहमाप्नुयाम् (श्रेयः + अहम् + आप्नुयाम्)।।

3.2 अनेक अर्थों + जैसी, बातों से, बुद्धि फिरा + सी (मानो) रहे हैं, मेरी। वह़ + एक ही बात, बोलिये निश्चय करके, जिससे लाभ + मैं + पा सकूँ।।

3.2 कई अर्थों वाली बातों से, घुमा रहे हैं बुद्धि मानो मेरी।
वो एक बात कहें निर्श्चय से, सच्चे लाभ की जो मेरी।।2।।

3.2 Vyaamishreneva (Vyaamishren + iva) vaakyena buddhim mohayaseeva (mohayasi + iva) me. Tadekam vada nishchitya yena shreyoahamaapnuyaam (shreyah + aham + aapnuyaam).

3.2 With your double talk,+as if, you are creaing+ doubt in my mind. That+ one path, do speak, with confidence , which is + to me + of better use /through which+ I + gain better.

3.2 As if by multi–meaning talks , you are putting me in doubt.
Tell one definite way by which, true benifit be brought out. ||2||

۳۰۲۔ وِیامِشر ینیو(وِیامِشر ین+اِو) واکیئن بُدھم موہَیسیو(موہَیَس+اِو) مے،
تدیکم(تت+ایکم) وَد نشچِتیہ ین شریو اہماپنویام (شریہ+اہم+آپنویام)۔

۳۰۲ دوبولنا / دوطرح کی باتوں سے گویا میری عقل شک میں پھیرتے ہیں / منتقل کرتے ہیں،
وہ+ایک بات کہیں طے کرکے، جس سے بہتری +میں پا سکوں۔

۳۰۲۔ دوہری باتیں کرکے آپ، میری عقل کھینچتے شک میں۔
وہ ایک بات کہیں فیصلہ کرکے، میرا فائدہ ہو جسمیں۔

<u>श्रीभगवानुवाच ShreeBhagawaanuvaacha भगवान बोले God said</u> شری بھگوانواچ خدا بولے

3.3 लोकेऽस्मिन्द्विविधा (लोके + अस्मिन् + द्विविधा) निष्ठा पुरा प्रोक्ता मयानघ (मया + अनघ)। ज्ञानयोगेन साँख्यानां कर्मयोगेन योगिनाम्।।

3.3 संसार में + इस, + दो तरह की, श्रद्धा, पहले ही बताई हैं मैंने + हे! निशपाप (पाप न करने वाले, अर्जुन)। ज्ञान योग में ज्ञानियों की, कर्म योग में योगियों की।।

3.3 अनघ! बताई श्रृद्धाएं मैंने, संसार में होती हैं वो जो दो।
ज्ञान योग में बुद्धिमानों की, कर्म योग में भक्तों की हों।।3।।

3.3 Lokeasmindvividhaa (Loke + asmin + dvi + vidhaa) nishthaa puraa proktaa mayaanagha (Mayaa + anagha).

Gyaanayogena (Gyaana + yogena) saankhyaanaam karmayogena (karma + yogena) yoginaam.

3.3 In this world, two types of faith, I have already told you before, O! Sinless. In mind yog (connection) of the wise, in action yog, of the yogis.

3.3 O! sinless I have already told, two types of faith in the world.
Of mind yog for the wise, and action yog for devotional world. ||3||

۳۰۳۔ لوکےاَسْمِنْدْ وِوِدھا(لوکے+اَسْمِن+دْوِ+وِدھا) نِشْٹھا پُرا پْروکْتا مَیانگھ(مَیا+اَنگھ)،
گیان یوگین سانکھیانام کرمیوگین یوگنام۔

۳۰۳۔ دُنیاں +میں+اِس+دو+طرح کے، ایمان پہلے ہی بتائے ہیں مَیں نے+یا! اَنگھ (بے گناہ ارجن)،
عقل کے جوڑ(ذہن یوگ) سے دانشوں کا اور کام کے جوڑ(کرم یوگ) سے عقیدت مندوں کا۔

۳۰۳۔ یا! بے گناہ! مَیں نے پہلے ہی بتایے، ایمان دوقسم کے بندوں میں۔
عقل مند کا ہوتا علم یوگ میں، عقیدتمند کا ایمان ہے کام یوگ میں۔

3.4 न कर्माणामनारम्भान्नैष्कर्म्यं (कर्माणाम् + अनारम्भात् + नैष्कर्म्यम्) पुरुषोऽश्नुते (पुरुषः + अश्नुते)। न च संयसनादेव (संयासनात् + एव) सिद्धिं समधिगच्छति।।

3.4 न कामों को + आरम्भ न करने से, + काम से छुटकारा मनुष्य + पाता है । और न पूरा छोड़ देने से + ही उन में सिद्धि पाता है।।

3.4 काम से छुटकारा न मिलता, मनुष्यों को काम न करने से।
नहीं करने से काम छुटता, जिनमें सिद्धि नहीं पा सकते वे।।4।।

3.4 Na karmanaamanaarambhaannaishkarmyam (karmanaam + anaarambhaat + naishkarmyam) purushoashnute (purushah + ashnute).
Na cha sanyasanaadeva (sanyasanat + eva) siddhim samadhigachchhati.

3.4 Neither by not starting to work, do men get freedom from work. Nor by totally leaving to work, do they acquire skill in works.

3.4 Neither by not indulging in tasks, people can get rid of them.
Nor by renouncing all tasks, perfection can be got by them. ||4||

۳۰۴۔ نَ کرمنامنارمبھانیشکرمیم (کرمنام +انارمبھات+نیشکرمیم) پُرشوَاشنُتے (پُرشہ+اشنُتے)،
نَ چ سنئیسنادیو (سنئیسنات+ایو) سِدّھم سمدھگچھتِ۔

۳۰۴۔ نا ہی کام+نا کرنے سے+ کاموں کی قید سے آزادی ، آدمی + پاتا ہے،
اور نا (کام) چھوڑ دینے سے+ ہی، قابلیت پاتا ہے ۔

۳۰۴۔ نا تو فرض نا کرنے سے، ملتا ہے کام سے چھٹکارا۔
نا کمال ہوتا ہے حاصل، کاموں سے کر کے کنارہ۔

3.5 न हि कश्चित्क्षणमपि (कश्चित् + क्षणम् + अपि) जातु तिष्ठत्यकर्मकृत् (तिष्ठति + अकर्म + कृत्)। कार्यतेह्यवशः (कार्यते + हि + अवशः) कर्म सर्वः प्रकृतिजैर्गुणैः (प्रकृति + जैः + गुणैः)।।

3.5 न ही किसी + क्षण + भी, कोई बैठ सकता है, + बिना काम + किये। काम करने के लिये बाध्य हैं सभी प्रकृति + उत्पन्न (प्राकृतिक) + गुणों द्वारा।।

3.5 पल भर के लिये भी कोई, काम किये बिन नहीं रह सकता।
प्रकृति करवाती है गुण दे के, विवश हो के करना पड़ता।।5।।

3.5 Na hi kashchitkshanamapi (kashchit + kshanam + api) jaatu tishthatyakarmakrit (tishthati + akarma + krit).
Kaaryate hyavashah (hi + avashah) karma sarvah prakritijairgunaih (prakriti + jaih + gunaih).

3.5 Not even for a second's time, can one sit+ without+ working. For doing work, all are bound, by natural (nature+ born)+ characters.

3.5 None can sit without working, for a fraction of second even.
One is pushed to be working, by the characters nature given. ||5||

۳۰۵۔ نَ ہِ کَشچِت کشَنَمپ (کَشچِت+کشَنَم +اَپ) جاتُ تِشٹھتیکرمَکرِت (تِشٹھتِ +اَکرمَ +کرِت)،
کاریتے ہیوَشہ (ہِ+اَوَشہ) کرمَ سَروَہ پرکرِتیجیرگُنیہ (پرکرِتِ+جیہ+گُنیہ)۔

۳۰۵۔ نا ہی کسی +پل+بھی کسی دوران بیٹھتا ہے+بغر کام +کرے ،
کرنے کے لیئے ہی +مجبور ہوتے ہیں، کام کو، سب(لوگ) قدرت+سے پیدا + خصوصیات کی وجہ سے ۔

۳۰۵۔ کسی پل بھی کام کیئے بنا، رہ نہیں پاتا کوئی بھی۔
قدرتی خوبیوں سے ہو کے مجبور، کرتے ہیں کام سب ہی۔

3.6 कर्मेन्द्रियाणि (कर्म + इन्द्रयाणि) संयम्य य आस्ते मनसा स्मरन्। इन्द्रियार्थान्विमूढात्मा (इन्द्रिय + दृ अर्थान्विमूढ + आत्मा) मिथ्याचारः (मिथ्या + आचारः) स (सः) उच्यते।।

3.6 काम करने की + इन्द्रयों के संयम में भी, जो रहता है मन से सोचते हुए। इन्द्रियों के लिये + भ्रमित / मूर्ख हुआ + वो स्वयं, झूठे + आचरण का कहलाता है।।

3.6 काम की पांचों इन्द्रियां, वश में करके मन से सोचता।
इन्द्रीय विषयों में मन खींच, ढ़ोंगी आचरण का हो जाता।।6।।

3.6 Karmendriyaani (Karma+indriyaani) sanyamya ya (yah) aaste manasaa smaran. Indriyaarthaanvimoodhaatmaa (Indriya+arthaan + vimoodha + aatmaa) mithyaachaarah (mithya + aachaarah) sa (sah) uchyate.

3.6 While senses + having balanced, the one who keeps thinking (about them) by heart. The self + confused + that one, by senses, false+ behaved is called.

3.6 One who controls sense actions, but moves his mind in their objects.
Active in apparently stopped senses, self betrayal in doubt projects. ||6||

۳۰۶۔ کرمیندریانِ (کرمَ+اِندریانِ) سَمیَمیَ ی (یَہ) آستے مَنَسا سمَرَن،
اِندریارتھانوِموڑاتما (اِندریَ+اَرتھان+وِموڑاتما) متھیاچارَہ (متھیا+آچارَہ) س (سَہ) اُچیتے۔

۳۰۶۔ کاموں کو +حواس خمسہ کے، قابو کر کے جو دِل سے (اشیاء حواس) سوچتا رہتا ہے (من سے لطف لیتا ہے)،
حواس+کے لیئے+ جہالت سے بھری وہ روح، جھوٹے برتاؤ والی کہی جاتی ہے۔

۳۰۶۔ کام کرتے حواسوں کو روک کے، لطف لیتا رہے من ہی میں۔
پھنس کے جھوٹے چال چلن میں، کمعقل روح رکھتے قید میں۔

3.7 यस्त्विन्द्रियाणि (यः + तु + इन्द्रियाणि) मनसा नियम्यारभतेऽर्जुन (नियम्य + आरभते + अर्जुन)। कर्मेन्द्रियैः (कर्म + इन्द्रियैः) कर्मयोगमसक्तः (कर्म + योगम् + असक्तः) स विशिष्यते।।

3.7 जो + लेकिन, + इन्द्रियों का मन से नियंत्रण + आरम्भ करता है, + हे! अर्जुन। कर्म की + इन्द्रियों के, कामों में + जुड़े + बिना, वह विशिष्ट है।।

3.7 लेकिन जो इन्द्रियों को मन से, वश में करना प्रारम्भ करते।
अर्जुन! इन्द्रियों से मन हटा वे, मोह मुक्त श्रेष्ठ भक्ति करते।।7।।

3.7 Yastvindriayaani (yah + tu + indriyaani) manasaa niyamyaarabhatearajuna (niyamy + aarabhate + Arjuna).

Karmendriyaih (Karma + indriyaih) karmayogamasaktah (karma + yogam + asaktah) sa (sah) vishishyate.

3.7 The one who, + but + to the senses, starts controlling by heart, O! Arjun. Without being attached to their working, that one is special.

3.7 Arjun! but keeping mind away, control over senses one who practices.
Free of senses fixes his mind away, becomes skilled in yog practices. ||7||

۳۰۷۔ یستوِندریانِ (یہ + تُ + اِندریانِ) مَنسا نیمیارَبھتے ارجن (نیمی + آرَبھتے + ارجن)،
کرمیندریہ (کرم + اِندریہ) کرمیوگمسکتہ (کرم + یوگم + اسکتہ) س (سہ) وِششیتے۔

۳۰۷۔ جو + لیکن + حواس خمسہ کو دِل سے قابو کرنا + شروع کرتا ہے، یا! ارجن،
کاموں کے + حواس خمسہ کے ، کرنے کے + جوڑ سے + آزاد ہونے والا وہ خاص ہے۔

۳۰۷۔ مگر خاص ہے وہ جو حواس روک کے، من سے مشقت کرتا ہے۔
ارجن! حواسوں کے کام سے دور، وہ کام یوگ کرتا ہے۔

3.8 नियतं (नियतम्) कुरु कर्म त्वं (त्वम्) कर्म ज्यायो ह्यकर्मणः (हि + अकर्मणः)। शरीर यात्रापि (यात्रा + अपि) च ते न प्रसिद्धत्येदकर्मणः (प्रसिद्धत्येत् + अकर्मणः)।।

3.8 नियम से करो काम तुम, काम पैदा ही होते हैं, + काम न करने से। शरीर निर्वाह+ भी नहीं हो सकता,+ बिना काम किये।।

3.8 काम करने का निश्चय करो, श्रेष्ठ है जो काम न करने से।
शरीर का भी निर्वाह न होता, काम किसी के नहीं करने से।।8।।

3.8 Niyatam kuru karma tvam karma jyaayo (jyaayah) hyakarmanah (hi + akarmanah). Shareerayaatraapi (Shareera + yaatraa + api) cha te na prasiddhayedakarmanah (prasiddhayet + akarmanah).

3.8 Regularly do works, your works are born of definitely + by not working.
Body + maintenence + even,too for you is not possible +, by not working.

3.8 Do your work regularly, to work is better than not to work.
No one can even rear the body, if one choses not to work. ||8||

۳۰۸۔ نِیَتَم کُرُ کَرمَ تْوَم کَـرمَ جْیایوْ (جْیایَہ) ہْیَکَرمَنَہ (ہِ+اَکَرمَنَہ)،
شَریرَیاتْراپِ (شَریرَ+یاتْرا+اَپِ) چَ تے نَ پْرَسِدّھیدَکَرمَنَہ (پْرَسِدھیت+اَکَرمَنَہ)۔

۳۰۸۔ حسب معمول کروفرض تُم، کرنا بہتر ہے، یقیناً + ناکرنے سے،
اور دیہ کا+سفر+بھی، (اور) تمہارا، نہیں مکمل ہوتا + بغیر کام کیئے۔

۳۰۸۔ فرض کرتے رہو اپنا، کرنا نا کرنے سے بہتر ہے۔
ہونا سکے گا جسم کا پلنا، کام کوئی چھوڑ دیتا اگر ہے۔

3.9 यज्ञार्थात्कर्मणोऽन्यत्र (यज्ञ + अर्थात् + कर्मणः + अन्यत्र) लोकोअयं (लोकः + अयम्) कर्मबंधनः (कर्म + बंधनः)। तदर्थं (तत् + अर्थम्) कर्म कौन्तेय मुक्त + संगः समाचर।।

3.9 समर्पण + के लिये + काम करना, + अन्यथा यह संसार काम से बँधा है। इसलिये काम में हे! कुन्ती पुत्र, लगाव मुक्त व्यवहार करो।

3.9 काम यज्ञ की तरह करो, करके अर्पित करो न बँधो।
मुक्त रहो जब काम करो, फल की चाहत से न बँधो।।9।।

3.9 Yagyaarthaatkarmanoanyatra (yagyaarthaat + karmanah + anyatra) lokoayam (lokah + ayam) karma + bandhanah.
Tadartham (Tat+artham) karma Kaunteya muktasangah (mukta + sangah) samaachara.

3.9 For the sake of offering, do the work, otherwise this world is tied by work. Therefore O! Kunti's son, perform work without being attached (free) to them ie. while working, remain free of them.

3.9 Work should not be linked to wishes, wishful works bind in them.
Do your work renouncing wishes, as 'Yagyn' for sacrificing them. ||9||

۳۰۹۔ یکیارتھاتکرمنوانیتر (یگی+ارتھاث+کرمنہ+انیتر) لوکوایم کرمبندھنہ،
تدرتھم (تت+ارتھم) کرم کونتیے مکتسنگہ (مکت+سنگہ) سماچر۔

۳۰۹۔ رسم پیشکش (یگیں) +کی خاطر+ہوئے کام+کے علاوہ ، جہان میں+اِس، کام بندھن ہیں،
اس+لئے کام کے، یا! کنتی زادے، بغیر+ساتھ کے (غیرمنسلک ربغیر چاہت کےآزاد) فاعل بنو۔

۳۰۹۔ رسم پیشکش کی طرح ہوں کام، باقی جہان کے باندھیں گے کام۔
کنتی زادے! کروکام بندھتے بنا، بغیر خواہشات آزاد ہوکے کام۔

3.10 सह + यज्ञाः प्रजाः सृष्ट्वा पुरोवाच (पुरा + उवाच) प्रजापतिः। अनेन प्रसविष्यध्वमेष (प्रसविष्यध्वम् + एषः) वोऽस्त्विष्टकामधुक् (वः + अस्तु + इष्ट + काम + धुक्)।।

3.10 समर्पण + सहित प्रजा रच कर, पहले ही + कहा, प्रजापति ने। इस सृष्टि से तुम अधिकाधिक समृद्ध बनो, यह / रचना / सृष्टि तुम्हारी इच्छा पूर्ति गाय / कामधेनु बने।।

3.10 सृष्टि कर्त्ता ने लोग रच के, यज्ञ सा सृष्टि में देते कहा।
अधिकाधिक समृद्ध बनो काम से, सृष्टि गाय दुहो कहा।।10।।

3.10 Sahyagyaah (Sah + yagyaah) prajaah srishtwaa purovaach (puraa + uvaach) prajapatih. Anena prasavishyadhvamesha (prasavishyadhvam + esha) voastvishtakaamadhuk (vah + astu + ishta + kaama + dhuk).

3.10 Having created universe with people to offer, The Lord had earlier + said (to them). By this (universe) you (people), prosper more and more+ , this (the universe), may + become + your + wish fulfilling + cow.

3.10 Lord of universe created people, for Yagyn had said in the beginning.
Work to prosper through universe, make it your 'cow of wish fulfilling'. ||10||

۳۰۱۰۔ سہیگیاہ (سہ+یگیاہ) پرجاہ سرشٹوا پروواچ (پرا+اُواچ) پرجاپتہ ،
انین پرسوِشیدھومیش (پرسوِشیدھوم+ایشہ) ووَاستوِشٹکامدھک (وہ+استُ+اِشٹ+کام+دھک)۔

۳۰۱۰۔ بطور+رسم پیشکش (یگی) لوگ بناکے (خلق کرکے) پہلے ہی +کہا (فرمان جاری کیا) تھا خدانے،
اس سے (رسم پیشکش کے کیم سے) زیادہ سے زیادہ خوشحال بنو،+یہ (یگی کا کام) تمہارا +ہو جاے+سب چاہا ہوا+ دینے والی گائ
(کامدھینو)۔

۳۰۱۰۔ بناکے جنتا خود خدانے مکمل کری رسم قربانی ہی۔
بولے خواچاہیں پوری کرنے کی، گائے بناؤ قربانی ہی۔

3.11 देवान्भावयतानेन (देवान् + भावयता + अनेन) ते देवा भावयन्तु वः। परस्परं भावयन्तः श्रेयः परमवाप्स्यथ (परम् + अवाप्स्यथ)।।

3.11 देवता + प्रसन्न करो + इस से/यज्ञ से/समर्पण से, देवता प्रसन्न करेंगे तुम्हें। आपसी प्रसन्नता से परम वर + पाओगे।।

3.11 देने से देवता जब प्रसन्न होंगे, प्रसन्न होकर देंगे तुम्हें।
एक दूसरे को प्रसन्न करते, संयुक्त समृद्धि देंगे तुम्हें।।11।।

3.11 Devaaanbhaavayataanena (Devaaan + bhaavayata + anena) te devaa bhaavayantu vah. Parasparam bhaavayantah shreyah paramavaapsyatha (Param + avaapsyatha).

3.11 Please + The Gods + by this ie. the offering ritual (yagyn), Gods will please you in return. By mutual happiness, divine rank + you will get.

3.11 Offering will make Gods happy, they will retaliate in the same way.
Making each other happy, prosperity will spread in a happier way. ||11||

۳۰۱۱۔ دیوانْبھاوَیَتاٗمین (دیوانْ + بھاوَیَتا + اَنین) تے دیوا بھاوَیَنْتُ وَہ،
پَرَسْپَرَم بھاوَیَنْتَہ شریَیَہ پَرَمَوا پْسیَتھَ (پَرَم + اَوا پْسیَتھَ)۔

۳۰۱۱۔ خداوندوں +کو خوش کرکے+اِس سے(یگیں یعنی رسم پیشکش سے)، وے خداوند، خوش کر دیں گے،تمہیں،
آپس میں(ایک دوسرے کو) خوش کرتے ہوئے، برکت/خوشحالی بہترین +پالوگے۔

۳۰۱۱۔ خوش ہوکےتمہاری پیشکش سے، خدابھی تمہیں خوشیاں دینگے۔
آپسی خوشی سے اک دوسرے کی، بہترین خوشحال دنیا دینگے۔

3.12 इष्टान्भोगान्हि (इष्टान् + भोगान् + हि) वो देवा दास्यन्ते यज्ञभाविताः (यज्ञ + भाविताः)। तैर्दत्तानप्रदायैभ्यो (तैः + दत्तान् + अप्रदाय + एभ्यः) यो (यः) भुक्ते स्तेन एव सः।।

3.12 इच्छित + भोग + ही, तुम्हें देवता देंगें, यज्ञ/समर्पण से प्रसन्न हो कर। उनका + दिया, + बिना अर्पित किये + इन्हें (देवताओं को) जो भोगता है, चोर ही है वह।।

3.12 यज्ञ में भेंट ले के देवता, जीवन में कमियां न होने देंगे।
बिना दिये उनसे कोई लेगा, उसे तो चोर ही सब कहेंगे ।।12।।

3.12 Ishtaanbhogaanhi (Ishtaan + bhogaan + hi) wo (wah) devaa daasyante yagya + bhaavitaah. Tairdattaanapradaayaibhyo (Taih + dattaan + apradaaya + ebhyah) yo (yah) bhunkte sten (stenah) eva sah.

3.12 Your desired gift+ will be+certainly given by Gods, pleased by the offering. Their gracious gift, whosoever accepts, without offering is surely a thief.

3.12 Happy by offering ritual yagyn, Gods will fulfill all your requirements.
If one takes from Gods without offering, 'theif' will be his entitlement. ||12||

۳۰۱۲۔ اِشٹا نبھوگا نِہ (اِشٹان+بھوگان+ہِ) وَ (وَہ) دیوا (دیواہ) داسْیَنتے یگیہ بھاوِتاہ (یگیہ+بھاوِتاہ)،
تیرْ دَتّا نپْرَدا یَیبھیو (تَیہ+دَتّان+اَپْرَ دای+ابھیہ) یو (یَہ) بھُنکتے ستین ایوَ سہ۔

۳۰۱۲۔ مطلوب+ضروریات+یقیناً وہ خداوند نعمت تمہیں دینگے رسم پیشکش (یگیہ) سے خوش ہوکر،
اُنکی (خدا کی)+دی ہوئی چیزیں + بغیر پیشکش جو کھاتا ہے چور ہی ہے وہ۔

۳۰۱۲۔ دِیا تمہارا لے کے خدا، تمہیں جینے کی چیزیں دینگے۔
بنا دِئے جو انسے لینگے، یقیناً وے چور ہی ہونگے۔

3.13 यज्ञशिष्टाशिनः (यज्ञ + शिष्ट + अशिनः) सन्तो मुच्यन्ते सर्वकिल्विषैः। भुन्जते ते त्वघं (तु + अघम्) पापा ये पचन्त्यात्मकारणात् (पचन्ति + आत्म + कारणात्)।।

3.13 यज्ञ + प्रसाद + खाने वाले संत, छुटते हैं सब पापों से। भोगते हैं वे लेकिन + घोर पाप, जो पचाते हैं + अपने/स्वार्थ + के लिये।।

3.13 करके यज्ञ जो भोग खाते, वो सारे पापों से छूट जाते।
अपने सुख के लिये ही खा के, घोर पापों के भागी होते ।।13।।

3.13 Yagyashishtaashinah (Yagya + shishta + ashinah) santo (santah) muchyante sarvakilbishaih (sarva + kilbishaih).
Bhunjate te twagham (tu + agham) paapaa ye pachantyaatmakaaranaat (pachanti + aatma + kaaranaat).

3.13 The saints who eat the gracious gift through the offering rituals (yagyn), become free of all the + sins. Suffer those but + with gross sin, who digest it + for their selfish + cause.

3.13 Consumption of Yagyn food, after it's distribution ends all sadness.
Being selfish eating all the food, makes it filled with sin and sadness. ||13||

۳۰۱۳۔ یگیہ شِشٹاشِنہ (یگیہ+شِشٹ+اشِنہ) سنتو مُچینتے سروِ کلبِشیہ،
بھُنجتے تے تْوَگھم پاپا یے پچنتیاتمکارنات(پچنت +آتم +کارنات)۔

۳۰۱۳۔ روایت پیشکش(یگیں)کے بعاد +کھانے والے سنت/عقیدت مند آزاد ہوجاتے ہیں،سب پاپوں سے،
جھیلتے ہیں وے مگر+گھور پاپ جو ہضم کرتے ہیں+خود + کے لئے ہی۔

۳۰۱۳۔ رسم پیشکش سے پاپ چھٹتے ہیں،عمل کرتے رسم خدکما کھاتے ہیں۔
لطف اٹھانے خدپکاتے کھاتے، بناوِئے وے پاپ ہی کھاتے ہیں۔

3.14 अन्नाद्भवन्ति (अन्नात् + भवन्ति) भूतानि पर्जन्यादन्नसम्भवः (पर्जन्यात् + अन्न + सम्भवः)। यज्ञाद्भवति (यज्ञात् + भवति) पर्जन्यो याः कर्मसमुद्भवः (कर्म + समुद्भवः)।।

3.14 अन्न से + होते हैं लोग, वर्षा से + अनाज + होता है। यज्ञ से होती है वर्षा, जो कर्म से होता है।।

3.14 शरीर अन्न से अन्न वर्षा से, वर्षा यज्ञ से होती है।
निर्धारित काम करने से, यज्ञ विधि सम्पन्न होती है।।14।।

3.14 Annaadbhawanti (Annaat + bhawanti) Bhootaani parjanyaadannasambhawah (parjanyaat + anna + sambhawah).
Yagyaadbhawati (Yagyaat + bhawati) parjanyo (parjanyah) yagynah karma + samudbhawah (karma + samudbhawah).

3.14 Grain+ grows people, by rains+ grow + grains. Rains fall by offering rituals (yagyn), which is performed (hence appear) by work/action.

3.14 Living bodies subsist on grains, and the rains produce grains.
The offering rituals cause rains, on works the rituals sustain. ||14||

۳۰۱۴۔ اَنّادْبھَوَنتِ(اَنّات+ بھَونتِ) بھوتانِ پَرجَنیادَنّسَمبھَوہ(پَرجَنیات+اَنَّ+سَمبھَوہ)،
یَگیادْبھَوَتِ (یَگیات+بھَوَتِ) پَرجَنیو(پَرجَنیہ) یَگیہ کرمَسَمُدبھَوہ(کَرم+سَمُدبھَوہ)۔

۳۰۱۴۔ اناج سے + ہوتے (زندہ)ہیں مخلوقات ، بارش سے+(اُگتا) ہے اناج ،
یگیں سے+ہوتی(وجود میں)ہے بارش ، یگیں + کام کرنے سے(عمل درعامد)ہوتے ہیں۔

۳۰۱۴۔ اناج سے ہے زندگی مخلوقات کی، اور بارش سے اناج کی۔
رسم قربانی سے برسات کی ،کام کرنے سے رسم قربانی کی۔

3.15 कर्म ब्रह्मोद्भवं (ब्रह्म + उद्भवम्) विद्धि ब्रह्माक्षरसमुद्भवम् (ब्रह्म + अक्षर + समुद्भवम्)। तस्मात्सर्वगतं (तस्मात् + सर्व + गतम्) ब्रह्म नित्यं यज्ञे प्रतिष्ठितम्।।

3.15 कर्म को ब्रह्म से + पैदा हुआ जानो, ब्रह्म + अक्षर + से प्रकट हुआ। वह + सर्व + व्यापी, ब्रह्म हमेशा यज्ञ में बसता है।।

3.15 ब्रह्म से पैदा होते हैं कर्म, परम् हैं अक्षर न मिटते ब्रह्म।
तभी सब जगह सदा हैं ब्रह्म, यज्ञों में सदा बसते ब्रह्म।।15।।

3.15 Karma Brahmodbhawam (Brahm + udbhawam) viddhi
Brahmaaksharasamudbhawam (Brahma + akshara + samudbhawam).
Tasmaatsarwagatam (Tasmaat + sarwa + gatam) Brahma nityam yagye pratishthitam.

3.15 Work is born of + Brahm, understand Brahm as + The Indestructible's + creation. That + Omnipresent Brahm/Lord, always exists in offering ritual (yagyn).

3.15 Brahm is the source of works, Lord's Immortal creation is Brahm.
Hence is all pervading, in offering rituals eternally exists Brahm. ||15||

۳۰۱۵۔ کَرمَ بْرَہْموُدْبھَوَم (بْرَہْم+اُدْبھَوَم) وِدّھِ بْرَہْماکْشَرسَمُدْبھَوَم (بْرَہْم+اَکْشَر+سَمُدْبھَوَم)،
تَسْماتْسَرْوَگَتَم (تَسْمات+ سَرْوَگَتَم) بْرَہْم نِتْیَم یَگّے پْرَتِشْٹھِتَم۔

۳۰۱۵۔ کام قدرت خدا سے (بزریعہ لافانی خلاق) + پیدا ہوتے ہیں، (سمجھو لفظ خدا سے پیدا)،
اِس لئے + سب جگہ + پھیلا ، خدا خود ہمیشہ روایت پیشکش (یاگیں) میں موجود ہے۔

۳۰۱۵۔ کام خدا سے پیدا سمجھو، لفظ خدا ہیں صحیفہ میں لافانی۔
اس لئے ہرجگہ پھیلا خدا ، ہمیشہ موجد جہاں رسم قربانی۔

3.16 एवं प्रवर्तितं चक्रं नानुवर्तयतीह (न + अनुवर्तयतीह) यः। अघायुरिन्द्रियारामो (अघ + आयुः + इन्द्रिय + आरामः) मोघं पार्थ स जीवति।।

3.16 इस तरह बने चक्र को, नहीं + समझता है जो। पापी + जीवन/आयु + इन्द्रिय + सुख में बेकार कर हे! पार्थ, वह जीता है।।

3.16 ऐसे रचे यज्ञ चक्र की, कुछ नहीं जो समझ रखता है।
इन्द्रीय सुखों में पाप से, पार्थ! जीवन व्यर्थ करता है।।16।।

3.16 Evam pravartitam chakram naanuvartayateeha (na + anuvartayati + iha) yah.
Aghaayurindriyaaraamo (Aghaayuh + indriya + aaraamah) mogham Paartha sa (sah) jeevati.

3.16 Thus created cycle does not + believe, the one who. The sinner that, O! Paarth leads useless life, + in senses + pleasure.

3.16 He who doesn't follow, the 'Ved' propagated sacrificial cycle of nature.
Parth! he will lifelong follow, sense satisfying useless sinful pleasures. ||16||

۳۰۱۶۔ ایوَم پْرَوَرْتِتَم چَکْرَم نانُوَرْتَیَتِیہ (نَ+اَنُوَرْتَیَتِ+اِہ) یَہ،
اَگھایُرِ اِنْدْرِیارامو (اَگھَ+آیُہ+اِنْدْرِیَ+آرامہ) موگھَم پارْتھ سَ (سَہ) جیوَتِ۔

۳۰۱۶۔ ایسے بنایا گیا (قدرتی) چکر نہیں+عمل میں لاتا ہے+یہاں (اِس زندگی میں) جو،
ساری+اُمر (تا زندگی)+بزریعہ حواس +لطف کے ساتھ، بیکار میں، یا! پارتھ، وہ گذارتا ہے۔

۳۰۱۶۔ صحیفوں میں بیاں یہ گھومتا پہیا، سمجھو قدرت کر رہی رسم قربانی۔
پارتھ! اِسے نامان کے جو نا چلے، لطف میں بیکار کیئے جا رہے زندگانی۔

3.17 यस्त्वात्मरतिरेव (यः + तु + आत्म + रतिः + एव) स्यादात्मतृप्तश्च (स्यात् + आत्म + तृप्तः + च) मानवः। आत्मन्येव (आत्मनि + एव) च संतुष्टस्तस्य कार्यं न विद्यते।।

3.17 जो + लेकिन + अपने में + सुखी + ही, होते हैं, + अपने/स्वयं में + तृप्त, वे मानव। अपने + ही में, संतुष्ट के लिये, कोई कर्तव्य नहीं रहता।।

3.17 मगर जो अपनी आत्मा देखता, उससे सन्तुष्ट हो के रहता ।
स्वयं में प्रकाशित हो के रहता, किसी काम से वो न बॅधता ।।17।।

3.17 Yastwaatmaratireva (Yah + tu + aatma + ratih + eva) syaadaatmatriptashcha (syaat + aatma + tripatah + cha) maanawah.
Aatmanyeva (Aatmani + eva) cha santushtastasya (santushtah + tasya) kaaryam na vidyate.

3.17 That who + but, + in self + happiness + exists, and + is + self + satisfied human. For that self satisfied one, no duty exists.

3.17 The one who derives pleasure, by being in self through self.
That self satisfied person, remains free to perform by himself. ||17||

۳۰۱۷۔ یَسْتْواتْمَرَتِریوَ (یَہ+تُ+آتْم+رَتِہ+ایوَ) سْیاداتْمَتْرِپْتَشْچَ (سْیات+آتْم+تْرِپْتَہ+چَ) مانَوَہ،
آتْمَنْیوَ (آتْمَنِ+ایوَ) چَ سَنْتُشْٹَسْتَسْی (سَنْتُشْٹَہ+تَسْی) کارْیَم نَ وِدْیَتے۔

۳۰۱۷۔ جو+لیکن+خود+میں+ خوش + ہی، رہتا ہے+روح روشن+مطمٔن بھی+اور+وہ انسان،
جو اپنے +آپ +میں ہی خود اطمینانی رکھتا ہو+، اُس کو کام نہیں رہتا ہے۔

۳۰۱۷۔ خود میں خوش تسکین روح ، ایمان دار پرسکون بندا۔
فرض کے لئے کسی سہارے، کسی کام سے نہیں بندھتا۔

3.18 नैव (न + एव) तस्य कृतेनार्थो (कृतेन + अर्थः) नाकृतेनेह (न + अकृतेन + इह) कश्चन। न चास्य (च + अस्य) सर्वभूतेषु (सर्व + भूतेषु)कश्चिदर्थव्यापश्रयः (कश्चित् + अर्थ + व्यापश्रयः)।।

3.18 न + ही उसे, करने + के लिये, न + नहीं करने के लिये, + यहाँ है कुछ। और न उसे सारे + लोगों में, कोई + मतलब का + सहारा है।।

3.18 वो काम करता या नहीं करता, या क्यों करता है कभी भी।
निर्भर किसी और पर नहीं करता, किसी भी कारण वो कभी भी।।18।।

3.18 Naiva (Na + eva) tasya kritenaartho (kritena + arthah) naakriteneha (na + akritena + iha) kashchana.
Na chaasya (cha+asya) sarvabhooteshu (sarva + bhooteshu) kashchidarthavyaapaashrayah (kashchit + artha + vyaapaashrayah).

3.18 Neither+ is there for him, to do+ any cause, nor for+ not to do +even. And + nor he hopes anything from any body.

3.18 A self satisfied person has, neither reason nor compulsion to work.
Neither he has any attachment for beings, nor their support in work. ||18||

۳۰۱۸۔ نیوتسی کرِتینارتھو (کرِتین+ارتھ) ناکرِتینیہ (نَ+اَکرِتین+اِہ) کشچن،
نَ چاسی (چ+اسی) سَروبھوتیش (سَروَ+بھوتیش) کشچدرتھویاپاشریہ (کشچِت+ارتھ+ویاپاشریہ)۔

۳۰۱۸۔ نا+ تو اُسے کام کرنے+ کے لئے، نا ، ناکرنے +کے لئے+ ہی کوئی فائدہ حاصل کرنا ہوتا ہے،
اور نا +اُسکا سب مخلوقات +میں کسی سے +کوئی +کام یا سہارا چاہیے ہوتا ہے۔

۳۰۱۸۔ فرض کے لیۓ یقیناً وہ، کیسے کیوں میں نہیں پڑتا۔
ناہی دنیا کو سوچتے وہ، کسی کی پناہ میں پڈ تا۔

3.19 तस्मादसक्तः (तस्मात् + असक्तः) सततं कार्यं कर्म समाचर। असक्तो (असक्तः) ह्याचरन्कर्म (हि + आचरन् + कर्म) परमाप्नोति (परम् + आप्नोति) पुरुषः।।

3.19 अतः + लगाव विहीन, हमेशा कार्य करने का आचरण करो। बिना लगाव कर्म व्यवहार से ही, सर्वोच्च + पाता है, मानव।।

3.19 बिना फल का लगाव किये, कर्त्तव्य मान के काम किया करो।
अनासक्त ही काम में जुट के, सबसे ऊँचा पद पा लिया करो।।19।।

3.19 Tasmaadasaktah (Tasmaat + asaktah) satatam kaaryam karma samaachara.
Asakto (Asaktah) hyaacharankarma (hi + aacharan + karma) paramaapnoti (Param + aapnoti) poorushah.

3.19 Hence always +unattached always do the work with work free attitude. Only unattached + performance, the highest + is got by man.

3.19 Hence all actions must be, perpetually performed as being on duty.
An unattached worker, acquires God by doing all work freely as duty. ||19||

۳۰۱۹۔ تسماوَسکتہ(تسمات +اَسکتہ) ستتم کاریَم کرمَ سماچر ،
اَسکتو(اَسکتہ) ہیاچرنکرمَ (ہِ +آچرن+کرمَ) پرماپنوتِ(پرم+آپنوتِ) پوُرشہ۔

۳۰۱۹۔ اُسکا+رابطہ بغیر کام ہمیشہ ہر کام کے لئے ایک سا سلوک ہوتاہے ،
لگاو بنا کام (کاسلیقہ رکھ کے ہہ)کرکے عالا مقام پاتا ہے آدمی۔

۳۰۱۹۔ بنالگاؤکے لگاہوا جو، ہمیشہ فرائض ہوکے فرض کرنے کا۔
بناچاہ کی ادائگی ہی زریعہ ہے،کام سے صرف خدا ملنے کا۔

3.20 कर्मणैव (कर्मणा + एव) हि संसिद्धिमास्थिता (संसिद्धिम् + आस्थिता) जनकादयः (जनक + आदयः)।
लोकसंग्रहमेवापि (लोक + संग्रहम् + एव + अपि) सम्पश्यन्कर्तुमर्हसि (सम्पश्यन् + कर्तुम् + अर्हसि)।।

3.20 कर्मों से + ही पूरी सिद्धि + हुई जनक + आदि की। लोगों के + अनुसरण + हेतु + भी सोच के + करने + योग्य बनो।।

3.20 काम में पूर्णता पाने में थी, जनक के जैसे राजाओं की आस्था।
सामान्य लोगों के लिये भी, पा लेनी चाहिये काम की योग्यता।।20।।

3.20 Karmanaiva (Karmanaa + eva) hi sansiddhimaasthitaa (sansiddhim + aasthitaa) janakaadayah (janaka + aadayah).
Lokasangrahmewaapi (Loka + sangrahm + ewa + api) sampashyankartumaharsi (sampashyan + kartum + aharsi).

3.20 Through work+ only, perfection + was got, by Janak + (etc.) like kings. For people +to follow, + even + also, think to + acquire working + skills.

3.20 Being dutiful to work, Janak like kings got perfection.
One should also do, for common people's direction. ||20||

۳۰۲۰۔ کرمنیو (کرمنا +ایوَ) ہِ سنسِدھماستھِتا(سنسِدھم+آستھِتاہ) جنکادیہ(جنک+آدیہ)،
لوکسنگرہمیواپِ (لوک+سنگرہم+ایوَ+اَپِ) سمپشینکرتمرہسِ (سمپشین+کرتم+ارہسِ)۔

۳۰۲۰۔ کام کرنے سے ہی پوری قابلیت حاصل ہوئ جنک جیسے راجاوں کو،
عام +علوم + کے لئے +بھی سوچتے ہوئے +کام کرنے کے لئے+ بھی لیاقت پانی چاہیئے۔

۳۰۲۰۔ جنک جیسے راجا ہوئے، قابل کمال فرض کر کے۔
جنتا کو بھی ملے علم یہ، سمجھ کے بھی رہو فرض کرتے۔

3.21 यद्यदाचरति (यत् + यत् + आचरति) श्रेष्ठस्तत्तदेवेतरो (श्रेष्ठः + तत् + तत् + एव + इतरः) जनः।
स (सः) यत्प्रमाणं (यत् + प्रमाणम्) कुरुते लोकस्तनुवर्तते (लोकः + तत् + अनुवर्तते)।।

3.21 जो + जो + व्यवहार करता है अच्छा, + वह + वह + ही अच्छा है। वह जो प्रमाणित करता है, लोग + वही + अनुसरण करते हैं।।

3.21 देवताओं के जैसे अच्छे, करते हैं जो भी लोग काम।
उन के ही पद चिन्हों पे, चला करते हैं लोग आम।।21।।

3.21 Yadyadaacharati (Yat + yat + aacharati) shreshthastattadevetaro (shreshthah + tat + tat + eva + itarah) janah.
Sa (Sah) yat + pramaanam (yat + pramaanam) kurute lokastadanuvartate (lokah + tat + anuvartate).

3.21 Each one of them who behaves nicely, (who + who + behaves nicely) is good (that + that + is even + leader) leader of the people. Whatever example they set, people + to them only + follow.

3.21 Those who perform well, become God like leading fellows.
Who set their example, for the common people to follow. ||21||

۳۰۲۱۔ یَدْیَداچَرتِ (یَت +یَت +آچَرتِ) شریشٹھسْتَتَدیویترَو (شریشٹھ +تَت +تت +ایو + اِترَہ) جنہ،
سَ (سَہ) یتْپرمانَم (یَت +پْرَمانَم) کُرتے لوکَستَدنُوَرتتے (لوکہ +تَت +انُوَرتتے)۔

۳۰۲۱۔ جیسا +جیسا+ برتاؤ +کرتیا ہے، خاص شخص + ویسا +ایسا +ہی +عام، لوگ (کرتے ہیں)،
وہ جو +مثال قائم کرتے ہیں ، سنسار (عام علوم)+ اُسکو +عمل کریا ہے۔

۳۰۲۱۔ اچھے کام کرنے والے، خدائی بہتری کے لوگ۔
اونچی مثالیں جو قائم کرتے، انہی کے قدموں پہ چلتے لوگ۔

3.22 न मे पार्थास्ति (पार्थ + अस्ति) कर्तव्यं त्रिषु लोकेषु किन्चन। नानवाप्तमवाप्तव्यं (न + अनवाप्तम् + अवाप्तव्यम्) वर्त एव च कर्मणि।।

3.22 न मेरा हे! पार्थ + है कर्तव्य, तीनों संसारों में कोई।
न + कुछ इच्छित + पाने को, फिर भी लगा हूँ कामों में।।

3.22 तीनों लोकों में मेरे लिये, हे! पार्थ कोई काम ही नहीं।
कुछ पाना भी चाहूँ नहीं, फिर भी काम करूँ हर कहीं।।22।।

3.22 Na me (Me) paarthaasti (Partha + asti) kartavyam trishu lokeshu kinchana.
Naanavaaptamawaaptawyam (Na + anavaaptam + awaaptawyam) varta eva cha karmani.

3.22 Neither is there, O! Paarth, I have any duty in any of the three worlds. Nor I desire anything (from them), despite that I keep working.

3.22 Being God I have no duty, towards any one of the three worlds.
I wish nothing from them, despite that I keep working for worlds. ||22||

۳۰۲۲۔ نَ مے پارْتھاشتِ (پارْتھ+اَشتِ) کَرْتَوْیَم ترِشُ لوکیشُ کِنْچَن،
نانَواپْتَمَواپْتَوْیَم (نَ+اَنَواپْتَم+اَواپْتَوْیَم) وَرْتَ ایوَ چَ کَرْمَنِ۔

۳۰۲۲۔ نا مجھے،یا! پِرتھاذادے(زمین کے بیٹے پارْتھ/اَرْجُن)،+ ہے، تینو سنساروں مین کچھ (کوئی کام نہیں ہے)،
نا +خواہش ہے+پانے کی، (مگر) لگا رہتا ہوں ایسے بھی کاموں میں۔

۳۰۲۲۔ پارتھ! تینوں جہانوں میں، نہیں مجھ خُدا کا فائدہ فرض ناکام۔
بغیر اِچھا بغیر پائے کچھ، مگن رہتا ہوں کرتے ہوئے کام۔

3.23 यदि ह्याहं (हि + अहंम्) न वर्तेयं जातु कर्मण्यतन्द्रितः (कर्मणि + अतन्द्रितः)। मम वर्त्मानुवर्ततन्ते (वर्त्म + अनुवर्ततन्ते) मनुष्याः पार्थ सर्वशः।।

3.23 यदि निश्चय ही + मैं, कभी न बरतूँ कार्यों में + सावधानी। मेरा पथ + अनुसरण करेंगे लोग, हे! पार्थ, हर तरह से।।

3.23 सावधानी से काम करते, यदि मैं न जो व्यस्त रहूँगा।
पार्थ! मेरे पथ पे चलते, करेंगे सब मैं जैसा करूँगा।।23।।

3.23 Yadi hyaham (hi + aham) na varteyam jaatu karmanyatandritah (karmani + atandritah).
Mama vartmaanuvartante (vartma + anuvartante) manushyaah Paarth sarvashah.

3.23 If at any time I do+ not perform+ cautiously. People will follow My way in every respect.

3.23 Because if I do not keep myself, busy performing carefully.
Parth! all the human beings, will in this follow me surely. ||23||

۳۰۲۳۔ یدِ ہیہم(ہِ+اَہم) نَ ورتییم جاتُ کرمنیَتندریتہ (کرمنِ+اَتندریتہ)،
مَم ورتماںُورتنتے (ورتم+اُورتنتے) منُشیاہ پارتھ سَروشہ۔

۳۰۲۳۔ اگر یقیناً+میں (اس طرح) نا مصروف رہوں (کسی وقت)، ہوجاوں، کاموں میں+ غیرزمیدار،
(تو) میرے راستے پر چلنے لگینگے اِنسان (سارے/سب ہی لوگ)، یا! پارتھ، سب طرح سے۔

۳۰۲۳۔ مگر فرائض اپنا کرنے میں، اگر نا رکھوں گا میں احتیاط۔
پارتھ! چلینگے سب اس ہی راہ، مان کے میری یہ ساری بات۔

3.24 उत्सीदेयुरिमे (उत्सीदेयुः + इमे) लोका न कुर्यां कर्म चेदहम् (चेत् + अहम्)। संकरस्य च कर्ता स्याहुपहन्यामिमाः (स्याम् + उपहन्याम् + इमाः) प्रजाः।।

3.24 नष्ट करूँगा यह सारे संसार, नहीं करूँगा काम यदि, + मैं। मिलावटी रचना करने वाला बनूँगा, + नष्ट करूँगा + यह सब जीव।।

3.24 यदि मैं ईश्वर कर्तव्य न करूँगा, यह सारे संसार मार दूँगा।
अनचाही संतानों को रचूँगा, जीवों की शान्ति भी मार दूँगा।।24।।

3.24 Utseedeyurime (Utseedeyuh + ime) lokaa na kuryaam karma chedaham (chet + aham). Sankarsya cha kartaa syaamupahanyaamimaah (syaam + upahanyaam + imaah) prajaah.

3.24 perish + I shall, all these worlds, if+ I do not work. Shall become the cause of confusion,+in these (worlds), shall ruin+ all these people/creatures.

3.24 If I don't fulfill my duty, I shall finish all the worlds.
Create hybrids, disrupt peace and lives of worlds. ||24||

۳۰۲۴۔ اُتسیدیُرِمے (اُتسیدیُہ+اِمے) لوکا نَ کُریام کرمَ چیدَہم (چیت+اَہم)،
سنکرَسّی چ کرتا شیامُپہنیامماہ (شیام+اُپہنیام+اِماہ) پرَجاہ۔

۳۰۲۴۔ تباہ ہوجایں گے+ یہ سب سنسار نہیں کروں گا کام (باہوش) اگر+ میں،
اور میں ناگوار فعل بنوں گا + ستیاناش +کر دونگا اِن سب مخلوقات کو۔

۳۰۲۴۔ اگر حوش سے نا فرض کرونگا، خاتمہ تمام جہانوں کا کرونگا۔
سماجی توازن توڑدونگا، تمام مخلوقات میں خراب کرونگا۔

3.25 सक्ताः कर्मण्यविद्वांसो (कर्मणि + अविद्वांसः) यथा कुर्वन्ति भारत।
कुर्याद्विद्वांस्तथासक्तश्चिकीर्षुर्लोकसंग्रहम् (कुर्यात् + विद्वान् + तथा + असक्तः + चिकीर्षुः + लोक + संग्रहम्)।।

3.25 इच्छा लगाव से जिस तरह काम करते हैं + अज्ञानी, हे! भारत। काम करो + विद्वान + की तरह + बिना आसक्ति के, + लोगों के + उद्धार के लिये।।

3.25 जैसे आसक्त हो कर काम, अज्ञानी करते हैं भारत।
वैसे अनास्क्त हो कर काम, ज्ञानी कर लें हे! भारत।।25।।

3.25 Saktaah karmanyavidvaanso (karmani + avidvaansah) yathaa kurvanti Bhaarata. Kuryaadvidvaanstathaasaktashchikeershurlokasangraham (Kuryaat + vidwaan + tathaa + asaktah + chikeershuh + loka + sangraham).

3.25 With desire and attachment, like this work the ignorant, O! Bhaarat. Do work +as+ the wise do, + without attachment, + for peoples/others + upliftment.

3.25 Bharat! as fools act with attachment, wise should act unattached.
So that the people reflect on wise, and follow to work unattached. ||25||

۳۰۲۵۔ سکتاہ کرمنیوِدوانسو (کرمنِ+اَوِدوانسہ) یتھا کروَنتِ بھارت ،
کریادوِدوانستتھاسکتشچِکیرشرلوکسنگرہم (کریات+وِدوان+تتھا+اَسکتہ+چکیرشہ+لوک+سنگرہم)۔

۳۰۲۵۔ وابستہ ہوکے کام +کم علم والے جس طرح کرتے ہیں ، یا!بھارت،
کرنا چاہیئے+دانش ور عالم کو +اُسی طرح +غیرمنسلک ہوکے+یہ چاہ کے کہ+عام علوم کو صحیح راستہ دکھائیں۔

۳۰۲۵۔ بھارت! پھل پانے میں لگے، کم عقل جٹے ہوئے کرتے کام۔
صحیح راستہ اُنہیں دکھانے کو، عقل مند پھل کے بغیر کرتے کام۔

3.26 न बुद्धिभेदं जनयेदज्ञानां (जनयेत् + अज्ञानाम्) कर्मसंगिनाम् (कर्म + संगिनाम्।)। जोषयेत्सर्वकर्माणि (जोषयेत् + सर्व + कर्माणि) विद्वान्युक्तः (विद्वान + युक्तः) समाचरन्।।

3.26 बुद्धि फेर नहीं पैदा करे, + अज्ञानियों में। जोश बढाये, + सब + काम, विद्वान + लग कर करे, अभ्यास करते हुए।।

3.26 बुद्धि न फिराएं मूर्खों की, जोश बढ़ा दें उनका ज्ञानी।
नियोजित अभ्यास से कामों की, भर दें विद्वत्ता ज्ञानी।।26।।

3.26 Na budhibhedam janayedagyaanaam (janyet + agyaanaam) karma + sanginaam. Joshayet + sarvakarmaani vidvaan + yuktah samaacharan.

3.26 No mind turning should be developed/produced+ in the ignorants, attached to works. They should be encouraged+ to do all works, by the wise + through focused practice.

3.26 Wise should not create doubts, in the minds of linked workers.
They should inspire them to do, through being focused workers. ||26||

۳۰۲۶۔ نَ بُدّھیدَم جَنیدَگیانام (جَنیت +اَگیانام) کَرمَسَنگنام (کَرم+سَنگنام) ،
جوشییتَر وَکَرمانِ (جوشییت +سَرو+کَرمانِ) وِدوانیُکتہ (وِدوان+ یُکتہ) سَماچَرَن۔

۳۰۲۶۔ نہیں کرے دماغ +کے حصے، (بانٹے نا) پیدہ کریگا جہالت، کام میں منسلکہ ،
ترتیب دیں سب کاموں کو عقلمندی ،جوڑ کے برابر کا برتاؤ کرکے۔

۳۰۲۶۔ عقلمند نہیں بانٹتے ہیں دماغ، شک میں عقل نہیں پھراتے۔
ناہی کام میں لگاؤ رکھتے، برتاؤ بھی سبسے یک سا رکھتے۔

3.27 प्रकृतेः क्रियमाणानि गुणैः कर्माणि सर्वशः। अहंकारविमूढात्मा (अहंकार + विमूढ + आत्मा) कर्ताहमिति (कर्ता + अहम् + इति) मन्यते।।

3.27 प्रकृति कराती है गुणों से सब काम। अहंकार + भ्रमित, + स्वयं मैं + हूँ + कर्ता, + ऐसा मानते हैं।।

3.27 प्रकृति करवाती है गुणो से, हर तरह से सारे काम ।
घमण्ड में मूर्ख हैं सोचते, मैंने ही किये हैं सारे काम।।27।।

3.27 Prakriteh kriyamaanaani gunaih karmaani sarvashah.
Ahankaaravimoodhaatmaa (Ahankaara + vimoodha + aatmaa) kartaahamiti (karta + aham + iti) manyate.

3.27 Nature gets every work done by characters. Under ego + doubt befooled + self/soul, the doer + only I + am, like this he thinks.

3.27 All works do characters, bourn by the nature.
An egoistic doubtful, thinks himself lone worker. ||27||

۳۰۲۷۔ پرَکرِتیہ کرِیامانانِ گُنئیہ کَرمانِ سَروَشہ،
اَہنکارَوِموڈھاتما (اَہنکار+ وِموڈھ+آتما) کَرتاہَمِت (کَرتا+اَہم+اِت) مَنیتے۔

۳۰۲۷۔ قدرت کے کرانے سے خصوصیات (کردار ہوکے) کام کرتی ہیں سب طرح کے۔
انا کی +جہالت +بھری روح والا، فاعل+' میں ہوں+ ایسا' ، مانتا ہے۔

۳۰۲۷۔ قدرت کراتی ہے ہر کام، جو خوبیوں سے ہی جو نہیں جانتے ہیں۔
ایسے انا بھرے کم عقل لوگ، صرف خود کے سر ہی جامہ رکھتے ہیں۔

3.28 तत्त्ववित्तु (तत्व + वित् + तु) महाबाहो गुणकर्मविभागयोः (गुण + कर्म + विभागयोः)। गुणागुणेषु (गुणा + गुणेषु) वर्तन्त इति मत्वा न सज्जते।।

3.28 सत्य + जानने वाले + लेकिन, हे! महाबाहु, गुणों द्वारा + कामों के + विभाजन का। गुण ही + गुणों के/अपने विषयों से काम कराते हैं, ऐसा समझकर उनमें नहीं उलझते, अर्थात स्वयं को/आत्मा को गुणों के कामों से अलग रखते हैं।।

3.28 महाबाहु! जो जानते हैं, गुणों से होते सब काम यह सच।
'स्व' को न उलझा उनमें, देख पाते हैं तब 'स्व' का सच।।28।।

3.28 Tattwavittu (Tattwa + vit + tu) mahaabaaho gunakarmavibhaagayoh (guna + karma + vibhaagayoh).
Guna guneshu vartante iti matwaa na sajjate.

3.28 The ones who know truth, + but, O! Mighty armed, of the division of works, as per the characters. Characters work for themselves, understanding this they do not entangle their self into the character's tasks.

3.28 Mahabahu! wise know this reality, that characters perform all actions.
Senses drive them to act, wise keep self away from sensual sensations. ||28||

۳۰۲۸۔ تتّو وِتُّ (تتّو وِت+تُ) مَہاباہوٗ گُنکَرمَوِبھاگیوہ (گُن+کَرمَ+وِبھاگیوہ)،
گُنا گُنیشُ وَرتنت اِتِ متوا نَ سجّتے۔

۳۰۲۸۔ سچ جاننے والے+لیکن، یا! مذبوط باذو والے (اَرجُن)، خوبی اور+ کام کے+محکمہ کے،
خوبیاں خوبیوں کے اشیاء میں ہی مصروف رہتی ہیں ایسا سمجھ کے اُن سے نہیں+ رکھتے رابطہ (علیحدگی رکھتے ہیں)۔

۳۰۲۸۔ خوبیوں کے کاموں کے محکمہ کا سچ، کہ اشیاء کے ساتھ کرتیں جو جانتے ہیں۔
مذبوط باذو والے یا! خوبیوں کی جوڑ سے دور، وہ پاک روح ہونا جانتے ہیں۔

3.29 प्रकृतेर्गुणसम्मूढाः (प्रकृतेः + गुण + सम्मूढाः) सज्जन्ते गुणकर्मसु। तानकृत्स्नविदो (तान् + अकृत्स्नविदः) मन्दान्कृत्स्नविन्न (मन्दान् + कृत्स्न + वित् + न) विचालयेत्।।

3.29 प्राकृतिक + गुणों से + भ्रमित/मूर्ख होकर, उलझ जाते हैं गुणों के कामों में। उन + पूरी जानकारी न रखने वाले, मन्द लागों को, + पूरे + जानकार/विद्वान, न करें विचलित ।।

3.29 प्राकृतिक गुणों से मूर्ख जो बनते, उनके ही कामों में पड़ जाते।
ज्ञान वे खो कर स्वयं अंधे बनते, ज्ञानवान मगर उन्हें न डिगाते।।29।।

3.29 Prakritergunasammoodhaah (Prakriteh + guna + sammoodhaah) sajjante guna + karmasu (guna + karmasu).
Taanakritsnvido (Taan + akritsn + vidah) mandaankritsnavinn (mandaan + kritsnavit) vichaalayet.

3.29 With natural + characters + caused doubts, the fools attach themselves with their (of characters) works. Such less knowing, slow learners must not be disturbed by the wise.

3.29 Put to doubt by characters, to their working fools get attached.
To these self blind little minds, wise should clarify not distract. ||29||

۳۰۲۹۔ پرَکرِتے رْگُنسَمّوڈھاہ(پرَکرِتیہ+گُن+سَمّوڈھاہ) سَجّنتے گُنکرمَسُ،
تانَکرِتسنوِدوَ (تان+اَکرِتسنوِدَہ) مَنداںکرِتسنوِنَ(مَندان+کرِتسن +وِت+نَ) وِچالَییت۔

۳۰۲۹۔ قدرتی+خصوصیات سے +شک کی جہالت والے، منسلک ہوجاتے ہیں،اُنکے(خصوصیات کے) کاموں میں،
ایسے+کم عقلوں کے، خود کے+مکمل+ عالم کو +نہیں، دماغ پھیرناچاہیۓ۔

۳۰۲۹۔ خوبیوں کی چکاچوندھ میں،خوبیوں کے ہی کاموں میں پھنستے ہیں ۔
روح نادیکھ پاتےکم عقل اُن کو ، عقل مند ناکبھی ورغلاتے ہیں۔

3.30 मयि सर्वाणि कर्माणि संयस्याध्यात्मचेतसा (संयस्य + अध्यात्म + चेतसा)। निराशीर्निर्ममा (निराशीः + निर्ममः) भूत्वा युद्धस्व विगत ज्वरः।।

3.30 मुझ (ईश्वर) में, सारे काम छोड़कर + आत्म ज्ञान + चेतना (अपनी सचेत बुद्धि) से। पाने की आशा, + रखने की इच्छा, छोड़ कर युद्ध करो अनुत्तेजित (उत्तेजना रहित)।।

3.30 आत्म चेतन मन से अपने, सब कामों को मुझमें छोड़ के।
प्रभुत्व लालसा हटा के मन से, लड़ो अपना तैश छोड़ के।।30।।

3.30 Mayi sarvaani karmaani sanyasyaadhyaatmachetasaa (sanyasya + adhyaatma+ chetasaa).
Niraasheernirmamo (Niraasheeh+nirmamah) bhootwaa yudhyaswa vigata + jwarah.

3.30 Within Me (God), having left all the works + by self sight + conscience. With no hope to gain + and no desire to possess, fight the war, being unexcited (free of + excitement).

3.30 By self sighted conscience, leave your deeds under Me.
Hope not to gain or hold, fight the war excitement free. ||30||

۳۰۳۰۔ مَیِ سَروانِ کَرمانِ سَمنْیَسْیادھیاتمچیتَسا(سَمنْیَسی+اَدھیاتم+ چیتَسا)،
نِراشیرنِرمَموَ(نِراشیہ+نِرمَمہ) بھوَتوا یُدھیَسوَ وِگت جوَرہ۔

۳۰۳۰۔ مجھ میں (خدامیں) سارے کام چھوڑکے + روحانیت سے+ہوشمند ہو کے،
بغیر فائدہ ملکیت سوچ جنگ لڑ+اپنی و غیرمنتخب ہوکے۔

۳۰۳۰۔ ارجن! مجھے (خداکو) باحوش ذہن سے ، تمام اعمال کر کے پیش ۔
فائدہ ملکیت دِل سے چھوڑکے، لڑو جنگ غیرمتوقع روح سے لیس۔

3.31 ये मे मतमिदं (मतम् + इदम्) नित्यमनुतिष्ठन्ति (नित्यम् + अनुतिष्ठन्ति) मानवाः। श्रद्धावन्तोऽनसूयन्तो (श्रद्धावन्त + अनसूयन्तः) मुच्यन्ते तेअपि कर्मभिः।।

3.31 जो मानव मेरे इस + आदेश को हमेशा + पालित करते हैं। श्रद्धावान, + ईर्ष्या बिना, मुक्ति पाते हैं, वे भी, कामों से।।

3.31 मेरे इन आदेशों का पालन, नियम से करते हैं जो लोग।
ईर्ष्या मुक्त भक्ति के कारण, कर्म बन्धन से मुक्त हैं वो लोग।।31।।

3.31 Ye me (Me) matamidam (matam + idam) nityamanutishthanti (nityam + anutishthanti) maanawaah.
Shradhaawantoansooyanto (Shradhaawantah + ansooyantah) muchyantey te + api karmabhih.

3.31 Men who always obey this directive of Mine. With faith, + without jealousy, they + also become free of all works

3.31 Those who follow my directives, every day regularly.
Faithfully without jealousy, be free from work truly. ||31||

۳۰۳۱۔ یے مے مَتِمدَم (مَتَم+اِدَم) نِتیَمنُتِشٹھنتِ (نِتیَم+اَنُتِشٹھنتِ) مانواہ ،
شرَدّھاوَنتوانسوئینتو (شرَدّھاوَنتہ+اَنسوئینتہ) مُچینتے تے اَپ (تے+اَپ) کَرمبھہ۔

۳۰۳۱۔ جو بندے میری سوچ کو+ اِن ہر روز کے کام کی طرح عمل میں لاتے ہیں (بندے) ،
ایمان کے ساتھ+ انابغیر آزاد ہوجاتے ہیں، وے+بھی کاموں (کی قید) سے۔

۳۰۳۱۔ نکتا چینی بغیر میری (خداکی)، جو تعالیم پر چلتے ہیں۔
عقیدت ایمان سے کرکے، بنا بندھے کام کرتے ہیں۔

3.32 ये त्वेतदभ्यसूयन्तो (तु + एतत् + अभ्यसूयन्तः) नानुतिष्ठन्ति (न + अनुतिष्ठन्ति) मे मतम्।
सर्वज्ञानविमूढांस्तान्विद्धि (सर्व + ज्ञान + विमूढाः + तान् + विद्धि)
नष्टानचेतसः (नष्टान् + चेतसः।।)।।

3.32 जो लेकिन + यहां + ईर्ष्या + वश, नहीं + पालित करते मेरा आदेश। सारे + ज्ञान + से रहित मूर्ख + उन्हें + मानो, नष्ट चेतना वाले।।

3.32 मगर ईर्ष्या से मेरे आदेश, नियम से पालित जो नहीं करते।
सारे ज्ञान से भ्रमित हो के वे, सारी चेतना भी नष्ट करते।।32।।

3.32 Ye twetadabhyasooyanto (tu + etat + abhyasooyantah) naanutishthanti (na + anutishthanti) me (Me) matam. Sarvagyaanavimoodhaanstaanviddhi
(Sarva + gyaan + vimoodhaan + taan + viddhi) nashtaanachetasah (nashtaan+achetasah).

3.32 Those who,but + here + under envy/jealousy, do not + follow My directive. All + the+ knowledge less+ ignorants, + to them + consider + to have lost conscience.

3.32 Those who out of jealousy, do not listen to My diction.
Become doubtful to all wisdom, lose all their perception. ||32||

۳۰۳۲۔ یے ٹویتدبھیَسوُ یئنٹو (ٹ+ایتت+ابھیَسوُیئنتہ) نانُشٹھنتِ (نَ+انُشٹھنتِ) مے متم،
سَروَگیانوِموُڈھانستانوِدّھِ (سَروَ+گیانَ+وِموُڈھان+تان+وِدّھِ) نشٹانچیتسہ (نشٹان+اچیتسہ)۔

۳۰۳۲۔ جو لیکن+اِسے+جلن کی وجہ سے، نہیں+عمل کرتے ہیں ، میری (اللہ کی) سوچ کو،
ساری+عقل رعلم سے+جاہل ہوئے +اُنہیں+سمجھو، ختم ہوئے+ہوش والے۔

۳۰۳۲۔ پرمیری تعالیم پرروز جو، چل کے عمل نہیں کرتے ہیں ۔
تمام علم سے دور کم عقل ہو، حوش بھی سارا کھو دیتے ہیں ۔

3.33 सदृशं चेष्टते स्वस्याः प्रकृतेर्ज्ञानवानपि (प्रकृतेः + ज्ञानवान् + अपि)। प्रकृतिं (प्रकृतिम्) यान्ति भूतानि निग्रहः किं (किम्) करिष्यति।।

3.33 वैसी ही कोशिश करते हैं अपनी प्रकृति जैसी ही + ज्ञानी + भी। प्रकृति पाते हैं सब ही, उसे मारने से क्या होगा।।

3.33 प्रकृति से मिले गुणों के जैसी, ज्ञानी भी करते हैं चेष्टा।
प्रकृति में मिल जाते प्राणी, गुणों को मारना कैसी चेष्टा।।33।।

3.33 Sadrisham cheshtate swasyaah prakritergyaanavaanapi (prakriteh + gyaanavaan + api). Prakritim yanti bhootaani nigrahah kim karishyati.

3.33 Like that, practice the wise too, as per their own nature.Nature is got by all beings, What is the point to kill it.

3.33 All the persons fool or wise, dance to the tune of characters.
What is the point in supressing, all have natural characters. ||33||

۳۔۳۳۔ سَدرِشَم چیشٹتے سْوَشیاہ پْرَکْرِتیرْگیانوانَپِ (پْرَکْرِتیہ +گْیانَ+وانَپِ)،
پْرَکْرِتم یانْتِ بھوْتانِ نِگْرَہہ َکِم کَرِشیَیِں۔

۳۔۳۳۔ اُس ہی طرح کی، کوشش کرتے ہیں، خود کی قدرت جیسی (ہوتی ہے ویسی ہی)، عالم۔و۔دانش بھی،
قدرت ہی پاتے ہیں مخلوقات، اُسکو (قدرت کو) مار کے کیا کروگے۔

۳۔۳۳۔ اپنی قدرتی خوبیوں سے ہی، عقل مند بھی سب کرتے ہیں۔
اِس لئے قدرتی فترت کو مار کے، کیسے کام کچھ کر سکتے ہیں۔

3.34 इन्द्रियस्येन्द्रियस्यार्थे (इन्द्रियस्य + इन्द्रियस्य + अर्थे) राग + द्वेषौ व्यवस्थितौ।तयोर्न (तयोः + न) वशमाागच्छेत्तौ (वशम् + आगच्छेत् + तौ) ह्यस्य (हि + अस्य) परिपन्थिनौ।।

3.34 इन्द्रियों को + इन्द्रियों के विषयों + के लिये ही लगाव + बैर स्थापित करने देना चाहिये। उनके वश में + नहीं + आना चाहिये, + दोनों ही (इन्द्रियाँ और उनके विषय) + हमारा (हमारे आत्म/आत्मा का) रास्ता रोकते हैं।।

3.34 इन्द्रियों और उनके विषयों में, मिलना बिछड़ना लगा रहता है।
कभी न आना उनके वश में, आत्मा देखना दुश्वार होता है।।34।।

3.34 Indriyasyendriyasyaarthe (Indriyasya + indriyasya+arthe) raaga + dweshau (raaga + dweshau) vyavasthitau.
Tayorna (Tayoh + na) vashamaagachchhettau (vasham + agachchhet + tau) hyaasya (hi + asya) paripanthinau.

3.34 Senses should be allowed to deal with their objects, themselves for love+hate relations, to regulate. we should never be under their control, because, both of them (the senses and their object) block our (our soul's) ways.

3.34 Love–hate are systematized, for their objects to be sensed.
Self should never be customized, it's hurdle let senses attend. ||34||

۳۔۳۴۔ اِنْدرِیَسیینْدرِیَسیارْتھے (اِنْدرِیَسْیَ+اِنْدرِیَسْیَ+اَرْتھے) راگَدْویشو (راگ+دْویشو) وْیَوَسْتھِتو،
تیوْرنَ (تیوْہ+نَ) وَشَماگچھیتو (وَشَم+آگچھیت+تو) ہْیَسی (ہِ+اَسی) پَرِپَنْتھِنو۔

۳۔۳۴۔ حواس کا+اشیاء حواس سے +تعلق، پیار+ نفرت کے بندوبست تک ہے،
اُنکے+نہیں، قابومیں +آناچاہئے، وے دونو (حواس اور اشیاء) ہی+ہمارے دشمن ہیں۔

۳۰۳۴۔ حواس موضوعِ مل کے پیدا کرتے، پیار اورنفرت بندوں میں۔
انہیں ہٹادیں راہ روح سے، ہیں دونو دشمن بندوں میں۔

3.35 श्रेयान्स्वधर्मो (श्रेयान् + स्व + धर्मः) विगुणः परधर्मात्स्वनुष्ठितात् (पर + धर्मात् + सु + अनुष्ठितात्)।
स्व + धर्मे निधनं निधनम् श्रेयः परधर्मो (परधर्मः भयावहः)।।

3.35 श्रेष्ठ है + अपना + धर्म (प्राकृतिक गुण निर्धारित कार्य) निभाना दोष सहित भी, दूसरे के धर्म (स्वाभाव वाले काम) अच्छी तरह पालन करने से। अपना धर्म निभाते हुए मरना अच्छा है, दूसरे का पालना (कर्तव्य निभाना) भयंकर।।

3.35 अपने कर्त्तव्य निभाने में त्रुटियॉं, दूसरों के सकुशल निभाने से अच्छा।
औरों के पथ पकड़ना भयंकर, अपने पथ पे चलते मरना भी अच्छा ।।35।।

3.35 Shreyaanswadharmo (Shreyaan + swadharmah) vigunah pardharmaatswanusthitaat (pardharmaat + su + anusthitaat).
Swadharme nidhanam shreyah pardharmo (pardharmah) bhayaawahah.

3.35 Better is+ to carry out+ own duties, even though imperfectly, than to perform that of others perfectly. To even die doing own natural duty is good, to adopt that of others is dangerous.

3.35 It is good to perform your own duty, even though with errors.
Better die doing own duty, fear to take up those of others. ||35||

۳۰۳۵۔ شریانْ+سْوَ+دھرْموَ(دھرْمَہ) وِگُنَہ پَرَدھرْماتْسْوَنُشْٹھِتات (پَرَدھرْماتْ+سْوَ+اَنُشْٹھِتات)،
سْوَدھرْمے نِدھَنَم شْریَہ پَرَدھرْموَ بھیاوَحَہ۔

۳۰۳۵۔ بہتر ہے خود کے قدرتی کام غلطیاں کرکے بھی، دوسروں کے قدرتی کام اچھی طرح کرلینے سے بھی،
خود کے فرائض کام کرتے ہوئے مرنا بھی اچھا ہے، دوسرے کا فرائض کرنے میں ڈر ہے۔

۳۰۳۵۔ غلطی کرتے ہوئے بھی اپنے ہی، فرض ادا کرنا بہتر ہے۔
بہت ٹھیک سے بھی دوسروں کے، فرض کرنے میں ڈر ہے۔

<u>अर्जुन उवाच Arjuna uvaacha अर्जुन बोले Arjun said</u> اَرْجُن اُواچ ارجن نے پوچھا

3.36 अथ केन प्रयुक्तोऽयं (प्रयुक्तः + अयम्) पापं चरति पूरुषः। अनिच्छन्नपि (अनिच्छन् + अपि) वार्ष्णेय बलादिव (बलात् + इव) नियोजितः।।

3.36 तब किस लिये + यह पाप भोगता है मनुष्य। इच्छा न होते हुए + भी हे! वार्ष्णेय, बल से + भी, बुरे काम में लगाया जाता है।।

3.36 तब किसके बल से प्रेरित हो के, पाप कर्म है करता मनुष्य।
इच्छा न होते भी वार्ष्णेय, किस बल से खिंच जाता मनुष्य।।36।।

3.36 Atha kena prayuktoayam (prayuktah + ayam) paapam charati poorushah.
Anichchhannapi (Anichchhann + api) vaarshneya balaadiva (balaat + iva) niyojitah.

3.36 Then by which cause + this sin does a man bears. Without even willing to, O! Varshney, by force + too, he is pushed to do/ be engaged (bad tasks).

3.36 Then under whose inspiration, does one perform sinful acts.
Varshney! unwillingly, forcefully, is dragged to do such acts. ||36||

۳۰۳۶۔ اَتھ کینَ پرَیکتوَایَم (پرَیکتہ+ایَم) پاپَم چرَتِ پوُرُشہ،
انِچّھنَپ (انِچّھن+اَپِ) وارشنیے بَلادِوَ (بلاث+اِوَ) نیوُجِتہ۔

۳۰۳۶۔ تب کِس کے آمادہ ہونے سے+یہ پاپ کرتا ہے آدمی ،
کہ ناچاہتے ہوئے+ بھی، یا!وارشنیَ (وِرشنِ نصل والے کرِشن) ، ذبردستی +گویا دھکیلا گیا ہو۔

۳۰۳۶۔ یا! وارشنیَ کس کی صلہ افزائی سے، مجبور ہو کے لوگ پاپ کرتے ہیں۔
جس کے بل سے دب کے بندے ، نہ چاہتے ہوئے بھی کام کرتے ہیں۔

श्रीभगवानुवाच ShreeBhagawaanuvaacha श्रीभगवान बोले Lord Shri said

شری بھگوانُواچ خدا بولے

3.37 काम एष क्रोध एष रजो + गुण + समुद्भवः। महाशनो (महा + अशनः) महा + पाप्मा विद्ध्येनमिह (विद्धि + एनम् + इह) वैरिणम्।।

3.37 कामना है यह, क्रोध है यह, राजसी + गुण से + पैदा बल। बड़ा + खाऊ, बड़ा + पापी, समझो + इसे + दुश्मन।।

3.37 होता है वो बल हवस व क्रोध, रजो गुण से पैदा होता जो ।
जगनाशी महापापी है वो, सबसे बड़ा शत्रु भी है होता वो।।37।।

3.37 Kaama esha krodha esha rajogunasamudbhawah (rajo + guna + samudbhawah). Mahaashano (Mahaa + ashanah) mahaapaapmaa (mahaa + paapmaa) viddhyenamih (viddhi + enam + ih) vairinam.

3.37 Desire it is, anger it is, born of the kingly+ (Raajasi)+ characters. Heavy+ eater, great+ sinner, take it as enemy.

3.37 This force is lust and anger, generated by 'rajas' character.
Highly destructive highly sinful, treat them as enemy forever. ||37||

۳۰۳۷۔ کامَ (کامَہ) ایش (ایشہ) کْرودھَ (کْرودھَہ) ایش (ایشہ) رَجوگُنسَمُدبھوہ (رَجوُ+گُن+سَمُدبھوَہ)،
مَہاشنوُ (مَہا+اَشنَہ) مَہاپاپْما (مَہا+پاپْما) وِدّھیِینَمِہ (وِدّھِ+ا+ینَم+اِہ) وَیرِنَم۔

۳۰۳۷۔ ہوس ہے یہ غصہ ہے یہ راجسی +خصوصیات سے+ پیدا،
بیحد +کھانے والا انتہائی + پاپی، سمجھو+ اِنہیں (ہوس/غصہ) +اِس کا (روح کا/خود کا) دشمن۔

۳۰۳۷۔ یہ لالسا ہوس غصہ ہے، راجسی خوبی سے پیدا۔
بڑا کھاؤ بڑا پاپی، دشمن ہے یہ عقلمند روح کا۔

3.38 धूमेनाव्रियते (धूमेन + आव्रियते) वह्निर्यथादर्शो (वह्निः + यथा + आदर्शः) मलेन च। यथोल्बेनावृतो (यथा + उल्बेन + आवृतः) गर्भस्तथा (गर्भः + तथा) तेनेदमावृतम् (तेन + इदम् + आवृतम्)।।

3.38 धुएं से + ढँकी, आग + जैसा + शीशा भी धूल ढका गन्दा होता है। जैसे + गर्भाशय से + ढका भ्रूण है, वैसे ही उन से (काम क्रोध जैसे राजसी गुणों से) + यह (आत्मा / स्व) + ढका है।।

3.38 धुआँ आग को धूल दर्पण को, ढक के जैसे लेते छुपा।
झिल्ली गर्भ को हवस आत्मा को, ढ़क के वैसे लेते छुपा।।38।।

3.38 Dhoomenaavriyate (Dhoomena+aavriyate) vahniryathaadarsho (vahnih + yathaa + aadarshah) malena cha.
Yatholbenaavrito (Yathaa + ulbena + aavritah) garbhastathaa (garbhah + tathaa) tenedamaavritam (ten + idam + aavritam).

3.38 Smoke+ covered+ is fire, dust covered + like that+ is mirror, is dirty+ also. As +uterus+ covered, is the foetus,+ like that they (desire and anger) + to this (soul/soul) +cover.

3.38 As smoke covers fire, and dust covers mirror.
uterus covers fetus, souls hide in lust cover. ||38||

۳۰۳۸۔ دھوُمیناوْرِیتے (دھوُمینَ+آوْرِیتے) وَہنِر یَتھادَرْشو (وَہنِہ+یَتھا+آدَرْشَہ) مَلینَ چَ،
یَتھولْبیناوْرِتو (یَتھا+اُلْبینَ+آوْرِتہ) گَربھستَتھا (گَربھَہ+تَتھا) تینےدَماوْرِتَم (تین+اِدم+آوْرِتَم)۔

۳۰۳۸۔ جیسے دھوئیں سے گِھر جاتی ہے آگ، ویسے ہی شیشا دھول سے اور گندگی سے بھی،
جیسے بچہ دانی کی جھلی سے گِھرا رہتا ہے جنین، ویسے ہی اُن سے (ہوس سے) گِھر کے رہتے ہیں یہ (دِل/دماغ)۔

۳۰۳۸۔ دھواں آگ کو دھول آئنہ کو، جھلی جنین کو ڈھانپتے ہیں۔
ویسے ہی ہوس عقل گھیر کے، روح پے پردہ ڈالتے ہیں۔

3.39 आवृतं ज्ञानमेतेन (ज्ञानम् + एतेन) ज्ञानिनो नित्यवैरिणा (नित्य + वैरिणा)। काम + रूपेण कौन्तेय दुष्पूरेणानलेन (दुष्पूरेण + अनलेन) च।।

3.39 ढके हैं ज्ञान भी + इन ज्ञानियों के, इस सदा + शत्रु । कामना + रूपी से, हे! कुन्ती पुत्र, जो पूरा असंतुष्ट है + आग से भी अधिक।।

3.39 ज्ञान को ढ़क के छुपाने वाला, सतत बैरी है लालच ज्ञानी का।
कौन्तेय! आग सा जलने वाला, कभी न संतुष्ट रूप कामी का।।39।।

3.39 Aavritam gyaanam + etena gyaanino (gyaaninah) nityavairinaa.
Kaamaroopena (Kaama + roopena) Kaunteya dushpoorenaanalena (dushpoorena + analena) cha.

3.39 Covered are wisdom+by this (desire) of the wise, by this all time foe. In form of+ desire O! Kunti's son,it is completely dissatisfied + more than fire.

3.39 Wisdom it wraps around, always is it enemy of wise.
Kunti's son! lust is fire, with unsatiable thirst it lies. ||39||

۳۰۳۹۔ آوِرتَم گیانمیتین (گیانَم + ایتین) گیانِنو (گیانِنہ) نِتیَویرِنا (نِتی + ویرِنا)،
کامَروپین (کامَ + روپین) کونتیے دُشپورینانلین (دُشپورین + اَنلین) چَ ۔

۳۰۳۹۔ چھپ کے رہتی ہے عقل (ہوش) اِس سے ، عقل (اور علم) کا یہ ہمیشہ بیری ہے ،
اور ہوس کے روپ میں، یا! کُنتی زادے، کبھی نا بُجھنے والی آگ جیسا ہے۔

۳۰۳۹۔ کنتی زادے! ہوس عقل کو، چھپانے والی دشمن ہے۔
آگ کے جیسی ہمیشہ اسکی، نا بجھنے والی بھڑکن ہے۔

3.40 इन्द्रियाणि मनो बुद्धिरस्याधिष्ठानमुच्यते (बुद्धिः + अस्य + अधिष्ठानम् + उच्यते)।ऐतैर्विमोहयत्येष (एतैः + विमोहयति + एषः) ज्ञानमावृत्य (ज्ञानम् + आवृत्य) देहिनम्।।

3.40 इन्द्रियाँ, मन और बुद्धि + इस (कामना) के + निवास स्थान + कहलाते हैं। इनसे + मोहता है + यह (काम), ज्ञान + ढक कर, देह की आत्मा को।।

3.40 कामना का राज सिंहासन कहते, इन्द्रियों मन और बुद्धि को।
राज्य करता इन्हें मोहित करके, ज्ञान छुपाता ढ़क आत्मा को।।40।।

3.40 Indriyaani mano (manah) buddhirasyaadhishthaanamuchyate (buddhih + asya + adhishthaanam + uchyate).

Etairvimohayatyesha (Etaih + vimohayati + eshah) gyaanamaavirtya (gyaanam + aavirtya) dehinam.

3.40 Senses, heart and mind +are it's (of this desire)+ living places+ said to be.
These (senses,heart,mind) +get confused+by it (the desire), which covers wisdom + of the self of a person (embodied soul).

3.40 Desires lie over the senses, hearts and minds in bodies.
Where they cover all wisdom,create doubts in embodied. ||40||

۳۰۴۰۔ اِندرِیانِ منو(منہ) بُدّھِر شیادھشٹھان مُچّیتے (بُدّھِ+اَ شی +اَدھشٹھانم +اُچّیتے)،
ایتیرِ وِ موہیتیش (ایتیہ+ وِ موہیتِ +ایشہ) گیانماوِرتی (گیانم +آوِرتی) دیہنم۔

۳۰۴۰۔ حواس دِل(من) اور دماغ(عقل)+پر +رہتے (کام کرتے) ہیں، بتایا گیا ہے،
اِنہیں(دِل دماغ کو)+ موہ کے(بہکاکے) +یہ عقل کو +ڈھانپ دیتا ہے روح سے۔

۳۰۴۰۔ حواس دِل اور دماغ پر، ہمیشہ چڑھ کر کام کرتے۔
کھینچ کے عقل چھپاکے روح سے، بندے کو مشکوک کرتے۔

3.41 तस्मात्त्वमिन्द्रयाण्यादौ (तस्मात् + त्वम् + इन्द्रयाणि + आदौ) नियम्य भरतर्षभ (भरत + ऋषभ)।
पाप्मानं (पाप्मानम्) प्रजहि ह्येनं (हि + एनम्) ज्ञानविज्ञाननाशनम् (ज्ञान + विज्ञान + नाशनम्)।।

3.41 अतः + तुम + इन्द्रियों को + शुरु में ही नियंत्रित करके, हे! श्रेष्ठतम भरतवंशी।
मार डालो इस ज्ञान + विज्ञान + विनाशी, पापी कामना को।।

3.41 अतः इन इन्द्रियों को वश में, पहले से ही करके रखो भारत।
पापी काम को मारो आत्मा के, ज्ञान–विज्ञान नाशी को भारत।।41।।

3.41 Tasmaattwamindriyaanyaadau (Tasmaat + twam + indriyaani + aadau) niyamya Bharatrishabha (Bharat + rishabha).
Paapmaanamprajahihyenam(hi+enam)gyaana+vigyaana+naashanam(gyaanavigyaananaashanam).

3.41 Hence + you + having control over senses, right since the beginning O! The best Bhaarat. Kill this wisdom + and science + perisher, sinner, the desire.

3.41 Good Bharat! hence control senses, right since the beginning.
Kill desire the sinner the self killer, mars scientific wise thinking. ||41||

۳۰۴۱۔ تسماتّوَمِندرِیانیادوَ (تسمات+توَم+اِندرِیانِ+آدوَ) نیمی بھرترشبھ،
پاپمانم پرجہِ ہیینم (ہِ+اینم) گیانَ+وِگیانَ+ناشنم۔

۳۰۴۱۔ اسلئے +تُم+حواس کو+ شروع سے ہی درست کرو، یا! بہتر بھَرَت،
پاپ کی اِس علامت کو ماردو جو، علم اور+علم سائنس کو+ مارتی ہے۔ ۔

۳۰۴۱۔ یا! بہترین بھرت ، اِس لئے قابو حواس شروع سے کرو۔
ہوس پاپ کی یہ علامت، تباہی علم سائنس کی قابو کرو۔

3.42 इन्द्रियाणि पराण्याहुरिन्द्रियेभ्यः (पराणि + आहुः + इन्द्रियेभ्यः) परं (परम्) मनः। मनसस्तु (मनसः + तु) परा बुद्धियों (बुद्धिः + यः) बुद्धेः परतस्तु (परतः + तु) सः।।

3.42 इन्द्रियाँ श्रेष्ठ + कहलाती हैं, + इन्द्रियों से ऊँचा है मन। मन से + लेकिन, ऊँची है बुद्धि, + जो बुद्धि से श्रेष्ठ/उच्च है + परन्तु, वह (वह स्वयं अर्थात उसकी आत्मा)।।

3.42 इन्द्रियों को श्रेष्ठ कहा जाता है, मन इन्द्रियों से भी होता श्रेष्ठ।
मन से श्रेष्ठ बुद्धि होती है, बुद्धि से जीवात्मा जो होता सर्वश्रेष्ठ।।42।।

3.42 Indriyaani paraanyaahurindriyebhyah (paraani + aahuh + indriyebhyah) param manah. Manasastu (Manasah + tu) paraa budhiryo (budhih + yah) budheh paratastu (paratah + tu) sah.

3.42 Senses are, better + said to be+ higher than senses is heart. Mind+ but is higher than heart, but he himself is higher than his mind ie. the self of a person is above all.

3.42 Senses are said to be good, but heart is better than them.
Mind is better than heart, but self is the best amongst them. ||42||

۳۰۴۲۔ اِندْرِیانِ پَرا نیاہُرِندْرِیئےبھیَہ (پَرانِ +آہُہ+اِندْرِیئےبھیَہ) پَرَم مَنَہ،
مَنَسْتُ (مَنَہ+تُ) پَرا بُدّھِرْیوُ (بُدّھِہ+یَہ) بُدّھیہ پَرَتَسْتُ (پَرَتَہ+تُ) سَہ۔

۳۰۴۲۔ حواس اچھے کہے جاتے ہین، +حواس سے بہتر ہے من (دِل)،
دِل(من) سے بھی بہتر ہے دماغ(عقل)اور دماغ سے بھی بہتر ہے خود (روح)۔

۳۰۴۲۔ بہتر کہے جاتے ہیں حواس ، حواس سے بہتر ہوتا ہے من۔
من سے ذہن اور ذہن سے روح،اِس لئے قابو کرو روح سے من ۔

3.43 एवं बुद्धेः परं बुद्धवा संस्तभ्यात्मानमात्मना (संस्तभ्य + आत्मानम् + आत्मना)। जहि शत्रुं महाबाहो कामरूपं (काम + रूपम्) दुरासदम्।।

3.43 इस तरह बुद्धि से ऊँची जानकर, स्थिर करो + अपने को/'स्व' को + स्वयं ही/'स्व' से।
जीत लो शत्रु हे! महाबाहु, कामना रूपी, जीतने में कठिन।।

3.43 बुद्धि से श्रेष्ठ है आत्मा जान कर, आत्मा से (स्वयं ही) आत्मा स्थिर कर रखो।
और काम जैसे दुर्जेय शत्रु पर, महाबाहु! अपनी (आत्मा की) जीत स्थिर रखो।।43।।

3.43 Evam buddheh param buddhwaa sanstabhyaaatmaanamaatmanaa (sanstabhya + aatmaanam + aatmanaa).
Jahi shatrum Mahaabaho (Mahaa + baho) kaamaroopam (kaama + roopam) duraasadam.

3.43 In this way having learned the soul to be the highest, control your 'self', (soul) by yourself. Conquer the enemy O! Mighty armed, that is in desire+ form,the one hard to conquer.

3.43 Knowing soul to be supreme, Mahabahu! control your 'self' first.
And win over the unconquerable, enemy of the self called lust. ||43||

۳۰۴۳۔ ایوَم بُدّھیہ پرَم بُدّھوا سَنشتبھیا ثمانماثمنا (سَنشتبھی+آثمانم+آثمنا)،
جہِ شترُم مہاباہو (مہا+باہو) کامَروپَم (کام+روپَم) دُراسَدَم۔

۳۰۴۳۔ اِس طرح یا! مہابیہو (مضبوط بازووالے اَرجُن)، دماغ سے بہترین خود کو سمجھ کے، قائم کرو+ خود سے+روح /من کو۔
فتح کرو یہ دشمن، یا! مہاباہو، جو ہوس ہو کے ناقابل تسخیر ہے۔

۳۰۴۳۔ عقل سے اونچی روح کے علم سے، کرو خود روح سے اپنی عقل مقرر۔
مضبوط باذو یا! من اُڈ تاروکو اِسے خود سے، ناممکن دشمن ہے یہ عقل پر۔

अध्याय-4: ज्ञान कर्म संयास योगः CHAPTER– 4 : GYAN KARM SANYAS YOGAH

باب۔(۴) گیان کرم سنیاس یوگہ

- कर्म योग तथा आत्मा दोनों अविनाशी हैं।
- कर्म, अकर्म और दुष्कर्म की समझ आवश्यक है।
- आत्मा जन्म दर जन्म शुद्ध होते हुए पूर्ण शुद्ध होकर मोक्ष पाती है।
- आत्म ज्ञान सर्वोच्च शोधक है।
- कर्म समर्पण दिव्य ज्ञान योग है। जो मोक्ष और परमात्मा प्राप्ति के लिये सर्वोच्च पूजा है।
- इन्द्रियों से मस्तिष्क, मस्तिष्क से विवेक, विवेक से आत्मा उच्चतर होती है। परमात्मा सर्वोच्च है।

- Soul and self balancing are both imperishable.
- It is necessary to understand action, inaction and evil action.
- The self purifies birth after birth and acquires salvation on being absolutely pure.
- Self knowledge is the greatest purifier.
- Offering duties to God is the balanced Wisdom ie Gyan yog. This is the highest kind of worship to attain Salvation and reach God.
- Mind is better than senses, intellect is better than mind and self is better than intellect. The Supreme Soul is above all.
-

۱۔ کام کایوگ (متوازن دماغ سے کام لینا)اور روح دونوں ہی لا زوال ہیں۔
۲۔ کام کرنا، ناکرنااور براکرنا ، ان سب کی سمجھ زروری ہے۔
۳۔ روحیں جنم در جنم پاک صاف ہوتے ہوئے،پوری پاک۔ساف ہوکراس دنیا سے نجات پاتی ہیں۔
۴۔ خدکا علم سبسے بڑا پاک صاف کرنے والاعلم ہے۔
۵۔ خدکےکام خدا کی نظر کرنا خدائی علم کایوگ ہے۔جو برائی سے نجات پانے اورخداکو پانے کے لئےسبسے بڑی عبادت ہے۔
۶۔ حواسوں سے ذہن، ذہن سے عقل، عقل سے روح بہتر ہوتے ہیں۔خدائی روح بہترین ہے۔

अध्याय-4 CHAPTER – 4 باب-(۴)

श्रीभगवानुवाच ShreeBhagawaanuvaacha श्रीभगवान बोले Lord Shri said

شری بھگوانواچ خودا بولے

4.1 इमं (इमम्) विवस्ते योगं (योगम्) प्रोक्तवानहमव्ययम् (प्रोक्तवान् + अहम् + अव्ययम्)। विवस्वान्मनवे (विवस्वान् + मनवे) प्राह मनुरिक्शवाकवऽब्रवीत् (मनुः + इक्शवाकवे + अब्रवीत्)।।

4.1 इस सूर्य को अमर योग बताया मैंने। सूर्य ने मनु को बताया, मनु ने + इक्ष्वाकु को + बताया।।

4.1 अमर योग विद्या यह मैंने, दी थी सूर्य विस्वान को।
मानव पिता मनु को सूर्य ने, मनु ने इक्शवाकु को।।1।।

4.1 Imam Vivasvate yogam proktavaanahamavyayam (proktavaan + aham + avyayam). Vivaswaanmanave (Vivaswaan + manave) praaha manurikshwaakaveabraveet (manuh + ikshwaakave + abraveet).

4.1 This (scientific knowledge), of yog, to sun was told/given, by Me the immortal one (scientific knowledge). Sun +to Manu + told it, Manu + to Ikshwaaku +was told.

4.1 I had already given this, everlasting knowledge of yog to sun.
From sun it went to Manu, Manu told it to Ikshwaku his son. ||1||

۴٫۱۔ اِمَم وِوَسْوَتے یوگم پْرَوکْتْوانہَمَوییَم (پْرَوکْتْوان+اَہَم+اوییَم)،
وِوَسْوانْمَوے (وِوَسْوان+مَنوے) پْراہَ مَنُرِکْشواکوےاَبْرَویت (مَنُہ+اِکْشواکوے+اَبْرَویت)۔

۴٫۱۔ یہ سورج کو یوگ (خدا سے جڑنے کا علم) بتایا تھا +مَیں نے + لازوال،
سورج نے +منُ کو بتایا، منُ نے+ اِکْشواکُ سے کہا۔

۴٫۱۔ لافانی کرم یوگ بتایا، کلپ کے شروع میں سورج کو مجھ خدا نے۔
سورج نے بیٹے مَنُ کو بتایا، بیٹے اِکْشواکُ کو بتایا منُ نے۔

4.2 एवं परम्पराप्राप्तमिमं (परम्परा + प्राप्तम् + इमम्) राजर्षयो (राजर्षयः) विदुः। स कालेनेह (कालेन + इह) महता योगो (योगः) नष्टः परंतप।।

4.2 इस तरह परंपरागत/एक से दूसरे को + मिला + यह (योग विज्ञान) राज ऋषियों ने जाना। समय + के + साथ यह महान योग नष्ट हो गया, हे! परंतप।।

4.2 परम्परागत पहुँच गयी ये, योग विद्या राज ऋषियों में।
समय के साथ नष्ट हुई ये, परन्तप! भू तक आने में।।2।।

4.2 Evam paramparaa+praaptam+imam raaajarshayo (raaaja+rishayah) viduh.
Sa (sah) kaaleneha (kaalen+iha) mahataa yogo (yogah) t parantapa.

4.2 Thus traditionally from one (teacher) to another (pupil) + brought + this (science of yog), by saint kings, was known. With time this great yog was disappeared, O! Parantap.

4.2 Thus serially flowing, the science of yog reached to the king saints.
Parantap! reaching earth with passing time, the science started to faint. ||2||

۴۰۲۔ ایوَم پَرَمپَراپْرا پْتَمّم (پَرَمپَرا+پْراپْتَم+اِمَم) راجَرشَیوَ (راج+رِشَیہ) وِدُوہ ،
سَ(سَہ) کالینیہ (کالینَ+اِہ) مہتا یوگو (یوگہ) نشٹہ پَرَنتَپ۔

۴۰۲۔ اس طرح، ایک سے دوسرے کو +ملتا ہوا + یہ ، راجاوں کے+ رِشیوں تک پہنچا،
وہ سمے کے ساتھ+یہ بڑا علم یوگ بھی،ختم ہوتا گیا یا ! پَرَنتَپ۔

۴۰۲۔ ایک کے بعد دوسرے میں جاتے، یہ علم شاہی رشیوں میں آیا۔
مگر پرنطپ! وقت لمبا بیتنے پر، اِسے زمین نے غائب پایا۔

4.3 स एवायं (एव + अयम्) मया तेऽद्य (ते + अद्य) योगः प्रोक्तः पुरातनः। भक्तोऽसि (भक्तः + असि) मे सखा चेति (च + इति) रहस्यं ह्येतदुत्तमम् (हि + एतत् + उत्तमम्)।।

4.3 वह + ही योग विद्या मैने तुमसे + आज कही पुरानी। भक्त + हो तुम मेरे और सखा हो इसीलिये ही + यह रहा + दिव्य रहस्य।।

4.3 वही पुरानी बता दी आज, तुमको योग विद्या मैंने।
भक्त मेरे मित्र भी हो, दिव्य रहस्य यह खोला मैंने।।3।।

4.3 Sa evaaayam (eva + ayam) myaa te + adya yogah proktah puraatanah.
Bhaktoasi (Bhaktah + asi) me sakhaa cheti (cha + iti) rahasyam hyetaduttamam (hi+etat+uttamam).

4.3 That very+ this yog knowledge I told you today, the ancient. Devotee+ you are Mine and friend, that is why,the secret this is+ here + divine.

4.3 Hence the same ancient science of yog, I am telling you today.
For you my devotee and friend, opening the old mystery today. ||3||

۴۰۳۔ سَ(سَہ) ایوایَم (ایوَ+اَیَم) مَیا تیےاَدْیَ (تیے+اَدْیَ) یوگہ پْروکْتہ پُراتنہ،
بھکتوَاسِ ے سَکھا چیتِ (چَ+اِتِ) رَہَسیَم ہیتَدُتَمَم (ہِ+ایتَت+اُتَمَم)۔

۴۰۳۔ وہ ہی + ہے یہ میرا تمہیں +آج جو علم یوگ بتایا ہے مینے پُرانا ،
عقیدتمند ہو+ تم میرے دوست بھی + اِس لئے یہ راز یقیناً +ظاہر کیا + بہترین ۔

۴۰۳۔ وہی پُرانا راز سبسے اونچا،کرم یوگ اب سنایا ہے تُم کو۔
میرے پیارے عقیدت مند دوست ہو، تبھی اِسے بتایا ہے تُم کو ۔

अर्जुन उवाच Arajuna uvaacha अर्जुन बोले Arjun said

4.4 अपरं (अपरम्) भवतो (भवतः) जन्म परं (परम्) जन्म विवस्वतः। कथमेतद्विजानीयां (कथम् + एतत् + विजानीयाम्) त्वमादौ (त्वम् + आदौ) प्रोक्त्वानिति (प्रोक्त्वान् + इतिः)।।

4.4 बाद में हुए आप पैदा, पहले जन्में थे सूर्य। कैसे मैं + यह + समझूँगा कि आपने पहले ही इसे बता दिया + पूरा।।

4.4 आपने तो सूर्य देव से, बहुत बाद में जन्म लिया।
कैसे मानूँ आप ही ने, सूर्य को यह ज्ञान दिया।।4।।

4.4 Aparam bhavato (bhavatah) janma param janma Vivaswatah.
Kathametadwijaaneeyaam (Katham+etat+wijaaneeyaam) twam+aadau
proktvaan+iti.

4.4 Later were You born, first was sun born. How shall I understand that You had told it earlier itself.

4.4 You are born today, but the sun was born long back.
How can I know that, You Yourself taught it long back. ||4||

۴۰۴۔ اَپَرَم بھَوَتو (بھَوَتہ) جَنم پَرَم جَنم وِوَسْوَتہ،
کَتھمیتَدْ وِجانِیام (کَتھم+ایت ت+وِجانِیام) تْوَمادؤ (تْوَم+آدؤ) پْرَوکْتْوانِت (پْرَوکْتْوان+ اِتِ)۔

۴۰۴۔ بادکی ہے آپکی پیدائش،پہلے کی ہے پیدائش سورج کی،
کیسے+مَیں یہ+سمجھوں کہ، آپنے+پہلے ہی ، بتادیٔا+ اِسکو (علم یوگ کو)۔

۴۰۴۔ آپ کی پیدائش سورج سے، بہت بعد میں آج ابھی کی ہے۔
مَیں کیسے سمجھوں کہ، شروعات میں آپ نے ہی تعلیم دی ہے۔

श्रीभगवानुवाचौतमम Bagawaanuvaacha श्रीभगवान बोले Lord Shri said شری بھگوانواچ خدا بولے

4.5 बहूनि मे व्यतीतानि जन्मानि तव चार्जुन ;च + अर्जुनद्ध। तान्यहं ;तानि + अहम्द्ध वेद सर्वाणि न त्वं ;त्वम्द्ध वेत्थ परन्तप।।

4.5 बहुत से मेरे बीते जन्म और तुम्हारे भी हे! अर्जुन। वे + मैं जानता हूँ, सारे, तुम नहीं जानते हे! परंतप।।

4.5 बहुत से हुए जन्म मेरे, और तुम्हारे भी अर्जुन।
मुझे ज्ञात है वो सारे, तुम्हें याद वे नहीं अर्जुन।।5।।

4.5 Bahooni me (Me) vyateetaani janmaani tava chaarjuna (cha+ Arjuna).
Taanyaham (Taani+Aham) veda sarvaani na twam vettha Parantapa.

4.5 Many of Mine have passed births, and yours too, O! Arjun. I know all of them, you do not know O! Parantap.

4.5 Arjun! You and I have taken births, many a times before.
Parantap ! I remember but, in your mind they are no more. ||5||

۴.۵۔ بہوُنِ مے وْیتیتانِ جنمانِ تو چارجُن (چ+ارجُن)،
تانیہم (تانِ+اہم) وید سروانِ ن توم ویتھ پرنتپ۔

۴.۵۔ بہت سی میری بیت گی ہیں پیدائشیں (اور) تمہاری بھی اور+یا! ارجن،
اُن کو +میں جانتا ہوں، سبکو نہیں تم جانتے ہو یا! پرنتپ۔

۴.۵۔ میری اور تمہاری ارجن، پیدائشیں بھی کئی ہوئی ہیں۔
پرنطپ! میری یاد میں ہیں سب، پرتم کو یاد نہ کوئی ہیں۔

श्रीभगवानुवाच ShreeBhagawaanuvaacha श्रीभगवान बोले شری بھگوانواچ خدا بولے

4.6 अजाऽपि (अजः + अपि) सन्नव्ययात्मा (सन् + अव्यय + आत्मा) भूतानामीश्वरोऽपि (भूतानाम् + ईश्वरः + अपि) सन्। प्रकृतिं स्वामधिष्ठाय (स्वाम् + अधिष्ठाय) सम्भवाम्यात्ममायया (सम्भवामि + आत्म + मायया)।।

4.6 अजन्मा होने पर भी हूँ + अविनाशी + आत्मा, प्रणियों का ईश्वर भी हूँ। प्रकृति स्वयं स्थपित करक, प्रकट होता हूँ, अपनी माया से।।

4.6 जन्म लेने वालों का होकर, अमर अजन्मा मैं परमेश्वर।
अपनी माया शक्ति से रचकर, स्वयं दिखाता हूँ आकर।।6।।

4.6 Ajoapi (Ajah+api) sannavyayaatmaa (san+avyaya+aatmaa) bhootaanaameeshvaroapi (bhootaanaam+Eeshvarah+api) san.
Prakritim swaamadhishthaaya sambhavaamyaatmamaayaya (sambhavaami+Aatma+Maayaya).

4.6 Despite being unborn I am + imperishable + soul, God of living beings too. Establishing My nature Myself, I appear through My own maya (energy).

4.6 Despite being Unborn Indestructible, and God of people.
I create My nature with My Maya energy, to appear to settle. ||6||

۴۰۶۔ اَجوٗاَپِ (اَجہ+اَپِ) سَنّوْیَیاتْما (سَن+اَوْیَیَ+آتْما) بھوٗتانامیشْوَروَاَپِ (بھوٗتانامْ+اِیشْوَرہ+اَپِ) سَن،
پْرَکْرِتمْ سْوامَدِھشْٹھای (سْوامْ+اَدِھشْٹھای) سَمْبھوامْیاتْمَمایَیا (سَمْبھوامِ+آتْمَ+مایَیا)۔

۴۰۶۔ پیدائش بغیر+بھی ہوتے ہوئے+لافانی+روح، اور مخلوق ات کا+ خدا+بھی +ہوتے ہوئے ،
قودرت میں، اپنی ہی+بیٹھا خود کو بنا/خلق کر + لیتا ہوں+اپنی +مایا (توانائی) سے ۔

۴۰۶۔ خدا ہوں میں لافانی لاپیدائش، مخلوقات کا رب بھی ہوں۔
اپنی توانائی مایا سے، بنا کر خدکو دکھا کے کرتا ظاہر بھی ہوں۔

4.7 यदा यदा हि धर्मस्य ग्लानिर्भवति (ग्लानिः + भवति) भारत। अभ्युत्थानमधर्मस्य ;अभ्युत्थानम् + अधर्मस्यद्ध तदात्मानं् (तदा + आत्मानम्) सृजाम्यहम् (सृजामि + अहम्)।।

4.7 जब जब भी धर्म नीचे गिरता है, हे! भारत। अधर्म ऊँचा उठता है, तब + स्वयं का सृजन करता हूँ + मैं, अर्थात तब मैं अपने को रच लेता हूँ।।

4.7 जब भी जहाँ भी धर्म गिर जाता, भारत! कम हो जाता है।
अधर्म उसको दबा के उठता, रच के स्वयं को आता मैं।।7।।

4.7 Yadaa Yadaa hi dharmasya glaanirbhawati (glaanih + bhawati) Bhaarata.
Abhyutthaanamadharmasya (Abhyutthaanam + adharmasya) tadaatmaanam (tadaa + aatmaanam) srijaamyaham (srijaami + aham).

4.7 Whenever whenever religion declines O! Bhaarat. Unrighteousness inceases, then+ I manifest + Myself.

4.7 Bharat! Whenever wherever, religion decreases to down fall.
And Irreligion goes upwards, I create Myself for the good of all. ||7||

۴۰۷۔ یَدایَدا ہِ دھرمَسْیَ گْلانِربھَوَتِ (گْلانِہ+بھَوَتِ) بھارَت،
اَبھْیُتّھانَمَدھَرْمَسْیَ (اَبھْیُتّھانَمْ+اَدھَرْمَسْیَ) تَداتْمانَمْ (تَدَ+آتْمانَمْ) سْرِجامْیَہَمْ (سْرِجامِ+اَہَمْ)۔

۴۰۷۔ جب جب بھی مذہب کا خاتمہ+ ہوتا ہے، یا ! بھارت،
بڑھتا ہے+غیر مذہب، تب خود اپنے آپ کو وجود میں+ لے آتا(خلق+کرلیتا) ہوں مَیں (خدا)۔

۴۰۷۔ بھارت !جب جب مذہب میں، کمی ہو کہ نکسان ہو۔
بڑھت ہونے لگے غیر مذہب کی، مَیں خلق کرتا اپنے آپ کو۔

4.8 परित्राणाय साधूनां विनाशाय च दुष्कृताम्। धर्मसंस्थापनार्थाय (धर्म + संस्थापन + अर्थाय) सम्भवामि युगे युगे।।

4.8 उद्धार / सुरक्षण के लिये साधुओं के, और विनाश के लिये दुष्टों के। धर्म + स्थापित करने + के लिये, प्रकट होता हूँ, युग युग में।।

4.8 अच्छों के कल्याण के लिये, दुष्टों के संहार के लिये।
धर्म को फिर लाने के लिये, हर युग मैंने अवतार लिये।।8।।

4.8 Paritraanaaya sadhoonaam vinaashaaya cha dushkritaam.
Dharmasansthaapanaarthaaya (Dharma+sansthaapanaa+arthaaya) sambhavaami yuge yuge.

4.8 To guard the noble, and perish the evil. To reestablish righteousness I appear era after era.

4.8 For the good of noble, for the destruction of evil.
For religion to establish, I make Myself possible. ||8||

۴۰۸۔ پَرِترانای سادھوُنام وِ ناشیای چ دُشکرِتام،
دھرمَسنستھاپنارتھای (دھرمَ+سنستھاپن+ارتھای) سمبھوامِ یُگے یُگے۔

۴۰۸۔ بچانے کے لئے سنتوں کو، اور ختم کرنے کے لئے شیطانوں کو،
مذہب+قائم کرنے+کے لئے خلق/ظاہر ممکن ہوتا ہوں، ہر دور میں۔

۴۰۸۔ اچھے لوگوں کو بچانے خاطر، اور بروں کے خاتمہ کی خاطر۔
یا مذہب قائم کرنے، ہر دور میں مَیں (خدا) دِکھتا پھر پھر۔

4.9 जन्म कर्म च मे दिव्यमेवं (दिव्यम् + एवम्) यो वेत्ति तत्वतः। त्यक्त्वा देहं पुनर्जन्म नैति (न + एति) मामेति (माम् + एति) सोऽर्जुन (सः + अर्जुन)।।

4.9 जन्म और कर्म मेरे दिव्य हैं, + ऐसा जो जानता है सच्चाई से। छोड़कर देह, फिर जन्म नहीं लेता, मुझे + पाता है वह, + हे! अर्जुन।।

4.9 दिव्य जन्म और कर्म हैं मेरे, इस सच को जानता है जो।
जन्म न लेता मऱ के अर्जुन, मेरे पास आ जाता है वो।।9।।

4.9 Janma karma cha me (Me) divyam+evam yo (yah) vetti tatvtah.
Tayaktwaa deham punarjanma (punah+janma) naiti (na+eti) maameti (Maam+eti) soarjuna (so+Arjuna).

4.9 Birth and works of Mine are divine + this who understands truly. Does not take birth again, gets Me, O! Arjun.

4.9 About My divine birth and actions, whoever knows Me truly.
Arjun! after death he never takes birth, achieves Me only. ||9||

۴.۹۔ جَنَمَ کَرمَ چَ مے دِوْیَمیوَمْ (دِوْیَم+ایوَمْ) یوَ ویتِ تتوتہ،
تیَکْتوا دیہَم پُنَرجَنَمَ (پُنَہ+جَنَمَ) نیتِ (نَ+اِتِ) مامیتِ (مامْ+اِتِ) سوَارْجُنَ (سوَ+ارْجُنَ)۔

۴.۹۔ پیدائش اور کام میرے ابدی ہیں+ایسا، جو بھی سچ مانتا ہے،
چھوڑ کے دیہ پھر+پیدا، نہیں ہوتا+یہاں (اِس دنیا میں)، میرے (خدا کے) پاس آتا ہے وہ+یا! ارْجُنَ۔

۴.۹۔ سمجھتا ہے الٰہی جو میری پیدائش، ساتھ ہی میرے کام کو بھی وہ۔
پھر پیدا ہو کے نہیں لوٹتا وہ، ارجن! آ جاتا میرے پاس ہی وہ۔

4.10 वीतरागभयक्रोधा (वीत + राग + भय + क्रोधाः) मन्मया (मत् + मया) मामुपाश्रिताः (माम् + उपाश्रिताः) । बहवो ज्ञानतपसा (ज्ञान + तपसा) पूता मद्भावमागता (मत् + भावम् + आगता)।।

4.10 मुक्त हो कर, लगाव, क्रोध और डर से, मुझमें पूरा लीन, मेरे + आश्रय में । अनेक ज्ञान तप से शुद्ध हुआ, मेरा (दिव्य प्रेमी) भाव + लेता है।।

4.10 डर लगाव और क्रोध मुक्त हो, मेरी शरण में जो भी आए।
अनेकों ज्ञान तप से पवित्र हो, दिव्य प्रेम भाव मेरा वो पाए।।10।।

4.10 Veetaraagabhayakrodhaah (Veeta+raaga+bhaya+krodhaah) manmayaa (Mat+Mayaa) maamupaashritaah (Maam+upaashritaah).
Bahavo (Bahavah) gyaana + tapasaa (gyaana+tapasaa) poota madbhavamaagataah (Mat + bhavam + aagataah).

410 Free from attachment, anger and fear, surrendered unto Me, under My+ refuge. Purified by aplenty knowledge and penance, takes My divine feeling (of divine love).

4.10 Free of attachment fear and anger, if one takes shelter in Me.
Having been purified by, knowledge and penance becomes Me. ||10||

۴.۱۰۔ ویتراگبھَیَکرُودھا (ویت+راگ+بھَی+کرُودھا) مَنمَیا مامُپاشرِتاہ(مَت+مَیا+مام+اُپاشرِتاہ)،
۴.۱۰۔ بَہوَو گیانَ تپَسا پُوتا مَدْبھاوَماگتاہ(مَت+بھاوَم+آگتاہ)۔

۴.۱۰۔ چھوڑ کے+رابطہ+ڈر+غصہ میری +سوچ میں، میری پناہ میں،
بہت سے علم اور عبادت برداشتگی(تپَسیا) کرکے، پاکیزگی حاصل کرکے، مُجھے+محسوس+کرنے لگ تے ہے۔

۴.۱۰۔ ہوس ڈر غصے سے آزاد، میرے اندر مُجھ خدامیں پناہ پاتے ہیں۔
علم اور جھیل کی مشکل پرستش سے، پاک ہوکے میری سوچ پاتے ہیں۔

4.11 ये यथा मां प्रपद्यन्ते तांस्तथैव (तान् + तथा + एव) भजाम्यहम् (भजामि + अहम्)। मम वर्त्मानुवर्तन्ते (वर्त्म + अनुर्वतन्ते) मनुष्याः पार्थ सर्वशः।।

4.11 जो जिस तरह मुझे भजते हैं, उन्हें + उसी तरह + भजता हूँ मैं। मेरे पथ का + अनुगमन करते हैं अर्थात मेरे रास्ते पर + चलते हैं मनुष्य, हे! पार्थ हर तरह से।।

4.11 जो मुझको जिस भाव से भजता, उसी भाव फल मैं उसे देता।
पार्थ! हर तरह से मेरे पथ का, हर मनुष्य अनुगमन है करता।।11।।

4.11 Ye yathaa maam (Maam) prapadyante taanstathaiva (taan + tathaa + eva) bhajaamyaham (bhajaami+Aham).
Mama vartma+anuvartante manushyaah paartha sarvashah.

4.11 As they worships Me, them+ in the same way,+ worship+ I. Men follow My path O! Paarth, in every manner.

4.11 Those who come under Me, I treat them with similar fruit Parth.
Every human being in all respects, follows my path O! Parth. ||11||

۴.۱۱۔ یے یَتھا مام پْرَپَدْیَنتے تانْستتھیو(تان+تتھا+ایو) بھجامْیَہَم(بھجامِ+اہَم)،
مَم وَرْتْمانُوَرْتَنتے(وَرْتْم+انُوَرْتَنتے) مَنُشیاہ پارْتھ سَرْوَشہ۔

۴.۱۱۔ جو جیسے میری عبادت کرتا ہے، اُسے مئیں(خدا)+ ویسے+ہی پھل دیتا +ہوں مئیں،
میرا راستہ +عمل کرتے ہیں ،آدمی لوگ، یا! پارتھ، ہر طرح سے۔

۴۰۱۱۔ لوگ عبادت جیسی میری کرتے، ویسی ہی میَں بھی اُنکی کرتا ہوں۔
پارتھ! زیادہ لوگ اُس راہ پے چلتے، جس پے میَں اُنکا خدا چلتا ہوں۔

4.12 काङ्क्षन्तः कर्मणां सिद्धिं यजन्त इह देवताः। क्षिप्रं हि मानुषे लोके सिद्धिर्भवति (सिद्धिः + भवति) कर्म + जा।।

4.12 चाहना करते, कर्मों के फल पाने की, यज्ञ करते हैं यहाँ देवता। शीघ्र ही मनुष्यों के संसार में सिद्धि + होती है, कर्म + से।।

4.12 काम सफल होने की चाह में, यहाँ पूजे जाते हैं देवता।
जल्द मनुष्य लोक में, करने से मिल जाती है सफलता।।12।।

4.12 Kaankshantah karmanaam siddhim yajanta (yajante) iha devataah.
Kshipram hi maanushe loke siddhirbhavati (siddhih+bhavati) karmajaa.

4.12 Desiring from actions to attain success, worshipped here are Gods. Very soon in the human world, skill is gained through works.

4.12 Wishing to have work perfection, worship Gods those willing.
Humans quickly get perfection, in this world through working. ||12||

۴۰۱۲۔ کانکشنتہ کرمنام سِدّھم یجنت (یجنتے) اِہ دیوتاہ،
کشپرم ہِ مانشے لوکے سِدّھرِ بھوتِ کرمجا۔

۴۰۱۲۔ چاہتے ہوئے کاموں کے پھل، عبادت کرتے ہیں اِس جہان میں خداوں کی،
جلدہی انسانی جہان میں، مہارت ملتی ہے کام کرنے سے۔

۴۰۱۲۔ کاموں میں کمال حاصل کرنے، خداوں کی عبادتیں کرتے ہیں۔
کامیابی پاتے ہیں کیوں کہ، کرنے سے کام قابلیت پاتے ہیں۔

4.13 चातुर्वण्यं (चातुः + वर्ण्यम्) मया सृष्टं गुण + कर्म + विभागशः। तस्य कर्तारमपि (कर्तारम् + अपि) मां विद्धकर्तारमव्ययम् (विद्धि + अकर्तारम् + अव्ययम्)।।

4.13 चार + वर्ग मैंने रचे, गुणो के + कर्म + बॉट के। इसको करने वाले मुझ (भगवान) को भी, अमर अकर्ता मानो।।

4.13 चार वर्ण रचे मैंने, जैसे गुण वैसे कर्म बॉट कर।
हालाकि यह रचे हैं मैंने, समझो अव्यय अकर्त्ता हूँ पर।।13।।

4.13 Chaturvarnyam (Chatuh+varnyam) mayaa (Mayaa) srishtam gunakarmavibhaagashah (guna+karma+vibhaaga+shah).

Tasya kartaaram+api (kartaaram + api) maam (Maam) viddhyakartaaramavyayam (viddhya + kartaaram + avyayam).

4.13 Four groups I created, deviding characteristic works. To Me the doer of this, consider+ nondoer+ perpetual.

4.13 I made four human groups, based on their character defined works.
I created classification, but know Me persistent non creator of works. ||13||

۴۰۱۳۔ چاتُر وَرْنْیم (چاتُہ+وَرْنْیم) مَیا سْرِشْٹم گُنکَرْمَوِبھاگَشہ (گُن+کَرْمَ+وِبھاگَشہ)،
تَسْیَ کَرْتارَمَپ (کَرْتارَمْ+اَپِ) مامْ وِدّھیَ کَرْتارَمَوّیَیمْ (وِدّھِیَ+اَکَرْتارَمْ+اَوّیَیمْ)۔

۴۰۱۳۔ چار+ محکمہ مینے بنائے خصوصیات رفتروں اور+ کام کی+ تقسیم کے مطعلق،
اُن کا بنانے والا فاعل مجھے (خداکو) سمجھو، نا بنانے والا لازوال ہی۔

۴۰۱۳۔ لوگوں کی قدرتی خوبیوں کے مطابق، کاموں کی مہارت دیکھ کر۔
میَں نے بنا دِئے ہیں چارکردار، نہیں مانو خالق پھر بھی مجھے مگر۔

4.14 न मां (माम्) कर्माणि लिम्पन्ति न मे कर्मफले स्पृहा। इति मां योऽभिजानाति (यः + अभिजानाति) कर्मभिर्न (कर्मभिः + न) स (सः) बध्यते।।

4.14 न मुझ पर कर्म प्रभाव डालते हैं, न कर्म फलों की चाहत । ऐसा मुझे जो जानता है, कर्मों से वह नहीं बँधता।।

4.14 न कर्मों का मैं लेता प्रभाव, न कर्म फल मैं चाहता।
मेरा यह जानता स्वभाव, उसे कर्म फल नहीं बाँधता।।14।।

4.14 Na maam karmaani limpanti na me (Me) karma + phale sprihaa.

Iti mam (Maam) yoabhijaanaati (yah+abhijaanaati) karmabhirna (karmabhih+na) sa (sah) badhyate.

4.14 Neither to Me, do the works, bind nor their (of works) + fruits' desire. Like this whoever+ knows Me, actions do not bind him.

4.14 Neither My work affects Me, nor I expect any fruits from works.
Those who know Me to be as such, never get tied up by works. ||14||

۴۰۱۴۔ نَ مامْ کَرمانِ لِمپنتِ نَ مے کَرمپھلے (کَرم+پھلے) سْپرہا،
اِتِ مامْ یوٗ اَبھجاناتِ (یَہ+اَبھجاناتِ) کَرمبھِرنَ (کَرمبھِ+نَ) س(سَہ) بدھیتے۔

۴۰۱۴۔ نا مجھ پر کام اثر ڈالتے ہیں، نا مجھے کام کے+پھل کی چاہت ہے،
اس طرح مجھے جو+ جانتاہے وہ بھی کام (کے پھلوں کی قید) سے نہیں بندھتا (آزاد رہتا) ہے۔

۴۰۱۴۔ ناکام مجھ پراثر ڈالتے ہیں، ناکام کے پھل چاہتا ہوں مئیں۔
جو مجھ خداکوایسا سمجھتاہے،کام پھل سے اُسکو نہیں باندھتے ہیں۔

4.15 एवं ज्ञात्वा कृतं कर्म पूर्वैरपि (पूर्वैः + अपि) मुमुक्षुभिः। कुरु कर्मैव (कर्म + एव) तस्मात्त्वं (तस्मात् + त्वम्) पूर्वैः पूर्वतरं कृतम्।।

4.15 यह जानकर किये कर्म पहले + भी, मोक्ष प्राप्त करने वालों ने। करो कर्म + इसीलिये+ तुम भी, जैसे पहले भी किये गए।।

4.15 मोक्ष पाने वालों ने, पहले ही किये इस तरह से काम।
तुमको भी करने चाहिये, पुराने लोगों की तरह ही काम।।15।।

4.15 Evam gyaatwaa kritam karma poorvairapi (poorvaih+api) mumukshubhih.
Kuru karmaiva tasmaattvam (tasmaat+tvam) poorvaih poorvataram (poorva+taram) kritam.

4.15 Knowing this ,the works were done, earlier +also, by salvation seekers. Do works hence+ you also, as+ in the past were done.

4.15 Having known work related facts, and working according to them.
Free souls have got salvation, you should also work like them. ||15||

۴۰۱۵۔ ایوَم گیاتْوا کرِتَم کَرمَ پوٗروَیرَپ (پوٗروَیہ+اپ) مُمکشُبھِہ،
کُرو کَرمَیوَ (کَرمَ+ایوَ) تَسماتْوَم (تَسمات+تْوَم) پوٗروَیہ پوٗروَتَرَم (پوٗروَ+ تَرَم) کرِتَم۔

۴۰۱۵۔ اِس طرح جان کے کام کِئے ہیں پہلے + بھی نجات پائے ہوئے لوگوں نے،
کرو کام +اس لئے ویسے +تُم جیسے پہلے کے لوگوں نے قدیم زمانہ میں کِئے تھے۔

۴۰۱۵۔ نجات پانے کی اچھا سے، لوگ کرتے تھے سوچ کے جیسے۔
پہلے کیئے تھے اُنہوں نے جیسے،کرو کام تم بھی انکے جیسے۔

4.16 किं (किम्) कर्म किमकर्मेति (किम् + अकर्म + इति) कवयोऽप्यत्र (कवयः + अपि + अत्र) मोहिताः।
तत्ते (तत् + ते) कर्म प्रवक्ष्यामि यज्ज्ञात्वा (यत् + ज्ञात्वा)
मोक्ष्यसेअशुभात् (मोक्ष्यसे + अशुभात्)।।

4.16 क्या कर्म है, क्या अकर्म बुद्धिमान + भी + यहाँ भ्रमित हैं। अतः तुम्हें कर्म बताऊँगा, जिसे जानकर छुटोगे + बुराई से।।

4.16 क्या है कर्म क्या अकर्म, बुद्धिमान भी गुत्थी न सुलझा पाते।
तुम्हें बताऊँगा क्या है कर्म, जिसे जान अशुभ छुट जाते।।16।।

4.16 Kim karma kimakarmeti (kim + akarma + iti) kavayoapyatra (kavayah + api+atra) mohitaah. Tat + te (Tat + te) karma pravakshyaami yajgyaatwaa (yat + gyaatwaa) mokshyaseashubhaat (mokshyase+ashubhaat).

4.16 What is work what is+ no work+on this, wise + even + are confused here. Hence I shall tell+ you work, knowing+ which you will get rid of evil.

4.16 What is action and what is inaction, this puzzles even the wise.
Hence I will teach you action, its knowledge will free from vice. ||16||

۴۰۱۶۔ کم کرمَ کم کرمیتِ (کم +کرمَ+اِتِ) کَوَیوٗا پیتر (کَوَیَہ+ا پِ +اَتر) موہتاہ،
تتّے کرم پرَوَکشیامِ یجگیاتوا (یت+گیاتوا) موکشیسے اشبھات (موکشیسے+اشبھات)۔

۴۰۱۶۔ کیا کام کرنا ہے کیا نہیں کرنا ہے اِس پر عالم بھی شک میں پڑتے ہیں،
اس لیئے تمہیں کام (کامطلب) بتاونگا جسے +جان کے تُم بُرائی سے بچوگے۔

۴۰۱۶۔ کرنے نہ کرنے کی پیچیدگی سے، عقل مند بھی خوب رہتے ہیں حیران۔
مضمون کام کا سمجھاؤں گا جس سے، چھوٹو گے برائیوں سے کرکے پہچان ۔

4.17 कर्मणो ह्यपि (हि + अपि) बोधव्यं बोधव्यं च विकर्मणः। अकर्मण्यश्च (अकर्मण्यः + च) बोधव्यं गहना कर्मणो गतिः।।

4.17 कर्म अवश्य + समझो, और समझो वर्जित / मना किये गए, काम भी। और काम न करने वाले / निकम्मे को समझो, कठिन है कर्मों की गुत्थी।।

4.17 कर्म समझना चाहिये, क्या हैं वर्जित कर्म यह भी।
और आलसी भी समझो, कठिन है समझ कर्मों की ।।17।।

4.17 Karmno hyapi (hi+api) boddhavyam boddhavyam cha vikarmanah.
Akarmanashcha (Akarmanah+cha) boddhavyam gahanaa karmano gatih.

4.17 Understand works necessarily, and understand forbidden works too. Also that is not working (ie being idolent / idle/ lethargic), difficult is the complexity of works.

4.17 Understand what are actions, and also what are forbidden actions.
Understand who is mandarin too, as it is difficult to get into actions. ||17||

۴.۱۷۔ کَرْمَنو (کَرْمَنَہ) ہْیپ (ہِ +اَپِ) بُوْدّھَوْیَم بُوْدّھَوْیَم چ وِکَرْمَنَہ،
اَکَرْمَنَشْچ (اَکَرْمَنَہ+چ) بُوْدّھَوْیَم گَہَنا کَرْمَنو گَتِہ۔

۴.۱۷۔ کاموں کو بھی سمجھنا چاہئے اورمنا کئے گئے کاموں کوبھی،
اور ناکرنے والے کاموں کوبھی سمجھنا چاہئے ،گہری ہے کاموں کی سمجھ۔

۴.۱۷۔ کاموں میں کون سے،کام کرنے ہیں یہ سمجھو ۔
عملی غیرعملی کام کرنے سے پہلے، اور کرتے وقت بھی سمجھو۔

4.18 कर्मण्यकर्म (कर्मणि + अकर्म:) य: पश्येदकर्मणि (पश्येत् + अकर्मणि) च कर्म य:। स बुद्धिमान्मनुष्येषु (बुद्धिमान् + मनुष्येषु) स युक्त: कृत्स्नकर्मकृत् (कृत्स्न + कर्म + कृत्)।।

4.18 कामों में जो नहीं हुआ वो देखता है, और नहीं होने में जो हुआ वो। वह मनुष्यों में बुद्धिमान है, वह जुड़ कर, सारा + काम + करता है।।

4.18 क्या करना देखता नहीं हुए में जो, और न हुए में भी क्या हुआ जो।
बुद्धिमान मनुष्यों में दिव्य वो, कर्मों में जुट कर ही पूरा करता है वो।।18।।

4.18 Karmaanyakarma (Karmaani+akarma) yah pashyedakarmani (pashyet+akarmani) cha karma yah.
Sa (sah) buddhimaan+manushyeshu sa (sah) yuktah kritsna+karma+krit.

4.18 In works, what is not to be done, and in undone what work is to be done, the one who can see. He is wise amongst humans, he is connected with the whole+ work+ to be done.

4.18 The one who sees what is left in done, and also the done in undone.
Yog connected completes the works, is the wisest human in action. ||18||

۴.۱۸۔ کَرْمَنْیَکَرْمَ (کَرْمَنِ+اَکَرْمَ) یَہ پَشْییدَکَرْمَنِ (پَشْییت+اَکَرْمَنِ) چَ کَرْمَ یَہ،
سَ (سَہ) بُدّھِمانْمَنُشْییشُ (بُدّھِمانْ+مَنُشْییشُ) سَ (سَہ) یُکْتَہ کَرِتْسْنَ کَرْمَ کَرِتْ (کَرِتْسْنَ+کَرْمَ+کَرِتْ)۔

۴.۱۸۔ کاموں میں+ناہونے (رہ جانے) والے کام جو دیکھ سکتاہے، کہ کرنے والے کام ہیں جو،
وہ ذہنی آدمیوں میں یوگ سے (جڑکے) سارے کام پورے (ختم) کرتاہے۔

۴۰۱۸۔ ہونے والے کاموں میں کیا کرنا دیکھتا، چھوٹے کاموں کو ہے کرنا دیکھتا۔
عقلندوں میں وہ عقلمندی سے جُڑ کے، سارے کام پورے ختم کرتا۔

4.19 यस्य सर्वे समारम्भा (समारम्भाः) काम संकल्प वर्जिताः। ज्ञानाग्निदग्धकर्माणं (ज्ञान + अग्नि + दग्ध + कर्माणम्) तमाहुः (तम् + आहुः) पण्डितं बुधाः।।

4.19 जिसकी सारी कोशिशें / प्रयत्न + शुरू / प्रारम्भ से, इच्छा निश्चय रहित हैं। ज्ञान अग्नि में + आहूत हैं + काम (बुद्धि झोंक के करता है काम), उसको + कहते हैं सिद्धबुद्धि, बुद्धिवाले / विद्वान लोग।।

4.19 लालसा रहित प्रयास करते, शुरू से सब कामों में जो लोग।
लगा के बुद्धि पाते हैं सिद्धि, पण्डित कहते उन्हें ज्ञानी लोग।।19।।

4.19 Yasya sarve samaarambhaah kaama+sankalpa+varjitaah.
Gyaanaagnidagdhakarmaanam (Gyaana+agni+dagdhah+karmaanam) tam+aahuh panditam budhaah.

4.19 The one whose all the attempts since the beginning, are without desired determination. Has offered all his works to the fire of knowledge, is considered wise by the intelligent people.

4.19 The one who never predetermines, his actions as per desire.
Gets perfection becomes wise, putting works in wisdom fire. ||19||

۴۰۱۹۔ یَشی سَرْوے سَمارَمْبھاہ کامَسَنْکَلْپوَرْجِتاہ (کامَ+سَنْکَلْپ+وَرْجِتاہ)،
گْیاناگْنِدَگْدھکَرْمانَمْ (گْیانَ+اَگْنِ+دَگْدھ +کَرْمانَمْ) تَماحُہ (تَمْ +آحُہ) پَنْڈِتَمْ بُدھاہ۔

۴۰۱۹۔ جس کے سارے کام شروع سے ہی چاہت +کی قسم + بغیر ہوں،
علم کی +آگ میں +روشن +کام ہوں اُسے +کہتے ہیں عالم/ دانش عقلمند (لوگ)۔

۴۰۱۹۔ عقل مندا سے کمال عالم کہتے ہیں، آزادی سے جو کام کرتے ہیں۔
علم کی آگ میں ہوس ہوم کر کے، ارادہ بغیر ہی کام کرتے ہیں۔

4.20 त्यक्त्वा कर्मफलासंगं (कर्म + फल + आसंगम्) नित्यतृप्तो (नित्य + तृप्तः) निराश्रयः। कर्मण्यभिप्रचृत्तोऽपि (कर्मणि + अभिप्रवृत्तः + अपि) नैव (न + एव) किंचित्करोति (किंचित् + करोति) सः।।

4.20 छोड़कर, कर्म + फलों से + लगाव, हरदम / सदा + संतुष्ट, बिना आसरा + सहारे के। सारे कामों में + लगा रह कर + भी, कुछ नहीं करता, वह।।

4.20 मोह फल का छोड़ के जो, बिना सहारे तृप्त मन सदा।
कर्म में लगे रह कर भी जो, कुछ नहीं किया सोचे सदा।।20।।

4.20 Tyaktwaa karmaphalaasangam (karma+phala+aasangam) nityatripto (nitya+triptah) niraashrayah.

Karmanyabhipravrittoapi (Karmani+abhipravrittah+api) naiva (na+eva) kinchit+karoti sah.

4.20 Leaving attachment+ from fruits+ of actions, always+ satisfied, without seeking support. Despite being engaged+ in all works+ too, remains not a doer, he.

4.20 Having left all fruits from mind, being self satisfied and independent.
Having done all the work, never considers himself the doer or attendant. ||20||

۴۰۲۰۔ تیکتوا کرمپھلاسنگم (کرم+پھل+آسنگم) نتیترپتو (نتی+ترپتہ) نراشریہ،
کرمنیبھپرورتو اپ (کرمن+ابھپرورتہ+اپ) نیو (ن+ایو) کنچکروت (کنچت+کروت) سہ۔

۴۰۲۰۔ چھوڑکے کاموں کے +پھل کی+چاہت جو ہمیشہ +پرسکون اور خود کے سہارے پر ہے،
سب کاموں میں+مشغول رہ کے+بھی، نہیں+ہی، کچھ بھی+کرتا ہے وہ۔

۴۰۲۰۔ کام کے پھل سے تعلق نہ رکھ کے، اتمینان صرف خود پر رکھتا۔
سہارے کام پورے کر کے بھی، کچھ نہ کیا یہی سوچ رکھتا۔

4.21 निराशीर्यतचित्तात्मा (निराशीः + यत् + चित्त + आत्मा) त्यक्त + सर्व + परिग्रहः। शरीरं केवलं कर्म कुर्वन्नाप्नोति (कुर्वन् + न + आप्नोति) किल्विषम्।।

4.21 आशा रहित है + जिसका + मन और + आत्मा, छोड़ कर + सारा + प्रभुत्व। केवल शरीर से काम करने से, + नहीं + मिलता, पाप ।।

4.21 फल की आशा और प्रभुत्व छोड़े, संयमित मन और आत्मा से।
शरीर केवल जो काम में छोड़े, कोई पाप नहीं छू पाता उसे।।21।।

4.21 Nirasheeryatachittaatmaa (Nirasheeh+yata+chitta+aatmaa) tyaktasarvaparigrahah (tyakta+sarva+parigrahah).

Shareeram kevalam karma kurunnaapnoti (kurun+na+aapnoti) kilbisham.

4.21 No hope+ whose+ heart and+ self keep, leaving+ all+ possessiveness. Working only by body, no sin is incurred.

4.21 Having no fruits in mind and heart, having renounced all possessions.
With only body involved in doing work, one gets no sinful possessions. ||21|

۴.۲۱۔ نِراشیرْ یَتچِتّاتْما (نِراشِیہ +یَت +چِتّ +آتْما) تیکْتسَرْوَپَرِگرَہَہ (تیکْت +سَرْو +پَرِگرَہَہ)،
شَرِیرَم کیوَلَم کَرْمَ کُروَنّاپْنوتِ (کُروَن +نَ +آپْنوتِ) کِلْبِشَم۔

۴.۲۱۔ خود مختار ہیں +جسکے دِل +اور روح، چھوڑ دی ہے +سب +مِلکیت،
دیہ صرف کام کرتے ہوے +کبھی نہیں +پاتی ہے، بُرے/ پاپی پھل۔

۴.۲۱۔ خواہشوں بغیر دل روح رکھتا، ساری ملکیت بھی چھوڑ دیگا۔
جسم سے بس صرف کام کریگا، کوئی نہ پاپ پھل اُسے مِلیگا۔

4.22 यदृच्छालाभसंतुष्टो (यदृच्छा + लाभ + संतुष्टः) द्वन्द्वातीतो (द्वन्द्व + अतीतः) विमत्सरः। समः सिद्ध ावसिद्धौ (सिद्धौ + अवसिद्धौ) च कृत्वापि (कृत्वा + अपि) न निबध्यते।।

4.22 स्वयं मिले + लाभ से + संतुष्ट, दुविधा ईर्ष्या रहित। सफलता + विफलता में समान, कर के + भी कामों से नहीं बॅधता।।

4.22 स्वतः मिले लाभ से संतुष्ट, दोहरी सोच और ईर्ष्या मुक्त है जो।
फल मिलने न मिलने पे एक सा, करते भी कर्मों से मुक्त है वो।।22।।

4.22 Yadrichchhaalaabhasantushto (Yadrichchhaa+laabha+santushtah) dwandwaateeto (dwandwa+ateetah) vimatsarah.
Samah siddhaavasiddhau (siddhau+asiddhau) cha kritvaapi (kritvaa+api) na nibdhayate.

4.22 The one +with wish +and benefits+ pacified, doubts+gone, also jealousy.
Is same in success or+ failure, does all works, having done is never tied by works

4.22 Happy with naturally found benefits, without confusion and ego.
Same in gain or no gain he works, free of them unbound to go. ||22||

۴.۲۲۔ یَدْرِچّھالابھسَنْتُشْٹو (یَدْرِچّھا +لابھ +سَنْتُشْٹَہ) دْوَنْدْواتیتو (دْوَنْدْوَ +اَتیتَہ) وِمَتْسَرَہ،
سَمَہ سِدّھاوَسِدّھو (سِدّھو +اَسِدّھو) چَ کْرِتْواپِ (کْرِتْوا +اَپِ) نَ نِبَدھْیَتے۔

۴.۲۲۔ جو خودب خود +مِلے فائدہ سے +مطمئن ہے، لڑائی سے +پرے ہے، اور حسد نہیں کرتا ہے،
ایک سا ہے، کامیابی مین +ناکامیابی میں، اور کرکے +بھی نہیں بندھتا (کیے ہوئے کام سے آذاد رہتا) ہے۔

۴.۲۲۔ قسمت سے ملنے پر ہی خوش ہو جو، کروں نہ کروں سوچ میں مشکوک نہ جو۔
کامیابی ناکامیابی نتیجوں سے بے اثر، کام میں ہو مشغول بھی اذاد ہے وہ۔

4.23 गतसंगस्य (गत + संगस्य) मुक्तस्य ज्ञानावस्थितचेतसः (ज्ञान + अवस्थित + चेतसः)। यज्ञायाचरतः (यज्ञाय + आचरतः) कर्म समग्रं प्रविलीयते।।

4.23 बिना + लगाव के, स्वतंत्र रूप से, ज्ञान में + बसे + मन वाला। यज्ञ में समर्पण + (जैसा) व्यवहार कर के सारे कर्म, आहूत कर देता है।।

4.23 प्रकृति से मिले गुणों से परे, मुक्त मन से ज्ञान में लीन।
यज्ञ आहूत सारे काम करके, पूरी तरह होते ब्रह्म विलीन।।23।।

4.23 Gata+sangyasya muktasaya gyaana+avasthita+chetasah.
Yagyaayaacharatah (Yagyaaya+aacharatah) karma samagram pravileeyate.

4.23 Without+attachment,has free+ knowledge+ involved+ heart. Behaving like offering ritual ,his works are wholely immersed into knowledge.

4.23 Unlinked to natural characters, free conscience fixed in wisdom.
Through wisdom fire offers all his works, to get unified in Brahm. ||23||

۴۰۲۳۔ گتسنگسی مکتسی گیاناوستھتچیتسہ (گیان+اوستھت+چیتسہ)،
یگیایاچرتہ (یگیای+آچرتہ) کرمہ سمگرم پرولییتے۔

۴۰۲۳۔ لگاؤ چھوڑنے والے کے آزاد (شخص) کے علم میں + بسے+ ہوش کے ساتھ،
رسم قربانی (یگیں) جیسا+سلوک کرنے کی وجہ سے سارے کام پورے ہوجاتے ہیں (ختم ہوجاتے ہیں/آخری پیشکش کی طرح)۔

۴۰۲۳۔ بے تعلق آزاد شخص جو،خدکےعلم سے رہتا ہے جڑا۔
کام کرتا ہے پیشکشی کے لئے، سارے لینے خداخود کھڈا۔

4.24 ब्रह्मार्पणं (ब्रह्म + अर्पणम्) ब्रह्म हविर्ब्रह्माग्नौ (हविः + ब्रह्म + अग्नौ) ब्रह्मणा हुतम्। ब्रह्मैव (ब्रह्म + एव) तेन गंतव्यं ब्रह्म + कर्म + समाधिना।।

4.24 ब्रह्म + अर्पण है, ब्रह्म + सामग्री, ब्रह्म ही + अग्नि में, ब्रह्म (आत्मा / मन) से अर्पित। ब्रह्म + ही लक्ष्य, उनका ब्रह्म, + कर्म में + समाधि (एकाग्रता) है।।

4.24 यज्ञ में आहुति ब्रह्म, दृव्य ब्रह्म अग्नि ब्रह्म अर्पण ब्रह्म में।
इन सब के गंतव्य हैं ब्रह्म, समाधिस्थ होना ब्रह्म कर्म में।।24।।

4.24 Brahmaarpanam (Brahma + arpanam) Brahm havirbrahmaagnau (havih + brahma + agnau) Brahmnaa hutam.
Brahmaiva (Brahm + eva) tena gantavyam Brahmkarmasamaadhinaa (Brahm+karma+samaadhinaa).

4.24 Brahm (God) is to offer, Brahm (Truth) is material, Brahm is fire, offering is through Brahm (soul). Brahm is The Goal through these (works),their Brahm is+ into works+ immersion (mausoleum like work focused situation).

4.24 In Yagyn the offering to Brahm is Brahm, material and fire are Brahm.
Those who offer all their actions in Yagyn fire, eternally rest in Brahm. ||24||

۴۰۲۴۔ بْرَہمارْپنَم (بْرَہم+اَرْپنَم) بْرَہم ہوِرْبْرَہمناگنو (ہوِہ+بْرَہم+اَگنو) بْرَہمنا ہُتَم،
بْرَہمیو (بْرَہم+ایوَ) تین گَنتوّیَم بْرَہمکرمَسماد ھِنا (بْرَہم+کَرمَ+سَمادھِنا)۔

۴۰۲۴۔ خدا پیش کش ہے، خدا مادی پیش کش ہے، خدا+آگ بھی ہے، خدا ہی پیش نظر (کرنے کا کام)،
خدا +ہی اُن کی منزل ہے ،خدا میں ہی+سارے کاموں کی+آخری پیش کش ہے۔

۴۰۲۴۔ مقدس پیشکش سامان خدا، خداہی آگ بھی کرنا نظر بھی خدا۔
خداہی سب کی ہے اخری منزل، خدامیں اخری پیشکش خدا۔

4.25 दैवमेवापरे (दैवम् + एव + अपरे) यज्ञं योगिनः पर्युपासते। ब्रह्माग्नावपरे (ब्रह्म + आग्नौ + अपरे) यज्ञं यज्ञेनैवोपजुह्वति (यज्ञेन + इव + उप + जुह्वति)।।

4.25 देवताओं को + ही, + अन्य यज्ञों से, योगी अच्छी तरह पूजते हैं। ब्रह्म + अग्नि में ही, + दूसरे यज्ञों को भी, यज्ञ द्वारा + ही + अर्पित करते हैं।।

4.25 कई तरह के यज्ञ करके, कई देवता लोग पूजते हैं।
कुछ परम्ब्रह्म की अग्नि में, यज्ञ ही आहूत करते हैं।।25।।

4.25 Daivamevaapare (Daivam+eva+apare) yagyam yoginah paryupaasate. Brahmaagnaavapare (Brahma+agnau+apare) yagyam yagyenaivopajuhvti (yagyena+eva+upajuhvti).

4.25 To God+ only,+ through other, offering rituals do the yogis worship. Only into Brahm+ fire, offer offering rituals (yagyns), through the offering ritual (yagyns)+like this +worship+to offer.

4.25 Yogis worship Gods, by offering things or deeds into Yagyns.
Others worship Lord, by offering Yagyn into the fire of Yagyn. ||25||

۴۰۲۵۔ ڈیوَمیواپَرے(ڈیوَم+ایوَ+اپَرے) یگّیم یوگِنَہ پَرْیُپاستے،
بَرَہما گناوَپَرے (بَرَہم+اَگنَو+اَپَرے) یگّیم یگّیینیوَ پجُہوتِ (یگّیین+ایوَ+اُ پجُہوتِ)۔

۴۰۲۵۔ خداوں کی+ہی+دوسرے ، رسم قُربانی سے (یگیں سے)، یوگی عبادت کرتے ہیں،
خدائی+آگ میں+کُچھ دوسرے رسم قُربانی کی +ہی +پیشکش کردیتے ہیں۔

۴۰۲۵۔ عبادت خدائی آگ کی، نظر کرتے ہیں کچھ لوگ۔
یگّییں کی ہی قربانی، کردیتے ہیں کچھ اور لوگ۔

4.26 श्रोतादीनीन्द्रियाण्यन्ये (श्रोत्र + आदीनि + इन्द्रियाणि + अन्ये) संयमग्निषु (संयम + अग्निषु) जुह्वति।
शब्दादीन्विषयानन्य (शब्द + आदीन् + विषयान् + अन्य) इन्द्रियाग्निषु (इन्द्रिय + अग्निषु) जुह्वति।।

4.26 सुनने + आदि की + इन्द्रियों को, + कुछ दूसरे लोग, संयम की आग में आहूत करते हैं। ध्वनि + आदि + विषयों को + कुछ अन्य, इन्द्रियों की + आग में समर्पित करते हैं।।

4.26 आहूत करते हैं इन्द्रियों को, संयम की अग्नि में कुछ लोग।
झोंक देते विषयों को, इन्द्रियों की अग्नि में कुछ और लोग।।26।।

4.26 Shrotraadeeneendriyaanyanye (Shrotra+aadeeni+indriyaani+anye) sanyamaagnishu (sanyama+agnishu) juhvti.
Shabdaadeenvishayaananye (Shabda+aadeen+vishayaan+anye) indriyaagnishu (indriya+agnishu) juhvti.

4.26 Offer senses of listening+ etcetra+ others, into control/balance fire. Some others offer sound like sense objects into the fire of senses.

4.26 Into the fire of control, some offer senses
Others offer objects, into the fire of senses. ||26||

۴۰۲۶۔ شروتْرادینیندْریانیَنْیے (شروتْر+آدینِ+اِندْریانِ+انْیے) سَنْیماگْنِشُ (سَنْیم+اَگْنِشُ) جُہْوتِ ،
شَبْدادینْوِشیانَنْیَ (شَبْدَ+آدین+وِشیان+انْیَ) اِنْدْریاگْنِشُ (اِنْدْریَ +اَگْنِشُ) جُہْوتِ ۔

۴۰۲۶۔ سُننے +جیسی+حواس+ کُچھ دوسرے لوگ توازن+کی آگ میں پیشکش کرتے ہیں،
آواز +جیسے +اشیاء+ کُچھ دوسرے لوگ حواس+کی آگ میں قربان کرتے ہیں۔

۴۰۲۶۔ متوازن ہونے کی آگ میں، قربان حواس کچھ لوگ کرتے ہیں۔
حواسوں کی آگ میں کچھ اور لوگ، قربان اشیاء ہی کرتے ہیں۔

4.27 सर्वाणीन्द्रियकर्माणि (सर्वाणि + इन्द्रिय + कर्माणि) प्राणकर्माणि (प्राण + कर्माणि) चापरे (च + अपरे) । आत्मसंयमयोगाग्नौ (आत्म + संयम + योग + अग्नौ) जुह्वति ज्ञानदीपिते (ज्ञान + दीपिते) ।।

4.27 सारी + इन्द्रियों के + कर्म, जीवन के + कर्म, कुछ दूसरे लोग। आत्म + संयम को, + योग की + अग्नि में अर्पित करके, ज्ञान + प्रकाशित करते हैं।।

4.27 कुछ इन्द्रियों और प्राणों के, काम झोंकते योग की अग्नि में।
कुछ आत्म संयम योग अग्नि में, झोंक के पाते ज्ञान अपने में।।27।।

4.27 Sarvaaneendriyakarmaani (Sarvaani+indriya+karmaani) praanakarmaani (praana+karmaani) chaapare (cha+apare). Aatmasanyamayogaagnau (Aatma+sanyama+yoga+agnau) juhvti gyaanadeepite (gyaana+deepite).

4.27 Offer all the+ sense organs'+ works, some, and life's+ all the works some others. Still others offer self+ control, into+ the yog +fire, for wisdom +to kindle (enlightenment).

4.27 Some offer all actions of senses, others all the actions of life.
Some offer self control to yog fire, others wisdom to enlight. ||27||

۴۰۲۷۔ سَرْ وانیِنْدریَکَرْ مانِ (سَرْ وانِ + اِنْدْرِیَ + کَرْ مانِ) پْرانَکَرْ مانِ (پْرانَ + کَرْ مانِ) چاپَرے (چ + اَپَرے)،
آتْمَسَنْیَمَیوگاگْنَو (آتْمَ + سَنْیَمَ + یوگ + اَگْنَو) جُہْوتِ گیانَدیپِتے (گیانَ + دیپِتے)۔

۴۰۲۷۔ سارے + حواس + کے کام، جان + والے کام، اور + دوسرے ،
خود کے متوازن ہونے کے یوگ کی آگ میں قربان کرتے ہیں علم کا دیا جلانے کو۔

۴۰۲۷۔ کچھ ہوم کرتے حواس کے، کچھ قربان کرتے زندگی بھر کے کام۔
خود اختیاری کو جھونکتے یوگ کی آگ میں، چراغ علم جلانے کے نام۔

4.28 द्रव्ययज्ञास्तपोयज्ञा (द्रव्य + यज्ञाः + तपः + यज्ञाः) योगयज्ञास्तथापरे (योग + यज्ञाः + तथा + अपरे) । स्वाध्यायज्ञानयज्ञाश्च (स्वाध्याय + ज्ञान + यज्ञाः + च) यतयः संशितव्रताः (संशित + व्रताः) ।।

4.28 पदार्थ + यज्ञ, + तपस्या + यज्ञ, योग + यज्ञ तथा अन्य। स्वाध्याय + और + ज्ञान + यज्ञ प्रबुद्ध हो कर व दृढ़ + व्रत ले कर करते है।।

4.28 संपत्ति से, तप से, योग से भी, यज्ञ करते हैं कई प्रकार से।
स्वाध्याय या ज्ञान से भी, दृढ़ प्रतिज्ञ हो समझ के ध्यान से।।28।।

4.28 Dravyaygyaastapoyagyaa (Dravya+ygyaah+tapah+yagyaa) yogayagyaastathaapare (yoga+yagyaah+tathaa+apare).
Swaaddhyaayagyaanayagyaashcha (Swaaddhyaaya+gyaana+yagyaah+cha) yatayah sanshita+vrataah.

4.28 The Ritual of offering materials,+ penance, and yog + offering rituals+ and +others. Self study+ and+ knowledge +offering rituals, are done by the wise and hard fasting people.

4.28 Some perform material others penance, and still others yog yagyn.
The determined wise offer self study, and perform wisdom Yagyn. ||28||

۴۰۲۸۔ دَرَوْیَگیاستَپو یَگیا(دَرَوْی + یَگیاہ+ تَپہ + یَگیاہ) یوگیَگیاستتھاپَرے (یوگ+ یَگیاہ+ تتھ+ اَپَرے)،
سْوادھیا یَگیا نیَگیاشچ (سْوادھیای + گیانَ+ یَگیاہ+ چ) یَتَیہ سَنشِتو رتاہ(سَنشِت+ وْرَتاہ) ۔

۴۰۲۸۔ مادی رمادہ+ رسم قربانی ررسم پیشکش(یگیں)+ عبادت برداشت (تپسیا کا یگیں)، جڑنے کی مشق (یوگ کا یگیں)+ اور+ کچھ دوسرے،
خود کو پڑھنے کے لیئے اور علم کے لئے (رسم قربانی ریگیں) عقلمند پختہ عہد والے (لوگ) کرتے ہیں۔

۴۰۲۸۔ عزم فاضل کرتے ہیں راکھ،قربان کچھ نا کچھ کسی نا کسی آگ میں۔
پیسا روزہ توبہ یوگ یا علم کی پیشکش، ہوم کرتے زندگی کی آگ میں۔

4.29 अपाने जुह्वति प्राण। प्राणेऽपानं (प्राणे + अपानम्) ।
तथापरे (तथा + अपरे) । प्राणपानगती (प्राण + अपान + गती)
रुद्धवा प्राणायामपरायणा (प्राण + आयाम + परायणाः) । अपरे नियताहाराः (नियत + आहाराः) प्राण ान्प्राणेषु (प्राणान् + प्राणेषु) जुह्वति।।

4.29 कुछ लोग जाने वाली वायु में आने वाली प्राण वायु, तथा कुछ प्राण वायु में + अपान वायु को अर्पित करते है। कुछ प्राण + अपान की + गति रोक कर, प्राणायाम में लगे रहते हैं।
तथा कुछ दूसरे नियमित + आहार से प्राणो में + प्राण डालते है।।

4.29 कुछ प्राण वायु अपान में, कुछ अपान वायु प्राण में।
कुछ दोनों वायु बीच में, रोक के बैठते प्राणायाम में।
कुछ नियमित भोजन से, प्राण डालते हैं प्राण में।।29।।

4.29 Apaane juhvti praanam praaneapaanam (praane+apaanam) tathaapare (tathaa+apare).
Pranaapaanagatee (Prana+apaana+gatee) ruddhwaa praanaayaama paraayanaah. Apare niyataahaaraah (niyata+aahaaraah) praanaanpraaneshu (praanaan+praaneshu) juhvti.

4.29 Into exhalation air+ offer+ inhalation air, and inhalation air + into exhalation air, some others. By inhalation + exhalation + (air's) velocity check (equalizing the two airs),undertake life+ intake (Pran+ayam) position ie. the breath focused situation as if in mausoleum. Still others, by taking balanced/ regular + diet, offer life into life.

4.29 Some offer exhalation into inhalation, others inhalation into exhalation.
Some stop both airs in the middle, and be seated in Pranayam session.
Still others by taking balanced diet, offer life into life for it's extention ||29||

۴۰۲۹۔ اَپانے جُہوتِ پْرانَم پْرانے اَپانَم تتھاپَرے،
پْراناپاگَتی (پْرانَ+اَپانَ+گَتی) رُدّھوا پْرانایامَپَرایَناہ (پْرانَ+آیام+پَرایَناہ)،
اَپَرے نِیَتا حاراہ (نِیَت+آہاراہ) پْرانانْپْرانیشُ (پْرانان+پْرانیش) جُہوتِ۔

۴۰۲۹۔ جانے والی سانس میں جھونکتے ہیں آنے والی ہوا جان اور کوچھ دوسرے جانے والی ہوا میں آنے والی سانس کو،
آنے جانے والی ہواوں کی رفتار روک کے (ایک سی کر کے) جان+آنے کی مشق کرتے ہیں،
کچھ دوسرے لوگ متواذن +غذا سے جان کو جانوں میں قربان؍ پیشکش کرتے ہیں۔

۴۰۲۹۔ آتی کو جاتی سانس میں، یا آتی میں جاتی کو، یا پھر ناک میں سانس برابر کرتے۔
پرانایام یوگ آسن پر، اور یگیں میں لوگ کی طرح سے، جان میں جان قربان کرتے۔

4.30 सर्वेअप्येते ;सर्वे + अपि + एतेद्ध यज्ञविदो ;यज्ञ + विदःद्ध यज्ञक्षपितकल्मषाः ;यज्ञ + क्षपित + कल्मषाःद्ध
। यज्ञशिष्टामृतभुजो ;यज्ञ + शिष्ट + अमृत + भुजःद्ध यान्ति ब्रह्म सनातनम्।।

4.30 इन सभी + यज्ञों को + इस प्रकार जानकार, यज्ञों के + विद्वान, शुद्ध हुए हैं, + पाप कर्मों से।
यज्ञ + से मिले + अमृत + चखने वाले, चले जाते हैं ब्रह्म तक सतत/हमेशा के लिये ।।

4.30 यज्ञ करके व अर्थ जान के, सब पापों से दूर होते हैं।
यज्ञ से मिले अमृत चख के, सतत ब्रह्म तक जाते हैं।।30।।

4.30 Sarveapyete (Sarve+api+ete) yagynvido (yagyn+vidah) ygyankshapita (ygyan+kshapita) kalmashaah. Ygyanshishtaamritabhujo (Ygyan+shishta+amrita+bhujah) yaanti Brahm sanaatanam.

4.30 All these+ offering rituals (yagyns)+ having known thus, the knowers of yagyans+ purified, against sinful deeds. Yagyan +brought+ambrosia+tasters reach Brahm The Eternal/ for ever.

4.30 Those who understand offering rituals, and to wipe off sin have tried.
Having tasted the Yagyn fruit ambrosia, have reached Brahm purified. ||30||

۴۰۳۰۔ سَرْ وے اَپْیِیتے (سَرْ وے+اَپِ+ایتے) یَگیِوِدُوْ (یَگّی+وِدَہ) یَگیَ کْشِپْتکَلْمَشاہ (یَگّی+کْشِپت+کَلْمَشاہ)،
یَگّی+شِشْٹامْرِتبْھُجو (یَگّی+شِشْٹ+اَمْرِت+بھُجہ) یانْتِ بْرَہْمْ سَناتَمْ ۔

۴۰۳۰۔ سب+ہی+اِن رسم قربانی (یگیوں) کے عالم (تریقوں کے جانکار)، یگیوں سے +پاکیزہ ہوکے+پاپوں سے (آزاد ہوتے ہیں)،
یگیوں سے ملے پھلوں کا 'امرت'+چکھنے والے جاتے ہیں خدا عبدی میں۔

۴۰۳۰۔ یگیوں کی اہمیت جاننے والے، رسم قربانی کرتے ہیں۔
قربانی کا امرت پھل چکھ، پاپ سب ہی دھو لیتے ہیں۔

4.31 नायं (न + अयम्) लोकोअस्त्ययज्ञस्य (लोकः + अस्ति + अयज्ञस्य) कुतोऽन्यः (कुतो + अन्यः) कुरुसत्तम (कुरु + सत् + तम)।।

4.31 नहीं + यह संसार, + है + यज्ञ का, तो फिर कौन सा / कहॉ + और है? हे! कौरव राज।।

4.31 इस संसार में नहीं करोगे, तो फिर यज्ञ और कहॉ करोगे।
हे! कुरु राजा यज्ञ का अमृत, यहाँ नहीं तो कहॉ चखोगे।।31।।

4.31 Na+ayam lokoastyayagyasya (lokah+asti+ayagyasya) kutoanyah (kutah+anyah) Kurusattam.

4.31 If this world is not for doing the offering rituals, then which else is O! Kaurav king.

4.31 Without offering there is no joy here, where else can it be Kurusattam. ||31||

۴۰۳۱۔ نایَم لوکوا شتیگیسی (لوکہ+اَستِ+اَیگیسی) کُتوا نیہ (کُتہ+انیہ) کُروسَتَّم۔

۴۰۳۱۔ اگر یہ جہان +نہیں ہے+یگیوں کا، تو کہاں ہے+دوسرا، یا! کُروسَتَّم (کُرو راجا اَرْجُن) ۔

۴۰۱۳۔ قربانی کی پیشکش کا ، اِس ہی جہان میں ثواب ہے۔
کُرو راج! دنے یا چھوڑنے کا، کہو کہاں اور رواج ہے۔

4.32 एवं बहुविधा यज्ञा वितता ब्रह्मणो (ब्रह्मणः) मुखे। कर्मजान्विद्धि (कर्म + जान् + विद्धि) तान्सर्वानेव (तान् + सर्वान् + एव) ज्ञात्वा विमोक्ष्यसे।।

4.32 ऐसे बहुत प्रकार के यज्ञ फैले है, ब्रह्मा के बताए। काम से उत्पन्न हुए है, उन सबको ऐसा जानकर मुक्ति पाआगे।।

4.32 बहुत तरह के यज्ञ बताए, ब्रह्मा ने मुख से वेदों में।
कर्म इन्हें अस्तित्व दिलाएं, समझ करेगी मुक्त तुम्हें।।32।।

4.32 Evam bahuvidhaa yagyaa vitataa Brahmno mukhe.
Karma+jaan+viddhi (Karma+jaan+viddhi) taansarvaanevam (taan+sarvaan+evam) gyaatvaa vimokshyase. ||32||

4.32 Thus many types of Yagyns, are spread through Brahm's mouth /voice/words. Are work+ born,+ knowing them+ all+ like this, be free.

4.32 Thus many yagyn types are spread, as dictated by Brahm.
All arise from karm, knowing this be free to attain Brahm. ||32||

۴۰۳۲۔ ایوَم بَہُ وِدھا (بَہُ+ وِدھا) یگیاں (یگیاں ہ) وِتتا برہمنو مکھے،
کرمَ+ جانْ + وِدّھِ طانسَرْ وانیوَم (طانْ+سَرْ وانْ+ایوَم) گیاتْوا وِموکشیسے۔

۴۰۳۲۔ اس طرح بہت طرح کے یگیں پھیلے ہوے ہیں خدابند کہتے ہیں،
کاموں سے+ پیدا اُنہیں+ سمجھیئے، اُن+ سب کو+ ایسے جانکے آزادی مِلیگی۔

۴۰۳۲۔ کئی طرح کی رسم قربانیاں، خدانے خدہی بتائی ہیں۔
پیدا ہوتی ہیں کاموں سے، اِن کو سمجھو نجات دلاتی ہیں۔

4.33 श्रेयान्द्रव्यमयाद् (श्रेयान् + द्रव्य + मयात्) यज्ञाज्ज्ञानयज्ञः (यज्ञात् + ज्ञान + यज्ञः) परंतप। सर्वं (सर्वम्) कर्माखिलं (कर्म + अखिलम्) पार्थ ज्ञाने परिसमाप्यते।।

4.33 श्रेष्ठ है, + पदार्थों + सम्पत्ति से, यज्ञों में + ज्ञान + यज्ञ, हे! परन्तप।
सारे + काम + पूर्ण रूप से हे! पार्थ, ज्ञान में ही समाप्त होते है (बुद्धि से ही सारे काम पूरे होते हैं)।।

4दृ33 परन्तप! द्रव्यों के यज्ञो से, ज्ञान यज्ञ श्रेष्ठतर होता है।
पार्थ! क्योंकि कर्म–यज्ञ पूर्ण, ज्ञान में झुँक्कर होता है।।33।।

4.33 Shreyaandravyamayaad (Shreyaan + dravya + mayaat) Yagyaajgyaanayagyah (Yagyaat+gyaana+yagyah) Parantapa.
Sarvam karma+akhilam (Sarvam karma+akhilam) Paartha gyaane parisamaapyate.

4.33 Better are the intellectual offerings than materials offering through rituals. All the deeds O! Parth end up in wisdom.

4.33 Paratap! offering in wisdom yagyn, is better than in material yagyn.
Parth! because all the works offered, fnish within wisdom yagyn. ||33||

۴۰۳۳۔ شریاندرویَمیاد (شریانْ+ دْرَوی+ مَیاتْ) یگیاجْگیانیگیں ہ (یگیات+ گیانَ+ یگیں ہ) پرَنتپ،
سَرْوَم کرْماکھِلَم (کرمَ+ اَکھِلَم) پارتھ گیانے پرِسماپیتے۔

۴.۳۳۔ بہتر ہے+ مادی رسم قربانی (یگّین) سے +علم+یگّین، یا! پرنتپ،
سارے کام پورے، یا! پارتھ، علم مین ختم ہوتے ہیں۔

۴.۳۳۔ پرنطپ! رسم قربانی معادی چیزوں سے، علم کی کرنا ہے بہتر۔
پارتھ! کیوں کہ پورے ہوتے، سب کام آخر علم ہی لے کر۔

4.34 तद्विद्धि (तत् + विद्धि) प्रणिपातेन परिप्रश्नेन सेवया। उपदेक्ष्यन्ति ते ज्ञानं ज्ञानिनस्तत्वदर्शिनः (ज्ञानिनः + तत्व + दर्शिनः) ।।

4.34 उनसे सीखो, प्रणाम में झुक कर, प्रश्न पूछ कर, सेवा कर के।
प्रशिक्षित करेंगे वे ज्ञान से, ज्ञानी+सत्य + दर्शी ।

4.34 सभी तरह के यज्ञों को जानो, गुरु भक्ति से और प्रश्नों से।
इस ज्ञान की दीक्षा लो जानो, ज्ञानियों और तत्व दर्शियों से।।34।।

4.34 Tadwiddhi (Tat+widdhi) pranipaatena pariprashnena sevayaa.
Upadekshyanti te gyaanam gyaaninastattvadarshinah (gyaaninah+tattva+darshinah)

4.34 Learn+ them through bowing in salute, asking qustions, extending service.
They will enlighten you with knowledge, the learneds,+the truth +viewers.

4.34 All kinds of offering rituals should, one learn from yagyn skilled teachers.
Being in their loyal and curious service, they will make you truth viewers. ||34||

۴.۳۴۔ تدّ وِدّھِ (تت+وِدّھِ) پْرَنِپاتینَ پَرِپْرَشنین سیوَیا،
اُپدیکشیَنتِ تے گیانَم گیانِنَستتوَدَرشِنَہ (گیانِنَہ+تتوَ+دَرشِنَہ)۔

۴.۳۴۔ اُنہیں (یگیوں کو) +جانو، جھک کے، سوالات پوچھ کے، خِدمت کر کے،
دے دینگے وے تعلیم جو عالم ہیں+ سچ+ دیکھ سکتے ہیں۔

۴.۳۴۔ عالم استاد سے ادب پوچھتا چھ اور خدمت کرو، سچا علم دیں گے۔
کمال حاصل عالم سچ دیکھتے ہیں، غور کر کے علم سچا عطا کرینگے ۔

4.35 यज्ज्ञात्वा (यत् + ज्ञात्वा) न पुनर्मोहमेवं (पुनः + मोहम् + एवम्) यास्यसि पाण्डव। येन भूतान्यशेषेण (भूतानि + अशेषेण) द्रक्ष्यस्यात्मन्यथो (द्रक्ष्यसि + आत्मनि + अथ + उ) मयि।।

4.35 जिन्हें सीख कर फिर तुम संशय में नहीं पड़ोगे हे! पाण्डव। जिससे सारे जीवों को देखोगे + स्वयं में/अपनी आत्मा में, + दूसरे+ शब्दों में, मुझमें।।

4.35 यज्ञों का ज्ञान मिल जाने पर, मोह में न पड़ोगे पाण्डव।
समस्त जीवों को देखोगे, परमात्मा यानि मुझमें पाण्डव।।35।।

4.35 Yajgyaatwaa (Yat+gyaatwaa) na punarmohamevam (punah+moham+evam) yaasyasi Paandava.
Yena bhootanyasheshena (bhootani + asheshena) drakshyasyaatmanyatho (drakshyasi + aatmani + atha + u) mayi.

4.35 Learning+ which, you will then not be confused again, O! Paandav. You will see all creatures, +within self + or in other+ words, in Me

4.35 Having learned the truth, you will then not be put to doubt.
Because then you will see Me the God, in beings throughout. ||35||

۴٫۳۵۔ یجّگیاتوا (یت+گیاتوا) نَ پُنرموہمیوَم (پُنہ+موہم+ایوَم) یاسیَسِ پانڈوَ،
ییَن بھوتانیَ شیشین (بھوتانِ+اَشیشین) دْرَکشیَسیاتمنیتھو (دْرَکشیَسِ+آتمنِ+ اتھ+اُ) میِ۔

۴٫۳۵۔ جس کو+جان کے، نہیں، پھر+شک میں+اِس طرح پڑوگے ،یا! پانڈو،
جس سے مخلوقات کو +سارے+دیکھوگے+عالی روح میں یعنی مجھ خدا میں۔

۴٫۳۵۔ پانڈوزادے! علم سچا پاکر پھر، کبھی شک میں نہیں پڑوگے۔
خود میں اور سب مخلوقات میں، ایک روح خدا ہی دیکھوگے۔

4.36 अपि चेदसि (चेत् + असि) पापेभ्यः सर्वेभ्यः पापकृत्तमः (पाप + कृत् + तमः) । सर्वं ज्ञानप्लवेनैव (ज्ञान + प्लवेन + एव) वृजिनम् सन्तरिष्यसि (सम् + तरिष्यसि)।।

4.36 यदि + तुम हो पापियों में भी सबसे अधिक पाप करने वाले। सम्पूर्ण ज्ञान + नौका से + ही, दुःख / पाप सागर को, पूरा + पार कर लोगे।।

4.36 यदि सोचते हो पापियों में, सब से अधिक पापी तुम होगे।
ज्ञान की नाव से पापों के, सागर से भी पार तुम होगे।।36।।

4.36 Api chedasi (chet+asi) paapebhyah sarvebhyah paapa+krit+tamah.
Sarvam gyaanaplavenaiva (gyaana+plavena+eva) vrijinam santarishyasi.

4.36 If you are the biggest sinner amongst sinners. By whole wisdom + boat + only, the sea of pain, you will solely + come across

4.36 Even though you are a better sinner, than the best of sinners.
Having boarded the knowledge boat, will cross the sinful river. ||36||

۴۰۳۶۔ اَپِ چیدَسِ (چیث+اَسِ) پاپیبھیَہ سَرْوِیبھیَہ پاپکِرْتمہ (پاپ+کِرِت+تمہ)،
سَرْوَ گیانپلویٖنیوَ (گیانَ+پلَوینَ+ایوَ) وِرِجِنم سَنْتَرِشییَسِ۔

۴۰۳۶۔پھربھی، اگر+تُم ہو سب پاپیوں میں، پاپ+کرنے والے ہو+ سب سے زیادہ (گنہگاروں سے بھی بدترین گنہگار ہو)،
سارے اِس علم کی+کشتی سے+یقیناً دُکھ کے ساغر، پار کر لوگے۔

۴۰۳۶۔ گرسب فاجروں سے بھی تم، بدترین فاقس ہوگیبڑے۔
خدا کے علم کی ناؤ سے ہوگے،دُکھ ساغر کے پار کھڑے۔

4.37 यथैधांसि (यथा + एधांसि) समि)ोअग्निभस्मसात्कुरुतऽअर्जुन (समि): + अग्नि + भस्मसात् + कुरुते + अर्जुन) । ज्ञानाग्निः (ज्ञान + अग्निः) सर्व + कर्माणि भस्मसात्कुरुते (भस्मसात् + कुरुते) तथा।।

4.37 जैसे + ईंधन को, जलती हुई + आग + जला के राख + कर देती है, + हे! अर्जुन। ज्ञान की + आग भी, सारे कर्मों (के फलों) को राख + कर देती है, वैसे ही।।

4.37 जैसे जलती अग्नि करती, ईंधन भस्मसात अर्जुन।
वैसे ज्ञान की अग्नि करती, सब काम भस्मसात अर्जुन।।37।।

4.37 Yathaidhaansi (Yathaa+edhaansi) samiddhoagnirbhasmasaatkurutearjuna (samiddhah+agnih+bhasmasaat+kurute+Arjuna).
Gyaanaagnih sarva+karmaani bhasmsaat+kurute tathaa. ||37||

4.37 As + to fuel, burning +fire + burns to ash, O! Arjun. The fire+ of knowledge ashens all the works (along with their fruits), in the same way.

4.37 Arjun! as the burning fire, turns all the fuel into ashes.
The knowledge fire also burns, all the actions into ashes. ||37||

۴۰۳۷۔ یَتھیدھانْسِ (یَتھا+ایدھانْسِ) سَمِدّھوَاگنِربھَسْمَساتکُرُتے اَرْجُن (سَمِدّھَہ+اَگنِہ+بھَسْمَسات+کُرُتے+اَرْجُن)،
گیاناگنِہ (گیانَ+اَگنِہ) سَرْوَکَرْمانِ (سَرْوَ+کَرْمانِ) بھَسْمَساتکُرُتے (بھَسْمَسات+کُرُتے) تتھا۔

۴۰۳۷۔ جیسے+ایندھن کو، جلتی ہوئی+آگ+راکھ+کردیتی ہے، یا! اَرْجُن،
علم کی+آگ، سارے+ کاموں کو، راکھ+کردیتی ہے،ویسے ہی۔

۴۰۳۷۔ ارجن! جیسے جلتی آگ، ہر ایندھن کو کرتی راکھ۔
علم کی سچی آگ بھی کرتی، علم میں ہر مشق کو راکھ۔

4.38 न हि ज्ञानेन सदृशं पवित्रमिह (पवित्रम् + इह) विद्यते। तत्स्वयं (तत् + स्वयम्) योग संसिद्धः कालेनात्मनि (कालेन + आत्मनि) विन्दति।।

4.38 न ही ज्ञान जैसा शुद्ध यहाँ कुछ होता है। वह (ज्ञान) स्वयं, योग निपुण हो कर, समय के साथ, अपने आप का (अपनी आत्मा का) अनुभव कराता है।।

4.38 ज्ञान के जैसा कुछ भी और, जग में पवित्र नहीं होता है।
भक्ति योग में सि) होकर, अनुभव स्वयं का स्वयं होता है।।38।।

4.38 Na hi gyaanena sadrisham pavitram+iha vidyate.
Tat+swayam yoga+sansiddhah kaalenaatmani (kaalena+aatmani) vindati.

4.38 Nothing +definitely, knowledge like purefying+ here (in this world) exists. It (knowledge) + itself being yog+ skilled, with time+ to feel one to one's self (soul), directs / leads.

4.38 There is nothing better purifier, than knowledge in this world.
A yog perfect person experiences, this fact himself in world. ||38||

۴۰۳۸۔ نَ ہِ گیانین سَدرِشَم پَوِترَمِہ(پَوِترَم+اِہ) وِدیتے،
تَتسوَیَم(تَت+سْوَیَم) یوگسنسِدّھہ(یوگ+سَنسِدّھہ) کالےناتمَنِ(کالین+آتمن) وِندتِ۔

۴۰۳۸۔ نہیں یقیناً علم جیسا پاک+اِس جہان میں (کچھ بھی) ہوتا ہے،
وہ(علم) +خود میں ہی +کمال یوگ ہوتا ہے، جو سمے کے ساتھ+ خود دکھتا ہے۔

۴۰۳۸۔ علم سے بڑھکر نہیں ہوتا کوئی، پاک کرنے والا زمین پر،
یوگ مشقت ہے خود میں ہی، سمئے سے دِکھ جاتا خود اندر۔

4.39 श्रद्धावांल्लभते (श्रद्धावान् + लभते) ज्ञानं तत्परः संयतेन्द्रियः (संयत + इन्द्रियः) । ज्ञानं लब्ध्वा परां शान्तिमचिरेणाधिगच्छति (शान्तिम् + अचिरेण + अधिगच्छति) ।।

4.39 श्रद्धावान + लाभ पाते हैं, ज्ञान में अधिकता से, संयमित + इन्द्रियां करने से। ज्ञान पा कर, अतिशय / परम शान्ति + जल्द ही + पा जाते हैं।।

4.39 श्रद्धावान ज्ञान प्राप्त कर, इन्द्रियाँ संयमित करता है।
परम् शांति ज्ञान आने पर, अति शीघ्र वो पा लेता है।।39।।

4.39 Shraddhaavaanllabhate (Shraddhaavaan+labhate) gyaanam tatparah (Tat+Parah) sanyatendriyah (sanyata+indriyah).
Gyaanam labdhwaa paraam shaantim+achirena+adhigachchhati.

4.39 Faithful ones+ get the benefit of, acquiring intensive knowledge, with which to control+ senses.By acquiring knowledge, eternal peace,+ soon+ they achieve.

4.39 A faithful person acquires knowledge, in order to control senses.
Having acquired knowledge, one acquires eternal peace in senses. ||39||

۴۰۳۹۔ شرَدّھاواں لّلبھتے (شرَدّھاوان+لبھتے) گیانم تتپرہ (تت+پرَہ) سَنیتیندریَہ (سَنیت+اِندریَہ)،
گیانم لبدھوا پَرام شانتِم اچِرینادھِگچھتِ (شانتم+اچِرین+ادِھگچھتِ)۔

۴۰۳۹۔ ایماندار شخص کو فایدہ ہوتا ہے علم کا، اُسمیں +جوڑے متوازن +حواس سے،
علم سے پاکر الٰہی سکون،+جلد ہی + جاتا ہے خدا تک۔

۴۰۳۹۔ حواس قابو کر لیتا ہے، ایمان سے بندا جو بندگی سے۔
خود کا علم وہ پالیتا ہے، علم سے عبدی سکون جلدی سے۔

4.40 अज्ञश्र्चाश्रद्दधानश्र्च (अज्ञः + च + अश्रद्दधानः + च) संशयात्मा (संशय + आत्मा) विनश्यति। नायं (न + अयम्)। लोको अस्ति न परो न सुखं संशयात्मनः (संशय + आत्मनः)।।

4.40 अज्ञानी + और + श्रद्धा विहीन + को, आत्म संशय नष्ट करता है। न इस संसार में सुख है, न अगले में, भ्रमित + आत्मा वाले को।।

4.40 अज्ञान और अश्रद्धा से उपजा, संशय आत्मा नष्ट करता है।
न ही इस न उस संसार में, भ्रम से कोई सुख आ सकता है।।40।।

4.40 Agyashchaashraddhaanashcha (Agyah + cha + ashraddhaanah + cha) sanshayaatmaa (sanshaya + aatmaa) vinashyati.
Na+ayam lokoasti (lokah + asti) na paro (parah) na sukham sanshayaatmanah (sanshaya + aatmanah).

4.40 The one who lacks knowledge + and + faith, due to doubt+ in soul,gets destroyed. Neither + here (in this), nor in the other (world), gets peace, a doubtful +soul.

4.40 A duobtful person due to ignorance, ever falls to gutter.
No peace does he acquire,in this world nor in the other. ||40||

۴۰۴۰۔ اَگیَشچاشرَدّھانشچ (اَگیَہ+چ+اَشرَدّھانہ+چ) سَنشَیاتما (سَنشَی+آتما) وِنشیتِ،
نایَم لوکوَاستِ نَ پَروَ نَ سُکھَم سَنشَیاتمَنہ (سَنشَی+آتمَنہ)۔

۴۰۴۰۔ جاہل+ اور+ بے ایمان کو، مشکوک+ روح ، ختم کر دیتی ہے،
نا اِس سنسار میں اور نا اگلے میں ہی سکھ ملتا ہے مشکوک روح کو۔

۴.۴۰۔ علم اور ایمان بغیر شخص جو، روح اُس کی ختم کرتا شک۔
مشکوک روح والے بندے کو، نا اِس جہاں نا اُسی میں سکھ۔

4.41 योगसन्यस्तकर्माणं (योग + सन्यस्त + कर्माणम्) ज्ञानसन्छिन्नसंशयम् (ज्ञान + सन्छिन्न + संशयम्) । आत्मवन्तम् न कर्माणि निबध्नन्ति धनन्जय।।

4.41 जो योग से + छोडते हैं + काम, ज्ञान से + छिद्रित करते हैं + संशय, वो आत्म परायण, कभी (बुरी लत देने वाले) कर्मों से नहीं बँधते (उन में नहीं फॅसते) हैं, हे! धनन्जय।।

4.41 योग से जो भी छोड़ दे काम, ज्ञान से तोड़ दे संशय।
आत्मवान वो जो करते काम, फॅसते न उनसे धनंजय।।41।।

4.41 Yogasanyastakarmaanam (Yoga+sanyasta+karmaanam) gyaanasanchhinnasanshyam (gyaana+sanchhinna+sanshyam).
Aatmavantam (Aatma+vantam) na karmaani nibadhnanti Dhananjaya.

4.41 Through yog renounced+ deeds+, knowledge+cut+ doubts. The self dependents, never by (wrong) deeds, get entrapped (their selves), O! Dhananjay.

4.41 With yog renounces actions, and kills doubts by knowledge.
O! Dhananjaya self reliant that, is never bound to his works. ||41||

۴.۴۱۔ یوَگسَنْیَستکَرْمانَم (یوَگ+سَنْیَست+کَرْمانَم) گیانَسَنْچھِنّسَنْشَیَم (گیانَ+سَنْچھِنّ+سَنْشَیَم)،
آتْمَوَنْتَم نَ کَرْمانِ نِبَدھْنَنْتِ دھَنَنْجَیہ۔

۴.۴۱۔ یوگ سے +چھوڑ دیے +کاموں کے پھل، علم سے کاٹ دیے+شک جسنے،
اُس خوددار کو نہیں باندھتے کاموں کے پھل، یا! دھَنَنْجَی۔

۴.۴۱۔ یوگ سے کام کے پھل چھوڑنے والا، علم سے ماردیتا ہے شک۔
دھننجے! خود کے بھروسے جو رہتا، اُسے نہ باندھتے نہ کام نہ پھل۔

4.42 तस्मादज्ञानसम्भूतम् (तस्मात् + अज्ञान + सम्भूतम्) हृत्स्थम् (हृत् + स्थम्) ज्ञानासिनात्मनः (ज्ञान + असिना + आत्मनः)। छित्वैनं (छित्वा + एनम्) संशयं योगमातिष्ठोत्तिष्ठ (योगम् + अतिष्ठ + उत्तिष्ठ) भारत।।

4.42 अतः + अज्ञान से + उत्पन्न, हृदय बैठे ज्ञान + शस्त्र से + अपने। भेद कर + इस संशय को, योग + स्थित + उठो, हे! भारत।।

4.42 अज्ञान से जन्मा संशय मारो, हृदय के ज्ञान शस्त्र से भारत।
भ्रम विहीन योग में स्थित हो के, उठो युद्ध के लिये भारत।।42।।

4.42 Tasmaadagyaanasambhootam (Tasmaat+agyaana+sambhootam) hritstham gyaanaasinaatmanah (gyaana+aasinaa+aatmanah).
Chhittvainam (Chhittvaa+enam) sanshayam yogamaatishthottishtha (yogam+atishtha+uttishtha) Bhaarata.

4.42 Therefore + ignorence+ born , sitting on heart, + with knowledge + weapon + of self.
Having cut + doubt, + yog + situated, + get up + to fight, O! Bhaarat.

4.42 Hence ignorance created doubt, sitting at your heart O! Bharat.
Cut it down with knowledge weapon, yog situated get up Bharat. ||42||

۴۰۴۲۔ تَسمادَگیانَسَمبھوتَم (تَسمات+اَگیانَ+سَمبھوتَم) ہرِتستھَم (ہرِت+ستھَم) گیانا سِناتمَنہ (گیانَ+آسِنَ+آتمَنہ)،
چھِتوینَم (چھِتوا+اینَم) سَنشَیَم یوگماتِشٹھوتِشٹھ (یوگَم+اَتِشٹھ+اُتِشٹھ) بھارَت۔

۴۰۴۲۔ اِس لئے +لاعلم سے+ پیدا ہوئے، دِل میں+ بیٹھے، عقل کے+ ہتھیار سے+ اپنے،
کاٹ کے+ اِس شک کو ، یوگ میں +موجود ہوکر+ اُٹھو (اُٹھ کے لڑو)، یا! بھارَت۔

۴۰۴۲۔ دل سے علم کا ہتھیار اُٹھا کر، جہالت سے پیدا شک کو مار دو۔
یا! بھارت، یوگ میں قایم رہ کر، جنگ لڑنے کو تیار خود اُٹھو۔

अध्याय-5 : संयास योग

CHAPTER 5 : Sanyas Yogah

باب۔(۵) سَنیاس یوگہ

- कर्मों के त्याग से कर्मों की भक्ति श्रेष्ठतर है।
- त्याग शुद्ध बुद्धि से दूषित कर्मों का होना चाहिये।
- ज्ञानी का विवेक से कर्म त्याग करना संयास है।
- और भक्त का फल त्याग कर काम करना, कर्म योग।
- कर्म योगी ईश्वर को कर्म समर्पित कर कर्म संयासी बनता है।
- समदृष्टि से भ्रम मुक्त होकर निश्चित बुद्धि से कल्याण करने वाला ब्रह्म में लीन होकर मोक्ष पाता है।
- अतः कर्म योग सहज होने के कारण सांख्य योग से श्रेष्ठतर है।
- Between renunciation of duties and devotion to duties the latter is the better act.
- Renunciation should be of faulty actions with pure mind.
- Renunciation of actions by the knower of Sankhy Scripture is the order of renounced life called Sanyas.
- And the action devoted fruit renouncer ie a balanced doer is a Karmyogi.
- The balanced doer offers his actions to God and earns the renounced order of duties ie becomes Karm Sanyasi.
- The Single viewing noble doer who is free of doubt, gets Brahm united with constant mind, and attains salvation.
- Hence controlled action ie Karm Yog is easier hence better than Sankhy Yog.

۱۔ کام سے پیار کرنا،اپنے کام چھوڑ دینے سے بہتر ہے۔کام کی عزیزی کام کی عقیدت ہے۔اس لئے کام کو کبھی نہیں چھوڑنا چاہیے۔

۲۔ مگر پاک صاف ذہن سے ناقص (برے) کام چھوڑ دینے چاہیئے۔

۳۔ مقدس صحیفہ (سانکھیہ) کے عالم،کام میں کمال حاصل کرکے خدا کی نظر کرتے ہیں۔یہی فعل دست برداری (سنیاس) کہلاتی ہے۔

۴۔ دماغ قابو کرکےکام چھوڑنے والاہی سنیاسی (استعداد) ہے۔

۵۔ اور کام کاج کے پھل (نتیجہ) چھوڑنے والا کام کاج کا عقیدمند یعنی کام کا یوگی ہے۔

۶۔ کام کاج کا عقیدتمند اپنے کیےہوئے سب کام خدا کی پیش۔نظر کرکے کام کا سنیاسی(استعداد) بن جاتا ہے۔

۷۔ سب کو ایک نظر سے دیکھنے والا،عظیم عملی، شک سے آزاد ہوکے، فیصلہ کن ذہن سے پروردگار میں جذب ہونے سے،سنسار سے نجات پاتا ہے۔

۸۔ اسلئے کام کرنے کی عزیزی کرکے کام یوگی بننا،کام کو پاک صحیفہ سمجھ کے، دماغ قابو میں رکھ کے،خدا کی پناہ میں کرنا اور چھوڑنا، کام یوگی اور سنیاسی ہونا کہلاتا ہے۔

अध्याय-5 Chapter–5

باب۔(۵)

अर्जुन उवाच Arjuna Uvaacha अर्जुन बोले Arjun said

ارجن اُواچ ارجن بولے

5.1 संयासं (संयासम्) कर्मणां (कर्मणाम्) कृष्ण पुनर्योगं (पुनः + योगम्) च शंससि
यच्छ्रेय (यत् + श्रेयः) एतयोरेकं (एतयोः + एकम्) तन्मे (तत् + मे) ब्रूहि
सुनिश्चितम्।।

5.1 छोड़ने की, कामों को, हे! कृष्ण! + फिर योग (उनसे जुड़ने) की + प्रशंसा करते हैं। जो + लाभप्रद है इनमें से, + एक उसे + मेरे लिये + कहें, अच्छी तरह निश्चय करके।।

5.1 पहले कहते 'काम त्यागो', फिर कहते उनकी भक्ति अच्छी।
कृष्ण! वो एक बात सुनिश्चित कहें, जो हो मेरे लिये अच्छी।।1।।

5.1 Sanyaasam karmanaam Krishna punaryogam (punah+yogam) cha shansasi.
Yachchhreya (Yat+shreyah) etayorekam (etayoh+ekam) tanme broohi sunishchitam.

5.1 To leave works, O! Krishn! again to perform through yog (by connection) do you praise.
Which is+ better for me, out of these,+the one, that You say , with certainty.

5.1 Krishn! you say to renounce actions, and also to connect with them.
Please tell me with confidence, the better one for me out of them. ||1||

۵۰۱۔ سَنْیَاسَمْ کَرْمَنامْ کْرِشْن پُنَرْیوگَمْ (پُنَہ+یوگَمْ) چ شَنْسَسِ،
یَچّھریٖ (یَت+شْریَہ) ایتَیورِیکَمْ (ایتَیوہ+ایکَمْ) تَنْمے (تَت+مے) بْروٗہِ سُنِشْچِتَمْ۔

۵۰۱۔ چھوڑنے کی کام،یا! کْرِشن اور پھر +جڑکے کرنے کی بات کہتے ہیں،
جو+بہتر ہےاِن دونومیں سے ،وہ ایک میرے لیے کہیں، طے کرکے۔

۵۰۱۔ کام پہلے چھوڑنے کو کہتے ، پھر بڑائی کرتے عقیدت سے کرنے کی ۔
یا! کریشن، یقیناً سے کہیں وہ ایک راہ، خیریت سے جہ ہے میرے کرنے کی۔

<u>**श्रीभगवानुवाच** Shree Bhagawaan Uvaacha **श्री भगवान बोले** Lord Shri Said</u>

شری بھگوانُواچ لارڈ خدا بولے

5.2 संयासं कर्मयोगश्च (कर्मयोगः + च) निःश्रेयसकरावुभौ (निःश्रेयस + करौ + उभौ)। तयोस्तु (तयोः + तु) कर्मसंयासात्कर्मयोगो (कर्म + संयासात् + कर्म + योगः) विशिष्यते।।

5.2 संयास और + कर्म योग, मुक्ति पथ पर + ले जाने वाले हैं + दोनों।
उन (दोनों) में + लेकिन, कर्म छोड़ने (संयास) से + कर्म से जुडना़ (योग) + विशिष्ट है।।

5.2 कर्म त्याग और कर्म भक्ति, दोनों पथ दिलवाते मुक्ति।
मगर कर्मों के संयास से, श्रद्धा से करना है श्रेष्ठ युक्ति।।2।।

5.2 Sanyaasah karmayogashcha (karmayogah+cha) nihshreyasakaraavubhau (nih + shreyasa + karau + ubhau).

Tayostu (Tayoh+tu) karmasanyaasaatkarmayogo (karma+sanyaasaat+karma+yogah) vishishyate.

5.2 To leave (sanyas) and + to devotionally connect (yog) with work, lead to freedom, O! Parth,+ both (the paths).
Between them (the two paths) + but, from leaving to work + to faithfully connect with work (yog) is specific.

5.2 To renounce actions and to perform with love, both lead to salvation.
Out of the two performance of actions, is better than their renunciation. ||2||

۵۰۲۔ سَنْیاسَہ کَرمَیوگَشْچ (کَرمَ + یوگَہ + چ) نِہشریَسکراوُبھَو (نِہشریَس + کَرو + اُبھَو)،
تَیوسْتُ (تَیوہ + تُ) کَرمَسَنْیاساتکرمَیوگو (کَرمَ + سَنْیاسات + کَرمَ + یوگَہ) وِشِشْیَتے۔

۵۰۲۔ چھوڑنا اور + کاموں کو + یوگ سے کرنا، آزاد + کرنے والے رستے ہیں + دونو ہی ،
اُن میں سے + لیکن ،کاموں کے چھوڑنے سے +کاموں کو یوگ سے کرنا بہتر ہے۔

۵۰۲۔ کام قربان کرو یا کرو یوگ سے، نجات دونو ہی راہیں دیتی ہیں۔
ایمان سے کرنا ہے آسان تبھی، بہتر ہے کام چھوڑ دینے سے یہ۔

5.3 ज्ञेयः स (सः) नित्य संयासी यो (यः) न द्वेष्टि न कांक्षति। निर्द्वन्दो (निर्द्वन्दः) हि महाबाहो सुखं (सुखम्) बन्धात्प्रमुच्यते (बन्धात् + प्रमुच्यते)।।

5.3 जानो उसे सदा संयासी, जो न घृणा न इच्छा करता है।
दोहरी (सोचो की) लड़ाई बिना महाबाहु! सुख से, बन्धन से+ पूरी तरह मुक्त हो जाता है।।

5.3 समझ लो कि सच्चा सन्यासी, न द्वेष न ही कामना करता है।
महाबाहु! दोहरी सोचो के, द्वन्द्व बन्धन से मुक्त रहता है।।3।।

5.3 Gyeyah sa (sah) nityasanyaasi (nitya + sanyaasi) yo (yah) na dweshti na kaankshati. Nirdvando (Nirdvandah) hi Mahaabaaho sukham bandhaatpramuchyate (bandhaat + pramuchyate).

5.3 Know him as a perpetual + renouncer, who neither hates nor desires. Free from fighting opposite thoughts, O! Mighty armed! happily + becomes, wholely binding+ free.

5.3 Mighty Armed! a total renouncer, neither hates nor wishes anything.
With no fights of opposite thoughts, is happily free of all binding. ||3||

۵۰۳۔ گییں یَہ س (سَہ) نتیسنیاسی یوٗ (یَہ) نَ دویشٹِ نَ کانکشتِ،
نرڈوَنڈ ووَ (نرڈوَنڈ وَہ) ہِ مہاباہوٗ سُکھَمْ بندھاتپرَمُچیتے (بندھات+پرَمُچیتے)۔

۵۰۳۔ جانو اُسے ہمیشگی ر عبدی سنیاسی، جو نا بیر کرتا ہے نا چاہت،
بغیر دوہری لڈائی (شک) کے، یا! مضبوط باذو، سکھی، آزاد کہلاتا ہے۔

۵۰۳۔ عبدی سنیاسی پیار اور نفرت، چھوڑ کے ہمیشہ بے تعالق رہتا۔
یا! مضبوط باذو، دشمن سوچوں سے، ہو کے آزاد ہردم سکھی رہتا۔

5.4 सांख्य + योगौ पृथग्बालाः (पृथक् + बालाः) प्रवदन्ति न पण्डिताः। एकमप्यास्थितः (एकम् + अपि + स्थितः) सम्यगुभयोर्विन्दते (सम्यक् + उभयोः + विन्दते) फलम्।।

5.4 सॉख्य (बौद्धिक विश्लेषण) + और योग (शारीरिक अभ्यास) को भिन्न + अल्पज्ञ कहते हैं, न कि पण्डित। एक (स्थिति) में +भी +रह कर, पूरा + दोनों का + भोगते हैं + फल।।

5.4 सांख्य और योग को अलग, अल्पज्ञ कहते हैं न कि पण्डित।
एक ही पथ से दोनों के फल, ले लेते वो जो होते पण्डित।।4।।

5.4 Saankhya yogau prithagbaalaah (prithak+baalaah) pravadanti na panditaah. Ekamapyaasthitah (Ekam+api+aasthitah) samyagubhayorvindate (samyak+ubhayoh+vindate) phalam.

5.4 Analysis (mental action) and yog (physical action) find separate, +those with less knowledge, and not the learned. Through +one+ path + wholely, + of both (the situations) + they enjoy + fruits.

5.4 Analytical study of world and yog, both are considered same by wise.
Following either of the two ways, fruits of both are gained by wise. ||4||

۵۰۴۔ سانکھیوگو پرتھگبالاہ (پرتھگ+بالاہ) پروَدنتِ نَ پنڈتاہ،
ایکمپیاستھتہ (ایکم+اپِ+آستھتہ) سمیگبھیورودندتے (سمیگ+اُبھیوہ+وندتے) پھلم۔

۵۰۴۔ علم اور یوگ کو الہدہ بتاتے ہیں دوسرے+جاہل، نا کہ عالم،
جو ایک+میں ہی +بسے ، سارے+دونو کے +لے لیتے ہیں پھل۔

۵۰۴۔ لکھامان کے یاایمان سے کام کرنا، الگ بتاتے ہیں جاہل نا کی فاضل۔
کسی ایک پے بھی سچائی سے چل کے، دونوں کے پھل لے لیتے ہیں فاضل۔

5.5 यत्सॉख्यैः (यत् + सॉख्यैः) प्राप्यते स्थानं (स्थानम्) तद्योगैरपि (तत् + योगैः + अपि) गम्यते। एकंएकम्) सॉख्य (सॉख्यम्) च योग (योगम्) च यः पश्यति स पश्यति।।

5.5 जो + सॉख्य (जग विश्लेषण) से मिलता है स्थान, वही + योग से + भी मिलता है।
जो सॉख्य व योग को, एक देखता है, सही देखता है।

5.5 सांख्य दर्शन से जो मिलता है, वही स्थान योग भी देता है।
सांख्य और योग जो एक देखता है, वही सच्चाई भी देखता है।।5।।

5.5 Yat + saankhyaih praapyate sthaanam tadyogairapi (tat + yogaih + api) gamyate.
Ekam saankhyam cha yogam cha yah pashyati sa (sah) pashyati.

5.5 The status gained by Sankhy (world analysis), is also provided by yog.
The one who sees sankhy and yog as to be the same, really sees the truth.

5.5 Sankhy provides the same status, as is provided by the yog.
Sankhy and yog who sees to be same, sees the truth of both. ||5||

۵۰۵۔ یتسانکھیہ (یت+سانکھیہ) پراپیتے ستھانم تدیوگیراپِ (تت+یوگیہ+اپ) گمیتے،
ایکم سانکھیم چ یوگم چ یہ پشیت س (سہ) پشیت۔

۵۰۵۔ جو+علم سے پالیتاہے جگہ وہی+یوگ سے+بھی پا لیتا ہے،
ایک ہی ہیں علم اور یوگ، جو یہ دیکھتا ہے وہ ہی (سچ) دیکھتا ہے۔

۵۰۵۔ فلسفے یوگ یا عقیدت سے کام، ایک ہی درجہ دلواتے یہ سب۔
انہیں سمجھ کے کسی ایک پے چلنے کو، جو ہیں سمجھتے دیکھتے وہ سچ۔

5.6 संयासस्तु (संयासस् + तु) महाबाहो दुःखमाप्तुमयोगतः (दुःखम् + आप्तुम् + अयोगतः)।योगयुक्तो (योगयुक्तः) मुनिर्ब्रह्म (मुनिः + ब्रह्म) न चिरेणाधिगच्छति (न + चिरेण + अधिगच्छति)।।

5.6 संयास से + लेकिन महाबाहु! दुःख + पाते हैं + योग बिना। योग जुड़ा मुनि, ईश्वर / ब्रह्म को बिना + देर के (जल्दी) प्राप्त करता है।।

5.6 पर संयास महाबाहु! बिना योग के दुःख देता है।
योग युक्त हो के मुनि, जल्द ब्रह्म को पा लेता है।।6।।

5.6 Sanyaasastu (Sanyaasah + tu) Mahaabaaho dukham + aaptum + ayogatah (dukham + aaptum + ayogatah).

Yogayukto (Yoga + yuktah) munirbrahm (munih + Brahm) nachirenaadhigachchhati (na + chirena + adhigachchhati).

5. 6 By renunciation but, O! Mighty armed, pain + he gets + without yog. Yog connected thinker, + to God without + delay + gets.

5.6 Mahabahu! but a renouncer, suffers pain if not devoted.
A God thinker gets Him, in no time due to be devoted. ||6||

۵۰۶۔ سَمنیاسَستُ (سَمنیاسَہ+تُ) مَہاباہو دُکھماپتُموگتہ (دُکھم+آپتُم+اَیوگتہ)،
یوگیکتو (یوگ+یکتہ) مُنِربرہم (مُنِہ+برہم) نَ چِریناد ھِگچھتِ (چِرین+ادھِگچھت)۔

۵۰۶۔ سنیاس رچھوڑنا+لیکن، یا! بڑی باذو والے (اَرجُن)، دکھ+لاتا ہے+بغیر یوگ کے،
یوگ سے+جُڑے دانش کو+خدا سے ملنے میں نہیں+دیر+لگتی ہے۔

۵۰۶۔ یا! مضبوط باذو، مشکل ہے لیکن چھوڑنے کے دکھ میں، کاموں کو کر پانا یوگ بغیر۔
یوگ سے جُڑ کے مفاکر عالم جیسے آزد روح، خدا کو پاتے ہیں دیر بغیر۔

5.7 योगयुक्तो (योग + युक्तः) विशुद्धात्मा (विशुद्ध + आत्मा) विजिततात्मा (विजित + आत्मा) जितेन्द्रियः (जित + इन्द्रियः)। सर्वभूतात्मभूतात्मा (सर्वभूत + आत्मभूत + आत्मा) कुर्वन्नपि (कुर्वन् + अपि) न लिप्यते।।

5.7 योग + जुड़ा, विशुद्ध + आत्मा वाला, आत्म संयमी (आत्मा द्वारा इन्द्रियाँ जीतने वाला / वश में रखने वाला।
सब जीवों में अपनी आत्मा + जैसी आत्मा, देखते हुए, + काम करते हुए भी, + कामों से नहीं बँधता।।

5.7 योग युक्त पवित्र आत्मा, स्वयं का और इन्द्रियों का राजा।
सब में देखे अपनी सी आत्मा, मुक्त काम करे जैसे राजा।।7।।

5.7 Yogayukto (Yogayuktah) vishuddhaatmaa (vishuddha + aatmaa) vijitaatma (vijita + aatma) jitendriyah (jita + indriyah).

Sarvabhootaatmabhootaatmaa (Sarva + bhoota + aatma + bhoota + aatmaa) kurvannapi (kurvan + api) na lipyate.

5.7 Yog + connected pure + soul, self controlled, sense conquerer. In all creatures, + like own self + finds self, while doing + also + remains unbound.

5.7 God connected self purified, self conqueror and sense winner.
Who considers all beings as self, is also an unbound free doer. ||7||

۵۰۷۔ یوگیکتو(یوگ+یکتہ) وِشدّھاتما (وِشدّھ+آتما) وِجتاتما(وِجت+آتما) جِتیندریہ(جِت+اِندریہ)،
سَروبھوتاتمبھوتاتما(سَرو+بھوت+آتم+بھوت+آتما) کُروَنپ (کُروَن+اَپ) نَ لِپیَتے۔

۵۰۷۔یوگ سے+جُڑی، پاک+روح، فاتح +روح، فاتح + حواس،
سارے + مخلوقات کی روحوں پر + مہربان روح کام کرتے ہوے بھی کاموں سے نہیں لپٹتی یانی قید نہیں ہوتی ہے۔

۵۰۷۔ یوگ سے جڑے پاک روح، جسم اورحواس پے قابو پاتے ہیں۔
مخلوقات پردیابرساتے ہوئے بھی،اپنے ہرکام سے آزادہوتے ہیں۔

5.8 नैव (न + एव) किञ्चित्करोमीति (किञ्चित् + करोमि + इति) युक्तो (युक्तः) मन्येत तत्ववित्। पश्यन्शृण वन्स्पृशनजिघ्रन्नश्नन्गच्छन्स्वपन्श्वसन् (पश्यन् + शृण्वन् + स्पृशन् + जिघ्रन् + अश्नन् + गच्छन् + स्वपन् + श्वसन्)।।

5.8 न + ही कुछ + करता हूँ, + ऐसा, (ईश्वर से / स्व से) जुड़ा / योगी + सोचता है, + सच जानने वाला।
देखते, + सुनते, + छूते, + सूँघते, + खाते, + जात,` + सपना देखते, + सांस लेते।।

5.8 कुछ भी नहीं करता हूँ यह सोचता, वो योगी जो सच जानता है।
देखना सुनना छूना सूँघना खाना, जाना नींद सांस स्वयं होता है।।8।।

5.8 Naiva (Na + eva) kinchitkaromeeti (kinchit + karomi + iti) yukto (yuktah) manyeta tattva + vit.

pashyanshrinvansprishanjighrannashnangachchhanswapanshwasan (pashyan + shrinvan + sprishan + jighran + ashnan + gachchhan + swapan + shwasan).

5.8 Never anything, + do I do, + during all this,a yogi (self connected/God connected) thinks knowing the fact. While seeng, + listening, + touching, + smelling, + eating, + going, + dreaming and + breathing.

5.8 A yogi knows the truth that acts happen on their own, he does nothing.
On seeing listening touching smelling eating, movig dreaming respiring. ||8||

۵۰۸۔ نیو کنچِت کروَمیتِ (نَ + ایوَ + کنچِت + کروم + اِتِ) یُکتو (یُکتہ) منیت تتووِت،
پشینشرِنوَنسپرِشن جِگھرن نشنن گچھنسوپنشوسن (پشین + شرِنون + سپرِشن + جِگھرن + اشنن + گچھن + سوپن + شوسن)۔

۵۰۸۔ نہیں + ہی + کچھ بھی + کرتا ہوں میں + ایسا (خدا سے) جڑا ہوا (یوگی) مانتا ہے سچ جاننے والا،
دیکھتے + سنتے + چھوتے + سونگھتے + کھاتے + جاتے + سپنہ دیکھتے + سانس لیتے۔

۵۰۸۔ میں نے کچھ بھی نہیں کیا، یوگی کو سچائی یہ معلوم ہوتی ہے۔
انکھ، ناک، کھال، کان، منہ نے کیا، روح اِن سے دور رہتی ہے۔

5.9 प्रलपन्विसृजन्गृहणन्नुन्मिषन्निमिषन्निपि (प्रलपन् + विसृजन् + गृहणन् + उन्मिषन् + निमिषन् + अपि)। इन्द्रियाणीन्द्रियार्थेषु (इन्द्रियाणि + इन्द्रिय + अर्थेषु) वर्तन्त इति धारयन्।।

5.9 बात करते, + छोड़ते, + लेते, + खोलते, + व बंद करते हुए + भी।
इन्द्रियॉ + इन्द्रिय + तृप्ति में (अपने विषयों के साथ कामों में) + लगी रहने दें + ऐसा विचार करते हुए।।

5.9 बोलना छोड़ना लेना खोलना, बन्द करना इन्द्रियों ने किया।
इन्द्रियों ने किया इन्द्रियों के लिये, कोई काम मैंने न किया।।9।।

5.9 Pralapanvisrijangrihanannunmishannimishannipi (Pralapan + visrijan + grihanan + unmishan + nimishan + api).

Indriyaaneendriyaartheshu (Indriyaani+indriyaartheshu) vartanta iti dhaarayan.

5.9 While talking, leaving, taking, opening, and closing too. Let senses +with sense objects+ be satiating (working) amongst themselves, with such thinking.

5.9 While talking leaving accepting, opening and closing senses do.
Let senses work for themselves,the wise thinks nothing do I do. ||9||

۵۰۹۔ پرلپنوسرجنگرہننّنمشن نمشنّپ (پرلپن + وسرجن + گرہنن + اُنمشن + نمشن + اپ)،
اِندریانیندریارتھیشُ (اِندریانِ + اِندری + ارتھیشُ) ورتنت اِتِ دھارین۔

۵۰۹۔ بات کرتے+ چھوڑتے+ لیتے+کھولتے+ بندکرتے ہوئے +بھی،
حواس+ اپنے اشیاء +کے لئے، لگی (کام کرتی) رہتی ہیں، ایسا سوچ کے۔

۵۰۹۔ بولنا، چھوڑنا، لینا،کھولنا، بندکرنا،حواس ہی کرتے ہیں سب کام۔
کام میں حواسوں کو لگا رہنے دے کے، خودکوئی اُنسے نا رکھتے کام ۔

5.10 ब्रह्मण्याधाय (ब्रह्मणि + आधाय) कर्माणि संगं (संगम्) त्यक्त्वा करोति यः। लिप्यते न स (सः) पापेन पद्मपत्रमिवाम्भसा (पदम् + पत्रम् + इव + अम्भसा)।।

5.10 भगवान को + समर्पित हो कर, कर्मों की आसक्ति छोड़ कर, काम करता है जो। लिपटता नहीं वह पापों से, कमल पत्तों + जैसा + जल में।।

5.10 ब्रह्म को अर्पित कर देते जो, सारे काम लगाव न कर।।
उनको छूता भी न पाप, कमल के पत्ते जैसे जल पर।।10।।

5.10 Brahamanyaadhaaya (Brahamani+aadhaaya) karmaani sangam tyaktwaa karoti yah. Lipyate na sa (sah) paapena padmapatramivaambhasaa (padma+patram+iva+ambhasaa).

5.10 To God + having dedicated, + works,–fruits + binding/attachment, + having renounced, the one who acts. Untouched + by sins + he remains, like lotus+ leaves+ in+ water.

5.10 One who offers all action to God, having attachment to fruits none.
Just like lotus petals in water, remains untouched with sin that one. ||10||

۵۰۱۰۔ بْرَہْمَنْیادھای(بْرَہْمَنِ+آدھای) کَرْمانِ سَنْگَم تْیَکْتْوا کَروتِ یَہ،
لِپْیَتے نَ س(سَہ) پاپین پَدْمَپَتْرَ مِواَمْبھَسا (پَدْمَ+پَتْرَم+اِوَ+اَمْبھَسا)۔

۵۰۱۰۔خدا کی+ پناہ میں، کام، رابطہ چھوڑ کے کرتا ہے جو،
چپکتا نہیں وہ پاپوں سے ،کمل کے+ پتے +جیسا+پانی میں۔

۵۰۱۰۔ کاموں سے ہر رابطہ چھوڑ کے، نظر میں خدا کی کرتا ہے جو۔
پانی میں کمل پتوں کے جیسے، پاپوں سے اچھوتا ہی رہتا ہے وہ۔

5.11 कायेन मनसा बुद्धया केवलैरिन्द्रियैरपि (केवलैः + इन्द्रियैः + अपि)। योगिनः कर्म कुर्वन्ति संग त्यक्त्वात्मशुद्धय (त्यक्त्वा + आत्म + शुद्धये)।।

5.11 शरीर से, मन से, बुद्धि से, व शुद्ध + इन्द्रियों से + भी । योगी काम करते हैं, आसक्ति छोड़ कर, + आत्म / अपनी / स्व की / स्वयं की, + शुद्धि के लिये।

5.11 शरीर से मन से बुद्धि से, और अपनी इन्द्रियों से भी।
इनसे लेते काम अलग हो के, आत्मा शुद्ध रखते योगी।।11।।

5.11 Kaayena manasaa buddhyaa kevalairindriyairapi (kevalaih + indriyaih + api).
yoginah karma kurvanti sangam tyaktwaatmashuddhaye (tyaktwaa + aatma + shuddhaye).

5.11 By body, heart and mind, purely/ only + and by senses + also.
Yogis do the works, attachment (without attaching self),having renounced+ for keeping + their self/soul + purified.

5.11 By body by heart by mind, and also by senses yogis do works.
Separated by each purified ,disallowing self to involve in works. ||11||

۵۰۱۱۔ کاییَن مَنَسا بُدّھیا کیوَلیرِندریئیرَپ (کیوَلیہ+اِندرِیئیہ+اَپ)،
یوگِنہ کَرمَ کُروَنتِ سَنگَم تیکتواتمشُدّھیے (تیکتوا+آتمَ+شُدھیے)۔

۵۰۱۱۔ جسم سے، دِل سے، دماغ سے کام کرتے ہیں صرف+حواس+ہی،
یوگی کام کرتے ہیں چاہت چھوڑکے+خود کی+پاکیزگی کے لئے۔

۵۰۱۱۔ جسم زہن دل اور روح سے، کرتے کام بندھتے نہیں۔
یوگی کام کرتے رابتہ چھوڑکے، کرتے دِل کی صفائی کو ہی۔

5.12 युक्तः कर्म + फलं (कर्म + फलम्) त्यक्त्वा शान्तिमाप्नोति (शान्तिम् + आप्नोति) नैष्ठिकीम। अयुक्तः कामकारेण (काम + कारेण) फले सक्तो (सक्तः) निबध्यते।।

5.12 योगी कर्म + फल छोड़ कर, शान्ति + पाता है, अचल। योग के बिना, (काम में फल की) इच्छा + के कारण, फल से चिपका बँध जाता है।।

5.12 योग से जुड़ के फल छोड़ने से, काम से मिलती अनन्त शान्ति।
योग छोड़ के फल न छोड़ने से, काम से फलों की चाहना बाँधती।।12।।

5.12 Yuktah karmaphalam (karma+phalam) tyaktwaa shaantim+aapnoti naiishthkeem.
Ayuktah kaama+kaarena (kaama+kaarena) phale sakto (saktah) nibadhyate.

5.12 Yogi, having left the action fruits, gets+ peace immovable. Without yog, the action fruits attached one, gets trapped.

5.12 Being God connected and renouncing work fruits, provides eternal peace.
Without being God connected working for fruits, binds one with all thease. ||12||

۵۰۱۲۔ یُکتہ کرمپھلَم تیکتوا شانتماپنوتِ (شانتم+آپنوتِ) نیشٹھکیم،
اَیُکتہ کامکارین (کامَ+کارین) پھلے سَکتو (سَکتہ) نِبدھیتے۔

۵۰۱۲۔ یوگ سے کاموں کے پھل چھوڑ کے سکون+مِلتا ہے عبدی،
بغیر یوگ کے کام+کی وجہ کے پھل (لطف) منسلک کر کے باندھتے ہیں۔

۵۰۱۲۔ کام یوگ سے پھل کو چھوڑ کر، سکون پاتے ہیں عابدی۔
یوگ بغیر پھل کے لالچی، کام سے بندھ ہوتے قیدی۔

5.13 सर्वकर्माणि (सर्व + कर्माणि) मनसा संयस्यास्ते (संयस्य + आस्ते) सुखं (सुखम्) वशी। नवद्वारे (नव + द्वारे) पुरे देही नैव (न + एव) कुर्वन्न (कुर्वन् + न) कार्यन्।।

5.13 सब + काम, मन से छोडकर् + रहता है सुखी, संयमी (आत्मा/स्वयं के वश में/संयमित)। नौ + द्वारों वाले शरीर में आत्मा (सुख से रहती है) , न + ही करते, न कराते हुए, काम।।

5.13 सारे काम मन से छोड़कर, स्वतंत्र आत्मा रहती सुख से।
नौ द्वारों के शरीर के घर, काम किये कराए बिन सुख से।।13।।

5.13 Sarvakarmaani (Sarva + karmaani) manasaa sanyasyaaste (sanyasya + aaste) sukham vashee.
Nava + dwaare (Nava + dwaare) pure dehee naiva (na + eva) kurvanna (kurvan + na) kaarayan.

5.13 All + works, by heart, having left + lives happily under self (the self controlled one/ balanced under self). Within nine door + town (of body), the pure self lives neither + on doing nor + on getting done the works.

5.13 Having renounced all work fruits by heart, one acquires joys.
His self dwells without working, within nine door body it enjoys. ||13||

۵۰۱۳۔ سَرْوَ کَرْمانِ (سَرْوَ+کَرْمانِ) مَنَسا سَمْنْیَسْیاشتے (سَمْنْیَسْیَ+آشتے) سُکھَم وَشی،
نَوْدوارے پُرے دیہی نیو کُرْوَنْ کارَیَنْ۔

۵۰۱۳۔ سارے+کام دِل سے چھوڑنے والے+ ہوتے ہیں، سکھی اور متوازن،
نَو دروازوں کے گھر جسم سے نا کرتے ہوئے نا کراتے ہوئے کام۔

۵۰۱۳۔ سارے کام من سے چھوڑ کے، روح رہتی ہردم سکھی۔
نودروازوں کے جسم میں روح، بنا کیئے یا کرائے ہوتی سکھی۔

5.14 न कर्तृत्वं न कर्माणि लोकस्य सृजति प्रभुः। न कर्मफलसंयोगं (कर्म + फल + संयोगम्) स्वभावस्तु (स्वभावः + तु) प्रवर्तते।।

5.14 न कर्तव्य न काम, लागों के गढ़ती है अर्थात लोगों पे मढ.ती नहीं है आत्मा। न काम के + फलों का + संयोग अर्थात मिलना न मिलना, प्राकृतिक गुण + मगर यह सब कराते हैं।।

5.14 आत्मा न ही पैदा करती है, और न काम कराती है शरीर से।
न कर्मों के फल दिलाती है, गुण ही यह सब करते शरीर में।।14।।

5.14 Na kartritvyam na karmaani lokasya srijati prabhuh.
Na karma+phala+sanyogam swabhaavastu (swabhaavah+tu) pravartate. ||14||

5.14 Neither dutifulness nor works create the souls. Nor even coincidences ie.success–failure of action fruits, but + nature, ie. all this is done by natural characters.

5.14 The body's soul the self God, neither creates work nor workmanship.
Self does not create work fruit bonding, characters generate all this. ||14||

۵۰۱۴۔ نَ کَرْتِرْتْوَم نَ کَرْمانِ لوکَسْی سْرِجَتِ پْرَبھُ،
نَ کَرْمپھلَسَنْیوگَم (کَرْمَ+پھَل+سَنْیوگَم) سْوَبھاوَسْتُ (سْوَبھاوَہ+تُ) پْرَوَرْتتے۔

۵۰۱۴۔ ناکام کی فطرت نا عملی بناتی ہے دیہ کو روح (خدا)،
ناہی کاموں کے پھل ملنے کے آثار بناتی ہے، قدرت لیکن سب کرتی ہے۔

۵۰۱۴۔ ناکرواتی ناپیدا کرتی کام، مالک روح ہے جسم کی کچھ نہیں کرتی۔
اورنا پھل کی تقدیر دیتی، یہ سب قدرتی خوبیاں ہی ہیں جو کرتیں۔

5.15 नादत्ते (न + आदत्ते) कस्यचित्पापं (कस्यचित् + पापम्) न चैव (च + एव) सुकृतं (सुकृतम्) विभुः।
अज्ञानेनावृतं (अज्ञानेन + आवृतम्) ज्ञानं (ज्ञानम्) तेन मुह्यन्ति जन्तवः।।

5.15 नहीं + लेते किसी का पाप, और + न ही पुण्य, आत्मा रूपी परमेश्वर।
अज्ञान + ढके ज्ञान से, मोहग्रस्त अर्थात भ्रमित होते हैं प्राणी।।

5.15 न लेती मन का पाप आत्मा, और न ही पुण्य जो करते लोग।
अज्ञान ढ़क लेता है ज्ञान जब, तो मोह ग्रस्त हो जाते हैं लोग।।15।।

5.15 naadatte (na + aadatte) kasyachitpaapam (kasyachit + paapam) na chaiva (cha + eva) sukritam vibhuh.
Agyaanenaavritam (Agyaanena+aavritam) gyaanam tena muhyanti jantavah.

5.15 Soul neither + accept anybody's sin nor piety. Ignorance + covers wisdom , that confuses the beings.

5.15 Body's God the self accepts, neither good nor bad deeds.
Ignorance covers wisdom, that provides doubt and leads. ||15||

۵۰۱۵۔ نادَتّے (نَ+آدتّے) کسّیچِتپاپَم (کَسّی+چِت+پاپَم) نَ چَیوَ (چ+ایوَ) سُکرِتَم وِبھُ،
اَگیانیناوِرتَم (اَگیانین+آوِرتَم) گیانَم تین مُہیَنتِ جنتَوہ۔

۵۰۱۵۔ نا +لیتا ہے کسی کے دِل سے پاپ اور+ناہی سواب دیہ سے خدا (روح)،
جہالت سے ڈھانکے ہوئے علم اُن کے، متوجہ کرتے ہیں مخلوق کو۔

۵۰۱۵۔ روح خدا نہیں لیتی، دیہ کے اچھے برے کام کبھی۔
پر عقل چھپا کے جہالت سے، اپنی طرف کھینچتی ہے لوگ سبھی۔

5.16 ज्ञानेन तु तदज्ञानं (तत् + अज्ञानम्) येषां (येषाम्) नाशितमात्मनः (नाशितम् + आत्मनः)। तेषामादित्यवज्ज्ञानं (तेषाम् + आदित्य + वत् + ज्ञानम्) प्रकाशयति तत्परम् (तत् + परम्)।।

5.16 ज्ञान से लेकिन, वह + अविद्या जिनकी नष्ट होती है, + अपने आप से (आत्मा से / स्व से)। उनका + सूर्य + जैसा + ज्ञान, प्रकाशित करता है, उस परम को (आत्मा को / स्व को)।।

5.16 लेकिन अपने ज्ञान से जो, नष्ट कर देते हैं अज्ञान।
सूरज जैसे ज्ञान से परम, आत्मा करते प्रकाशमान।।16।।

5.16 Gyanena tu tadgyaanam (tat + gyaanam) yeshaam naashitam + aatmanah. Teshaamaadityavajgyaanam (Teshaam + aaditya + vat + gyaanam) prakaashayati tatparam (Tat + Param).

5.16 Wisdom but that,+ whose kills+ ignorance+ of self. Their + sun + like + knowledge, shows That Supreme soul/self.

5.16 Wisdom which kills ignorance, that covers the self.
Like sun it enlightens, to show the Supreme self. ||16||

۵۰۱۶۔ گیانین تُ تدگیانَم (تت+اَگیانَم) ییشام ناشتماتمَنہ (ناشتَم+آتمَنہ)،
تیشامادِتیوَجگیانَم (تیشام+آدِتیوَت+گیانَم) پرکاشیَت تتپرَم (تت+پرَم)۔

۵۰۱۶۔ علم سے لیکن وہ (خدا) جہالت جن کی مارتا ہے روح کی / اُن کی / خود کی،
اُن کا سورج جیسا علم روشن کرتا ہے اُس سب سے اونچے خدا (روح) کو۔

۵۰۱۶۔ پر جنکے علم سے خدا روح میں، کرتا جہالت بے اثر۔
خد سچائی روح میں دکھاتا، علم کا سورج روشنی دے کر۔

5.17 तद्बुद्धयस्तदात्मानस्तन्निष्ठास्तत्परायणाः (तत् + बुद्ध यः + तत् + आत्मानः + तत् + निष्ठाः + तत् + परायणाः)। गच्छन्त्यपुनरावृत्तिं (गच्छन्ति + अपुनः + आवृत्तिम्) ज्ञान + निर्धूत + कल्मषाः।।

5.17 उनकी बुद्धि, उनकी आत्मा, उनकी निष्ठा, उसी परमेश्वर में होती हैं। वे जाते हैं + फिर नहीं + आने को, ज्ञान + शोधित + पापों द्वारा।।

5.17 बुद्धि उसकी आत्मा उसकी, निष्ठा उसकी उसी परम में।
ज्ञान से पाप दूर हों उसके, मुक्ति भी होती उसी परम में।।17।।

5.17 Tadbudhhayastadaatmaanastannishthaastatparaayanaah (Tat + budhhayah + tat + aatmaanah + tat + nishthaah + tat + paraayanaah).

Gachchhantyapunaraavrittim (Gachchhanti + apunah + aavrittim) gyaananirdhootakalmashaah (gyaana + nirdhoota + kalmashaah).

5.17 Their minds, their souls, their faiths are under Him. They leave (bodies) + not to repeatedly + come back, due to their sins being cleansed by wisdom (wisdom + purified + sins).

5.17 His wisdom his brain, his self his faith which rely on God.
All leave this place to God, as sin free mind gets His nod. ||17||

۵۰۱۷۔ تدبدھیتدِ اتما نستنشٹھا ستتپرا ینّاہ (تت + بدھی + تت + آتمانۂ + تت + نشٹھاہ + تت + پر اینّاہ)،
گچھنتیپنراوِرتم (گچھنتِ + اپنہ + آورِتم) گیانرِ دھوتکلمشاہ (گیان + نرِدھوت + کلمشاہ)۔

۵۰۱۷۔ اُس میں (خدا میں) عقل، اُسمیں روح، اُسمیں ایمان، اُس میں پناہ لے کے قائم ہیں جو،
وہ پھر واپس نہیں آتے (پیدا نہیں ہوتے) علم سے صاف ہوئی جہالت والے۔

۵۰۱۷۔ لوگ جو عقل روح اور ایمان سے، خدا کی رہتے پناہ میں۔
خدائی علم سے پاپ دھو کے، مر کے پھر نہ پیدا ہوتے جہاں میں۔

5.18 विद्या + विनय + संपन्ने ब्राह्मणे गवि हस्तिनि। शुनि चैव (च + एव) श्वपाके सम + दर्शिनः।।

5.18 विद्या + विनय + भरे ब्राह्मण, गाय में, हाथी में। कुत्ते में, व कुत्ता खाने वाले चाण्डाल में, समानता (एक सी आत्मा) देखने वाले होते हैं।।

5.18 ज्ञानी विनीत ब्राह्मण रखता, गाय व हाथी में एक दृष्टि।
कुत्ते चाण्डाल पण्डित सबमें, ज्ञानी रखता समान दृष्टि।।18।।

5.18 Vidyaavinayasampanne (Vidyaa + vinaya + sampanne) Braahmne gavi hastini.

Shuni chaiva (cha + eva) shvapaake cha panditaah samadarshinah(sama + darshinah).

5.18 Wisdom+ and culture+ rich brahmins, In Cows, In elephants. In dogs and dog eaters, see same ness (ie. same soul).

5.18 A cultured wise brahman, treats all beings as same.
Be it cow, elephant, dog, dog eater, wise or mame. ||18||

۵۰۱۸۔ وِدیاوِنَیَسَمپنّے (وِدیا+وِنَی+سَمپنّے) بْراہمنے گَوِ ہستنی،
شُنِ چیو (چَ+ایو) شْوَپاکے چَ پنڈِتاہ سَمَّ+دَرشِنہ۔

۵۰۱۸۔ عالم اورشائستہ لوگ بْراہمن،گائے اور ہاتھی،
کتے اورکتا کھانے والوں اور قابل کو ایک نظر سے دیکھتے ہیں۔

۵۰۱۸۔ سیدھے سادے دانش لوگ،سادھوسنت براہمن گائیوں کو۔
ایک ہی آنکھ سے دیکھتے کتوں کو، کتا کھانے والوں اور عالموں کو۔

5.19 इहैव (इह + एव) तैर्जितः (तैः + जितः) सर्गो (सर्गः) येषां (येषाम्) स्थितं (स्थितम्) मनः। निर्दोषं (निर्दोषम्) हि समं (समम्) ब्रह्म तस्माद (तस्मात्) ब्रह्मणि ते स्थिताः।।

5.19 यहाँ + ही, वे + जीतते हैं, जन्म–मरण (चक्र), जिनका समानता में बसता है मन। निर्दोष हैं, निश्चित ही, ब्रह्म के जैसे इस लिये, ब्रह्म में वे रहते हैं।।

5.19 सबके लिये एक भावना, जन्म–मृत्यु हरा देती है।
ब्रह्म समान निर्दोष बना, ब्रह्म स्थित करा देती है।।19।।

5.19 Ihaiva (Iha + eva) tairjitah (taih + jitah) sargo (sargah) yeshaam saamye sthitam manah. Nirdosham hi samam Brahm Tasmaad (Tasmaat) Brahmni te sthitaah.

5.19 Here + itself, they + win life – death (cycle), whose in equality exist hearts. Are sinless definitely equal to God (Brahm), in Whom do they (brahmins) exist.

5.19 The one with same feel for all, conquers the cycle of birth death.
Develops sinless heart of Brahm, within Whom does one sets. ||19||

۵۰۱۹۔ اِہیوَ(اِہ+ایوَ) تیرجِتہ(تیہ+جِتہ) سَرگو (سَرگہ) ییشام سامیے شتھتم مَنہ،
نِردوشم ہِ سَمَم بْرَہم تَسماد(تَسمات) بْرَہمنِ تے شتھتاہ۔

۵۰۱۹۔ یہاں (اِس جہان میں)+وہ ہی اُن سے+جیتتے ہیں پیدائش سے موت تک جن کا دِل برابر دیکھتا ہے / ایک سا دیکھتا ہے،
غلطی بغیر جیسے خدا ہی ہے، اِس لیئے خدا میں ہی وے بستے ہیں۔

۵۰۱۹۔ قیدزندگی موت سے بری، پہلے ہی ہوجاتے اک ناضر۔
برائی بناہوتے خداکے جیسے، خدامیں ہی بس جاتے آخر۔

5.20 प्रहृष्येत्प्रियं (प्रहृष्येत् + प्रियम्) प्राप्य नोद्विजेत्प्राप्य (न + उद्विजेत् + प्राप्य) चाप्रियम् (च + अप्रियम्)। स्थिरबुद्धिरसम्मूढो (स्थिर + बुद्धिः + असम्मूढः) ब्रह्मविद (ब्रह्म + वित्) ब्रह्मणि स्थितः।।

5.20 न हर्षित होता है + प्रिय को पा कर, और न + उत्तेजित, + पा कर अप्रिय को। निश्चित + बुद्धि, + संशय विहीन, ब्रह्म + ज्ञानी ब्रह्म में रहता है।।

5.20 न प्रिय पा के खुश होता, न अप्रिय से विचलित जो।
स्थिर बुद्धि निःसंदेह होता, ब्रह्म ज्ञानी ब्रह्म स्थित वो।।20।।

5.20 Na prahrishyet + priyam praapya nodvijetpraapya (na + udvijet + praapya) chaapriyam (cha + apriyam).

Sthirabuddhirasammoodho (Sthira + buddhih + asammoodhah) Brahmvid (Brahmvit) Brahmni sthitah.

5.20 Neither becomes happy, + beloved + having got, nor + gets excited + unpleasant having got. Decisive + brain,+ with Brahm wisdom, beyond doubt, remains in Brahm.

5.20 Neither is he happy to get the wanted, nor is upset to have unwanted.
With mind fixed in Brahm he knows Brahm, and lives there implanted. ||20||

۵۰۲۰۔ نَ پْرَہْرِشْییتْ پْرِیَم(پْرَہْرِشْییت +پْرِیَم) پْراپْیَ نودْوِجیتْپْراپْیَ(نَ+اُدْوِجیت+پْراپْیَ) چاپْرِیَم (چَ+اَپْرِیَم)،
سْتھِرَبُدّھِرَسَمّوڈھوَ (سْتھِرَ +بُدّھِہ+اَسَمّوڈھَہ) بْرَہْموِدْ(بْرَہْم+وِت) بْرَہْمَنِ سْتھِتَہ۔

۵۰۲۰۔ ناخش ہوتاہے +پیارا پاکے، نا +پریشان ہوتاہے+پاکے، اور+ ناپسندیدہ کو،
مقرر +عقل کا،+بلاشک ، خدا +پرست خدامیں بستاہے۔

۵۰۲۰۔ نہ پا کے مطلوبہ سکھی ہوتاجو، اور نہ دکھی ناپسندیدہ پاکے۔
بلاشک زہن کر کے قائم خدامیں ،رہتا خدامیں سکھ الٰہی پاکے۔

5.21 बाह्यस्पर्शेष्वसक्तात्मा (बाह्य + स्पर्शेषु + असक्त + आत्मा) विन्दत्यात्मनि (विन्दति + आत्मनि) यत्सुखम् (यत् + सुखम्)। स (सः) ब्रह्म + योग युक्तात्मा (युक्त + आत्मा) सुखमक्षयमनुश्यते (सुखम् + अक्षयम् + अश्नुते)।।

5.21 बाहरी + स्पर्शों से + अनछुई आत्मा, भोगती है, जो सुख। ऐसी ब्रह्म योग जुड़ी + आत्मा, सुख, + न मिटने वाला, + पाती हैं।।

5.21 बाहरी सुख से न वास्ता रख, स्वयं में जो सुखी रहता।
आत्म ब्रह्म में लीन रह वह, असीम सुख भोगा करता।।21।।

5.21 Braahmsparsheshvasaktaatmaa (Braahm + sparsheshu + asakta + aatmaa) vindyatyaatmani (vindyati + aatmani) yatsukham (yat + sukham).

Sa (sah) Brahmyogayuktaatmaa (Brahm + yoga + yukta + aatmaa) sukhamakshayamashnute (sukham + akshayam + ashnute).

5.21 Outer + objects + untouched + soul + realises + what is self happiness.
Such God yog + connected + soul, + happiness + undying, + acquires.

5.21 With mind yog connected to Supreme, senses pleasure within self.
That Brahm yog connected self, senses eternal pleasure himself. ||21||

۵۰۲۱۔ باہْیَسْپَرْشیشْوَ سَکْتاتْما(باہْیَ+سْپَرْشیشُ+اَسَکْتَ+آتْما) وِنْدَتیاتْمَنِ (وِنْدَتِ+آتْمَنِ) یَتْسُکھَم(یَت+سُکھَم) ،
س(سَہ) بْرَہْمْ یوگَیُکْتاتْما(بْرَہْم+یوگ+یُکْت+آتْما) سُکھَمَکْشَیَمَشْنُتے(سُکھَمْ+ اَکْشَیَمْ+اَشْنُتے)۔

۵۰۲۱۔ باہر کے +احساسات سے+اچھوتی+روح جولطف لیتی ہے+خودمیں،وہ سکھ ہے ،
وہ+خداسے+جڑی(یوگی) روح ،سکھ+انتہاء+محسوس کرتی ہے۔

۵۰۲۱۔ باہرکے اشاءمیں نا پھنس کے، روحانی سکھ دل پاتاخو۔
ایک روح ہوتا وہ خدا سے،عبدی سکھ جوڑکے خداسے پاتا وہ۔

5.22 ये हि संस्पर्श + जा भोगा (भोगाः) दुःख योनय (योनयः) एव ते। आद्यन्तवन्तः (आदि + अन्तवन्तः) कौन्तेय न तेषु रमते बुधः।।

5.22 जो भी इस छुवन से + उत्पन्न भोग हैं, दुःख की योनियाँ ही हैं वे। आादि + अन्त होने वाली, + कुन्ती पुत्र! नहीं उनमें रमते हैं बुद्विमान।।

5.22 बाहरी विषय इन्द्रियाँ छू के, निश्चित दुःख उत्पन्न करते हैं।
आते सुख जाते दुःख दें कौन्तेय, ज्ञानी इनमें नहीं रमते हैं।।22।।

5.22 Ye hi sansparshajaa (sansparsha + jaah) bhogaa dukhayonaya (dukha + yonayah) eva te. Aadyantavantah (Aadi + anta + vantah) Kaunteya na teshu ramate budhah.

5.22 Whatever is of senses +contact + born, pleasures ,are the sources of sorrow.
Beginning + and end ,+ laden, Kunti's son! + not + in these, +do remain the wise.

5.22 Pleasure fruits which are linked with senses, are the source of pain.
Since they have beginning and end, Kunti's son! wise refain. ||22||

۵۰۲۲۔ یے ہِ سَنْسْپَرْشَجا(سَنْسْپَرْش+جا) بھوگا دُکھَیونَی(دُکھ+یونَیہ) ایوَ تے،
آدْیَنْتْوَنْتہ (آدِ+اَنْتْوَنْتہ) کونْتیَ نَ تیشُ رَمتے بُدھہ۔

۵۰۲۲۔ جو بھی (حواس کے) چھونے سے+ پیدہ ہوتے ہیں لطف، دکھ کی بچہ‌دانی سے ہی ہوتے ہیں وے،
شروع+ اورختم ہونے والے، یا! کُنتی ذادے، نہیں اُن مین غرق ہوتے ہیں عقلمند۔

۵۰۲۲۔ حواس اشاء مل کے سکھ دیتے، زریعہ دکھ وہ ہوتے ہیں۔
شروعاتی سکھ آخر میں دکھ، سادھو اِن میں نہیں لگتے ہیں۔

5.23 शक्नोतीहैव (शक्नोति + इह + एव) यः सोढुं (सोढुम्) प्राक्शरीरविमोक्षणात् (प्राक् + शरीर + विमोक्षणात्)। कामक्रोधोद्भवं (काम + क्रोध + उद्भवम्) वेगं (वेगम्) स (सः) युक्तः स (सः) सुखी नरः ।।

5.23 समर्थ है + इस (शरीर) से + ही जो, सह लेने में, + इसे (शरीर) छोड़ने से पहले।
काम + क्रोध + से पैदा वेग को, योग से, वह सुखी मनुष्य है।।

5.23 सामर्थ्य रखते जो सहने की, मरने तक इन्द्रियों का वेग।
समाधिस्थ हो सुखी रहते वे, रोक के काम क्रोध का वेग।।23।।

5.23 Shaknoteehaiva (Shaknoti+iha+eva) yah sodhum praak+shareera+vimokshanaat. Kaamakrodhodbhavam (Kaama+krodha+udbhavam) vegam sa (sah) yuktah sa (sah) sukhee narah.

5.23 Is capable +by it (body) +definitely,the one/ the self, to tolerate + before leaving it (the body).
Lust + anger + released force, by yog ,that yogi/ connected one, is a happy man.

5.23 Those capable of bearing, the thrust of lust and anger through yog.
Before leaving their bodies, remain happy being calm through yog. ||23||

۵۰۲۳۔ شَکنوتیہَیوَ (شَکنوتِ+ اِہ+ ایوَ) یَہ سوڈھُم پْراکْشَریرَوِموکْشَناتْ (پْراکْ+شَریرَ+وِموکْشَناتْ)،
کامَ+کْرودھوڈبھوَم (کامَ+کْرودھَ+اُڈبھوَم) ویگَم سَ (سَہ) یُکْتَہ سَ (سَہ) سُکھی نَرَہ۔

۵۰۲۳۔ قابل ہے+ اِسی جہان میں (یہاں) +ہی جو سہنے کے، اِس سے پہلے کہ+جسم کو+چھوڑے،
ہوس +اورغصہ +سے پیدا زورکو یوگ سے+ روکے وہ سکھی آدمی ہے۔

۵۰۲۳۔ حوس اور غصے کی خونی مار، قابل رہتے ہوے جو سہتے۔
زمین پر جسم چھوڑنے تک، یوگ جوڑے سکھ سے رہتے۔

5.24 योअन्तःसुखोअन्तरारामस्तथान्तर्ज्योतिरेव (यः + अन्तः + सुखः + अन्तः + आरामः + तथा + अन्तः + ज्योतिः + एव) यः। स (सः) योगी ब्रह्मनिर्वाणं (ब्रह्म + निर्वाणम्) ब्रह्मभूतोऽधिगच्छति (ब्रह्म + भूतः + अधिगच्छति)।।

5.24 जो + भीतरी सुख + भीतरी आराम + तथा + भीतर + प्रकाशित है + निश्चित ही । वह योगी ब्रह्म में + मुक्ति लेकर, ब्रह्म + तत्व + पाता है।।

5.24 अन्दर से सुखी अन्तर्मुखी जो, आत्म ज्ञान प्रकाशित है।
वो योगी ब्रह्म मुक्ति की, ब्रह्म लक्ष्य को अग्रसारित है।।24।।

5.24 Yoantah sukhoantaraaraamastathaantarjyotireva (sukhah + antah + aaraamah + tathaa + antah + jyotih + eva) yah.

Sa yogi Brahm+nirvaanam Brahmbhootoadhigachchhati (Brahm+bhootah+adhigachchhati).

5.24 The one who + with inner joy, + inner rest ,+ and is +internally+ enlighted+definitely. That yogi + attains freedom in God, to acquire +the element+of God.

5.24 The yogi who is happy within, and roams with enlighted self.
Frees himself within Supreme, achieves salvation for himself. ||24||

۵.۲۴۔ یوَا نتہ سُکھوَانتر ارامستتھانتر جیوتریوَ (یہ + اَنتہ + سُکھہ + اَنتہ + آرامہ + تتھا + اَنتہ + جیوتِہ + ایوَ) یہ،
س (سہ) یوگی برہمنِروانَم (برہم + نِروانَم) برہم بھوتواَدھیگچھتِ (برہم + بھوتہ + اَدھِ + گچھتِ)۔

۵.۲۴۔ جو دِل سے سکھی ،سکون دِل والا اور روشن دِل بھی ہے ،
وہ یوگی خدامیں+نجات پانے خداکے +عنصر میں ہی + چلا +جاتا ہے۔

۵.۲۴۔ اندرونی سکھ روشن من ہے جو، دِلی سکون کے ساتھ ہے یوگی۔
خدامیں لیتا ہے نجات وہ، مِلتا ہے آخر خداکے عنصر میں یوگی۔

5.25 लभन्ते ब्रह्मनिर्वाणमृषयः (ब्रह्म + निर्वाणम् + ऋषयः) क्षीण + कल्मषाः। छिन्नद्वैधा (छिन्न + द्वैधाः) यतात्मानः (यत् + आत्मानः) सर्वभूतहिते (सर्व + भूत + हिते) रताः ।।

5.25 लाभ पाते हैं, + ब्रह्म में मुक्ति का, + ऋषि + जो पाप हीन हैं। मिटा कर+ दुविधा, जो + आत्मा से, सब + जीवों के + हित में जुटे हैं।।

5.25 ब्रह्म निर्वाण पाने वाले, ऋषि पापों से दूर होते हैं।
सारे भ्रम मिटा के मन से, सबके भले में चूर होते।।25।।

5.25 Labhnte Brahm + nirvaanam + rishayah ksheena + kalmashaah.

Chhinnadvaidhaa (Chhinna+dvaidhaah) yataatmaanah (yata+aatmaanah) sarva+bhoota+hite rataah.

5.25 Acquire benefit + of freedom in God, + the saints who are +sinless.
Having curbed + double thought ,who are + soulfully , for all being's + welfare + remain engaged.

5.25 Rishis who acquire salvation, are pure and sinless.
Having cut doubts, live for every one's goodness. ||25||

۵۰۲۵۔ لبھنتے برہمنروانمرِ شیہ (برہم+نروانم +رشیہ) کشینکلمشاہ (کشین +کلمشاہ)،
چھنّدویدھا (چھنن+ دویدھاہ) یتاتمانہ (یت+آتمانہ) سروبھوتہتے (سرو+بھوت+ہتے) رتاہ۔

۵۰۲۵۔ فائدہ لیتے ہیں خدامین+آزادی کا+پیر (رشی) ہونے سے بغیر پاپ کے،
مار کے شک (دوہری سوچ کی لڈائی)، جس کی +روح ،سب+ مخلوقات کی +بھلائی میں لگی ہے۔

۵۰۲۵۔ خدامیں پاکے نجات، رشی پاپوں سے دوٗر ہوتے ہیں۔
من سے شک کو کاٹ کے، سب کی نیکی میں جٹ تے ہیں۔

5.26 कामक्रोधविमुक्तानां (काम + क्रोध + विमुक्तानाम्) यतीनां यत + चेतसाम्। अभितो (अभितः) ब्रह्म + निर्वाणं वर्तते विदितात्मनाम् (विदित + आत्मनाम्)।।

5.26 काम + और क्रोध + से मुक्त, भले मनुष्यों के, जैसी + चेतना वालों की। निश्चित ही ब्रह्म में + मुक्ति होती है, जानने से +अपने को/स्वयं को।।

5.26 काम क्रोध से हो कर मुक्त, भली बुद्धि के लोगों का।
तय है ब्रह्म में होना मुक्त, स्वयं को जानने वालों का।।26।।

5.26 Kaama + krodha vimuktaanaam yateenaam yata + chetasaam.
Abhito (Abhitah) Brahmnirvaanam vartate viditaatmanaam (vidita+aatmanaam).

5.26 Lust + and anger + free, noble people like, whose + conscience is. Certainly gets freedom in God, through self + realisation.

5.26 Those without lust and anger, sage like conscience of self.
Quickly acquire salvation, in Brahm as they see the self. ||26||

۵۰۲۶۔ کامکرودھومکتانام (کام+کرودھ+وِمکتانام) یتینام یتچیتسام (یت+چیتسام)،
ابھتو (ابھتہ) برہمنروانم (برہم+نروانم) ورتتے ودِتاتمنام (ودِت+آتمنام)۔

۵۰۲۶۔ ہوس+غصہ+سے آزاد عالم عضیم ہے جو+ہوش سے،
یقیناً خدا میں +نجات پا لیتا ہے ، نظرآ جانے سے +اپنی روح۔

۵۰۲۶۔ غصہ حوس چھوڈ دیتے جو، اُن کا حوش نجیب ہوتا ہے۔
روح دیکھ کے خدکے علم سے، نجات خدامیں وہ پاتا ہے۔

5.27 स्पर्शान्कृत्वा (स्पर्शान् + कृत्वा) बहिर्बाह्यांश्र्चक्षुश्र्चैवान्तरे (बहिः + बाह्यान् + चक्षुः + च + एव + अन्तरे) भ्रुवो (भ्रुवोः)। प्राणापानौ (प्राण + अपानौ) समौ कृत्वा नासाभ्यन्तरचारिणौ (नास + अभ्यन्तर + चारिणौ)।।

5.27 स्पर्श + करने वाले, बाहरी (अनावश्यक विषय), + बाहर करके, + आँखों + और + निश्चित ही + बीच में, भौहों के । श्वास + निश्वास वायु बराबर कर के, नथुनो के + बीच में + चलने वाली ।।

5.27 इन्द्रीय विषयों को बाहर कर, दृष्टि भौहों के बीच रख कर।
आती जाती श्वास रोक कर, नथुनों के बीच रख के बराबर।।27।।

5.27 Sparshaankirtvaa (Sparshaan + kirtvaa) bahirbaahyaamshchakshushchaivaantare (bahih + baahyaan + chakshuh + cha + eva + antare) bhruvoh.
Praanaapaanau (Praana + apaanau) samaau kritwaa naasaabhyantarachaarinau (naasa + abhyantara + chaarinau).

5.27 Touch like outer (unnecessary objects), + having ousted, and +definitely+ in between + eyes + and brows. Inhalation + exhalation airs , equalizing within nose,+ up down + moving.

5.27 Ousting touch like sense objects, between brows seeing still.
Equating exhalation inhalation air, in the midst of the nostrils. ||27||

۵۰۲۷۔ سپرشانکرتوا (سپرشان+کرتوا) بہر باہیان شچک ششچیوانترے (بہہ+چکشہ +چ+ایو+انترے) بھرووہ،
پرانا پانو (پران+اپانو) سمو کرتوا ناسابھینتر چارنو (ناس+ابھینتر+چارنو)۔

۵۰۲۷۔ اشیاء حواس باہر کرکے باہری آنکھیں بھی ابرو کے بیچ رکھ کے،
آتی سانس+چھوٹتی سانس کی ہواؤں کو برابر کرکے، ناک میں+دونوطرف +چلنے والی کو۔

۵۰۲۷۔ باھر کے موضع سے خود کو بندکرکے، بیچ ابر ونظر کرکے۔
سانس سے آتی جاتی ہواوں کو ، ناک کے اندر برابر کر کے۔

5.28 यतेन्द्रियमनोबुद्धिर्मुनिर्मोक्षपरायणः (यत + इन्द्रिय + मनः + बुद्धिः + मुनिः + मोक्ष + परायणः) ।विगतेच्छाभयक्रोधो (विगत + इच्छा + भय + क्रोधः) यः सदा मुक्त एव सः।।

5.28 जिसके वश में हैं, + इन्द्रियाॅ, + मन + व बुद्धि, + वो मुनि, + मोक्ष + को तत्पर है। छोड़ कर, + इच्छाएं, + डर + और क्रोध, जो सदा मुक्त ही है वो।।

5.28 इन्द्रियाँ मन बुद्धि संयमित कर, निर्वाण को होते जो तत्पर।
इच्छा भय और क्रोध छोड़ कर, सदा मुक्त होते वे इस पर।।28।।

5.28 Yatendriyamanobuddhirmunirmokshaparaayanah (Yat + indriya + manah + buddhih + munih + moksha + paraayanah).

Vigatechchhaabhayakrodho (Vigata + ichchhaa + bhaya + krodhah) yah sadaa mukta eva sah.

5.28 In whose control + are senses, + heart + and mind, + that saint is + salvation + prepared, Having renounced + desire, + fear + and anger,who is , always free, definitely is he.

5.28 Controlling senses heart and mind, under self makes it free.
Desires fear and anger renounced, one always remains free. ||28||

۵۰۲۸۔ یَتیندْ رِیَمنوبُدّھِرمُنِرمَوکشپَرایَنہ (یَت +اِ ندْ رِی+مَنہ+بُدّھِہ+مُنِہ+موکْش+پَرایَنہ)،
وِگتیچھابھَیکرودھو (وِگَت+اِچھا+بھَی+کرودھَہ) یَہ سَدا مُکت ایوَ سَہ۔

۵۰۲۸۔ جو +حواس+دل+دماغ+عالم +نجات +کے لئے جوڑتا ہے ،
بغیر چاہت،ڈر،غصہ کے جو ، ہمیشہ آزاد رہتا ہے اِس طرح سے وہ۔

۵۰۲۸۔ حواس من اور ذہن سے، ڈر اور غصہ جو نکال دیتے۔
ساف ذہن سے سوچتے رہ تے، سچ میں وہ ہی نجات پاتے۔

5.29 भोक्तारं (भोक्तारम्) यज्ञतपसां (यज्ञ + तपसाम्) सर्वलोकमहेश्वरम् (सर्व + लोक + महा + ईश्वरम्) । सुहृदं (सुहृदम्) सर्वभूतानां (सर्वभूतानाम्) ज्ञात्वा मां (माम्) शान्तिमृच्छति (शान्तिम् + ऋच्छति)।।

5.29 भोक्ता, + यज्ञ व तपस्या का, तथा सब+ लोकों / संसारों का+ परम+ईश्वर।
उपकारी सब जीवों का, जानकर, मुझे ऐसा, शान्ति+ मिलती है।।

5.29 भोगने वाला यज्ञ व तप का, और सब लोकों का परमेश्वर।
समझ के जीवों का उपकारी, शान्ति पा लो मेरा सत्य पाकर।।29।।

5.29 Bhoktaaram yagyatapasaam (yagya + tapasaam) sarvalokamaheshvaram (sarva + loka + Mahaa + Eeshvaram).

Suhridam sarvabhootaanaam (sarva+bhootaanaam) gyaatvaa Maam shaantimrichchhati (shaantim+richchhati).

5.29 Consumer of + sacrificial rituals + and penances, of all + planets + Lord, + Great + God. Benefactor of all + beings, having known Me thus, peace + is got.

5.29 The Great God of all planets, carries offerings and penance deeds.
Compassionate for all beings, knowing Me thus one earns peace. ||29||

۵۰۲۹۔ بھوکتارم یگیتپسام (یگی + تپسام) سرو + لوک + مہیشورم،
سہردم سرو بھوتانام (سرو + بھوتانام) گیاتوا مام شانتم رچھت (شانتم + رچھت) ۔

۵۰۲۹۔ لطف اُٹھاتا ہوں، رسم قربانی کا + عبادت برداشتگی (تپسیہ) کا، سارے + سنساروں کا عضیم اللہ تالا ہوں،
اچھادل والا خیر خواہ سب مخلوقات کا جان کے مجھ خداکو، سکون پاتا ہے۔

۵۰۲۹۔ علی ہوں تین جہانوں کا میں، لیتا ہر دان ہر تپ ہر وقت۔
دوست مالک کریم سب کا، مجھے یوں جان سکون پاتے بھکت۔

अध्याय-6 : आत्म नियंत्रण योग

CHAPTER - 6: ATM Niyantran Yogah

باب-(۶) آتم نیئترن یوگہ

- कर्त्तव्य कीजिये और फलों को त्याग दीजिये।
- यही सच्चा त्याग है जो शुद्ध बुद्धि देकर आत्म–नियंत्रित कराता है।
- जिससे लोभ मोह और अहं से छुटकारा मिलता है।
- दृढ़ सहन शक्ति से समदृष्टि एवं स्थिर बुद्धि से योगाभ्यास करके मोक्ष की ओर अग्रसारित रहिये।
- Do your duties and renounce the resultant fruits.
- This is the true renunciation which purifies mind to have ability to control self.
- This gives freedom from greed, lust and ego.
- Thus having strong power of tolerance, same eye for all and fixed mind, practice yog to move towards Salvation.

۱۔ نتیجوں پر نظر رکھے بنا اپنے فرض ادا کرتے رہیئے۔
۲۔ اسی میں سچی دستبرداری ہے۔جو صاف ذہن دیکر روح پر اختیار رکھنے کی قابلیت دلاتی ہے۔
۳۔ جس سے لالچ، ہوس اور انا سے آزادی ملتی ہے۔
۴۔ مضبوتی سے سہن کرتے ہوئے، ہر ایک کو ایک نظر سے دیکھتے ہوئے، ذہن قائم رکھ کر یوگ مشق میں لانے سے بار۔بار جنم لینے مرنے کے چکّر سے نجات ملتی ہے۔

अध्याय–6 Chapter–6

باب-(۶)

श्रीभगवानुवाच ShreeBhagawaanuvaacha **श्रीभगवान बोले** Lord Shri Said

شری بھگوانُواچ لارڈ خدا بولے

6.1 अनाश्रितः कर्मफलं (कर्म + फलम्) कार्यं (कार्यम्) कर्म करोति यः। स (सः) संयासी च योगी च न निरग्निर्न (निः + अग्निः + न) चाक्रियः (च + अक्रियः)।।

6.1 सहारा लिये बिना, कर्म फल का, कार्य करता है जो।
वह संयासी और योगी,न बिना + (काम की) आग के रहता है, और+ न अक्रिय अर्थात न बिना काम किये रहता है।।

6.1 फल के सहारे रहे बिना, काम करते हैं फल चाहे बिना जो।
सन्यासी भी योगी भी हैं, न काम की आग न काम बिना वो।।1।।

6.1 Anaashritah karma + phalam karyam karma karoti yah. Sa (sah) sanyasee cha yogee cha na niragnirna (nih + agnih + na) chaakriyah (cha + akriyah).

6.1 Without attachment of action + fruits,in works, performs duties, who.That renouncer and yogi, remains neither without + fire (of action), + nor exists without action.

6.1 The one who works independently, acts not for fruits of works.
Remains renoucer and yogi,always with fire of works he works. ||1||

۱۰۶۔ اَناشْرِتَہ کَرْمپھلَم (کَرْمَ+پھلَم) کارْیَم کَرْمَ کَروَتِ یَہ،
سَ(سَہ) سَنْیاسی چَ یوگی چَ نَ نِرَگنِرنَ(نِہ+اَگنِہ+نَ) چاکْرِیَہ (چَ+اَکْرِیَہ)۔

۱۰۶۔ بنا سہارا لئے، کام کے پھلوں کا، کام کرتا ہے جو،
وہ سنیاسی (پھل چھوڑنے والا) اور یوگی بھی ہے نا تو کام کی آگ نا ہی بغیر کام کے رہتا ہے۔

۱۰۶۔ پھلوں(نتیجوں) کے سہارے لئے بنا ،کام کرتے ہیں جو لوگ۔
کام کے پھل چھوڑ ہیں سنیاسی ،کام کی آگ لئے جُٹتے یوگی یوگ۔

6.2 यं (यम्) संयासमिति (संयासम् + इति) प्राहुर्योगं (प्राहुः + योगम्)
तं (तम्) विद्धि पाण्डव। न ह्यसंयस्तसंकल्पो (न + हि + असंन्यस्त + संकल्पः) योगी भवति कश्चन।।

6.2 जिसे संयास + ऐसा, कहते हैं, + उसे योग समझो, हे! पाण्डव। नहीं + कभी + बिना त्यागे, + आत्म तृप्ति की इच्छा, का निश्चय, योगी बनता है कोई।।

6.2 पाण्डव! संयास को कहते योग, परम् ब्रह्म से जुड़ ने को ही।
आत्म तृप्ति की इच्छा छोड़े, बिना योगी नहीं बनता है कोई।।2।।

6.2 Yam sanyaasam + iti praahuryogam (praahuh + yogam) tam viddhi Paandava.
Na Hyasanyastasankalpo (Hi + asanyasta + sankalpah) yogee bhavati kashchan.

6.2 What + sanyaas + is, call + that yog, to understand, O! Pandav.
Neither + ever + without leaving/ giving up + the desire to satisfy self, does Yogi becomes any one.

6.2 Pandav! that which is called renouncing, know that to be yog.
Because without renouncing desires, none can follow yog. ||2||

۶۰۲۔ یَم سَنیاسَمِتِ (سَنیاسَم+اِتِ) پْراہُر یوگَم (پْراہُہ+یوگَم) تَم وِدّھِ پانڈَو،
نَ ہیَس نیستَسَنکَلپو (ہِ+اَسَنیَست+سَنکَلپَہ) یوگی بھَوَتِ کَشچَن۔

۶۰۲۔ جسے سنیاس +ایسا کہتے ہیں +یوگ اُسے ہی سمجھو، یا! پانڈَو (پانڈُ کے بیٹے اَرجُن)،
نہیں کبھی +بغیر چھوڑنے + کا ارادہ گے (سنیاسی ہوئے بنا)، یوگی (کام سے جوڑا) بن سکتا ہے کوئی۔

۶۰۲۔ پانڈو! چھوڑنا ہی ہے سنیا، سمجھو یوگ سنیاس کو ہی۔
من سے پھل چھوڑے بنا، یوگ نہیں کرسکتا کوئی ۔

6.3 आरुरुक्षोर्मुनेर्योगं (आरुरुक्षोः + मुनेः + योगम्) कर्म कारणमुच्यते (कारणम् + उच्यते) । योगारूढस्य (योग + आरूढस्य) तस्यैव (तस्य + एव) शमः कारणमुच्यते (कारणम् + उच्यते) ।।

6.3 प्रारम्भिक + मुनि का + योग, कर्म (अभ्यास कर्म) करने के लिये होता है। योग + करते हुए का / योग सवार का, उसे (योग अभ्यास कर्म) + ही, छोड़ ना (त्यागना) + (योग सिद्धि) का कारण + कहलाता है।।

6.3 कर्म के अभ्यास से, योग साधते नए मुनि।
कर्म त्यागते ध्यान से, योग में हो सि) मुनि।।3।।

6.3 Aarurukshormuneryogam (Aarurukshoh + muneh + yogam) karma kaaranamuchyate (kaaranam + uchyate).

Yogaaroodhasya (Yoga + aaroodhasya) tasyaiva (tasya + eva) shamah kaaranamuchyte (kaaranam + uchyte).

6.3 Beginner + Muni's + Yog process is based on action (practice deed).
That of yog fixed one (Yog + rider's/ of yog + perfect), renunciation of the same (renunciation of practice deed), is called + the reason (of yog perfection).

6.3 Saints who begin to practice yog, do it by means of action.
Yogis who have perfected yog, focus through inaction. ||3||

۶۰۳۔ آرُرُکشورمُنیر یوگَم (آرُرُکشوہ+مُنیہ+یوگَم) کرمَ کارَنَمُچّیتے (کارَنَم+اُچّیتے)،
یوگارُوڈھَسی (یوگ+آرُوڈھَسی) تَسَیوَ (تَسی+ایوَ) شَمَہ کارَنَمُچّیتے (کارَنَم+اُچّیتے)۔

۶۰۳۔ نئے + دانش +یوگی ، مشقت (کام) کی وجہ سے+ کہلاتے ہیں ،
یوگ میں +کمال حاصل(مہارت حاصل یوگی) ، اُسی کو (مشقت کو ر کام کو) +ہی، چھوڑنے کی وجہ سے+کہلاتے ہیں (غیرفاعل کے ذریعے توجہ مرکوز کرتے ہیں)
۔

۶۰۳۔ شروع میں کام کرکے ہی، دانش بنتے ہیں نئے یوگی۔
توجہ مرکوز کرتے ہی، کام چھوڑتے ہیں باکمال یوگی۔

6.4 यदा हि नेन्द्रियार्थेषु (न + इन्द्रिय + अर्थेषु) कर्मस्वनुषज्जते (कर्मसु + अनुषज्जते) । सर्वसंकल्पसंयासी (सर्व + संकल्प + संयासी) योगारूढस्तदोच्यते (योग + आरूढः + तदा + उच्यते) ।।

6.4 जब भी कोई नहीं लगता + इन्द्रिय कामों में + सुख के लिये ।
सारी + इच्छाएं + छोड़ देता है, वह योग + सवार अर्थात योग स्थित + तब, कहलाता है।।

6.4 काम जब इन्द्रिय सुख के, और न अपने लिये होते।
सारी इच्छाएं त्याग के, संयासी योग में स्थित होते।।4।।

6.4 Yadaa hi nendriyaartheshu (na + indriya + artheshu) na karmaswanushajjate (karmasu + anushajjate).
Sarva + sankalpa + sanyaasee yogaaroodhastadochyate (yoga + aaroodhah + tadaa + uchyate).

6.4 When one does not involve, + in doing one's own works, for sense + satiation.
Has left all desires, Yog ridden ie. yog + ridden/ yog fixed + is then + one is called.

6.4 When all actions are left, after full control on desire and senses.
This renouncer of all these actions, is said be yog connected. ||4||

۶۰۴۔ یَدا ہِ نیندْرِیاڑتھیشُ (نَ+ اِندْرِی +اَڑتھیشُ) نَ کَرمَسْوَنُشَجّتے (کَرمَسُ+اَنُشَجّتے)،
سَرْوَسَنْکَلْپَسَنْیاسی (سَرْوَ +سَنْکَلْپَ +سَنْیاسی) یوگارُوڑھَسْتَدوچْیتے (یوگ+آرُوڑھَ+تَدا+اُچْیتے)۔

۶۰۴۔ جب بھی کوئی ناتو+حواس+کے لئے (اُنکی کی پیاس بجھانے میں)، نا اُن (حواس) کے کاموں میں لگتا ہے،
ساری+قسمیں (خواہشات کی)+چھوڑنے پر سَنْیاسی (چھوڑنے والا تیاگی)،یوگ پر+سوار(مہارت حاصل یوگی) تب +کہلاتا ہے۔

۶۰۴۔ نا حواس کے لئے کام، نا پھل کی خواہش کے لئے کرتا۔
یہ سب قسمیں کوششیں چھوڑکے، یوگ میں کائم فرض کرتا۔

6.5 उद्धरेदात्मनात्मानं (उद्धरेत् + आत्मना + आत्मानम्) नात्मानमवसादयेत् (न + आत्मानम् + अवसादयेत्) । आत्मैव (आत्मा + एव) ह्यात्मानो (हि + आत्मानः) बन्धुरात्मैव (बन्धुः + आत्मा + एव) रिपुरात्मनः (रिपुः + आत्मनः) ।।

6.5 उद्धार कीजिये, + अपने मन से + अपना, व नहीं / मत + अपने आप (स्व / आत्माद्धको + गिराइये । मन + ही, निश्चित ही + आपका (स्व का या आत्मा का) बन्धु / मित्र है + मन + ही, शत्रु भी + है आपका।।

6.5 आत्मा उन्नत करो मन से, दुःख में डूबने नहीं दो उसे।
आत्मा का मित्र भी मन है, शत्रु भी उसका समझो उसे।।5।।

6.5 Uddharedaatmanaatmaanam (Uddharet + aatmanaa + aatmaanam) na + aatmaanam + avasaadayet.

Aatmaiva (Aatmaa + eva) hyaatmano (hi + aatmanah) bandhuraatmaiva (bandhuh + aatmaa + eva) ripuraatmanah (ripuh + aatmanah).

6.5 Upgrade + yourself (your soul) + by your heart, do not + let yourself (your soul) + fall. Your heart + itself ,definitely is + your soul's friend , + also, the foe + of your soul.

6.5 The one who upgrades self by heart, does not allow it to degrade self.
Knows that heart is the friend of self, and also enemy if it degrades self. ||5||

۶۰۵۔ اُدّھر یداتمناتمانم (اُدّھریت+آتمنا+آتمانم) ناتمانموَساد یبیت (نَ+آتمانم+اَوساد یبیت)،
آتمیو (آتما+ایو) ہیاتمنو (ہِ+آتمنہ) بندھراتمیو (بندھہ+آتما+ایو) ریپُراتمنہ (ریپُہ+آتمنہ)۔

۶۰۵۔ اٹھانا چاہئے+دِل سے+روح کو ، کبھی نہیں+روح کو+سوگ کرنا چاہئے،
روح+ہی بیشک+خودکی دوست ہے+روح+ہی دشمن ہے+اپنی۔

۶۰۵۔ من کوخود۔ب۔خوداُڑنے دو، نہیں ڈوبنے دودُکھ میں۔
من ہی روح کادوست ہے، دشمن بھی اُسکا یہی ہے۔

6.6 बन्धुरात्मात्मनस्तस्य (बन्धुः + आत्म + आत्मनः + तस्य) येनात्मैवात्मना (येन + आत्मा + एव + आत्मना) जितः। अनात्मनस्तु (अनात्मनः + तु) शत्रुत्वे वर्तेतात्मैव (वर्तेत + आत्मा + एव) शत्रुवत्।।

6.6 बन्धु / मित्र है + आत्मा (स्वयं) का + अपना मन, + उसका, जिसने + आत्मा (स्वयं) से + ही + अपना मन जीता। अवश होने पर + परन्तु, शत्रुता के कारण, बन जाता है + मन + ही, शत्रु जैसा।।

6.6 जिसने मन जीत लिया अपना, मन को बनाया मित्र सबसे अच्छा।
वश में कर पाया न मन को, मन शत्रु उसका बना सबसे अच्छा।।6।।

6.6 Bandhuraatmaatmanastasya (Bandhuh + aatmaa + aatmanah + tasya) yenaatmaivaatmanaa (yena + aatmaa + eva + aatmanaa) jitah.

Anaatmanastu (Anaatmanah + tu) shatrutve vartetaatmaiva (varteta + aatmaa + eva) shatruvat.

6.6 Brother he is + of soul/self, heart + of whose + self + like this + is conquered.
Uncontrolled self + but becomes enemy, + through heart + his self, behaves like enemy.

6.6 The one who rules over heart, makes heart the friend of self.
The one who is ruled by heart, treats heart as enemy of self. ||6||

۶۰۶۔ بَندھُر اتْما تْمَنَسْتَسْی (بَندھُ+آتْما+آتْمَنَہ+تَسْی) یینا تْمیوا تْمنا (یین+آتْما+ایوَ+آتْمنا) جِتَہ،
اَناتْمَنَسْتُ (اَناتْمَنَہ+تُ) شَتْرُ تْوے وَرْتیتا تْمیوَ (وَرْتیت+آتْما+ایوَ) شَتْرُ وَت۔

۶۰۶۔ دوست+ دل ہی+روح کا+ہوتاہے، جو +خود+ہی+روح کو فتح دلاتاہے،
دل قابو نا کر سکنے والا+لیکن دشمن ہوکے ،سلوک کرتاہے+خود سے+ ہی دشمن جیسا۔

۶۰۶۔ من سے روح جیت لی جسنے، خود کو بنالیا من کا دوست۔
من سے روح ناجیت سکا خود، خدکا دشمن من کو گیا نا دوست۔

6.7 जितात्मनः (जित + आत्मनः) प्रशान्तस्य परमात्मा (परम् + आत्मा) समाहितः। शीतोष्णसुखदुःखेषु (शीत + उष्ण + सुख + दुःखेषु) तथा मानापमानयोः (मान + अपमानयोः) ।।

6.7 मन + जीते हुए प्रशान्त का, + सबसे ऊँची + आत्मा / परमात्मा में पूरी तरह + डूबा रहता हैं। सर्दी + गर्मी, + सुख + दुःख में, और मान + अपमान में भी।।

6.7 मन को जीत के शान्ति पाकर, परमात्मा में जाता डूब।
सर्दी, गर्मी, सुख, दुःख, मान, अपमान, झेल लेता खूब।।7।।

6.7 Jitaatmanah (Jita + aatmanah) prashaantasya Param + aatmaa samaahitah. Sheetoshnasukhadukheshu (Sheeta + ushna + sukha + dukheshu) tathaa maanaapamaanayoh (maana + apamaanayoh).

6.7 The heart conquerer, + peaceful person + gets God/The Supreme Soul + wholely.Whether in cold, + summer, + pleasur + pain,and honour, + disgrace.

6.7 Having conquered heart, one acquires peace and sinks into God.
Heat– cold, pain– pleasure, respect– disrespect, bears every odd. ||7||

۶۰۷۔ جِتاتْمَنَہ (جِت+آ تْمَنَہ) پْرَشانْتَسْی پَرَماتْما (پَرَم+آتْما) سَماہِتَہ،
شیتوشْنَسُکھَدُکھیشُ (شیت+اُشْن+سُکھ+دُکھیشُ) تَتھا مانا پَمانَیوہ (مان+اَپمانَیوہ)۔

۶۰۷۔ فاتح +دل ، پرسکون ہوکے، اعالی+ روح پالیتاہے،
سردی+گرمی،سکھ+دکھ اور احترام+ بےعدبی میں ایک سا رہتاہے۔

۶۰۷۔ من کو جیت جسنے لیا، گیا پرسکون خودکو جوڑ خدا سے۔
سردی۔گرمی سکھ۔دکھ، احترام۔بےعزتی، ایک سا سہ کے۔

6.8 ज्ञानविज्ञानतृप्तात्मा (ज्ञान + विज्ञान + तृप्त + आत्मा) कूटस्था (कूट + स्थः) विजितेन्द्रियः (विजित + इन्द्रियः) । युक्त इत्युच्यते (इति + उच्यते) योगी समलोष्टाश्मकांचनः (सम + लोष्ट्र + अश्म + कान्चनः) ।।

6.8 ज्ञान + विज्ञान + संतुष्ट + जीव / आत्मा, अध्यात्म में (अपने / स्वयं के, अध्ययन में) + स्थित, + इंन्द्रियॉ जीता हुआ। जुड़ा हुआ पूरा + कहलाता है, योगी जो समानता देखता है, कंकड + पत्थर + व सोने में।।

6.8 ज्ञान विज्ञान से पूर्ण आत्मा, संतुष्ट और अचल होती है।
मिट्टी सोना पा के एक सी, इन्द्रियां जीत योगी होती है।।8।।

6.8 Gyaana + vigyaana + tripta + aatmaa kootastho (kootasthah) vijitendriyah (vijita + indriyah). Yukta Ityuchyate (Iti + uchyate) yogee samaloshtraashmakaanchanah (sama + loshtra + ashma + kaanchanah).

6.8 Knowledge + and science + satisfied + self (soul), self study + fixed, senses + conquered. Connected / yogi + wholely, + is called, a yogi sees sameness + in pebbles, + stones, + or gold.

6.8 Satisfied with knowledge and science,the self fixed with senses won.
God connected behaves like yogi, sees mud stone and gold as one. ||8||

۶۰۸۔ گیان وگیان+ترپتا تما (گیان+وگیان+ترپت+آتما) کوٹستھو (کوٹ+ستھ) وجتیندریہ (وجت+اندریہ)،
یکت (یکتہ) اتیچیتے (اتِ +اُچیتے) یوگی سملوشٹراشمکانچنہ (سم+لوشٹر+اشم+کانچنہ)۔

۶۰۸۔ علم+علم سائنس سے مطمئن+روح جڑی ہوی+قائم،فاتح+حواس،
قابل یوگ وہ+کہلاتا ہے، یوگی جس کے لئے ایک سے ہیں +مٹی+پتھر+سونا۔

۶۰۸۔ علم الٰہی عقل سے ، خود پر اختیار پاتا سکون لیتا۔
کمال حاصل کرتا یوگی،مٹی۔سونا ایک سا دیکھتا۔

6.9 सुहृन्मित्रार्युदासीनमध्यस्थद्वेष्य (सुहृत + मित्र + अरि + उदासीन + मध्य + स्थ + द्वेष्य) बन्धुषु। साध ुष्वपि (साधुषु + अपि) च पापेषु समबुद्धिर्विशिष्यते (सम बुद्धि + विशिष्यते) ।।

6.9 जो सुहृदय है, + मित्र + शत्रु में + उदासीन है, + मध्यस्थ है, + ईर्ष्यालु + भाइयों के बीच। साधुओं और पापियों में भी, एक सी बुद्धि (समान भाव) रखने वाला है + वह विशिष्ट होता है।।

6.9 दोस्त दुश्मन में भला एक सा, ईर्ष्यालु भाइयों में सुलह करवाए।
साधु मिलें या पापी मिलें, समान बुद्धि से विशिष्ट कहलाए।।9।।

6.9 Suhrinmitraaryudaseenamadhyasthadweshyabandhushu (Suhrit + mitra + ari + udaseena + madhyastha + dweshya + bandhushu).

Saadhushvapi (Saadhushu + api) cha paapeshu samabuddhirvishishyate (samabuddhih + vishishyate).

6.9 The one, who is noble hearted , + is a freind + amongst enemies, + a mediator + amongst jealous + brothers. Amongst the sages and sinners too, keeps one mind, + is special.

6.9 Same heart for friends or foes, neutral mediator between jealous.
Amongst noble and sinners, his sameness gets specific status. ||9||

۶۰۹۔ سُہرِ مِتراریُداسینَمدھیستھدویشیَبندھُش (سُ+ہرِت+مِتر+اَرِ+ اُداسین+مَدھیستھ+دویشی+بندھُش) ،
سادھُشوَپِ (سادھُش +اَپِ) چ پاپیش سَمبُدّھِرْوِششیتے (سَم+بُدّھِ+وِششیتے) ۔

۶۰۹۔ اچھے+دل کا+دوست+دشمن میں+غیر جانبدار+ بیچ بچاو کرنے والا+ بیری+رشتہداروں میں،
عظیم لوگوں میں + بھی اور گنہگاروں میں بھی ایک سا دماغ رکھنے والا +خاص ہوتا ہے۔

۶۰۹۔ اچھے بروں میں دوست دشمنوں میں، رکھے برابر وہ جو من ایک سا۔
غیر جانبدار نفرت اور پیار کرنے والوں میں، ہے خاص سب میں ایک سا۔

6.10 योगी युज्जीत सततमात्मानं (सततम् + आत्मानम्) रहसि स्थितः। एकाकी यतचित्तात्मा (यत + चित्त + आत्मा) निराशीर परिग्रहः (निराशीः + अपरिग्रहः) ।।

6.10 योगी वह है जो, जुड़ कर निरन्तर + स्वयं में (अपने में / आत्म में) रहता है स्थित।
एकाकी है जिसका + मन व + आत्मा, एवं जो किसी के आसरे + या स्वामित्व विहीन है।।

6.10 लगातार जुड़ा 'स्व' से, मन आत्मा रखता है जो एकाकी।
स्थित रहता जो 'स्व' में, प्रभुत्व व आसरे बिना वो है योगी ।।10।।

6.10 Yogi Yunjeeta satatam + aatmaanam rahasi sthitah.

Ekaakee yatchittaaatmaa (yat + chitta + aatmaa) niraasheerparigrahah (niraasheeh + aparigrahah).

6.10 The Yogi is, who connected continuously + within self + remains fixed.Lonely, whose + heart + and soul are aloof, without expectation + and possession.

6.10 Yogi keeps living within self, connected with Supreme alone.
Attachment and possession free, heart and soul on their own. ||10||

۶۰۱۰۔ یوگی یُنجیت ستتماتمانم (ستتم+آتمانم) رہس شتھتہ،
ایکاکی یتچتاتما (یت+چت+آتما) نراشیر پرگرہہ (نراشیہ+اپرگرہہ)۔

۶۰۱۰۔ یوگی جوڑکے ہمیشہ +خود سے(اپنی روح سے) رہتاہے محکم،
اکیلاہے جس کا+من+اورروح، بغیرمتوجہ کیے +بغیر حق ملکیت جتائے۔

۶۰۱۰۔ یوگی جوڑے رہتے خودکی روح میں، توجہ مرکوذ ایک نفس پر۔
تنہار کھتے دل اورروح جو،خودانحصاروہ نہیں کسی سہارے پر۔

6.11 शुचौ देशे प्रतिष्ठाय स्थिरमासनमात्मनः (स्थिरम् + आसनम् + आत्मनः) । नात्युच्छ्रितं (न + अति + उच्छ्रितम्) नातिनीचं (न + अति + नीचम्) चैलजिनकुशोत्तरम् (चैल + अजिन + कुश + उत्तरम्) ।।

6.11 स्वच्छ स्थान में बिछा कर द्रढ + आसन + अपना।
न + बहुत + ऊँचा, न + अति + नीचा, मुलायम कपड़े, + हिरन की खाल का, + घास के ऊपर।।

6.11 साफ जगह पे बना लो अपना, आसन एक लगा के।
समतल घास पे एक, मुलायम कपड ा छाल बिछा के।।11।।

6.11 Shuchau deshe pratishthaapya sthiram + aasanam + aatmanah.
Naatyuchchhritam (Na + ati + uchchhritam) na + ati + neecham chailaajinakushottaram (chaila + ajina + kusha + uttaram).

6.11 Over a clean place, make/spread a permanent + seat + for your self. Neither + very + high nor + very + low, a soft cloth + and deer skin + on grass.

6.11 For being seated to fix your self, have your seat at clean place.
On doe skin and soft cloth over grass, neither high nor low place. ||11||

۶۰۱۱۔ شچو دیشے پرتشٹھاپی ستھرماسناتمنہ (ستھرم+آسنم+آتمنہ)،
ناتچھرتم(ن+اتِ+اُچھرتم) ناتنیچم(ن+اتِ+نیچم) چیلاجنکشوترم (چیل+اجن+کش+اُترم)۔

۶۰۱۱۔ صاف جگہ بیٹھ کے،مقرر ذہن اور روح کے ساتھ،
نا +بہت +اونچا ،نابہت نیچا ملائم کپڑا اورہرن کی کھال گھاس کے اوپر پھیلا کے۔

۶۰۱۱۔ صاف جگہ پر پھیلائیں آسن، مشقت یوگ کے لئے ہو جس پر۔
جگہ بہت نا اونچی نا نیچی ہو، گھاس پر ہرن کھال اور چادر پھیلا کر۔

6.12 तत्रैकाग्रं (तत्र + एक + अग्रम्) मनः कृत्वा यतचित्तेन्द्रियक्रियः (यत + चित्त + इन्द्रिय + क्रियः) । उपविश्यासने (उपविश्य + आसने) युज्ज्याद्योगमात्मविशुद्धये (युज्ज्यात् + योगम + आत्म + विशुद्धये) ।।

6.12 वहॉ एकाग्र मन करके, मन के जैसे इन्द्रियों की क्रियाएं भी (एकाग्र करके) । आसन पर बैठ कर, ईश्वर / आत्मा से जुड कर +योग करें, + आत्मा की + शुद्धि के लिये।।

6.12 मन को और इन्द्रियों के कामों को, वश में करो हो के एकाग्र ।
येाग अभ्यास आत्म शुद्धि को, करो आसन पर बैठ के एकाग्र।।12।।

6.12 Tatraikagram (Tatra + eka + agram) manah kritwaa yatachittendriyakriyah (yata + chitta + indriya + kriyah). Upavishyaasane (Upavishya + aasane) Yunjyaadyogamaatmavishuddhaye (Yunjyaat + yogam + aatma + vishuddhaye).

6.12 There, + focusing + on heart, like + heart + on sense + actions too (focus on senses too). Sitting on your seat, (to self/God) be connected + in yog practice + for self + purification.

6.12 Focus your heart and sense actions, at a point to control them.
Practice yog seated on asan (the seat), for self to purify hence. ||12||

۶۰۱۲۔ تَتْریکاگْرَم (تَتْرَ + ایکا گْرَم) مَنَہ کْرِتْوا یَتَچِتّینْدْرِیکْرِیَہ (یَت + چِتّ + اِنْدْرِیے + کْرِیَہ)،
اُپَوِشْیاسَنے (اُپَوِشْیَ + آسَنے) یُنْجْیادْیُوگَماتْمَوِشُدّھَیے (یُنْجْیات + یُوگَم + آتْمَ + وِشُدّھَیے)۔

۶۰۱۲۔ اُس پر (خدا پر) مرکوز دِل کرکے، دِل کی طرح + حواس کے کام (بھی مرکوز کرکے)،
بیٹھ کے + آسن پے، جوڑ کے + یوگ مشقت کریں + اپنی (روحانی) + پاکیزگی کے لئے۔

۶۰۱۲۔ اُس خدا پے من مرکوز کرکے، دل اور حواس کے کام روک کر۔
یوگ مشقت سے روح صاف کریں، یوگ آسن کے اوپر بیٹھ کر۔

6.13 समं (समम्) कायशिरोग्रीवं (काय + शिरः + ग्रीवम्) धारयन्नचलं (धारयन् + अचलम्) सिथिरः। सम्प्रेक्ष्य नासिकाग्रं (नासिका + अग्रम्) स्वं दिश्चानवलोकयन् (दिशः + च + अनवलोकयन्) ।।

6.13 सीधा / बराबर, शरीर + सिर + व गर्दन, रखते हुए, + बिना हिले, शान्त रहें। देखते हुए नाक की + नोक की अपनी, दिशा में + और किसी में + न देखते हुए।।

6.13 एक सीध में शरीर और गर्दन, रख कर स्थिर होकर।
नाक पर दृष्टि रख, किसी और दिशा में न देख कर।।13।।

6.13 Samam kayashirogreevam (kaya + shirah + greevam) dharayannachalam (dharayan + achalam) sthirah.

Samprekshya naasika + agram swam dishashchaanavalokayan (dishah + cha + anavalokayan).

6.13 Straightening body + head + and neck, remain + still in peace.
seeing nose + tip of yours, not seeing in any other direction.

6.13 Bring your body head and neck, in straight line sitting still.
See the tip of nose only, and no other side positioning still. ||13||

۶۰۱۳۔ سَمَم کایَشِروگرِیوَم (کای+شِرَہ+گرِیوَم) دھارَینّچَلَم (دھارَیَن+اَچَلَم) سْتھِرَہ،
سَمپریکشیَ ناسِکاگرَم (ناسِکا+اَگرَم) سْوَم دِشَشچانَولوکَیَن (دِشَہ+چ+اَنَولوکَیَن)۔

۶۰۱۳۔ ایک سیدھ میں کرکے دیہ+سر+گردن، رکھ کے+بغیر حرکت +خاموش،
دیکھتے ہوئے ناک کی+نوک پر ، اپنے+اور کسی طرف+بھی+نا+دیکھ تے ہوئے۔

۶۰۱۳۔ بنا ہلائے سیدھا، جسم سر اورگردن کو رکھ کے۔
اِدھراُدھر بنا دیکھے، ناک کی نوک پہ نظر رکھ کے۔

6.14 प्रशान्तात्मा (प्रशान्त + आत्मा) विगतभीर्ब्रह्मचारिव्रते (विगत + भीः + ब्रह्मचारि + व्रते) स्थितः। मनः संयम्य मच्चित्तो (मत् + चित्तः) युक्त आसीत मत्परः (मत् + परः) ।।

6.14 स्थिर शान्त + आत्मा / स्व, परे / दूर + डर से, + ब्रह्मचारी रहने + का व्रत ले कर / ठान कर, रहना। मन संयमित करके, मुझ भगवान में, केन्द्रित करना / लगा रखना, मेरे (ईश्वर के) परम लक्ष्य को पाना है।।

6.14 शान्त मन करके बिना डरे, ब्रह्मचर्य व्रत मन में लिये।
संयमित मन ईश्वर में करके, जुड़ के परम लक्ष्य मिले।।14।।

6.14 Prashaantaatmaa (Prashaanta + aatmaa) vigatabheerbrahmchaarivrate (vigata + bheeh + brahmchaari + vrate) sthitah.

Manah sanyamya machchitto (mat + chittah) yukta (yuktah) aaseeta matparah.

6.14 Lives with peaceful quiet + in self, fearlessness, wows to observe chastity.With controlled mind, focuses + within Me, connects with Me, aims to reach Me

6.14 By peace, fearlessness and celibacy determination, balance the mind.
Reach The Highest goal Me,by being in Me and offering Me that mind. ||14||

۶۰۱۴۔ پْرَشانتاتما (پْرَشانت+آتما) وِگتبھیر برَہمچارِوْرتے (وِگت+بھیہ+برَہمچارِ+وْرتے) سْتھِتَہ،
مَنہ سَنیمی مچِّتو (مت+چِتّہ) یُکت (یُکتہ) آسیت مَتپرہ (مت+پرہ)۔

۶۰۱۴۔ پرسکون+روح سے چھوڑ کے+ڈر+برہمیت کا+حلف لے کے،
مجھ خدامیں+دِل جوڑ کے رہو میری (خدا کی) پناہ میں۔

۶۰۱۴۔ پرسکون دِل ڈر سے آزاد، خدائی زندگی کا ارادہ لئے۔
ذہن جوڑ کے خدا سے، یوگ میں قائم رہو پناہ لئے۔

6.15 युन्जन्नेव (युन्जन् + एव) सदात्मानं (सदा + आत्मानम्) योगी नियत + मानसः। शान्तिं निर्वाणपरमां (निर्वाण + परमाम्) मत्संस्थामधिगच्छति (मत् + संस्थाम् + अधिगच्छति) ।।

6.15 जुड़ कर + ही (योग + से ही), सदा + अपनी, योगी वाली नियंत्रित + बुद्धि से। शान्ति और मुक्ति के, + सबसे ऊँचे मेरा (ईश्वर का) +स्थान, + पाता है।।

6.15 निरंतर जोड़ / योग के इस अभ्यास से, संयमित बुद्धि करता योगी।
परम् शान्ति निर्वाण की पाता, परम धाम परमेश्वर का पाता योगी।।15।।

6.15 Yunjannaivam (Yunjann + evam) sadaatmaanam (sadaa + aatmaanam) yogi niyatamaanasah (niyata + maanasah).

Shaantim nirvaanaparamaam (nirvaana + paramaam) Matsansthaamadhigachchhati (Mat + sansthaam + adhigachchhati).

6.15 Only by + connecting (by yog + only), always through the yogi's self balanced + mind.
That of peace and + freedom , My (God's) + supreme institution
(Abode), does he achieve.

6.15 Thus focus in God, by yogi's self controlled mind.
To acquire peace, the freedom of Supreme kind. ||15||

۶۰۱۵۔ یُنجنّیوم (یُنجن+ایوم) سَداتمانَم (سَدا+آتمانَم) یوگی نِیَتمانَسہ (نِیَت+مانَسہ)،
شانتِم نِرواڼپَرمام (نِروان+پَرَمام) مَتسنستھامَدھِگچھتِ (مَت+سنستھام + ادھِگچھتِ)۔

۶۰۱۵۔ جوڑ کے+اِس طرح+لگا تار+روح سے یوگی متوازن+دِل سے،
سکون کی سب سے اونچی+نجات مجھ خدا کے+گھر+پہنچ جاتا ہے۔

۶۰۱۵۔ ایسے دھیان کی مشقت میں، یوگی لگ کے لگا تار۔
خدا میں بس کر سکون پاتا، اور من پر خود کا اختیار۔

6.16 नात्यश्नतस्तु (न + अति + अश्नतः + तु) योगोऽस्ति (योगः + अस्ति) न चैकान्तमनश्नतः (च + एकान्तम् + अनश्नतः) ।

न चातिस्वप्नशीलस्य (च + अति + स्वप्नशीलस्य) जाग्रतो (जाग्रतः) नैव चार्जुन (च + अर्जुन) ।।

6.16 न + बहुत + खाना + लेकिन, योग + है, और + न एक दम + न खाना ।
और + न बहुत + स्वप्न देखते रहना, और न ही हर दम जागते रहना, हे! अर्जुन।।

6.16 बहुत खाना या कुछ न खाना, योग नहीं होता अर्जुन।
योग हमेशा सोते रहना, न ही सदा जागना होता अर्जुन।।16।।

6.16 Naatyashnatastu (Na + ati + ashnatah + tu) yogoasti (yogah + asti) na chaikaantamanashnatah (cha + ekaantam + anashnatah).

Na cha + ati + swapnasheelasya jaagrato (jaagratah) naiva (na + eva) chaarjuna (cha + Arjuna).

6.16 Neither + heavy + eating + but, is yog, and + nor + never + to eat.
And neither + all time + dreaming, nor and + always + awakening,o! Arjun||

6.16 Yog is not to eat heavily, nor it is to remain famished Arjun!.
Neither it is perpetual dreaming, nor all time awakening Arjun!. ||16||

٦۔١٦ ناتیشنتست (نَ+اَتِ+اشنتہ+تُ) یوگو اَستِ (یوگہ+اَستِ) نَ چیکانتمنشنتہ (چ+ایکانتم+انشنتہ)،
نَ چاتِسوپنشیلسی (چ+اَتِ+سوپنشیلسی) جاگرتو (جاگرتہ) نیو (نَ+ایوَ) چارجن (چ+ارجن)۔

٦۔١٦ نا+بہت+کھانے والے کے لئے+لیکن یوگ ہے اورنا+ بالکل +نہیں کھانے والے کے لئے ،
اورنا+ بہت+ سپنے دیکھنے والے کے لئے اورناہی+ بہت جاگنے والے کے لئے ہی، یا! ارجن۔

٦۔١٦ پیٹو یا بھوکھے کے لئے ہوتا، ہے یوگ کرنا ناممکن۔
بہت سونے یا جاگنے سے بھی، کرنہیں پاتے یوگ ارجن۔

6.17 युक्ताहारविहारस्य (युक्त + आहार + विहारस्य) युक्तचेष्टस्य (युक्त + चेष्टस्य) कर्मसु। युक्तस्वप्नावबोधस्य (युक्त + स्वप्न + अवबोधस्य) योगो (योगः) भवति दुःखहा (दुःख + हा)।।

6.17 संयमित + खाने + मनोरंजन का, कामो में नियमित + कोशिश करने का। नियमित सोने जागने की समझ का योग, दुख मिटा देता है।

6.17 नियमित भेजन और मनोरंजन, काम और जीवन शैली हैं योग।
नियमित सोना और जागना, दुःख दूर कर देता है यह योग।।17।।

6.17 Yukta + aahaara + vihaarasya yukta + cheshtasya karmasu.

Yukta + swapna + avabodhasya yogo (yogah) bhavati dukha + haa.

6.17 Regular + eating + enjoyment habit, and regular + practice in + works.
Regular + sleeping + and arising, yog (self sight/self practice) is pain + killer.

6.17 Yog is balance takes away pain, out of a balanced worker.
One whose diet, fun, sleep, rise and all acts are reguler. ||17||

٦٠١٧۔ یُکتاہارَوِہارَسْی (یُکت+ آہارَ + وِہارَسْی) یُکتچیشْٹَسْی (یُکت+چیشْٹَسْی) کَرمَسُ،
یُکتسْوَپْناوَبوُدھَسْی (یُکت+سْوَپْنَ+اَوَبوُدھَسْی) یوگو بھَوَتِ دُکھہا۔

٦٠١٧۔ متوازن+کھانے(غذا)+گھومنے کی متواذن+مشقت کرنے سے،
متواذن+سونے+ جاگنے کی یوگ مشوت کرنے سے+ہوتے ہیں+سب دکھ ختم۔

٦٠١٧۔ کھانے کی آدتیں لطف اندوزی اور، زندگی کی سرگرمیاں معقول ہیں۔
سونے جاگنے میں باقایدگی کی اور، یوگ مشقت ہر دکھ کرتے دوٗر ہیں۔

6.18 यदा विनियतं चित्तमात्मन्येवावतिष्ठते (चित्तम् + आत्मनि + एव + अवतिष्ठते) । निस्प्रहः सर्वकामेभ्यो (सर्व + कामेभ्यः) युक्त इत्युच्यते (इति + उच्यते) तदा।।

6.18 जब संयमित हुआ हृदय, + आत्मा / स्वयं में + ही + बैठ जाता है।
आकांक्षा रहित, सब + कामों में जुड़ा हुआ, योग इस प्रकार + कहलाता है, तब।।

6.18 अनुशासित मन अपने आप में, स्वयं स्थित हो जाता है जब।
सारी चाहें छोड़ कामों से जुड़ा, कर्म योगी हो जाता है तब।।18।।

6.18 Ydaa viniyatam chittamaatmanyevaavatishthate (chittam + aatmani + eva + avatishthate). Nisprahah sarvakaamebhyo (sarva + kaamebhyah) yukta ityuchyate (iti + uchyate) tadaa.

6.18 When being controlled, the heart + within soul + it self + gets seated. Undesirously connected to all + works, yog it is + said then.

6.18 When the self controlled heart, it self sits fixed in soul.
Wishes renounced work fixed, yog of action is this told. ||18||

٦٠١٨۔ یَدا وِنیَتَم چِتّماتْمَنیواوَتِشْٹھتے (چِتَّم+آتْمَنِ+ایوَ+اَوَتِشْٹھتے)،
نِسْپْرَہَہ سَرْوَکامیبھیو(سَرْوَ+کامیبھیَہ) یُکْت اِتیُچْیتے (اِتِ+اُچْیتے) تَدا۔

٦٠١٨۔جب +متواذن دِل+خود میں+ ہی+قاَم ہوجاتا ہے،
بغیر کچھ چاہے+سب+کاموں میں لگاہوا ، یوگ اِسے ہی+ کہتے ہیں۔

۶.۱۸- جب باقایدہ قابو ہوکے، من روح میں ہوتا قائم-
حواس کے کام سے ہٹ کے، من کہلاتا یوگ میں قائم-

6.19 यथा दीपो (दीपः) निवातस्थो (निवात + स्थः) नेड्. गते (न + इड्. गते) सोपमा (सा + उपमा) स्मृता। योगिनो (योगिनः) यतचित्तस्य (यत+ चित्तस्य) यु. न्जतो (यु. न्जतः) योगमात्मनः (योगम् + आत्मनः) ।।

6.19 जैसे दीपक वायुहीन + स्थान पर, नहीं + हिलता, वैसी ही तुलना मानी जाती है।
उस योगी की, जिसका + हृदय जुड़ा हो, योग में + अपने आप से / स्वयं से।।

6.19 जैसे बिना हवा की जगह में, लौ दीपक की नहीं हिलती है।
वैसा ही वह योगी है जिसके, मन की लौ नहीं हिलती है।।19।।

6.19 Yathaa deeponivaatastho (deepah + nivaata + sthah) nengate (na + ingate) sopamaa (saa + upamaa) smritaa.

Yogino (Yoginah) yata + chittasya (yata + chittasya) yunjato (yunjatah) yogamaatmanah (yogam + aatmanah).

6.19 As does not flicker, a lamp + in an airless + place, such example is taken.
For that yogi, whose + heart + is connected, in yog + with self.

6.19 As the burning wick of a lamp, does not move in an airless place.
The heart of a self fixed yogi, does not move from it's own place. ||19||

۶.۱۹- یتھا دیپو نِواتستھو (نِوات+ستھہ) نےنگتے (نَ+اِنگتے) سوپما (سا+اُپما) سمرِتا،
یوگنو (یوگنہ) یتچتسی (یت+چتسی) یُنجتو (یُنجتہ) یوگماتمنہ (یوگم+آ تمنہ)-

۶.۱۹- جیسے دیا+بغیر ہوا+کی جگہ پرنہیں+ہلتا، اِسی+مثال کو یاد رکھتے ہوئے،
یوگی جسکا دِل جوڑا (بغیر ہلے قایم) رہتا ہے یوگ+میں اپنے-

۶.۱۹- ہوا سے محفوض رکھے دیئے کی، لو نا ہلا پاتی آندھی-
اللہ میں محفوض من بھی، ہلا نا پاتی خواہشات کی آندھی-

6.20 यत्रोपरमते (यत्र + उपरमते) चित्तं निरुद्धं योगसेवयां (योग + सेवयाम्) । यत्र चैवात्मात्मानं (च + एव + आत्मना + आत्मानम्द्ध पश्यन्नात्मनि (पश्यन् + आत्मनि) तुष्यति।।

6.20 जहां + परम सुख, हृदय सब हटा के, ग्रहण करता है, योग + अभ्यास से।
और + जहाँ आत्मा + अपना + ही, + 'स्व' देखती हुई + अपने में ही, संतुष्ट हो जाती है।

6.20 योग अभ्यास करते हुए, जब खुश हो मन स्थिर होता।
अन्दर आत्मा देखते हुए, अपने आप में ही तुष्ट होता।।20।।

6.20 Yatroparamate (Yatra + uparamate) chittam niruddham yoga + sevayaa.

Yatra chaivaatmanaatmaanam (cha + eva + aatmanaa + aatmaanam) pashyannaatmni (pashyan + aatmni) tushyati.

6.20 Where + in divine happiness,the heart is, ridding everything, throuh yog practices. And where the soul, seeing the self, within it self is satisfied.

6.20 At place where heart is closed, sense objects are turned out.
Here with pleasure the self sees self, satisfied in itself without. ||20||

۶۰۲۰۔ یَترُوپَرَمتے (یَتر+اُپَرَمتے) چِتّم نِرُدّھم یُوَ ک +سیوَیا،
یَتر چیواتمَناتمانَم (چ+ایوَ+آ تمَنا +آتمانَم) پشیَنّاتمَنِ (پشیَن +آتمَنِ) تُشیَتِ۔

۶۰۲۰۔ جہاں +ٹھہرجاتاہے (قایَم ہوجاتاہے)، دل سب روک کے، یوگ مشقت سے ،
جہاں، اور+اِسی طرح+ دل(خود) سےروح (خودکو) دیکھتےہوئے، اپنے آپ (خود) میں اِطمینان پاتاہے۔

۶۰۲۰۔ یوگ کی مشقت سے قائم، سب کچھ چھوڑ ہو جاتامن۔
دیکھ کےخود میں خود کی روح ، پرسکون ہو جاتا من۔

6.21 सुखमात्यन्तिकं (सुखम् + आत्यन्तिकम्) यत्तद्बुद्धिग्राह्यमतीन्द्रियम् (यत् + तत् + बुद्धि + ग्राह्यम् + अति + इन्द्रियम्)। वेत्ति यत्र न चैवायं (च + एव + अयम्) स्थितश्चलति (स्थितः + चलति) तत्वतः ।।

6.21 सुख + अत्यधिक / परम, ऐसा, + वह + बुद्वि + पाती है, दिव्य. + इन्द्रियों से।
जहां जानती है कि, वह यहां स्थित है, + और नहीं हटती है सत्य से।।

6.21 यह दिव्य सुख महान इन्द्रियों से, बुद्धि ग्रहण कर लेती है।
सत्य ज्ञान होने की स्थिति से, मन को हटने नहीं देती है।।21।।

6.21 Sukham + aatyantikam yattad buddhigraahyamateendriyam (yat + tat + buddhi + graahyam + ateendriyam).

Vetti yatra na chaivaayam (cha + eva + ayam) sthitashchalati (sthitah + chalati) tatvatah (tatva + tah).

6.21 Happiness + divine, that + there, + the mind + gets + through divine senses. Where it knows that, it dwells there, and does not divert from the truth there.

6.21 Where mind acquires ultimate pleasure, beyond the reach of senses.
Gets fixed at this state of pleasure, here truth it gets via divine senses. ||21||

۶۰۲۱۔ سُکھماتیئنتکم (سُکھم+آتیئنتکم) بُدّھِ گراہیمتیندریم (یت+تت+بُدّھِ+گراہیم+اتیندریم)،
ویتّتِ+ یتر نَ چیوایم (چ+ایو+ایم) ستھتشچلتِ (ستھتہ+ چلتِ) تتوتہ۔

۶۰۲۱۔ سکھ+اصلی (آخری) +جسے+وہ+دماغ+ پاتاہے+اونچاآگے کا، + حواس(کی پہنچ)سے (بھی) ،
جان تاہے+جہاں سے +نہیں اور+کہیں+یہاں پے+ مقرر +چلتا / ڈِگتا ہے سچ سے۔

۶۰۲۱۔ حواسوں کی پکڑسے دوٗر، سکھ پا لیتا جہاں دماغ۔
اُس سکھ میں قائم ہو جاتا، سچ پکڑاتے الٰہی حواس۔

6.22 यं (यम्) लब्ध्वा चापरं (च + अपरम्) लाभं मन्यते नाधिकं (न + अधिकम्) ततः। यस्मिन्स्थितो (यस्मिन् + स्थितः) न दुःखेन गुरुणापि (गुरुणा + अपि) विचाल्यते।।

6.22 जिसे पाकर, और +दूसरा कोई, लाभ बुद्धि, अधिक + नहीं मानती उससे।
जिसमें + रहकर, नहीं करते, दुःख बड़े से बड़े +भी, विचलित।।

6.22 इस स्थिति को परम् लाभ का, मान के और कुछ नहीं भाता है।
जिस स्थिति को बड़े से बड़ ा, दुःख भी कभी छू नहीं पाता है।।22।।

6.22 Yam Labdhwaa cha + aparam laabham manyate na + adhikam tatah.
Yasminsthito (Yasmin + sthitah) na dukhena gurunaapi (guruna + api) vichaalyate.

6.22 To which having got, no other benefit, does it (mind) understand,better than that.
Being + in which, no pain bigger than biggest, + also, disturbs.

6.22 Having found the divine pleasure, mind finds no other joy better ever.
Fixed at this divine place, no heavy pain can move mind elsewhere. ||22||

۶۰۲۲۔ یَم لَبدھوا چاپَرَم (چَ+اَپَرَم) لابھَم مَنیتے نادھِکَم (نَ+اَدھِکَم) تتہ،
یَسمِن ستھِتو (یَسمِن +ستھِتہ) نَ دُکھینَ گُروناپِ (گُرونا+اَپِ) وِچالیتے۔

۶۰۲۲۔ جسے پاکے اور+ دوسرا فائدہ + نہیں+ لگتا ہے + اِس سے زیادہ + اُس کے بعاد ،
جس میں+ قایم ہوکے نہیں دُکھ بڑے سے بڑا + بھی (نہیں) ہلا سکا تا ہے ۔

۶۰۲۲۔ سکون روحانی پاکے، یوگ میں اور ناکچھ اچھا لگتاہے۔
کتنے بھی دکھ آئیں یوگی من، انسے ڈگ نہیں سکتاہے۔

6.23 तं (तम्) विद्याद्दुःखसयोगवियोगं (विद्यात् + दुःख + संयोग + वियोगम्) योग + संज्ञितम्। स (सः) निश्चयेन योक्तव्यो (योक्तव्यः) योगोऽनिर्वण्णचेतसा (योगः + अनिर्वण्ण + चेतसा) ।।

6.23 उसको (उस स्थिति को) समझें, जहाँ + दुःख़ के + आने + जाने को, योग समझते हैं। उससे विश्वास से जुडेंदृ, योग के + अविचलित +मन से ।।

6.23 योग समाधिस्थ होने को समझो, विद्या दुःख दूर करने की।
विश्वस्त अभ्यास ही है पद्धति, सुख में मन स्थिर रखने की।।23।।

6.23 Tam vidyaaddukhasanyogaviyogam (vidyaat + dukha + sanyoga + viyogam) yoga + sangyitam.

Sa (Sah) nishchyena yoktavyo (yoktavyah) yogoanirvinnachetasaa (yogah + anirvinna + chetasaa).

6.23 Understand that (situation) where + by contact, + and by separation + of Pain, + is attained yog. Get connected to it, with confidence and fixed mind of yog.

6.23 Here by sense–object meeting,joy and pain is detected by yog.
Pain created by contact ,is letted off by separation through yog. ||23||

۶۰۲۳۔ تَم ودیادُکھسنیوگ ویوگم (ودیاث+دُکھ+سَنیوگ+ویوگم) یوگ سنگیتم (یوگ+ سنگیتم)،
س(سَہ) نشچین یوکتویہ (یوکتویہ) یوگوا نرونچیتسا (یوگہ+اَنروِن + چیتسا) ۔

۶۰۲۳۔ اُسے + سمجھو+دُکھ کے +چھونے+نا چھونے کا +یوگ ڈوبا+احساس،
اُس کو (احساس کو) پورے یقین کے ساتھ جُڑکر (محسوس کرنے کی) مشق کرو، یوگ +نا چھوڑنے کے+ ہوش کے ساتھ۔

۶۰۲۳۔ دردسے جوڑ کا احساس دُکھ ہے، اور الگ ہونے کا ہے سکھ۔
یقیناً مضبوط ذہنی یوگ سے، احساس درد دور رکھنا ہے سکھ۔

6.24 संकल्पप्रभवान्कामांस्त्यक्त्वा (संकल्प + प्रभवान् + कामान् + त्यक्त्वा) सर्वानशेषतः (सर्वान् + अशेषतः) । मनसैवेन्द्रियग्रामं (मनसा + एव + इन्द्रियग्रामम्) विनियम्य समन्ततः।।

6.24 दृढदृ संकल्प + से. , मन की + सारी इच्छाएं + छोड़ कर, + पूरी तरह से।
मन से ही सब इन्द्रियों को वश में करके, संतुलित करें, हर ओर से खींच के।।

6.24 मन उत्पन्न करता इच्छाएं, उन्हें छोड़ के पूरी तौर से।
शुद्ध मन से खींचो इन्द्रियां, करो वश में सब ओर से।।24।।

6.24 Sankalpaprabhavaankaamaanstyaktwaa (Sankalpa + prabhavaan + kaamaan + tyaktwaa) sarvaanasheshatah (sarvaan + asheshatah).

Manasaivendriyagraamam (Manasaa + eva + indriya + graamam) viniyamya samantatah.

6.24 With strong + will, + the desires + having left + from heart, all of them + completely. Controlling + by heart, + surely + to the senses', + whole group (all senses) + balance, from all around.

6.24 With determined mind, one should leave all the desires from heart.
And control all the senses from their objcts, from all sides by heart. ||24||

۶۰۲۴۔ سنکلپ+پربھوا نکامانستیکتوا (کامان+ تیکتوا) سروانشیشتہ(سروان+اشیشتہ)،
منسیویندریگرامم (منسا+ایو+اندری+گرامم) ونیمی سمنتتہ۔

۶۰۲۴۔ دل میں سوچ کے(مضبوت اردہ سے)، اچھایں(خواہشات) چھوڑکے، ساری کی ساری،
دل سے+ہی+حواس+خمسہ قابو میں لاکے، ہر طرف سے۔

۶۰۲۴۔ مشقت پریوگ کی، یقیناً دماغ کوقائم کرلیں۔
رابطہ اچھامن سےچھوڑکے، حواس پر قابو پالیں۔

6.25 शनैः शनैरूपरमेद्‌बुद्धया (शनैः + उपरमेत् + बुद्धया) धृतिगृहीतया (धृति + गृहीतया)। आत्मसंस्थं (आत्म + संस्थम्) मनः कृत्वा न किच्चिदपि (किच्चित् + अपि) चिन्तयेत।।

6.25 धीरे धीरे + शुद्व + बुद्धि द्वारा, धीरज +लाएं।
स्वयं में, अर्थात आत्मा में +स्थित, मन+ करके, नहीं कोई+ भी चिन्ता करें।।

6.25 धीरे धीरे एक एक करके, विश्वास से हर एक इच्छा हटाएं।
समाधि स्थिति में बुद्धि मन ला के, सोंच से एक एक हटाएं।।25।।

6.25 Shanaih shanairuparamedbuddhya (shanaih + uparamet + buddhya) dhritigraheetayaa (dhriti + graheetayaa).

Aatmasanstham (Aatma + sanstham) manah kritwaa na kinchidapi (kinchit + api) chintayet.

6.25 Slowly gradually, by pure + mind, bring + patience. Within self + fixing, heart have no worries at all.

6.25 Slowly and gradually with intact mind, self connectivity sets in.
Keeping the heart on self, have no desire or it's thought within. ||25||

۶۰۲۵۔ شنیہ شنیرپرمیدبدّھیا(شنیہ+اُپرمیت+بدّھیا) دھرتِ گرہیتیا،
آتمسنتھم(آتم+سنتھم) منہ کرِتوا نَ کنچدپ(کنچت+اَپ) چنتییت۔

٦٠٢٥۔ دھیرے دھیرے(ایک کے باد ایک سوچ)+چھوڑتے ہوئے +دماغ میں+عقل لائیں،
خود میں قایم دل کرکے، کوئ بھی سوچس دل میں نا لائیے۔

٦٠٢٥۔ رفتہ رفتہ فارغ ذہن میں،صبر سے یقین جگائیے۔
کوئی اور سوچ لائے بغیر،روح میں من کوڈُبائیے۔

6.26 यतो (यतः) यतो (यतः) निश्चलति मनश्चंचलमस्थिरम् (मनः + चंचलम् + अस्थिरम्) । ततस्ततो (ततः + ततः) नियम्यैतदात्मन्येव (नियम्य + ऐतत् + आत्मनि + एव) वशं नयेत्।।

6.26 जैसे जैसे निश्चल होता मन, + चंचल हो कर + अस्थिर होने लगे।
वैसे + वैसे, नियमित करते हुए, + इसे + अपने + ही, बस में लेते चलें।।।

6.26 जैसे जैसे निश्चल होता, चंचल हो मन लगे चलने।
वैसे वैसे वश में मन, नियम से लाना होगा अपने।।26।।

6.26 Yato yato (yatah yatah) nishchalati manashchanchalamasthiram (manah + chanchalam + asthiram).

Tatastato (Tatah + tatah) niymyaitadaatmanyeva (niymya + etat + aatmani + eva) vasham nayet.

6.26 As and when the steadily settling mind, + fickles to + take the stroll.
Then and there, pulling it back, keep taking it under self control.

6.26 As and when the settling heart, moves to be diverted.
Quickly draw it towards self, in control to be adjusted. ||26||

٦٠٢٦۔ یَتو یَتو (یَتہ+یَتہ) نِشچلَتِ مَنشچنچلمستھِرَم (مَنہ+چنچلم+اَستھِرَم) ،
تَتستَتو(تَتہ+تَتہ) نِیَمیَیتدآتمنیوَ(نِیَمی+ایتَت+آتمَنِ+ایوَ) وَشَم نَییت۔

٦٠٢٦۔ جیسے+جیسے+ مقرر(جذبات سے بے اثر) ہوتا دل +چنچل ہو کے+ بھاگ نے لگے ،
ویسے+ ویسے ہموار کرتے ہوئے+اِس کو +اپنے روح کے، خود کے) قابو میں لے آئیں۔

٦٠٢٦۔ جب جب مچلیے مستحکم ہوتا من، چنچل ہوکر لگے بھاگنے۔
تب تب پیچھے کھینچ کے اُسکو، اپنی لگام سے لگیں تھامنے۔

6.27 प्रशान्तमनसं ह्येनं (हि + एनम्) योगिनं सुखमुत्तमम् (सुखम् + उत्तमम्) । उपैति शान्त + रजसं ब्रह्मभूतमकल्मषम् (ब्रह्म + भूतम् + अकल्मषम्) ।।

6.27 प्रशान्त मन ही + यह, योगी का, सुख है + सबसे ऊँचा। पाता है,
राजसी गुण + शान्त करके, वह ब्रह्म तत्व की पापहीनता ।।

6.27 मन से शान्त होके योगी, पा जाता है परम् सुख।
रजस गुण के परे ब्रह्म तत्व, जाता है पापों से छुट।।27।।

6.27 Prashaanta + manasam hyenam (hi + enam) yoginam sukhamuttamam (sukham + uttamam). Upaiti shanta + rajasam (shanta + rajasam) Brahmbhootamakalmsham (Brahm + bhootam + akalmsham).

6.27 Peace in mind, only + this, is yogi's joy + highest.
Having kingly characters + pacified, he acquires, The Supreme's + element + of sinlessness.

6.27 With peace in mind yogi's get divine pleasure, beyond rajas sentiment.
With kingly character pacified,he gets sinlessness of Brahm element. ||27||

۶۰۲۷۔ پْرَشانْتمَنَسَم (پْرَشانْت+مَنَسَم) ہْیَنَم (ہِ+اےنَم) یوگِنَم سُکھَمُتَّمَم (سُکھَم+اُتَّمَم)،
اُپَیتی شانْتُ رَجَسَم (شانْت+رَجَسَم) بْرَہْمَبھوتَمَکَلْمَشَم (بْرَہْمَبھوتَم+اَ کَلْمَشَم)۔

۶۰۲۷۔ پرسکون +دِل سے ہی +اِس یوگی کا سکھ + بہترین ہے ،
پاتا ہے، ختم ہونے سے+راجاوں والی (راجَسِک)خصوصیات ، خدا کا+عنصر+ پاپ سے آزاد ۔

۶۰۲۷۔ پرسکون دل سے یوگی، سکھ پاتا سب سے اونچا عبدی۔
شاہانہ خصوصیات ختم ہونے سے، عنصر جوا میلتا ازلی۔

6.28 युंजन्नेवं (युंजन् + एवम्) सदात्मानं (सदा + आत्मानम्द्धयोगी विगत + कल्मषः। सुखेन ब्रह्म संस्पर्शमत्यन्तं (ब्रह्म + संस्पर्शम् + अत्यन्तम्) सुखमश्नुते (सुखम् + अश्नुते) ।।

6.28 जुड़ कर (योग कर के) + ही, सदा + स्वयं से (अपने आप से), योगी सब दुःखों से पार हो जाता है।
सुख से, ब्रह्म से + मिल कर, + दिव्य सुख + पाता है।।

6.28 आत्मा से सदा जुड़े तो, योगी के सब दुःख मिटते हैं।
सुख से ब्रह्म जुड़ जाने से, परम् सुख नहीं हटते हैं।।28।।

6.28 Yunjannevam (Yunjan + evam) sadaatmaanam (sadaa + aatmaanam) yogi vigata + kalmashah.

Sukhena Brahm + sansparsham + atyantam sukham + ashnute.

6.28 Being connected (through yog) + only, with self (own soul), the yogi gets away from pain. Happily, being in God's + contact + divine pleasure + he gets.

6.28 Perpetual connection to soul , takes away yogi's pain.
By self connection to Brahm, ultimate pleasure he gains. ||28||

۶۰۲۸۔ یُجْنیوَم (یُجَن + ایوَم) سَداتمانَم (سَدا+آتمانَم) یوگی وِگتَکَلمَشَہ (وِگت+کلمَشَہ)،
سُکھین بَرہم سَنسپَرشَم اَتیَنتَم (بَرہم+سَنسپَرشَم+اَتیَنتَم) سُکھَمَشنُتے (سُکھَم+اَشنُتے)۔

۶۰۲۸۔ جُڑنے سے ہی +اِس طرح + ہمیشہ خودکی روح سے، یوگی آزاد ہوجاتا ہے+سارے دکھوں سے،
خوشی میں ہی خدا کے+ساتھ کی +آخری +سکھ +پاجاتا ہے۔

۶۰۲۸۔ ہمیشہ خدا سے جڑی روح سے، یوگی سب دُکھ ختم پاتا ہے۔
خدا سے جڑا ربانی سکھ میں، سب سے اونچا سکھ پاتا ہے۔

6.29 (सर्व + भूत + स्थम् + आत्मानम्) सर्वभूतानि चात्मनि (च + आत्मनि) । ईक्षते योगयुक्तात्मा (योग + युक्त + आत्मा) सर्वत्र समदर्शनः (सम + दर्शनः)।।

6.29 सभी + जीवों में + रहने वाले, + मुझ परमात्मा को, जो सभी जीवों और स्वयं की आत्मा में भी । देखता है,
वह योग + जुड़ ी + आत्मा वाला, हर जगह एक + दृष्टि से, (अर्थात समान/बराबर भाव से + देखता है)।।

6.29 है जीवों में स्थित आत्मा, सब जीवों की परमात्मा।
देखता है योग से योगी, सब जीवों में वही आत्मा।।29।।

6.29 Sarvabhootasthamaatmaanam (Sarva + bhoota + stham + aatmaanam) sarva + bhootani chaatmani (cha + aatmani).

Eekshate yogayuktaatmaa (yoga + yukta + aatmaa) sarvatra samadarshanah (sama + darshanah).

6.29 In all + the living beings, + residing , + My (God's) Supreme Soul, the one who sees in all + the beings, and + himself. That yog + fixed + soul, all as equals + sees.

6.29 He sees self in all beings, and also all beings in self.
Yog connected self sees, everywhere the same self. ||29||

۶۰۲۹۔ سَرْوَ بھوْتَستھماتْمانَم (سَرْوَ+بھوْت+ستھم+آتْمانَم) سَرْوَ بھوْتانِ(سَرْوَ+بھوْتانِ) چاتْمنِ(چَ+آتْمنِ) ،
اِیکشتے یوْگیکتاتْما (یوْگ+یُکت+آتْما) سَرْوَتْر سَم دَرْشنَہ۔

۶۰۲۹۔سب+مخلوقات میں +موجود +روح خدا کوسب مخلوقات میں+اور+خود میں بھی ،
دیکھتاہے یوگ جوڑا (یوگی) روح خداسب جگہ ایک نظر سے۔

۶۰۲۹۔ ہرمخلوق میں ایک ہی روح کو، وہی روح اپنے میں دیکھتا۔
یوگی جسکی روح خدامیں، برابر نظروں سے سبکو دیکھتا۔

6.30 यो मां पश्यति सर्वत्र सर्व च मयि पश्यति।
तस्याहं (तस्य + अहम्) न प्रणश्यामि स च मे न प्रणश्यति।।

6.30 जो मुझे देखता है, हर जगह, और सबको मुझमें देखता है।
उससे + मैं कभी नहीं छुपता हूँ, (हमेशा दिखता हूँ), और वो मुझसे कभी नहीं छुपता है (हमेशा दिखता है) ।।

6.30 जो मुझको सब में देखता, सब को देखता है मुझमें।
उसकी आँखों से मैं न छुपता, वो नहीं छुपता है मुझसे।।30।।

6.30 Yo (Yah) maam (Maam) pashyati sarvatra sarvam cha mayi pashyati.
Tasyaaham (Tasya + Aham) na pranashyaami sa cha me na pranashyati.

6.30 The one who sees Me, every where and every thing in Me (sees).
For him, + neither I disappear, and also nor he disappears for Me.

6.30 The one who sees Me in all places, and all the things in Me.
For him I am never missed, and he is never missed by Me. ||30||

۶۰۳۰۔ یوْ مام پَشیَتِ سَرْوَتْر سَروَم چَ مَیِ پَشیَتِ،
تَسیاہَم (تَسی+اہَم) نَ پْرَنَشیامِ س(سَہ) چَ مے نَ پْرَنَشیَتِ۔

۶۰۳۰۔ جو مجھے (خداکو) دیکھتاہے ہر جگہ ، اور سب میں مجھ کو (خدا کو) دیکھتاہے،
اُس سے+میں(خدا)نہیں چھپ سکتا ہوں اور وہ مجھ (خدا)سے نہیں چھپ پاتاہے۔

۶۰۳۰۔ جوسب طرف مجھ خداکودیکھتا ، اورسب میں بھی دیکھتا مجھ کو۔
نہ اُس سے چھپ پاتامیں خدا، اور نا مجھ خداسے چھپ پاتاہے وہ۔

6.31 सर्वभूतस्थितं (सर्व + भूत + स्थितम्) यो मां (माम्) भजत्येकत्वमास्थितः (भजति + एकत्वम् + आस्थितः) । सर्वथा वर्तमानोऽपि (वर्तमानः +अपि) स (सः) योगी मयि वर्तते।।

6.31 सब + जीवो में + आसीन, मुझको (परमात्मा को) जो भजता है, + एकत्व में + स्थापित + होकर (एकसार जुड़ कर)।
सामने रह कर भी, वह योगी मुझमें बसता है।।

6.31 जीवों में स्थित मुझमें, बसकर जो मुझे भजता है।
इस संसार में होकर भी वो, मेरे अन्दर रहता है।।31।।

6.31 Sarvabhootasthtam(Sarva+bhoota+sthtam)yo(yah)maam(Maam)bhajatyekatvamaasthitah (bhajati + ekatvam + aasthitah).
Sarvathaa vartamaanoapi (vartamaanah + api) sa (sah) yogi mayi (Mayi)vartate.

6.31 Within all + beings + seated Me, the one who worships, fixed in unity/ in unison. Despite being in the front/present, that yogi, in Me, stays.

6.31 The one who worships Me, in unison living in all the beings.
The Yogi living in this world, lives in Me through the beings. ||31||

۶۰۳۱۔ سَرْوَبھوتَستھتَم (سَرْوَ+بھوتَ+ستھتَم) یوُ مام بھجتیکَتوَماستھِتَہ (بھجتِ+ایکَتوَم+آستھِتَہ)،
سَرْوَتھا وَرْتمانوُاَپِ (وَرْتمانَہ+اَپِ) سَ(سَہ) یوُگی مَیِ وَرْتتے۔

۶۰۳۱۔ سب+ مخلوقات میں بسنے والے کی جو+میری (خدا کی) عبادت +جوڑ کے / ایک ہو کے / یوگ میں+واقع رہتا ہے،
سب میں موجود رہ کے+بھی وہ یوگی مجھ(خدا) میں ہی رہتا ہے۔

۶۰۳۱۔ سب مخلوقات میں بسے مجھ(خدا) کو، دیکھتے عبادت سب میں کرتا جو۔
سب میں رہتے ہوئے بھی ہردم، مجھ خدا کے اندر ہی رہتا وہ ۔

6.32 आत्मौपम्येन (आत्मा + उपम्येन) सर्वत्र समं (समम्) पश्यति योऽर्जुन (यः + अर्जुन) । सुखं (सुखम्) वा यदि वा दुखं (दुखम्) स (सः) योगी परमो (परमः) मतः।।

6.32 अपनी + तुलना में, सबको समान देखता है जो, + हे! अर्जुन। सुख में हो अथवा दुःख में, वह योगी सब से ऊँचा है, मेरे विचार में ।।

6.32 अपने जैसा ही सबको, अर्जुन! जो देखता व समझता है।
स्वयं सा सुख दुःख पाता सबका, सि) योगी कहलाता है।।32।।

6.32 Aatmaupamyena (Aatma + aupamyena) sarvatra samam pashyati yoarjuna (yah + Arjuna).
Sukham vaa yadi vaa dukham sa (sah) yogi paramo (paramah) matah.

6.32 In comparison to one self , who sees every one as equal, O!Arjun. Be it in joy or in pain, supreme is that yogi in My opinion.

6.32 Arjun! the one who sees, the souls of all beings same as self.
Their pain and joy too as self, I take him as super Yogi Myself. ||32||

۶۰۳۲۔ آتموپمیین (آتم+او پمیین) سَروتر سَمَم پشیتِ یو ارجن (یہ+ارجن)،
سُکھَم وا یدِ وا دُکھم س(سہ) یوگی پرمو (پرمہ) مَتہ۔

۶۰۳۲۔ خودکے+مقابلے میں سبکو ایک برابر دیکھتاہے جو ،+یا!ارجن،
سکھ ہو یا دکھ ہو وہ یوگی سبسے اونچاہے، یہ میرا نقطہ نظر ہے۔

۶۰۳۲۔ ارجن! سبسے اونچا یوگی، ہر روح کوخود جیسی پاتاہے۔
روح سے پیدا سکھ دکھ بھی، سب میں خود سا ہی پاتاہے۔

अर्जुन उवाच Arjuna uvaacha अर्जुन बोले Arjun said ارجن بولے اَرجن اُواچ

6.33 योऽयं (यः + अयम्) योगस्त्वया (योगः + त्वया) प्रोक्तः साम्येन मधुसूदन। एतस्याहं (एतस्य + अहम्) न पश्यामि चंचलत्वात्स्थितिं (चंचलत् + वात् + स्थितिम्) स्थिराम्।।

6.33 जो + यह, योग + आपने, बताया सामान्यतया, हे! मधुसूदन।
इसको मैं नहीं देख पाऊंगा, चलती + हवा सा + रहते /उड़ ते को रोक के, स्थिर रखने जैसा।।

6.33 मधुसूदन! योग में आपने, बताया मन एक जगह टिकाना।
मन चंचल हवा सा होते, सच नहीं लगता इसे रोक पाना।।33।।

6.33 yoayam (yah + ayam) yogastvayaa (yogah + tvayaa) proktah saamyena madhusoodana (Madhu + soodana).

Etasyaaham (Etasya + aham) na pashyaami chanchalatwaatsthitim (chanchalat + waat + sthitim) sthiraam.

6.33 This + here, Yog + by you, that has been told , in general, O! Madhusudan. This, + I shall not be able to realise (do not see as true), it being in moving + air, + like condition, to keep standing still.

6.33 Madhusoodan! the stability of heart in yog, that you told here.
Seems impossible to me, as heart keeps moving just like air. ||33||

۶۰۳۳۔ یوایَم (یہ+اَیَم) یوگستوَیا (یوگہ+توَیا) پروکتہ سامیین مدھوسودن،
ایتسیاہم (ایتسی+اَہم) نَ پشیامِ چنچلتواتستھتم (چنچلت+وات+ستھتم) ستھِرام۔

۶۰۳۳۔جو + یہ، یوگ+آپ نے بتایا ، یکساں سلوک کا، یا! مَدھُسُوْدَنَ! (شیطان مَدھُ کو مارنے والے کرِشن !)،
اس کو +میں نہیں دیکھ پارہا ہوں، دل کی ہوا جیسی اُڑنے کی صفت ہونے سے ،قایم کر پانا۔

۶۰۳۳۔ مدھوسودن! آپ نے بیاں کیا، یکساں یوگ ایک سا من رکھنے کا ۔
ہوا سے بھاگتے چنچل من سے، ناممکن مجھے لگا ہے من روکنا۔

6.34 चंचलः हि मनः कृष्ण प्रमाथि बलवद्दृढ. म् (बलवत् + दृढ. म्)। तस्याहं (तस्य + अहम्) निग्रहं (निग्रहम्) मन्ये वायोरिव (वायोः + इव) सुदुष्करम् (सु + दुष्करम)।।

6.34 चंचल ही है मन, हे! कृष्ण, जो घुमाता है, प्रबल + हठ / जि. द से। उसको + मुझे, वश में लाना, लगता है, हवा को रोकने जैसा + ही, बहुत + कठिन / असम्भावी।।

6.34 हे! कृष्ण चंचल जिद्दी मन जो, वेग से जोर से भागता है।
हवा जैसा भागे जो उसको, वश करना कठिन लगता है।।34।।

6.34 Chanchalam hi manah Krishna pramaathi balavaddridham (balavat + dridham). Tasyaaham (Tasya + aham) nigraham manye vaayoriva (vaayoh + iva) sudushkaram (su + dushkaram).

6.34 Fickle is the mind, O! Krishn, churns forcefully + stubbornly. This + to me,bringing under control, seems air + like difficult / impossible to do.

6.34 Krishn! heart's force of displacement, is so strong an affair.
That to control it to stability, also seems as difficult as air. ||34||

۶۰۳۴۔ چنچلَم ہِ مَنَہ کرِشنَ پْرَماتھِ بَلَوَدّرِڈھَم (بَلَوَت+دْرِڈھَم)،
تَسیاہَم(تَسْیَ+اَہَم) نِگْرَہَم مَنْیے والیُوَرِوَ (وایُوہ+اِوَ) سُو+دُشْکَرَم۔

۶۰۳۴۔ چنچل+یقیناً ہے من،یا! کرِشن گھماتا ہے طاقت کے+پورے زور سے،
اُسے مجھے قابو کرنا لگتا ہے ہوا جیسا ہی ناممکن۔

۶۰۳۴۔ یا! کریشن!اُڑا دیتا ہے دماغ، چنچل من ایک ہی جھونکے سے۔
ناممکن لگتا اِسے قابو کرنا، اُڑتا ہے ضد سے ہوا کے جیسے۔

श्रीभगवानुवाच Shree Bhagawaan Uvaacha श्रीभगवान बोले Lord Shri Said

شری بھگوانُواچ خدا بولے

6.35 असंशयं (असंशयम्) महाबाहो मनो (मनः) दुर्निग्रहं (दुर्निग्रहम्) चलम्। अभ्यासेन तु कौन्तेय वैराग्येण च गृह्यते।।

6.35 निस्संदेह हे! महाबाहु, मन को कठिन है, रोकना चलते में।
अभ्यास से मगर, हे! कुन्ती पुत्र और वैराग्य से, उसे वश में लाया जा सकता है।।
6.35 महाबाहु! निसंदेह, चंचल मन को रोकना कठिन है।
कुन्तीपुत्र! मगर अभ्यास और, वैराग्य से मुमकिन है।।35।।

6.35 Asanshayam Mahaa + baaho mano (manah) durnirgraham chalam.
Abhyaasena tu Kaunteya vairaagyena cha grahyate.
6.35 Undoubtedly O! Mighty armed, mind is difficult to over power/to control, the turbulent.
By practice but, O! Kunti's son, and by detachment, it can be brought to control.
6.35 Mighty armed! to control the shaky heart, is undoubtedly difficult to do.
Kunti's son! but through practice, and detachment it is possible to do. ||35||

۶۰۳۵۔ اَسَنْشَیَم مَہاباہوَ مَنوَ(مَنہ) دُرنِگْرَہَم چَلَم،
اَبھیاسینَ تُ کونتیے وَیراگیئن چَ گْرَہیتے۔

۶۰۳۵۔ یقیناً یا!مضبوط باذووالے(اَرْجُن) من کو قابو کرنا مشکل ہے، چنچل ہونے سے،
مشقت سے لیکن یا!کُنتی ذادے، اور مادی جہان چھوڑنے سے (قربانی سے/سنیاس سے)، (کامیابی) میسر ہے۔

۶۰۳۵۔ آسان نہیں ہے یا!کنتی ذادے, لگام لگا پانا بھاگتے من کو۔
تنہا مشقت سے لیکن، خاموشی سے قابوکرنا ہے ممکن من کو۔

6.36 असंयतात्मना (असंयत + आत्मना) योगो (योगः) दुष्प्राप इति मे मतिः। वश्यात्मना (वश्य + आत्मना)
तु यतता शक्योऽवाप्तुमुपायतः (शक्यः + अवाप्तुम् + उपायतः) ।।
6.36 अनियंत्रित (उड़ते) + मन का जुड़ पाना (योग कर पाना) कठिन है, यह मेरा विचार है। मन अपने (आत्मा के) + वश में करने का, मगर प्रयत्न करना स्वयं को (आत्मा को) पाने का, निश्चित / व्यवहारिक उपाय है।।
6.36 मेरी समझ से भागते मन का, जुड़ पाना नामुमकिन है।
वश में मन करने के यत्न से, इसे देखना नहीं कठिन है।।36।।

6.36 Asanytaatmanaa (Asanyta + aatmanaa) yogo (yogah) dushpraapa (dushpraapah) iti me (Me) matih.
Vashyaatmanaa (Vashya + aatmanaa) tu yatataa shakyo (shakyah) avaaptumupaayatah (avaaptum + upaayatah).

6.36 The uncontrolled + mind, is hard to be fixed (By imbalanced mind yog is difficult), In My opinion. To balance heart + under self, but by practice is a pracal way of getting self sight.

6.36 Flying minds cannot be fixed , yog is difficult by them I think My self.
But to practice it's control under self ,is the assurance to get the self. ||36||

٦۰٣٦۔ اَسَنیَاتمنا (اَسَمیت+اَتمنا) یوگو(یوگہ) دُشپراپ اِتِ مے مَتِہ،
وَشیاتمنا (وَشی+آتمنا) تُ یتتا شکیو اَواپتماپایتہ (شکیہ+اَواپتم+اُپایتہ)۔

٦۰٣٦ بےلگام+من کے لئے، توگ مشکل ہے، ایسا میرا (خداکا) خیال ہے،
قابوکرکے+ من، لیکن (یوگ کی) مشقت+قابلیت/ مہارت + پانے کا+ طریقہ/ ترتیب ہے۔

٦۰٣٦۔ خود کی من پے لگام بغیر، ہے یوگ مشکل خدا یہ کہتے ۔
قابومن سیوگ مشقت ، کوشش کرنے سے قابل بنتے ۔

अर्जुन उवाच Arjun Uvaacha अर्जुन बोले Arjun Said اَرجن اُواچ ارجن نے پوچھا

6.37 अयतिः श्रद्वयोपेतो (श्रद्वया + उपेतः) योगात्चलितमानसः (योगात् + चलित + मानसः) । अप्राप्य योगसंसिद्धिं (योग + संसिद्धिम्) कां (काम्) गतिं (गतिम्) कृष्ण गच्छति।।

6.37 असफल योगी, श्रद्धा से + जुटा हुआ, परन्तु योग से + हटी हुई + बुद्धि से।
योग + सिद्धि न पाने का, क्या नतीजा पाता है, हे! कृष्ण ।।

6.37 श्रद्धा से लग कर भी योगी, यदि मन को नहीं रोक पाता है।
योग सिद्धि असफल योगी, हे! कृष्ण किस गति को पाता है।।37।।

6.37 Ayatih shraddhayopeto (shraddhayaa + upetah) yogaachchalitamaanasah (yogaat + chalita + maanasah).
Apraapya yogasansiddhim (yoga + sansiddhim) kaam gatim Krishna gachchhati.

6.37 Failed in yog, but faithfully + practicing, the one with yog + diverted + mind. On not attaining yog + skill, what result does he get, O! Krishn.

6.37 If a faithfully practicing yogi, due to diverted mind misses yog.
And fails in acquiring skill in yog, O! Krishn! to what end he goes. ||37||

٦۰٣٧۔ اَیتہ شرَدھیوپیتو (شرَدھیا+اُپیتہ) یوگاچلِتمانسہ (یوگات+چلِت+مانسہ)،
اَپراپی یوگسنسِدھم (یوگ+سنسِدھم) کام گتم کرِشن گچھتِ۔

۶۰۳۷۔ ناکام ہوکے، ایمان سے+کرکے بھی، یوگ سے+ ہٹے ہوئے +دِل/دماغ والے کو،
حاصل ناہونے پے، یوگ میں +کمال، (اُس ناقابل یوگی کا) کیا حال، یا! کرِشن، ہوتاہے۔

۶۰۳۷۔ایماندار کوشش کے باوجود، یوگ سے ہٹاہوامن پاتا ہے جو۔
یوگ قابلیت ناپاکے شخص، یا!کریشن، کون سی منزل پاتاہے وہ۔

6.38 कच्चिन्नोभयविभ्रष्टश्छिन्नाभ्रमिव (कच्चित् + न + उभय + विभ्रष्टः + छिन्न + अभ्रम् + इव) नश्यति।
अप्रतिष्ठो (अप्रतिष्ठः) महाबाहो विमूढो (विमूढः) बह्मणः पथि।।

6.38 क्या + यह तो नहीं कि + दोनों से + छिटक कर + तितर बितर हो कर + बादल + जैसा ही, वह नष्ट हो जाता है?
योग सम्मान न पा कर हे! महाबाहु, बुद्दि भटकने से, ब्रह्म प्राप्ति के मार्ग में।।

6.38 हार के योग और मन दोनों से, बादलों सा छिन्न भिन्न नष्ट होता क्या।
महाबाहु कृष्ण! यश व बुद्धि खो वो, ब्रह्म पथ में भटक के खो जाता क्या।।38।।

6.38 Kachchinnobhayavibhrashtashchhinnaabhramiva (Kachchit + na + ubhaya + vibhrashtah + chhinna + abhram + iva) nashyati.
Apratishtho (Apratishthah) mahaabaaho (Mahaa + baaho) vimoodho (vimoodhah) brahamnah pathi.

6.38 Does he + not + by both the two + failures, + slashed / shredded, + cloud + like vanishes?
Dishonoured in yog, O! Mahaabaahu (Mighty + armed Krishn), and mind loss, towards Brahm (God) + on way?

6.38 Is he crushed between two failures, to disappear in bits like cloud.
Mighty armed! with mind and fame lost, in Supreme path in doubt. ||38||

۶۰۳۸۔ کچّنوبھَیوبھرَشٹشچھِنّابھرَمِوَ (کچِّت+نَ+اُبھَی+وِبھرَشٹہ+چھِنّن+ابھرَم+ اِوَ) نشیَتِ،
اَپرَتشٹھوَ(اَپرَتشٹھہ) مَہاباہوَ(مہا+ باہوَ) وِموُڈھوَ(وِموُڈھہ) بَرَہمنہ پتھِ۔

۶۰۳۸۔کہیں+ایساتونہین کہ،+دونو(عقل اوریوگ)حاصل نا ہونے سے+پریشان+کٹ کٹ کے/منتشر
ہوکے+بادل+جیساختم ہوجاتاہے؟
بغیرشہرت ، یا!مہا باہوَ(کرِشن) وہ جہالت سے کھو دیتاہے خدا کا راستہ ؟

۶۰۳۸۔ یا!کریشن ذہن اوریوگ دونوکھوکے، چھترے بادل ساختم ہوتاکیا۔
ذہن پھیرا کے یوگ میں ناکام، کوئی جہان بھی وہ نہیں پاتا کیا۔

6.39 एतन्मे (एतत् + मे) संशयं (संशयम्) कृष्ण छेत्तुमर्हस्यशेषतः (छेत्तुम् + अर्हसि + अशेषतः) । त्वदन्यः (त्वत् + अन्यः) संशयस्यस्य (संशयस्य + अस्य) छेत्ता न ह्युपपद्यते (हि + उपपद्यते)।।

6.39 यह + मेरा संशय, हे! कृष्ण, मिटाने की + योग्यता आपमें है, + पूरी तरह से।
आपके सिवा + कोई और, संशय + यह, दूर करने वाला, मिलना असंभव है (नहीं ही + पाया जा सकता है)।।

6.39 हे कृष्ण! प्रार्थना है यह संदेह, पूरी तरह मेरा दूर कर दें।
आपके सिवा न बस में किसी के, संदेह मेरा जो दूर कर दे।।39।।

6.39 Etanme (Etat + me) sanshyam Krishna chhettumarhasyasheshatah (chhettum + arhasya + asheshatah).

Twadanyah (Twat + anyah) sanshayasyaasya (sanshayasya + asya) chhettaa na hyupapadyate (hi + upapadyate).

6.39 This of + my doubt, O! Krishn , to clear off + capable are you + wholely.
From You + apart, doubt + this , to clear off, none else, is possible, to find.

6.39 O! Krishn! please clear, this of my doubt fully.
No one else can mar my doubt, but you only. ||39||

٦۰٣٩۔ اِتنمے (ایتت + مے) سَنشیَم کرِشن چھیتُمرہسیشیشتہ (چھیتُم + ارہسی + اشیشتہ)،
تودنیہ (توت + انیہ) سَنشیَیاسی (سَنشیَیسی + اَسی) چھیتّا نَ ہیُپپدیتے (ہِ + اُپپدیتے)۔

٦۰٣٩۔ یہ + میرا شک ، یا! کرِشن دور کرنے + کے قابل ہیں آپ ہی + پوری طرح سے ،
آپکے سوہ + کوی اور ، شک یہ میرا، دور کرنے والا نہیں مِلیگا۔

٦۰٣٩۔ دعا کرتا ہوں یا! کریشن، دور کردیں آپ ہی شک یہ میرا۔
آپکے علاوہ ہے کوئی نہیں جو، قابل ہو یہ کام کرنے میں میرا۔

श्रीभगवानुवाच Shree Bagawaan Uvaacha श्रीभगवान बोले Lord Shri Said

شری بھگوانُواچ خدا بولے

6.40 पार्थ नैवेह (न + एव + इह) नामुत्र (न + अमुत्र) विनाशस्तस्य (विनाशः + तस्य) विद्यते। न हि कल्याणकृत्कश्चिद् (कल्याण + कृत् + कश्चित्) दुर्गति तात गच्छति।।

6.40 पार्थ! न + ही + इस, न + अगले जन्म में, विनाश + उसका, होता है ।
न ही भलाई + करने वाले की, + कभी दुर्गति, हे! मित्र, होती है ।।

6.40 पार्थ! न इस जन्म न अगले में, कभी नष्ट वो हो सकता है।
भलाई के काम में लगा है जो, उसका बुरा नहीं हो सकता है।।40।।

6.40 Paarth naiveha (na + eva + iha) naamutra (na + amutra) vinaashastasya (vinaashah + tasya) vidyate.

Na hi kalyaanakritkashchid (kalyaana + krit + kashchit) durgatim taat gachchhati.

6.40 Paarth! neither + even + here, nor + in the other life, does he perish (his + destuction + takes place). Nor even a noble + doer + ever, to bad result, O! friend, treks on.

6.40 Neither in this nor in next birth, a noble fellow is finished, O! Parth.
And undoubtedly no noble doer leaves, O! My friend to bad path. ||40||

۶۰۴۰۔ پارتھ نیویہ(نَ+ایوَ+اِہ) نامُتر (نَ+اَمُتر) وِناشستسی (وِناشہ+تسی) وِدیتے،
نہِ (نَ+ہِ) کلیانکرتکشچِدْ (کلیانکرِت+کشچِدْ) دُرگتم تات گچھتِ۔

۶۰۴۰۔ یا! پارتھ، نا +ہی+اِس، نا+اُس جہان میں خاتمہ+اُس کا ہوتا ہے،
نا+ہی نیکی+کرنے والا+کبھی برائی میں ،یا!دوست، پڑتا ہے۔

۶۰۴۰۔ پرتھا ذادے! ہوتے عظیم بندے،کسی جہاں میں بھی نہیں زوال۔
یا!دوست کسی جنم میں بھی کہیں ، برائی تباہ کرے اچھائی ایسی نہیں مثال۔

6.41 प्राप्य पुण्यकृतां (पुण्य + कृताम्) लोकानुषित्वा (लोकान् + उषित्वा) शाश्वतीः समाः। शुचीनां (शुचीनाम्) श्रीमतां (श्रीमताम्) गेहे योगभृष्टोऽभिजायते (योग + भृष्टः + अभिजायते) ।।

6.41 पाकर, पुण्य + कर्ताओं के संसारों में, + रह कर, अनेकों वर्षों ।
पवित्र और सम्पन्न घरों में, योग + भटके लोग, + जन्म लेते हैं।।

6.41 पुण्य कर्मियों के लोकों में, योग भटक वर्षों रहता है।
पवित्र और धनी लोगों में, जन्म लेके उनमें रहता है।।41।।

6.41 Praapya punyakritaam (punya + kritaam) lokaanushitwaa (lokaan + ushitwaa) shaashvateeh samaah.

Shucheenaam shreemataam (shree + mataam) gehe yogabhrashtoabhijayate (yoga + bhrashtah + abhijayate).

6.41 Having gained noble + doers' worlds, + and lived + there for tohusandds of years. In the noble and rich people's houses , the yog + failed + ones takes birth.

6.41 He reaches noble doer's planets, and lives for long long period there.
The one failed in yog takes birth, at pure and rich and is back here. ||41||

۶۰۴۱۔ پْراپْی پُنّیَکْرِتامْ (پُنّی + کْرِتامْ) لوکانُشِتْوا (لوکان+اُشِتْوا) شاشْوَتیہ سَماہ،
شُچِینامْ شْریمَتامْ گےہے یوگبْھرشْٹوابْھِجایَتے (یوگ+بْھرشْٹَہ+اَبْھِجایَتے)۔

۶۰۴۱۔ پہنچ کے سواب+کرنے والوں کے جہان وں میں+رہ کے(وہیا) بیشمار سالوں تک،
پاک امیر لوگوں کے گھر میں یوگ میں+ناقابل بھی پیدا ہو جاتا ہے۔

۶۰۴۱۔ ثواب کمانے والوں کے جہان وں میں، پیدا ہو کے رہتا ہے برسوں۔
امیر امراؤں کے ساتھ گھروں میں ،ناکام یوگی جا کے رہتا برسوں۔

6.42 अथवा योगिनामेव (योगिनाम् + एव) कुले भवति धीमताम् (धी + मताम) । एतद्धि (एतत् + हि) दुर्लभतरं (दुर्लभ + तरम्) लोके जन्म यदीदृशम् (यत् + ईदृशम्)।।

6.42 नहीं तो, योगियों के + ही, वो परिवार में जन्म लेता है, ऊँची बुद्धि + वालों के ।
इस संसार में, + निश्चय ही, अत्यधिक + कठिन है, इस + तरह का जन्म मिलना, ।।

6.42 वर्ना योगियों के कुल में, विद्वानों में जन्म मिलता है।
मगर बहुत ही मुश्किल से, ऐसा जन्म मिला करता है।।42।।

6.42 Athawaa yoginaameva (yoginaam + eva) kule bhavati dheemataam (dhee + mataam. Etaddhi (Etat + hi) durlabhataram (durlabha + taram) loke janma yadeedrisham (yat + eedrisham).

6.42 Otherwise amongst saints + even, in the family, he takes birth, amongst people with + great intellect |
Although, to take birth like + this, is definitely, the rare of + the rarest in this world.

6.42 Else he gets back amongst, the wise yogis of this world.
Although birth like this is, most difficult to take in this world. ||42||

۶۰۴۲۔ اَتھوا یوگِنامیوَ (یوگِنامْ+ایوَ) کُلے بھَوَتِ دھیمَتامْ (دھی+مَتامْ)،
ایتَدّھِ (ایتَت+ہِ) دُرلَبھَتَرَمْ (دُرلَبھَ+تَرَمْ) لوکے جَنْمَ یَدیدْرِشَمْ (یَت+ایدْرِشَمْ)۔

۶۰۴۲۔ ورنہ یوگیوں کے+ہی خاندان میں پیدا ہو جاتے ہیں عقلمند +لوگوں میں،
ایسی +یقیناً مشکل ہے+ بہت زیادہ، جہاں میں ، پیدائش اِس+ طرح کی۔

۶۰۴۲۔ یا عقلمند یوگیوں کے یہاں، پیدا ہوکے وہ پہونچ جاتا ہے۔
لیکن ایسے خاندانوں میں، پیدا ہونا بڑا ہی مشکل ہوتا ہے۔

6.43 तत्र तं बुद्धिसंयोगं (बुद्धि + संयोगम्द्धलभते पौर्वदेहिकम् (पौर्व + देहिकम्) । यतते च ततो (ततः) भूयः संसिद्धौ कुरुनन्दन (कुरु + नन्दन)।।

6.43 वहां उसे बुद्धि + संसर्ग का लाभ मिलता है, पहले की + देह के कारण।
जिससे वह प्रयास करता है, तब, फिर से सिद्धि संपन्न हो जाता है, हे! कुरु + पुत्र (अर्जुन)।।

6.43 उसके पूर्व जन्म की चेतना को, वहीं की बुद्धि का साथ मिलता है।
कुरु नन्दन! जिससे फिर से वो, योग सिद्धि का प्रयास करता है।।43।।

6.43 Tatra tam buddhisanyogam (buddhi + sanyogam) labhate paurvadehikam (paurva + dehikam).

Yatate cha tato (tatah) bhooyah sansiddhau kurunandana (kuru + nandana).

6.43 There he gets the benifit of intellectual + contact due to the (efforts of) + previous + body. Because of which, he practices, then again , becomes skilful, O! Kuru's son.

6.43 Here with wisdom from the previous life, which he gained.
Kuru's son! he practices yog, and acquires perfection again. ||43||

۶۰۴۳۔ تتر تم بدّھسنیوگم (بدّھ+سنیوگم) لبھتے پوروَدیہکم (پورو+دیہکم)،
یتتے چ تتو (تتہ) بھوئیہ سنسدّھو کرنندن (کر+نندن)۔

۶۰۴۳۔ وہاں اُسکو عقلمند+ ہونے کا فایدہ مِلتا ہے پہلے والی+ پیدائش (کی جسمانی مشق) سے،
جس سے اور وہ تب پھر کمال حاصل کرلیتا ہے یا! کورو+ زادے (ارجن)۔

۶۰۴۳۔ کرُ زادے! پچھلی زندگی میں، کمائے ہوئے علم کا فایدہ لے تے۔
کمال یوگ میں حاصل کرنے، پھر سے یہاں پیدا ہوکے آتے۔

6.44 पूर्वाभ्यासेन (पूर्व + अभ्यासेन) तेनैव (तेन + एव) ह्रियते ह्यवशोअपि (हि + अयवशः + अपि) सः। जिज्ञासुरपि (जिज्ञासुः + अपि) योगस्य शब्दब्रह्मातिवर्तते (शब्द + ब्रह्म + अति वर्तते) ।।

6.44 पूर्व के (योग) अभ्यासों से, उनसे + ही आकर्षित होता है, अपने आप ही वह।
योग के लिये उत्सुक + हो कर भी, वह योग के शास्त्र लिखित संदेशों में, (बोले हुएए शब्दों में + ब्रह्मा के) + पारंगत हो जाता है।।

6.44 पिछले जन्म के अभ्यास से, स्वतः योग की ओर खिंचता है।
प्राकृतिक कौतूहल से योग सि), शास्त्र निर्देशों से बनता है।।44।।

6.44 Poorvaabhyaasena (Poorva + abhyaasena) tenaiva (tena + eva) Hriyate hyavashoapi (hi + avashah + api) sah.

Jigyaasurapi (Jigyaasuh + api) yogasya shabdabrahmaati (shabda + brahma + ati) vartate.

6.44 Due to the previous + (yog) practices, to them (yog practices) + only, is attracted he, (naturally). By being curious + too, towards yog, through scriptural directives/ words + of God, + he acquires perfection.

6.44 From the practice of previous life, yog attracted again is he here.
Curiosly follows Brahm scriptures, par excellence attains he here. ||44||

٦.٤٤۔ پوُرْوَابھیاسین (پوُرْوَ+ابھیاسینَ) تینَیوَ (تینَ+ایوَ) ہْرِیَتے ہْیَوَشوَاپِ (ہِ+اَوَشَہ+اَپِ) سَہ،
جِگیاسُرَپِ (جِگیاسُہ+اَپِ) یوَگسْیَ شَبْدَبْرَہماتِورْتتے (شَبْدَ+بْرَہم+اَتِ+وَرْتتے)۔

٦.٤٤۔ پہلے کی (زندگی میں) ہوئی+مشقت سے، اُن سے+ ہی کھنچتا ہے، یقیناً+اپنے آپ+بھی، وہ ،
مُتَجَسِّس+بھی یوگ کا، خدائی حکم نامہ کے آگے کا کمال حاصل کر لیتا ہے۔

٦.٤٤۔ پچھلی زندگی میں کمایا ہوا، یوگ کھینچتا ہے اُن کو پھر یہاں۔
صحیفوں سے آگے کی کھوجی عقل سے، کمال یوگ میں پالیتا پھر یہاں۔

6.45 प्रयत्नाद्यतमानस्तु (प्रयत्नात् + यतमानः + तुद्ध योगी संशुद्धकिल्बिषः (संशु) + किल्बिषः) । अनेकजन्मसंसिद्ध स्ततो (अनेक + जन्म + संसिद्धिः + ततःद्धयाति परां गतिम् ।।

6.45 प्रयत्न से + यत्न करते हुए + लेकिन, योगी शोधित होकर +
सब पापों से। बहुत से + जन्मों में + सिद्धि पाने + के बाद, पाता है, परम गति ।।

6.45 कठिन प्रयास करते हुए योगी, सब पाप दूर कर लेता है।
बार बार जन्म लेते हुए, योग सिद्ध हो ब्रह्म पथ लेता है।।45।।

6.45 Prayatnaadyatamaanastu (Prayatnaat + yatamaanah + tu) yogi sanshuddhakilbishah (sanshuddha + kilbishah).

Anekajanmasansiddhastato (Aneka + janma + sansiddhah + tatah) yaati paraam gatim.

6.45 By trying to + practice + but, the yogi becoming purified + of all sins. Through many + births + having acquired skill + ultimately goes to Him.

6.45 By self practice but the yogi purifies, all his sins whatsoever.
Perfection through series of lives, takes him to God forever. ||45||

٦.٤٥۔ پْرَیتْناد۔یَتمانَسْتُ (پْرَیتْنات+یَتمانَہ+تُ) یوگی سَنْشُدّھَکِلْبِشَہ (سَنْشُدّھَ + کِلْبِشَہ)،
اَنیکَجَنْمَسَنْسِدّھَسْتَتو (اَنیکَ+جَنْمَ+سَنْسِدّھَہ+تَتَہ) یاتِ پَرام گَتِم۔

۶۰۴۵ محنت کی+مشقت سے+لیکن +یوگی، دھو کے+پاپ ،
بہت سی+پیدائشوں سے +کمال حاصل کرنے+کے بعد، پاتاہے سب سے اونچی منزل ۔

۶۰۴۵۔ باربار یوگ مشقتیں سے، پاپ دھوکے پاک صاف ہولیتے ہیں۔
باربارز ندگیوں میں یوگ سے،کمال یوگی بن نجات پالیتے ہیں۔

6.46 तपस्विभ्योऽधिको (तपस्विभ्यः + अधिकः) योगी ज्ञानिभ्योअपि (ज्ञानिभ्यः + अपि) मतोअधिकः (मतः + अधिकः) । कर्मभ्यश्चाधिको (कर्मभ्यः + च + अधिकः) योगी तस्माद्योगी (तस्मात् + योगी) भवार्जुन (भव + अर्जुन) ।।

6.46 तपस्वियों में + भी सर्वोच्च है योगी, ज्ञानियों में + भी सर्वोच्च + बुद्धि का होता है। और + कर्मठ लोगों में + भी सबसे ऊँच ा होता है, इसलिये तुम योगी बनो + हे! अर्जुन।।

6.46 तपस्वियों से ज्ञानियों से भी, श्रेष्ठतर होता है योगी।
श्रेष्ठतर है कर्मियों से भी, अर्जुन! तभी बनो तुम योगी।।46।।

6.46 Tapasvibhyoadhiko (Tapasvibhyah + adhikah) yogi gyaanibhyoapi (gyaanibhyah + api) matoadhikah (matah + adhikah).

Karmibhyashchaadhiko (Karmibhyah + cha + adhikah) yogi tasmaadyogi (tasmaat + yogi) bhavaarjuna (bhava + Arjuna).

6.46 Amongst ascetics, + super most, is yogi, amongst the wise,also, supreme + in knowledge. And + amongst performers, + is super most too, hence + you be yogi, O! Arjun.

6.46 A yogi is the best ascetic, most wise and the best performer.
There fore O! Arjuna be yogi, that is to say the best fighter. ||46||

۶۰۴۶۔ تپَسوِبھیوَ اَدھِکوَ (تپَسوِبھیَہ+اَدھِکَہ) یوگی گیانِبھیوَ اَپِ (گیانِبھیَہ+اَپِ) متوَ اَدھِکَہ (متَہ+اَدھِکَہ) ،
کَرمِبھیَشچا دھِکوَ (کَرمِبھیَہ+چَ+اَدھِکَہ) یوگی تسمدیوگی (تسماتْ+یوگی) بھَوارْجُنَ (بھَوَ+ارْجُنَ)۔

۶۰۴۶۔ تپسویوں سے+ بہتر ہوتاہے یوگی، عالموں سے+بھی، خیالات میں بھی بڑھ کر ہے،
اورکام کرنے والوں سے بھی بہتر ہے یوگی، اِس لئے یوگی بنو، یا! ارْجُنَ۔

۶۰۴۶۔ تپسویوں عقلمندوں اورکام کرنے والوں میں، یوگی ہی ہوتے ہیں بہترین۔
اسلیے یا! ارْجُنَ تُم یوگی ہی بنو، سوچ بھی یوگیوں کی ہوتی بہترین۔

6.47 योगिनामपि (योगिनाम् + अपि) सर्वेषां (सर्व + एषाम्) मद्गतेनान्तरात्मना (मत् + गतेन + अन्तः + आत्मना) । श्रद्वावान्भजते (श्रद्वावान् + भजते) यो (यः) मां (माम्) स (सः) मे युक्ततमो (युक्त + तमः) मतः ।।

6.47 योगियों में + भी, सारे + इन, जो मेरी + शरण में है, + अन्तर्मन से + अपने।
श्रद्वा पूर्वक + भक्ति करता है, जो मेरी, वह योगी है + परम (मुझसे जुड़ ा है सबसे बेहतर), मेरे विचार में।।

6.47 हर तरह के योगियों में भी, जो भीतरी मन से मुझे भजते हैं।
श्रृद्धा से जुड़ ते हैं मुझसे, परम् योगी मुझ ईश्वर के मत में हैं।।47।।

6.47 Yoginaamapi (Yoginaam + api) sarveshaam madgatenaantaraatmanaa (Mat + gatena + antah + aatmanaa).
Shraddhaavaanbhajate (Shraddhaavaan + bhajate) yo (yah) maam (Maam) sa (sah) me (Me) yukttamo (yukt + tamah) matah.

6.47 Even amongst all the yogis + too, those who take refuge under Me by inner heart. Are most faithfully + devoted/ connected to Me, are the greatest yogis in My opinion.

6.47 Amongst yogis the self devoted one, who takes refuge under Me.
Is in My opinion the best yogi, who is always best fixed in to Me. ||47||

۶۰۴۷۔ یوگنامپی (یوگنام+اَپی) سَروِیشام مدگتیناتر اتمنا (مت+گتین+انتہ+آتمنا)،
شرَدّھاوانبھجتے (شرَدّھاوان+بھجتے) یوٗ (یہ) مام سَ (سَہ) مے یکتتموٗ (یکت+تمہ) مَتہ۔

۶۰۴۷۔ یوگیوں میں +بھی وے سب جو مُجھ (خدا) میں+ اپنی دِلی روح رکھتے ہیں،
ایمان سے+عبادت کرتے ہیں، جو میری (خدا کی) وہ میرے (خدا کے) خیال میں بہترین یوگی ہیں۔

۶۰۴۷۔ بہترین یوگی مَیں اُسے مانتا، جو من سے میری عقیدت کرتا ہے۔
ایمان سے وہ مُجھ خدا سے جڑا (یوگ)، کمال حاصل عالی یوگی بنتا ہے۔

अध्याय-7 : ब्रह्म विद्या योग शास्त्र

CHAPTER – 7 : Brahm Vidya Yog Shastr

باب۔(۷) برہم ودیا یوگ شاشتر

- प्रकृति परमात्मा का निम्न, जड़ , सगुण रुप है। जो जीवों की देह बनाती है।
- परमात्मा का दूसरा रूप उच्च, अविनाशी चेतन, निर्गुण है। जिससे जीवों की आत्मा बनती है।
- प्रकृति प्राणियों में तीन गुण भरती है।
- सत्व गुण व्यक्ति को उच्च, रजस गुण मध्यम तथा तमस गुण निम्न स्तर की प्रवृत्तियां देता है।
- Nature is the lower, nonliving, physical and elemental form of the Supreme Lord, of which the bodies are made.
- The other upper undestructible non–elemental and non–physical form of the Supreme Lord is the one of which the souls of the beings are made.
- The nature provides three traits to the living beings.
- The trait 'Satv' gives the high, 'Rajas' the middle and 'Tamas' the low level intentions to persons.

۱۔ قدرت خدا کانچلا بنیادی دکھائی دینے والا بےجان روپ ہے۔جاندار جسم اِسی کے گھڑیے ہوتے ہیں۔

۲۔ خدا کا دوسرا اونچا تباہ نا ہونے والا، اورنادکھنے والاروحانی روپ بھی ہوتاہے۔جس سے جانداروں (مخلوقات) کی روحیں بنتی ہیں۔

۳۔ قدرت مخلوقات میں تین کرداری خصوصیات ڈالتی ہے۔

۴۔ 'ستو' کی خصوصیت آدمی کو اونچی 'رجس' کی خصوصیت بیچ کی اور 'تمس' کی حصوصیت اسے نچلے درجے کے منسوبے دلاتی ہے۔

अध्याय-7 Chapter – 7

باب۔۷

श्रीभगवानुवाच Shri Bhagawaan Uvaacha **श्री भगवान बोले** Lord shri said

شری بھگوانواچ خدابولے

7०1 मय्यासक्तमनाः (मयि + आसक्त + मनाः) पार्थ योगं (योगम्) युंजन्मदााश्रयः (युंजन् + मत् + आश्रयः)।
असंशयं समग्रम् मां यथाज्ञास्यसि (यथा + ज्ञास्यसि) तत्छृणु (तत् + शृणु) ।।

7.1 मुझमें + आसक्त + मन से, हे! पार्थ योग (जुडदृ कर) अभ्यास करते + मेरे + सहारे।
निसंदेह पूरी तरह मुझे, जिस प्रकार + जान सकते हो, वह + सुनो।।

7.1 पार्थ! मुझमें मन लगा कर, मेरे सहारे योग अभ्यास से।
निसंदेह मुझे पूरी तरह से, जान सकते हो सुनो कैसे।।1।।

7.1 Mayyaasaktamanaah (Mayi + aasakta + manaah) Paarth yogam Yunjanmadaashrayah (Yunjan + mat + aashrayah).
Asanshayam samagram maam (Maam) yathaa gyaasyasi tatchhrinu (tat + shrinu).

7.1 Putting heart in Me O! Parth, practicing yog (connected) + taking refuge under + Me.
Undoubtedly, absolutely /wholely, how you acquire Me, listen to that.

7.1 With your heart fixed in Me, seeing the self in My Conscience.
How you completely know Me, listen from Me the substance. ||1||

۱۰۷۔ میّاسکتمناہ (مَی +آسکت + مناہ) پارتھ یوگم ینجنمداشریہ (ینجن +مت +آشریہ) ،
اسنشیم سمگرم مام یتھا گیاشیس چھرن (تت +شرن)۔

۱۰۷۔ مجھ (خدا) میں +لگا ہوا + دِل یا! پارتھ، یوگ مشقت سے جڑا +میری (خدا کی) + پناہ میں،
بیشک پورا مجھے (خدا کو) جیسے جان سکتے ہو، وہ +سُنو۔

۱۰۷۔ مجھے سوچتے میرے سہارے، یوگ مشقت کرکے۔
یقیناً جان جاؤ گے مجھے، یا! پارتھ کیسے یہ سمجھو سن کے۔

7.2 ज्ञानं (ज्ञानम्) तेऽहं (ते+अहम्)सविज्ञानमिइदं (सविज्ञानम् + इदम्) वक्ष्याम्यशेषतः (वक्ष्यामि + अशेषतः)। यज्ज्ञात्वा (यत् + ज्ञात्वा) नेह (न + इह) भूयोऽन्यज्ज्ञातव्यमवशिष्यते (भूयः + अन्यत् + ज्ञातव्यम् + अवशिष्यते)।।

7.2 ज्ञान तुम्हें मैं, विज्ञान सहित + यहाँ, बताऊँगा + पूरी + तरह ।
जिसे जानकर, नहीं +यहाँ, फिर+ तुम्हें और कुछ+ जानने को+ बचेगा।।

7.2 वह ज्ञान विज्ञान सहित मैं, अभी बताऊँगा पूरा तुम्हें।
जिसे जान कर और कुछ जानना, नहीं रहेगा यहां तुम्हें।।2।।

7.2 Gyaanam teaham (te + aham) savigyanmidam (savigyanm + idam) Vakshyaamyasheshatah (Vakshyaami + asheshatah).

Yajgyaatvaa (Yat + gyaatvaa) neha bhooyoanyajgyaatavyamavashishyate (bhooyah + anyat + gyaatavyam + avashishyate).

7.2 For you, + I shall ,the knowledge with science + here, impart/describe + wholely. Which + having learned, nothing + else + you will have, to learn + that is left /remained.

7.2 I will lecture on that scientific knowledge, to you with full scale.
Once you gained that knowledge, there will be nothing to trail. ||2||

۷۰۲۔ گیانم تے اَہم (تے+اَہم) سوِگیانمِدم (س+وِگیانم+اِدم) وَکشیا میشیشتہ (وَکشیامِ+اَشیشتہ)،
یجگیاتوا(یت+گیاتوا) نیہ(نَ+اِہ) بھوئیو انیجگیاتویموَششیتے (بھوئیہ +انیت+گیاتویم+اوَششیتے)۔

۷۰۲۔ علم تُم سے+میں سائنس کے ساتھ +یہاں بتاوں گا +سارا،
جسے+جانکے نہیں+ یہاں ، پھرہوگا +کُچھ اور+جاننے لایق +بچا ہوا۔

۷۰۲۔ سچا علم مَیں خودا وہ دونگا، جسے جان کے تمہیں ہچیگا۔
آگے کُچھ بھی اور جہاں میں، جاننے قابل نہیں رہیگا۔

7.3 मनुष्याणां सहस्त्रेषु कश्चिद्यतति (कश्चित् + यतति) सिद्धये। यततामपि (यतताम् + अपि) सिद्धानां कश्चिन्मां (कश्चित् + माम्) वेत्ति तत्वतः।।

7.3 हजारों मनुष्यों में, कुछ ही + प्रयत्न करते हैं, सिद्धि के लिये।
प्रयत्न से + भी, सिद्धों में कुछ ही + मुझे, जान पाते हैं, सच्चाई से।

7.3 हजारों में से कोई एक ही, सिद्ध होने की कोशिश करता है।
उन सिद्धों में भी कोई कोई ही, सच में मुझको जान पाता है ।।3।।

7.3 Manushyaanaam sahashtreshu kashchidyatati (kashchit + yatati) siddhaye.
Yatataamapi (Yatataam + api) siddhaanaam kashchinmaam (kashchit + maam) vetti tattvatah.

7.3 Amongst thousands of men only a few + try to attain perfection. By trying + also, out of many skilled ones + too, only a few + get to know Me truly.

7.3 Amongst thousands of men, only few aspire to attain perfection.
Out of the perfect ones, very few get to know Me with perfection. ||3||

۷۰۳۔ مَنُشیانام سَہَسترِیشُ کَشچِدیَتتِ (کَشچِت +یتتِ) سِدّھیے،
یَتتامَپِ (یَتتام +اَپِ) سِدّھانام کَشچِنمام (کَشچِت +مام) ویتتِ تتوَتہ۔

۷۰۳۔ انسانوں میں ہزاروں میں کچھ ہی +کوشش کرتے ہیں کمال حاصل کرنے کی،
کوشش کرنے والوں میں +بھی ، کچھ ہی+ مجھے(خداکو) جانتے ہیں سچائی سے۔

۷۰۳۔ ہزاروں میں کچھ ہی صرف، کمال پانے میں لگ تے ہیں۔
اُن میں بھی بہت کم ہیں جو، مجھ خداکو اصل میں جان پاتے ہیں۔

7.4 भूमिरापोऽनलो (भूमिः + आपः + अनलः) वायुः खं (खमद्धमनो (मनः) बुद्धिरेव (बुद्धिः + एव) च। अहंकार इतीयं (इति + इयम्) मे भिन्ना प्रकृतिरष्टधा (प्रकृतिः + अष्टधा)।।

7.4 पृथ्वी, + जल, + आग, हवा, आकाश, मन और बुद्धि + भी तथा। अहंकार यह + सब, मेरी भिन्न प्रकृतियां हैं + आठ।।

7.4 पृथ्वी पानी आग हवा, आकाश मन और बुद्धि भी।
घमण्ड सहित होती हैं मेरी, आठ प्रकृतियॉं सभी।।4।।

7.4 Bhoomiraapoanalo (Bhoomih + aapah + analah) vaayuh kham mano (manah) buddhireva (buddhih + eva) cha.
Ahankaara iteeyam (iti + iyam) me (Me) bhinnaa prakritirashthadhaa (prakritih + ashthadhaa).

7.4 Earth, + water, + fire, air, sky, heart and also mind and. Ego, these + all are My different nature + of eight kind.

7.4 Earth water fire air sky, heart mind and also pride.
In these eight constituents, does My nature divide. ||4||

۷۰۴۔ بھوٗمر اپوٗ انلوٗ (بھوٗ مِہ+آپَہ+انلَہ) وایُہ کھَم منوٗ(منَہ) بُدّھِریوٗ چَ (بُدّھِہ+ایوٗ+چَ)،
اہنکا ر اِتییَم (اِتِ+اِیَم) مے بھِنّا پْرَکرِترشٹدھا (پْرَکرِتِہ+اشٹدھا)۔

۷۰۴۔ زمین، پانی، آگ، ہوا، آسمان، دِل ، دماغ ،اور ،
انا، یہ ہیں+ یہاں میری (خداکی) الگ الگ آٹھ طرح کی قدرتیں۔

۷۰۴۔ زمین، پانی، آگ، ہوا، آسمان، من،عقل اور انا۔
آٹھ طرح کی ہوئی ہیں، یہ میری(خداکی)قدرت سُننا۔

7.5 अपरेयमितस्त्वन्यां (अपरा + इयम् + इतः + तु + अन्याम्) प्रकृतिं (प्रकृतिमद्धविद्धि मे पराम्। जीवभूतां महाबाहो ययेदं (यया + इदम्) धार्यते जगत्।।

7.5 अचेतन + इसके + अतिरिक्त, परन्तु + दूसरी प्रकृति, जानो मेरी दिव्य / चेतन। जीवित प्राणियों वाली हे! महाबाहु, जिनके द्वारा + यह संसार खपाया / उपयोग में लाया जाता है।।

7.5 इन बेजान आठों के सिवा, मेरी प्रकृति एक और है जान दार।
महाबाहु! जीवित प्राणियों की, जो दुहती खाती जीती है संसार।।5।।

7.5 Aapareyamitastvanyaam (Aaparaa + iyam + itah + tu + anyaam) prakritim viddhi me (Me) paraam.

Jeevabhootaam (Jeeva + bhootaam) mahaabaaho (mahaa + baaho) yayedam (yayaa + idam) dhaaryate jagat.

7.5 Apart from + this + nonliving + but + another nature ,get to also know, My + living / highest. Of the living + beings (the biosphere), O! Mighty + armed, by which + here, + is consumed this world.

7.5 Apart from this non living one, know My other living nature too.
O! mighty armed! of living beings, which is world's consumer too. ||5||

۷۰۵۔ اَپَرِیَمِتَستْونْیام (اَپَرا + اِیَم + اِتہ + تُ + اَنْیام) پْرَکْرِتِم وِدّھِ مے پَرام،
جیوبھوتام (جیو + بھوتام) مَہاباہوَ یَیِدَمْ (یَیا + اِدَم) دھارْیَتے جَگَتْ۔

۷۰۵۔ دوسری ہے + یہاں + اِس کے علاوہ + لیکن + ایک اور قدرت ، (اُسے) سمجھو میری (خدا کی) سب سے اونچی،
زندہ مخلوقات کی یا! مضبوط بازو والے (اَرْجُن)، جِن سے + یہاں، استعمال ہوتے ہیں جہان۔

۷۰۵۔ میری نچلی بے جان قدرت کے علاوہ، ایک سب سے اونچی بھی ہوتی ہے۔
مہاباہوَ! باہوش زندہ مخلوقات کی، جن سے دنیاں کی چیزیں کھلتی کھپتی ہیں ۔

7.6 एतद्योनीनि (एतत् + योनीनि) भूतानि सर्वाणीत्युपधारय (सर्वाणि + इति + उपधारय) । अहं कृत्स्नस्य जगतः प्रभवः प्रलयस्तथा (प्रलयः + तथा) ।।

7.6 यही (मेरी दो प्रकृतियॉ) + जन्म स्त्रोत / योनियां हैं, सारे जीव धारियों की उत्पत्ति का कारण / स्त्रोत हैं। मुझे सम्पूर्ण जगत के, जन्म और + मृत्यु का, कारण समझो।।

7.6 जान बेजान अपनी प्रकृतियों को, और उनके सब तत्व रचता मैं।
समझो विनाशक हूँ सारी दुनियां का, रचना भी इसकी करता मैं।।6।।

7.6 Etadyoneeni (Etat + yoneeni) bhootaani sarvaaneetyupadhaaraya (sarvaani + iti + upadhaaraya.).

Aham kritsnsya jagatah prabhawah pralayastathaa (pralayah + tathaa).

7.6 These (two of My natures) + are the sources that cause birth of all the living beings. I cause the whole world's birth and + death.

7.6 These two of My natures, are the sources of all the beings.
I am the Creator and also, the Destroyer of all the beings. ||6||

۷۰۶ ۔ ایتدیونِینِ (ایتت+یونِینِ) بھوتانِ سَروانِیتُیپَدھارَی (سَروانِ+اِتِ+اُپَدھارَی)،
اَہَم کِرِتسنَسی جَگَتہ پربھوہ پرلَیَستتھا (پرلَیہ+تتھا)۔

۷۰۶ ۔ یہ + بچھدانیاں مخلوقات کی +ساری ذریہ پیدائش ہیں ،
میٔں (خدا) سارے سنسار کو پیدا کرتا اور + مارتا ہوں۔

۷۰۶۔ نیچی انوچی فطرتیں دومیری، ہرزندہ مخلوق کی پیدائش کا زریعہ۔
میٔں خداہی ساری کائنات کا، پیدائش اورموت کابھی ہوں ذریعہ۔

7.7 मत्तः परतरं नान्यकिंचिदस्ति (न + अन्य + किंचित् + अस्ति) धनंजय। मयि सर्वमिदं (सर्वम् + इदम्) प्रोतं सूत्रे मणिगणा (मणि + गणा) इव।।

7.7 मुझसे अच्छा नहीं + और + कुछ भी + है, हे! धनंजय। मुझमें, सब कुछ + यहाँ, पिरा है, धागे में मोती + के दानों की तरह ।

7.7 धनंजय! मेरे ऊपर या मुझसे, श्रेष्ठ कुछ भी नहीं।
मेरे धागे में मोती से, पिरे हैं वो सब जो भी कहीं।।7।।

7.7 Mattah parataram (para + taram) naanyatkinchidasti (na + anyat + kinchit + asti) Dhananjaya. Mayi sarvamidam (sarvam + idam) protam sootre maniganaa (mani + ganaa) iva.

7.7 Better than Me, None + other + anything + is here, O! Dhananjay. On Me, everything + here is strung, on (My) thread, pearl + beads, like.

7.7 Dhananjay! none other is aywhere , better than Me.
Like pearls in My thread ,everything is woven on Me. ||7||

۷۰۷۔ مَتّہ پَرَتَرَم (پَرَ+تَرَم) نانینَکِنچِدَستِ (نَ+اَنیت+کِنچِت+اَستِ) دھننجَی،
مَیِ سَروَمِدَم (سَروَم+اِدَم) پروتَم سوُترے مَنِگنا (مَنِ+گناہ) اِوَ۔

۷۰۷۔ مجھ (خدا) سے بہتر نہیں +دوسرا+ کچھ بھی+ ہے، یا! دھننجَی ،
مُجھ میں سب کچھ +یہاں، پِرا ہوا ہے، دھاگے میں موتی کے+دانوں کی طرح ہی۔

۷۰۷۔ مجھ خدا سے اونچا کوئی نہیں، دھننجیہ! میٔں (خدا) ہوں ایک ڈوری۔
موتیوں جیسی پری ہیں ڈوری میں، کائنات کی سب چیزیں ساری۔

7.8 रसोऽहमप्सु (रसः + अहम् + अप्सु) कौन्तेय प्रभास्मि (प्रभा + अस्मि) शशि + सूर्ययोः। प्रणवः सर्ववेदेषु (सर्व + वेदेषु) शब्दं (शब्दम्) खे पौरुषं (पौरुषम्) नृषुः।।

7.8 रस + मैं हूँ + जल में, हे! कुन्ती पुत्र, प्रभा + हूँ मैं, चॉद + सूरज की । मैं हूँ 'अ ऊ म' ('ओह्म') सारे वेदों का, आकाशीय शब्द (ध्वनि), पौरुष हूँ पुरुषों का।।

7.8 मैं ही रस हूँ हे! कौन्तेय, सूरज चाँद का तेज भी मैं।
'अ' 'उ' 'म' शब्द वेदों में, और पुरुषों का शौर्य भी मैं।।8।।

7.8 Rasoahamapsu (Rasah + Aham + apsu) Kaunteya prabhaasmi (prabha + Asmi) shashisooryayoh (shashi + sooryayoh).

Pranavah sarvavedeshu (sarva + vedeshu) shabdah khe paurusham nrishu.

7.8 The juice + I Am + of water, O! Kunti's son, the light I am ,of moon + and sun. I am the syllable "OHM" of all + Veds (scriptures), it's sound in the sky, I am the potency of men.

7.8 I Am the juice Kunti's son, and the halo of moon and sun.
The Eternal 'Ohm' word of Veds and Sky, energy of men. ||8||

۷۰۸۔ رَسوٗاَ ہَمَپّسُ (رَسَہ+اَہَم+اَپْسُ) کونْتیِ پْرَبھاسْمِ (پْرَبھا+اَسْمِ) شَشِسوٗرْیَیوٗہ (شَشِ+سوٗرْیَیوٗہ)،
پْرَنْوَہ سَرْوَویدیشُ (سَرْوَ+ویدیشُ) شَبْدَہ کھے پَوْرُشَم نْرِشُ۔

۷۰۸۔ رس+میَں (خدا) ہوں+پانی کا، یا! کُنتی زادے، روشنی+میَں ہوں ،چاند+سورج کی،
پہلا لفظ ('اومْ') سارے+صحیفوں کا (ویدوں کا)، آواز ہوں+آسمان میں طاقت ہوں آدمیوں میں۔

۷۰۸۔ کنتی زادے! پانی کا رس ہوں میَں، چاند۔سورج کی روشنی ہوں میَں خدا ۔
ہوں ویدوتاوں کا آسمانی 'اومْ' لفظ، ہوں مردوں کی مردانگی میَں خدا ۔

7.9 पुण्योगंधः (पुण्यः + गंधः) पृथिव्यां च तेजश्चास्मि (तेजः + च + अस्मि) विभावसौ। जीवनं (जीवनम्) सर्वभूतेषु (सर्व+भूतेषु) तपश्चास्मि (तपः + च + अस्मि) तपस्विषु।।

7.9 पुण्य + गंध पृथ्वी की, और + भी प्रकाश + मैं हूँ, अग्नि का ।
जीवन सब प्राणियों का, और + तपस्या + मैं हूँ, तपस्वियों की ।।

7.9 पृथ्वी की सोंधी सुगंध, और अग्नि का भी तेज मैं ही।
सारे जानदारों का प्राण, और तपस्वियों का तप मैं ही।।9।।

7.9 Punyogandhah (Punyah + gandhah) prithivyaam cha tejashchaasmi (tejah + cha + asmi) vibhaavasau.

Jeevanam sarvabhooteshu (sarva + bhooteshu) tapashchaasmi (tapah + cha + Asmi) tapasvishu.

7.9 The pure + fragrance of earth, and the light + also + I Am, of fire. Life of all + beings and + penance + I Am, of all ascetics.

7.9 Original smell of soil is Me, and the light of fire I Am,
Life of all beings, and the penance of ascetics I Am. ||9||

۷۔۹ پُنْیو گندھ (پُنْیہ + گندھ) پرتھویام چ تیجشچاسمِ (تیجہ + چ + اسمِ) وِبھاوسو،
جیوَنَم سَروَبھوتیشُ (سَروَ + بھوتیشُ) تَپشچاسمِ (تَپہ + چ + اسمِ) تَپَسوِشُ۔

۷۔۹ سوندھی + خشبو ہوں میں (خدا) زمین کی، (اور) تیز ہوں + اور + میں آگ کا،
جان ہوں سارے مخلوقات کی، (اور) + تپ (عبادت برداشتگی) ہوں + اور + مَیں تپسویوں کا۔

۷۔۹ ہوں زمیں کی سوندھی خشبو، اور آگ کا بھی ہوں تیز مَیں خدا۔
جان والوں کی جان ہوں، تپسویوں کی برداشتگی ہوں مَیں خدا۔

7.10 बीज मां सर्व + भूतानां विद्धि पार्थ सनातनम्। बुद्धिर्बुद्धिमतामस्मितेजस्तेजस्विनामहम् (बुद्धिः + बुद्धिमताम् + अस्मि + तेजः + तेजस्विनाम् + अहम्) ।।

7.10 बीज मुझे, सब + जीवों का, मानो हे! पार्थ, सनातन (सदा से सदा) । बुद्धि हूँ + बुद्धिमानों की + मैं, + तेज हूँ + तेजस्वियों का + मैं (भगवान)।।

7.10 पार्थ! मुझे सारे प्राणियों का, सदा सदा का मानो बीज।
बुद्धिमानों की बुद्धि हूँ मैं, सारे तेजस्वियों का हूँ तेज।।10।।

7.10 Beejam maam (Maam) sarvabhootaanaam (sarva + bhootaanaam) viddhi Paartha sanaatanam.
Buddhirbuddhimataamasmi (Buddhih + buddhimataam + Asmi) tejastejaswinaamaham (tejah + tejaswinaam + Aham).

7.10 Seed + to Me, of all + the beings know, O! Parth, as eternal. Wisdom + of the wise + I Am, glory + of the glorious + I Am.

7.10 Know Me Parth! as the Eternal Seed, of all the beings.
I Am wisdom of minds, and energy of energized beings. ||10||

۷۔۱۰ بیجم مام سَروبھوتانام (سَروَ + بھوتانام) وِدّھِ پارتھ سناتنم،
بُدھِر بُدّھِمتامسمِ (بُدّھِہ + بُدّھِمتام + اسمِ) تیجستیجسوِنامہم (تیجہ + تیجسوِنام + اہم)۔

۷۔۱۰ بیج مجھے (خدا کو) سب + مخلوقات کا سمجھو یا! پارتھ، عبدی،
عقل + عقلمندوں کی + میں ہوں، چمک + روشن بندوں کی + ہوں میں۔

۷.۱۰۔ یا! پارتھ! مجھے ہر مخلوق کا، ہمیشہ کرتا وہ عبدی بیج سمجھو۔
عقل ہر عقلمند کی اور مجھے، ہر ویر جوان کی توانائی سمجھو۔

7.11 बलं (बलम्) बलवतां (बलवताम्) चाहं (चाहम्) कामरागविवर्जितम् (काम + राग + विवर्जितम्) । ध
र्माविरुद्धो (धर्म + अविरु):) भूतेषु
कामोऽस्मि (कामः + अस्मि) भरतर्षभ (भरत + ऋषभ) ।।

7.11 बल हूँ बलवानों का, और मैं काम हूँ, + आसक्ति + रहित ।
काम (विषयी जीवन)भी+ हूँ मैं, धर्म के अनुयाइयों का, हे! श्रेष्ठतम भारतवंशी।।

7.11 बलवानों की शक्ति हूँ मैं, हवस और, लालसा रहित मगर।
भरतवंशी! भोगी जीवन मैं, धार्मिक लोगों का ही हूँ मगर ।।11।।

7.11 Balam balavantaam (bala + vantaam) chaaham (cha + aham) kaamaraaga vivarjitam (kaama + raaga + vivarjitam).
Dharmaaviruddho (Dharma + aviruddhah) bhooteshu kaamoasmi (kaamah + Asmi) Bharatarishbha (Bharata + rishabha).

7.11 The strength + of the strong and + I am without + desire/ lust + and attachment. Who follow + relgion, of those people, the passion + I Am, O! the best of Bhaarat + heir (Arjun).

7.11 Strength of the strong, with no wish and attachment I Am.
Good Bharat! but wishful life, of the religious persons I Am. ||11||

۷.۱۱۔ بَلَم بَلَوَتام چاہَم (چ+اَہَم) کامَراگوِ وَرجِتَم (کامَ+راگ+وِوَرجِتَم)،
دھَرماوِرُدّھوَ (دھَرمَ+اَوِرُدّھ) بھوتیشُ کاموَاَسمِ (کامَہ+اَسمِ) بھَرَتَرشَبھَ (بھَرَتَ+رِشَبھَ)۔

۷.۱۱۔ طاقت ہوں مضبوتوں کی، اور+ مَیں اشتیاق+رابتہ بغیر ہوں،
مذہب +کی خلافت نا کرنے والے لوگوں میں آرزو + ہوں میں یا! بھرت بہترین (اَرجُن)۔

۷.۱۱۔ ہر طاقتور کا مَیں طاقت ہوں، چاہت رابتہ بغیر ہوں مَیں خدا۔
کرتے نہیں ہیں جو مزہبی خیلافت، بھارت! ہوں شہوت اُن کی مَیں خدا۔

7.12 ये चैव (च + एव) सात्विका भावा राजसास्तामसाश्च (राजसाः + तामसाः + च) ये। मत्त एवेति (एव + इति) तान्विद्धि (तान् + विद्धि) न त्वहं (तु + अहम्) तेषु ते मयि।।

7.12 जो और + भी सात्विक (सत्य व उजालों वाले) गुण या, राजसिक (राजाओं वाले), और + तामसिक (अंधेरों के गुण हैं), जो ।

मुझसे आते हैं, उन्हें ऐसे + जानो कि, नहीं लेकिन+ हूँ मैं उनमें, वे हैं मुझमें।।
7.12 सात्विक हो चाहे हो राजसिक, या चाहे तामसिक गुण सभी।
मुझसे ही आते गुण सब, यह मुझमें मैं नहीं किसी एक में भी।।12।।

7.12 Ye chaiva (cha + eva) saattvikaa bhaavaa raajasaastaamasaashcha (raajasaah + taamasaah + cha) ye.

Matta (Mattah) evaiti (eva + iti) taanviddhi (taan + viddhi) na tvaham (tu + Aham) teshu te mayi (Mayi).

7.12 And + these Saatvic (of Truth), Raajasic (of Kings) and also Taamasic (of Darkness) characters are which. Come from Me, (I am the source) of + all ,but I am not in them (no character holds Me), they are in Me.

7.12 The three characters, Satv Rajas and Tamas are sourced from Me.
Know that they are from Me, I am not in them but they are in Me. ||12||

۷۰۱۲۔ یے چیو(چَ+ایوَ) ساتوِکا(ساتوِکاہ) بھاوا(بھاواہ) راجساشتامَساشچ (راجَساہ+تامَساہ+چَ) یے،
مَتت ایویتِ(ایو+اِتِ) تانوِدّھِ (تانْ+وِدّھِ) نَ توَہمْ(تُ+اہمْ) تیشُ تے مَیِ۔

۷۰۱۲۔ جو اور+یقیناً عالی نسب، راجا والی+ اور+اندھیروں کی(جہالت والی فطرت کے ہیں) وے،
مُجھ(خدا)سے ہی +(سب ہیں) یہاں ،اُن میں(خصوصیات)+جانو ، نہیں ہوں لیکن+مَیں اُن سے ،وہ مُجھ سے ہیں۔

۷۰۱۲۔ مجھ(خدا) سےہی پیدا ہوتی ہیں سبھی، ستو،رجس،تمس خوبیاں۔
سمجھوکہ تینوں ہی چلتی ہیں مجھسے، پر مجھے چلا نہیں سکتی کبھی خوبیاں۔

7.13 त्रि भिर्गुणमयैर्भावैरेभिः (त्रि. भिः + गुणमयैः + भावैः + एभिः) सर्वमिदं (सर्वम् + इदम्) जगत्। मोहितं (मोहितम्) नाभिजानाति (न + अभिजानाति) मामेभ्यः (माम् + एभ्यः) परमव्ययम् (परम् + अव्ययम्) ।।

7.13 मेरे भाव के, इन + तीन + गुणों से, सारा + यह जगत । मोहित (भ्रमित) है, और नहीं + जानता है, मुझे + जो हूँ इनसे परे, + कभी न मिटने वाला (सनातन अर्थात हमेशा रहने वाला हूँ)।।

7.13 मेरे दिये इन तीन गुणों से, सारा ब्रह्माण्ड मोह ग्रस्त है।
नहीं जानता मोह में कि मेरा, गुणों से परे अव्यय तत्व है।।13।।

7.13 Tribhirgunamayairbhaavairebhih (Tribhih + guna + mayaih + bhaavaih + ebhih) sarvamidam (sarvam + idam) jagat.

Mohitam naabhijaanaati (na + abhijaanaati) maamebhyah (Maam + ebhyah) paramaavyaam (Parama + avyaam).

7.13 Under these + three + characters + of My + nature, + (these), is the whole + of this + world. Which remains in doubt and does not know Me, + to be beyond these, as The Eternal, Indestrutible.

7.13 The whole universe is incorporated with, three characters sourced by Me.
Being in doubt don't know Me, beyond characters the indestructible Me. ||13||

۷۰۱۳۔ ترِبھِر گُنَمَیئیر بھاؤ یریبھِہ (ترِبھِہ+گُن+مَئیہ+بھاؤ یہ+ابھِہ) سَرْوَمِدَم(سَرْوَم+اِدَم) جَگَت،
مؤہِتَم نابھِجاناتِ(نَ+اَبھِجاناتِ) مامیبھیَہ (مام+ابھیَہ) پَرَمَوْیَم (پَرَم+اَوْیَم)۔

۷۰۱۳۔ تین+خصوصیات والی+میری(خدا کی) ہی+ قدرت ہے،+اسی سے سارا + یہ سنسار ،
شک میں پڑا ہوا، نہیں+ جانتا میری (خدا کے) ہی+اِن سبسے اونچی+لافانی (خصوصیت کو)۔

۷۰۱۳۔ ان تینوں خوبیوں سےمل کے بنی،میری(خدا کی) توانائی ہے میری مایا۔
دنیا بےہوش رہتی لیس اِس سے،بغیر جانے کہ لافانی خوبی کی ہے میری مایا۔

7.14 दैवी ह्येषा (हि + एषा) गुणमयी मम माया दुरत्यया। मामेव (माम् + एव) ये प्रपद्यन्ते मायामेतां (मायाम् + एताम्) तरन्ति ते।।

7.14 दिव्य ही है, + यह, गुणों भरी मेरी माया (शक्ति), जिस से पार पाना / जीतना, कठिन है । मेरी शरण लेते हैं जो, इस माया से तर जाते हैं, वे ।।

7.14 मुश्किल है पार करना मेरी, तीन गुणी दिव्य माया शक्ति।
पर जो लेते हैं शरण मेरी, पार कर लेते मेरी माया शक्ति।।14।।

7.14 Daivee hiyeshaa (hi + eshaa) gunamayee (guna + mayee) mama (Mama) maayaa duratyayaa.

Maameva (Maam + eva) ye prapadyante maayaametaam (maayaam + etaam) taranti te.

7.14 Divine is definitely, + this, three + charactered My Maya/energy, hard to overcome. In Me, + only, those who take refuge, through Maya + this, come across they.

7.14 It is really difficult to win over, My three charactered Maya.
But those who take refuge in Me, conqer the divine Maya. ||14||

۷۰۱۴۔ ڈیوی ہیشا (ہِ+ایشا) گُنَمَیی(گُن+مَیِی) مَم مایا دُرَتیا،
مامیوَ(مام+ایوَ) یے پَرَپَدینتے مایامیتام (مایام+ایتام) تَرَنتِ تے۔

۷.۱۴۔عبدی ہی +ایسی خصوصیات+والی میری(خدا کی) مایا(توانائ) پے فتح مشکل ہے ،
مُجھ مین (خدامیں)جو پناہ لیتے ہیں اِس +مایاکےذریعہ جیت حاصل کرتے ہین وے۔

۷.۱۴۔ خدائی خصوصیات کی ایسی طاقت پے،ناممکین ہے جیت حاصل کرنا ۔
میری (خدا کی)پناہ لے کےمگر ، ممکن ہےاِس طاقت کوپاکے جیتنا ۔

7.15 न मां दुष्कृतिनो (दुष्कृतिनः)मूढाः प्रपद्यन्ते नराधमाः (नर + अधमा)। माययापहृतज्ञाना (मायया + अपहृत + ज्ञाना) आसुरं भावमाश्रिताः (भावम् + आश्रिताः) ।।

7.15 नहीं लेते हैं, मेरी शरण, दुष्टता करने वाले, मूर्ख आरै नीच + मनुष्य, ।
माया द्वारा + चुराए गए + ज्ञान वाले, असुर भाव का + आसरा लेते हैं।।

7.15 दुष्ट मूर्ख और नीच मनुष्य, नहीं लेते शरण हैं मेरी।
माया ले जाती ज्ञान इनका, अपनाते हैं गुण आसुरी।।15।।

7.15 Na maam (Maam) dushkritino (dushkritinah) moodhaah Prapdyante naraadhamaah (nara + adhamaah).
Maayayaapahritaagyaanaa (Maayayaa + apahrita + gyaanaa) aasuram bhaavamaashritaah (bhaavam + aashritaah).

7.15 Do not take refuge in Me, the wicked,the foolish and the lowly + people. With Their wisdom + kidnapped by + Maya, they take refuge in aasuri/demonic character.

7.15 The wicked the lowly men and the fools, do not take refuge in Me.
Maya carries away their wisdom,in demonic characters they be. ||15||

۷.۱۵۔ نَ مامْ دُشکْرِتِنو (دُشکْرِتِنَہ) موڑھاہ پْرَپَدْیَنْتے نَرادھَماہ(نَر+اَدھَماہ) ،
ما یَیاپَہْرِتَگْیانا(مایَیا+اَپَہْرِ تَ+گْیاناہ) آسُرَم بھاوَماشْرِتاہ (بھاوَم +آشْرِ تاہ) ۔

۷.۱۵۔ نہیں لیتے ظالم ، جاہل اور نیچ لوگ میری(خدا کی) پناہ ،
مایا+سے چرائ گی عقل کے یہ لوگ شیطانی فطرت اپنالیتے ہیں۔

۷.۱۵۔ جاہل برے اور نیچ لوگ، مجھ خدا کی پناہ میں نہیں آتے ہیں ۔
مایاسے چرائی گئی عقل کے یہ لوگ، شیطانی فطرت اپنالے تے ہیں۔

7.16 चतुर्विधा (चतुः + विधा) भजन्ते मां (माम्) जनाः सुकृतिनोऽर्जुन (सुकृतिनः + अर्जुन) ।
आर्तो (आर्तः) जिज्ञासुरर्थार्थी (जिज्ञासुः + अर्थार्थीम्) ज्ञानी च भरतर्षभ (भरत + ऋषभ)

7.16 चार + प्रकार के, भजते हैं मुझे, लोग भलाई करने वाले + हे! अर्जुन।

दुःखी, जिज्ञासु, (मुझे जानने की उत्सुकता वाले) + धन चाहने वाले और ज्ञानी, हे! भरत श्रेष्ठ।।
7.16 अर्जुन! भलाई करने वाले लोगों में, चार तरह के भक्त मुझको भजते ।
दुःखी, जिज्ञासु, दरिद्र, व ज्ञानी, सुख, ज्ञान, धन, व सत्य हेतु भजते।।16।।

7.16 Chaturvidhaa (Chatuh + vidhaa) bhajante maam (Maam) janaah sukritinoarjuna (sukritinah + Arjuna).

Aarto (Aartah) jigyaasurarthaarthee (jigyaasuh + artha + arthee) gyaanee cha Bharatarishabha (Bharata + rishabha).

7.16 Four + types worship Me, of noble people + O! Arjun. Distressed, curious, + desirous + of money and the wise, O! the best Bharat.

7.16 Four types of devotees, sad, curious, poor and wise, O! Arjun.
Worship Me to pray for joy, wisdom,money and truth, O! Arjun. ||16||

۷۔۱۶ چتُرْ وِدھا(چتُہ+وِدھاہ) بھجنتے مام جناہ سُکرِتِنوارجُن (سُکرِتِنہ+ارجُن) ،
آرتو (آرتہ) جگیاسُرَرتھارتھی(جگیاسُہ+ارتھ+ارتھی) گیانی چ بھرترِشبھ(بھرت+رِشبھ)۔

۷۔۱۶ چار+طرہ کے عبادت کرتے ہیں میری (خدا کی) اچھے کام کرنے والے لوگ،+ یا!ارجن،
دُکھی (سکھ کے لیئے)، مُتجسس (میرا سچ جاننے کے لیئے)،غریب(دھن دولت چاہنے والے) اورعالم (علم کے لئے)۔

۷۔۱۶ بہترین بھرت! اچھے لوگ کرتے ہیں،میری عبادت چار وجہوں سے۔
سکھ پانے علم پانے یا دھن کے لیے، یاعقلمند جو مجھے(خدا کو)کھوجتے ہیں۔

7.17 तेषां ज्ञानी नित्य + युक्त एकभक्तिर्विशिष्यते (एक + भक्तिः + विशिष्यते) । प्रियो (प्रियः) हि ज्ञानिनोऽत्यर्थमहं (ज्ञानिनः + अति + अर्थम् + अहम्) स (सः) च मम प्रियः।।
7.17 उनमें से ज्ञानी, जो लगातार जुडदृ कर, एक भाव + भक्ति करते हैं, + विशिष्ट हैं।
प्रिय हूँ, ज्ञानियों को + बहुत + कारणो से मैं, और वे मुझे प्रिय हैं।।
7.17 इनमें ज्ञानी जो निरंतर जुडे , भक्ति करते हैं विशिष्ट होते।
अत्यन्त प्रिय हूँ मैं ज्ञानियों को, और मुझे वे अति प्रिय होते।।17।।

7.17 Teshaam gyaanee nityayukta (nitya + yukta) ekabhaktirvishishyate (eka + bhaktih + vishishyate).

Priyo (Priyah) hi gyaaninoatyarthamaham (gyaaninah + ati + artham + Aham) sa cha mama (Mama) priyah.

7.17 Amongst those the wise who are continuously + connected with single + mind devotion + are special. Love Me the wise + for many + reasons, and I love them most.

7.17 Special are wise devotees, dwelling in Me with single focus.
The wise ones love Me too much, I also love them as much. ||17||

۷۔۱۷۔ تےشام گیانی نتیہ یکت (نتی + یکت) ایکبھکتر وشششیتے (ایک+بھکتہ+وششیتے)،
پریو (پریہ) ہِ گیانِنواتیرتھم (گیانِنہ+اتیرتھم+ اہم) س (سہ) چ مم پریہ۔

۷۔۱۷۔ ان مین عالم جو ہمیشہ+جڑا (مجھ خدا سے) ایک ذہن سے(مستغرق) عقیدت کرتا خاص ہے،
بہت پیارا ہوں عالم کو +بہت زیادہ+میں (خدا)، (اِسی لیئے)وہ بھی مجھے پیارا ہے۔

۷۔۱۷۔ ان میں بھی جوعقلمند ہمیشہ، صرف میری عقیدت ہی کیا کرتا ہے۔
مجھسے جوسبسے زیادہ پیار جوڑتا، خدا بھی اسے سبسے زیادہ پیار کرتا ہے۔

7.18 उदाराः सर्व एवैते ज्ञानी त्वात्मैव (तु + आत्मा + एव) मे मतम्। आस्थितः स हि युक्तात्मा (युक्त + आत्मा) मामेवानुत्तमां (माम् + एव + अनुत्तमाम्) गतिम्।।

7.18 उदार हैं, सब ऐसे ज्ञानी, लेकिन + मेरे + जैसा ही है, मेरे विचार में। स्थित हुआ वह निश्चय ही जुडदृकर + मुझसे, मेरे + जैसी ही + सबसे ऊँची गति पाता है।।

7.18 होते सारे ज्ञानी उदार, पर मेरे विचार में जो मुझ सा होता।
मुझसे जुडा स्थिर भक्ति करके, मेरा लक्ष्य अन्तिम पा लेता।।18।।

7.18 Udaaraah sarva evaaite (eva + ete) gyaanee twaatmaiv (tu + aatmaa + eva) me (Me) matam. Aasthitah sa hi yuktaatmaa (yukta + aatmaa) maamevaanuttamaam (Maam + eva + anuttamaam) gatim.

7.18 Large hearted are all these + such wise, but + like Me, In My opinion. Is fixed , he definitely, connected + to Me, gets to Me the highest goal.

7.18 All wise devotees are large hearted, in My opinion like Me.
Being connected to Me, they move to highest goal that is Me. ||18||

۷۔۱۸۔ اُداراہ سَرْوَ ایوَیتے(ایوَ+اےتے) گیانی تواتمیوَ(تُ+آتما+ایوَ) مے متم،
آستھِتہ س(سہ) ہِ یکتاتما(یکت +آتما) ماموانُتّمام (مام+ایوَ+انُتّمام) گتم۔

۷۔۱۸۔ عظیم ہیں سارے +ایسے عالم لیکن میرے(خدا کے)جیسا ہی میرے(خداکے) خیال سے ،
رہتاہے وہ ہی روح+جوڑ کے مُجھ(خدا) میں ہی سبسے اونچی منزل پے۔

۷۰۱۸۔ یوں تو بڑے دل کے ہوتے ہیں سبھی عالم، مگر میری سوچ سے میرے جیسے ہو جاتے۔
یقیناً عقیدت کے ساتھ جو مجھ میں آ بستے، سب سے اونچا مقصد حتمی وے پا جاتے۔

7.19 बहूनां जन्मनामन्ते (जन्मनाम् + अन्ते) ज्ञानवान्मां (ज्ञानवान् + माम्) प्रपद्यते। वासुदेवः सर्वमिति (सर्वम् + इति) स (सः) महात्मा सुदुर्लभः (स+दुर्लभः)।।

7.19 बहुत से जन्मों के + अन्त में, ज्ञानवान + मेरी शरण में आते हैं। 'वासुदेव ही सब कुछ है', + ऐसी सोच का वह महात्मा बनना अत्यन्त कठिन हैं।।

7.19 कई जन्म लेने के बाद, यह ज्ञानी मेरी शरण में आते जब।
'वासुदेव ही सब' इस सोच से, महात्मा दुर्लभ हो जाते तब।।19।।

7.19 Bahoonaam janmanaamante (janmanaam + ante) gyaanavaanmaam (gyaana + vaan + Maam) prapadyate.

Vaasudevah Sarvamiti (Sarvam + iti) sa Mahaatmaa sudurlabhah (su + durlabhah).

7.19 In the end of many lives, the wise come to take refuge in Me. 'Vaasudev is all in all' with such thinking, that (great soul), is hard + to become.

7.19 Through many a birth cycles, the wise come to realise Me.
Who see Vasudev all in all, such great souls are rare to be. ||19||

۷۰۱۹۔ بہوُ نام جَنمنا منتے (جَنمنام + اَنتے) گیانَوانمام (گیانَ + وانْ + مام) پرَپدیتے،
واسُدیوہ سَروَمِتِ (سَروَم + اِتِ) س (سَہ) مَہاتما (مہا + آتما) سُدُرلَبھ (سُ + دُرلَبھ)۔

۷۰۱۹۔ بے شمار پیدائشوں + کے بعد عالم میری (خدا کی) پناہ میں آتے ہیں،
واسُدیوٗ (خدا) ہی سب کچھ ہے سوچ والا اونچی روح پیر ہونا بہت + مشکل ہے۔

۷۰۱۹۔ بار بار پیدا ہونے کے بعد، عقل مند مجھ خدا کی پناہ میں آتے ہیں۔
خدا ہی سب کچھ ہے سوچنے والے، بڑی روح کے نایاب ہوتے ہیں۔

7.20 कामैस्तैस्तैर्हृतज्ञानाः (कामैः + तैः + तैः + हृत + ज्ञानाः)प्रपद्यन्तेऽन्यदेवता (प्रपद्यन्ते + अन्य + देवताः) । तं (तम्) तं (तम्) नियममास्थाय (नियमम् + आस्थाय) प्राकृत्या नियताः स्वया।।

7.20 इच्छाओं से + इन + उन. , + मिटी हुई + ज्ञान बुद्धि से, पूजते हैं दूसरे देवताओं को। ऐसे वैसे नियमों, आस्थाओं द्वारा, स्वभाव से निर्धारित करके, अपने ।

7.20 यह वह इच्छा कर के ज्ञान लुटा, इस उस देवता की पूजा करते।
अपने गढ़े नियमों आस्थाओं से, पूजन विधि मनमानी स्वयं रखके।।20।।

7.20 Kaamaistaistairhritagyaanaah (Kaamaih + taih + taih + hrita + gyaanaah) prapadyanteanyadevataah (prapadyante + anya + devataah).

Tam Tam niyamamaasthaaya (niyamam + aasthaaya) prakrityaa niyataah swayaa.

7.20 With the knowledge + degraded by these + those + desires, they worship + other + Gods. By these those rules and faith set by their own nature.

7.20 With wisdom lost due to desire, those who worship other Gods.
Follow methodology set by their natural selves, to worship Gods. ||20||

۷.۲۰۔ کامیئشتیئشتیئر ہرِتگیاناہ (کامیہ+تیہ+تیہ+ہرِت+گیاناہ) پرَپدیئنتے انّیہ دیوَتاہ(پرَپدیئنتے +انّیہ+دیوَتاہ)،
تم تم نیِماستھای(نیِمم+آستھای) پرَکرِتیا نیِتاہ سوَیا۔

۷.۲۰۔ اچھاوں سے+اِن +اُن+ ختم ہوگئے+ علم سے پناہ لیتے ہیں دوسرے آقاوں کی،
اِن اُن طریقوں کو + اپنا کے اپنی طبیعت سے اپنے آپ۔

۷.۲۰۔ خواہشات سے رفتہ رفتہ کم ہوئی، عقل جب دوسرے خداؤں کی پناہ لیتی۔
معمانے خداؤں کو منمانے اصولوں سے، عبادت کی قدرت خدطے ہوتی۔

7.21 यो (यः) यो (यः) यां (याम्) यां (याम्) तनुं (तनुम्) भक्तः श्रद्धयार्चितुमिच्छति (श्रद्धया + अर्चितुम् + इच्छति) । तस्य तस्याचलां (तस्य + अचलाम्) श्रद्धां (श्रद्धाम्) तामेव (ताम् + एव) विदधाम्यहम् (विदध ाामि + अहम्) ।।

7.21 जो जो भक्त जिस जिस देवता रूप की, जिस श्रद्धा से,. + पूजा करता है, + जिस इच्छा से । उसकी + वह अचल श्रद्धा, उसको + ही, दे देता हूँ + मैं।।

7.21 जो जो मेरे जिस छोटे रूप को, जिस श्रृद्धा या चाहना से पूजता।
अचल करता उसकी श्रृद्धा वो, पूजा भी उसकी मैं ही तय करता।।21।।

7.21 Yo yo yaam yaam tanum bhaktah shraddhayaarchitumichchhati (shraddhaya + architum + ichchhati).

Tasya tasyaachlaam (tasya + aachlaam) shraddhaam taamaeva (taam + eva) vidadhamyaham (vidadhaami + Aham).

7.21 Whoever devotee worships, whoever God with, whichever faith, whichever wish. His that immovable faith, to him only do give + I.

7.21 Whoever devotee wishes to worship, whichever God with faith.
I strengthen faith of each devotee, so he materializes his faith. ||21||

۷.۲۱۔ یو یو یام یام تنم بھکتہ شردھیارچتم اِچھتِ (شردھیا +ارچتم +اِچھتِ)،
تسی تسیاچلام (تسی +اچلام) شردھام تامیو (تام+ایو) وِدَدھامیہم (وِدَدھام+آہم)۔

۷.۲۱۔ جوجو جس جس چھوٹے خداکی عقیدت ایمان کے ساتھ+ عبادت کرکے چاہت کرتا ہے ،
اُس اُس کا+ مقرر ایمان اُسکو +یقیناً دیتا ہوں مَیں (عالمگیر ہی)۔

۷.۲۱۔ جوجس ایمان سے جس خدا کی، جس خواحش کے ساتھ عبادت کرتا۔
اسکے اس ایمان کی وہ طاقت، عالمی خدا مَیں ہی مضبوط رکھتا۔

7.22 स (सः) तया श्रद्धया युक्तस्यस्याराधनमीहते (युक्तः + तस्य + आराधनम् + ईहते) । लभते च ततः कामान्मयैव (कामान् + मया + एव) विहितान्हि (विहितान् + हि) तान्।।

7.22 वह उसी श्रद्धा से जुडदृ. + उस (देवता) की+ आराधना द्वारा, + इच्छा करता है।
लाभ मिलते है, और तब उससे, इच्छाओं की + मेरे द्वारा + ही, व्यवस्था + निश्चित की जाती है, उन ।।

7.22 उस श्रृद्धा से जिस देव रूप की, आराधना करता जिस इच्छा से।
पूरी हो जाती वो इच्छा उसकी, फल मिलता मेरी ही व्यवस्था से।।22।।

7.22 Sa tayaa shradhayaa yuktastasyaaraadhanameehate (yuktah + tasya + araadhanam + eehate).

Labhate cha tatah kaamaanmayaiva (kaamaan + Mayaa + eva) vihitaanhi (vihitaan + hi) taan.

7.22 He, with that faith, linked to + that desire + worships that God. And then he fulfills wishes, + by Me + definitely are arranged these.

7.22 With this faith he worships his God, by his ways and fulfils his desires.
I do every arrangement be it his God, worship or fruits that he acquires. ||22||

۷.۲۲۔ س تیا+شردھیا یکتستسیارادھنمیہتے (یکتہ+تسی +ارادھنم+یہتے)،
لبھتے چ تتہ کامانمیو (کامان+میا+ایو) وِہتانہِ (وِہتان+ہِ) تان۔

۷.۲۲۔ وہ اپنے +ایمان کے ساتھ+اپنی+عبادت کی+چاہت کرتاہے،
اور تب فائدہ میری(خداکی) +اچھا+ سےہی دیا جاتاہے اُنہیں۔

۷۰۲۲۔ عبادت جو اپنے خدا کی اپنے، ایمان سے کر مطلوبہ پھل پاتا۔
اُسکی خشی کا وہ پھل میَں قادرِ مطلق، اُسی خُدا کے ذریعہ بھجواتا۔

7.23 अन्तवत्तु (अन्त + वत् + तु) फलं तेषां तद्भवत्यल्पमेधसाम् (तत् + भवति + अल्प + मेधसाम्) ।
देवान्देवयजो (देवान् + देव + यजः)यान्ति मद्भक्ता (मत् + भक्ताः)यान्ति मामपि (माम् + अपि) ।।

7.23 खत्म + होने वाले + मगर, होते हैं, यह फल उन के, जो + होते हैं + कम + बुद्धि अल्पज्ञों के।
देव पूजने वाले देवता तक जाते हैं, मुझे पूजने वाले जाते हैं, मुझ तक + भी।

7.23 इन अल्पज्ञों को मिलने वाले, फल होते हैं नाशवान।
देवता पूज के देवता पाते, मुझे पूज पाते हैं भगवान।।23।।

7.23 Antavattu (Anta + vat + tu) phalam teshaam tadbhavatyalpamedhasaam (tat + bhavati + alpa + medhasaam).
Devaandevayajo (Devaan + deva + yajah) yaanti madbhaktaa (Mat + bhaktaa) Yaanti maamapi (Maam + api).

7.23 Short + lived + are but, these fruits, as they are those + with + little knowledge. Demi + Gods, + those who worship, get Demi Gods, those who are My + devotees, get Me.

7.23 But these fruits have short life, gotten by those small minds.
Gods worshippers reach Gods, to Me come devotees Mine. ||23||

۷۰۲۳۔ اَنْتَوَتُّت (اَنْت +وَت+تُ) پھَلَم تیشام تدبھَوَتْیَلْپمیدھَسام (تَت+بھَوَتِ+اَلْپ+میدھَسام)،
دیوا ندیوَیجو (دیوان+دیوَ+یَجہ) یانْتِ مَدْبھکتا یانْتِ مامَپِ (مام+اَپ)۔

۷۰۲۳۔ ختم + ہونے والے +مگر، ہوتے ہیں پھل اُنکے، جو ہوتے ہیں چھوٹے ذہن کے،
دیوتاوں تک جاتے ہین +دیوتا کی+ عبادت کرنے والے، مُجھ تک آتے ہیں ، میرے عبادتغار+بھی۔

۷۰۲۳۔ مگر کم عقل وں کی بھکتی کے پھل، ٹکتے والے نہیں ہوتے ہیں۔
چھوٹے خداؤں سے چھوٹے خدا، میری عقیدت سے ملتے خدا ہیں۔

7.24 अव्यक्तं व्यक्तिमापन्नं (व्यक्तिम् + आपन्नम्) मन्यन्ते
मामबुद्धयः (माम् + अबुद्धयः) । परं (परम्) भावमजानन्तो (भावम् + अजानन्तः) ममाव्ययमनुत्तमम् (मम + अव्ययम् + अनुत्तमम्) ।।

7.24 अव्यक्त से, व्यक्तित्व में आ गया, मानते हैं, मुझे + बुद्धि हीन ।
सर्वोच्च प्रकृति + न जानते हुए मेरी, + अव्यय और + सर्वश्रेष्ठ ।।

7.24 अल्पज्ञानी मान बैठते हैं, मुझको छुपता दिखता अस्तित्व।
अनश्वर है और है सर्वश्रेष्ठ, बिना जाने मेरा सच्चा तत्व।।24।।

7.24 Avyaktam vyaktimaapannam (vyaktim + aapannam) manyante maamabuddhayah (Maam + abuddhayah).

Parambhaavamajaanantah (Param + Bhaavam + ajaanantah) mamaavyayam + anuttamam (Mama + avyayam + anuttamam).

7.24 The Invisible to have appeared + in person, think Me the ignorants. The highest , + character + not knowing, Me + the Indestructible + the Highest.

7.24 Fools think Me to be unseen, Who has taken the seen form.
Not knowing My highest, indestructible true elemental form. ||24||

۷.۲۴۔ اَوِیکتم وِیکتماپنّم (وِیکتم+آپنّم) منینتے مامبدّھیہ (مام+اَبدّھیہ)،
پَرَم بھاوَمجانَنتو (بھاوم+اجانَنتہ) مماوِییَمَنُتّمم (مَم+اَوییَم+انُتّمم)۔

۷.۲۴۔ پوشیدہ کو وجود موجودہ مان لیتے ہیں مُجھے (خداکو) کم عقل لوگ،
سب سے اونچا + طبقہ+بغیر جانے قدرت، میری (خداکی) +لافانی + بہترین۔

۷.۲۴۔ کم عقل مان لیتے ہیں کہ، غائب ہی شخص بن کے دِکھتا خدا ہے۔
نہیں جانتے منفرد لافانی بہترین، حقیقی عنصر سے بنا خدا ہے ۔

7.25 नाहं (न + अहम्) प्रकाशः सर्वस्य योगमायासमावृतः (योग + माया + समावृतः) । मूढोऽयं (मूढः + अयम्) नाभिजानाति (न + अभिजानाति) लोको (लोकः) मामजमव्ययम् (माम् + अजम् + अव्ययम्) ।।

7.25 न तो + मैं उजागर होता हूँ, सबके लिये, अपनी योग + माया + में छुपा/ढ. का। यह + मूर्ख नहीं + जान पाते हैं, संसार में मेरा + अजन्मा, + अविनाशी होना।।

7.25 छुपा हूँ अपनी योग माया ओढ़े, मैं सबको दिखा करता नहीं हूँ।
मुझे मूर्ख नहीं जान सकता, अविनाशी मैं कभी जन्मता नहीं हूँ ।।25।।

7.25 Naaham (Na + aham) prakaashah sarvasya yogamaayaasamaavritah (yoga + maayaa + samaavritah).

Moodhoayam (Moodhah + ayam) naabhjaanaati (na + abhjaanaati) loko (lokah) maamajamavyayam (Maam + ajam + avyayam).

7.25 Do not + I, appear to everyone, encovered by, yog + maya (energy), + Mine. In this world the ignorant never + comes to know, Me + The Unborn + Indestructible.

7.25 Covered by aura of My Yog Maya Energy, I don't appear to ignorant ones.
Who do not know My true Form, of planet's Unborn Indestructible One.||25||

۷۔۲۵ ناہَم (نَ+اہَم) پرَکاشَہ سَروَشیَ یوگمایاسَماوریتَہ (یوگ+مایا+سَم+آوریتَہ)،
موڈھوَایَم (موڈھَہ+ایَم) نابھِجاناتِ (نَ+اَبھِجاناتِ) لوکو ماموجمَ (لوکَہ+مام+اَجَم+اَوییَم)۔

۷۔۲۵ نہیں+ میں (خدا) دِکھائی پڑتا ہوں کسی کو، اپنے یوگ کی توانائی مایا سے ڈھکا ہوا،
جاہل+یہ لوگ نہیں+جانتے ہیں، جہان میں +میری (خدا کی) بغیر پیدائش لازوال سیرت۔

۷۔۲۵ اپنی یوگ مایا سے چھپا، میں (خدا) ہر ایک کو نہیں دکھتا۔
نہ میں ختم نہ پیدا ہوتا، یہ کم عقل کبھی سمجھ نہیں سکتا۔

7.26 वेदाहं (वेद + अहम्) समतीतानि वर्तमानानि चार्जुन (च + अर्जुन) । भविष्याणि च भूतानि मां (माम्) तु वेद न कश्चन्।

7.26 जानता हूँ + मैं, सारे बीते हुए को, और वर्तमान को हे! अर्जुन।
भविष्य को, और प्रणियों को भी, मुझे लेकिन, जानता नहीं कोई ।।

7.26 बीता हुआ मैं जानता हूँ अर्जुन, जो हो रहा वो भी हूँ जानता।
भविष्य व प्राणियों को भी जानता, मगर मुझे कोई नहीं जानता।।26।।

7.26 Vedaaham (Veda + aham) samateetaani vartamaanaani chaarjuna (cha + Arjuna).
Bhavishyaani cha bhootaani maam (Maam) tu veda na kashchana.

7.26 I know the whole past and the present, O! Arjun. The future and the creatures too , to Me but knows nobody.

7.26 Arjun! I know the whole past, the present and also the future.
I am also aware of all the beings, but to Me knows no creature. ||26||

۷۔۲۶ وےداہَم (ویدَ+اہَم) سَمَتیتانِ وَرتَمانانِ چارجُنَ،
بھَوِشیانِ چَ بھوتانِ مام تُ ویدَ نَ کَشچَنَ۔

۷۔۲۶ جانتا ہوں+میں (خدا) ماضی اور موجودہ یا! اَرجُنَ،
مستقبل اور مخلوقات، مجھ (خدا) کو لیکن جانتا نہیں کوئی۔

۷.۲۶۔ ہوں خدا میں علم ہے مجھکو، ماضی اور موجودہ کا ارجن۔
مستقبل کا مخلوقوں کا بھی، پر مجھے کوئی نہیں جانتا ارجن۔

7.27 इच्छाद्वेषसमुत्थेन (इच्छा + द्वेष + समुत्थेन) द्वन्द्वमोहेन (द्वन्द्व+मोहेन) भारत। सर्वभूतानि सम्मोहं (सम्मोहम्) सर्गे यान्ति परन्तप।।

7.27 कामना और + बैर के + उठने पर, भ्रम के / दोहरी सोचों के झगडदृो से, हे! भारत।
पूरी तरह मोहित हो जाते हैं, सभी, जन्म मिलने पर, हे! परंतप।

7.27 इच्छा घृणा पैदा होते ही, दो सोचें मन में लड़ तीं भारत।
शक पैदा करतीं जो मन में, बुि उनकी घटती परन्तप।।27।।

7.27 Ichchhaadveshasamutthena (Ichchhaa + dvesha + samutthena) dwandwamohena (dwandwa + mohena) Bhaarata.

Sarvabhootani (Sarva + bhootani) sammoham sarge yaanti Parantapa.

7.27 When desire + and enmosity + arise, the fighting opposites (in mind) give birth to doubt, O! Bhaarat. All + the people born, get fully deluded, O! Parantap.

7.27 Parantap! desire and hatred in mind, cause double thoughts.
World gets deluded , due to fight between opposite thoughts. ||27||

۷.۲۷۔ اِچھاڈویشسمُتھین (اِچھا+ڈویشس مُتھین) ڈوَنڈوَموہین (ڈوَنڈوَ+موہین) بھارَت،
سَرْوَ +بھوُتانِ سَموہَم سَرْگے یانْتِ پَرَنْطَپ۔

۷.۲۷۔ اِچھا +بیر + اُٹھتے ہے، جھگڑوں سے+ شک سے، یا! بھارت،
تمام + مخللوق‌ات شک میں پڑتے ہیں یا! پَرَنْتَپ (دُشمن فاتح اَرْجُن) ۔

۷.۲۷۔ یا! بھارَت خواہشات نفرت ، جھگے اُٹھا کے شک لاتے ہیں۔
یا! پَرَنْتَپ جس سے سارے مخلوقات، پیدائش سے مدہوشی پاتے ہیں۔

7.28 येषां त्वन्तगतं (तु + अन्त + गतम्) पापं (पापम्) जनानां (जनानाम्) पुण्यकर्मणाम्। ते द्वन्द्वमोहनिर्मुक्तां (द्वन्द्व + मोह + निर्मुक्ताः) भजन्ते मां दृढ + वृताः।।

7.28 जो लेकिन, + खत्म + कर देते हैं, सारे पाप, लोग पुण्य काम करके। वे भ्रम की दुविधा के + झगड़ ों से, + मुक्त हो कर, भजते हैं मुझे, दृढ़ + निश्चय से ।।

7.28 लेकिन पुण्य कर्मों से जिनके, पूरी तरह पाप नष्ट हो जाते।
मुक्त दोहरी सोचों के द्वन्द्व से, बिना संदेह मुझको भज पाते।।28।।

7.28 Yeshaam twantagatam (tu + anta + gatam) paapam janaanaam punyakarmanaam (punya + karmanaam).

Te dwandwamohanirmuktaa (dwandwa + moha + nirmuktaah) bhajante maam (Maam) dridhvrataah (dridh + vrataah).

7.28 Who have but, + washed + away, + all the sins, those people, by doing noble + deeds.
Those being dualities + and doubts + free, worship Me with strong willed + contention

7.28 But those who have become free of sin, due to their noble deeds.
Free of fighting opposite thoughts, will fully worship Me indeed. ||28||

۷۰۲۸۔ یےشام تونتگتم (تُ+اَنت+گتم) پاپم جنانام پُنیکرمنام (پُنی+کرمنام)،
تے دْوَنْدْوَموہنِرمُکتا (دْوَنْدْوَ+موہ+نِرمُکتاہ) بھجنتے مام دْرِڈھوَرتاہ(دْرِڈھ +وْرتاہ)۔

۷۰۲۸۔ جنسے لیکن + ختم ہوجاتے ہیں پاپ ، لوگوں کے،سواب کے کام ہیں،
وے جھگڑے+ شک سے آزاد میری(خداکی) عبادت کرتے ہین مضبوط+اِرادے کے ساتھ۔

۷۰۲۸۔ لیکن پاپوں سےآزاد ہوکر ،ثواب کےکام کرتے ہیں جو۔
برعکس خالافت کی جنگ سےآزاد،بلاشک عبادت کرتے ہیں وہ۔

7.29 जरामरणमोक्षाय (जरा + मरण + मोक्षाय) मामाश्रित्य (माम् + आश्रित्य) यतन्ति ये। ते ब्रह्म तद्विदुः (तत् + विदुः) कृत्स्नमध्यात्मं (कृत्स्नम् + अध्यात्मम्) कर्म चाखिलम् (च + अखिलम्) ।।

7.29 बुढापे और + मृत्यु से + छुटकारा पाने के लिये, मेरा + आश्रय ले कर, प्रयत्न करते हैं जो ।
उन्हें ब्रह्म वैसा समझो, जो सम्पूर्ण + आत्म अध्ययन से, सब काम पूरे करते हैं।।

7.29 मृत्यु बुढ़ ापे से मुक्ति पाने, मेरी शरण ले के यत्न करते।
ब्रह्म उनको वो जानो, जो स्वयं समझ अच्छे कर्म करते।।29।।

7.29 Jaraamaranamokshaaya (Jaraa + marana + mokshaaya) maamaashritya (Maam + aashritya) yatanti ye.

Te Brahm tadvidhuh (Tat + vidhuh) kristnmadhyaatmam (kristnm + adhyaatmam) karma chaakhilam (cha + akhilam).

7.29 From old age + and death + to be free, in Me + having taken refuge, do practice, whoever. Consider them 'That Brahm', Who wholely through self study, complete all their tasks.

7.29 Those who pray and practice, to rid from old age and death.
Are 'That' Brahm Who, through self study do all tasks perfect. ||29||

۷۰۲۹۔ جَرامَرَنموکشائ (جَرا+مَرَن+موکشائ) ماماشرِتی (مام+آشرِتی) یَتنتِ یے ،
تے بْرَہم تَدْ وِدُہ (تَت+وِدُہ) کرِتسنم+اَدھیاتمم کرمَ چاکھِلم (چ+اَکھِلم)۔

۷۰۲۹۔ بُڑھاپہ +موت سے نجات کے لیئے میری (خدا کی) پناہ میں کوشش کرتے ہیں جو،
وے بْرَہم (خلاق)، اُسے (خدا کو) +جانتے ہیں + (اُس کے) پورے+ روحانی فلسفے اور سارے کاموں کے ساتھ۔

۷۰۲۹۔ بیماری بڑھاپے موت سے، چھٹنے کو عبادت مشقت کرتے ہیں جو۔
اُنہیں خلاق ہی سمجھو پورا فلسفہ، اور سارے کام خدائی کرتے ہیں وہ۔

7.30 साधिभूताधिदैवं (स + अधिभूत + अधिदैवम्) मां (माम्) साधियज्ञं (स + अधियज्ञम्) च ये विदुः। प्रयाणकालेऽपि (प्रयाण + काले + अपि)
च मां ते विदुर्युक्तचेतसः (विदुः + युक्त + चेतसः) ।।

7.30 साथ + अधिभूत के, + अधिदैव के, और साथ + अधियज्ञ के भी, मुझे जो जानते हैं।
मृत्यु के + समय + भी, और मुझे वे जानते है, +(मुझमें) जुड़ी / योग की, + चेतना से ।।

7.30 अधिभूत में अधिदैव में, अधियज्ञ में मुझे देखते हैं जो।
मृत्यु के समय भी देख लेते, मुझे ध्यान चेतना से वो. ।।30।।

7.30 Saadhibhootaadhidaivam (Sa + adhibhoota + adhidaivam) maam (Maam) saadhiyagyam (sa + adhiyagyam) cha ye viduh.
Prayaanakaaleapi (Prayaana + kaale + api) cha maam (Maam) te viduryuktachetasah (viduh + yukta + chetasah).

7.30 With + Adhibhoot, + Adhidaiv to Me and with + Adhiyagyn, those who know Me.
At death + time + too, they know Me + connected (to Me) + with Conscience.

7.30 In Adhibhoot in Adhidev and in Adhiyagyn, they know My presence.
Also at the time of death, they recognize Me with yog conscience. ||30||

۷۰۳۰۔ سادھِبھوتادھِدَیوَم (س+اَدھِبھوت+اَدھِدَیوَم) مام سادھِیگیم (س+اَدھِیگیم) چ یے وِدُہ،
پْرَیانکالےاَپِ (پْرَیان +کالے+اَپِ) چ مام تے وِدُریُکتچیتَسہ (وِدُہ+ یُکت +چیتَسہ) ۔

۷۰۳۰۔ سمیت+اَدھِبھوت+اَدھِدیو ، مُجھے (خداکو) سمیت+اَدھِیگین بھی جو جانتے ہیں،
موت+کے وقت +بھی، اور مُجھے (خداکو) وے جانتے ہیں +جُڑے ہوے+ باہوش۔

۷۰۳۰۔ اَدھِبھوت، اَدھِدیو اور اَدھِیگین میں، میں ہوں عقل مند جانتے ہیں۔
وے وقت موت بھی حوش مجھ میں، رکھ کے مجھ خدا کو پہچان جاتے ہیں۔

अध्याय-8: अक्षर ब्रह्म योग

CHAPTER– 8: Akshar Brahm Yogah

باب-(۸) اَکشر برہم یوگ

- अध्यात्म ब्रह्म का स्वभाव तथा जीवों की रचना ब्रह्म का कर्म है।
- देह अधिभूत, देवता अधिदैव तथा
- हृदय स्थित परमात्मा अधियज्ञ है।
- 'ऊँ' 'तत्' 'सत्' ईश्वर के शब्द रूप हैं।
- चार युगों में कालचक्र एक चक्कर पूरा करता है जिसे एक कल्प कहते हैं।
- चक्कर पूरा होने को कल्पान्त तथा फिर से शुरु होने को कल्पारम्भ कहते हैं।
- ईश्वर कल्पान्त में सब जीवों को घोल कर लुप्त कर देता है। और कल्पारम्भ में फिर से उनकी रचना करता है।
- छः माह के उत्तरायण में देह छोड़ कर जाने वाले योगी ज्योतिर्मय मार्ग से ब्रह्म तक पहुँचते हैं और कभी नहीं लौटते।
- दक्षिणायन में चलने वाले योगी धूम्र पथ से चन्द्रमा तक जाकर जन्म–मृत्यु चक्र में लौट आते हैं।
- Self Knowledge is the Nature of Supreme Source.
- And to Create beings is His Act.
- Body is elemental self (Adhibhoot), Gods are I the self (Adhidaiv) and the Super Self seated in every one's heart is the self offering ritual (Adhiyagyn).
- 'OHM' 'TAT' 'SAT' are the word/ sound manifestations of God.
- The time wheel completes one round (one kalp) in four eras.
- On completion of the round (Kalpant) all beings are lost in dissolution with God. And at the beginning of the round (Kalparambh) He Creates them again.
- During six months movement of sun to north (Uttarayan), the sages who liberate from the body, reach the Supreme Source moving through lighted path and never return from there.
- The sages, who leave the body during the 6 months sun's movement to south, move through the dark path to reach moon and come back to repeat the birth–death cycle.

۱۔ خد کا علم والد۔ء۔آلمگیر کی فطرت ہے۔

۲۔ اور سارے مخلوق بنانا انکا کام۔

۳۔ ہرجسم خدا کی قدرت کا عنصر ہے۔وہ سب خداوں کاخداہے۔ پہلے درجہ کا ہے۔وہ سبکے دِلوں میں بیٹھا رسم قربانی ہے۔

۴۔ اوم۔تت۔ست خدا کا آواز میں اعلان کیاجانے والا روپ ہے۔یعنی خدا کا آواز روپ میں اظہار ہونا ہے۔

۵۔ چار جگ چلنے پرسمئے کا پہیا ایک چکّر پورا کرتا ہے، یعنی ایک کلپ چار یُگوں میں پوُرا ہوتا ہے۔

۶۔ کَلپ کے ختم ہونے پرخدا میں سارے مخلوق گھل (تحلیل ہو) کےکھو جاتے ہیں۔

۷۔ نئے کَلپ (نئے چکّر) کے شروع ہونے پر خدا اُنہیں پھر سے تخلیق کر دیتے ہیں۔

۸۔ چھ مہینے کی مین تحریک کا وہ زمانہ جب سورج کھت استوار سے زیادہ سے زیادہ دوُر ہوتا ہے۔(نورتھ سولسٹک یعنی شمالی نصف) ایسے سمئے جسم چھوڑکر جانے والے فکیروں (یوگیوں) کی روحیں روشن راستوں سے زریعہ کائنات تک پہنچ جاتی ہیں اور کبھی واپس نہیں لوٹتیں۔اور جینے۔مرنے کے چکّر سے آزادہو جاتی ہیں۔

۹۔ وے جنکی روحیں جنوب میں تحریک (صاوتھ سولسٹک یعنی جنوبی نصف) کے سمئے جسم چھوڑکر جاتی ہیں، اندھیرے راستوں سے چاند تک پہنچ کے واپس لوٹ آتی ہیں۔اور جینے۔مرنے کے چکرمیں پھرسے پھنستی ہیں۔

अध्याय–8 Chapter–8

باب۔۸

अर्जुन उवाच Arjuna Uvaacha अर्जुन बोले Arjun Said

اَرْجُن اُواچ ارجُن بولے.

8.1 किं (किम्) तद् (तत्) ब्रह्म किमध्यात्मं (किम् + अध्यात्मम्) किं (किम्) कर्म पुरुषोत्तम (पुरुष + उत्तम।)
। अधिभूतं (अधिभूतम्) च किं (किम्) प्रोक्तमधिदैवं (प्रोक्तम् + अधिदैवम्) किमुच्यते (किम् + उच्यते) ।।

8.1 क्या है वह ब्रह्म, क्या है + अध्यात्म, क्या है कर्म, हे! पुरुष + श्रेष्ठतम (कृष्ण)।
और अधिभूत क्या है, बताएं + अधिदेव भी, किसे + कहते हैं।।

8.1 यह बह्म क्या है अध्यात्म क्या है, कर्म क्या है पुरुषोत्तम।
अधिभूत किसे कहते हैं, क्या अधिदैव है बताएं पुरुषोत्तम।।1।।

8.1 Kim tadbrham (Tat + Brham) kim + adhyaatmam kim karma purushottam (Purusha + Uttam).

Adhibootam cha kim proktamadhidaivam (proktam + adhidaivam) kimuchyate (kim + uchyate).

8.1 What is That + Brahm, what is + Adhyaatm,what is karm, O! Soul + The Best (Lord Krishn). And what is Adhibhoot, also , please tell + Adhidev too, what is + it called.

8.1 Supersoul! Please tell me, what are Brahm Adhyatma and Karm.
What is Adhibhoot, and what is called Adhidev O! Purushottam. ||1||

۸۰۱۔ کِم تدْ بْرَہمْ (تَت+بْرَہمْ) کِمدھیاتْمَم (کِم+ادھیاتْمَم) کِم کَرمَ پُرُشوتَّم (پُرُش+اُتَّم)،
اَدھِبھوتَم چَ کِم پْروکْتَمد ھِدَیوَم (پْروکْتَم+اَدھِدَیوَم) کِمُچیتے (کِم+اُچیتے)۔

۸۰۱۔ کیا ہے وہ+بْرَہمْ (ذریعہ کائنات ر خلاق)، کیا ہے +ادھیاتْمَ (فلصفہ خوس کا) ،کیا ہے کام ، یا! روح+بہترین (خدا)،
اَدھِبھوت کیا ہے ،اور بتائیں ادھِدیوَ کِس کو کہتے ہیں۔

۸۰۱۔ یا! اعلی روح! کیا ہے خلاّق، کیا ہے اَدھیاتْمَ اور کام کیا ہیں۔
اَدھِبھوت جو آپنے کہا، اور یہ بتائیں کہ اَدھِدیوَ کیا ہیں۔

8.2 अधियज्ञं (अधियज्ञम्) कथं (कथम्) कोऽत्र (को + अत्र) देहे अस्मिन् + मधुसूदन। प्रयाण + काले च कथं (कथम्) ज्ञेयोऽसि (ज्ञेयः + असि)नियतात्मभिः (नियत + आत्मभिः)।।

8.2 अधियज्ञ क्या है, कौन है + इस देह में हमारी, हे! मधुसूदन (मधु दैत्य को मारने वाले कृष्ण)। और मृत्यु + के समय, कैसे जानेंगे + आप को, नियंत्रित हैं + स्वयं जो लोग।।

8.2 अधियज्ञ है कौन और कैसे, इस शरीर में है वो मधुसूदन।
मृत्यु समय नियंत्रित कैसे, पहचानते हैं आपको मधुसूदन।।2।।

8.2 Adhiyagyah katham (kah + atra dehe + asmin + Madhu + soodana).
Prayaanakaale (Prayaana + kaale) cha katham gyeyoasi (gyeyah + asi)
niyataatmabhih (niyata + aatmabhih).

8.2 Adhiyagyn how and who is here + in this + body, + O! Madhu + soodan (Madhu demon + killer, Krishn). And, at the time + of death ,how do the self balanced people, recognise + you, O! Eternal + Soul (Krishn).

8.2 Madhu Soodan! what is Adhiyagyn, how do they in bodies occur.
How at the time of death, contrlled selves recognise You ever. ||2||

۸۰۲۔ اَدھِیگیَہ کَتھَم کوَاتْر (کَہ+اتْرَ) دیہے اَسْمِنْمدھُسوُدَنَ (دیہے+اَسْمِن +مدھُسوُدَنَ)،
پْرَیانَکالے (پْرَیانَ+کالے) چَ کَتھَم گییوَاسِ (گییَہ+اَسِ) نِیَتاتْمَبھِ (نِیَت+آتْمَبھِ)۔

۸۰۲۔ ادھِیگیَن کیسا ہے، کون+ ہے +یہاں دیہ میں+ اِس +یا! مدھُسوُدَنَ (مدھُ شیطان کو مارنے والے کِرشن)،
اور جسم چھوڑتے وقت ،کیسے جانیں گے+ آپ کو (خدا کو)، متوازن روح سے۔

۸۰۲۔ یا!مدھسُودنَ! کیسے کون ہے، ادھیگیں ہمارے جسم میں۔
کیسے آپکو متوازن بندے، پہچان لیتے ہیں آخری وقت میں ۔

श्रीभगवानुवाच Shree Bhagawaan Uvaacha **श्री भगवान बोले** Lord Shri Said

شری بھگوانُواچ خدا بولے

8.3 अक्षरं (अक्षरम्)ब्रह्म परमं (परमम्)स्वभावोऽध्यात्ममुच्यते (स्वभावः + अधि + आत्मम् + उच्यते) ।भूतभावोद्भवकरो (भूत + भावः + उद्भव + करः) विसर्गः कर्म + संज्ञितः।।

8.3 अमर ब्रह्म का सबसे ऊँचा स्वभाव ही, + अधि + आत्मा (स्वयम् को पढ. ना / अध्यात्म) + कहलाता है। प्राणियों में भाव + उत्पन्न + करने वाली सुष्टि / रचना, कर्म कहलाती है।।

8.3 अनश्वर ब्रह्म का दिव्य स्वभाव, होता है अध्यात्म यही।
प्रकृति और जीवों की सृष्टि, होता ब्रह्म का कर्म यही।।3।

8.3 Aksharam Brahm paramam swabhaawoadhyaatmamuchyate (swabhawah + adhyaatmam + uchyate).

Bhootabhaawodbhavakaro (Bhoota + bhaawah + udbhava + karah) visargah karmasangyitah (karma + sangyitah).

8.3 The Immortal Brahm's The best/The highest, nature + is called + Adhyatm. Of the living beings + nature + creation + deed, is called + His work.

8.3 The Highest and the indestructible, Brahm's nature is Addhyaatm.
To create the nature of the beings , in universe is termed His Karm. ||3||

۸۰۳۔ اَکشَرَم بْرَہْم پَرَمَم سْوَبھاووَاَدھیاتْمَمُچْیَتے (سْوَبھاوَہ+اَدھیاتْمَم+اُچْیَتے)،
بھوْتبھاووْدْبھَوَکَروَ (بھوْت+بھاوَ+اُدْبھَوَ+کَرَہ) وِسَرْگہ کَرْمَسَنْگیِتَہ (کَرْم+سَنْگیِتَہ)۔

۸۰۳۔ لافانی ذریعہ کائنات سبسے اچی روح(خدا) کی سیرت 'ادھیاتْم رخود کی پڑھائی' کہی جاتی ہے،
مخلوقات کی فترت پیدا کرنے والی کائنات بنانا اُن (خدا) کا کام کہلاتا ہے۔

۸۰۳۔ سبسے اونچے اور لافانی خلاّق کی ،اپنی فطرت ہی کہلاتی ہے ادھیاتْم۔
مخلوقات میں احساسات پیدا کرنے کی ،تخلیق کہلاتی ہے اُس خدا کا کام۔

8.4 अधिभूतं (अधिभूतम्) क्षरो (क्षरः) भावः पुरुष्चाधिदैवतम् (पुरुषः + च + अधिदैवतम्)। अधियज्ञोऽहमेवात्र (अधियज्ञः + अहम् + एव + अत्र) देहे देहभृतां वर।।

8.4 अधिभूत विनाशी भाव (शरीर) है, और + पुरुष + अधिदेव (आत्मा)। अधियज्ञ + मैं + (भगवान)ही + हूँ + यहाँ, देहधारियों में + शरीरों का स्वामी (आत्मा)।।

8.4 अधिभूत नश्वर प्रकृति या देह, अधिदेव मैं जीवात्मा।
अधियज्ञ हूँ मैं ही देह में, यज्ञ का स्वामी परमात्मा।।4।।

8.4 Adhibhootam ksharo (ksharah) bhaavah Purushashchaadhidaivatam (Purusha + cha + adhidaivatam).

Adhiyagyoahamevaatra (Adhiyagyah + Aham + eva + atra) dehe dehabhritaam (deha + bhritaam) vara.

8.4 Adhibhoot is the destructible nature and + soul + is Adhidev. Adhiyagyn is + I My self + here, within the bodies,as their Master (Soul).

8.4 Adhibhoot is destructible body the nature, and Purush is the soul the Adhidev.
Adhiyagyn is also Me in the bodies here, the Lord of the bodied O! shreshth. ||4||

۸۰۴۔ اَدھِبھوتَم کشَرو بھاوَہ پُرُششچادھِدیوَتَم (پُرُشَہ+چ+اَدھِدیوَتَم)،
اَدھِیگیوَا ہَمیواتر (اَدھِیگیہ+اَ ہَم+ایوَ+اَتر) دیہے دیہ بھرِتام وَر۔

۸۰۴۔ 'ادھیبھوت' ختم ہونے والی قودرت (رقبہ) ہے، اور+ روح +'ادھِ دیو'،
'ادھیگین' میں (خدا) +ہی+ ہوں یہاں، دیہ مین دیہ والوں کی روح/مالِک/خدا۔

۸۰۴۔ ختم ہونے والی قدرت ادھبوت، اورروح ادھِدیو کہلاتی ہے۔
میں (خدا) ہی ہوں ادھیگین، دیہ کے اندر دیہ والوں کا مالک میں ۔

8.5 अन्त + काले च मामेव (माम् + एव) स्मरन्मुक्त्वा (स्मरन् + मुक्त्वा) कलेवरम्। यः प्रयाति स (सः) मद्भावं (मत् + भावम) याति नास्त्यत्र (न + अस्ति + अत्र) संशयः।।

8.5 और अन्त + समय में, मेरी (भगवान की) ही याद करते, + छोड. के शरीर।
जो जाता है वह, मेरा (भगवान का) + स्वभाव ही पाता है, नहीं + है + यहाँ, इसमें कोई संशय ।।

8.5 मृत्यु के समय जो मुझको, याद करते छोड. ता यह देह।
वह पा के मेरे भाव को, मुझे ही पाता निसंदेह।।5।।

8.5 Antakaale (Anta + kaale) cha maameva (Maam + eva) smaranmuktvaakalevaram (smaran + muktvaa + kalevaram).

Yah prayaati sa madbhaavam (Mat + bhaavam) yaati naastyatra (na + asti + atra) sanshayah.

8.5 And at the time of + death, remembering Me + only, + leaves the body. The one who goes, My + nature,he gets, there is no + doubt + here in this.

8.5 At the time of death, if one leaves body remembering Me.
One will get My Nature, there is no doubt in this has to be. ||5||

۸۰۵۔ انتکالے (انت+کالے) چ مامیو(مام+ایو) سمرنمکتوا(سمرن+مکتوا) کلیورم،
یہ پریاتِ س(سہ) مدبھاوم(مت+بھاوم) یاتِ ناستیتر(ن+استِ+اتر) سنشیہ۔

۸۰۵۔اور وقت موت مجھ(خدا) کو +ہی یاد + کرتے + چھوڑتا ہے+ جسم،
جو جاتا ہے وہ میری(خدا کی) سیرت پاتا ہے نہیں+ ہے+ اِس میں +شک۔

۸۰۵۔ وقت موت میرے(خدا کے)دھیان میں جو، جسم چھوڑ کر جاتے ہیں۔
اسمیں کوئی شک نہیں کہ وہ، میری(خدا کی) فطرت ہی پاتے ہیں۔

8.6 यं (यम्) यं (यम्) वापि (व + अपि) स्मरन्भावं (स्मरन् + भावम्) त्यजत्यन्ते कलेवरम्। तं (तम्) तमेवैति (तम् + ऐवैति) कौन्तेय सदा तद्भावभावितः (तत् + भाव + भावितः)।।

8.6 जो जो जैसे + भी भाव को, + याद करते हुए, छोड़ता है शरीर।
वह उसे + ही, हे! कुन्ती पुत्र, सदा उसके ही+ भाव पाता है+उसे याद करते हुए।।

8.6 जो भी जिसकी भी याद में, छोड़ता है शरीर अपना।
कुन्तीपुत्र! वो उसे ही बाद में, पाता है वही अपना।।6।।

8.6 Yam yam vaapi (va + api) smaranbhaavam (smaran + bhaavam) tyajatyante (tyajati + ante) kalevaram.

Tam tamevaiti (tam + eva + iti) Kaunteya sadaa tadbhaavabhaavitah (tat + bhaava + bhaavitah). ||6||

8.6 To whom whom and + also,to whichever nature, + memorising, one departs the body To him him + like him + only, O! Kunti's son, one always gets that (of His) + nature + memorising him.

8.6 In remembrance of which ever nature, the body leaves someone.
Kunti's son! undoubtedly the same nature, is got by that person. ||6||

۸۰۶۔ یم یم واپِ (و+اپِ) سمرنبھاوم(سمرن+بھاوم) تیجتینتے(تیجتِ+انتے) کلیورم،
تم تمیویتِ (تم +تم+ایو+ایتِ) کونتیے سدا تدبھاوبھاوِتہ(تت+بھاو+بھاوِتہ) ۔

۸۰۶۔ جس جس کو اور +بھی یاد کرنے کی + فترت میں چھوڑتے ہیں جسم،
وہ وہ +ویسا +ہی ،یا! کُنتی ذادے، ہمیشہ اُس ہی + فترت+ کو پاتا ہے۔

۸۰۶۔ کنتی ذادے! جب بنداکوئی، کسی خاص چیز کادھیان کرے۔
یقیناً اسے ہی پاتا ہے وہ، جسم چھوڑتے ہوئے جسے یادکرے۔

8.7 तस्मात्सर्वेषु (तस्मात् + सर्वेषु) कालेषु मामनुस्मर (माम् + अनुस्मर) यु)य च। मय्यर्पितमनोबुि) र्मामैवैष्यस्यसंशयः (मयि + अर्पित + मनः + बुिः + माम + एव + एष्यसि + असंशयः)।।

8.7 इसीलिये + सब समय मुझे ही याद करते + यु) करो, और। मुझे + देकर + मन + और बुि) + मुझको + ही + पाओगो + निस्संदेह।।

8.7 इसीलिये हर समय मुझे ही, याद करते यु) करो।
अर्पित कर दो बुि) मुझे ही, निसंदेह मुझे प्राप्त करो।।7।।

8.7 Tasmaat + sarveshu (Tasmaat + sarveshu) kaaleshu maam + anusmara (Maam + anusmara) yudhya cha. Mayyarpitmanobuddhirmaamevaishyasyasanshyah (Mayi + arpit + manah + buddhih + Maam + eva + eshyasi + asanshayah).

8.7 Hence, always fight the war + remembering Me.To Me + having + rendered heart + and mind, + you will, + to Me + only, + get + undoubtedly.

8.7 Hence do fight the war, remembering Me throughout your act.
Offering heart and mind to Me, undoubtedly reach Me in fact. ||7||

۸۰۷۔ تَسماتسَرویشُ (تَسمات+سَرویشُ) کالیشُ مامَنُسمَر (مام+اَنُسمَر) یُدھی چ،
مَیّرپِت منوبُدھِر مامیویشیَسیَسنشیَہ (مَی+اَرپِت+ مَنہ+بُدھِہ+مام+ایو+ایشیَسِ+اَسنشیَہ)۔

۸۰۷۔ اِس لئے ہر وقت مُجھے (خداکو) +یاد کرتے ہوئے جنگ لڑو اور ،
مُجھ (خدا) میں رکھ کے دل اور دماغ مُجھے ہی پاوگے بلاشک۔

۸۰۷۔ اسلئے ہروقت مجھے (خداکو) ہی تم، یادکرتے جنگ لڑتے رہو۔
دل اورعقل مجھے (خداکو) پیش کرکے، بلاشک مجھ (خدا) کو پاکے رہو۔

8.8 अभ्यासयोगयुक्तेन (अभ्यास + योग + युक्तेन) चेतसा नान्यगामिना (न + अन्य + गामिना)। परं (परम्) पुरुषं (पुरुषंम्) दिव्यं (दिव्यम्) याति पार्थानुचिन्तयन् (पार्थ + अनुचिन्तयन्)।।

8.8 योग + अभ्यास से + जुड ` मन से, बिना + किसी दूसरी ओर भटके ।
आत्मा सबसे ऊँची / दिव्य पाते हैं, हे! पार्थ, हर दम उसका चिंतन करते हुए।।
8.8 ध्यान योग का अभ्यास करते, बुि) मन वहीं लगा के।
दिव्य परमात्मा मिला करते, पार्थ! उनमें ध्यान लगा के।।8।।

8.8 Abhyaasayogayuktena (Abhyaasa + yoga + yuktena) chetasaa naanya gaaminaa (na + anya + gaaminaa).

Paramam Purusham Divyam yaati Paarthaanuchintayan (Paartha + anuchintayan).

8.8 Practice + yog + fixed with mind, not + to any other side + being diverted.Supreme Soul Divine is got , O! Parth, + by continued thinking/ memorising.

8.8 Practice Yog with conscious mind, unmoved fixed to Supreme Soul.
Thus practicing through mind, Parth! reach The Divine Supreme Soul. ||8||

۸۰۸۔ اَبھیاسَیوگیُکتین (اَبھیاس+یوگ+یُکتین) چیتسا نانیگامِنا (نَ+انّی + گامِنا)،
پَرَمَم پُرُشَم دِوْیَم یاتِ پارتھانُچنتین (پارتھ+انُچنتین)۔

۸۰۸۔مشقت+یوگ+سے جُڑے ہوش سے کسی اور طرف بنا + ہلے ڈولے،
سبسے اونچی روح الٰہی مِلتی ہے ، یا! پارتھ، لگاتار سوچ سے۔

۸۰۸۔ ہمیشہ یوگ مشقت سے جوڑے،ہوش کو کہیں اور نہ جانے دے کے۔
یا! پارتھ! سبسے اونچی عبدی روح ملتی،اُسی کا دھیان کرتے رہنے سے۔

8.9 कविं (कविम्) पुराणमनुशासितारमणोरणीयांसमनुस्मरेद्यः (पुराणम् + अनुशासितारम् + अणोः + अणीयांसम् + अनुस्मरेत् + यः)।
सर्वस्य धातारमचिन्त्यरूपमादित्यवर्णं (धातारम् + अचिन्त्य + रूपम् + आदित्य + वर्णम्) तमसः परस्तात् ।।
8.9 सर्वज्ञ, प्राचीन + नियंत्रक, + अणु से + छोटे, उसको + याद करता है + जो। सबका पालक है, + अकल्पनीय + स्वरूप वाला, + सूर्य के + रंग का, अंधकार से परे है वो।।
8.9 उस आदि सर्वज्ञ नियन्ता, सूक्ष्मतर तत्व को याद करें।
जो सबका पालक अकल्पनीय, दिव्य होता अंधकार परे।।9।।

8.9 KavimPuraanamanushaasitaaramanoraneeyaamasamanusmaredyah (Puraanam + anushaasitaaram + anoh + aneeyaamsam + anusmaret + yah).

Sarvasya Dhaataaramachintyaroopamaadityavarnam (Dhaataaram + Achintyaroopam + Aaditya + varnam) tamasah parastaat.

8.9 Whole knowledge + Ancient + Ruler + Smaller than atom + to Him + memorises + whosoever. Nourishes all + Unthinkable + Unmanifested Form + of sun's + colour, He is beyond all darkness.

8.9 Rember Him as All Knowing, Preeminent Controller Micro size Thinker.
And Nurturer Whose Form is beyond thought, Effulgent Divine Forever. ||9||

۸۰۹۔ کوِم پُرانَمَنُشاسِتارَمَنُورَمِیا مِسَمَنُسمَر یذَتہ (پُرانَم+اَ نُشاسِتارَم+اَنوَہ+اَمِیا مِسَم+انُسمَر یت+یہ)،
سَرْوَسیَ دھاتارَ مچِنتیِر وُپما دِتیوَرْنَم (دھاتارَم+اچِنتی+روپَم +آدِتی+وَرْنَم) تمَسہ پَرَسْتات۔

۸۰۹۔سب سے پہلے حکمران، انو سے چھوٹے (خدا) کو ، ذہن میں رکھتا ہے جو،
سبکا + پناہگار +سوچ میں نا آنے والا+ روپ کا، + سورج جیسی (چمکدار)+ رنگت والا، اندھیروں کے اوپر۔

۸۰۹۔ اُس پہلے عالم حکمران،ایٹم سے چھوٹے ذرہ کو،ہمیشہ یادکرتا ہے جو۔
پالنےوالے ناقابل تصور، سورج سے روشن،اندھیروں سے پرے کو۔

8.10 प्रयाणकाले (प्रयाण + काले) मनसाचलेन (मनसा + अचलेन) भक्त्या युक्तो (युक्तः) योगबलेन (योग + बलेन) चैव (च + एव)।
भ्रुवोर्मध्ये (भ्रुवोः + मध्ये) प्राणमावेश्य (प्राणम् + आवेश्य) सम्यक् स (सः) तं (तम्) परं (परम्)पुरुषमुपैति (पुरुषम् + उपैति) दिव्यम्।।

8.10 मृत्यु के + समय, अडिग + मन से और भक्ति जुडेदृ योग के + बल से ही।
भौहों के + बीच प्राण (अन्दर आने वाली सॉस) खींच कर, पूरी तरह वह उस परमात्मा को + प्राप्त करता है, जो दिव्य है।।

8.10 मृत्यु के समय अचल मन से, और भक्ति योग से याद करें।
भौहों के बीच प्राण ला के, परम उस दिव्य को प्राप्त करें।।10।।

8.10 Prayaanakaale (Prayaana + kaale) manasaachalen (manasaa + achalen) bhaktyaa yukto (yuktah) yogabalen (yoga + balen) chaiva (cha + eva).
Bhruvormadhye (Bhruvoh + madhye) praanamaaveshya (praanam + aaveshya) samyak sa (sah) Tam Param Purushamupaiti (Purusham + upaiti) Divyam.

8.10 At the time + of death, with focused + mind and + also, devotionally connected strength + of yog only. Inhaling + life air between the brows, he acquires The, Supreme Soul, That Divine.

8.10 While leaving the body, devotedly fix the heart with yog strength.
Inhaling life air between brows, find that Divine Soul The Highest. ||10||

۸۰۱۰۔ پرَیانکالے (پرَیان+کالے) مَنساچلینَ (مَنسا+اَچلین) بھَکتیا یُکتو (یُکتہ) یوگبلینَ (یوگ+بلینَ) چیوَ (چ+ایو)،
بھرُووَ رمَدھیے (بھرُووہ+مَدھیے) پرانماویشی (پرانَم+آویشی) سَمیگ سَ (سَہ) تم پرَم پرُشمُپیتِ (پرُشَم+اُپیتِ) دِوییَم۔

۸۰۱۰۔ موت کے+ وقت من سے+ ہلے بغیر، عقیدت سے+ جُڑا یوگ کی+ طاقت سے، اور+ اِس طرح،
ابرو کے+ درمیان سانس+ کھینچ کے پوری طرح وہ اُن (خدا) کو، سبسے اونچی + روح کو، پا لیتا ہے عبدی(ہیں جو)۔

۸۰۱۰۔ آخری وقت جودل لگاکے، بھکتی اور یوگ کی طاقت سے۔
بھنوں بیچ پوری جان کھینچ کے، اعلی روح پالیتے دھیان میں۔

8.11 यदक्षरं (यत् + अक्षरम्)वेदविदो (वेद + विदः) वदन्ति विशन्ति यद्यतयो (यत् + यतयः) वीत + रागाः।
यदिच्छन्तो (यत् + इच्छन्तः) ब्रह्मचर्यं चरन्ति तत्ते (तत् + ते)पदं (पदम्) संग्रहेण प्रवक्ष्ये।।

8.11 'जिसे' + अमिट, वेद + ज्ञाता बताते हैं, प्रवेश करते हैं 'जिसमें' + महान मुनि, 'जो' लगाव से + परे है। 'जिसकी' + इच्छा में ब्रह्मचर्य व्रत पालन करते हैं, 'उसका' + तुम्हें पद, सारांश में मैं बताऊँगा।।

8.11 वेद ज्ञाता अक्षर जिसे कहते, मुनि संयासी जिसमें बसते।
जिसे पाने ब्रह्मचर्य व्रत करते, उसके पद का सुनो सार मुझसे।।11।।

8.11 Yadakshram (Yat + akshram) vedavido (vedavidah) vedanti vishanti yadyatayo (yat + yatayah) veetaraagaah (veeta + raagaah).

Yadichchhanto (Yat + ichchhantah) brahmacharyam (brahma + charyam) charanti tatte (tat + te) padam sangrahena pravakshye.

8.11 To Whom + Indistructible, describe the Ved learneds, enter within Whom, + the wise saints, the renouncers beyond + attachment. Wishing + Whom, celibacy is adopted, about + His status, I shall, in brief, tell you.

8.11 Whom the wise call Indestructible, the unattached ones get into.
Desiring Whom they practice celibacy, I shall brief Him to you. ||11||

۸۰۱۱۔ یدَکشرَم (یَت+اَکشرَم) ویدَوِدو (ویدَ+وِدَہ) وَدنتِ وِشنتِ یدیَتیو (یَت+یَتیہ) ویترَاگاہ،
یدِچھنتو (یَت+اِچھنتہ) برَہمچریَم چرَنتِ تتّے (تت+تے) پدَم سنگرہین پرَوَکشیے۔

۸۰۱۱۔ جن (خدا) کو+ لافانی، ویدوں کے+ عالم بھی کہتے ہیں، گھُستے ہیں جن میں پیر، جو غیر+منسلک ہوچکے ہیں،
جنکی اِچھا میں، تجارت مشقت کرتے ہیں، اُن (خدا) کے+ اُس طبقہ کا مختصر کھلاسا کرونگا ر مجمعی طور پر بتاوں گا۔

۸۰۱۱۔ لافانی عقلمند کہتے جِن کو، گھُستے ہیں سب سنیاسی جِن میں۔
درجہ بتاونگا اُن کا، پاک دامن رہتے ہین جن کی خواہش میں۔

8.12 सर्व + द्वाराणि संयम्य मनो (मनः) हृदि निरुध्य च। मूर्ध्न्यधायात्मनः (मूर्ध्न्य + आधाय + आत्मनः) प्राण
।मास्थितो (प्राणम् + आस्थितः) योग + धारणाम्।।

8.12 देह के सारे + प्रवेश द्वार खोल + के, और मन रोक कर।
शीर्ष पर + खींच कर + अपनी + सांस, योग+ मुद्रा (स्थिति) धारण करो।।

8.12 मन और हृदय के संयम से, देह के सारे द्वार बंद करें।
सिर पर प्राण वायु खींच के, स्थिर कर योग धारण करें।।12।।

8.12 Sarvadwaaraani (Sarva + dwaaraani) samyamya mano (manah) hridi nirudhya cha. moordhnyaadhaayaatmanah (moordhni + aadhaaya + aatmanah) praanamaasthito (praanamaasthitah) yogadhaaranaam (yoga + dhaaranaam).

8.12 With all the + gates of body under control, and also mind and heart closed. keeping life air in head, attain the closure state (mudra) of yog.

8.12 With all the doors of senses closed, wishes closed within heart.
Keeping self in mind with air inhaled, practice yog by heart. ||12||

۸۰۱۲۔ سَرْوَدْ وارانِ (سَرْوَ+دْوارانِ) سَمْیَمْیَ مَنو (منہ) ہْرِدِ نِرُدھْیَ چَ،
مُوْرْدھْنْیادھایاتْمَنَہ (مُوْرْدھْنِ+آدھایَ+آتْمَنَہ) پْرانَماسْتھِتو (پْرانَمْ+آسْتھِتَہ) یوگَدھارَنامْ (یوگَ+دھارَنامْ)۔

۸۰۱۲۔ سارے دروازہ متوازن دل دماغ سمیت بندکرکے اور،
سِر پے+کھینچ کے+اپنی سانس قائم کرکے یوگ میں+قایم ہو لیں ر بیٹھ جائیں۔

۸۰۱۲۔ حواسوں کے کر کے دروازہ بند، من کو بھی دل میں روک کر۔
ماتھے میں سانسوں کو کھینچ کے، یوگ میں کرلیں خدکو مقرر کر۔

8.13 ओमित्येकाक्षरं (ओम् + इति + एक + अक्षरम्) ब्रह्म व्याहरन्मामनुस्मरन् (व्याहरन् + माम् + अनुस्मरन्)
।यःप्रयाति त्यजन्देहं (त्यजन् + देहम्)स (सः) याति परमां (परमाम्)गतिम्।।

8.13 'ॐ' + यह + एक + ब्रह्म अक्षर बोल कर, मुझे याद करते हुए।
जो जाता है, छोड. कर देह, वह पाता है सबसे ऊँचा लक्ष्य।।

8.13 ब्रह्म का एक अक्षर 'ॐ''ओम', बोलते मुझे याद करते हुए।
जो देह छोड. के जाते ऐसे, परम गति प्राप्त करते हैं वे।।13।।

8.13 Omityekaakshram (Om + iti + eka + akshram) Brahm vyaaharanmaamanusmaran (vyaaharan + maam + anusmaran). Yah prayaati tyajandeham (tyajan + deham) sa (sah) yaati paramaam gatim.

8.13 ‘Ohm’ + this + single + letter of God (Brahm), enchanting + Me, + remembering Me (Krishn). Whosoever goes leaving + the body, he gets Supreme, The Highest goal.

8.13 Chanting ‘Ohm’ the single word, of Brahm remembering Him.
The one who goes like this, after leaving body goes to Him. ||13||

۸۰۱۳۔ اوّمِتییکاکشَرَمْ (’اوّمْ+اِتِ+ایک+اَکشَرَم) بْرَہْم وْیاہَرَنْمامَنُسْمَرَنْ (وْیاہَرَنْ+مام+اَنُسْمَرَنْ)،
یَہ پْرَیاتِ تْیَجَنْدیہَمْ (تْیَجَنْ+دیہَمْ) سَ (سَہ) یاتِ پَرَمامْ گَتِمْ۔

۸۰۱۳۔ ’اومْ‘ اِس +ایک+لفظ کے استعمال سے ذریعہ کائنات (خلّاق/برہم) مُجھ خداکو+ یادکرتے ہوئے،
جوجاتاہےچھوڑکے+دیہ وہ پاتاہے سبسے اونچی+منزل۔

۸۰۱۳۔ لگاتار’اومْ‘ یہ لفظ خلّاق بول تے ،مجھے(خداکو)یادکرتے ہوے۔
جو جاتاہےجسم چھوڑکے،سبسے اونچی منزل مجھ خدا کی مل تی ہےاُسے۔

8.14 अनन्यचेताः (अनन्य + चेताः) सततं (सततम्) यो मां (माम्)स्मरति नित्यशः। तस्याहं (तस्य + अहम्) सुलभः पार्थ नित्य + युक्तस्य योगिनः।।

8.14 अटूट + मन से, लगातार जो मुझे याद करता है, हर दिन।
उसको + मैं मिल जाता हूँ, हे! पार्थ, प्रति + दिन मुझसे जुड़े योगियों को।।

8.14 स्थिर मन से सदैव जो, नियमित करते मेरी याद।
पार्थ! मुझे पा लेते वो, योग में नित्य जुड़े मरे साथ।।14।।

8.14 Ananyachetaah (Ananya + chetaah) satatam yo (yah) mam (Maam) smarati nityashah. Tasyaaham (Tasya + Aham) sulabhah Paartha nityayuktasya (nitya + yuktasya) yoginah.

8.14 With uninterrupted + heart, who cntinuously remembers Me, daily. To him + I Am got, O! Paarth, to the daily connected yogis (connected to Me).

8.14 One who continuously remembers Me, daily with yog fixed heart.
Easily finds Me O! Parth, by yogi’s constistently connected heart. ||14||

۸۰۱۴۔ اَننْیچیتاہ(اَنْنْی+چیتاہ) سَتَتَم یوْ (یَہ) مامْ سْمَرَتِ نِتْیَشَہ،
تَسْاہَمْ(تَسْی+اَہَم) سُلَبھہ پارْتھ نِتْیَ یُکْتَسْی (نِتْی + یُکْتَسْی) یوگِنَہ۔

۸۰۱۴۔ ہوش بغیر ڈگائے ، لگاتار جو مُجھے (خداکو) یاد کرتا ہے روزانہ،
اُس کو مَیں (خدا) آسانی سے مِل جاتا ہوں، یا! پارتھ، ہمیشہ جُڑے ہوئے یوگی کو۔

۸۰۱۴۔ پرتھاذادے! پوری بھکتی سے، جو ہر روز مجھے (خداکو) یادکرتا ہے۔
اس ہمیشہ کے دھیان یوگی کو، آسانی سے مل جاتا (خدا) ہوں میں۔

8.15 मामुपेत्य (माम् + उपेत्य) पुनर्जन्म (पुनः + जन्म) दुःखालयमशाश्वतम् (दुःख + आलयम् + अशाश्वतम्)
। नाप्नुवन्ति (न + आप्नुवन्ति) महात्मानः (महा + आत्मानः) संसिद्धिं (संसिद्धिम्) परमां (परमाम्) गताः।।

8.15 मुझे + पाकर, दोबारा + जन्म से, दुख + घर + सदा न रहने वाला, अर्थात शरीर।
नहीं + मिलता, महान + आत्माओ का, पूर्ण कौशल, सबसे ऊँचा लक्ष्य पाना है।।

8.15 मुझे पाकर फिर न जन्मते, इस दुःख घर मृत्यु देह में।
महात्मा लोग फिर कभी न लौटते, सिद्धि पा के मुझ में।।15।।

8.15 Maamupetya (Maam + upetya) punarjanm (punah + janma) duhkhaalaymashaashvatam. (duhkh + aalaym + ashaashvatam).

Naapnuvanti (Na + aapnuvanti) mahaatmaanah (mahaa + aatmaanah) sansiddhim paramaam gataah.

8.15 Having got/ acquired Me, the great souls, through rebirth, the house of pain, the temporary body. Do not + get, acquiring the highest state of perfection.

8.15 Finding Me rids rebirth in momentary body, the sad home.
The great souls never return, reaching My Highest abode. ||15||

۸۰۱۵۔ مامُپیتی (مام+اُپیتی) پُنر جنم (پُنہ+جنم) دُکھالیمشاشوتم (دُکھالیم +اَشاشوتم) ،
ناپنُ وَنتِ (نَ+آپنُ وَنتِ) مہاتمانہ (مہا+آتمانہ) سنسِدّھم پرَمام گتاہ۔

۸۰۱۵۔ مُجھے (خداکو)+ پاکے پھر + پیدا دُکھ گھر +ختم ہونے والے جسم کو ،
نہیں+حاصل کرتے ہیں عبدی+روح والے، قابلیت سب سے اونچی (خدائی) پاکے۔

۸۰۱۵۔ حاصل کرکے کمال سب سے اونچا، آجاتے میرے (خداکے) گھر جو۔
پیدا کرکے مَیں پھر نہ لوٹاتا، نہیں دیتا جسم اُنہیں ہمیشہ کا ہوتا ہے دُکھ گھر جو۔

8.16 आब्रह्मभुवनाल्लोकाः (आब्रह्म + भुवनात् + लोकाः) पुनरावर्तिनोऽर्जुन (पुनः + आवर्तिनः + अर्जुन)।
मामुपेत्य (माम् + उपेत्य) तु कौन्तेय पुनर्जन्म (पुनः + जन्म) न विद्यते।

8.16 ब्रह्म लोक तक, + विश्व के + सब संसारों से, फिर + लौट आते हैं, + हे! अर्जुन।
मुझ तक + पहुँच कर, लेकिन हे! कुन्ती पुत्र, दोबारा + जन्म नहीं होता।।

8.16 ब्रह्म लोक तक सारे लोक, फिर से लौटाते अुर्जन।
कुन्तीपुत्र! मुझे पाके फिर, जन्म नहीं पाते हैं सुन।।16।।

8.16 Aabrahmbhuvanaallokaah (Aa + Brahm + bhuvanaat + lokaah) punraavaritinoarjuna (punah + aavaritinah + Arjuna). Maamupetya (Maam + upetya) tu Kauntey punarjanma (punah + janma) na vidyate.

8.16 Upto the planet Brahm + universe's + all worlds, return + back, + O! Arjun. But having reached + Me, O! Kunti's son, rebirths never happen.

8.16 Arjun! upto Brahm each planet, returns people back.
But after reaching Me, none takes birth to be back. ||16||

۸۰۱۶۔ آ بْرَہْمھُوَ نالّلوکاہ (آ+بْرَہْم + بھُوَناث + لوکاہ) پُنْراوَرِتیوَارْجُنَ (پُنَہ+وَرِتِنَہ+ارْجُنَ)،
مامُپَیْتی (مام+اُپَیْتی) تُ کَونْتیے پُنَرْجَنْمَ (پُنَہ+جَنْمَ) نَ وِدْیتے۔

۱۸۰۱۶۔ کائِنات خلق تک سارے سنسار واپس کرنے والے یا! ارْجُنَ ہوتے ہیں،
مُجھے (خداکو) حاصل کرکے لیکن، یا! کُنْتی ذادے، پھر پیدائش نہیں ہوتی۔

۸۰۱۶۔ یا!ارجن سنسار خلّاق تک، سب سنسار واپس بھیج دیتے ہیں۔
کنتی ذادے! مگر مجھ خدا کے گھر، آ کے لوگ پھر نہیں لوٹتے ہیں۔

8.17 सहस्त्रयुगपर्यन्तमहर्यद् (सहस्त्र + युग + पर्यन्तम् + अहः + यत्)ब्रह्मणो (ब्रह्मणः) विदुः। रात्रिं (रात्रिम्) युगसहस्त्रान्तां (युग + सहस्त्र + अन्ताम्) तेऽहोरात्रविदो (ते + अहः + रात्र + विदः)जनाः।।

8.17 एक हजार + युगों + तक का + दिन, जिसे ब्रह्म लोक का समझो। रात हजार + युगों + की, वे + दिन + रात + जानने वाले + लोग हैं ।।

8.17 जानते हैं एक हजार युगों का, होता एक दिन ब्रह्म लोक में।
जानते हैं एक हजार युगों की, होती एक रात्रि भी ब्रह्म लोक में।।17।।

8.17 Sahastrayugapartyantamaharyad (Sahastra + yuga + partyantam + ahah + yat) Brahmno (Brahmnah) viduh. Raatrim yugasahastraantaam (yuga + sahastraantaam) teahoraatravido (te + ahah + raatra + vidah) janaah.

8.17 One thousand + eras + make + one day ,at Brahma's (world) they know. Night + of one thousand + eras + is made up, they understand about those day– night,ie the people know.

8.17 In Brahma's planet a day, consists of one thousand eras.
And night also as per calculation, is of one thousand eras. ||17||

۸۰۱۷۔ سہسترَ یُگپرَ ینتمہرَیدُ (سہسترَ + یگ + پرَینتم + اہہ + یتَ) برَہمنو (برَہمنہ) وِدُہ،
راترِم یُگسہستراِنتامْ (یگ + سہسترَ + انتام) تے اہوراترَ وِدوَ (تے + اہہ + راترَ + وِدَہ) جناہ۔

۸۰۱۷۔ ہزار+ یوگ (دور/جگ رن) گزرنے کے باد دِن+ جسکا جہان خلاق (ذریہ کائنات/ برحم) میں ہونا، جانا جاتا ہیں،
رات ہزار دور کے بعد، وہاں (جہان خلاق میں) دن رات جانتے ہیں لوگ ۔

۸۰۱۷۔ وقت کے عالم رات دن، ذریعہ کائنات کے گھر کے جانتے ہیں۔
وہاں ہزار یوگوں کی ایک رات، ہزار جگوں کے ہی دن ہوتے ہیں۔

8.18 अव्यक्ताद् (अव्यक्तात्) व्यक्त्यः सर्वाः प्रभवन्त्यहरागमे (प्रभवन्ति + अहः + आगमे)। रा. त्र्यागमे (रा.
त्र + आगमे)प्रलीयन्ते तत्रैवात्यक्तसंज्ञके (तत्र + एव + अव्यक्त + संज्ञके)।।

8.18 न दिखने वाले, दिखते हैं (प्रकट होते हैं), सारे जीव, दिन के + आने पर। रात + आने पर, घुल जाते हैं (नष्ट हो जाते हैं), तब + ही + अप्रकट + कहलाते हैं।।

8.18 दिन होते ही दिखने लगते, सारे जो अब तक थे लुप्त जीव।
रात होते ही फिर खो जाते, अप्रकट कहलाते तभी यह जीव।।18।।

8.18 Avyaktaad (Avyaktaat) vyaktayah sarvaah prabhavantyahraagame (prabhavanti + ahah + aagame). Raatryagame (Raatri + aagame) praleeyante tatraivaavyaktsangyake (tatra + aiva + avyakt + sangyake).

8.18 All disappeared appear + at day + break. At sun set they get ruined/ solublised, Therefore , + are typed as + invisible.

8.18 All unapparent beings start appearing, as Brahma's day starts.
And as the night approaches, their disappearance again starts. ||18||

۸۰۱۸۔ اَوَکتاد (اَوَکتات) وْیکتیہ سَرْواہ پْرَبھوَنتیہراگمے (پْرَبھوَنتِ + اہَہ + آگمے) ،
راترْیاگمے (راترِ + آگمے) پْرَلیئنتے تترْیواوَیکتسنگیکے (تترَ + ایوَ + اَوَیکت + سنگیکے) ۔

۸۰۱۸۔ چھپے ہوے دِکھنے لگتے ہیں سارے وجود پاتے ہیں دِن+ ہونے پر،
رات +آنے پر فانی ہو جاتے ہیں، اِسلیئے+ ہی+ پوشیدہ+ کہے جاتے ہیں۔

۸۰۱۸۔ سبھی کھوئے زندہ مخلوقات، یہاں دن کے وقت دکھ جاتے ہیں۔
اور رات میں پھر سے پوشیدہ، تحلیلی میں گُم ہو کھو جاتے ہیں۔

8.19 भूत + ग्रामः स (सः) एवायं (एव + अयम्) भूत्वा भूत्वा प्रलीयते। रात्र्यागमेअवशः (रात्रि + आगमे + अवशः) पार्थ प्रभवत्यहरागमे (प्रभवति + अः + आगमे)।।

8.19 जीव + समूह, वह + ही + ऐसे दिख दिख कर विलीन होते हैं। रात + आने पर + अपने आप हे! पार्थ, प्रकट होते हैं + दिन + आने पर।।

8.19 बार बार जन्म लेकर जीव, नष्ट होते रात में अपने आप।
पार्थ! प्रकट हो जाते जीव, दिन आने पर फिर अपने आप।।19।।

8.19 Bhootagraamah sa Aevaayam bhootvaa bhootvaa praleeyate.
Raatryaagameavashah (Raatri + aagame + avashah) Paartha prabhavatyaharaagame (prabhavati + ahah + aagame).

8.19 Living beings, the + same ones, thus disappear after being appeared again and again. When night + approaches, + helplessly, themselves O! Parth, reappear + at + break.

8.19 Hence all the living beings, appear when breaks the day.
Parth! during night passively, again disappeared are they. ||19||

۸۰۱۹۔ بھوت گرمہ (بھوت+گرمہ) س(سہ) ایوایم(ایو+ایم) بھوتوا بھوتوا پرلیتے،
راتریاگمےاوشہ(راترِ +آگمے+اوشہ) پارتھ پربھوتیہراگمے (پربھوتِ+اہہ +آگمے)۔

۸۰۱۹۔ مخلوقات+سارے وہ اِسی +طرح ہوہوکےختم ہوتے ہیں ،
رات+آنے پر+ مجبور (زبردستی غائب ہونے والے) ،یا! پارتھ، پیش ہوجاتے ہیں +دِن آنے پر۔

۸۰۱۹۔ پارتھ!بے شمارمخلوقات یہاں،باربار آتے جاتے رہتے ہیں۔
رات آنے پرحل ہوجاتے، دن میں پھرسے دکھ جاتے ہیں۔

8.20 परस्तस्मात्तु (परः + तस्मात् + तु)भावोऽन्योऽव्यक्तोऽव्यक्तात्सनातनः (भावः + अन्यः + अव्यक्तः + अव्यक्तात् + सनातनः)। यः स सर्वेषु भूतेषु नत्श्यत्सु न विनश्यति।।

8.20 सर्वोच्च + 'उनकी' + लेकिन, प्रकृति + दूसरी, अप्रकट / न दिखने वाली है, हमेशा वाली / सनातनी । वह जो सब प्राणियों के नष्ट होने पर भी, नष्ट नहीं होती।।

8.20 इन व्यक्त अव्यक्त के सिवा एक और, परम् शाश्वत है जो।
सारे जीवों के नष्ट होने पर भी, कभी न विनष्ट होता है वो।।20।।

8.20 Parastasmaattu (Parah + tasmaat + tu) bhaavoanyoavyaktoavyaktaatsanaatanah (bhaavah + anyah + avyaktah + avyaktaat + sanaatanah).

Yah sa sarveshu bhooteshu nashyatsu na vinashyati.

8.20 Of The Highest + His, + but, the other + nature is, + Eternally Invisible, amongst the disappearing ones. Who, even after the whole biota is collapsed, does not annihiliate.

8.20 Other than these appearing disappearing, there is another Eternal Being.
Which unlike this group of beings, never destroys with distructive beings. ||20||

۸۰۲۰۔ پَرَسْتَسْماتُ (پَرَہ+تَسْماتُ+تُ) بھاوؤا نیو اَو یکتو اَو یکتا تسنا تنہ (بھاوہ +ا نیہ+اَو یکتہ+اَو یکتاتْ +سَنا تنہ)،
یَہ س(سَہ) سَرْ ویشُ بھؤ تیشُ نَشْیَتْس نَ وِنَشْیَتِ۔

۸۰۲۰۔ سب سے عالی جس کی خاصیت ہے ایک اور موجودہ پوشیدہ سے اونچی ہمیشگی والی (عبدی)،
وہ جو سارے مخلوقات کے ختم ہونے پر بھی فانی نہیں ہوتی۔

۸۰۲۰۔ مگران کھونے دکھنے والوں پر، ایک اور قدرت ہمیشہ رہتی ہے۔
جو سارے مخلوقات کے ختم ہونے پر بھی، کبھی بھی نہیں ختم ہوتی ہے۔

8.21 अव्यक्तोऽक्षरः (अव्यक्तः + अक्षरः) इत्युक्तस्तमाहुः (इतिः + उक्तः + तम् + आहुः) परमां (परमाम्) गतिम्। यं (यम्)प्राप्य न निवर्तन्ते त)ाम (तत् + धाम) परमं (परमम्)मम।।

8.21 'अप्रकट' + 'अनश्वर', ऐसे + बुलाए, + 'वह' + पुकारे जाते हैं, 'सबसे ऊँचे लक्ष्य' । जिनको पा कर, नहीं लौटते हैं, वह घर सबसे ऊँचा, मेरा (भगवान का) है।।

8.21 अव्यक्त अविनाशी कहलाता 'वो' जो, सबसे ऊँची जिसमें गति।
जिसे प्राप्त कर न लौटाता कोई, मेरा धाम वो ऊँचा है अति।।21।।

8.21 Avyaktoakshara (Avyaktah + aksharah) ityuktastamaahuh (iti + uktah + tam + aahuh) paramaam gatim. Yam praapya na nivartante taddhaama (tat + dhaama) paramam mama (Mama).

8.21 Invisible + Indestructible, like this + He + is called, to be ' The Highest Goal'. Having reached Him, none returns, this abode is The Highest Mine (God's).

8.21 Unapparent and indestructible, He is called the Highest Goal.
No one comes back, having reached My this Eternal Goal. ||21||

۸۰۲۱۔ اَو یکتو اَکشَرَ (اَو یکتہ+اَکشَرَہ) اِتیکتستماہُہ (اِتِ+اُکتہ+تَم+آہُہ) پَرَمام گتِم،
یَم پْراپْی نَ نِوَرْتَنْتے تَدْ دھامَ (تَتْ+دھامَ) پَرَمَم مَمَ۔

۸۰۲۱۔ پوشیدہ+لازوال ایسا+کہا جاتا ہے+اُس سب سے اونچی منزل کو،
جسے پا کے نہیں لوٹتے وہ گھر میرا (خدا کا) ہے سب سے اونچا میرا۔

۸۰۲۱۔ ہے وہ پوشیدہ اور لا فانی، سبسے اونچی منزل کہتے ہیں جسے۔
جسے پاکے کوئی کبھی نہ لوٹتا، گھر مجھ خدا کا خدا جس میں بسے۔

8.22 पुरुषः स (सः) परः पार्थ भक्त्या लभ्यस्त्वनन्यया (लभ्यः + तु + अनन्यया)। यस्यान्तःस्थानि (यस्य + अन्त + स्थानि) भूतानि येन सर्वमिदं (सर्वम् + इदम्)ततम्।।

8.22 आत्मा वह सबसे उँचे (परमात्मा) हे! पार्थ, भक्ति से मिलते हैं, + लेकिन + अनन्य भक्ति से । जिनके + भीतरी + स्थान में प्राणी हैं, जिनसे सब कुछ + यहाँ, व्याप्त है।।

8.22 पार्थ! वह है परम पुरुष, अनन्य भक्ति से ही जो मिलता।
जिसके अन्दर हैं जीव सब, जिससे व्याप्त है जो दिखता।।22।।

8.22 Purushah sa (sah) parah Paartha bhaktyaa labhyastwananyayaa (labhyah + tu + ananyayaa). Yasyaantahsthani (Yasya + antah + sthani) bhootaani yena sarvamidam (sarvam + idam) tatam.

8.22 Soul That Highest (The Almighty) , O! Paarth, is gotten by devotion, gotten + but + by undiverted devotion. That (Almighty), Whose + internal + space carrys the beings within, by whom every thing here is established.

8.22 Parth! That Supreme Soul, is achieved by devotion uninterruptive.
Who is the ultimate goal, in Whose sustenance all the beings live. ||22||

۸۰۲۲۔ پُرُشہ س (سہ) پَرَہ پارتھ بھکتیا لبھیستونیا (لبھیہ + ت + اننیا)،
یسیانتہستھانِ (یسی + انتہ + ستھانِ) بھوتانِ ئین سَروَمِدَم (سَروَم + اِدَم) تتم۔

۸۰۲۲۔ روح وہ سبسے اونچی یا! پارتھ، عقیدت سے حاصل ہوتی ہے الٰہی،
جس کی اندرونی + جگہ میں مخلوق رہتے ہیں جس سے سب کچھ + یہان قایم ہے۔

۸۰۲۲۔ پارتھ! سبسے اونچی ہے روح جو، خاص عقیدت سے ہی ملتی ہے۔
سارے جہاں رہتے جسکے اندر، دنیا جس سے ہر جہاں کی کھلتی ہے۔

8.23 यत्र काले त्वन्वृत्तिमावृत्तिं (तु + अनावृत्तिम् + आवृत्तिम्) चैव (च + एव) योगिनः। प्रयाताः यान्ति तं (तम्) कालं (कालम्) वक्ष्यामि भरतर्षभ (भरत + ऋषभ)।।

8.23 जिस समय में, लेकिन + न लौटना + और लौटना भी होता है, योगियों का। शरीर छोड़ के जाने पर, वह समय बताउँगा, हे! भरत श्रेष्ठ।।

8.23 समय वो जिसमें जा के, लौटते या नहीं लौटते योगी।
भरत श्रेष्ठ! बताऊँगा पथ जिन से, मरके जाते योगी।।23।।

8.23 Yatra Kaale tvanaavrittimaavrittim (tu + anaavrittim + aavrittim) chaiva (cha + eva) yoginah.

Prayaataa yaanti tam kaalam vakshyaami Bharatarishabha (Bharata + rishabha).

8.23 In which time but + do not come back + and also come back, the yogis. While leaving after death, that time, I shall tell you, O! best Bharat.

8.23 Good Bharat! yogis use two time paths, to return or not to return.
Following one of which the yogi, after death may or may not return. ||23||

۸۰۲۳۔ یتر کالے توناوریتماوریتم (تُ+اَناوریتم+آوریتم) چیو(چ+ایو) یوگنہ،
پریاتا(پریاتاہ) یانتِ تم کالم وکشیامِ بھرترشبھ(بھرت+رشبھ)۔

۸۰۲۳۔جس سے لیکن + نہیں لوٹتے +اور لوٹتے بھی ہیں یوگی،
دیہ چھوڑ کر جانے پر جو پاتے ہیں اُس وقت وہ کہوں گا یا! بہترین بھرت۔

۸۰۲۳۔ بہتر بھرت! بتاؤنگا اب، وہ دو وقت جسمیں مرنے پر۔
پھر سے پیدا ہوکے یوگی، لوٹتے نہ لوٹتے ہیں چلنے پر۔

8.24 अग्निर्ज्योतिरहः (अग्निः + ज्योतिः + अहः) शुक्लः षण्मासा (षट् + मासाः) उत्तरायणम् (उत्तर + अयणम)। तत्र प्रयाता गच्छन्ति ब्रह्म ब्रह्मविदो (ब्रह्म + विदः)जनाः।।

8.24 आग + प्रकाश + के दिन के, शुक्ल पक्ष में छः + महीने सूर्य के उत्तर + आने पर।
उस पर (शरीर छोड. कर) जाने वाले, जाते हैं ब्रह्म तक, ब्रह्म + ज्ञानी लोग।।

8.24 अग्नि प्रकाशित शुक्ल पक्ष, छः मास के उत्तरायण दिन में।
उसमें मरने वाले है जाते, ब्रह्म ज्ञानी हो के ब्रह्म लोक में।।24।।

8.24 Agnirjyotirahah (Agnih + jyotih + ahah) shuklah shanmaasaa (shat + maasaah) uttaraayanam.

Tatra prayaataa gachchhanti Brahm Brahmvido (Brahmvidah) janaah.

8.24 On fire + and light + day of the lighted lunar fortnight, during six + monthly winter solstice, when the sun / comes + towards North. At that time go to Brahm the people who know Brahm.

8.24 Fiery illuminated bright path, of six months' northern solstice period of time.
When the yogis die say the wise, the path reaches them to Brahm at this time. ||24||

۸۰۲۴۔ اَگنِرجیوترِ ہہ (اَگنِہ+جیوتِہ+اَہہ) شُکلَہ شَنماسا (شَٹ +ماسا) اُتّرا یَنَم (اُتّر+ا یَنَم)،
تتر پرَیاتا(پرَیاتاہ) گچّھنتِ برَہم برَہمودو (برَہمودَہ) جناہ۔

۸۰۲۴۔ آگ+روشنی +دِن کے اُجلے چھہ+ مہینوں کے شُمالی نصف (کےزمانہ میں)،
وہاں جانےوالے خلّاق تک جاتےہیں عالم خلّاق لوگ (ہوتے) ہیں۔

۸۰۲۴۔ دن میں آگ کےروشن، اجلے پکھواڑے میں چھہ مہینے۔
جب سورج شمال میں تحریک ہوتاہے، خدائی عالم جاتے مرکے۔

8.25 धूमो (धूमः) रात्रिस्तथा (रात्रिः + तथा) कृष्णः षण्मासा (षट् + मासाः) दक्षिणायनम् (दक्षिण + आयनम्) । तत्र चान्द्रमसं (चान्द्रमसम्) ज्योतिर्योगी (ज्योतिः + योगी) प्राप्य निवर्तते।।

8.25 धुआं रात + और कृष्ण पक्ष में, छः + महीने, सूर्य के दक्षिण + आने पर। वहॉ चन्द्रमा की ज्योति, + योगी, पाकर लौट आते हैं।।

8.25 धुएं रात कृष्ण पक्ष के, छः मासी दक्षिणायन में।
योगी जाते मर के, चन्द्र लोक से वापस आने।।25।।

8.25 Dhoomo (Dhoomah) Raatristathaa (Raatrih + tathaa) krishnah shanmaasa (shat + maasa) dakshinaayanam.

Tatra Chaandra + masam jyotiryogi (jyotih + yogi) praapya nivartate.

8.25 In smoke night + and dark lunar fortnight, while six + monthly stay of sun towards the south (summer solstice). Then having reached the moon light, + yogis get back.

8.25 Smoky dark night time path, of summer solstice for six months.
The yogis after death in this time, take path to moon and return. ||25||

۸۰۲۵۔ دھومو(دھومہ) راترِشت تھا(راترِہ +تت تھا) کرِشنہ شنماسا(شٹ+ماساہ) دکشِنا یَنَم(دکشِن+آیَنَم)،
تتر چاندرمَسَم (چاندر+مَسَم) جیوترِیوگی(جیوتِہ+یوگی) پراپی نِورتتے۔

۸۰۲۵۔ دھویں+رات+ اور اندھیرے پکھواڑے کےچھہ +مہینوں کے وقت جنوبی+نصف کرہ،
وہاں چاندکی روشنی کو پا کے یوگی واپس آجاتے ہیں۔

۸۰۲۵۔ دھوئیں رات اندھیرے پکھواڑے میں ، مرکے جاتے چھہ مہینے یوگی۔
جب سورج جنوب میں تحریک ہوتا، چاندکی روشنی پاکےلوٹ آتے ہیں ہوگی۔

8.26 शुक्ल + कृष्णे गती ह्येते (हि + एते) जगतः शाश्वते मते। एकया यात्यनावृत्तिमन्ययावर्तते (याति + अनावृत्तिम् + अन्यया + आवर्तते)पुनः।।

8.26 उजाले + अंधेरे रास्तों में जाना, यही + इस संसार में हमेशा हैं, मेरे विचार से।
एक से जाने पर + नहीं लौटते, + दूसरे से + वापस आते हैं, दोबारा।।

8.26 होते जग छोड़ के जाने हेतु, दिन और रात दो शाश्वत रास्ते।
दिन का जा के न आने हेतु, और अंधकार का लौटने वास्ते।।26।।

8.26 Shukla + krishane gati hyete (hi + ete) jagatah Shashvate mate.
Ekayaa Yaatyanaavrittimanyayaavartate (Yaati + anaavrittim + anyayaa + aavartate) punah.

8.26 Leaving through the lighted + and dark paths, this + is the eternal, in My opinion. Through one happens + no return, and + through the other, + happens coming back again.

8.26 Hence there are two paths, the illuminated and the dark.
From the lighted none returns, but returns from the dark. ||26||

۸۰۲۶۔ شُکل کرِشنے گتی ہیتے (ہِ+ایتے) جگتہ شاشوَتے مَتے،
ایکیا یاتیناوِرتّمنیاورتتے (یاتِ+اَناوِرتّم+انیّیا+آورتتے) پنہ۔

۸۰۲۶۔ روشن اندھرے رستے دوہی دنیا میں ہمیشہ ہیں میرے (خداکے) خیال سے،
ایک سے جاتے ہیں، نالوٹنے کے لئے اور دوسرے سے واپس آجاتے ہیں پھر سے۔

۸۰۲۶۔ سنسار کے روشن۔اندھیرے ازلی، دوراستوں سے مرکے جاتے لوگ۔
روشن سے جاکے نہیں لوٹتے ہیں ، اندھیرے سے جاکے لوٹ آتے لوگ۔

8.27 नैते (न + एते) सृती पार्थ जानन्योगी (जानन् + योगी) मुह्यति कश्चन। तस्मात्सर्वेषु (तस्मात् + सर्वेषु) कालेषु योगयुक्तो (योग + युक्तः) भवार्जुन (भव + अर्जुन)।।

8.27 नहीं + इन रास्तों को, हे! पार्थ जान कर + योगी, मोह में पड़ते हैं, किसी भी।
इसलिये + सारे समय योग से + जुड़े रहो, हे! अर्जुन।।

8.27 पार्थ! यह दो अलग अलग रास्ते, जान के भी योगी न भटकते।
इसीलिये रहो योग के रास्ते, अर्जुन! हर समय जुड़ मुझे भजते।।27।।

8.27 Naite (Na + ete) sritee Paartha jaananyogi (jaanan + yogi) muhyati kashchan.
Tasmaatsarveshu (Tasmaat + sarveshu) kaaleshu yogyukto (yog + yuktah) bhavaarjuna (bhava + Arjuna).

8.27 Not + by these paths, do the yogis + having known, get confused any which way. Hence + all the time, yog + connected be, + O! Arjun.

8.27 Parth! despite knowing these paths, yogis are never deluded.
Therefore Arjun! be yogi, and all the time be God connected. ||27||

۸۰۲۷۔ نیتے (نَ+اِیتے) سْرِتی پارتھ جانَنْیوگی (جانَن+ یوگی) مُہیت کَشچَن،
تَسماتْسَرْ ویشُ (تَسمات+سَرْ ویشُ) کالیشُ یوگیُکتو (یوگ+یُکتہ) بھَوارْجُن (بھَوَ+ارْجُن)۔

۸۰۲۷۔ نہیں+اِن راہوں کو یا!پارتھ، جان کے +یوگی کسی شک میں پڑتا ہے،
اس لیئے سب سے یوگ سے +جُڑے رہو +یا!ارجُن۔

۸۰۲۷۔ پارتھ!دونوں راستے جان تے یوگی،پھربھی کسی سے تعلق نہ رکھتے۔
یا! ارجن اسلئے بنو تم یوگی ، ہروقت یوگ سے رہوتُم جڑ کے۔

8.28 वेदेषु यज्ञेषु तपःसु चैव (च + एव) दानेषु यत्पुण्यफलं (यत् + पुण्य + फलम्)प्रदिष्टम्।
अत्येति (अति + इति) तत्सर्वमिदं (तत् + सर्वम् + इदम्) विदित्वा योगी परं (परम्) स्थानमुपैति (स्थानम् + उपैति) चाद्यम् (च + आद्यम्)।।

8.28 वेदों, यज्ञों, तप और दान में, जो + पुण्य + फल + देने वाले हैं (भगवान)।
सबके ऊपर उनको (भगवान को), उन्हें + सब कुछ + यहाँ, जान कर, योगी सबसे + ऊँचा + स्थान पाते हैं, और + प्रथम ।।

8.28 वेद यज्ञ तप और दान, करने से पुण्य फल मिलते हैं।
योगी इनको जानके, इनके पार परम धाम चलते हैं।।28।।

8.28 Vedeshu yagyeshu tapahsu chaiva (cha + eva) daaneshu yatpunyaphalam (yat + punya + phalam) pradhishtam. Atyeti tatsarvamidam (tat + sarvam + idam) viditvaa yogi param sthaanam upaiti (sthaanam + upaiti) chaadyam (cha + aadyam).

8.28 Through Veds, offering rituals, penance and + also donation, The One Who is The Provider + of the sacred + fruits. Knowing Him above all and Every Thing here, yogis acquire + the highest and the + first place.

8.28 Ved scriptures offering rituals, penance and alms giving sacred deeds.
Yogis gain the Supreme abode ,acquiring par excellence in all these. ||28||

۸۰۲۸۔ ویدیشُ یگییشُ تپہ سُ چیوَ (چ+ایوَ) دانیشُ یتپُنی پھلَم (یَت+پُنیہ+ پھلَم) پْرَدِشْٹَم،
اَتییتِ تتْسَرْوَمِدَمْ (تَت+سَرْوَمْ+ اِدَمْ) وِدِتْوا یوگی پَرَمْ ستھانَمُپیتِ (ستھانَمْ+اُپیتِ) چاذیَمْ (چ+آذیَمْ)۔

۸۰۲۸۔ ویدوں (صحیفہ) سے، یگّیَ (رسم قربانی) سے، تَپ (عبادت برداشتگی) اور دان جن کا پھل ثواب بتاتے ہیں،
خب اِن سب کو یہاں جان کے یوگی سب سے اونچا درجہ حاصل کرتے ہیں ، اور+ پہلا۔

۸۰۲۸۔ صحیفہ رسم قربانی تپ اور دان کے کام، جو دیتے ہیں ثواب کے پھل۔
ان سب کی اچھی کارکردگی کا مظاہرہ کر، یوگی پاتے درجہ اول۔

अध्याय-9 : राज विद्या राज गुह्य योग

CHAPTER – 9 : Raj Vidya Raj Guhy Yogah

باب۔(۹) راجؔ وِدّیا راجؔ گُہیہ یوگہ

- ईश्वर ने अध्यात्म ज्ञान को सर्वोच्च ज्ञान, तथा उस की प्राप्ति को गूढ़ तम रहस्य ज्ञान बताया है।
- उसने स्वयं को योगेश्वर बताया है।
- और अपनी ऐश्वर्य शक्तियां गिनाई हैं। वे कल्पारम्भ में अपनी माया प्रकृति से जीव रचना करते हैं। परन्तु अपनी रचना क्रिया से नहीं बँधते अर्थात् 'मैंने जीव रचना की' इस रचना के कर्त्तापन से वे मुक्त रहते हैं।

- God has described the knowledge of self to be supreme. And the knowledge of attaining it to be the most secret one.
- He has declared Himself to be the Lord of Yog. And has disclosed His Innumerable Glories.
- He says that He Creates beings by His Natural Energy, called MAYA, in the beginning of Kalp (series of four era) and remains Free from the act of His Creation.

۱۔ لارڈ شری کرشن نے خد کے علم کو اوّل درجہ کا بتایا ہے۔اور اس علم کو پانے کے علم کو اوّل درجہ کا رازبتایا ہے۔ -

۲۔ انہوں نے اپنے آپ کو یوگ کا ایشوَر (آقا) بتایا ہے۔اور اپنی بے شمار عظمتیں ظاہر کی ہیں۔

۳۔ وہ کہتے ہیں کہ، وہ اپنی تین خصوصیات بھری قدرتی توانائی، (مایا) سے کلپ کے شروع ہوتے ہی جان بھری مخلوقات والی کائنات بنا (تخلیق کر) دیتے ہیں۔پر بنانے کے اپنے اس کام سے آزاد رہتے ہیں۔یعنی مَیں نے ان مخلوقات کو بنایا ہے، ایسا سوچ کے بنانے کے کام کی کوئی خدی نہیں رکھتے ہیں۔

अध्याय-9 Chapter – 9

باب۔(۹)

श्रीभगवानुवाच Shree Bhagavaan Uvaacha **श्री भगवान बोले** Lord shri said

شری بھگوانُواچ خدا بولے

9.1 इदं (इदम्) तु ते गुह्यतमं (गुह्यतमम्)प्रवक्ष्याम्यनसूयवे (प्रवक्ष्यामि + अनसूयवे)।
ज्ञानं (ज्ञानम्) विज्ञानसहितं (विज्ञानसहितम्) यज्ज्ञात्वा (यत् + ज्ञात्वा) मोक्ष्यसेऽशुभात् (मोक्ष्यसे + अशुभात्)।।

9.1 यहां लेकिन तुमसे, सबसे गहरा रहस्य कह रहा हूँ, + ईर्ष्या न करने वाले से।
ज्ञान विज्ञान युक्त, जिसे + जानकर, छुट जाएंगे,+ सारे कष्ट ।।

9.1 लेकिन तुमको दूँगा सबसे, गहरा ज्ञान ईर्ष्या न करने से।
विज्ञान सहित जान के जिससे, मुक्त होगे कष्ट झेलने से।।1।।

9.1 Idam tu te guhyatamam pravakshyaamyanasooyave (pravakshyaami + anasooyave). Gyaanam vigyaana sahitam yajgyaatwaa mokshyaseashubhaat (mokshyase + ashubhaat).

9.1 Here but , the deepest mystery, I shall tell you, + the one who is not jealous. Scientific knowledge, knowing which one gets freedom from + all pains.

9.1 As you don't envy, I shall give you the most secretive mystery.
Having taken this scientific knowledge, pain free you will be. ||1||

۹۰۱۔ اِدَم تُ تے گُہیَتَمَم پْرَوَکْشیامْیَنَسُوئیَوے (پْرَوَکْشیام+اَنُسُوئیَوے)،
گیانَم وِگیانَسَہِتَم (وِگیان+سَہِتَم) یَجْگیاتْوا (یَت+گیاتْوا) موکْشْیَسےاَشُبھات (موکْشْیَسے + اَشُبھات)۔

۹۰۱۔ یہاں لیکن تمہیں سبسے گہرا راز بتاونگا کیوں کہ تم حاسد نہیں ہو،
علم علم سائنس کے ساتھ جسے جان کے برائی سے چھوٹ جاؤ گے۔

۹۰۱۔ جلتے نہیں ہو تبھی تمہیں، بتاؤں گا سبسے گہرا وہ راز۔
خود کو پانے کا جسے سن، ہر تکلیف سے چھٹو گے آج۔

9.2 राजविद्या (राज + विद्या) राजगुह्यं (राज + गुह्यम्) पवित्रमिदमुत्तमम् (पवित्रम् + इदम् + उत्तमम्) । प्रत्यक्षावगमं (प्रत्यक्ष + अवगमम्)धर्म्यं (धर्म्यम्) सुसुखं (सुसुखम्) कर्तुमव्ययम् (कर्तुम् + अव्ययम्)।।

9.2 विद्याओं का + राजा (सबसे ऊँची विद्या), गहरे रहस्य का + राजा (सबसे गहरा रहस्य), पवित्र है, + यह + दिव्य है।
प्रत्यक्ष अनुभव से + समझा गया इसे, धर्ममय, अति सुखकारी है, और करने में + विनाश/नुकसान विहीन (कुछ खर्च नहीं होता)।।

9.2 सबसे ऊँचा सबसे गुप्त, सबसे शु) सर्वोत्तम है यह ज्ञान।
समझा गया करके स्वयं इसे, धर्म सुख का हानि हीन ज्ञान।।2।।

9.2 Raajavidyaa (Raaja + vidyaa) raajaguhyam (raaja + guhyam) pavitramidamuttamam (pavitram + idam + uttamam). Pratyakshyaavagamam (Pratyakshya + avagamam) dharmyam susukham (su + sukham) kartumavyayam (kartum + avyayam).

9.2 The king + of all knowledge, king of + deep mysteries, this sacred and divine. By practical experience + it is + understood, religious, very + pleasant, in doing, + without expediture (nothing is spent)

9.2 The King of knowledge the deepest mystery, the purest the best it is.
Understood by self experience, religious, joyful and harmless which is. ||2||

۹۰۲۔ راجوِدیا راجگُہیم پوِترمِدمُتّمم (پوِترم+اِدم+اُتّمم)،
پرتیکشاوگمم (پرتیکش+اوگمم) دھرمیم سُسُکھم کرتُموّیَیم (کرتُم+اوّیَیم)۔

۹۰۲۔ راجاعلم ، گہرا راز علم ، خلوص یہ عبدی ،
خود کے طزربے سے سمجھا گیا، مذہب اچھے سکھ کا کرنے میں لافانی۔

۹۰۲۔ سبسے اونچا ہے سبسے گہرا، پاک یہ بہطرین راجا یہ علم۔
تجربہ خود کرو دیگا ہمیشہ کا، مذہبی عمدہ سکھ یہ علم۔

9.3 अश्र)ानाः पुरुषा धर्मस्यास्य (धर्मस्य + अस्य) परन्तप। अप्राप्य मां (माम्) निवर्त्तन्ते मृत्युसंसारवर्त्तमनि (मृत्युः + संसार + वर्त्तमनि)।।

9.3 श्र)ा न रखने वाले लोग, धर्म में + इस, (गहरी रज विद्या के) हे! परन्तप। मुझे न पाकर, वापस आते हैं, मृत्यु + संसार के + पथ में।।

9.3 परन्तप! ऐसे लोग जो, धर्म में इस श्र)ा नहीं रखते।
नहीं पाते वो मुझको, मृत्यु जगत में आ फिर खपते।।3।।

9.3 Ashraddhaanaah purushaa dharmasyaasya (dharmasya + asya) Parantapa.
Apraapya maam (Maam) nivartante mrityusansaaravartmani (mrityuh + sansaara + vartmani).

9.3 Without faith, the people in this + religion,(of most secretive ace knowledge) O! Parantap. Not reaching Me, + come back to + the path of the world of death.

9.3 Parantap! those persons who have, no faith in this religion.
Without reaching me, come back to earth the death region. ||3||

۹۰۳۔ اشرِ دّھاناہ پُرُشا دھرمَسیاسی (دھرمَسی+اَسی) پرَنتپ،
اَپراپی مام نِوَرتنتے مرِتیسَنسار روَرتمنِ (مرِتی+سنسار+وَرتمنِ)۔

۹۰۳۔ بے ایمان لوگ اِس مذہب کی طرف ،یا! پرَنتپ،
ناپاکے مُجھے (خدا کو)، واپس لوٹتے ہیں، موت کی اِس دنیا میں۔

۹۰۳۔ اس مذہب میں جو ایمان نہیں رکھتے، یا! پرنتپ خدا کو نہیں پاتے ہیں۔
مجھے (خدا کو) ناپاکے پھر پیدا ہوتے، جہان موت میں لوٹ آتے ہیں۔

9.4 मया ततमिदं (ततम् + इदम्) सर्वं जगदव्यक्तमूर्त्तिना (जगत् + अव्यक्त + मूर्त्तिना) । मत्स्थानि (मत् + स्थानि) सर्व + भूतानि न चाहं (च + अहम्) तेष्ववस्थितः (तेषु + अवस्थितः) ।।

9.4 मेरे द्वारा, व्याप्त है, + यह सारा जगत, + मेरे अप्रकट (दिखाई न देने वाले) निर्गुण + स्वरूप से।
मुझ + में (मेरी + जगह)ए रहते हैं + सारे जीव, और + मैं, उनमें + नहीं रहता हूँ ।।

9.4 मेरे अव्यय रूप से निकल कर, यह सारा संसार है दिखता।
मुझमें रहते जीव सकल पर, मैं इनके अन्दर नहीं रहता।।4।।

9.4 Mayaa taatamidam (taatam + idam) sarvam jagadavyaktmoortinaa (jagat + avyakt + moortinaa). Matsthaani (Mat + sthaani) sarvabhootaani (sarva + bhootaani) na chaaham (cha + aham) teshvavasthitah (teshu + avasthitah).

9.4 By Me, is expanded + here this whole world + from My Unseen + Form. Within + Me (in My + place) reside all + the beings, and I in them + do not live.

9.4 The whole universe existing here,is My unseen Form's creation.
Within Me live all the beings,I am their abode but I live in none. ||4||

۹۰۴۔ مَیا تتمِدَم (تتم+اِدَم) سَروَم جگدَوِیکتموُرتینا (جگَت+ اوِیکت+موُرتینا)،
مَتستھانِ (مَت+ستھانِ) سَروَبھوُتانِ (سَروَ+بھوُتانِ) نَ چاہَم (چ+اہَم) تیشوَوَستھِتہَ (تیشُ +اَوَستھِتہَ)۔

۹۰۴۔ مُجھ (خلّاق) سے پھیلی ہیں + یہاں ساری دنیا+ (مُجھ خدا کے) پوشیدہ + روپ سے،
میری جگہ (خدا میں) سارے مخلوقات ہیں نہیں+ ہوں مَیں (خدا) اُن میں + رہتا۔

۹۰۴۔ مجھ خدا کے پوشیدہ روپ سے، ساری کائنات بھری ہوئی ہے۔
سب مخلوقات میرے (خدا کے) اندر ہیں، لیکن خدا اُن میں نہیں ہے۔

9.5 न च मत् + स्थानि भूतानि पश्य मे योगमैश्वरम् (योगम् + ऐश्वरम) । भूतभृन्न (भूत + भृत् + न) च भूतस्थो (भूत + स्थः) ममात्मा (मम + आत्मा) भूतभावनः (भूत + भावनः) ।।

9.5 नहीं हैं तथा मेरा + स्थान जीवों में, देखो मेरा योग ऐश्वर्य (ईश्वर वाला)। जीवों की + पालक और जीवों में रहने वाली, मेरी आत्मा (अपनी प्रकृति) से जीवों की + अभिव्यक्ति होती है।।

9.5 देखा मेरे योग का बल, मुझसे है सृष्टि मैं फिर भी अलग।
मुझमें रहती सृष्टि सकल, पालक आत्मा हूँ पर हूँ अलग।।5।।

9.5 Na cha matsthaani (Mat + sthaani) bhootaani pashya me (Me) yogamaishravaram (yogam + aishravaram). Bhootabhrinna (Bhoota + bhrit + na) cha bhootastho (bhoota + sthah) mamaatmaa (Mama + aatmaa) bhootabhaawanah (bhoota + bhaawanah).

9.5 And no where is My + place, amongst the beings. See My Glory (Lord ship) + of Yog. The beings' + nurturer, My + Soul, living within the beings, is beings' + expression.

9.5 Being In Me none is clung, see My divine yog power.
I Am the nurturer and source, but AM apart all over. ||5||

۹۰۵۔ نَ چ مَتستھانِ (مَت+ستھانِ) بھوتانِ پشیہ مے یوگمیشورَم (یوگم+ایشورَم)،
بھوتبھرِنَ (بھوت+بھرِت+نَ) چ بھوتستھوَ (بھوت+ستھہ) مماتما (مَم+آتما) بھوتبھاوَنہ (بھوت+بھاوَنہ)۔

۹۰۵۔ اور مجھ (خدا) میں ن+بسنے پر مخلوقات کے، دیکھو میرا (خدا کا) یوگ+ صالح/ دین دار/متقی،
پرورش کرتا ہوں، اور جگہ (گھر) ہوں مخلوقات کا میری (خدا کی)+روح ہے ذریعہ اظہار + مخلوق۔

۹۰۵۔ مجھ خدا کی عظمت یوگ دیکھو، ہوں میں ذریعہ کائنات۔
روح الگ رکھتا ہوں اپنی میں، پال کے بھی ساری کائنات۔

9.6 यथाकाशस्थितो (यथा + अकाश + स्थितः) नित्यं (नित्यम्) वायुः सर्वत्रगो (सर्वत्र + गः) महान। तथा सर्वाणि भूतानि मत्स्थानीत्युपधारय (मत् + स्थानि + इति + उपधारय) ।।

9.6 जैसे + आकाश में + बसी हवा, हर जगह + बहती महान है।
वैसे ही सारे जीव मेरे + स्थान में + इसी प्रकार + बसे हुए समझो।।

9.6 जैसे सब ओर बहती हवा, फिर भी रहती अन्दर नभ के।
वैसे ही समझो सारे जीव, हर दम रहते अन्दर प्रभु के।।6।।

9.6 Yathaakaashasthito (Yathaa + aakaasha + sthitah) nityam vaayuh sarvatrago (sarvatragah) mahaana.

Tathaa sarvaani bhootaani matsthaaneetyupadhaaraaya (Mat + sthaani + iti + upadhaaraya).

9.6 As + in the sky, + exists air ever, flowing in all directions, is great. Understand like that, + all the beings + in My + place + to be living.

9.6 As being in sky air blows freely, everywhere continuously.
In the same way all the beings, dwell in Me continuously. ||6||

۹۰۶۔ یتھا کاشستھِتو (یتھا+آکاش+ستھِتہ) نِتیَم وایُہ سَروَترگو (سَروَتر+گہ) مَہان،
تتھا سَروانِ بھوتانِ مَتستھانیتیُپدھارَی (مَت+ستھانِ+اِتِ+اُپدھارَی)۔

۹۰۶۔ جیسے آسمان میں رہتے ہوئے ہمیشہ ہوا سب طرف بہتی زبردست ہے،
ویسے ہی سارے مخلوق میرے (خداکے) + اندر (جگہ/گھر) رہتے ہیں+ ایسے+ سمجھو۔

۹۰۶۔ جیسے تیز ہوا گھومتی رہتی، آسمان میں رہ کر سب طرف ۔
سب مخلوقات بھی گھومتے رہتے، مجھ خداکے اندر اُسی طرح ۔

9.7 सर्वभूतानि (सर्व + भूतानि) कौन्तेय प्रकृतिं (प्रकृतिम्) यान्ति मामिकाम्। कल्प + क्षये पुनस्तानि (पुनः + तानि) कल्पादौ (कल्प + आदौ) विसृजाम्यहम् (विसृजामि + अहम्) ।।

9.7 सारे + जीव, हे! कुन्तीपुत्र, प्रकृति पाते हैं + मेरी ही।
कल्प का + अन्त होने पर, फिर से + उन्हें, कल्प के प्रारम्भ में, सृजित करता हूँ + मैं।।

9.7 कुन्तीपुत्र! कल्प के अन्त में, सब जब मुझ में छुप जाते।
कल्प के आरम्भ होते ही वे, मुझसे रच के फिर से आते।।7।।

9.7 Sarva + bhootani Kauntey prakritim yaanti maamikaam. Kalpakshaye (Kalpa + kshaye) punastaani (punah + taani) kalpaadau (kalpa + adau) visrijaamyaham (visrijaami + Aham).

9.7 All + the beings O! Kunti's son, come to My nature. At the end of four eras (ie. one kalp) , At the beginning of kalp (break of next four eras), create them + I.

9.7 All the beings at the end of kalp, come into My nature.
In the dawn of next 'Kalp', I recreate all these creatures. ||7||

۹۰۷۔ سَروَ بھوتانِ (سَروَ+بھوتانِ) کونتیَ پرکرِتم یانتِ مامِکام،
کلپکشیے (کلپ+کشیے) پنستانِ (پنہ+تانِ) کلپادو (کلپ+آدو) وِسرِجامیہم (وِسرِجامِ+اہم)۔

۹۰۷۔ سارے +مخلوقات یا! کُنتی زادے، قدرت پاتے ہیں میری (خدا کی) ہی،
کلپ کے خاتمے پر، میں پھر سے اُنکو کلپ کے شروع ہوتے ہی بنادیتا ہوں۔

۹۰۷۔ کلپ ختم ہوتے ہی یا! کنتی زادے، مخلوقات میری قدرت میں آتے۔
آغاز کلپ ہوتے ہی، میَں (خدا) بنا دیتا اُن کو وہ پھر سے آجاتے۔

9.8 प्रकृतिं (प्रकृतिम्)स्वामवष्टभ्य (स्वाम् + अवष्टभ्य) विसृजामि पुनः पुनः। भूतग्राममिमं (भूतग्राम् + इमम्) कृत्स्नमवशं (कृत्स्नम् + अवशम्) प्रकृतेर्वशात् (प्रकृतेः + वशात्) ।।

9.8 प्रकृति उनमें अपनी + आविष्ट करके, रचता हूँ उन्हें बार बार।
सारे जीव + यह, पूरी तरह अवश, मेरी प्रकृति + के वश में हैं।।

9.8 बार बार अपनी प्रकृति में लाकर, इन्हें फिर से रच देता।
मेरी प्रकृति के वश में आकर, ब्रह्माण्ड स्वतः जाता आता।।8।।

9.8 Prakritim swaamavashtabhya (swaam + avashtabhya) visrijaami punah punah. Bhootagraamamimam (Bhootagraamam + imam) kritsnamavasham (kritsnam + avasham) prakritervashaat (prakriteh + vashaat).

9.8 In My nature + having taken them within, I create them again and again. All these beings are completely + helpless, under control + of My nature.

9.8 Taking them within My own nature, I create the beings again and again,
All these beings are completely, in My control and will always remain. ||8||

۹۰۸۔ پْرَکْرِتم شْوامَوَشْٹَبھْی (شْوامْ+اَوَشْٹَبھْی) وِسْرِجامِ پُنَہ پُنَہ،
بھوُتَ گْرامَمِمَمْ (بھوُتَ+گْرامَمْ +اِمَمْ) کْرِتْسْنَمَوَشَمْ (کْرِتْسْنَمْ+اَوَشَمْ) پْرَکْرِتیرْوَشات (پْرَکْرِتیہ+وَشات) ۔

۹۰۸۔ قدرت میں اپنی لا کے بناتا ہوں بار بار،
زندہ+لوگوں کو+اِن ، پوری طرح اپنی فترت سے ۔

۹۰۸۔ اپنی قدرت سے اُن کو میَں، بار بار بناتا رہتا ہوں۔
قدرت کے بل پر مٹا مٹا کے، اپنے قابو میں رکھتا ہوں۔

9.9 न च मां (माम्) तानि कर्माणि निबध्नन्ति धनन्जय। उदासीनवदासीनमसक्तं (उदासीन + वत् + आसीनम् + असक्तम्) तेषु कर्मसु।।

9.9 और मुझे वह काम नहीं बॉध पाते हैं, हे! धनन्जय।
उदासीन + जैसा + बिना बॅधे रहता हूँ उन कामों से।।

9.9 धनंजय! इन सारे कामों से, पर मैं कभी नहीं बँधता।
तटस्थ रहते हुए इनसे, बिना आसक्त हुए करता।।9।।

9.9 Na cha maam taani karmaani nibadhnanti Dhananjay.
Udaseen avadaaseenamasaktam (Udaseen + avadaaseenam + asaktam) teshu karmasu.

9.9 And all those works can not bind Me, O! Dhananjay. Like neutral, + unbound + by those tasks, (I live).

9.9 Dhananjay! none of My acts, bind Me ever.
I do all creations, remaining neutral forever. ||9||

۹۰۹۔ نَ چ مامْ تانِ کَرْمانِ نِبَدھنَنْتِ دھننجیٔ،
اُداسیِنَوَداسِینَم سَکْتَم (اُداسِینَ+وَت +آسِینَم +اَسَکْتَم) تیشُ کَرْمَسُ۔

۹۰۹۔ نہیں اور مجھے (خداکو) وے کام باندھتے ہیں، یا! دھننجیٔ،
غیر+ جانبدار +جیسا +بیٹھتا ہوں+ غیرمنسلک اُن کاموں سے۔

۹۰۹۔ دھننجیٔ! تخلیقی کاموں سے اپنے، میَں نہیں بندھتا ہوں۔
انسے الگ بے تعلق رہ کے، میَں آزاد رہ سب کرتا ہوں۔

9.10 मयाध्यक्षेण (मया + अध्यक्षेण) प्रकृतिः सूयते सचराचरम् (स + चर + अचरम्)। हेतुनानेन (हेतुना + अनेन) कौन्तेय जगद्विपरिवर्तते (जगत् + विपरिवर्तते)।।

9.10 मेरी + अध्यक्षता में, प्रकृति दिखाई देती है, चल + अचलों + सहित।
इस + कारण, हे! कुन्ती पुत्र, यह जगत + क्रियाशील है।।

9.10 मेरी अध्यक्षता में प्रकृति, चल अचल जीवों से दिखती है।
कुन्ती पुत्र! जिससे प्रकृति, काम करते हुए दिखती है।।10।।

9.10 Mayaadhyakshena (Mayaa + adhyakshena) prakritih sooyate sacharaacharam (sa + chara + acharam). Hetunaanena (Hetunaa + anena) Kauntey jagadviparivartate (Jagat + viparivartate).

9.10 Under My Lordship, the nature appears with + it's livings + nonlivings. The world + is therefore , O! kunti's son, gets + going.

9.10 Following My directive, the living nonliving beings appear.
Because of this reason, whole of this world is active here. ||10||

۹۰۱۰۔ مَیادھیَکْشین (مَیا+اَدھیَکْشین) پْرَکْرِتہ سوٗیَتے سَچَراچَرَم (سَ+چَر+اَچَرَم)،
ہیتُنانین (ہیتُنا+انین) کونْتیَ جَگَدْوِپَرِوَرْتَتے (جَگَت + وِپَرِوَرْتَتے)۔

۹۰۱۰۔ میری (خدا کی) نگرانی میں قدرت اُجاگر ہوتی ہے متحرک، غیر متحرک سمیت،
میری (خدا کی) وجہ سے، یا! کُنتی زادے، دنیا+کارگر (موثر) ہے۔

۹۰۱۰۔ کنتی زادے! میری نگرانی میں، قدرت یہاں پر دِکھتی ہے۔
جنگم غیر متحرک عناصر، جس سے یہ دنیا چلتی رہتی ہے۔

9.11 अवजानन्ति मां (माम्) मूढा मानुषीं (मानुषीम्) तनुमाश्रितम (तनुम् + आश्रितम्) । परं (परम्) भावमजानन्तो (भावम् + अजानन्तः) मम भूतमहेश्वरम् (भूत + महा + ईश्वरम्) ।।

9.11 हँसी उड़ाते हैं मेरी मूर्ख, मुझे मनुष्य रूपी शरीर + मात्र समझ के।
सबसे उच्च भाव + नहीं जानते मेरा, जीवों + के महा + ईश्वर का।।

9.11 मूर्ख हँसते हैं मुझ पे, सोच के मानव शरीर भर मुझे।
नहीं जानते दिव्य भाव वे, जीवों का महा ईश्वर मुझे।।11।।

9.11 Avajaananti maam (Maam) moodhaa maanusheem tanumaashritam (tanum + aashritam). Param bhavamajaananto (bhavam + ajaanantah) mama (Maam) bhootamaheshwaram (bhoota + Mahaa + Eeshwaram).

9.11 Laugh + at Me, the ignorants thinking Me to be merely a human body. Without understanding + My nature, that of The Supreme, + lord + of beings (The Maheshwar).

9.11 Ignorants laugh at Me, thinking Me to be a bodied person.
Without knowing My, superLord's nature of whole creation. ||11||

۹۰۱۱۔ اَوَجانَنتِ مامْ مُوڈھا (مُوڈھاہ) مانُشِیم تَنُماشرِتَم (تَنُم+آشرِتَم)،
پَرَم بھاوَم جانَنتو (بھاوَم+اَجانَنتہ) مَمَ بھوتَمہیشوَرَم (بھوت+مَہا+ایشوَرَم)۔

۹۰۱۱۔ مذاق اُڑاتے ہیں میرا (خدا کا) مان کے آدمی کے جسم میں (انسانی جسم) سمجھ کے مُجھ خدا کو،
سب سے اونچا اظہار + ناجانتے ہوئے میرا مخلوقات کے+ عظیم ترین خدا ہونے کا۔

۹۰۱۱۔ محض جسم انسان مان کے، کم عقل لوگ مجھ پر ہنستے ہیں۔
عالی میرا مزاج اور سب کا، مالک خدا ہوں نہیں جانتے ہیں۔

9.12 मोघाशा (मोघ + आशा) मोघकर्माणो (मोघ + कर्माणः) मोघज्ञाना (मोघ + ज्ञाना) विचेतसः।
राक्षसीमासुरीं (राक्षसीम् + आसुरीम्) चैव (च + एव) प्रकृतिं (प्रकृतिम्)
मोहिनीं (मोहिनीम्) श्रिता (श्रिताः)।।

9.12 निष्फल + आशा, निष्फल + काम, निष्फल + ज्ञान से, संदेहग्रस्त।
और राक्षसी, + आसुरी, लुभाने वाली प्रकृतियों के सहारे।।

9.12 इनकी आशा कर्म व ज्ञान, विफल होते हैं मोह से।
राक्षसी और आसुरी प्रकृतियॉं, भर जातीं इन्हें मोह के।।12।।

9.12 Moghaashaa (Mogha + aashaah) moghakarmaano (mogha + karmaanah) moghagyaanaa (mogha + gyaanaah) vichetasah. Raakshaseemaasureem (Raakshaseem + aasureem) chaiva (cha + eva) prakritim mohineem shritaah.

9.12 Fruitless + hope, unsuccessful + works, failure + of knowledge are born of conscience loss. Which provides evil, demonic, characters and + also nature of attacchment.

9.12 Failed hope, actions, wisdom and conscience.
Accept devil like evil nature, that of adherence. ||12||

۹۰۱۲۔ موگھاشا(موگھ+آشاہ) موگھکرمانو(موگھ+کرمانہ) موگھگیانا(موگھ+گیاناہ) وِچیتسہ،
راکشسیماسُریم (راکشسیم+آسُریم) چیوَ(چ+ایوَ) پرکرتم موہنیم شرِتاہ۔

۹۰۱۲۔ ناکام +اُمید، بے نتیجہ کام ،بیکارعلم شک سے(حوش کھونے سے رضمیر کے نقصان سے) ہوتے ہیں،
جو راکشسی، شیتانی اور+ایسی قدرت سے کھنچے (شک میں پڑے) ہوتے ہیں۔

۹۰۱۲۔ اپنی امی دیں محنت علم اور ہوش،شک سے برباد کر دیتے وے۔
شیطانی راکشسی گذر کرنے کی، قدرتیں اختیار کرتے وے۔

9.13 महात्मानस्तु (महा + आत्मानः + तु) मां (माम्) पार्थ दैवीं (दैवीम्) प्रकृतिमाश्रिताः (प्रकृतिम् + आश्रिताः) । भजन्त्यनन्यमनसो (भजन्ति + अनन्य + मनसः) ज्ञात्वा भूतादिमव्ययम् (भूत + आदिम् + अव्ययम्)।।

9.13 महान + आत्माएं + लेकिन हे! पार्थ, मेरी दिव्य प्रकृति का सहारा ले कर। भजती हैं अटल मन से, मुझे, समझ कर, जीव + प्रथम + अव्यय।।

9.13 पार्थ! मगर महान लोग, दैवी प्रकृति के होते हैं।
अनन्य भक्ति करते हैं, दिव्य अव्यय हूँ जानते मैं।।13।।

9.13 Mahaatmaanastu (Maha + aatmaanah + tu) maam (Maam) Paartha daiveem prakritimaashritaah (prakritim + aashritaah).
Bhajantyananyamanaso (hajanti + ananya + mansah) gyaatwaa bhootaadimavyayam (bhoota + aadim + avyayam).

9.13 Great + Souls + but O! Paarth, upon My divine nature + depend. Worship Me + with undiverted + mind, knowing Me as The Being + The First + The indestructible.

9.13 Parth! but people with great souls, with divine Godly genes.
Worship Me knowing Me, Indestructible Preeminent Being. ||13||

۹۰۱۳۔ مَہاتما نَسْتُ (مہا+آتمانہ+تُ) مامْ پارْتھَ دَیوِیم پرَکرِتماشرِتاہ (پرَکرِتم+آشرِتاہ)،
بھجنتین یَمَنسوَ (بھجنتِ+اَننیَ+مَنَسہ) گیاتوا بھوتادِمَوَیَیم (بھوتَ+آدِم+اوَییَم)۔

۹۰۱۳۔ بڑی+روح والے +لیکن میری (خداکی)، یا! پارتھ، خدائی قدرت کی پناہ لیتے ہیں،
عقیدت + ایماندار+من سے کرتے ہیں، جان کے عنصر + پہلا+ لافانی مجھ (خدا) کو ۔

۹۰۱۳۔ مگرپارتھ! اونچی روح کے عارف، صالح قدرت پا کے۔
خدا کی گہری عقیدت کرتے، عبدی انور لافانی مان کے۔

9.14 सततं (सततम्) कीर्तयन्तो (कीर्तयन्तः) मां (माम्) यतन्तश्च (यतन्तः + च) दृढ + व्रताः। नमस्यन्तश्च (नमस्यन्तः + च) मां (माम्) भक्त्या नित्ययुक्ता (नित्य + युक्ताः) उपासते।।

9.14 लगातार कीर्तन करते हैं मेरा, और + प्रयास करते हैं दृढ + व्रत ले कर।
और + नमन करते हैं मुझे, भक्ति से, प्रति दिन + जुड. कर अर्थात भक्ति योग से, पूजा करते हैं।।

9.14 निरंतर मेरी कीर्त्ति गाते, दृढ. व्रत ले कर प्रयास से।
नमन करके भक्ति भाव से, जुड. के मुझे उपासते।।14।।

9.14 Satatam keertayanto (keertayantah) maam (Maam) yatantashcha (yatantah + cha) dridhvrataah (dridh + vrataah).

Namasyantashcha (Namasyantash + cha) maam (Maam) bhaktya nityayukta (nitya + yukta) upaasate.

9.14 Continuously + practice chanting My name and + praise Me, the devout + oath takers.
And + pay obeisance to Me, daily + connected, through devotion (with yog of devotion), worship Me.

9.14 They regularly sing My glory, with great effort and determination.
Bow down to Me regularly, and worship Me with faithful devotion. ||14||

۱۰۰۱۳۔ آہُستُوا مرِشَیہ(آہُہ+تُوام +رِشَیہ) سَرْوے دیوَ رْشِرْ ناردَسْتَتھا(دیوَ +رِشِہ+ناردَہ+تتھا)،
اَسِتوُ (اَسِتہ) دیوَلوُ(دیوَلَہ) وْیاسَہ سْوَیَم چیوُ(چ+ایوَ) بْرَوِیشِ مے۔

۱۰۰۱۳۔ بیان کیا +آپکو + رِشیوں نے سارے اور دیو رِشی+نارد+نے بھی،
اِست ، دیوَل ، وْیاس نے اور+ خُد آپ بھی بتا رہے ہیں مُجھے۔

۱۰۰۱۳۔ دیورِشی نارَد نےآپکا سچ، اَسِت دیوَل اورویاس نے بھی کہا۔
اور آپنے بھی یا! خدا، اپنا یہ سچ خود بھی مجھ سے کہا۔

9.15 ज्ञान + यज्ञेन चाप्यन्ये (च + अपि + अन्ये) यजन्तो (यजन्तः) मामुपासते (माम् + उपासते)। एकत्वेन पृथक्त्वेन बहुधा विश्वतोमुखम् (विश्वतः + मुखम्)।।

9.15 ज्ञान + यज्ञ से (ज्ञान अर्पित करते हुए)ए और + भी + दूसरे यज्ञों से (कुछ और अर्पित करते हुए), मुझे उपासते हैं। एकसार हो कर, आमने सामने या, अधिकतर विश्व + प्रचलित विधियों से।।

9.15 ज्ञान यज्ञ या किसी भी और, यज्ञ से पूजते हैं लोग मुझको।
पूजते एक रूप हो कर, अलग या वैश्विक विधियों से मुझको।।15।।

9.15 Gyaanayagyena (Gyaana + yagyena) chaapyanye (cha + api + anye) yajanto (yajantah) maamupasate (Maam + upasate).

Ekatvena prithaktvena bahudhaa vishvatomukham (vishvatah + mukham).

9.15 Through offering ritual + of knowledge (gyaan + yagyn) by offering + knowledge, and + also + by other offering rituals (offering other things), to Me + they worship. In unison, or in isolation, often in world prevalent ways.

9.15 Some worship Me by offering wisdom, some by other offering rituals.
Some in unison some in isolation, often through the methods Global. ||15||

۹۰۱۵۔ رسم قربانی یااور طریقوں سے، کچھ پیش نضر خدا کی کر کے عقیدت کرتے۔
عبادت ایک روپ سے جُڑے، یا کئی روپوں کے آگے یاعالمگیر کی کرتے۔

۹۰۱۵۔ گیانیگیین (گیانَ+یگیین) چاپینیے (چ+اَپِ+اَنیے) یجنتوُ (یجنتہ) مامُپاسَتے (مام+اُپاسَتے)،
ایکتوین پرِتھکتوین بہُدھا وِشوَتومُکھم (وِشوَتہ+مُکھم)۔

۹۰۱۵۔علم کی+رسم قربانی (یگیین)سے،اوردوسری طرح کی +بھی رسم قربانیاں(یگیین)کرکے میری(خداکی)عبادت کرتے ہیں،
ایک روپ ہوکے/ ہم آہنگی طور پر، الگ الگ/ آمنے سامنے رہ کے/ علیحدگی میں، یازیادہ تر عالمی روپ میں/ عالمگیر کے طور پر ۔

9.16 अहं (अहम्) क्रतुरहं (क्रतुः + अहम्) यज्ञः स्वधाहमहमौषधम् (स्वधा + अहम् + अहम् + औषधम्) । मन्त्राऽअहमेवाज्यमहमग्निरहं (मन्त्रः + अहम् + अहम् + इव आज्यम् + अहम् + अग्नि + अहम्) हुतम्।।

9.16 मैं कर्म, + मैं + यज्ञ, आहुति + मैं, + मैं ही औषधि।
मन्त्र + मैं, + मैं + ही + घी, + मैं + आग + मैं ही + भेंट।।

9.16 यज्ञ की प्रक्रिया हूँ मैं, हवन की सामग्री भी मैं।
मंत्र भी मैं घी भी मैं, अग्नि भी मैं आहुति भी मैं।।16।।

9.16 Aham kraturaham (kratuh + Aham) yagyah swadhaahamahamaushadham (swadhaa + Aham + Aham + aushadham).

Mantroahamahamevaajyamahamagniraham (Mantrah + Aham + eva + aajyam + Aham + agnih + Aham) hutam.

9.16 Work + I am, offering ritual (yagyn) + I am, + offering material I am, + I am medicine.
Chanting + I am , + I am + butter , + I + fire, I am + offering.

9.16 During offering ritual, the performer the offering material I AM.
The hymn the butter the fire, and everything offered is I AM. ||16||

۹۰۱۶۔ اَہَم کرِتُرہَم (کرِتُہ+اہَم) یگیہ سْوَدھاہَمہوشدھَم (سْودھا+اہَم+اہَم+اوشدھَم)،
مَنتروَاَہَمہواَجیَمہگنِرہَم (مَنترَہ+اہَم+اہَم+ایوَ+آجیَم+اہَم+اگنِہ+اہَم) ہُتَم۔

۹۰۱۶۔ میَں (خدا) کرنے والا، میَں +رسم قربانی (یگّین) ، دینے کی چیز+میَں +میَں ہی+دَوا،
لَے سے پڑھنا+میَں (خدا) ، میَں ہی گھی ،میَں +آگ+میَں ہی دان ہوں۔

۹۰۱۶۔ کرتا بھی اوررسم قربانی بھی ہوں، راکھ بھی ہوتا مادی پیش کش بھی میَں خدا۔
آواز آیات حمد ہوں اور پاک گھی بھی ،آگ اور جھوں کنے کا سامان بھی میں خدا۔

9.17 पिताहमस्य (पिता + अहम् + अस्य) जगतो (जगतः) माता धाता पितामहः। वेद्यं पवित्रमोंकार (पवित्रम् + ओंकार) ऋक्साम (ऋग् + साम) यजुरेव (यजुः + एव)च।।

9.17 पिता हूँ + मैं + इस जग का, माता, आश्रय, दाता और दादा।
वेदों का पवित्र + ओह्म 'ऊँ' हूँ, और ऋक्, साम व यजु वेद भी।।

9.17 जगत का मैं पिता हूँ, माँ हूँ सहारा हूँ और हूँ दादा भी।
वेदों का समझो पवित्र 'ऊँ' मुझे, ऋक् साम यजु वेद भी।।17।।

9.17 Pitaahamasya (Pita + Aham + asya) jagato (jagatah) maataa (Maataa) dhaataa (Dhaataa) pitamahah (Pitamahah).

Vedyam pavitramonkaara (pavitram + Onkaara) riksaama (Rik + Saama) yajurev (Yajuh + ev) cha.

9.17 Father + I am + of this world, mother, shelter, provider and grand father. Known as The sacred 'OHM' word, and Rik, Sam and Yaju Ved's scripture too.

9.17 Father, Mother, Nurse and Grand father also I AM of universe.
I AM the pure letter 'Ohm',And Rik, Saam, Yaju Ved scriptures. ||17||

۹۰۱۷۔ پِتا ہَمَسی (پِتا+اَہَم+اَسی) جَگَتو (جَگَتہ) ماتا دھاتا پِتامَہ،
ویدیَم پَوِترمونکار رِکسام یَجُریوَ چ۔

۹۰۱۷۔ باپ+میں (خدا)، دنیا کی ماں ، فراہم کرنے والا ،دادا ہوں،
ویدوں (مقدس کتاب) کا، پاکیزہ 'اوم' (لفظ)، رِگ، سام اور یجوہ+وید بھی ہوں۔

۹۰۱۷۔ میں خالق ہوں کائنات کا، دیتا پناہ ہوں میں اماں دادا بھی۔
مقدس صحیفوں کا 'اوم' لفظ ہوں پاک، رِگ سام ہوں یجّ وید بھی۔

9.18 गतिर्भर्ता (गतिः + भर्ता) साक्षी निवासः शरणं सुहृत्। प्रभवः प्रलयः स्थानं निधानं बीजमव्ययम् (बीजम् + अव्ययम्)।।

9.18 लक्ष्य, + पालक, ईश्वर, गवाह, घर, सहारा, शुभचिंतक। रचयिता, संहारक, जगह, हल, अमर + बीज हूँ।।

9.18 लक्ष्य पालक प्रभु साक्षी, घर सहारा घनिष्ट मित्र मैं सबका।
रचता मारता जगह हूँ घर हूँ, और अविनाशी बीज हूँ सबका।।18।।

9.18 Gatirbhartaa (Gatih + bhartaa) Prabhuh Saakshi Niwaasah Sharanam Suhrit.
Prabhavah Pralayah Sthaanam Nidhaanam Beejamavyayam (Beejam + Avyayam). ||18||

9.18 I Am Goal, + Nurter, God, Witness, Abode, Support, Well wisher. Creater, Destroyer, Place, Solution, Immortal + seed.

9.18 Goal, Nurturer, Witness, Abode, Refuge and Good Friend I AM.
Creator, Destroyer, Resting Place, and Indestructible Seed I AM. ||18||

۹۰۱۸۔ گَتِر بھَرتا پَربھُ ساکشی نِواسہ شَرنَم سُہرِت،
پَربھَوَہ پَرلَیہ ستھانَم نِدھانَم بِیجَمویَیَم (بِیجَم+اَوْیَیَم)۔

۹.۱۸۔ منزل، پالک ، ثبوت ، گھر ، چھت اور دوست ،
بناتا ، مٹاتا ، جگہ ، گھر بیج ہوں(میں خدا)+ لازوال ۔

۹.۱۸۔ پالتا ہوں مقصد ہوں مالک ہوں گواہ بھی، رہائش گار پناہ گار اور مہربان بھی میں خدا۔
موت بھی زریعہ بھی کائینات کا ہوں، میں جگہ ہوں آشیانہ اور بیج بھی لافانی میں خدا۔

9.19 तपाम्यहमहं (तपामि + अहम् + अहम्) वर्ष निगृहणाम्युत्सृजामि (निगृहणामि + उत्सृजामि) च। अमृतं (अमृतम्) चैव (च + एव) मृत्युश्च (मृत्युः + च) सदसच्चाहमर्जुन (सत् + असत् + च + अहम् + अर्जुन)।।

9.19 तपाता हूँ मैं, वर्षा रोकता हूँ, + और भेजता हूँ। अमृत हूँ और मृत्यु भी, सत्य (आत्मा) + असत्य (शरीर) + भी + मैं हूँ, हे! अर्जुन।।

9.19 आग देता हूँ वर्षा भी, दोनो को रोकता हूँ भेजता भी मैं ही।
अमरत्व देता मैं मृत्यु भी, आत्मा हूँ देह के तत्व भी मैं ही।।19।।

9.19 Tapaamyahamaham (Tapaami + aham + aham) varsham nigrahanaamyutsrijaami (Nigrahanaami + Utsrijaami) cha.

Amritam chaiva (cha + eva) mrityushcha (mrityuh + cha) sadasachchahamarjuna (Sat + Asat + cha + Aham + Arjuna).

9.19 Heat + I give, + I + stop + and send/ extend/ release rains. Ambrosia and + also death I am, Truth (soul) + Untruth (body) + also + I am, O! Arjun.

9.19 Fire I bring, rain I create, I stop and extend, I control shower.
I Am ambrosia and also death, Arjun! I am true–untrue power. ||19||

۹.۱۹۔ تَپامْیَہمَہم (تَپامِ+اَہَم+اَہَم) وَرْشَم نِگْرَہْنامْیُتْسْرِجامِ (نِگْرَہْنامِ+ اُتْسْرِجامِ) چ،
اَمْرِتَمْ چَیْوَ (چَ+ایوَ) مْرِتْیُشْچ (مْرِتْیُہ+چَ) سَدَسچّاہَمَرْجُنَ (سَت+اَسَت+چَ+اَہَم+اَرْجُنَ)۔

۹.۱۹۔ گرمی دیتا ہوں +میں+میں +برسات، روکے رکھتا + اور بھیجتا ہوں،
امر کرتا اور موت بھی دیتا ، سچ اور جھوٹ بھی میں (خدا) ہی ہوں یا! اَرْجُنَ۔

۹.۱۹۔ گرمی دیتا ہوں اور بنا کے بادل، روکتا بھیجتا ہوں برسات۔
امر بھی کرتا موت بھی دیتا، ارجن! سچ ہوں جھوٹ بھی ساتھ۔

9.20 त्रैविधा मां (माम्) सोमपाः पूतपापा यज्ञैरिष्ट्वा (यज्ञः + इष्ट्वा)
स्वर्गतिं (स्वः + गतिम्) प्रार्थयन्ते। ते पुण्यमासाद्य (पुण्यम् + आसाद्य)सुरेन्द्रलोकमश्नन्ति (सुरेन्द्र + लोकम् + अश्नन्ति)दिव्यान्दिवि (दिव्यान् + दिवि)
देवभोगान् (देव + भोगान्)।।

9.20 तीनों वेदों के जानकार, मेरा अमर रस पी कर, पाप धो कर, यज्ञ से + पूजा करके, स्वर्ग जाने की प्रार्थना करते हैं।
वे पुण्य साध कर, देवताओं के राजा इन्द्र के संसार में, भोगते हैं, देवी देवताओं वाले दिव्य आनन्द।।

9.20 तीन वेद पढ़ कर अमृत मेरा पी कर, यज्ञ पूजा कर पाप धो कर।
पुण्य कमा इन्द्र के लोक में जीकर, दिव्य भोग सुख पाके हों तर।।20।।

9.20 Traividyaa (Trai + vidyaa) maam (Maam) somapaah (soma + paah) pootapaapaa (poota + paapaa) yagyairishtvaa (yagyaih + ishtvaa) swargatim (swah + gatim) praarthayante. Te punyamaasaadya (punyam + aasaadya) surendralokamashnanti (surendra + lokam + ashnanti) divyaandivi (divyaan + divi) devabhogaan (deva + bhogaan).

9.20 The wise with knowledge of three + Veds, having drunk + My + sohm (Ambrosia) , wash off + sins, perform + offering rituals (yagyn), and worship to pray for reaching heaven. They, having earned + virtue, at the planet of surs' (Demi Gods) king Indr (Heaven) + they enjoy the divine pleasures of the demi Gods and Goddesses.

9.20 Three Ved learneds My ambrosia drunk, pray Me through Yagyn for heaven.
Having earned piety they enjoy, divine food and joy reaching there in heaven. ||20||

۹۰۲۰۔ ترِیوِدیا (ترِی+وِدیاہ) مام سوَمَپاہ (سوَم+پاہ) پوُتَپاپا(پوُت+پاپاہ) یگیَرِشٹوا (یگیَہ +اِشٹوا) سْوَرگَتِم (سْوَہ+گَتِم) پْرارتھ یَنتے،
تے پُنیماسادْیَ (پُنیم+آسادْیَ) سُریندرَلوکَمشنَنتِ (سُرَ+اِندرَ +لوکَم +اَشنَنتِ) دِوْیاندِوِ (دِوْیان+دِوِ) دیوَبھوگان (دیوَ+بھوگان)۔

۹۰۲۰۔عالم تین وید(صحیفہ)، میرا(خداکا) امرت پی کے، پاپ دور کرکے، رسم پیشکش (یگیں) سے عبادت کرکے دعا خلد کرتے ہیں،
وے ثواب حاصل کرکے جنت(جہان خدار اجاندر) مین جاکے ربانی خشیاں اور کھانوں کا لطف اُٹھاتے ہیں۔

۹۰۲۰۔ امرت رس صحیفوں کے علم سے پی کے، عبادت سے مجھ خدا کی جنت جاتے ہیں۔
ربانی وہاں سارے لطف سکھ اٹھاتے، خدائی بہاروں کے لطف اُٹھاتے ہیں۔

9.21 ते तं (तम्) भुक्त्वा स्वर्गलोकं (स्वर्ग + लोकम्) विशालं (विशालम्) क्षीणे पुण्ये मर्त्य + लोकं विशन्ति। एवं (एवम्)त्रयीधर्ममनुप्रपन्ना (त्रयी + धर्मम् + अनुप्रपन्ना) गतागतं (गत + आगतम्) कामकामा (काम + कामा) लभन्ते।।

9.21 वे उसे भोगकर, स्वर्ग के + विशाल संसार में, पुण्य + क्षीण होने पर, मृत्यु लोक में, आ जा़ ते हैं।
इस तरह तीन + धर्मों का + पालन करने वाले, इच्छा–कामना द्वारा जाना + आना प्राप्त करते हैं।।

9.21 यद्यपि वर्षों वर्ष स्वर्ग भोगते, फिर भी पुण्य खर्च कर भू लोक लौट आते।
भोग इच्छुक त्रिवेद पालन करके भी, जन्म–मृत्यु ही पाते रहें आते जाते।।21।।

9.21 Te tam bhuktwa swargalokam (swarga + lokam) vishaalam ksheene punye martyalokam (martya + lokam) vishanti. Evam trayeedharmamanuprapannaah (trayee + dharmam + anuprapannaah) gataagatam (gat + aagatam) kaamakaamaa (kaama + kaamaa) labhante. ||21||

9.21 They there, having enjoyed that huge + world of heaven, on consumption of virtues, in to the death + planet (Earth), reenter. Thus the three Ved's + dictions/directives + followers , are awarded coming–going (rebirth cycle), and get their wishful + desires fulfilled (in this way).

9.21 Having enjoyed heaven for long, finish virtues and fall back on Earth.
These wise followers of three Veds, being sense satisfiers take rebirth. ||21||

۹۰۲۱۔ تے تَم بھکتوا سُوَرگ +لوکم وِشالَم کشینے پُنیے مَرتیلوکم(مرتی+ لوکم) وِشنتِ،
ایوَم ترَییدھرمَمنُپرَپنّا(ترَیی+دھرمَم+انُپرَپنّا) گتاگتم(گت+آگتم) کامَکاما (کامَ+کاماہ) لبھنتے۔

۹۰۲۱۔ وے اُس (بڑے جہان جنت) کا لطف لے کے سواب کم ہونے پر جہان موت میں گھستے ہیں،
اس طرح دانش جوتین+ مذہبی صحیفہ (وید)+عمل کرنے والے، آنے جانے کا لطف اُٹھانے کی اچھا کا فائدہ پاتے ہیں۔

۹۰۲۱۔ لمبے عرصے لطف اٹھانے کے بعد، پھل ثواب کے ختم ہونے پر۔
جہان موت میں پھر گر کے آتے، عالم صحیفوں کے حواس سکھ خواہش پر۔

9.22 अनन्याश्चिन्तयन्तो (अनन्याः + चिन्तयन्तः) मां (माम्)ये जनाः पर्युपासते। तेषां (तेषाम्) नित्याभियुक्तानां (नित्य + अभियुक्तानाम्)योगक्षेमं (योग + क्षेमम्)वहाम्यहम् (वहामि + अहम्)।।

9.22 अटूट + सोचते हैं, मुझे जो लोग, अच्छी तरह पूजते हैं। उन सदैव + भक्ति जुड़े लोगों की, कुशलता + सुरक्षा की, देखभल करता हूँ + मैं ।।

9.22 इनमें जो कुछ और न चाह कर, केवल मुझको ठीक से पूजते।
उन नित्य जुड़े भक्तो की हर, आवश्यकता पूरी होती मुझसे।।22।।

9.22 Ananyaashchintayanto (Ananyaah + chintayantah) maam (Maam)ye janaah paryupaasate. Teshaam nityaabhiyuktaanaam (nitya + abhiyuktaanaam) yogakshemam (yoga + kshemam) vahaamyaham (Vahaami + Aham). ||22||

9.22 By continuous + meditation, those who faithfully worship Me. I take care of those persistently connected + devotees by being their fulfiller + preserver.

9.22 Those who worship Me, with single minded focused devotion.
I provide for their livelihood, and protect all of their possession. ||22||

۹۰۲۲۔ اَنَنیاشچنتینتو (اَننیاہ+ چنتینتہ) مام یے جناہ پریُپاستے،
تیشام نِتیا بھِیکتانام (نِتی +ا بھیکتانام) یوگ کشیمم (یوگ + کشیمم) وہامیہم۔

۹۰۲۲۔ ایک ہی دھیان سے مُجھ خدا کی جولوگ عبادت کرتے ہیں،
اُن ہمیشہ جڑے لوگوں کی ذرورتیں پوری کر کے حفاظت کی زمہداری لیتا ہوں(مئیں خدا)۔

۹۰۲۲۔ جو مجھ خدا کا دھیان کرکے، عبادت توجہ مرکوذی سے کرتا۔
لے لے تا ہوں عقیدت اُس کی، حفاظت ضرورتیں پوری کرتا۔

9.23 येऽप्यन्यदेवता (ये + अपि + अन्य + देवता) भक्ता यजन्ते श्र)यान्विताः (श्र)या + अन्विताः)। तेऽपि (ते + अपि) मामेव (माम् + एव) कौन्तेय यजन्त्यविधिपूर्वकम् (यजन्ति + अविधि + पूर्वकम्)।।

9.23 जिस + भी + दूसरे + देवता को, भक्त गण पूजते हैं, श्र)ा + पूर्वक।
वे + भी, मुझे + ही, हे! कुन्ती पुत्र, पूजते हैं + मनमानी विधि + से।।

9.23 दूसरे देवताओं को भी, जो भक्त पूरी श्र)ा से पूजते।
कुन्तीपुत्र! श्र)ा से वो भी, त्रुटि पूर्वक मुझे ही पूजते।।23।।

9.23 Yeapyanyadevataa (Ye + api + anya + devataa) bhaktaa yajante shraddahya + anvitaah. (shraddahya + anvitaah).

Te + api maameva (Maam + eva) Kauntey yajantyavidhipoorvakam (yajanti + avidhi + poorvakam).

9.23 To whichever + another + God form, the devotees worship faith + fully. They + too worship Me + only, O! Kunti's son, worship though + through their + own way.

9.23 Those who worship other Gods, whole heartedly with faith.
Kunti's son! they too imprudently, worship only Me with faith. ||23||

۹.۲۳۔ یےاَپْیَنْی دیوَتا(یے+اَپِ+اَنْیَ+دیوَتا) بھَکْتا یَجَنْتے شْرَدّھیاٰنْوِتاہ (شْرَدّھیا+انْوِتاہ)،
تے+اَپِ مامیوَ(مام+ایوَ) کونْتیَ یَجَنْتْیَ وِدھِپوُرْوَکَمْ (یَجَنْتِ+اَوِدھِ+پوُرْوَکَمْ) ۔

۹.۲۳۔ جن+بھی +دوسرے دیوتاوں کی بھکت عبادت کرتے ہیں پورے ایم ان کے ساتھ،
وے بھی میری (خدا کی) ہی یا! کُنْتی ذادے، عبادت کرتے ہیں+ معمانے+طریقے سے۔

۹.۲۳۔ عقیدتمند دوسرے دیوں کے بھی، عبادت مجھ خدا کی ہی کرتے۔
کنتی ذادے! اگرچہ عبادت، غلطی بھرے قایدوں سے کرتے۔

9.24 अहं हि सर्वयज्ञानां (सर्व + यज्ञानाम्) भोक्ता च प्रभुरेव (प्रभुः + एव) च। न तु मामभिजानन्ति (माम् + अभिजानन्ति) तत्वेनात्श्च्यवन्ति (तत्वेन + अतः + च्यवन्ति)।।

9.24 मैं ही सारे + यज्ञों को भोगने वाला, और ईश्वर भी हूँ। लेकिन मुझे तत्व से (सच में) नहीं जानते हैं + इसीलिये + नीचे गिरते हैं।।

9.24 इन सारे यज्ञों को भोगता हूँ, यज्ञों का स्वामी होते हुए मैं।
क्योंकि मेरा सच नहीं जानते हैं, तभी वो नीचे गिरते गए हैं।।24।।

9.24 Aham hi sarva + yagyaanaam bhaktaa cha prabhurev (Prabhuh + ev) cha.
Na tu Maam + abhijaananti tatvena + atah + chyavanti te.

9.24 I am the enjoyer of all the offering rituals, and am God too. But they do not know Me, truly (In reality) + therefore + fall down.

9.24 I am all the offering rituals, I am the consumer and also the Master.
But those who do not know My truth, destroyed fallen they all falter. ||24||

۹.۲۴۔ اَہَم ہِ سَرْوَیَگّیانامْ (سَرْوَ+یَگّیانامْ) بھوکْتا چَ پْرَبھُریوَ(پْرَبھُ+ایوَ) چَ،
نَ تُ مامَبھِجانَنْتِ(مامْ +اَبھِجانَنْتِ) تَتْوینا تَشْچْیَوَنْتِ (تَتْویْنَ+اَتَہ+چْیَوَنْتِ) تے۔

۹.۲۴۔ میَں (خدا) ہی سارے+یگّیوں (رسم قربانی) کو پانے والا اور مالک بھی ہوں،
نہیں لیکن جانتے ہیں مُجھے (خداکو) سچائی سے+تب ہی+ گِر (نیچے) جاتے ہیں۔

۹.۲۴۔ کھاتاہوں رسم قربانیوں کی پیشکش، اور میَں خدا بھی ہوں اُنکا۔
اصل میں نہیں جانتے مجھ خداکو، تبھی نیچے گرنا بھی طے ہوتا اُنکا۔

9.25 यान्ति देवव्रता (देव + व्रताः) देवान्पितृन्यान्ति (देवान् + पितृन् + यान्ति) पितृ + व्रताः। भूतानि यान्ति भूतेज्या (भूत + इज्याः) यान्ति मद्याजिनोऽपि (मत् + याजिनः + अपि) माम्!।।

9.25 जाते हैं देवता + पूजक, देवताओं के पास, + पितरों के पास, + जाते हैं, पितृ पूजक । भूतों के पास जाते हैं, भूत + उपासक, आते हैं मेरे + भक्त + भी, मेरे पास।।

9.25 देवों को पूज के देवों तक, पितर पूज पितरों तक जाते।
भूतों को पूज के प्रेतों तक, मुझे पूज भक्त मुझ तक आते।।25।।

9.25 Yaanti devavrataa (deva + vrataah) devaanpitrinyaanti (devaan + pitrin + yaanti) pitrivrataah (pitri + vrataah). Bhootani yaanti bhootejyaa (bhoota + ijyaah) yaanti madyaajinoapi (Mat + yaajinah + api) maam (Maam). ||25||

9.25 Go, the demi God + worshippers, to demigods , + to fore fathers + go, the forefather + worshippers. To the ghosts, reach the ghost + worshippers, My devotees + also, come to Me.

9.25 God worshippers find Gods, fore father worshippers get fore fathers.
Ghost worshippers find ghosts, but to Me come only My worshippers. ||25||

۹۰۲۵۔ یانتِ دیوْوْرتا(دیوَ+وْرتاہ) دیوانپِتْرِنیانتِ (دیوانْ+پِتْرِنْ+یانتِ) پِتْرِ+وْرتاہ،
بھوْتانِ یانتِ بھوْتیجیا(بھوْتَ+اِجیاہ) یانتِ مَدْیاجِنوْاَپِ(مَتْ+یاجِنہ+اَپِ) مامْ۔

۹۰۲۵۔ جاتے ہین دیوتا+ پوجنے والے دیوتاوں تک پرکھوں کی عبادت کرکے پرکھوں(باپ دادوں)تک،
بھوتوں کے عبادتگار بھوتوں تک اور مجھ خدا کی عبادت سے مجھ تک۔

۹۰۲۵۔ دیوں کی عقیدت دیوں تک، آباؤاجداد کی پہنچتی ہے پوروجوں تک۔
بھوتوں کی عقیدت جاتی ہے بھوتوں تک، بس میجھ خدا کی ہی آتی مجھ تک۔

9.26 पत्रं (पत्रम्) पुष्पं (पुष्पम्) फलं (फलम्) तोयं (तोयम्) यो (यः) मे भक्त्वा प्रयच्छति। तदहं (तत् + अहम्) भक्त्युपहृतमश्नामि (भक्ति + उपहृतम् + अश्नामि)प्रयतात्मनः (प्रयत + आत्मनः)।।

9.26 पत्ते, फूल, फल, जल, जो मुझे भक्ति पूर्वक भेंट करता है। उसे (भेंट को), + मैं, भक्ति + से दी गई को, + खाता (स्वीकार करता) हूँ, विशु) + मन वालों की ।।

9.26 पत्ते फूल फल या जल, श्र)ा भक्ति से मुझको जो देता।
उस पवित्र आत्मा का अर्पण, भक्ति भाव का मैं ले लेता।।26।।

9.26 Patram pushpam phalam toyam yo Me bhatkyaa Prayachchhati.
Tadaham (Tat + Aham) bhaktiuphritamashnaami (bhakti + uphritam + ashnaami) prayataatmanah (prayata + aatmanah).

9.26 Leaves, flowers, fruits, water, whatever does one devotedly offers to Me. Those offers, + do I, faithfully + given ones + accept, from pure + soul people.

9.26 Leaves flower fruits and water, devotees whatever offer to Me.
I Accept all forms whatever, faithfully devotedly is offered to Me. ||26||

۹۰۲۶۔ پَترَم پُشپَم پھلَم تویَم یُو مے بھکتیا پرَیچھتِ ،
تَدَہَم(تَت+اہَم) بھکتی پہرِتَمشنامِ(بھکتِ+اُپہرِتم+اشنامِ) پَرَیتاتمنہ(پرَیَت +آتمنہ) ۔

۹۰۲۶۔ پتے، پھول، پھل، پانی جو مجھے بھکتی سے دیتا ہے،
وہ مَیں (خدا) بھکتی کے ساتھ لےتا رکھاتا ہوں خلوص ہوش والے سے (لے کے)۔

۹۰۲۶۔ مجھے پیار سے دیتا ہے گر کوئی، پتہ پھول پھل یا پانی۔
اسی پیار سے لیتا شکر گذار مَیں، پیشکش اُس کی روحانی۔

9.27 यत्करोषि (यत् + करोषि) यदश्नासि (यत् + अश्नासि)यज्जुहोषि (यत् + जुहोषि) ददासि यत् + तपस्यसि कौन्तेय तत्कुरूष्व (तत् + कुरुष्व) मदर्पणम् (मत् + अर्पणम्)।।

9.27 जो + करते हो, जो + खाते हो, जो + अर्पित करते हो, दान देते हो जो।
जो + तप करते हो, हे! कुन्ती पुत्र, उसे + कर दो, मुझे + अर्पित।।

9.27 जो भी करो जो भी खाओ, अर्पित करो या दान दो।
कुन्ती पुत्र! या तप करो, सब मुझ भगवान को दो।।27।।

9.27 Yatkaroshi (Yat + karoshi) yadashnaasi (yat + ashnaasi) yajjuhoshi (yat + juhoshi) dadaasi yat. Yat + tapasyasi (Yat + tapasyasi) Kauntey tatkurushva (tat + kurushva) madarpanam (mat + arpanam).

9.27 Whatever + you do, whatever + you eat , whatever + you donate. Whatever penance you perform, O! Kunti's son, you + offer + that + to Me.

9.27 Whatever you do or you eat, whatever you offer or you give.
Kunti's son! whatever penance you do, finally to Me you give. ||27||

۹۰۲۷۔ یتکَروشِ (یَت +کَروشِ) یَدَشناسِ(یَت+اَشناسِ) یَجُّہوشِ(یَت+جُہوشِ) دَداسِ یَت،
یَتَپَسیَسِ(یَت +تَپَسیَسِ) کَونتیِ تتکُرُشوَ(تَت+کُرُشوَ) مَدَرپنَم(مَت+اَرپنَم)۔

۹۰۲۷۔ جو +کرو جو کھاو جو +پیش کرو جو +دان دو وہ ،
جو+ تپَسیا (عبادت برداشتگی) کرو ، یا! کُنتی ذدے، اُسے+کردو میری (خدا کی) پیش نظر۔

۹۰۲۷۔ جو کھاتے یا جو کرتے ہو، رسم قربانی یا خیرات کرتے ہو۔
کفارہ کرتے ہو کنتی ذادے، سب کر کے مجھ خدا کو دے دو۔

9.28 शुभाशुभफलैरेवं (शुभ + अशुभ + फलैः + एवम्) मोक्ष्यसे कर्म + बंधनैः। संयासयोगयुक्तात्मा (संयास + योग + युक्त + आत्मा) विमुक्तो (विमुक्तः)मामुपैष्यसि (माम् + उपैष्यसि)।।

9.28 अच्छे + बुरे + फलों से + और, छुटोगे + कर्म बंधन से भी।
त्याग + योग + भरे + मन से, निर्बाध मेरे पास + आओगे।।

9.28 सारे कामों के अच्छे बुरे, फलों से इस तरह मुक्त होगे।
मुझ से जुड ` सब छोडोगे , संयास योग से मेरे पास होगे।।28।।

9.28 Shubhaashubhaphalairevam (Shubha + ashubha + phalaih + evam) mokshyase karmabandhanaih (karma + bandhanaih). Sanyaasayogayuktaatmaa
(Sanyaasa + yoga + yukta + aatmaa) vimukto (vimuktah) maamupaishyasi
(Maam + upaishyasi).

9.28 From good + bad + fruits and ,will be free from the bindings of works. With the renunciation + yog + fixed + soul, unhurdled, you will come to Me.

9.28 Of good bad fruits and of action bindings, thus you will become free.
With soul in yog of renouncement, to come to Me you will become free. ||28||

۹۰۲۸۔ شُبھاشُبھ پھلیر یوم (شُبھ + اَشُبھ + پھلیہ + ایوم) موکشیسے کرمبندھنیہ (کرم + بندھنیہ)،
سنیاسیوگیکتاتما (سنیاس + یوگ + یکت + آتما) وِمکتو مامُپیشیس (مام + اُپیشیس)۔

۹۰۲۸۔ اچھے + بُرے + (کام کے) پھلوں کے + اِس طرح چھوٹ جاوگے بندھن سے،
چھوڑنے کے + یوگ سے + جڑی روح آزاد ہوگی + مجھے (خدا کو) پانے کے لیئے۔

۹۰۲۸۔ اچھے برے کاموں کے پھل، مجھ خدا کو دے کے آزاد رہو گے۔
قید سے چھڑا من آزاد کر کے، مجھ خدا کو پانے کی نجات لو گے۔

9.29 समोऽहं (समः + अहम्) सर्व + भूतेषु न मे द्वेष्योअस्ति (द्वेष्यः + अस्ति) न प्रियः।
ये भजन्ति तु मां भक्त्या मयि ते तेषु चाप्यहम् (च + अपि + अहम्)।।

9.29 बराबर हैं + मेरे लिये सारे + जीव, न मुझे बैर + है न प्रिय कोई।
जो भजते हैं, लेकिन मुझे, भक्ति पूर्वक, मेरे हैं वे, और + उनका + हूँ मैं।।

9.29 मेरे लिये सब एक से हैं, किसी से नफरत न प्यार मैं करता हूँ।
मुझे जो भक्ति से भजते हैं, वो मुझमें हैं और मैं उनमें बसता हूँ।।29।।

9.29 SamoAham (Samah + Aham) sarvabhooteshu (sarva + bhooteshu) na Me dveshyoasti (dveshyah + asti) na priyah.

Ye bhajanti tu Maam bhaktya Mayi te teshu chaapyaham (cha + api + Aham). ||29||

9.29 Equal + I am, to all + the beings, no enmosity + is there, nor attachment to any one. But who worship Me with devotion, they are Mine and + I am + also, theirs'.

9.29 I have equal heart for all beings, without hatred or love for them.
Those who worship Me devotedly,they dwell in Me and I in them. ||29||

۹۰۲۹۔ سَمواَہَم (سَمَہ+اہَم) سَروَبھوتیش (سَروَ+بھوتیش) نَ مے دْویشْیو اَسْتِ (دْویشْیہ+اَسْتِ) نَ پْرِیَہ،
یے بھجنتِ تُ مامْ بھکتیا مَیِ تے تیش چاپْیہَم (چ+اَپِ+اہَم)۔

۹۰۲۹۔ برابر +ہوں میں سب+ مخلوقات کے لئے نا مجھے بیر+ ہے کسی سے نا پیار۔
جو لیکن عقیدت کرتے ہیں میری (خدا کی) خلوص سے مجھ (خدا) میں ہیں اور +میں+بھی اُنمیں۔

۹۰۲۹۔ میں خدا ہوں رکھتا ہوں ایک نظر، مجھے پسند نا پسند نہ کوئی بھی۔
جو بھکت عبادت کرتے میری، میں اُنمیں وہ مجھ میں ہی رہتے سبھی۔

9.30 अपि चेत्सुदुराचारा (चेत् + सु + दुराचारः) भजते मामनन्यभक् (माम् + अनन्य + भाक्)। साधुरेव (साधुः + एव) स (सः) मन्तव्यः सम्यग्व्यवसितो (सम्यक् + व्यवसितः) हि सः।।

9.30 मन से, + अच्छे + बुरे, जिस भी आचरण वाला, भजता है (मुझे), मेरा +अटूट भक्त है। साधु ही है उसका मनोभाव, पूरी तरह से दृढ व्रती ही है वह।।

9.30 सदा चारी या दुराचारी भी, अडिग मन से जो भी भजे मुझको।
मानना चाहिये साधु उसे ही, डिगाता कुछ नहीं मन से जिसको।।30।।

9.30 Api chetsuduraachaaro (chet + su + duraachaarah) bhaaajte Maamananyabhaak (Maam + ananya + bhaak).

Saadhureva (Saadhuh + eva) sa (sah) mantavyah samyagvyavasito (samyak + vyavasitah) hi sah.

9.30 With focused mind + good + bad, whoever worships Me, + uninterrupted, + undiverted. Noble are his inner feelings, wholely strong willed is he.

9.30 Good or bad whoever person, consciously worships Me undiverted.
Is considerably a noble prson, with mind being God fixed undiverted. ||30||

۹۰۳۰۔ اَپِ چیتْسُدُراچارو (چیت+سُ+دُراچارَہ) بھجتے مامَنَنْیبھاک (مام+اَنَنْی+بھاک)،
سادھُریوَ (سادھُہ+ایوَ) سَ (سَہ) مَنْتوْیَہ سَمْیگْوْیَوَسِتو (سَمْیک+وْیَوَسِتَہ) ہِ سَ (سَہ)۔

۹۰۳۰۔ اچھے ہوش سے برے سلوک والا بھی عبادت کرتاہے، مجھ خدا کی +غیر مُنحَرِف+طور پے،
اچھاہی ہے، اُسکا منصوبہ پورا+فیصلہ کن ہے وہ(راہ خدا کے لئے)۔

۹۰۳۰۔ گر براکوئی مجھ خدا کی،عبادت کرنے لگتا ہے پورے من سے۔
یقیناً اُسے بھی مانو سادھوہی،لگ گیاجوخدامیں ایک ذہن سے۔

9.31 क्षिप्रं (क्षिप्रम्) भवति धर्मात्मा (धर्म + आत्मा) शश्वच्छान्तिं (शश्वत् + शान्तिम्) निगच्छति। कौन्तेय प्रतिजानीहि न मे भक्तः प्रणश्यति।।

9.31 जल्द ही हो जाता है, वह धार्मिक + मन का, हमेशा रहने वाली + शान्ति पाता है।
हे! कुन्ती पुत्र, घोषित कर दो, कि मेरा भक्त कभी नष्ट नहीं होता।।

9.31 मगर धर्मात्मा जल्दी ही, शाश्वत शान्ति पा जाता है।
कुन्तीपुत्र! करो घोषित कि, मेरा भक्त नहीं नष्ट होता है।।31।।

9.31 Kshipram bhawati dharmaatmaa (dharma + aatmaa) shashvachchhaantim (shashvat + shaantim) nigachchhati.
Kauntey pratijaaneehi na Me bhaktah pranashyati.

9.31 Soon he becomes rightly + resolved, acquires permanent + peace. O! Kunti's son , do announce, that My devotee never perishes.

9.31 In no time he becomes religious, and gets perpetual peace
Kunti's son! announce, never are destroyed My dcvotees. ||31||

۹۰۳۱۔ کْشِپْرَمْ بھَوَتِ دھَرْ ماتْما(دھَرْمَ+آ تْما) شَشْوَچْھانْتِمْ (شَشْوَت+شانْتِمْ) نِگَچّھتِ،
کَونْتیے پْرَتِجانیہِ نَ مے بھَکْتَہ پْرَنَشْیَتِ۔

۹۰۳۱۔ جلد ہی بن جاتاہے دھرماتما عبدی سکون پا لیتاہے،
یا! کُنتی ذدے، علان کر دو مجھ خداکا عقیدتمند نہیں ختم ہوتا ۔

۹۰۳۱۔ جلدہی پاک مذہبی وہ ہوکے، نہایت عالی سکون پاتاہے۔
کنتی ذادے! کرواعلان نڈر،میرا بھکت ختم نہیں ہوتاہے۔

9.32 मां (माम्) हि पार्थ व्यपाश्रित्य ये अपि स्युः पाप + योनयः।
स्त्रियो वैश्यास्तथा (स्त्रियः + वैश्याः + तथा) शूद्रास्तेअपि (शूद्राः + ते + अपि) यान्ति परां (पराम्)गतिम्।।

9.32 मेरी ही हे! पार्थ, शरण ले कर जो भी हैं, पाप + योनि से पैदा।
स्त्री, + व्यापारी या + नीच, वे भी जाते हैं, परम धाम।।

9.32 पार्थ! मेरी शरण में, पापी भी यदि आ जाते हैं।
स्त्रियों वैश्यों शूद्रों में, परम् गति सभी पाते हैं।।32।।

9.32 Maam hi Paartha vyapaashritya yeapi (ye + api) syuh paapayonayah (paapa + yonayah). Striyo (Striyah) vaishyaastathaa (vaishyaah + tathaa) shoodraasteapi (shoodraah + te + api) yaanti paraam gatim.

9.32 O! Paarth, taking refuge in Me, whosoever is born of sinful womb. Whore, + business person, + or lowly, they all go to Highest abode.

9.32 Taking refuge in Me Parth, they may get sinful source.
Women, traders, lowly also, come to Me in due course. ||32||

۹۰۳۲۔ مامْ ہِ پارْتھ وْیَپاشْرِتْی یےاَپِ(یے +اَپِ) سْیُہ پاپ +یونَیہ،
سْتْرِیوْ (سْتْرِیَہ) وْیشْیاسْتتھا (وْیشْیاہ +تتھا) شوْدْراسْتےاَپِ (شوْدْراہ+تے +اَپِ) یانْتِ پَرامْ گَتِمْ۔

۹۰۳۲۔ میری (خدا کی) ،یا! پارْتھ، پناہ میں آ کے جو +بھی ہوں پاپ+ سے پیدا ،
خواتین تجارتگار +اور اچھوت، وے +بھی پہنچتے ہیں سب سے زیادہ اونچے درجہ پے۔

۹۰۳۲۔ کیوں کہ میری پناہ لے کے، پارتھ! پاپ سے پیدا ہوئے لوگ بھی۔
،مجھ خدا کا عالی گھر پاتے ہیں،عورتیں تاجد اچھوت جیسے لوگ بھی۔

9.33 किं (किम्)पुनर्ब्राह्मणाः (पुनः + ब्राह्मणाः) पुण्या भक्ता राजर्षयस्तथा (राज + ऋषयः + तथा)।
अनित्यमसुखं (अनित्यम् + असुखम्) लोकमिमं (लोकम् + इमम्) प्राप्य भजस्व माम्।।

9.33 क्या कहना, फिर + ब्राह्मणों, पुण्य भक्तों और राजऋषियों का ।
नाशवान + दुःख भरे, इस + संसार को पा कर, भी भजते हैं मुझे ।।

9.33 फिर तो ब्राह्मणों धर्मात्माओं, राज ऋषियों की तो बात ही क्या।
इस दुःख भरे नाशी जग में, मुझे भज के पाना कठिन ही क्या।।33।।

9.33 Kim punarbraahmanaah (punah + braahmanaah) punyaa bhaktaa raajrishayastathaa (raaj + rishayah + tathaa). Anitymasukham (Anitym + asukham) lokamimam (lokam + imam) prapya bhajaswa Maam.

9.33 Then what to say about the brahmins, sacred devotees and kingly saints. Having got this mortal + painful world , worship Me.

9.33 Then what to say about, pure devotees and the ruling saints.
On the planet of death and pain, worship Me is easy to gain. ||33||

۹۰۳۳۔ کِم پُنر بْراہْمناہ(پُنہ+بْراہْمناہ) پُنیا(پُنیاہ) بھکتیا(بھکتاہ) راجرشیَستھا (راج+رِشیَہ+تتھا)،
انِتیَمسُکھَم (انِتیَم+اسُکھَم) لوکَمِمَم(لوکَم +اِمَم) پْراپیَ بھجسْوَ مام،

۹۰۳۳۔ کیا بات پھر+براہمنوں، پاک اولیاء، عقیدتمندوں اور راج رِشیوں کے لیۓ۔
خاتمہ والے+بغیر سکھ والے،سنسارمیں+اِس، حاصل کرو، مُجھ خُداکو، عبادت کرکے میری (خداکی)۔

۹۰۳۳۔ پھر کمال عالم پاک بھکتوں، راج رشیوں کوکیا مشکل۔
خدا پانافانی دُکھی دنیا میں، جِنکا خودمیں ہی ہوتادل۔

9.34 मन्मना (मत् + मनाः) भव मद्भक्तो (मत् + भक्तः)मद्याजी (मत् + याजी) मां (माम्) नमस्कुरु।
मामेवैष्यसि (माम् + एव + एष्यसि)युक्त्वैवमात्मानं (युक्त्वा + एवम् + आत्मानम्) मत्परायणः (मत् + परायणः)।।

9.34 बुद्धि से + मन से, बनो, मेरे + भक्त, मेरे + उपासक, मुझे नमश्कार करो।
मुझको + ही + पाओगे, जुड़ कर, + इस तरह + अत्मा से मेरी भक्ति में।।

9.34 मन से मेरे भक्त बनो, पूजा करो नमन करो।
मुझको पाओगे मुझसे, आत्मा जोड़े भक्ति करो।।34।।

9.34 Manmanaa (Mat + manaah) bhava Madbhakto (Mat + bhaktah) Madyaajee (Mat + yaajee) Maamnamaskuru. Maamevaishyasi (Maam + eva + aishyasi) yuktvaaivamaatmaanam (yuktva + aivam + aatmaanam) Matparaayanah (Mat + paraayanah).

9.34 With mind, + with heart, be My + devotee, My + worshipper, pay obeiscence to Me.
Will surely get Me , connecting with Me + like this + through soul, in My + devotion.

9.34 Think Me be devoted to Me, bow down to Me welcome Me.
Fixed in Me you will get to Me, let yourself become in Me. ||34||

۹۰۳۴۔ مَنْمنا (مَت+مَناہ) بھوَ مَدْبھکتو (مَت+بھکتہ) مَدْیاجی(مَت+یاجی) مامْ نَمسکُرُ،
مامیویشئیس(مام + ایو +ایشئیس) یُکتْویوَماتْمانَم (یُکتْوا +ایوَم +آتْمانَم) مَت +پَرایَنہ(مَت +پَرایَنہ)۔

۹۰۳۴۔ دماغ +دِل سے بنو میرے(خُداکے)+بھکت میرے (خُداکے)+عبادتغار مُجھے(خُداکو)آداب کرو،
مُجھ(خُدا)کو +ہی +پاؤگے جُڑکے + اور روح سے مُجھ (خُدا)سے + سدشاد ہوکے۔

۹۰۳۴۔ من سے میرے بھکت بنو،عبادت کروسر تسلیم خم کرو۔
عقیناً پالوگے مجھ کو، مجھ خدامیں روح بسائے رہو۔

अध्याय-10 : विभूति योग

CHAPTER 10 : Vibhoti Yogah

باب۔(۱۰) وِبھُوتِ یوٗگہ

- ईश्वर ब्रह्माण्ड का एक मात्र स्त्रोत पालक तथा संचालक है।
- अपने कण मात्र से सारे ब्रह्माण्ड में फैला है।
- कल्याणकारियों पर अनुकम्पा के लिये उनके मस्तिष्क में स्वयं आ कर ज्ञान प्रकाशित करता है।
- ईश्वर सर्वोच्च है।
- God is the only Source, Nurturer and Expenditurer of the universe.
- He is Spread in the universe by a particle of His Being.
- He Himself Appears in the minds of the healers to Enlighten them with Knowledge out of Compassion.
- God is Supreme.

۱۔ خدا ساری کائنات کے ہونے کے اکیلے زریعہ ہیں۔ پرورش کرنے والے ہیں۔ اور سرمایہ زاتی اخراجات ہیں۔

۲۔ وہ اپنے وجود کے ایک زرہ سے ساری کائنات میں پھیلے ہیں۔

۳۔ بھلائی کرنے والوں پر ہمدردی کرنے وہ ان کے زہن میں خد آکر انہیں علم دیکر روشن کرتے ہیں۔

۴۔ خدا سب سے زیادہ اونچے ہیں۔

अध्याय-10 Chapter–10

باب۔(۱۰)

श्रीभगवानुवाच Shree Bhagavaan uvaacha **श्रीभगवान बोले** Lord Shri said

شری بھگوانُواچ لارڈ خدا بولے

10.1 भूय एव महाबाहो शृणु मे परमं (परमम्) वचः। यत्तऽअहं (यत् + ते + अहम्) प्रीयमाणाय वक्ष्यामि हितकाम्यया (हित + काम्यया)।।

10.1 फिर से हे! बलिष्ट बाहों वाले, सुनो मेरे सर्वोच्च बोल।
जो + तुमसे + मैं, अर्थात अपने प्रिय से + कहूँगा, भले / अच्छे + के लिये।।

10.1 महाबाहु! सुनो फिर से, मेरा कहा हुआ सर्वोच्च।
कहता हूँ प्रिय मान के, तुम्हारे लाभ का सर्वोच्च।।1।।

10.1 Bhooya eva Mahaabaaho shrinu Me param vachah. Yatteaham
yat + te + Aham) preeyamaanaaya vakshyaami hitkaamyayaa (hit + kaamyayaa).

10.1 Again, O! mighty armed, listen to My highest speech. Which + for you, + I shall My loving friend, deliver for your + good.

10.1 Mighty Armed! listen again, the highest directive of Mine.
Which I am telling for your good, beloved you are of Mine. ||1||

۱۰۰۱۔ بھوئی (بھوئیہ) ایو مہابھو شرنُ مے پرَمَم وچہ،
یتّےاَہَم (یت + تے + اہَم) پرِیماناۓ وکشیام ہِتکامیا (ہت + کامیا)۔

۱۰۰۱۔ پھر سے یا! مضبوط باذو والے (اَرجُن)، سُنومیری (خُداکی) سب سے زیادہ اونچی بات،
جِسے میَں (خُدا) اپنے پیارے کے لیئے کہ رہا ہوں، اچھے کے لیئے۔

۱۰۰۱۔ یا! مضبوط باذو والے ارجن! سنو ایک بار پھر سے، میری اعلی باتیں تم۔
تمہاری بھلائی کے لیئے بتارہا، میرے بڑے پیارے ہو دوست ہو تم۔

10.2 न मे विदुः सुरगणाः प्रभवं (प्रभवम्) न महर्षयः (महा + ऋषयः)। अहमादिर्हि (अहम् + आदिः + हि) देवानां (देवानाम्) महर्षीणां (महा + ऋषीणाम्) च सर्वशः।।

10.2 नहीं जानते मेरा, दिख जाना, न देवता लोग, न ही महान + ऋषि।
मैं + पहला + ही हूँ, देवताओं और महा+ ऋषियों से भी, और हर तरह से।।

10.2 मुझे न जानते हैं देवता, महर्षि न जाने वैभव मेरा।
देवों महर्षियों से आगे का, सर्व प्रथम उद्भव मेरा।।2।।

10.2 Na me viduh suraganaah (sura + ganaah) prabhavam na maharshayah (mahaa + rishayah). Ahamaadirhi (Aham + aadih + hi) devaanaam maharsheenaam (mahaa + risheenaam) cha sarvashah.

10.2 Neither know the Gods, My appearance/rise, nor the great + rishis (saints). I Am + earlier than (appeared first/ before) + the Gods and great + saints in all respects.

10.2 Gods and sages don't know, the treasure of My Godly origin.
Due to My pre existence, I always stand earlier to them even. ||2||

۱۰۰۲۔ نَ مے وِدُہ سُرگناہ پْرَبھوَم نَ مہَرشَیہ،
اَہَمادِرْ ہِ(اَہَم+آدِہ +ہِ) دیوانام مہَرشِیْنام(مہا+رِشِیْنام) چ سَرْوَشہ۔

۱۰۰۲۔ نہیں مجھ خُداکے جانتے ہیں عظیم لوگ اثرکو نا بڈے رِشی ہی،
میٔں خُدا+ پہلا ہوں دیوتاوں اور بڈے ریشیوں سے بھی پہلا ہرطرح سے ہوں۔

۱۰۰۲۔ نہ دیووں نہ بڑے رشیوں کو، پتامیری بےشمار عظمتیں۔
کیوں کی یہ بھی ہرطرح سے، پیدامجھ خداسےہی ہیں ہوتے۔

10.3 यो मामजमनादिं (माम् + अजम् + अनादिम्) च वेत्ति लोकमहेश्वरम् (लोक + महेश्वरम्)। असम्मूढः (अ + सम्मूढः) स (सः) मर्त्येषु सर्वपापैः (सर्व + पापैः)प्रमुच्यते।।

10.3 जो मुझे + अजन्मा + सदा से रहने वाला और + संसारों का + महा + ईश्वर जानता है।
बु)िमान वह, मरणशीलों में, सब पापों से मुक्त हो जाता है।।

10.3 मुझे अजन्मा अनादि, महेश्वर लोकों का जो जानता।
बिना मोह का वो ज्ञानी, मृत्यु लोक में पाप धो डालता।।3।।

10.3 Yo (Yah) Maamajamanaadim (Maam + ajam + anaadim) cha vetti lokamaheshwaram (loka + Mahaa + eeshwaram). Asammoodhah sa (sah) Martyeshu sarvapaapaih (sarva + paapaih) pramuchyate.

10.3 The one who knows Me + as Unborn, + Without beginning, and The Greatest + God of + all the worlds. Wise he, amongst all the mortals, bcomes of all + sins free.

10.3 The one who knows Me as, Unborn Preempt Highest God of universe.
Only he becomes free of doubt ,and free of sin amongst the mortals. ||3||

۱۰۰۳۔ یوٗ (یَہ) مامجَنادِم (مام+اَجَم+آدِم) چَ ویتِّ لوکَمہیشوَرَم(لوک+ مہیشوَرَم)،
اَسَمموٗڑھہ سَ (سَہ) مَرتیَیشُ سَروَپاپَیہ (سَروَ+ پاپَیہ) پْرَمُچیتے۔

۱۰۰۳۔جو مُجھے(خُدا کو) +بغرپیداُش کا+ اور پہلا جانتاہے، سنسار کا +سبسے بڈا خُدا (عالمی آقا)،
بغیرجہالت (بلاشک) وہ مرنےوالوں میں سارے + پاپوں سےچھوٹ جاتاہے(بُرےکام چھوڑدیتاہے)۔

۱۰۰۳۔ اعلی خدا میراےوجود کو ، پیدائش اور شروعات بنا جانتا جو۔
فانی لوگوں کےاس جہان میں بھی،شک اور پاپ سےچھٹ کےجاتا وہ۔

10.4 बुद्धिर्ज्ञानमसम्मोहः (बुद्धिः + ज्ञानम् + असम्मोहः) क्षमा सत्यं दमः शमः। सुखं दुखं भवोऽभावो (भवः + अभावः) भयं चाभयमेव (च + अभयम् + एव) च।।

10.4 बुद्धि, + ज्ञान, + संशय हीनता, क्षमा करना, सच्चाई, इन्द्रियों और मन पर नियंत्रण।
सुख, दुःख, जन्म, मृत्यु, डरना और + न डरना + भी।।

10.4 बुद्धि ज्ञान संदेह विहीनता, क्षमा सच्चाई इन्द्रियों का नियमन।
सुख दुःख जन्म मृत्यु डर निडरता, स्थिर संयत नियंत्रित मन।।4।।

10.4 Buddhirgyaanamasammohah (Buddhih + gyaanam + asammohah) kshamaa satyam damah shamah. Sukham dukham bhavoabhaavo (bhavah + abhaavah) bhayam chaabhayameva (cha + abhayam + eva) cha.

10.4 Wisdom, + knowledge, + doubtlessness, forgiveness, truth, control over senses and mind. joy–pain, birth–death, fear and + no fear + even too.

10.4 Wisdom, knowledge, doubtlessness, forgiving, and truthfulness.
Control on sense–mind, joy– pain, birth–death, fear–fearlessness. ||4||

۱۰۰۴۔ بُدّھِرگیا نمسّموہہ (بُدّھِہ+گیانم+اَسّموہہ) کشما ستیم دمہ شمہ،
سُکھم دُکھم بھوَابھاوَ(بھوَہ+اَبھاوَہ) بھیم چابھیمیوَ (چَ+اَبھیم +ایوَ) چَ۔

۱۰۰۴۔ عقل+علم+غیر فحاشی+معافی، سچ ائی ، حواس اور دِل پے قابو رکھنا،
سکھ دکھ ہونا + نا ہونا ڈرنا اور نا ڈرنا +بھی ۔

۱۰۰۴۔ عقل علم کے ساتھ بلاشک رہنا، معافی دینا اور سچاّ ہونا، حواس اور من پے خودلگامی ہونا۔
سکھ۔دکھ پیدائش۔موت میں ایک سار ہنا،خوف اور نڈرپن میں بھی متوازن ہونا۔

10.5 अहिंसा समता तुष्टिस्तपो (तुष्टिः + तपः) दानं (दानम्) यशोऽयशः (यशः + अयशः)। भवन्ति भवा भूतानांमत्त (भूतानाम् + मत्त) एव पृथग्विधाः (पृथक् + विधाः)।।

10.5 अहिंसा, समान भावना, संतुष्ट रहना, + तप करना, दान देना, यश, + अपयश।
संसार के लोगों में मुझसे ही, अलग अलग तरह के गुण आते हैं।।

10.5 अहिंसा समभाव संतुष्टि, तप दान यश अपयश।
जीवों में अलग प्रकृतियां, आती हैं मेरे कारणवश।।5।।

10.5 Ahimsaa samataa tushtistapo (tushtih + tapah) daanam yashoayashah (yashah + ayashah). Bhavanti Bhaavaa bhootaanaam matta eva prithagvidhaah (prithak + vidhaah).

10.5 Nonviolence, equanimity, satisfaction, + penance, donation, fame + infamy. Get all characters, the people, from Me only, of different + types.

10.5 Non violence, equanimity, satiation, penance, donation, infamy.
Or fame like all such characters, different people get from Me. ||5||

۱۰۰۵۔ اَہمسا سَمتا تُشٹِستَپو(تُشٹِہ+تَپہ) دانَم یَشوَ اَیَشہ(یَشہ+اَیَشہ)،
بھَوَنتِ بھاوا بھوٗتانامْ مَتَّتَ ایوَ پرِتھگوِدھاہ(پرِتھگ +وِدھاہ)۔

۱۰۰۵۔ عدم تشدد ، ہمواری ،اطمینان ،+ برداشتگی ،دان، شہرت، + بدنامی ،
ہوتی ہیں خصوصیات لوگوں میں مُجھ(خُدا) سے ہی(پائی ہوئی) الگ الگ+طرح کی۔

۱۰۰۵۔ تشدّد۔ہمواری اطمینانی جھیل، قربانی شہرت بدنامی کی خوبیاں۔
سب مخلوقات پاتے ہیں، مجھ خداکے ذریعہ ہی ساری خوبیاں۔

10.6 महर्षयः (महा + ऋषयः) सप्त पूर्वे चत्वारो (चत्वारः) मनवस्तथा (मनवः + तथा) । मद्भावा (मत् + भावाः) मानसा जाता येषां (येषाम्) लोक इमाः प्रजाः।।

10.6 महा + ऋषि सात, प्राचीन (पहले के) और + मनु + चार ।
मेरे मन के + भावों से जन्मे, जिनसे इस संसार की प्रजा है।।

10.6 पहले के सात महर्षि, और मनु जो चार हुए हैं।
मेरी चाह से पैदा इनके, पुत्रों से संसार हुए हैं।।6।।

10.6 Maharshyah sapta poorve chatvaaro (chatvaarah) manavastathaa (manavah + tathaa). Madbhaavaa (Mat + bhaavaah) jaataa yeshaam loka imaah prajaah.

10.6 The great + sages, seven of earlier times, and + Manus + four. From My + heart's feelings,took birth, through whom in this world, was spread the populace.

10.6 Seven Great rishis and four first manus, got existence from Me.
People spread as their heir, My nature My mind had sourced these. ||6||

۱۰۰۶۔ مَہرشَیَہ سَپْتَ پوٗروے چَتْوارَوَ مَنَوَسْتَتھا (مَنَوَہ+تَتھا)،
مَدْبھاوا (مَتْ+ بھاواہ) مانَسا جاتا یَیشامْ لوَکَ اِماہ پْرَجاہ۔

۱۰۰۶۔ بڑے رِشی سات پہلے کے چار مَنُ +اور ،
میری (خُداکی) + قدرت اورمن سے پیدا ہوے جن سے دنیا میں یہ ساری آبادی ہیں۔

۱۰۰۶۔ عظیم سات رشی اور اُن سے پہلے کے، چار مَنُ بھی جہان میں پھیلے۔
پیدا ہوئے میرے عناصر سوچ سے ، اِن کے بچے دُنیاں میں پھیلے۔

10.7 एतां (एताम्) विभूतिं (विभूतिम्) योगं (योगम्) च मम यो वेत्ति तत्वतः। साऽविकल्पेन (सः + अविकल्पेन) योगेन युज्यते नात्र (न + अत्र) संशयः।।

10.7 मेरा यह ऐश्वर्य और योग जो सच्चाई से जानता है।
उसका + बिना विकल्प, योग से जुडदृने में, नहीं है + यहां संशय।

10.7 मेरा यह एश्वर्य व योग, सच में जो कोई जानता है।
जुड. ा मुझसे रहके वो, सच में और न कहीं जाता है।।7।।

10.7 Etaam vibhootim yogam cha mama (Mama) yo (yah) vetti tatvatah.
Soavikalpena (Sah + avikalpena) yogena yujyate naatra (na + atra) sanshyah.

10.7 This Lordship (treasure) and yog Mine, whosoever knows truly. His connectivity with yog, + without any alternative is + here, beyond doubt.

10.7 All these of my treasures and yog, whosoever knows as true.
Without doubt opts to practice yog, fixed to Me as yogi true. ||7||

۱۰۰۷۔ ایتامْ وِبھوُتِمْ یوگمْ چ مَم یہُ ویتِّ تتوتہ،
سوَاوِکلپین (سہ+اوِکلپین) یوگین یُجیتے ناتر (نَ+اَتر) سنشیہ۔

۱۰۰۷۔ یہ عظمتیں یوگ کی اور میری (خُداکی) جو جانتا ہے سچائی سے،
وہ +یقیناً یوگ سے جُڑا رہتاہے ، نہیں ہے+ اِس میں کوئی شک۔

۱۰۰۷۔ میری (خداکی) تخلیقی مہارت اور جو، یوگ بل کی سمجھ رکھتا ہے۔
جڑ جاتا مجھ خدا سے ہے کام یوگ سے وہ، اسمیں کوئی نہ شک رہتا ہے۔

10.8 अहं (अहम्) सर्वस्य प्रभवो (प्रभवः) मत्तः सर्वं प्रवर्तते। इति मत्वा भजन्ते मां (माम्) बुधाः भावसमन्विताः (भाव + समन्विताः)।।

10.8 मैं सबका स्त्रोत हूँ, मुझसे सब निकले / फैले हैं।
ऐसा मान कर मुझे भजते हैं, बु)िमान, भाव + पूर्ण हो कर।।

10.8 मैं ही सबको जन्म देता, सब कुछ फैलता है मुझसे।
यह मान के बु) वाले, मन से करते प्रीति मुझसे।।8।।

10.8 Aham sarvasya prabhawo mattah sarvam pravartate. Iti Matwaa bhajante maam (Maam) budhaa (budhaah) bhaavasamanvitaah (bhaava + samanvitaah).

10.8 I am the total source, through Me all have spread. With this thought, pray Me the wise, emotionally.

10.8 I Am the source, all beings originated from Me.
Thinking this devotedly,the wise worship Me. ||8||

۱۰۰۸۔ اَہَمْ سَرْوَسْیَ پْرَبھوَ (پْرَبھوَ ہ) مَتَّہ سَرْوَمْ پْرَوَرْتَتے،
اِتِ مَتْوا بھَجَنْتے مامْ بُدھا (بُدھا ہ) بھاوَ+سَمَنْوِتاہ۔

۱۰۰۸۔ میَں (خُدا) سب کی پیدائش کا ذریعہ ہوں ، مُجھ (خُدا) سے سب پھیلے ہیں ،
ایسا مان کے مُجھ خُدا کو بھجتے ہیں عقلمند لوگ دِل سے+جُڑ کے۔

۱۰۰۸۔ ساری کائنات کا میَں ہوں ذریعہ، مجھ خدا سے دنیا چلتی ہے۔
اسی علم کی عقلمندی سے میری، من مرکوز عبادت کرتی ہے۔

10.9 मच्चित्ता (मत् + चित्ता) मद्गतप्राणा (मत् + गत + प्राणा) बोधयन्तः परस्परम्। कथयन्तश्च (कथयन्तः + च) मां (माम्) नित्यं (नित्यम्) तुष्यन्ति च रमन्ति च ।।

10.9 मुझमें + मन और मुझमें ही + लगा कर + जान, समझते हैं आपस में।
और + बातें करते, मेरी ही, नित्य संतुष्ट होते हैं, और आनन्दित भी।।

10.9 मुझमें रखते मन और प्राण, एक दूसरे से समझते हैं।
मेरी बातें करते हर दम, तृप्त और प्रसन्न होते हैं।।9।।

10.9 Machitta madgatapranaa (Mat + gata + praanaah) bodhayantah parasparam.
Kathayantashcha (Kathayantah + cha) Maam nityam tushyanti cha ramanti cha.

10.9 Fixing mind in Me, + and life too, intimately understand Me amongst themselves. And + talking about Me daily , they keep satisfied and happy too.

10.9 With heart in Me life in Me, they talk themselves about Me.
By chatting regularly about Me, content and blessed they be. ||9||

۱۰۰۹۔ مچِتّا (مَت+چِتّاہ) مَدْگَتپْرانا (مَت+گَت+پْرانا) بودھَیَنْتہ پَرَسْپَرَم،
کَتھَیَنْتَشْچ (کَتھَیَنْتہ +چ) مام نِتْیَم تُشْیَنْتِ چ رَمَنْتِ چ۔

۱۰۰۹۔ مُجھ (خُدا) میں +دِل مُجھ میں + لگا کے+جان سمجھتے ہیں آپس میں (ایک دُوسرے کو)،
باتیں کرتے ہیں میری (خُدا کی) روز پیاس بُجھاتے ہیں اور خش رہتے ہیں۔

۱۰۰۹۔ عقل کو مجھ میں رکھ کے ، زندگی میری پناہ میں دے کے۔
بھکت میری باتیں کرتے، سکون سے ہردم خوش ہی رہ کے۔

10.10 तेषां (तेषाम्) सततयुक्तानां (सतत + युक्तानाम्) भजतां (भजताम्) प्रीति पूर्वकम् (प्रीति + पूर्वकम्)। ददामि बुियोगं (बुि + योगम्) तं (तम्) येन मामुपयान्ति (माम् + उपयान्ति) ते।।

10.10 उन सतत + जुडदृ प्रीति + पूर्वक भजने वालों को। देता हूँ योग + बुि, जिससे मुझको + पा लेते हैं, वे ।।

10.10 सदैव लीन अपने इन, प्रेमी भक्तों को मेरे खास।
देता सच्ची बुि मैं, जिससे आते वो मेरे पास।।10।।

10.10 Teshaam satatayuktaanaam (satata + yuktaanaam) bhajataam preetipoorvakam (preeti + poorvakam). Dadaami buddhiyogam (buddhi + yogam) tam yena maamupayaanti (Maam + upayaanti) te.

10.10 To those always + connected ones, who worship Me with + love. I provide with yog + wisdom, through which they reach + Me.

10.10 Those always fixed in Me, who worship Me devotedly.
I provide them yog intellect, so they get Me definitely. ||10||

۱۰۰۱۰۔ تیشام سَتَتیُکتانامْ (سَتَت +یُکتانامْ) بھجَتامْ پْرِیتِپُوْرْوَکَمْ (پْرِیتِ +پُوْرْوَکَمْ)،
دَدامِ بُدّھِیوگَمْ (بُدّھِ +یوگَمْ) تَمْ یینَ مامُپَیانْتِ (مامْ+اُپَیانْتِ) تے۔

۱۰۰۱۰۔ اُن (مُجھ (خُدا سے) ہمیشہ+جُڑے ، عقیدت مند محبت +آمیز لوگوں کو،
(مَیں خُدا) دیتا ہوں ذہن+یوگ وہ جس سے مُجھ خُدا تک پہنچ جاتے ہیں۔

۱۰۰۱۰۔ جو پیار اور بھکتی سے جڑ کے، مجھ خدا کی ہمیشہ عبادت کرتے ہیں۔
انہیں صحیح سمجھ کا یوگ دیتا ہوں، جس سے وہ میرے پاس آجاتے ہیں۔

10.11 तेषामेवानुकम्पार्थमहमज्ञानजं (तेषाम् + एव + अनुकम्पा + अर्थम् + अहम् + अज्ञान + जम्) तमः। नाशायाम्यात्मभावस्थो (नाशायामि + आत्म + भाव + स्थः) ज्ञान + दीपेन भास्वता।।

10.11 उनपर + ही + अनुकम्पा + के लिये, + मैं + अज्ञान से + उत्पन्न, अंधकार।

नष्ट करता हूँ, उनके + अपने + हृदय में + ˙स्थित ज्ञान के + दिये के प्रकाश से।।

10.11 विशेष कृपा उन पर करने, अज्ञान जनित अंधकार हरने।
ज्ञान दीप प्रजज्वलित करने,आत्म स्वभाव में आता रहने।।11।।

10.11 Teshaamevaanukampaarthamahamagyaanajam (Teshaam + eva + anukampaartham + Aham + agyaanajam) tamah.
Naashayaamyaatmabhaavastho (Naashayaami + aatma + bhaava + sthah)
gyaanadeepena (gyaana + deepena) bhaaswataa.

10.11 On them + for + compassion, + I + for their ignorance + born darkness. To end I on their + own + heart, + situated, knowledge, + lamp, enlighten.

10.11 I appear on their self, to kill ignorance born darkness.
by lighted wisdom lamp,on their self to end darkness. ||11||

۱۰۔۱۱۔ تیشامیوانُکمپارتھمہمگیانجم (تیشام+ایو+انُکمپا+ارتھم+اہم+اگیان+جم) تمہ،
ناشیامیاتمبھاوستھو (ناشیامِ+آتمبھاو+ستھہ) گیاندیپین (گیان+دیپین) بھاسوتا۔

۱۰۔۱۱۔ اُن پر + یقیناً + ہمدردی + کے لیۓ + میں (خُدا) + جہالت سے + پیدا اندھیرے،
مٹادیتاہوں + اُن کے دِلوں میں رہنے والے علم کے دِیے روشن کرکے۔

۱۰۔۱۱۔ انکے دل میں بیٹھامیں، ان پر ہمدردی کے لیۓ آتاہوں۔
علم کادیاجلاکرمیں، جہالت کے اندھیرے مٹادیتاہوں۔

अर्जुन उवाच Arjuna uvaacha **अर्जुन बोले** Arjun said

اَرجُن اُواچ ارجن بولے

10.12 परं (परम्) ब्रह्म परं (परम्) धाम पवित्रं (पवित्रम्) परमं (परमम्) भवान्।
पुरुषं (पुरुषम्) शाश्वतं (शाश्वतम्) दिव्यमादिदेवमजं (दिव्यम् + आदि + देवम् + अजम्) विभुम्।।

10.12 सबसे ऊँचे स्त्रोत, सबसे ऊँचे आधार, सबसे शु) हैं आप।
सतत आत्मा दिव्य, + आदि, + देवता + अजन्में, सबसे ऊँचे हैं।।

10.12 सबसे ऊँचे सहारे घर, ब्रह्म पवित्र सब के स्त्रोत हैं आप।
शाश्वत पुरुष दिव्य महान, आदि अजन्मे सर्वोच्च हैं आप।।12।।

10.12 Param Brahm Param Dhaama Pavitram Paramam Bhavaan.

Purusham Shaashvatam Divyamaadidevamajam (Divyam + Aadi + Devam + Ajam) Vibhum.

10.12 The Highest source, The Highest base, and The Purest,The Greatest You are. Soul Eternal, Divine, + First, + God + Unborn, The Supreme.

10.12 The Highest Source, The Highest abode, and The Purest are You.
The Eternal Soul, Divine, Preemptive, Unborn, The Greatest are You. ||12||

۱۰۰۱۲۔ پَرَم بْرَہم پَرَم دھامَ پَوِتْرم پَرَمَم بھَوان،
پُرُشَم شاشْوَتَم دِوْیَمادِدیوَمَجَم (دِوْیَم+آدِ+دیوَم+اَجَم) وِبھُم۔

۱۰۰۱۲۔ سب سے اونچے خلّاق ، سب سے اونچے گھر ، سب سے پاک ہیں آپ،
روح عبدی الٰہی +پہلے+ خُدا+بغیر پیدائش سب سے بڑے۔

۱۰۰۱۲۔ نہایت اعلیٰ خلاق اور گھر، سب سے اونچے اور پاک ہیں آپ۔
روح لافانی آغاز عالی، بغیر پیدائشی خدا کائنات ہیں آپ۔

10.13 आहुस्त्वामृषयः (आहुः + त्वाम् + ऋषयः) सर्वे देवर्षिनारदस्तथा (देव + ऋषि + नारदः + तथा)।
असितो (असितः) देवलो (देवलः) व्यासः स्वयं (स्वयम्) चैव (च + एव)ब्रवीषि मे।।

10.13 बताते हैं, + आपके बारे में, + सारे ऋषि तथा देव + ऋषि नारद + और।
असित, देवल, व्यास और + ऐसे ही स्वयं आपने भी बताया मुझे ।।

10.13 सभी ऋषियों देवर्षियों ने, बताया है आपके बारे में।
असित देवल और व्यास ने, स्वयं आपने भी अपने बारे में।।13।।

10.13 Aahustwaamrishayah (Aahuh + Twaam + rishayah) sarve devarshirnaaradastathaa (Devarshih + Naaradah + tathaa).

Asito (Asitah) Devalo (Devalah) Vyaasah Swayam chaiva (cha + eva) braveeshi me.

10.13 Describe + You, the sages and all the God's sages, + Naarad + and also. Asit, Deol, Vyas and You also + told about Yourself to me.

10.13 You have been described by, Saints and Godly sages too.
Like Narad Asit Deol Vyas, You are also telling about You. ||13||

۱۰۰۱۳۔ آہُستْوامْرِشَیَہ (آہُہ+تْوام +رِشَیَہ) سَرْوے دیوَرْشِرْنارَدَسْتَتھا (دیوَ + رِشِہ+نارَدَہ+تَتھا)،
اَسِتو (اَسِتَہ) دیوَلو (دیوَلَہ) وْیاسَہ سْوَیَم چَیوَ (چَ+اِیوَ) بْرَوِیشِ مے۔

۱۰۰۱۳۔ بیان کیا +آپکو + رِشیوں نے سارے اور دیو رِشی+نارد+نے بھی،
اِست ، دیوَل ، وْیاس نے اور+ خُد آپ بھی بتا رہے ہیں مُجھے۔

۱۰۰۱۳۔ دیورِشی نارَد نے آپکا سچ، اَست دیوَل اور وْیاس نے بھی کہا۔
اور آپنے بھی یا! خدا، اپنا یہ سچ خود بھی مجھ سے کہا۔

10.14 सर्वमेतदृतं (सर्वम् + ऐतत् + ऋतम्) मन्ये यन्मांवदसि (यत् + माम् + वदसि) केशव। न हि ते भगवन्व्यक्तिं (भगवन् + व्यक्तिम्) विदुर्देवा (विदुः + देवाः) न दानवाः।।

10.14 सब कुछ + यह + सच मानता हूँ, जो आपने मुझसे कहा, हे! केशव। न तो
आपके भगवान स्वरूप को, जानते हैं, + देवता, न दानव।।

10.14 केशव! आपकी कही सारी, बातें सच मानता हूँ मैं।
आपके ईश्वर स्वरूप को, देव दानव जानते न हैं।।14।।

10.14 Sarvametadritam (Sarvam + etat + ritam) manye yanmaam (yat + maam) vadasi Keshava. Na hi te Bhagavanvyaktim (Bhagavan + vyaktim) vidurdevaa (viduh + devaa) na daanawaah.

10.14 All + this + true, I consider, whatever + to me, You told, O! Keshav.Neither do, Your God + manifestation, The Demi–Gods + know, nor the devils.

10.14 I accept each word as truth, Keshav! spoken by You.
Neither Gods nor devils, realize Godly Form of You. ||14||

۱۰۰۱۴۔ سَرْوَمایتَدْ رِتَم (سَرْوَم+ایتَت+رِتَم) مَنْیے یَنْمام (یَت+مام) وَدَسِ کیشَو،
نَ ہِ تے بھگَونْویَکْتَم وِدُرْ دیوا نَ دانَواہ۔

۱۰۰۱۴۔سب+یہ+سچ مانتاہوں جو+مجھے، آپ نے بتایا ، یا! کیشَو،
نہیں ہی جانتے ہیں وے آپکا خُدائی وجود نادیوتا ناہی شیطان۔

۱۰۰۱۴۔ کیشو! میں آپکا کہاہوا، لفظ با لفظ ہوں سچ مانتا۔
مالک! کیوں کہ آپکا خدائی روپ،کوئی بھی نہیں جانتا۔

10.15 स्वयमेवात्मनात्मानंवेत्थ (स्वयम् + एव + आत्मन् + आत्मानम् + वेत्थ) त्वं (त्वम्) पुरुषोत्तम (पुरुष + उत्तम)। भूतभावन (भूत + भावन) भूतेश (भूत + ईश) देवदेव (देव + देव) जगत्पते (जगत् + पते)।।

10.15 स्वयं + ही + अपने को + अपने आप, + कहा, कि आप आत्मा / स्वयं + सर्व श्रेष्ठ हैं।
जीवों के + जन्म स्थान, जीवों के + ईश्वर, देवो के + देव और संसार के + स्वामी।।

10.15 आप ही अपने आपको, स्वयं जानते पुरुषोत्तम।
सभी जीवों देव देवों के, ईश्वर हैं आप हैं उद्गम।।15।।

10.15 Swayamevaatmanaatmaanam (Swayam + eva + aatmana + aatmaanam) vettha Tvam Purushottama. Bhootabhaavana (Bhoota + bhaavana) Bhootesha (Bhoota + Esha) devadeva (Deva + Deva) jagatpate (jagat + pate).

10.15 You Yourself + Described + You + as The Best Soul. The place of birth of beings, The God of + beings, The God of + Gods and The Lord Of + the universe.

10.15 Undoubtedly Only You, know Yourself O! Supreme Soul.
Lord of beings and the worlds, and The Universal Soul. ||15||

۱۰۰۱۵۔ سْوَیَمواتْمَناتْمانَم(سْوَیَم+ایوَ+آتْمَنا+آتْمانَم) وِیتّھ تْوَم پُرُشوتّم،
بھوتَبھاوَنَ (بھوتَ+بھاوَنَ) بھوتیش(بھوتَ+ایش) دیوَدیوَ(دیوَ+دیوَ) جَگَتْپَتے(جَگَت+پَتے)۔

۱۰۰۱۵۔ خود+ آپ+ہی+اپنے کو جانتے ہیں، آپ یا! سبسے زیادہ اونچی روح ،
ذریہ +مخلوق ، خُدا مخلوق ،خُدا + خُدا ، مالک+ جہان۔

۱۰۰۱۵۔ صرف آپ ہی خود کا، عالی روح ہونا جانتے ہیں۔
آپکا روپ ذریعہ خللقت ،مالک مخلوق خدا ہے مانتے ہیں۔

10.16 वक्तुमर्हस्यशेषेण (वक्तुम् + अर्हस्य + अशेषेण) दिव्या ह्यात्मविभूतयः (हि + आत्म + विभूतयः)।
याभिर्विभूतिभिर्लोकानिमांस्त्वं (याभिः + विभूतिभिः + लोकान् + इमान् + स्त्वम्) व्याप्य तिष्ठसि।।

10.16 बताने में, + स्वयं समर्थ हैं, + सारी ही, दिव्य अपनी विभूतियाँ।
जिन + विभूतियों से + इन संसारों में, + आप, व्याप्त हो कर बैठे हैं।।

10.16 आप ही बस अपनी सारी, विभूतियां बता सकते हैं।
जिनसे सब संसारों में, व्याप्त होकर आप बैठे हैं।।16।।

10.16 Waktumahrasiasheshena (Waktum + arhasi + asheshena) Divyaa hyaatmavibhootayah (hi + aatma + vibhootayah).
Yaabhirvibhootibhirlokaanimaanstvam (Yaabhih + vibhootibhih + lokaan + imaan + Tvam) vyaapya tishthasi.

10.16 For telling + You are + wholely capable, only + Yourself + to describe Your own divine treasures. By which + treasures, + in this world + You,being Omnipresent ,are seated.

10.16 You and only You are able, to describe all the treasures of Yours.
The Wealth by which you pervade, sitting in all the worlds of Yours. ||16||

۱۰۰۱۶۔ وکتمُ ہسّی شیشین (وکتم+ارٌ ہسِ+اشیشین) دِؤیا(دِؤیاہ) ہیاتمو بھوتیہ (ہِ+آتم+وبھوتیہ)،
یابھرٗ وبھوٗ تبھرٗ لوٗ کانماتشوٗم (یابھہ+وبھوٗ تبھہ+ لوکانٗ +اِمانٗ +توٗم) ؤیاپیٗ تشتھس۔

۱۰۰۱۶۔ بیان کرنے+قابل ہیں آپ ہی+تفسیل سے الٰہی بلاشک+اپنی + اھمیتیں،
جن +عظمتوں سے+ جہانوں میں+ ان+ آپ پھیلے ہوئے بیٹھے ہین۔

۱۰۰۱۶۔ صرف آپ ہی اپنی خیاتی، پوری طرح سے بتا سکتے ہیں۔
برائے کرم جہاں میں موجود ،اپنی خوبیاں بیان کریں۔

10.17 कथं (कथम्) विद्यामहं (विद्याम् + अहम्) योगिंस्त्वां (योगिन् + त्वाम्) सदा परिचिन्तयन्।
केषु केषु च भावेषु चिन्त्योऽसि (चिन्त्यः + असि) भगवन्मया (भगवन् + मया)।।

10.17 किस विद्या से + मैं हे! योगी,. + आपको सदा याद करूँ। और किन किन रूपों में ध्यान करूँ + आपका, हे! भगवान + मेरे।।

10.17 कहिये किस विद्या से, योगी! आपका ध्यान करूँ।
कौन कौन से भावों से, मेरे भगवान! मैं याद करूँ।।17।।

10.17 Katham vidyaamaham (vidyaam + aham) yoginstwaam (yogin + Twaam) sadaa parichintayan. Keshu keshu cha bhaaveshu chintyoasi (chintyah + Asi)
Bhagavanmayaa (Bhagavan + mayaa).

10.17 By which + knowledge, + do I, O! Yogi, + upon You,always meditate. And which manifestations do I remember, + You, O! My + God.

10.17 How can I know You O! Yogi, always keeping You in mind.
In how many of Your Forms, I can worship you O! Divine. ||17||

۱۰۰۱۷۔ کتھم وِدیامہم (وِدیام+اہم) یوگنستوام(یوگن+ توام) سدا پرِچنتین،
کیشُ کیشُ چ بھاویشُ چنتیوٗاسِ (چنتیہ+اسِ) بھگونمیا (بھگون+میا)۔

۱۰۰۱۷۔ کس علم سے +میں یا! یوگی+آپ کو ، ہمیشہ یاد کروں،
اور کون کون سے اظہار کرروں+آپ کے لئے خدا+میرے۔

۱۰۰۱۷۔ کس اصول کس یوگ سے میں، ہمیشہ آپکی سوچ کروں۔
میرے خدا! کن کن جزباتوں سے، ذہن آپسے جوڑے رکھوں۔

10.18 विस्तरेणात्मनो (विस्तरेण + आत्मनः) योगं (योगम्) विभूतिं (विभूतिम्) च जनार्दन (जन + अर्दन)।
भूयः कथय तृप्तिर्हि (तृप्तिः + हि) शृण्वतो (शृण्वतः) नास्तिमेऽमृतम् (न + अस्ति + मे + अमृतम्)।।

10.18 और विस्तार करें, + अपनी योग विभूतियाँ हे! नास्तिकों को मारने वाले, (कृष्ण)।
फिर से कहें, तृप्ति + ही नहीं हो रही है, सुनते + मुझे + अमृत यह।।

10.18 सविस्तार कहिये अपनी, योग विभूतियां जनार्दन।
बार बार सुन के भी हो नहीं, तृप्ति आपका अमृत वर्णन।।18।।

10.18 Vistarenaatmano (Vistaren + aatmanah) yogam vibhootim cha Janaardana.
Bhooyah kathaya triptirhi (triptih + hi) shrinvato (shrinvatah) naasti (na + asti) meamritam (me + amritam).

10.18 And describe in more detail, + Your Yog powers,and O! Janaardan (The killer of atheists). Tell again, My ears are thirstier, the more they listen to Your speech ambrosia.

10.18 Janardan! glories of Your Yog, please tell me in detail.
Listening to Your ambrosia, satiation of my senses fail. ||18||

١٠٠١٨۔ وِشتریناتمنو (وِشترین+آتمنہ) یوگم وِبھوتم چ جنارْدن،
بھوئیہ کتھی ترِپتِرہِ (ترِپتہِ+ہِ) شرِنوتو (شرِنوتہ) ناستِ (نَ+اَستِ) مےاَمرِتم (مے+اَمرِتم)۔

١٠٠١٨۔ تفصیل سے+ اپنے یوگ اور عظمتیں بیان کریں، یا! جنارْدن،
پھر کہیں، پیاس بجھتی +ہی سن کے، نہیں+ ہے، میری + آپ کی امرت (باتیں)۔

١٠٠١٨۔ جناردن! پھر سے اپنی پوری، یوگ کی طاقت اور عظمتیں کہیں۔
جنسے جہانوں میں پھیلے آپ، بتا کے امرت کان وں میں گھول رہیں۔

<u>**श्रीभगवानुवाच** Shree Bhagawaan Uvaachaa **श्रीभगवान बोले** God said</u>

شری بھگوانُواچ خُدابولے

10.19 हन्त ते कथयिष्यामि दिव्याह्यात्मविभूतयः (दिव्याः + हि + आत्म + विभूतयः)। प्राधान्यतः कुरुश्रेष्ठ नास्त्यन्तो (न + अस्ति + अन्तः) विस्तरस्य मे।।

10.19 हॉ तुम्हें बताऊॅगा, दिव्य + ही + अपनी विभूतियॉ। मुख्यतया हे! कौरव श्रेष्ठ, नहीं + है + अन्त, विस्तार का मेरे ।।

10.19 हॉं मैं तुमको बताऊँगा, अपने सब एश्वर्य अवश्य।
मुख्य रूप से कुरुश्रेष्ठ, असीम मेरे एश्वर्य अनन्त।।19।।

10.19 Hanta te kathayishyaami divyaa hyaatmavibhooatayah (hi + aatma + vibhootayah).
Praadhaanyatah Kurushrestha naastyanto (na + asti + antah) vistarasya Me.

10.19 Yes, to you, I shall tell, definitely the divine , + My + glories. Mainly O! Best Kaurav, never + ending + are the Forms Mine.

10.19 Now I shall describe here, the divine glories of Mine.
Kuru the best! although, unlimited are these of Mine. ||19||

۱۰۰۱۹۔ ہنت تے کتھیشیامِ دِوّیا(دِوّیاہ) ہیاتموبھوتیہ (ہِ+آتم+وِبھوتیہ)،
پرَدھانیتہ کُروشریشٹھ ناستینتو(نَ+اَستِ+انتہ) وِستَرسی مے۔

۱۰۰۱۹۔ ہاں، تمہیں بتاوں گا عبدی ہیں یقیناً + اپنی (خُدا کی)+عظمتیں،
خاص طور سے یا! بہترین کُرُ، نہیں+ ہے +خاتمہ میری(خُدا کی) لامتناہی عظمتوں کا۔

۱۰۰۱۹۔ کُرُ بہترین! اپنی تمہیں، الٰہی عظمتیں کہوں گا میں ایسم۔
بیحد ہیں جو ختم نہ ہوتیں، وضاحت کروں گا ہیں ایسم۔

10.20 अहमात्मा (अहम् + आत्मा) गुडाकेश सर्वभूताशय (सर्व + भूत + आशय) स्थितः। अहमादिश्च (अहम् + आदिः + च) मध्यं (मध्यम्) च भूतानामन्त (भूतानाम् + अन्त) एव च।।

10.20 मैं + आत्मा हूँ, हे! गुडाकेश (अर्जुन), सब + जीवों में + बसी हुई।
मैं ही + आदि, + और मध्य और जीवों का + अन्त भी हूँ।।

10.20 गुडोकेश! सब में बसी, आत्मा हूँ हर जीव का।
मैं ही दोनों सिरे भी हूँ, मध्य भी हर जीव का।।20।।

10.20 Ahamaatmaa (Aham + aatmaa) Gudaakesha sarvabhootaashayasthitah (sarva + bhootaashaya + sthitah).
Ahamaadishcha (Aham + aadih + cha) madhyam cha bhootaanaamanta (bhootaanaam + anta) eva cha.

10.20 I am + Soul, O! Gudakesh (Arjun), Who in all + the beings + resides. And + I am + the beginning, + and the middle, and of the beings, + end too.

10.20 Gudakesh! I am the Soul, seated on the hearts of beings.
I am the beginning and middle, and also the end of beings. ||20||

۱۰۰۲۰۔ اَہماتمہ (اَہَم+آتما) گُڈاکیش سَرۡوَبھوتاشیستھِتہ(سَرۡوَ+بھوت+آشَی+ستھِتہ)،
اَہمادِشچ (اَہَم+آدِہ+چ) مدھیَم چ بھوتانامنت (بھوتانام+انتہ) ایوَ چ۔

۱۰۰۲۰۔ مَیں (خُدا) + روح ہوں ، یا! گُڈاکیش (اَرجُن)، سبھی+مخلوقات میں رہتی ،
اور +مَیں (خُدا) +پہلا ہوں، بیچ ہوں ، اور مخلوقات کا +آخری (سِرا) بھی+اِسی طرح ہوں۔

۱۰۰۲۰۔ گُڈاکیش یا !ہر دل بیٹھی روح ہوں مَیں خدا ۔
ہر جان کے دونوں سرے اور ہوں بیچ مَیں خدا۔

10.21 आदित्यानामहं (आदित्यानाम् + अहम्) विष्णुर्ज्योतिषां (विष्णुः + ज्योतिषाम्) रविरंशुमान् (रविः + अंशुमान्)। मरीचिमरुतामस्मि (मरीचि + मरुताम् + अस्मि) नक्षत्राणमहं (नक्षत्राणाम् + अहम्) शशी।।

10.21 आदित्यों में + मैं हूँ विष्णु, + ज्योतियों मे, सूर्य + चमकीला ।
मारीचि + मारुतों में + हूँ मैं, नक्षत्रों में + मैं चन्द्रमा।।

10.21 दिवाकरों में हूँ मैं विष्णु, रोशनियों में सूरज हूँ मैं।
हवाओं में हूँ मारीचि, तारा वलियों में चन्द्रमा हूँ मैं।।21।।

10.21 Aadityaanaamaham (Aadityaanaam + Aham) Vishnurjyontishaam (Vishnuh + jyontishaam) Raviranshumaan (Ravih + anshumaan.)
Mareechirmarutaamasmi (Mareechih + marutaam + asmi) nakshatraanaamaham shashi (nakshatraanaam + Aham shashi).

10.21 Amongst the suns (Aaditys) + I am Vishnu, + amongst luminars, I am Radiant Sun.
Maarichi amongst + airs (Maaruts) + I am, amongst constellation + I am Moon.

10.21 Vishnu amongst suns I am. amongst lights sun blaze is Me.
Mareechi amongst Maruts I am, Moon amongst planets is Me. ||21||

۱۰۰۲۱۔ آدِتیا نامہم (آدِتیا نام +اہم) وِشنُرجیوتِشام (وِشنُہ+جیوتِشام) رَوِرَنشُمان (رَوِہ+اَنشُمان)،
مَریچِرمَرُتامَسمِ (مَریچِہ+مَرُتام+اَسمِ) نکشترانامہم (نکشترانام+اہم) ششی۔

۱۰۰۲۱۔ اُجالوں میں + مَیں (خُدا) ہوں وِشنُ ،+شعلوں میں، سورج + چمکداروں میں،
مارِیچ +ہواوں میں +ہوں مَیں (خدا)، سِتاروں کے جُھرمَٹ میں+مَیں ہوں، چاند۔

۱۰۰۲۱۔ روشنیوں میں وِشنُ ہوں، شعلوں میں سورج ہوں خدا مَیں۔
ہواوں میں مارِیچ، تاروں کے جُھرمَٹ میں ہوں چندا مَیں۔

10.22 वेदानां (वेदानाम्) सामवेदोऽस्मि (साम + वेदः + अस्मि) देवानामस्मि (देवानाम् + अस्मि) वासवः। इन्द्रियाणां (इन्द्रियाणाम्) मनश्चास्मि (मनः + च + अस्मि) भूतानामास्मि (भूतानाम् + अस्मि) चेतना।।

10.22 वेदों में साम + वेद + मैं हूँ, देवताओं में + मैं वासव, (स्वर्ग का राजा इन्द्र) हूँ। इन्द्रियों में मन हूँ, + मैं, + और, जीवों में + मैं, चेतना हूँ ।।

10.22 वेदों में हूँ साम मैं, देवों में स्वर्ग राज इन्द्र हूँ।
इन्द्रियों में मन हूँ मैं, जीवों में उनका होश हूँ।।22।।

10.22 Vedaanaam Saamavedoasmi (Saama + vedah + asmi) Devaanaamasmivaasawah (Devaanaam + Asmi + Vaasawah). Indriyaanaam manashchaasmi (manah + cha + Asmi) bhootaanaamasmichetanaa (bhootaanaam + asmi + chetanaa).

10.22 Amongst Veds, Sam + Ved + I am, Amongst Gods, + I am + Vasav/ Indr, I am, (the king of heaven). Amongst the senses, I am + Heart, + and amongst the living beings, + I am + Conscience.

10.22 Amongst Veds I am Saam, Vaasav amongst the Gods is Me.
Amongst senses I am heart, amongst beings conscience is Me. ||22||

۱۰۰۲۲۔ ویدانامْ ساموَیدوَاسْمِ (سامَ+ ویدَہ +اسْمِ) دیواناَمسْمِ (دیوانامْ+اسْمِ) واسَوہ،
اِنْدْرِیانامْ مَنَشْچاسْمِ (مَنہْ+چَ +اَسْمِ) بھوْتاناَمسْمِ (بھوْتانامْ+اَسْمِ) چیتَنا۔

۱۰۰۲۲۔ ویدوں (صحیفوں) مین+سام+ وید+ہوں میں، دیوتاوں میں+مَیں ہوں+وَسَ،
حواسوں میں،مَن +ہوں مَیں+اور مخلوقات میں+ مَیں ہوں ہوش۔

۱۰۰۲۲۔ ویدں میں سام وید ہوں مَیں، دیووں میں جنت کا راجا اِنْدْرَ۔
اورحواسوں میں ہوں مَیں مَن، مخلوقات میں ہوں ہوش چِنْدَ ۔

10.23 रुद्राणां (रुद्राणाम्) शंकरश्चास्मि (शंकरः + च + अस्मि) वित्तेशो (वित्त + ईशः) यक्षरक्षसाम् (यक्ष + रक्षसाम्)। वसूनां (वसूनाम्)पावकश्चास्मि (पावकः + च + अस्मि) मेरुः शिखरिणामहम् (शिखरिणाम् + अहम्)।।

10.23 रुद्रों में मैं शंकर + हूँ, + और, वित्त का + ईश्वर (कुबेर) हूँ, यक्षों और + राक्षसों में।
वसुओं में आग + हूँ मैं, + और, शिखरों में + मैं मेरु हूँ।।

10.23 रुद्रों में शंकर हूँ मैं, धनी राक्षसों में कुबेर मैं।
वसुओं में पवित्र अग्नि मैं, पर्वतों में हूँ मेरु मैं।।23।।

10.23 Rudraanaam Shankarashchaasmi (Shankarah + cha + asmi) vittesho (vitta + eeshah) yaksharakshasaam (yaksha + rakshasaam).

Vasoonaam paavakashchaasmi (paavakah + cha + asmi) Meruh shikhrinaamaham (shikhrinaam + aham).

10.23 Amongst Rudrs Shiv + I am, + and, Lord + of finance Kuber ,amongst yakshs and + raakshasas (demi Gods and demons), I am, amongst vasus, Fire + I am, + and, amongst peaks + I am Meru.

10.23 Shiv amongst Rudrs, Kuber the devil of finance is Me.
Fire amongst Vasus I am, Meru amongst hills is Me. ||23||

۱۰۰۲۳۔ رُدرانام شنکرشچاسمِ (شنکرہ+ چ+اسمِ) وِتّیشو یکشررکشسام (یکش+رکشسام)،
وَسونام پاوَکشچاسمِ (پاوَکہ+چ+اسمِ) میرُہ شکھرنامہم (شکھرِ نام+اہم)۔

۱۰۰۲۳۔ رودروں میں، شنکر(شِو)+ اور+ مَیں ہوں، ماہر مالیات(کُبیر) ، یکشوں+راکشسوں میں ،
وسُوں میں ، آگ+اور+مَیں ہوں، میرُ +(اونچی چوٹی والے) پہاڑوں میں+مَیں۔

۱۰۰۲۳۔رُدروں میں شنکر، یکشوں راکشسوں میں مالیات کا خدا کُبیر۔
چمک والوں میں آگ ہوں، اونچی چوٹی کے پہاڑوں میں مَیں سُمیر۔

10.24 पुरोधसाम् च मुख्यं (मुख्यम्) मां (माम्) विि पार्थ बृहस्पतिम्। सेनानीनामहं (सेनानीनाम् + अहम्) स्कन्दः सरसामस्मि (स + रसाम् + अस्मि) सागरः।।

10.24 और पुरोहितों में, प्रमुख मुझे मानो, हे! पार्थ, बृहस्पति।
सेनानियों में + मैं स्कन्ध हूँ, भरे + जलकूपों में + मैं सागर हूँ।।

10.24 पार्थ! पुरोहितों का मुखिया, मानो मुझे बृहस्पति।
सेनापतियों में कार्तिकेय, जलाशयों में मुझे उदधि।।24।।

10.24 Purodhasaam cha mukhyam Maam viddhi Paartha Brahaspatim. Senaaneenaamaham (Senaaneenaam + Aham) Skandah sarasaamasmi
(sa + rasaam + Asmi) saagarah.

10.24 Amonghst priests, consider Me their Cheif O! Paarth, ie. Brahaspati. Amongst the warriors + I am Skandh, amongst pools + of water + I am Ocean.

10.24 Chief amongst the priests Parth! know Brahaspati is Me.
Skand amongst generals, ocean amongst ponds is Me. ||24||

۱۰۰۲۴۔ پُرودھسام چ مُکھیم مام وِدّھِ پارتھ بِرہسپتم،
سینانی نام+اہم شکندہ سَرسامسمِ (سَرسام +اسمِ) ساگرہ۔

۱۰۰۲۴۔قابل(پنڈت)اُستادوں میں صدر مُجھ (خُدا) کو مانو یا! پارتھ، ورہسپت،
سپاہیوں میں +میَں ہوں شکندھ ،تالابوں(پانی بھری جگہوں) میں+میَں ہوں + ساغر۔

۱۰۰۲۴۔ اُستادوں میں ورہسپت، سپاہیوں میں شکندھ ہوں۔
تالابوں میں ساغر یاپارتھ! مجھے مان لو کہ میَں ہوں۔

10.25 महर्षीणां (महा + ऋषीणाम्) भृगुरहं (भृगुः + अहम्) गिरामस्म्येकमक्षरम् (गिराम् + अस्मि + एकम् + अक्षरम् ओहम्)। यज्ञानां (यज्ञानाम्) जपयज्ञोऽस्मि (जप + यज्ञः + अस्मि) स्थावराणां (स्थावराण ााम्) हिमालयः।।

10.25 महा + ऋषियों में भृगु + हूँ मैं, वाणी में + मैं हूँ + एक + अक्षर (ऊँ) ।
यज्ञों में जप, + यज्ञ हूँ + और मैं, अडिगों में हूँ हिमालय।।

10.25 महर्षियों में भृगु हूँ मैं, बोली में 'ऊँ' ओह्म अक्षर हूँ।
सारे यज्ञों में जाप हूँ मैं, अडिग हिमालय पर्वत हूँ।।25।।

10.25 Maharsheenaam Bhriguraham (Bhriguh + Aham) giraamasmyekamaksharam (giraam + Asmi + ekam + aksharam).

Yagyaanaam Japayagyoasmi (Japa + yagyah + Asmi) sthaavaraanaam
Himaalayah.

10.25 Amongst great sages Bhrigu + I am, amongst speeches, + I am + an + alphabet / letter 'OHM'. Amongst the offering rituals (yagyns), the 'Chanting', + yagyn + I am , and amongst immovable, I am Himaalay.

10.25 Bhrigu amongst Great Rishis, amongst speech the letter 'ohm'
'Jap' amongst offering rituals, Himalaya amongst fixed and firm. ||25||

۱۰۰۲۵۔ مہرشیناام (مہا+رشیناام) بھرگرہم (بھرگہ+اہم) گراامسمیکامکشرم (گراام+اسمِ+ایکم+اکشرم)،
یگیاناام جپیگیواسمِ (جپ + یگیہ+اسمِ) ستھاوراناام ہمالیہ۔

۱۰۰۲۵۔عظیم رشیوں میں ، بھرگ+ہوں میَں ، بولی میں ہوں+ایک ہی پورا حروف+'اوم' ،
رسم قُربانیوں(یگیوں)میں ، نعدہ لگانا +یگیں ہوں+ میَں، مقررہ کے درمیان ، ہمالیٰ ہوں۔

۱۰۰۲۵۔ بڑے رشیوں میں بھرگ ہوں ،بولی میں 'اوم' لفظ ہوں میَں۔
رسم قربانیوں میں پکار،مضبوطی سے کھڑے ہوؤں میں ہمالیہ ہوں میَں۔

10.26 अश्वत्थं (अश्वत्थम्) सर्ववृक्षाणां (सर्व + वृक्षाणाम्) देवर्षीणां (देव + ऋषीणाम्) च नारदः। गन्धर्वाणां (गन्धर्वाणाम्) चित्ररथः सि)ानां (सि)ानाम्) कपिलो (कपिलः) मुनिः।।

10.26 बर्गद हूँ, सब पेडदृों में, और देव + ऋषियों में नारद। गन्धर्वों में चित्ररथ, सि)ों में, मैं हूँ कपिल मुनि।।

10.26 सारे पेड़ों में हूँ बर्गद, देव ऋषियों में नारद हूँ मैं।
गंधर्वों में हूँ चित्ररथ, सि)ों मे मुनि कपिल हूँ मैं।।26।।

10.26 Ashvatthah sarvavrikshaanaam (sarva + vrikshaanaam) Devarisheenaam (Deva + risheenaam) cha Naaradah.
Gandharvaanaam Chitrarathah siddhaanaam Kapilo (Kapilah) munih.

10.26 Banyan amongst all + trees, and amongst God + sages, Naarad I am. Amongst gandharvs (singers) Chitrrath, amongst skilled sages Kapil I am.

10.26 Banyan amongst trees I am,Narad amongst God Rishis is Me.
Chitr Rath amongst gandharvs I am, Kapil amongst sages is Me. ||26||

۱۰۰۲۶۔ اَشوَتھَہ سَروَورِکشانامْ(سَروَ+ورِکشانامْ) دیوَرِشی نامْ(دیوَ+رِشی نامْ) چَ نارَدَہ،
گندھَروانامْ چِترَرَتھَہ سِدّھانامْ کپِلوَ (کَپِلَہ) مُنِہ۔

۱۰۰۲۶۔ برگد ہوں، سب+پیڑوں میں، اور دیو رِشیوں میں ہوں نارد ،
گندھروں میں چِترَرَتھَ،کمال حاصل دانشوں میں کَپِل مُنِ۔

۱۰۰۲۶۔ پیڑوں میں برگد، دیورشیوں میں نارد ہوں مَیں خد۔
گنڈھروں میں چِترَرَتھَ، ماہر ہوں کپِل مُنِ مَیں خدا۔

10.27 उच्चैःश्रवसमश्वानां (उच्चैःश्रव + सम् + अश्वानाम्) वि) माममृतोद्भवम् (माम् + अमृत + अद्भवम्)। ऐरावतं (ऐरावतम्) गजेन्द्राणां (गजेन्द्राणाम्) नराणां (नराणाम्) च नराधिपम् (नर + अधिपम्)।।

10.27 उच्चैश्रव + जैसा + अश्वों में, + समझो मुझे अमृत (के लिये किये गए समुद्र मंथन) + से निकला हुआ।
ऐरावत इन्द्र के हाथियों में, और मानवों में मानव + राजा हूँ।।

10.27 घोड़ों में हूँ उच्चैश्रव, समुद्र मंथन में निकला था जो।
मुख्य हाथियों में ऐरावत, मानवों में मानो राजा मुझको।।27।।

10.27 Uchchaihshravasamashvaanaam (Uchchaihshravasam + ashvaanaam) viddhi Maamamritodbhawam (Maam + amrit + udbhawam).

Airaavatam Gajendraanaam (Gaja + Indraanaam) naraanaam cha naraadhipam (nara + adhipam).

10.27 Like Uchchaishrav amongst the horses cosider Me + ambrosia born (during sea churning for ambrosia). Airavat amongst Indr's elephants, and amongst humans The Human + King.

10.27 Uchchaishrav amongst horses I am, sourced from churning ocean.
Airavat amongst gods' king Indr's elephants, king amongst humans. ||27||

۱۰۰۲۷۔ اُچّیہ شرَوَسَمشوانام (اُچّیہ شرَوَسَم +اَشوانام) وِدّھِ مامَمرِتوُدبھوَم (مام+اَمرِت+اُدبھوَم)،
اَیراوَتَم گجیندرانام (گَج+ اِندرانام) نَرانام چ نَرادھِپَم (نَر+اَدھِپَم)۔

۱۰۰۲۷۔ اُچّیہشرَیوَ + گھوڑوں میں جانو مُجھے + امرت سے+ پیدا،
ایراوَت ہاتھیوں میں اور آدمیوں میں ہوں مرد + راجا۔

۱۰۰۲۷۔ گھوڑوں میں اُچّشرَیوَ، جو نکلا امرت کے لئے ساغر بلوَنے پر۔
ہاتھیوں میں ہوں عیراوت، راجا ہوں میَں آدمیوں میں اوُپر۔

10.28 आयुधानामहं (आयुधानाम् + अहम्) वज्रं (वजम्) धेनुनामस्मि (धेनुनाम् + अस्मि) कामधुक् (काम + धुक्)। प्रजनश्चास्मि (प्रजनः + च + अस्मि) कंदर्पः सर्पाणामस्मि (सर्पाणाम् + अस्मि्) वासुकिः।।

10.28 हथियारों में, + मैं वज्र, (इन्द्र का हथियार), गायों में + मैं, काम + धेनु, (इच्छा पूर्ति + गाय) हूँ ।
और + संतान उत्पन्न करने वालों में + मैं, कंदर्प (कामुक्ता का देवता), साँपों में, + मैं वासुकि हूँ।।

10.28 हथियारों में वज्र इन्द्र का, गायों में हूँ काम धेनु मैं।
प्रजनन कारियों में कामदेव, साँपों में वासुकि हूँ मैं।।28।।

10.28 Aayudhaanaam + aham (Aayudhaanaam + Aham) Vajram dhenoonaamasmi (dhenoonaam + Asmi) (Kaama + dhuk).

Prajanashchaasmi (Prajanah + cha + Asmi) Kandarpah sarpaanaamasmi
(sarpaanaam + Asmi) Vaasukih.

10.28 Amongst arms + I am, Vajr (Indr's Boulder) , amongst cows + I am Kaam + dhenu (Wish fulfilling cow). And + amongst progenitors + I am Kandarp (God of lust), amongst serpents + I am Vaasuki.

10.28 Boulder I am amongst weapons, Kamdhenu amongst cows is Me.
Kandarp I am amongst reproducers,Vaasuki amongst snakes is Me. ||28||

۱۰۰۲۸۔ آیدھانامہم (آیدھانام+اہم) وجرم دھینونامسمِ (دھینو+نام+اسمِ) کامدھک،
پرجنشچاسمِ (پرجنہ+چ+اسمِ) کندرپہ سرپانامسمِ (سرپانام+اسمِ) واسکِہ۔

۱۰۰۲۸۔ ہتھیاروں میں+میَں (خدا) ہوں پتھر (بادشاہ حتّ اندر دیو کا ہتھیار) ، گایوں میں کامدھینُ (خواہشات پوری کرنے والی گائے)،
اور+ جننے والوں میں+میَں ہوں، کندرپ ، سانپوں میں +میَں (خدا) ہوں+ واسک ۔

۱۰۰۲۸۔ ہتیاروں میں پتھر (اندرکا) گائیوں میں کام دھینو میَں۔
کندرپ جننے والوں میں، سانپوں میں واسکِ ہوں میَں۔

10.29 अनन्तश्चास्मि (अनन्तः + च + अस्मि) नागानां (नागानाम्) वरुणो (वरुणः) यादसामहम् (याद + साम् + अहम्)। पितृणामर्यमा (पितृणाम् + अर्यमा) चास्मि (च + अस्मि) यमः संयमतामहम् (संयमताम् + अहम्)।।

10.29 और + नागों में + मैं हूँ + अनन्तनाग, वरुण (जल का देवता) हूँ, सारे + जलचरों में + मैं।
पितरों में + अर्यमा और + मैं हूँ + यम (मृत्यु का निर्धारक), निर्धारण करने वालों में, हूँ मैं।।

10.29 अनन्त नाग मैं नागों में हूँ, पानी के जीवों में वरुण देव।
अर्यमा मैं पितरों में हूँ, नियम बनाने वालों में यम देव।।29।।

10.29 Anantashchaasmi (Anantah + cha + asmi) Naagaanaam Varuno (Varunah) Yaadasaamaham (Yaadasaam + aham). Pitrinaamaryamaa
(Pitrinaam + Aryamaa) chaasmi (cha + Asmi) Yamah Sanyamataamaham (Sanyamataam + aham).

10.29 Amongst cobras, + and + I am, Anant Naag (cobra with infinite hoods) , Varun (the god of water) + amongst water beings + I am. And + amongst ancestors + Aryamaa + I am, Yam, The Death Ruler, + amongst rule makers, + I am.

10.29 Kobra with innumerous hoods one, amongst water beings Varun I Am.
Amongst fore fathers Aryama I Am, amongst law makers Yam I Am. ||29||

۱۰۰۲۹۔ اَننتشچاسمِ (اَننتہ+چ+اسمِ) ناگانامْ وَرُنو (وَرُنہ) یادَسامَہم (یادَسام+اہم)۔
پِتِرنامَرْیَما (پِتِرنام +اَرْیَما) چاسمِ (چ+اسمِ) یَمہ سَمْیَمتامَہم (سَمْیَمتام+اَہم)۔

۱۰۰۲۹۔ بےشمار پھنوں والا ناگ (اَننت ناگ)+اور+ہوں مَیں ناگوں (کوبرا ہوڈ والا سانپ) میں ، وَرُن (خداپانی) ہوں پانی کے مخلوقات میں+ مَیں،
باپ دادوں میں+ اَرْیَما ،اور+مَیں ہوں، یَم حاکموں میں ہوں+مَیں۔

۱۰۰۲۹۔ اورہوں اَننت ناگ ناگوں میں،وَرُن پانی کے مخلوقات میں۔
باپ دادوں میں ہوں مَیں عَذیَما، یَم ہوں نیم بنانے والوں میں۔

10.30 प्रह्लादश्चास्मि (प्रह्लादः + च + अस्मि) दैत्यानां (दैत्यानाम्) कालः कलयतामहम् (कलयताम् + अहम्)।
मृगाणां (मृगाणाम्) च मृगेन्द्रोऽहं (मृगेन्द्रः + अहम्) वैनतेयश्च (वैनतेयः + च) पक्षिणाम्।।
10.30 और + प्रह्लाद हूँ + दैत्यों में + मैं, मृत्यु का समय + हूँ मारने वालों में, + मैं।
और + जानवरों में + शेर + हूँ मैं, और + गरुड़ वनिता हूँ + पक्षियों में ।।
10.30 दैत्यों में मैं हूँ प्रह्लाद, मारने वालों में महाकाल हूँ मैं।
पशुओं में मैं हूँ सिंहराज, पक्षियों में गरुड़ वनिता हूँ मैं।।30।।

10.30 Prahlaadashchaasmi (Prahlaadah + cha + Asmi) daityaanaam kaalah kalayataamaham (kalayataam + Aham). Mrigaanaam cha mrigendroaham (mrigendrah + Aham) Vainateyashcha (Vainateyah + cha) pakshinaam.

10.30 Amongst the devils I am Prahlaad and Death Time amongst the killers + I am. Lion amongst the beasts, Eagle Vanita amongst birds.

10.30 Amongst devils Prahlad I Am, Kaal the God of death is Me.
Amongst animals Lion I Am, Eagle amongst birds is Me. ||30||

۱۰۰۳۰۔ پْرَہلادشچاسمِ (پْرَہلادہ+چ+اسمِ) دَیتیانامْ کالہ کلَیَتامَہم (کلَیَتامْ +اَہم)،
مْرِگانامْ چ مْرِگیندرواَہم (مْرِگ+اِندرہ+اَہم) وَینتیَیشچ (وَینتیَیہ+چ) پَکشِنامْ۔

۱۰۰۳۰۔ پْرَہلاد ہوں+اور +میں راکشسوں میں ، مارنے والوں میں موت ہوں مَیں،
مویشیوں میں مویشیوں کا +راجا (شیر) ہوں+مَیں، اور+وَنِتا ہوں چڑیوں میں ۔

۱۰۰۳۰۔ اورمَیں ہوں راکشوں میں پرحلاد، مارنے والوں میں موت ہوں مَیں۔
جانوروں مین شیر ہوں مَیں، پرندوں میں وِنتا ہوں راجا گرڑ ہوں مَیں۔

10.31 पवनः पवतामस्मि (पवताम् + अस्मि) रामः शस्त्रभृतामहम् (शस्त्र + भृताम् + अहम्)। झाषाणां (झाषाण ाम्) मकरश्चास्मि (मकरः + च + अस्मि) स्त्रोतसामस्मि (स्त्रोत + साम् + अस्मि) जान्ह्वी।।

10.31 हवा हूँ + शु) करने वालों में + मैं, राम हूँ + शस्त्र धारियों में, + मैं।
मछलियों में, + मगर मच्छ + हूँ मैं, और बहती + नदियों में + मैं हूँ, गंगा।।

10.31 स्वच्छकारियो में हूँ हवा, शस्त्र धारियों में राम मैं हूँ।
मछलियों में मगरमच्छ, प्रवाहित नदियों में गंगा मैं हूँ।।31।।

10.31 Pawanah pawataamasmi (pawataam + Asmi) Raamah shastrabhritaamaham (shastrabhritaam+Aham). Jhashaanaam makarashchaasmi (makarah+cha+Asmi) strotasaamasmi (strotasaam + Asmi) Jahnvi.

10.31 Air + amongst the purifiers + I am, Raam + amongst Armoureds + I am. Amongst fishes + crocodile + I am, and amongst the flowing + rivers + I am, Ganges.

10.31 Amongst purifier I am air, Ram amongst warriors is me.
Amongst fishes crocodile, Ganges amongst rivers is Me. ||31||

۱۰٫۳۱۔ پَوَنہ پَوَتامَسْمِ (پَوَتام+اَسْمِ) رامَہ شَسْتْرَ بھِرِتامَہَم (شَسْتْرَ بھِرِتام +اہَم)،
جھشانامْ مَکَرَشْچاسْمِ (مَکَرَہ+چ+اَسْمِ) سْتْرَوَت سامَسْمِ (سْتْرَوَت سام+اَسْمِ) جاہْنَوِی۔

۱۰٫۳۱۔ ہوا ہوں صاف کرنے والوں میں+مَیں، رام ہوں ہتھیار رکھنے والوں میں+مَیں،
مچھلیوں میں مگر+اور+ میں ، بہتی ندیوں میں + ہوں،گنگا (جانہوی)۔

۱۰٫۳۔ صاف کرنے والوں میں ہوا،اور سپاہیوں میں رام ہوں مَیں۔
مچھلی میں ہوں مگر،بہتی ندیوں میں گنگا سمجھو ہوں مَیں۔

10.32 सर्गाणामादिरन्तश्च (सर्गाणाम् + आदिः + अन्तः) मध्यं (मध्यम्) चैवाहमर्जुन (च + एवाहम् + अर्जुन)। अध्यात्मविद्या (अध्यात्म + विद्या) विद्यानां (विद्यानांम्) वादः प्रवदतामहम् (प्रवदताम् + अहम्)।।

10.32 सभी सृष्टियों का + आदि + अन्त, और मध्य भी + मैं ही हूँ + हे! अर्जुन।
अध्यात्म (आत्म दर्शन / अपने को पढ. ने की), + विद्या हूँ, विद्याओं में, निर्णय हूँ, + विवादों में + मैं।।

10.32 अर्जुन! सब रचनाओं का, आदि अन्त और मध्य भी मैं हूँ।
विद्याओं में अध्यात्म विद्या, हर बहस का निर्णय भी मैं हूँ।।32।।

10.32 Sargaanaamaadirantashcha (Sargaanaam + aadih + antah + cha) madhyam chaevaahamArjuna (cha + eva + Aham + Arjuna). Adhyaatmavidyaa

(Adhyaatma + vidyaa) vidyaanaam vaadah pravadataamaham (pravadataam + Aham).

10.32 Of all the Universes + beginning + end + and, middle + also + surely + I am, + O! Arjun.
Self knowledge + amongst knowledge, decision + amongst disputes + I am.

10.32 Amongst the creations beginning, middle and end I am,O! Arjun.
Knowledge of self in knowledge, solution of disputes I am Arjun. ||32||

۱۰۰۳۲۔سَرۡگانامادِرَنۡتَشچ (سَرۡگانامۡ+آدِہ+ا نتہ+چ) مَدھیَم چیوا ہَمۡ ارۡجُنَ (چ+ایو+اَہَم+ارۡجُنَ)،
اَدھیاتمَ وِدیا (اَدھیاتمَ+وِدیا) وِدیانامۡ وادَہ پرَوَدَتامَہَم(پرَوَدَتامۡ+اَہَم)۔

۱۰۰۳۲۔ساری کائنات کا +پہلا +آخری +اور بیچ (کا سرا) بھی+اِسی طرح+ مَیں ہی ہوں،+یا ! ارۡجُن،
خودکا علم +ہوں +علم میں، ہل ہوں ، سب فسادوں کا +مَیں(خدا)۔

۱۰۰۳۲۔ ساری کائنات کا،شروع بیچ اور،آخر سرا بھی ہوں میں خدا۔
یا!ارجن علم میں خودکا علم ،ہل ہوں سب فسادوں کا میں خدا۔

10.33 अक्षराणामकाराऽअस्मि (अक्षराणाम् + अ + कारः + अस्मि) द्वन्द्वः सामासिकस्य च। अहमेवाक्षयः (अहम् + एव + अक्षयः) कालो (कालः) धाताहं (धाता + अहम्) विश्वतोमुखः (विश्वतः + मुखः)।।

10.33 अक्षरों में + 'अ' + की माला + हूँ मैं, और द्वन्द्व समास हूँ, समासों में मैं ।
मैं + ही हूँ + नष्ट न होने वाला समय, सृष्टा हूँ + मैं, विश्व का + उद्गम (मुहाना / स्त्रोत) ब्रह्मा।।

10.33 'अ' लकार हूँ अक्षरों में मैं, और समासों में हूँ द्वन्द्व समास।
मरने वालों में मृत्यु समय मैं, सृष्टा ब्रह्मा विश्व का खास।।33।।

10.33 Aksharaanaamakaaroasmi (Aksharaanaam + 'a'kaarah + Asmi) Dwandah saamaasikasya cha. Ahamevaakshyah (Aham + eva + akshyah) Kaalo (Kaalah) Dhaataaham (Dhaataa + Aham) Vishwatomukhah (Vishwatah + mukhah).

10.33 Amongst indestructible letters + the 'A' vowel + I am, and The Compound of opposite words , amongst compound words. I am + also + Indestructible Time, The Creator of universe + I am, of the universe,the Source Brahm.

10.33 Amongst letters 'A' I am, duality amongst compounds is Me.
The never ending time, creator of universe and source is Me. ||33||

۱۰۰۳۳۔ اَکشَر انامَکاروَاسْمِ (اَکشَر انام+اَ+کارہ+اسْمِ) دْوَندْوَہ ساماسِکَسْیَ چ،
اَہَمیو اَکشَیَہ (اَہَمْ+ایوَ+اَکشَیَہ) کالو (کالہ) دھاتاہَمْ (دھاتا+اہَمْ) وِشْوَتومُکھَہ (وِشْوَتَہ+مُکھَہ)۔

۱۰۰۳۳۔ حروفوں مین +نوع الف ہوں+مئیں، اور مرکب ر تکجا الفاظ میں مخالف جڑے متضاد کے مرکب الفاظ
(دْوَ ندْوَ سماس) ہوں،
مئیں+ہی +ناقابل تقسیم (ہمیشہ رہنےوالا) سمی ہوں، تخلیق کرنے والا +مئیں ہوں خلاق (ذریہ کائنات) ۔

۱۰۰۳۳۔ حرفوں میں 'ا' ہوں، مرکب الفاظ میں متطاد ہوں میں خدا۔
ہمیشہ چلتا سمےَ ہوں مئیں، خلق کرتا خلّاق ہوں مئیں خدا۔

10.34 मृत्युः सर्वहरश्चाहमुद्भवश्च (सर्वहरः + च + अहम् + उदभवः + च) भविष्यताम्। कीर्तिः श्रीर्वाक्य (श्रीः + वाक्य) च नारीणां (नारीणाम्) स्मृतिर्मेधा (स्मृतिः + मेधा) धृतिः क्षमा।।

10.34 मृत्यु हूँ + सबको खाने वाली + और + आगे उत्पन्न करने वाली + भी मैं हूँ।
ख्याति, सुन्दरता, + बोली और नारियों में याद, बु‌ि, धैर्य व क्षमा हूँ।।

10.34 सबको खाने वाली मृत्यु मैं, जन्म दाता भी हूँ और रहूँगा।
नारियों में कीर्त्ति श्री स्मृति, मेधा दृढ. ता क्षमा स्वयं रहूँगा।।34।।

10.34 Mrityuh sarvaharashchaahamudbhavashcha (sarva + harah + cha + Aham + udbhavah + cha) bhavishyataam. Kirtih Shrirvaakcha (Shrih + vaak + cha) naareenaam smritirmedhaa (smritih + medhaa) dhritih kshamaa.

10.34 Death + I am, Eater of all + and + I am + The future Creator too. Fame, Beauty, + Speech, + and, amongst females, Memory, + Intelligence, Fortitude and Forbearance.

10.34 Death but source of futuristic world, amongst women fame I am.
glory speech memory intellect, moderation and courage I am. ||34||

۱۰۰۳۴۔ مْرِتیُہ سَرْوَہَرَشْچاہَمُدْبھَوَشْچ (سَرْوَ+ہَرَہ+چ+اَہَمْ+اُدْبھَوَہ+چ) بھَوِشْیَتام،
کیرْتِہ شْرِیرْواکْچ (شْرِیہ+واک+چ) نارینام سْمْرِتِرْمیدھا دھْرِتِہ کْشَما۔

۱۰۰۳۴۔ موت ہوں سب کو+کھانے والی+اور+مئیں ہوں+پیدا کرنے والا+بھی آگے ہونے والوں کا،
شہرت ، سُندرتا +بولی+اور خاتونوں میں یاد+عقلمندی صبر اور معافی ہوں ۔

۱۰۰۳۴۔ سبکو لے جانے والی موت ہوں، پیدا کرنے کا ذریعہ ہوں مئیں۔
خاتونوں میں شہرت سندرتا بولی یاد عقل اور معافی ہوں مئیں۔

10.35 बृहत्साम (बृहत् + साम) तथा साम्नां (साम्नाम्) गायत्री छन्दसामहम् (छन्द + साम् + अहम्)। मासानां (मासानाम्) मार्गशीर्षोऽहंमृतूनां (मार्गशीर्षः+अहम्+ऋतूनाम्) कुसुमाकरः (कुसुम +आकरः)।।

10.35 बृहत्साम, और साम वेद, के गायत्री मंत्र, और छन्द + साम के + मैं हूँ।
माहों में, मार्ग शीर्ष (नवम्बर दिसम्बर)+ मैं हूँ+ ऋतुओं में, बसंत (फूलों का+स्त्रोत) ।।

10.35 वृहद साम भी हूँ और साम का, गायत्री नाम का छन्द भी हूँ।
माहों में मार्ग शीर्ष हूँ मैं, और ऋतुओं में ऋतु बसन्त भी हूँ।।35।।

10.35 Brihatsaama (Brihat + Saama) tathaa Saamnaam gayatri chhandasaamaham (chhanda + Saama + Aham). Maasaanaam margasheershoahamritoonaam (marga + sheershah + Aham + ritoonaam) kusumaakarah (kusuma + aakarah).

10.35 I am the Brihatsaam, saam ved (Knowledge) , Saam's Gaayatri hymns, Saam's verses I am. Amongst months I am November/December (Maarg/Sheersh) , amongst the seasons I am Spring (Flower + mine).

10.35 The greatest Ved Saam I Am, Gayatri the greatest chant of Saam.
Marg Sheersh the best of months,Spring the best season I am. ||35||

۱۰۰۳۵۔ بِرہتسام (بِرِہت+سام) تتھا سامنام گایتری چھندسامہم (چھند+سام+اہم)،
ماسانام مارگشی رشوآہمر تو نام (مارگ+شیرشہ+اہم+رتو نام) کُسماکرہ (کُسم+آکرہ)۔

۱۰۰۳۵۔ برہت سام (بڑاصحیفہ سام) ہوں اور سام کے ، گایتری (منتر) میں ، چھندوں (نغمہ) میں بھی+ سام (وید) کے +ہوں میں (خدا)،
مہینوں میں نومبر+دسمبر+ ہوں میں، +موسموں میں، بہار کا موسم ہوں (پھول کھلانے والا)۔

۱۰۰۳۵۔ ویدوں میں بِرِہت سام ہوں، سام کے نظموں میں علم میں ہوں۔
مہینوں میں مارگ-شیرش ہوں، موسموں میں بہار بسنت ہوں۔

10.36 द्यूतं (द्यूतम्) छलयतामस्मि (छलयताम् + अस्मि) तेजस्तेजस्विनामहम् (तेजः + तेजस्विनाम् + अहम्)। जयोऽस्मि (जयः + अस्मि) व्यवसायोऽस्मि (व्यवसायः + अस्मि) सत्वं (सत्वम्)सत्ववतामहम् (सत्ववताम् + अहम्)।।

10.36 छल हूँ छलियों में + मैं, तेज हूँ + तेजस्वियों में + मैं।
जीत हूँ + मैं, व्यवसाय हूँ + मैं, अच्छे लोगों में + अच्छाई हूँ मैं।।

10.36 ठगी में जुआ हूँ मैं, और तेजस्वियों का तेज भी मैं हूँ।
विजय मैं हूँ उद्यम हूँ मैं, और बलवानों का बल भी मैं हूँ।।36।।

10.36 Dyootam chhaalyataamasmi (chhaalyataam + Asmi) tejastejasvinaamaham (tejaah + tejasvinaam + Aham). Jayoasmi (Jayah + Asmi) vyavasaayoasmi (vyavasaayah + Asmi) satvam satvavataamaham (satva + vataam + Aham).

10.36 Gamble amongst the cheaters + I am, Blaze amongst the brights + I am. Win, I am, Buisiness + I am, Goodness + amongst the nobles + I am.

10.36 The best cheeter gamble I Am, glaze of the bright is Me.
Victory Me business Me, all that is true–untrue is Me. ||36||

۱۰٫۳۶۔ دیوُتَم چھلیَتا مَسمِ (چھلیَتام+اَسمِ) تیجستیجسوِناَمہَم (تیجہ+تیجسوِ نام+اَہَم)،
جَیوْاَسمِ (جَیہ+اَسمِ) وْیَوَسایوْاَسمِ (وْیَوَسایہ+ اَسمِ) سَتوَم سَتوَوَتامَہَم (سَتوَ+وَتام +اَہَم)۔

۱۰٫۳۶۔ جوعا ٹھگی میں ہوں+میں(خدا) ، چمک ہوں+ چمکداروں کی + میں،
فتح+ میں ،کاروبار +میں ، اچھائی /شرافت ہوں نجیب/نیک لوگوں میں + میں (خدا)۔

۱۰٫۳۶۔ ٹھگی میں جوعا ہوں، چمک ہوں منوروں میں۔
جیت ہوں ویاپار ہوں، اچھائی ہوں نیکی میں۔

10.37 वृष्णीनां (वृष्णीनाम्) वासुदेवोऽस्मि (वासुदेवः + अस्मि) पाण्डवानां (पाण्डवानाम्) धनंजयः। मुनीनामप्यहं (मुनीनाम् + अपि + अहम्) व्यासः कवीनामुशना (कवीनाम् + उशना) कविः।।

10.37 वृष्णि वंशियों में वासुदेव + मैं हूँ, पाण्डवों में, + मैं धनन्जय।
मुनियों में + भी, + मैं हूँ व्यास, कवियों में, + मैं हूँ, उश्न कवि ।।

10.37 वृष्णि वंशियों में वासुदेव हूँ, और पाण्डवों में धनंजय मैं ही।
मुनियों में मैं व्यास मुनि हूँ, और कवियों में उश्न कवि मैं ही।।37।।

10.37 Vrishneenaam Vaasudevoasmi (Vaasudevah + Asmi) Paandavaanaam Dhananjayah. Muninaamapyaham (Muninaam + api + aham) Vyaasah kaveenaamushanaa (kaveenaam + ushanaa) kavih.

10.37 Amongst the vrishni heirs, Vaasudev + I am, amongst Paandavs ,Dhananjay (treasure winner).
Amongst saints + too + I am Vyaas, amongst poets + poet Ushn.

10.37 Vasudev the best Vrishni I Am, Arjun the best Pandav is Me.
Vyas the best of munis I Am, Ushn the best poet is Me. ||37||

۱۰۰۳۷۔ ورِشنینام واسُدیوُاسمِ (واسُدیوَہ+اسمِ) پانڈوانام دھننجیہ،
مُنینامپّہم (مُنینام+اَپ+اَہم) ویاسہ کوینامُشنا(کوینام+ اُشنا) کوِہ۔

۱۰۰۳۷۔ ورِشنی نسل میں واسُدیوَ ہوں+مَیں، پانڈووَں میں ہوں دھننجی(اَرجُن) ۔
دانشمندوں میں +بھی+مَیں ہوں ویاس مُنِ/رِشی ، شاعروں میں ہوں+اُشنا شاعر۔

۱۰۰۳۷۔ ورِشنی نسل میں واسُدیو مَیں ، ارجن ہوں پانڈووَں میں مَیں۔
بابا کے درمیان ہوں ویاس،شاعروں میں ہوں شاعر اُشنا مَیں۔

10.38 दण्डोदमयतामस्मि (दण्डः + दमयताम् + अस्मि) नीतिरस्मि (नीतिः + अस्मि) जिगीषताम्। मौनं (मौनम्) चैवास्मि (च + एव + अस्मि) गुह्यानां (गुह्यानाम्) ज्ञानं (ज्ञानम्) ज्ञानवतामहम् (ज्ञानवताम् + अहम्)।।

10.38 दण्ड हूँ + दमन के उपकरणो में + मैं, नियम हूँ + मैं, जीत के इच्छुकों में ।
मौन भी + मैं, गहरे रहस्यों में, और, ज्ञान हूँ + ज्ञानियों में मैं।।

10.38 दमन के साधनों में दण्ड हूँ, जीत इच्छुकों में नीति भी मैं।
रहस्य सबसे गहरा हूँ मौन हूँ मैं, ज्ञानियों में ज्ञान भी मैं।।38।।

10.38 Dando (Dandah) damayataamasmi (damayataam + Asmi) neetirasmi (neetih + Asmi) jigeeshataam. Maunam chaivaasmi (cha + eva + asmi) guhyaanaam gyaanam gyaanavataamaham (gyaanavataam + Aham).

10.38 Cane, amongst the means of suppression + I am, Rule amongst those desirous of winning, + I am. And Silence too + I am ,amongst the deepest mysteries, and Knowledge amongst the wise + I am.

10.38 Sceptre the best punisher I Am, rule of victory and will is Me.
Quiet the best mystery I Am, knowledge of the learned is Me. ||38||

۱۰۰۳۸۔ دَنڈودَمیَتامسمِ (دَنڈہ+دَمیَتام+اَسمِ) نیتِرسمِ(نیتِہ+اَسمِ) جگیشتام،
موَنم چیواسمِ (چ+ایوَ+اَسمِ) گُہیانام گیانم گیانوَتامہم(گیان+وَتام+ اہم)۔

۱۰۰۳۸۔ زریہ ہوں+سزاوں کا +مَیں ،اصول ہوں+مَیں فاتحوں / جیتنے والوں کا،
چُپّی ہوں اور+اِسی طرح + مَیں رہسیوں میں، علم ہوں+عالموں / فاضلوں میں+مَیں۔

۱۰۰۳۸۔ ذریعہ سزا ہوں، مَیں اصول ہوں جیت نے والوں میں۔
اسرار کے درمیان چپّی ہوں،مَیں حکمت ہوں دانشمندوں میں ۔

10.39 यच्चापि (यत् + च + अपि) सर्वभूतानां (सर्व + भूतानाम्) बीजं (बीजम्) तदहमर्जुन (तत् + अहम् + अर्जुन)। न तदस्ति (तत् + अस्ति) विना यत्स्यान्मया (यत् + स्यात् + मया) भूतं (भूतम्) चराचरम् (चर + अचरम्)।।

10.39 और + जो + भी, सारे + जीवों का, बीज है, वह + मैं हूँ, + हे! अर्जुन ।
नहीं कोई + है, जो + हो + मेरे बिना, इन जीवों में, चल + अचल ।।

10.39 सारी सृष्टियों में अर्जुन, मैं ही बीज हूँ उसका जो भी है।
नहीं हो सकता मेरे बिना, कोई चल या अचल जो भी है।।39।।

10.39 Yachchaapi (Yat + cha + api) sarvabhootaanam (sarva + bhootaanam) Beejam tadahamarjuna (tat + Aham + Arjuna).

Na tadasti (tat + asti) vinaa yatsyaanmayaa (yat + syaat + mayaa) bhootam charaacharam (chara + acharam).

10.39 And + who + ever, is the Seed of all the + beings, That is Me, O! Arjun. There is no being, who + is + without Me, moveable + immoveable.

10.39 Whatever is there in Universe, Arjun! I Am the seed of it.
It has livings –non livings, nothing can be without Me in it. ||39||

۱۰۰۳۹۔ یَچّاپِ (یَت+چَ+اَپِ) سَرْوَبھوْتانام (سَرْوَ+بھوْتانام) بِیجَم تَدَہَمَرْجُن (تَت+اَہَم+اَرْجُن)،
نَ تَدَسْتِ (تَت+اَسْتِ) وِنا یَتْسْیانْمَیا (یَت+سْیات+مَیا) بھوْتَم چَراچَرَم (چَرَ+اَچَرَم)۔

۱۰۰۳۹۔ جو+اور+بھی+سارے + مخلوقات میں بیج (ذریہ پیدائش) ہے، وہ +مَیں (خُدا) ہوں ، +یا! ارجُن،
نہیں کوئی+ہوتا ہے بغیر +جو+ہو +میرے عناصر کے متحرک + غیرمتحرک ر جنگم۔

۱۰۰۳۹۔ ارجن! سارے مخلوقات میں، بیج ڈالتا ہوں باپ سب کا۔
منکولہ یا جنگم کوئی بھی، مجھ خدا بغیر پیسا نہ ہو سکتا۔

10.40 नान्तोऽस्ति (न + अन्तः + अस्ति) मम दिव्यानां (दिव्यानाम्) विभूतानां (विभूतानाम्) परन्तप। एष तू, द्येशतः (तु + उद्येशतः) प्रोक्तो (प्रोक्तः) विभूतेर्विस्तरो (विभूतेः + विस्तरः) मया।।

10.40 नहीं + अन्त + है, मेरी दिव्य विभूतियों का, हे! परन्तप।
यह, लेकिन + इन उदाहरणो से, बताई विभूतियॉ,+ साधारणतया मैंने।।

10.40 मेरी दिव्य विभूतियो का, हे! परन्तप! कोई अन्त नहीं।
उदाहरण दे दिया कुछ का, मेरे ऐश्वर्य का अन्त नहीं।।40।।

10.40 Naantoasti (Na + antah + asti) Mama Divyaanaam Vibhuteenaam Parantapa.
Aesh tooddeshatah (tu + uddeshatah) prokto (proktah) Vibhootervistaro (Vibhooteh + vistarah) mayaa.

10.40 There is + no + end, of My Divine Glories O! Parantap. But + for citing example, have been described, these (glories) + conclusively, by Me.

10.40 Parantap! endless are these, divine glories of Mine
With example I roughly, described glories of mine. ||40||

۱۰۰۴۰۔ نانْتوَاَسْتِ (نَ+اَنْتہ+اَسْتِ) مَمَ دِوْیانام وِبھوُتیِنام پَرَنْتَپ،
ایش (ایشہ) توُ ڈدیشَتہ (تُ+اُڈدیشَتہ) پْروَکْتوَ(پْروَکْتہ) وِبھوُتیرْ وِسْتَروَ (وِبھوُتےہ+وِسْتَرَہ) مَیا۔

۰۱۰۴۰۔ نہیں+ختم+ہوتیں میری(خُداکی) الٰہی عظمتیں، یا! پَرَنْطَپ،
اِسی لِئے لیکن+مثال کے طور پر بتائیں تابناکیاں + بے شمار اپنی۔

۱۰۰۴۰۔ پرنطپ!میری عظمتیں الٰہی، بےشمار ہیں ختم نہ ہونے آتیں۔
کِیابہت تھوڑے میں تعرف، ورنہ سب نہ شامل ہونے پاتیں۔

10.41 यद्यद्विभूतिमत्सत्त्वं (यत् + यत् + विभूति + मत् + सत्त्वम्) श्रीमदूर्जितमेव (श्रीमत् + ऊर्जितम् + एव) वा। तत्तदेवावगच्छ (तत् + तत् + एव + अवगच्छ) त्वं (त्वम्) मम तेजोऽशसम्भवम् (तेजः + अंश + सम्भवम्)।।

10.41 जो + जो + ऐश्वर्य मय है + मेरे + अस्तित्व के, सौन्दर्य अथवा ऊर्जा से भरा है। वह + वह + ही + समझो, तुम मेरे तेज के + अंश से + सामने आया हुआ।।

10.41 मेरे अस्तित्व से ही है, जिसने ऐश्वर्य सौन्दर्य तेज पाया।
वो सब निश्चय ही समझो, मेरे तेज के अंश से आया।।41।।

10.41 Yadyadvibhootimatsatvam (Yat + yat + vibhooti + mat + satvam) Shreemadoorjitameva (Shreemat + oorjitam + eva) vaa.
Tattadevaavagachchha (Tat + tat + eva + avagachchha) tvam mama Tejoanshasambhavam (Tejah + anasha + sambhavam).

10–41 Whatever + is treasurous/ blessed + of My + existence, is beauty and energy filled here. You understand that ,through the blaze + of My + single grain, + to have been evoved.

10.41 Whatever glory is in existence, power, splendor, beauty.
Know that My energy photon, has brought it to reality. ||41||

۱۰۰۴۱۔ یَدْیَدْ وِبھوْ تِمَتْسَتْوَم (یَت +یَت + وِبھوْ تِ+مَت+سَتْوَم) شْرِیمَدُوْ رْجِتمیوْ (شْرِی+مَت +اوْ رْجِتَم+ ایوَ) وا،
تَتَدیواوَ گچھَ (تَت +تَت +ایوَ+اَوَ گچھَ) توَم مَم تیجواَ نْشَسَمبھوَم (تیجَہ+اَنْش+سَمبھوَم)۔

۱۰۰۴۱۔ جو+جو+عظمتیں+میری(خُدا کی) اچھی ، سُندر +میری+ توانائی بھری ہیں +ایسی یا،
وہ+وہ+ہی+ سمجھو تُم میرے(خُداکے) تیج کے+ ہی + ذرہ سے+حاصل وجود ۔

۰۱۰۴۱۔ جو بھی خوبصورتی عمدہ عظیم، وجود میں ہے عظمتوں سے میری۔
اُن سب کو تم سمجھو، اظہار ہوا ایک ذرہ کے زریعے سے میرے ۔

10.42 अथवा बहुनेतैन (बहुना + एतैन) किं (किम्) ज्ञातेन तवार्जुन (तव + अर्जुन)। विष्टभ्यामहमिदं (विष्टभ्याम् + अहम् + इदम्) कृत्स्नमेकांशेन (कृत्स्नम् + एक + अंशेन) स्थितो (स्थितः) जगत्।।

10.42 और अधिक + इन्हें, क्या मिलेगा, जानने से, तुम्हें + हे! अर्जुन।
व्याप्त हो कर + मैं + यहाँ, अपने पूरे + एक + अंश से + स्थित हूँ, ब्रह्माण्ड में ।।

10⁰42 इससे अधिक जानने से, तुम्हें लाभ क्या है अर्जुन।
फैला हूँ अपने एक कण से, ब्रह्माण्ड भर में अर्जुन।।42।।

10.42 Athavaa bahunaitena (bahunaa + etena) kim gyaatena tavaarjuna (tava + Arjuna). Vishtabhyaahamidam (Vishtabhya + aham + idam) kritstnam + eka + anshena (kritstnam + eka + anshena) sthito (sthitah) Jagat.

10.42 To learn more + of these, what will you gain O! Arjun. Prevalent + I am + here + through one grain of Mine, + in the entire universe.

10.42 Arjun! there is no benefit, for you to know more than this.
As I pervade this universe, through a grain of My auspice. ||42||

۱۰۰۴۲۔ اَتھوا بَہُنَیتین (بَہُنا +ایتین) کِم گیاتین تَوارْجُن (تَوَ +ا رْجُن)،
وِشْٹَبھیاہَمِدَم (وِشْٹَبھی +اَہَم+اِدَم) کْرِتْسْنَمیکانْشین (کْرِتْسْنَم+ایکَ+ اَنْشین) سْتھِتو (سْتھِتہ) جَگَت۔

۱۰۰۴۲۔ زیادہ بہت + اِس سے (فائدہ) کیا جان نے سے تُمھیں ، + یا! ارجُن ،
پھیلا ہوا ہوں + مَیں (خدا)+ یہاں پورا + ایک+ ذرہ سے +قایم ہوں کائنات میں۔

۱۰۰۴۲۔ میری عظمتوں کے بارے میں ، ارجن! بہت جاننا کیوں۔
صرف ایک زرہ کے زریعے ، سارے جہاں میں پھیلا ہوں۔

अध्याय-11 : विश्वरूप दर्शन योगः

Chapter–11 : Vishw Roop Darshan Yogah

باب۔(۱۱) وِشو رُوپ دَرشن یوگ

- ईश्वर ने अर्जुन को दिव्य आँखें दीं।
- और अपना असंख्य ऐश्वर्य युक्त महाकाल का विश्वरूप दिखाया।
- अर्जुन को अपनी ख्याति स्वयं अर्जित करने के लिये अपना क्षत्रिय धर्म निभाते हुए युद्ध करने को कहा।
- The Lord Shri gave devine eyes to Arjun.
- And showed him His numerous glory bound Universal manifestation of Supreme Death.
- He asked Arjun to earn his fame himself.
- And for that to fight the battle doing his natural religious duty of a warrior.

۱۔ لارڈ شری کرِشن نے اَرجُن کو الٰہی آنکھیں دیں۔
۲۔ اور اسکو اپنی بےشمار عظمتوں بھرا کائنات عالمگیر کا سب سے انچاروپ خد اظہار کر کے دکھایا۔
۳۔ انہوں نے اَرجُن کو اپنی شہرت خد پانے کو کہا۔
۴۔ اور اسکے لئے جنگ جو ہونے کا اپنا قدرتی فرض، اُسے ادا کرتے ہوئے مذہبی جنگ لڑنے کے لئے کہا۔

باب۔(۱۱)

अध्याय-11 Chapter–11

अर्जुन उवाच Arjuna Uvaacha अर्जुन बोले Arjun Said

اَرجُن اُواچ ارجن بولے۔

11.1 मदनुग्रहाय (मत् + अनुग्रहाय) परमं (परमम्) गुह्यमध्यात्मसंहितम् (गुह्यम् + अध्यात्म + संहितम्)।
यत्त्वयोक्तं (यत् + त्वया + उक्तम्) वचस्तेन (वचः + तेन)

मोहाऽयं (मोहः + अयम्) विगतो (विगतः) मम।।

11.1 मुझ पर + कृपा करने के लिये, सबसे गहन + अध्यात्म + कहलाने वाले विषय की।
जो + आपने + कहीं, उन बातों से + आपकी, भ्रम + यह दूर हो गया, मेरा ।।

11.1 रहस्यमय अध्यात्म नामक, जो ये उपदेश दिया आपने।
मुझ पर कृपा करी बता कर, भ्रम दूर कर दिया आपने।।1।।

11.1 Madanugrahaaya (Mat + anugrahaaya) paramam guhyamadhyaatmasangyitam (guhyam+adhyaatma + sangyitam).

Yattvayoktam (Yat + Tvayaa + uktam) vachasten (vachah + Ten) mohoayam (mohah+ayam) vigato (vigatah) mama.

11.1 Out of compassion+ for me, You have unfolded the deepest+ secret +called Adhiaatm.
Whatever + You + said, through the words spoken + by you , doubts+ here, have been cleared + by them, mine.

11.1 The deepest secret of self knowledge, that you gave in compassion.
Listening to all that you told, cleared my mind and doubt I have none. ||1||

۱۱۰۱۔ مدنگر ہای (مت +انگر ہای) پرمم گہیمدھیا تمسنگیتم (گہیم +ادھیاتم+ سنگیتم)،
یتّویوکتم (یت +تویا+ اُکتم) وچستین (وچہ+تین) موہوایم (موہہ+ایم) وِگتو (وِگتہ) مم۔

۱۱۰۱۔ مجھ پے +کرم کرنے کے لئے سبسے زیادہ گہرا راز+ادھیاتم + کہلانے والا،
جو+آپنے+بتایا، کہنے نے + آپکے شک+یہاں چھڑا دِیا میرا۔

۱۱۰۱۔ مجھ پر ہمدردی کرنے کو، خود کے علم کا سبسے گہرا جو دِیا راز۔
سب شک دور کیئے آپنے میرے، ڈگا من قائم کِیا آج۔

11.2 भवाप्ययौ (भव + अप्ययौ) हि भूतानां (भूतानाम्) श्रुतौ विस्तरशो (विस्तरशः) मया। त्वत्तः कमलपत्राक्ष (कमल + पत्र + अक्ष) माहात्म्यमपि (माहात्म्यम् + अपि) चाव्ययम् (च + अव्ययम्)।।

11.2 जन्म + मरण निश्चित ही, जीवों का, सुना सविस्तार मैंने। आपसे है, हे! कमल + की पंखुड़ी + जैसी + ऑखों वाले, और महात्म्य + भी अव्यय ।।

11.2 सृष्टि रचते मिटाते आप, सच यह सुना विस्तार से आपसे।
जान गया हे! कमलाक्ष! अव्यय महात्म्य भी आपका आपसे।।2।।

11.2 Bhavaapyayau (Bhava + apyayau) hi bhootaanaam shrutau vistarasho (vistarashah) mayaa. Twattah kamalapatraaksha (kamala + patra + aksha) maahaatmyamapi (maahaatmyam + api) chaavyayam (cha + avyayam).

11.2 Birth + death certainly, of beings was listened in detail by me. Is by You, O! lotus+ petal+ eyed (Krishn), and (Yours) distinction + also, and + indestrutibility.

11.2 You cause birth and death, Your vivid speech I listened through out.
Lotus Petal Eyed ! Your Indestructible Magnificence,I got through out. ||2||

۱۱۰۲۔ بھوا پیّیو (بھوَ+اَپّیو) ہِ بھوُتانام شرُتو وِستَرشو (وِستَر شہ) مَیا،
توَتّہ کملپتراکش (کمَل+پتر+اَکش) ماہاتمیمپ (ماہاتمیم+اَپ) چاوّییم (چ+اوّییم)۔

۱۱۰۲۔ ہونے کی+بھی+نا ہونے کی+ مخلوقات کی سُنی (آپ سے) تفصیلی وضاحت میں نے ،
آپکی، یا! کمل + پنکھڑیوں جیسی+ آنکھوں والے، مہمار شان +بھی + لافانی۔

۱۱۰۲۔ مخلوق بنانے اور ہل کرنے کی، سچی خود بیانی پوری سنی ہم نے۔
کمل پنکھڑیوں سی آنکھوں والے، آپکی تابناکی لافانی سنی ہم نے ۔

11.3 एवमेतद्यथात्थ (एवम् + एतत + यथा + आत्थ) त्वमात्मानं (त्वम् + आत्मानम्) परमेश्वर (परम् + ईश्वर)। द्रष्टुमिच्छामि (द्रष्टुम् + इच्छामि) ते रूपमैश्वरं (रूपम् + ईश्वरम्) पुरुषोत्तम (पुरुष + उत्तम) ।।

11.3 ऐसे + यहाँ + जो + बताया, आपने + अपने आप को + परम + ईश्वर । देखना + चाहूँगा, आपका रूप, + ईश्वर वाला, हे! पुरुषोत्तम (श्रेष्ठतम आत्मा कृष्ण) ।।

11.3 हे! कृष्ण आपने अपने आप को, बताया परमेश्वर जिस तरह।
पुरुषोत्तम! देखना चाहता हूँ आपका, ईश्वर रूप उस तरह।।3।।

11.3 Aevametadyathaattha (Aevam+etat+yathaa+attha) twamaatmaanam (twam + aatmaanam) Parameshwara (Parama+Eeshwara). Drishtumichchhami (Drishtum + ichchhami) te (Te) roopamaishvaram (roopam + Aishvaram) Purushottama (Purusha + uttama).

11.3 Hence+ here+ as + described You, Yourself +as The Highest+ God. I would wish to see Your God+ Form of The Greatest+ Soul.

11.3 Supreme God! hence the description, You gave here about Yourself.
I wish Purshottam! You show me, that same Godly Form of Self. ||3||

۱۱۰۳۔ ایومیتدیتھاتتھ (ایوم+ایت+یتھا+آتتھ) توماتمانم (توم+آتمانم) پرمیشور (پرم+ایشور)،
درشٹمچھامی (درشٹم+اچھامی) تے روپم ایشورم (روپم+ایشورم) پرشوتم (پرش+اتم)۔

۱۱۰۳۔ اس طرح+یہاں+جیسا+ بیان کیا ہے آپنے + خود کا یا!سبسے اونچے+ خدا،
دیکھنا + چاہتا ہوں ویسا روپ +ایشور (خدا) والا، یا! روح +اعالی ۔

۱۱۰۳۔ آپکے کہنے سے آپکا، سبسے اونچی روح کائناتی روپ۔
سن کے چاہ رہا دیکھنا، پرشوتم! دکھادیں وہ خدائی روپ۔

11.4 मन्यसे यदि तच्छक्यं (तत् + शक्यम्) मया द्रष्टुमिति (द्रष्टुम् + इति) प्रभो। योगेश्वर (योग + ईश्वर) ततो (ततः) मे त्वं (त्वम्)दर्शयात्मानमव्ययम् (दर्शय + आत्मानम् + अव्ययम्)।।

11.4 मानते हैं, यदि इसमें + असमर्थ, मुझे उसको देखने में + हस तरह, हे! प्रभु ।
हे! योग के + ईश्वर, तो मुझे आप दिखाइये + स्वयं अपना + वह अव्यय रूप।।

11.4 प्रभु! आप यदि सोचते हैं, असमर्थ हूँ देखने में वो रूप।
योगेश्वर! तब दिखा दें मुझे, स्वयं ही अपना वो स्वरूप।।4।।

11.4 Manyase yadi tachchhakyam (tat + shakyam) mayaa drishtumiti (drishtum + iti) Prabho. Yogeshwara (Yoga + Eeshwara) tato (tatah) me Twam darshayaatmaanamavyayam (darshay + aatmaanam + avyayam).

11.4 Consider if,+ in (seeing) that (form) + incapable I am, to see Your +That Form, O! God. O! God of+ Yog, then You Yourself + show me+ Yours+ That indestructible Form.

11.4 If You think me incapable, of seeing Your Universal Form God.
Let me see Your Indestructible,That Form Yourself Yog God. ||4||

۱۱۰۴۔ منیسے ید تچھکیم (تت+شکیم) میا درشٹمت (درشٹم+اتِ) پربھو،
یوگیشور (یوگ+ایشور) تتو (تتہ) مےتوم درشیاتمانموییم (درشی+آتمانم+اوییم)۔

۱۱۰۴۔ سمجھتے ہیں اگر اُس کو + ناقابل مُجھے دیکھ پانے میں +(آپکو) ایسے ، یا! مالک،
یا! خُدا+یوگ تب مُجھے آپ دکھا دیں +خود اپنا + لافانی (روپ) ۔

۱۱۰۴۔ مالک! آپکو لگتاہے، دیکھنہ پاونگا توخود دکھا دیں۔
خدایوگ مجھے اپنا، لافانی عبدی روپ دکھا دیں۔

श्रीभगवानुवाच Shree Bhagawaana Uvaacha श्री भगवान बोले Lord Shri Said

شری بھگوانواچ خدابولے

11.5 पश्य मे पार्थ रूपाणि शतशोऽथ (शतशः + अथ) सहस्त्रशः। नाना + विधानि दिव्यानि नाना + वर्णानि कृतीनि च।।

11.5 देखो मेरे हे! पार्थ, रूप सैकड़ों + यहाँ + हजारों । नाना + प्रकार के, दिव्य नाना + रंगों, और आकारों के।।

11.5 पार्थ! लो देखो मेरे, सैकड़ों हजारों वो रूप भी।
तरह तरह के दिव्य, रंगों आकारों के रूप सभी।।5।।

11.5 Pashya Me Paartha roopaani shatashoath (shatashah + ath) sahastrashah.
Naanaavidhaani (Naanaa + vidhaani) divyaani naanaavarnaaakriteeni (naanaa + varna + aakriteeni) cha.

11.5 See My O! Paarth, Forms hundreds+ here+ thousands.Of Many+ types, devine of myriad +colours and+ shapes.

11.5 Parth! behold to see My Form, full of hundreds and thousands.
Carrying innumerous divine, shapes and colours in thousands. ||5||

۱۱۰۵۔ پشّی مے پارتھ روپانِ شتشواتھ سہسترشہ،
ناناوِدھانِ(نانا+وِدھانِ) دِوْیانِ ناناوَرْناکْرِتینِ(نانا+وَرْنَ+آکْرِتینِ) چ۔

۱۱۰۵۔ دیکھو میرا یا! پارتھ، روپون مین سیکڈوں انمیں ہزاروں(روپ)،
بہت+طرح کے ربانی بے شمار +رنگوں+اور آکاروں کے ۔

۱۱۰۵۔ پارتھ! لودیکھومیرا، سینکڑوں ہزاروں روپوں میں ایک یہ روپ۔
ہے میرا بے شمار طریقوں کے الٰہی، رنگوں وشکلوں والا یہ روپ۔

11.6 पश्यादित्यान्वसूनरुद्रानश्विनौ (पश्य + आदित्यान् + वसून् + रुद्रान् + अश्विनौ)
मरुतस्तथा (मरुतः + तथा)। बहून्यदृष्टपूर्वाणि (बहूनि + अदृष्ट + पूर्वाणि) पश्याश्चर्याणि (पश्य + आश्चर्याणि) भारत।।

11.6 देखो + अदिति के 12 पुत्र, + 8 वसुओं को (देवी गंगा और कुरु राजा शान्तनु के 8 पुत्र), + 11 रुद्र के, + 2 अश्विनी कुमारों को, और 49 मारुतों को + भी।
अनेकों + जो न देखे गए + कभी पहले, देखो + अचम्भे भरे (रूप) हे! भारत।।

11.6 देखो इसमें आदित्य वसु, रुद्र आश्विन और मारुत।
देखो अब तक अनदेखे, सभी आश्चर्यों को भारत।।6।।

11.6 Pashyaadityaanvasoonrudraanashvinau (Pashya + aadityaan + vasoon + rudraan + ashvinau) Marutastathaa (Marutah + tathaa).

Bahoonyadrishtapoorvaani (Bahooni + adrishta + poorvaani) pashyaashcharyaani (pashya + ashcharyaani) Bhaarata.

11.6 See+ Aditi's 12 sons,+ 8 Vasus (Goddess Ganges and Kuru king Shantanu's sons),11Rudr's,+ Ashwini's twins, and +49 Maaruts. Many+ never seen+ before, see the + miracles, O! Bharat.

11.6 See Aditys, Vasus, Rudrs, Ashwin twins and Maruts.
See preemptive unseen, awe striking Forms Bharat. ||6||

۱۱۰۶۔ پشیادِتیانوسونرُدرانشونو (پشی +آدِتیان+وَسوَن+رُدران+اَشونو) مَرُتستھا (مَرُتہ+تھا)،
بھونیدرِشٹپورٌوانِ (بھونِ+ادٌرِشٹ+پورٌوانِ) پشیاشچر یانِ (پشی +آشچر یانِ)پشیاشچر یانِ بھارَت۔

۱۱۰۶۔دیکھو! آدِتیوں (آدِتِ کے ۱۲ بیٹے)، ۸ وَسُوں(گنگا اورکُرُ راجا شانتنُ کے ۸ بیٹے) ، ۱۱ رُدروں، اشِونوں(جُڑواں اشوِنَ بھائی) اور ۴۹ مرُتوں کو ،
بہت سے +نادیکھے گئے+ پہلے ، دیکھو+ حیرت انگیز (سلسلہ روپ) یا! بھارت۔

۱۱۰۶۔دیکھوشان وسُوں ردروں، دو اشونی کماروں اورمارت کی بھی۔
بھارت !پہلے جودیکھی کبھی نہ گئی، دیکھو ان عظمتوں کی بھی۔

11.7 इहैकस्थं (इह + एक + स्थम्) जगत्कृत्स्नं (जगत् + कृत्स्नम) पश्याद्य (पश्य + आद्य) सचराचरम् (स + चर + अचरम्)। मम देहे गुडाकेश यच्चान्यद् (यत् + च + अन्यत्) द्रष्टुमिच्छसि (द्रष्टुम् + इच्छसि)।।

11.7 इस + एक जगह + ही स्थित, ब्रह्माण्ड + पूरा, देखो + अभी, सहित + चल + अचलों के । मेरी देह में, हे! गुडाकेश (अर्जुन), जो + और + भी अन्य, तुम देखना चाहते हो।।

11.7 एक जगह पूरा ब्रह्माण्ड, चल अचल सहित देखो।
गुडाकेश! मेरे शरीर में, और भी सब इच्छित देखो।।7।।

11.7 Ihaikashtham (Ih + aika + shtham) jagatkritsnam (jagat + kritsnam) pashyaadya (pashya + adya) sacharacharam (sa + chara + charam).

Mama dehe Gudaakesha yachchaanyad (yat + cha + anyat) drishtumichchhasi (drishtum + ichchhasi).

11.7 Situated here+ in one+ place, the whole+ universe, see now, along with movables+ immovable's. Within My body, O! Gudakesh (Arjun), and+all else+ that you wish+ to see.

11.7 See here in one place, whole universe with living and dead.
Gudakesh! within My Body, see all that you have wanted. ||7||

۱۱۰۷۔ اِہیکستھم (اِہ+ایک+ستھم) جگتکرتسنم (جگت +کرتسنم) پشیاذے (پشی+آذے) سچراچرم (س+چر +اچرم)،
مم دیہے گڈاکیش یچانیڈ (یت+چ+انیت) ذرشٹم (ذرشٹم +اِچھس)۔

۱۱۰۷۔ اِس +ایک+ جگہ + قایم کاینات+ پوری دیکھو +آج +متہرک+غیرمتہرک+سمیت،
میری(خُدا کی)دیہ مین ،یا! گڈاکیش(اَرجُن)، دیکھو جو+اور دیکھنا+چاہو ۔

۱۱۰۷۔ دیکھو پوری کائینات ایک جگہ، زندہ اور بے جان چیزوں کے ساتھ۔
گُڈاکیش! میرے اس جسم کے اندر، دیکھو اور بھی جو چاہو تُم آج۔

11.8 न तु मां शक्यसे द्रष्टुमनेनैव (द्रष्टुम् + अनेन + एव) स्वचक्षुषा (स्व + चक्षुषा)। दिव्यं ददामि ते चक्षुः पश्य मे योगमैश्वरम् (योगम् + ऐश्वरम)।।

11.8 नहीं! परन्तु, मुझे असमर्थ हो तुम, देखने में + ऐसे + ही, अपनी + इन आँखों से ।
दिव्य देता हूँ तुम्हें आँखें, देखो! मेरा योग + ईश्वर वाला।।

11.8 लेकिन अपनी इन आँखों से, देख न सकोगे यह रूप तुम।
दिव्य आँखें देता हूँ जिनसे, देख सको योग ऐश्वर्य तुम।।8।।

11.8 Na tu maam (Maam) shakyase drishtumanenaiva (drishtum + anena + eva) swachakshushaa (swa + chakshushaa).

Divyam dadaami te chakshuh pashya me (Me) yogamaishvaram (yogam + Aishvaram).

11.8 No! but, to Me, incapable are you, for seeing+like+this, by these eyes+ of yours.
Divine do I give you the eyes, see! My yog+Godly.

11.8 As you are not capable of seeing Me, with these normal eyes of yours.
I am giving you divine eyes, See My Yog God Form with those of yours. ||8||

۱۱۰۸۔ نَ تُ مام شکیسے ذرِشٹمنینیو (ذرِشٹم+انین+ایوَ) سوَچکشُشا (سوَ+چکشُشا)،
دِویَم دَدامِ تے چکشُہ پشیَ مے یوگمیشورم (یوگم + ایشورم)۔

۱۱۰۸۔نہیں لیکن تُم مجھے (خُداکو) قابل ہو دیکھنے کے لئے+اِن+ہی اپنی+ آنکھوں سے،
الہی دیتا ہوں تُمہیں آنکھیں ، دیکھو میرا (خُداکا) یوگ(روپ) +خُدائی ۔

۱۱۰۸۔ مگر نہ دیکھ سکوگے تم، اپنی ان آنکھوں سے وہ خدائی روپ میرا۔
دونگا الٰہی نظریں کہ جسے، دیکھوگے خدا یوگ روپ میرا۔

संजय उवाच Sanjaya Uvaacha **संजय बोले** Sanjay Said

سنجے اُواچ سنجے بولے

11.9 एवमुक्त्वा (एवम् + उक्त्वा) ततो (ततः) राजन्महायोगेश्वरो (राजन् + महा + योग + ईश्वरः) हरिः।
दर्शयामास पार्थाय परमं रूपमैश्वरम् (रूपम् + ऐश्वरम्)।।

11.9 यह + कह कर तब, हे!राजा (धृतराष्ट्र), महान + योग + ईश्वर), हरि ने। दिखाया पार्थ को, परम रूप + ईश्वरीय।।

11.9 राजन (धृतराष्ट्र) ! यह कहकर, महा योगेश्वर हरि ने तब।
पृथा पुत्र को दिखाया अपना, परम योग ऐश्वर्य रूप अब।।9।।

11.9 Evamuktwaa (Evam+uktwaa) tato (tatah) raajanmahaayogeshvaro (Rajan + Mahaa+Yoga + Eeshvarah) Harih. Darshayaamaasa Paarthaaya Paramam Roopamaishvaram (Roopam + aishvaram).

11.9 Having said + this O! king Dritraashtr, The Great+ yog+ God, Hari showed Paarth His Highest Formation + of Godly Treasure.

11.9 O! King (Dhritrashtr) saying this,the great Yog God Hari.
Showed Parth His Highest Form, that of Yog God Hari. ||9||

۱۱۰۹۔ ایوَمکتوا (ایوَم+اُکتوا) تتو (تتہ) راجنمہایوگیشورو (راجن+مہا+یوگ+ایشورہ) ہرِہ،
درشیاماس پارتھای پرمم روپمیشورم (روپم+ایشورم)۔

۱۱۰۹۔ اِس طرح+کہ کے تب یا! راجن (دھرِتراشٹر)، +عظیم +یوگ+خُدا ہرِ (کرِشن) نے،
دِکھایا پارتھ کو سب سے زیادہ اونچا روپ+خُدائی۔

۱۱۰۹۔ یوں کہ کے راجن! (دھریتراشٹر) ہرِ نے اپنا خدا یوگ والا روپ۔
دکھایا ارجن کو کائنات کا، سب سے اونچا ربانیائی عالا روپا۔

11.10 अनेकवक्त्रनयनमनेकाद्भुतदर्शनम् (अनेक + वक्त्र + नयनम् + अनेक + अद्भुत + दर्शनम्)।
अनेकदिव्याभरणं (अनेक + दिव्य + आभरणम्) दिव्यानेकोद्यतायुधम् (दिव्य + अनेकः + उद्यत + आयुधम्)।।

11.10 बहुत से + मुख + आंखें + बहुत से + आश्चर्य जनक + दर्शन।
बहुत से + दिव्य + गहने कपड़े, दिव्य अनेकों + उठाए हुए + हथियार ।।

11.10 कई मुखों कई आँखों का, कई विचित्र दर्शन दिखाता।
कई दिव्य गहने पहने था, कई दिव्य हथियार लिये था।।10।।

11.10 Anekavaktranayanamanekaadbhutadarshanam (Aneka + vaktra + nayanam + aneka + adbhuta + darshanam). Anekadivyaabharanam (Aneka + divya + aabharanam) divyaanekodyataayudham (divya+anekah + udyata + aayudham).

11.10 Many + faces + eyes + myriad+ wonderful+ sights. Wearing many+ divine jwellery, divine + many +having raised+ arms.

11.10 With many a mouths and eyes, and myriad amazing sights.
Myriad divine make up fineries, and divine weapons besides. ||10||

۱۱۰۱۰۔ اَنیکَوَکتر نَینَمنیکادْبھُتدَرشَنَم (اَنیک + وَکتر + نَینَم + اَنیک + اَدْبھُت + دَرشَنَم)،
اَنیکَدِوْیابھَرَنَم (اَنیک + دِوْیے + آبھَرَنَم) دِوْیانیکوَدْیَتایُدھَم (دِوْیے + اَنیک + اُدْیَت + آیُدھَم)۔

۱۱۰۱۰۔ بیشمار + مونہ + آنکھیں + انتہائی + حیرانکن + نضارے،
بیشمار + الہی + گہنے ، عبدی + کئی + تیار + اٹھائے + ہتھیار۔

۱۱۰۱۰۔ ارجن نے دیکھے اس روپ میں کئی منہ ،آنکھیں اور کمال نظارے۔
الہی گہنے ہار کپڑے سجے، لئے ہتھیار روپ کے کمال نظارے۔

11.11 दिव्यमाल्याम्बरधरं (दिव्य + माल्य + अम्बर + धरम्)दिव्यगंधानुलेपनम् (दिव्य + गंध + अनुलेपन)।
सर्वाश्चर्यमयं (सर्व + आश्चर्यमयम्) देवमनन्तं (देवम् + अनन्तम्) विश्वतोमुखम् (विश्वतः + मुखम्)।।

11.11 दिव्य + हार + वस्त्र + पहने, दिव्य + गन्धों + का लेप किये।
सर्वाधिक + आश्चर्य भरे, अनन्त + देव, विश्व भर में + फैले।।

11.11 दिव्य हार कपड़े पहने, दिव्य सुगंधित लेप किये।
अनन्त तेज आश्चर्य भरे, असीम विश्व रूप लिये।।11।।

11.11 Divyamaalyaambardharam (Divya + maalya + ambar + dharam) divyagandhaanulepanam (divya + gandha + anulepanam).
Sarvaashcharyamyam (Sarva + aashcharyamyam) devamanantam (Devam + anantam) vishwatomukham (Vishwatah + mukham).

11.11 Wearing Divine +garlands+clothes+wearing, divine+scents+coated.Most Wonderful God+ Infinite, universally+ spread.

11.11 Wearing many divine garlands, various clothes divine scents.
Totally marvellous limitless lusteruos, Universal God descends. ||11||

۱۱۰۱۱۔ دِوْیماَلْیامبرَ دھرَم (دِوْی+ مالْی + امْبرَ+ دھرَم) دِوْیگنْدھانُلیپَنم (دِوْی+ گنْدھ+ انُلیپَنم)،
سَرْ واشْچرْیمیَم (سَرْ وَ+آشْچرْی+ مَیَم) دیوَمنْتم (دیوَم+ انْتم) وِشْوَتومُکھم (وِشْوَتہ+ مُکھم) ۔

۱۱۰۱۱۔ ربانی+ مالے+ کپڑے + پہنے الٰہی +خشبوئیں +لگائے ہوئے،
سبسے+ حیرت انگیز کرنے والا+لا متناہی+خُدا کا + کائناتی+ چہرا۔

۱۱۰۱۱۔ ربانی کپڑے ملے ڈالے،خشبووالا، ہیران کن ہری روپ۔
بےشمار خداوں جہانوبھرا، نا قابل یقین عالمی خداروپ۔

11.12 दिवि सूर्यसहस्त्रस्य (सूर्य + सहस्त्रस्य) भवेधुगपदुत्थिता (भवेत् + युग + पत् + उत्थिता)। यदि भाः सदृशी स्याद्भासस्तस्य (स्यात् + भासः + तस्य) महात्मनः (महा + आत्मनः) ।।

11.12 आकाश में हजारों + सूर्य मानो + एक + साथ + उपस्थित हों।ऐसा था + तेज + उस + महा + आत्मा वाले (रूप) का।।

11.12 हजारों सूर्य एक साथ, आकाश में हो जैसे।
उस महात्मा से प्रकाश, फूट रहा था ऐसे।।12।।

11.12 Divi sooryasahastrasya (soorya + sahastrasya) bhavedyugapadutthitaa (bhavet + yugapat + utthitaa).

Yadi bhaah sadrishee saa syaadbhaasastasya (syaat + bhaasah + tasya) Mahaatmanah (Mahaa+ Aatmanah).

11.12 In Sky were there thousands +suns, risen + together +were present.Thus was the + glitter + of That (Form of) Greatest+ Soul.

11.12 Thousands suns as if in sky, collected together to spread light.
Such glaze was emitting that, Form of Yog God's present sight. ||12||

۱۱۰۱۲۔ دِوِ سوُرْیسہسْترَسْی (سوُرْی +سہسْترَسْی) بھویدْیگپدُتّھِتا (بھویت+ یگپت+ اُتّھِتا)،
یدِ بھاہ سدْرِشی سا شیادْبھاسستَسْی (شیات+ بھاسہ+تسْیَ) مہاتمنہ (مہا+آتمنہ)۔

۱۱۰۱۲۔آسمان میں سورج+ ہزاروں + تھے ایک ساتھ +موجود،
مانو چمک ایسی تھی روشن تھا+ ایسا+ تیز اُس بڑی روح والے(خُدا) کا۔

۱۱۰۱۲۔ ہزاروں سورج اُگ گئے ہوں، آسمان میں اک ساتھ جیسے۔
چمک پھوٹ رہی تھی اس، عالمی جہان کے روپ سے ایسے۔

11.13 तत्रैकस्थं (तत्र + एक + स्थम्) जगत्कृत्स्नं (जगत् + कृत्स्नम्) प्रविभक्तमनेकधा (प्रविभक्तम् + अनेकधा)। अपश्यद्देवदेवस्य (अपश्यत् + देव + देवस्य) शरीरे पाण्डवस्तदा (पाण्डवः + तदा)।।

11.13 उसमें + एक ही + जगह, ब्रह्माण्ड + पूरा था, बँटा हुआ + अनेकों में ।
दिखा + देवों के + देव के + शरीर में, पाण्डव को तब।।

11.13 पूरा ब्रह्मण्ड एक जगह, कई भागों में बँटा दिखा।
प्रथम ईश के शरीर में, अर्जुन को विश्वरूप दिखा।।13।।

11.13 Tatraikastham (Tatra + eka + stham) jagatkritsnam (jagat + kritsnam) pravibhaktamanekadhaa (pravibhaktam + anekadhaa).
Apashyaddevadevasya (Apashyat +Deva + Devasya) shareere paandavastadaa (Paandavah + tadaa).

11.13 In That (Form) together+ at one place+was situated, the whole+ universe divided+ in many parts. Saw + in God + of Gods' + body , Paandav (Arjun) then.

11.13 The whole universe was there, divided in parts at one place.
In never seen God of Gods' Body, Arjun saw all in one place. ||13||

۱۱۰۱۳۔ تَتریکَسْتھَم (تتر+ایک+سْتھَم) جَگَتکْرِتْسْنَم (جَگَت+کْرِتْسْنَم) پْرَوِبھکْتَمَنیکَدھا (پْرَوِبھکْتَم+ انیکَدھا)،
اَپَشْیَدْ دیوَ دیوَسْیَ(اَپَشْیَت +دیوَ+دیوَسْیَ)شَریرے پانڈَوَسْتَدا(پانڈَوَہ+تَدا)۔

۱۱۰۱۳۔ اُس + ایک+ جگہ کائنات+ پوری بٹی ہوئی+ کی (حصہ) میں،
دیکھے + خُدا+ خُداوں کے جسم میں پانڈو نے تب۔

۱۱۰۱۳۔ خدا کے اس عالمی جسم میں، پانڈوزادے نے دیکھے۔
ایک ہی جگہ کئی حصّوں میں، جہان کائینات سارے بسے دیکھے۔

11.14 ततः स विस्मयाविष्टो (विस्मय + आविष्टः) हृष्ट + रोमा धनंजयः। प्रणम्य शिरसा देवं (देवम्) कृतान्जलिरभाषत (कृत + अन्जलिः + अभाषत)।।

11.14 तब वह आश्चर्य + भरा, हर्ष से + रोमांचित धनंजय।
प्रणाम करते, सिर के बल, देवता से उपकृत, + अन्जलि बॉध कर + बोला।।

11.4 उसे देख आश्चर्य हर्ष से, रोमांचित हो के धनंजय।
सिर के बल प्रणाम करते, हाथ जोड़ बोले धनंजय।।14।।

11.14 Tatah sa vismyaavishto (vismya + aavishtah) hrishtaromaa (hrishta + romaa) Dhananjayah (Dhanam+jayah). Pranamya shirsaa Devam kritaanjalirabhaashata (krita + anjalih + abhaashata).

11.14 Then he (Dhananjay), awe+ struck, joyful+with hairs standing on ends.Bowing head , gratefully +with folded hands ,+ welcomed Lord.

11.14 Seeing Him surprised shaken, Dhananjay with hair tips raised.
Bowed down infront of God, with folded hand thus he prayed. ||14||

۱۱.۱۴۔ تتہ س(سہ) وِسمیاوِشٹو(وِسمی+آوِشٹہ) ہرِشٹروما(ہرِشٹ+روما) دھننجیہ (دھنم+جیہ)،
پرنمی شِرسا دیوَم، کرِتانجلِر بھاشت (کرِت+انجلِہ+ابھاشت)۔

۱۱.۱۴۔ تب وہ حیرت+انگیز خوشی سے+ رومانچیدہ (پر جوش) دھننجے (دولت+فاتح ارجن)،
آداب سے سر جھکا کے خُدا کو ہاتھ+ جوڑ کے، کہنے لگا۔

۱۱.۱۴۔ رونگٹے کھڑے کرنے والے، اس روپ کو حیرانی سے دیکھتے۔
بولے دھننجے سر جھکا کے ، فرض شناسی سلام ہاتھ جوڑتے۔

अर्जुन उवाच Arjuna Uvaacha **अर्जुन बोले** Arjun Said

ارجن اُواچ ارجن بولے

11.15 पश्यामि देवांस्तव (देवान् + तव) देव देहे सर्वास्तथा (सर्वाः + तथा) भूत + विशेष + संघान्। ब्रह्माणमीशं (ब्रह्माणम् + ईशम्) कमलासनस्थमृर्षींश्च (कमल + आसन + स्थम् + ऋषीन् + च) सर्वानुरंगाश्च (सर्वान् + उरगान् + च) दिव्यान्।।

11.15 देख रहा हूँ हे! देव, + अपके, देव शरीर में सारे देवों + और जीवों को + विशेषतया एकत्रित। ब्रह्मा + महेश और कमल के + आसन + पर बैठे ऋषियों को, + और, सारे + साँप + भी, दिव्य।।

11.15 सारे देव सारे जीव इकट्ठे, देख रहा प्रभु आपकी देह में।
कमल पे ब्रह्मा शिव व, सब ऋषि व दिव्य सर्प भी इस में।।15।।

11.15 Pashyaami Devaanstava (Devaan +Tava) Deva dehe sarvaanstathaa (sarvaan + tathaa) bhootavisheshasanghaan (bhoota + vishesha + sanghaan).

Brahmaanameesham (Brahmaanam + eesham) kamalaaasanasthamrisheemshcha (kamala + aasana + stham + risheem + cha) sarvaanuragaanshcha (sarvaan + uragaan + cha) divyaan.

11.15 I am seeing O! God! in the body of Yours, God Formation, all the Gods + and the beings + specially + collected together. Brahma, Shiv and seated on the lotus flower seat, sages and all kinds of + serpents + too.

11.15 God! I am seeing in Your Body. all the beings specially collected.
Brahma Shiv seated on lotus, great rishis and serpents collected. ||15||

۱۱۰۱۵۔پَشیامِ دیوانستوَ (دیوانْ +توَ)دیوَ دیہے سَرْ وانستھا(سَرْ ونْ+تتھا) بھوتوِشیشسنگھانْ (بھوُت+وِشیش +سنگھانْ)،
بَرْہما نمیشم (بَرْہمانَم+ایشَم) کَملا سنستھمْرشیشچ(کَمَل+آسَن+ستھم+رِشین+چ)سَرْ وانُراگانشچ(سَرْ ونْ +اُرگانْ +چ) دِوْیانْ۔

۱۱۰۱۵۔دیکھ رہاہوں خُدا+آپ کی الٰہی دیہ میں سب ہی+اور مخلوق+ خاص طعر پر+منظّم رزمرہ ،
خلاّق +خُدا کملوں پے + بیٹھے +رشی+اور سارے سانپ + بھی+الٰہی۔

۱۱۰۱۵۔ یاخدا!دیکھ رہاہوں مئں، سارے دیوودھرما تماآپکےجسم میں۔
رشی مخلوق کمل پرخلاّق، شیوعارف سانپ جّست کے آمیں۔

11.16 अनेकबाहूदरवक्त्रनेत्रं (अनेक + बाहु + उदर + वक्त्र + नेत्रम्)पश्यामि त्वा (त्वाम्) सर्वतोऽनन्तरूपम् (सर्वतः + अनन्त + रूपम्)।

नान्तं (न+अन्तम्) न मध्यं न पुनस्तवादिं (पुनः + तव + आदिम्) विश्वेश्वर (विश्व + ईश्वर) विश्वरूप (विश्व + रूप)।।

11.16 अनेक + बाहें, + पेट, + मुख और + ऑखें, देख रहा हूँ आपके हर ओर फैले + असीम + रूप में।
न अन्त न मध्य और न ही फिर है + आपका + प्रारम्भ इस, विश्व के + ईश्वर के विश्व + रूप में।।

11.16 कई बाहें पेट मुख आँखें, चारों ओर रूप अनन्त दिखें।
आदि अन्त न मध्य दिखें, विश्व ईश्वर विश्व रूप दिखें।।16।।

11.16 Anekabaahoodaravaktranetram (Aneka+baahu+udara+vaktra+netram) pashyaami twaam (Twaam) sarvatoanantaroopam (sarvatah + ananta + roopam). Naantam (Na + antam) na madhyam na punastavaadim (na + punah + tava + aadim) Pashyaami Vishveshwara (Vishva + Ishwara) vishwaroopa (vishwa + roopa).

11.16 Many+ arms,+ stomachs,+ faces and +eyes, I am seeing in your Omnipresent,+ Infinite + Form. There seems no+ end, no middle and again + no beginning+ in The Universal+ God's Universal+ Form

11.16 Many arms stomachs mouths eyes, seeing Your Absolute Unlimited Form.
Not seeing beginning middle or end, in universal God's Universal Form. ||16||

۱۱۰۱۶۔ اَنیکَباہوُدَروَکتر نیترَم (اَنیک+باہُ+اُدَرَ+وَکتر+نیترَم) پَشیامِ تواَم سَرَوَتواَنَنتر وُپَم(سَرَوَتہ+اَنَنت+روُپَم)،
ناَنتَمْ(نَ+اَ نتَم) نَ مَدھیَم نَ پُنَستواَدِم(پُنَہ+تَو+آدِم) پَشیامِ وِشویشوَر (وِشوَ+ایشوَرَ) وِشوَروُپ(وِشوَ+روُپَ)۔

۱۱۰۱۶۔ بےشُمار+ باذو+ پیٹ+مونہ+آنکھیں دیکھ رہاہوں آپکے سب طرف+ لامحدود+روپ میں،
نا+آخری، نا +بیچ کا نا +پھر+آپکا +پہلا (ترا) دیکھ پا رہاہوں، یا! خُدا+کائنات،آپکے عالمی+روپ میں۔

۱۱۰۱۶۔سب طرف سے دیکھ رہاہوں، انگنت باذو پیٹ منہ اورآنکھیں۔
مالک!آپ کےجسم کےشروع آخری،سرے اور بیچ نہیں دکھیں۔

11.17 किरीटिनं (किरीटिनम्) गदिनं (गदिनम्) चक्रिणं (चक्रिणम्) च तेजोराशिं (तेजः + राशिं) सर्वतो (सर्वतः) दीप्तिमन्तम् (दीप्तिम् + अन्तम्)।
पश्यामि त्वां दुर्निरीक्ष्यं (दः + ु निरीक्ष्यम्) समन्तादीप्तानलाक्रद्युतिमप्रमेयम् (समन्तात् + दीप्त + अनल + अक्र + द्युतिम् + अप्रमेयम्)।।

11.17 मुकुट, गदा, चक्र और तेज + राशि का सर्वत्र + फैला प्रकाश + अन्तहीन।
देख रहा हूँ आपकी देखने में + कठिन, हर ओर + प्रज्ज्वलित + आग + सूर्य की + धूप + जैसी अनन्त ।।

11.17 देख रहा मुकुट गदा चक्र और, जगमाता तेज हर ओर।
देख रहा देख न पाने वाला, अनन्त सूर्य अग्नि हर ओर।।17।।

11.17 Kireetinam gadinam chakrinam cha tejoraashim (tejah + raashim) sarvato (sarvatah) deeptimantam (deepti + mantam). Pashyaami twaam durnireekshyam (duh + nireekshyam) sa mantaddeeptaanalaarkadyutimaprameyam (samantaat + deepta + anala + arka + dyutim + aprameyam).

11.17 Crown, mace, disc and splendor+ spread+ all over, light + unlimited. I am seeing your impossible+ to view all over + radiating +fire+ sun + blaze + like, unlimited.

11.17 Seeing Crown mace and discus, splendor aura unlimited glaze.
Although impossible is to view, seeing Your fiery sun like blaze. ||17||

۱۱۰۱۷۔ کِرِیٹِنَم گدِنَم چکرِنَم چ تیجوراشِم سَرْوَتو(سَرْوَتہ) دِیپتِ مَنْتَم(دِیپتِ+مَنْتَم)،
پشیامِ ثوام دُرْنِرِیکشیَم (دُہ+نِرِیکشیَم) سَمَنْتا دِیپتانَلارک دُیتمپرمییَم (سَمَنْتات+دِیپت+انَل+ارک+دُیتم+اپرمییَم)۔

۱۱۰۱۷۔مکٹ، گدا، چکر اور منورتابدارسب طرف روشن +چمکار ہے ،
دیکھ رہا ہوں آپکا دیکھنےمیں دُشوار ہرطرف+جلتی +آگ +جیسی آفتاب+دھوپ +لامحدود۔

۱۱۰۱۷۔ مکٹ گدا چکر کے شعلوں کی، پھیلی ہوئی ہے ایسی چمکار۔
جلتے سورج کی آگ جیسا، روپ یہ دیکھ پاناہو رہا دشوار۔

11.18 त्वमक्षरं (त्वम् + अक्षरम्) परमं (परमम्) वेदितव्यं त्वमस्य (त्वम् + अस्य) विश्वस्य परं (परम्) निध
ानम्। त्वमव्ययः (त्वम् + अव्ययः) शाश्वतधर्मगोप्ता (शाश्वत + धर्म + गोप्ता) सनातनस्त्वं (सनातनः
+ त्वम्) पुरुषो (पुरुषः) मतो (मतः) मे।।

11.18 आप + अक्षय सर्वोच्च जानने योग्य + आप विश्व के सबसे ऊँचे धाम हैं। आप + न मिटने वाले, सदारहने वाले + धर्म + पालक, हमेशा रहने वाली आत्मा हैं + आप, विचार से मेरे ।।

11.18 जानता आप को परम अक्षर, विश्व के सर्वोच्च आधार हैं आप।
अव्यय शाश्वत धर्म पालक, सनातन पुरुष हैं मेरे विचार में आप।।18।।

11.18 Twamaksharam (Twam + aksharam) paramam veditawyam (vedit + awyam) Twamasya (Twam + asya) vishwasya param nidhaanam. Twamavyayah (Twam + avyayah) shaashvatadharmagopta (shaashvata + dharma + gopta) sanaatanastwam (sanaatanah + Twam) Purusho (Purushah) mato (matah) me.

11.18 You are+ Indestructible, ultimate, worth+ knowing, universe's supreme abode. You are+ Imperishable, Permanent+ religion+guard, Eternal Soul, in my opinion.

11.18 Indestructible Knowledge Goal areYou, Your Abode is world's Highest.
The Constant Religion Protector, known as Unending Soul Highest. ||18||

۱۱۰۱۸۔ ثوَمکشَرَم (ثوَم+اَکشَرَم) پَرَمَم ویدِتَوِیَم ثوَمسَی (ثوَم+اسَی) وِشوَسَی پَرَم نِدھانَم،
ثوَمَوییَم (ثوَم+اَوییَم) شاشوَتدھَرمگوپتا (شاشوَت+دھَرم+گوپتا) سَناتَنَسثوَم(سَناتَنَہ+ثوَم) پُرُشو مَتوَمے(مَتَہ+مے)۔

۱۱۰۱۸۔آپ + لازوال سبسے پہلے قابل علم ہیں،آپ+اِس کائنات کی سبسے اونچی چوٹی ہیں،
آپ +لافانی عبدی+مذہب+ولی ہیں، الٰہی +آپ روح ہیں ، سوچ سے+ میری (اَز جُن کی)۔

۱۱۰۱۸۔ آپ لافانی ہیں سب سے اوۃ نچے، قابل علم اور گھر ہیں آپ۔
مذہب اور کائنات پالنے والے، عبدی روح ہیں میری سوچ سے آپ۔

11.19 अनादिमध्यान्तमनन्तवीर्यमनन्तबाहुं (अनादि + मध्य + अन्तम् + अनन्त + वीर्यम् + अनन्त + बाहुम्) शशिसूर्यनेत्रम् (शशि + सूर्य + नेत्रम्)।
पश्यामि त्वां (त्वाम्) दीप्तहुताशवक्त्रं (दीप्त + हुताश + वक्त्रम्) स्व + तेजसा विश्वमिदं (विश्वम् + इदम्) तपन्तम्।।

11.19 आदि, + मध्य + व अन्त विहीन + अनन्त + शक्ति / पौरुष, + अनन्त हाथ, चन्द्रमा + सूरज + ऑखें।
देख रहा हूँ, आपके जलते + आग निकालते + मुख, अपने तेज से विश्व को + यहाँ तपा रहे हैं।।

11.19 आदि मध्य अन्त बिना अनन्त, बल बाहु शशि सूर्य नेत्र।
आपके मुखों की आग का, विश्व को तपा रहा है तेज।।19।।

11.19 Anaadimadhyaantamanantaveeryamanantabaahum (Anaadi + madhya + antam + ananta + veeryam + ananta + baahum) shashisuryanetram (shashi+ surya + netram). Pashyaami twaam (Twaam) deeptahutaashavaktram (deepta + hutaasha + vaktram) swatejasaa (swa + tejasaa) vishwamidam (vishwam + idam) tapantam.

11.19 Without beginning,+ middle and+ end,+ enormous + srength/ potential+ innumerable+ arms, moon+ sun+ eyes. I am seeing Your burning + fire blowing + mouths ,the universe+ here are sweltering.

11.19 Preexisting no middle no ends, strength and arms unlimited, sun moon eyes.
Seeing Your self burning open mouths, world is sweltering with Your light. ||19||

۱۱۰۱۹۔ اَنادِمَدھیانْتَمَننْتوِیرْیے مَننْتَباہُم (اَنادِ+مَدھی+اَنْتَم+اَننْت+وِیرْیے م+اَننْت+باہُم) شَشِ+سوُرْی+نیتْرَم،
پَشْیامِ تْوامْ دیپْتَہُتاشَوَکْتْرَم (دیپْت+ہُتاش+وَکْتْرَم) سْوَتیجَسا(سْوَ+تیجَسا) وِشْوَمِدَم(وِشْوَم+اِدَم) تَپَنْتَم۔

۱۱۰۱۹۔ بغیر شروعات+ بیچ + آخری + عصیم+ طاقت+ لامحدود +باذو +چاند+سورج+آنکھیں،
دیکھ رہا ہوں آپکے جلتے+مونہوں کی +آگ ، اپنے+ تیذ سے اِس کائنات کو +اِس، جھلساتے ہوئے۔

۱۱۰۱۹۔ دونوسروں اور بیچ بغیر، آپکا لامحدود محم دیکھ رہا ہوں۔
چاندسورج آنکھیں باذو، منہ کی آگ سے جلا رہے جہاں یوں۔

11.20 द्यावापृथिव्योरिदमन्तरं (द्यौ + आ + पृथिव्योः + इदम् + अन्तरम्)
हि व्याप्तं त्वयैकेन (त्वया + एकेन) दिशश्च (दिशः + च) सर्वाः। दृष्टाद्भुतं (दृष्टा + अद्भुतम्) रूपमुग्रं (रूपम् + उग्रम्) तवेदं (तव + इदम्) लोकत्रयं (लोक + त्रयम्) प्रव्यथितं (प्रव्यथितम्) महात्मन् (महा + आत्मन्)।।

11.20 आकाश से + पृथ्वी तक + इस के + बीच, निश्चित ही फैले हुए हैं, आप + अकेले ही, और + दिशाओं में सभी। देख कर + अद्भुत उग्र + रूप आपके, + यहाँ तीनो + संसार दुःखी हैं, हे! महात्मा।।

11.20 आप अकेले सब दिशाओं में, भू नभ के बीच दिख रहे महात्मन।
आपके अद्भुत विकराल रूप देख, तीनों लोक डर रहे महात्मन।।20।।

11.20 Dyaavaaprithivyoridamantaram (Dyau + aa+prithivyoh + idam + antaram) hi vyaaptam Tvayaiken (Tvayaa + eken) dishashcha (dishah + cha) sarvaah.

Drishtwaadbhutam (Drishtwaa + adbhutam) roopamugram (roopam + ugram) Tavaidam (Tava + idam) lokatrayam (loka + trayam) pravyathitam
Mahaatman (Mahaa + Aatman).

11.20 From Sky + to Earth + in between and in all the directions, You are spread alone. Having seen astonishing, fiery Form of Yours, all the three worlds are perturbed.

11.20 From earth to sky you spread, as One Whole in all directions.
Seen your Awful Fiery Form, God! planets have fierce condition. ||20||

۱۱۰۲۰۔ دْیاواپْرِتھوِیورِدمنْترم (دْیو+آ+پْرِتھوِیوہ+اِدم+انْترم) ہِ وْیاپْتم تْوَیَیکین (تْویا+ایکین) دِشَشْچ (دِشہ+چ) سَرْواہ،
دْرِشْٹْواَدْبھُتم (دْرِشْٹْوا+اَدْبھُتم) روُپمُگْرم (روُپم +اُگْرم) تویدم (تو+اِدم) لوکتْریم (لوک+تْریم) پْرَوْیَتھِتم
مہاتْمن (مہا+آتْمن)۔

۱۱۰۲۰۔ جل رہا ہے آسمان سے+زمین کے +سروں سے، +بیچ تک+میں بھی پھیلے ہیں آپ اکیلے ،سمتوں میں تمام،
دیکھ کے +حیرتانگیز روپ+ڈراونا آپ کا +یہاں سنسار+تینوں دُکھی ہو رہے ہیں، یا! عظیم + روح۔

۱۱۰۲۰۔ اعلیٰ روح! زمین اور جنّت، ان کے بیچ اور ہر سو ہیں آپ۔
آپکا یہ حیرت انگیز ڈراونا روپ ، دیکھ جہاں اور میں رہے کانپ۔

11.21 अमी हि त्वां (त्वाम्) सुरसंघा (सुर + संघा) विशन्ति केचिद्भीता (केचित् + भीता) प्रांजलयो (प्रांजलयः) गृणन्ति। स्वस्तीत्युक्तवा् (स्वस्ति + इति + उक्त्वा) महर्षिसि)संघा (महा + ऋषि + सि) + संघा) स्तुवन्ति त्वां (त्वाम्) स्तुतिभिः पुष्कलाभिः।।

11.21 सारे ही आप के अन्दर देवताओं के समूह घुस रहे हैं, कुछ डर के हाथ जोड़े स्तुति कर रहे हैं।'कल्याण हो!' + ऐसा + कह कर, महान् + ऋषियों + सि)ों + के समूह, प्रशंसा कर रहे है, आपकी, स्तुतियों से, स्त्रोतों से।।

11.21 आप में घुस रहे बहुत से देवता, कुछ डरे हाथ जोड़े स्तुति हैं करते।
महर्षि सि) 'कल्याण हो' कहते, स्त्रोतों प्रार्थनाओं में स्तुति करते।।21।।

11.21 Ami hi Twaam surasanghaa vishanti kechidbheetaah (kechit + bheetaah) praanjalayo (praanjalayah) grinanti.

Swasteetyuktwaa (Swasti + iti + uktwaa) maharshisiddhasanghaah (maharshi + siddha + sanghaah) stuvanti Twaam stutibhih pushkalaabhih.

11.21 They all surely, within You along with gods, are seeping, some out of+ fear are clasped handed chanting. 'Be blessed' + like this + having said, great sages' +and yog skilled saints' +groups are praising You by prayers and ode of veds.

11.21 All enter in You with gods, some chanting with folded hands.
God forbid saints say, pray You with hymns and Vedic chants. ||21||

۱۱۰۲۱۔ اَمی ہِ توام سُرسنگھا(سُر+سنگھاہ) وِشنتِ کچِیدبھیتا(کچِت+بھیتاہ) پرانجلیو(پرانجلیہ) گرِنتِ،
سوستیتیکتوا (سوستِ+اِتِ+اُکتوا) مہرشِسِدّھسنگھا (مہا+رِشِ+سِدّھ+سنگھاہ) ستوُنتِ توام ستُتِبھِہ پُشکلابھِہ۔

۱۱۰۲۱۔ وے سب ہی آپ میں دیو+اتحاد گھس رہے ہیں کچھ+ڈرے ہاتھ جوڑے نعرہ لگا رہے ہیں،
خیر ہو+ایسا+کہ کے کمال حاصل+بڑے رِشی یوں (دھرماتماوں کی) کی+اتحاد شہرت گا رہے ہیں آپ کی دعاوں میں آیتوں میں۔

۱۱۰۲۱۔ گھس رہے آپ میں بہت سے دیوتا، ڈرے ہو یہاتھ جوڑے بڑھتے۔
'خیر ہو' کہتے دعا کرتے، عبادت کرتے شہرت آپ کی گاتے آیات پڑھتے۔

11.22 रुद्रादित्या (रुद्र + आदित्या) वसवो (वसवः) ये च साध्या विश्वेअविश्विनौ (विश्वे + अविश्विनौः) मरुतश्चोष्मपाश्च (मरुतः + च + उष्म + पाः + च)।
गन्धर्वयक्षासुरसि)संघा (गन्धर्व + यक्ष + असुर + सि) + संघाः) वीक्षन्ते त्वां विस्मिताश्चैव (विस्मिताः + च + एव) सर्वे।।

11.22 रुद्र, + आदित्य, वसु और जो सि) प्राप्त, विश्व देवता, अश्विनी कुमार, मारुत, + और + पितर + तथा।
गंधर्व, + यक्ष, + असुर, + और सि)ों के + समूह, देख रहे हैं, आपको, आश्चर्यचकित हो कर + भी, यह सभी लोग ।।

11.22 रुद्र आदित्य वसु साधक, देवता अश्विन मारुत पितर।
गंधर्व यक्ष असुर सि), आपको देख रहे विस्मत होकर।।22।।

11.22 Rudraadityaa (Rudra + aadityaah) vasawo (vasawah) ye cha Saadhyaah vishveashvinau (vishve + ashvinau) Marutashchoshmapaashcha (Marutah + cha + ushma + paah + cha).

Gandharva + yaksha + asura + siddh + sangha vishhante twaam vismitaah + cha + eva sarve.

11.22 Rudrs,+ Aaditys,+ vasus,these and meditators, world's gods,+ Ashwin twins, maruts,+and+ fore fathers+ too. Gandharvs,+ yakshs,+ demons + and the groups of accomplished people are watching You and+ also+ are bewildered, they all.

11.22 Rudrs, Aditys, Vasus, Sadhus, Global Gods, Ashiwin twins.
Maruts, forefathers, gandharvs, yakshs sages see you wondering. ||22||

۱۱۰۲۲۔ رُدْرادِتیا(رُدْر+آدِتیاہ) وَسَوَ (وَسَوَہ) یے چ سادھیا وِشوےاَشوِنو(وِشوے+اَشوِنو)
مَرُتشچوشماپاشچ(مَرُتہ+چ+اُشم+پاہ+چ)،
گَندھرْوَ یکشاسُرسِدّھسنگھا(گَندھرْوَ+یکش+اَسُر+سِدّھ+سنگھاہ) وِیکشنتے توام وِسمِتاشچیو(وِسمِتاہ+چ+ایو) سَرْوے۔

۱۱۰۲۲۔ رُدْرَ(شِوَ)+آدِتی (سورج)+وَسُ اور جوکمال حاصل کائنات+اَشوِنی،مارُت+اور + دادے+ پردادے+بھی،
گَندھرْوَ+یکش+شیطان+کمال دیو اتحاد ،دیکھ رہے ہیں آپ کو، اور حیرانی+سے ہی+سب۔

۱۱۰۲۲۔ رُدْرَ آدِتی وَسُ سنت، دیوں کائنات، اَشوِنَ اور مارُت بھی۔
یَکش گَندھرْوَ پردادے اورقابل لوگ،راکشَ حیران ہیں آپکو دیکھ بھی۔

11.23 रूपं (रूपम्) महत्ते (महत् + ते) बहुवक्रनेत्रं (बहु + वक्र + नेत्रम्) महाबाहो (महा + बाहो) बहुबाहूरुपादम् (बहु + बाहु + उरु + पादम्)। बहूदरं (बहु + उदरम्) बहुदंष्ट्रकरालं (बहु + दंष्ट्र + करालम्) दृष्टा लोकाः प्रव्यथितास्तथाहम् (प्रव्यथिताः + तथा + अहम्)।।

11.23 रूप विशाल + आपका, अनेक + मुख, + ऑखें, हे! बलिष्ठ + भुजाओं वाले (भगवान कृष्ण), अनेक + बाहें, + जॉघें, + पैर।
अनेक + पेट, अनेक + दॉत + भयानक / विकराल, देख कर संसार विचलित है + और + मैं भी।

11.23 विशाल रूप में कई मुख नेत्र, बाहें जाँघ और पाँव हैं।
कई पेट कई डरावने दाँत, देख डरे हैं लोक और मैं।।23।।

11.23 Roopam mahatte (mahat+te) bahuvaktranetram (bahu + vaktra + netram) Maha+baaho bahubaahoorupaadam (bahu + baahu + uru + paadam).

Bahoodaram (Bahu + udaram) bahudanshtraakaraalam (bahu + danshtraa + karaalam) drishtwaa lokaah pravyathitaastathaaham (pravyathitaah + tathaa + aham).

11.23 Form Mighty+ Yours, unaccountable + mouths,+ eyes, O! Mighty Armed, countless+ hands,+ thighs+ legs. Many+ bellies, innumerable+ teeth+ fearsome,having seen, the world is trembling+ and so+ am I.

11.23 Mighty Armed! of many mouths eyes, many hands Preemptive Form.
Many stomachs monstrous teeth, planets are jolted seeing This Form. ||23||

۱۱۰۲۳۔ روُپَم مَہَتّے (مَہَت + تے) بَہُوَکتر نیترَم (بَہُو + وَکتر + نیترَم) مَہاباہو (مہا + باہو) بَہُباہوُرُپادَم (بَہُو + باہُو + اُرُو + پادَم)،
بَہُو + اُدَرَم بَہو دَنشٹراکرالَم (بَہُو + دَنشٹرا + کرالَم) دِرشٹوا لوکاہ پرَوَیتھتاستتھاہَم (پرَوَیتھِتاہ + تتھا + اَہَم)۔

۱۱۰۲۳۔روپ عظیم ہے+آپ کا، بہت سے+مونہ،+آنکھیں،یا! مہاباہو(کرِشن) ، کئی + باذو+رانیں+پیر،
کئی +پیٹ، بے شمار+دانت+ ڈراونے ، سارے سنسار دُکھی ہیں+ اور+ مَیں بھی۔

۱۱۰۲۳۔ مَیں اور یہ سب لوگ ڈرے کانپ رہے ہیں، دیکھ کے محاباہو! آپکا یہ روپ۔
کئی آنکھوں ہاتھوں پیٹوں پیروں اور، ڈراونے دانتوں بھرے منہوں کا یہ روپ۔

11.24 नभःस्पृशं (नभः + स्पृशम्) दीप्तमनेकवर्णं (दीप्तम् + अनेक + वर्णम्) व्यात्ताननं (व्यात्त + आननम्) दीप्तविशालनेत्रम् (दीप्त + विशाल + नेत्रम्)।
दृष्टा हि त्वां (त्वाम्) प्रव्यथितान्तरात्मा (प्रव्यथित + अन्तः + आत्मा) धृतिं (धृतिम्) न विन्दामि शमं (शमम्) च विष्णो।।

11.24 नभ + छूते, जलते + अनेक + रंगों में, खुले हुए + मुख, दिपदिपाते + विशाल + नेत्र। देखते ही आपको, दुःखी है + मेरी अन्दर की + आत्मा, न धैर्य न ही शान्ति पा रहा हूँ, हे! विष्णु।।

11.24 नभ छूते जलते कई रंगों में, फैले मुख जलती बड़ी आँखें।
आपको देख के दुःखी है अन्दर मन, धैर्य खोया हे प्रभु! शान्ति दें।।24।।

11.24 Nabhahsprisham (Nabhah + sprisham) deeptamanekavarnam (deeptam + aneka + varnam) vyaattaananam (vyaata + aananam) deeptavishaalanetram (deepta + vishaala + netram). Drashtaa hi twaam pravyathitaantaraatmaa (pravyathitah + antah + aatmaa) dhritim na vindaami shamam cha Vishno.

11.24 Sky+ touching, burning+ in many+ colours, wide open + mouths, glowing+ large+ eyes. Seeing You, in pain + my inner +soul is, neither patience nor peace, I am getting, O! Vishnu.

11.24 Sky touching blazing colourful, open mouths big fiery eyes.
Soul falters seeing You, Vishnu! patience peace have lost I. ||24||

۱۱۰۲۴۔ نبھسپرشم (نبھ+سپرشم) دیپتمنیکورنم (دیپتم +انیک+ورنم) ویاتتانم (ویاتت+آننم) دیپتوشالنیترم
(دیپت+وشال+نیترم)،
درشٹوا ہِ توام پروویتھتا انترآتما (پروویتھتہ+انتہ+آتما) دھرتم نہ وندامِ شمم چ وشنو۔

۱۱۰۲۴۔ آسمان+چھوتا ہوا ،جلتا ہوا+کئی +رنگوں میں کھُلے ہوئے (کی)+مونہ ، جلتی+بڑی+آنکھیں،
دیکھتے ہی آپکو دُکھی ہے +اندرونی+روح ، صبر نہیں ہو پاتا اور ناسکون ، یا! وشنو۔

۱۱۰۲۴۔ آسمان چھوتا کئی رنگ میں جلتا،کھُلے منہ بڑی آنکھیں ڈرتا دیکھ رہا ۔
اندرونی میری روح ڈر سے دوکھتی، صبر چین یا! وشنوؑ! میرا کھو رہا۔

11.25 दंष्ट्र + करालानि च ते मुखानि दृष्टैव (दृष्टा + एव) कालानलसन्निभानि (काल + अनल + सन्नि + भानि)। दिशो न जाने न लभे प्रसीद देवेश जगन्निवास (जगत् + निवास)।।

11.25 दाँत + भयंकर, तथा आपके मुखों में देखकर + ही, मृत्यु की + आग को + जैसे + भान नही है। न दिशाओं का, न भान हो रहा है, न वे (दिशाएं) मिल पा रही हैं, प्रसन्न हों, हे! देवताओ के भगवान, हे! जगत के + निवास ।।

11.25 भयानक दाँतों मुखों को देखकर, मानो लगी प्रलय की आग।
दिशा खुशी भूल चकराया देखकर, खुश हों देवेश! जगधाम।।25।।

11.25 Danshtraakaraalaani (Danshtraa+karaalaani) cha te mukhaani drishtaiva (drishtaa+eva) kaalaanalasannibhaani (kaala + anala + sanni + bhaani).

Disho (Dishah) na jaane na labhe cha sharma praseeda devesha Jagannivaas (Jagat + nivaas).

11.25 Teeth +fierce, and Your mouths, watching+even, death + fire + as if + appears to have lost direction. Neither they (directions) appear nor are being found, be happy, O! Lord of Gods, O! Universal+ Abode.

11.25 Your fearsome teeth in mouths, as if seeing the deadly fire.
I have lost direction and joy, God's God! be happy lose ire. ||25||

۱۱۰۲۵۔ دنشٹراکرالانِ (دنشٹرا+کرالانِ) چ تے مکھانِ درشٹیو (درشٹوا+ایو) کالانلسنّبھانِ (کال+انل +سنّنِ+بھانِ) ،
دشو نَ جانے نَ لبھے چ شرمَ پرسیدَ دیویش (دیو+اییش) جگنّواس (جگت+نِواس)۔

۱۱۰۲۵۔ دانت +ڈراونے اور آپ کے مُنہوں میں دیکھ کے+ایسی، موت کی +آگ،+گویا ،
سمت نہیں جانتا ، اور نا پاتاہوں سکون ، خوش ہو جائیں یا! خُدا+دیو ،یا! جہاں +پناہ۔

۱۱۰۲۵۔ موت کی آگ جیسے ڈراونے ،دانتوں والے منہ دیکھ کر آپ کے۔
بھولا سمت بھاگا سکھ کسی طرف نہ سکون پاتا، خوش ہوں خدایا! کائنات کے۔

11.26 अमी च त्वां (त्वाम्) धृतराष्ट्रस्य पुत्राः सर्वे
सहैवावनिपालसंघै (सह + एव + अविनपाल + संघै)। भीष्मो द्रोणः सूतपुत्रस्तथासौ (सूत + पुत्रः + तथा + असौ) सहास्मदीयैरपि (सह + अस्मदीयैः + अपि) योधमुख्यैः (योध + मुख्यैः)।।

11.26 यह और आपके अन्दर धृतराष्ट्र के सब बेटे, साथ + ही + वीर राजाओं + के समूह। भीष्म, द्रोण, सूत पुत्र कर्ण, और इनके साथ, + हमारे + भी, यो)ा + प्रमुख।।

11.26 धृतराष्ट्र के पुत्र और वीर राजे, भीष्म द्रोण और सूत पुत्र कर्ण।
साथ ही हमारे भी मुख्य यो)ा, आपके मुखों में घुस रहे हैं कृष्ण।।26।।

11.26 Amee cha twaam Dhritraashtrasya putraah sarve sahaivavanipaalasanghaih. (sah + aiv + avani + paala + sanghaih). Bheeshmo (Bheeshmah) Dronah sootaputrastathaasau (soota + putrah + tathaa + asau) sahaasmadeeyairapi (saha + asmadeeyaih + api) Yodhamukhyaih (Yodha + mukhyaih).

11.26 These and within You, Dhritraasht's all the sons, together + with them+ mighty+ king + groups.
Bheeshm, Dron, soot's +son Karn, and +along with them + ours +too, Chief + Brigadiers.

11.26 Dhritrashtr's sons along the assisting groups, of all the mighty kings.
Bheeshm, Dron, shudr's son Karn, and our soldiers also moving in. ||26||

۱۱۰۲۶۔ اَمی چ تْوام دھرِتراشٹرسْی پُتْراہ سَرْوے سَہَیواوَنِپالَسَنْگھیہ (سَہ + ایوَ + اَوَنِ + پال + سَنْگھیہ)،
بھیشمو (بھیشمہ) دْرونہ سوتپُتْرَستَتھاسو (سوْت + پُتْرہ + تَتھا + اَسَو) سَہاسْمَدیئیرَپ (سَہ + اَسْمَدییہ + اَپ) یوْدھمُکھیہ (یوْدھ + مُکھیہ)۔

۱۱۰۲۶۔ اور یہ آپ میں دھرِتراشٹرَ کے بیٹے سب ہی ساتھ میں + ویسے ہی + ویر + راجا وں کے + اتحاد ،
بھیشمَ ، دْروْنَ ، سوْتَ (رتھبان) + ذادے (کَرْنَ) ، اور + اِنکے، ساتھ + ہمارے + بھی، فوجی (جنگجو سپاھی) + سدر / مرکزی۔

۱۱۰۲۶۔ دھرِتَراشٹرَ کے بیٹے، سارے دوست ساتھی راجاوں کے ساتھ۔
بھیشمَ دْروْنَ سوْت ذادے کَرْنَ، اور ہمارے بھی جنگجو خاص۔

11.27 वक्त्राणि ते त्वरमाणा विशन्ति दंष्ट्राकरालानि (दंष्ट्रा + करालानि) भयानकानि। केचिद्विलग्ना (केचित् + विलग्ना) दशनानन्तरेषु (दशन + अन्तरेषु) सन्दृश्यन्ते चूर्णितैरुत्तमाङ्गैः (चूर्णितैः + उत्तम + अंगैः)।।

11.27 मुखों में आपके, तेज़ी से / वेग से, घुस रहे हैं, दाँतों में + काल के समान भयानक। कुछ + जुड़े हुए ही, दाँतों के + बीच में, लटके दिख रहे हैं, कुछ चूर्ण हुए + सिरों से।।

11.27 तेजी से घुस रहे मुखों में, विकराल भयानक दाँतों के बीच।
कुछ चिपके लटके दिखते, कुछ चबे सिरों से चूर्ण दाँतों बीच।।27।।

11.27 Waktraani te twaramaanaa vishanti danshtraa + karaalaani bhayaanakaani. Kechidwilagnaa (Kechit + wilagnaah) dashanaantareshu (dashana + antareshu) sandrishyante choornitairuttamaangaih (choornitaih + uttama + angaih).

11.27 In mouths Yours ,are speedily entering they, into denture +deadly fierce. Some are showing,+ fixed between teeth + gaps , hanging down, some with +powdered+ organ ends.

11.27 Entering fast into your mouth's, fearsome monstrous denture.
Some show hanging clung, some with ends ground to powder. ||27||

۱۱۰۲۷۔ وَکتْرانِ تے تْوَرَمانا (تْوَرَماناہ) وِشَنْتِ دَنْشْٹرا کَرالانِ (دَنْشْٹرا+کَرالانِ) بھیانَکانِ،
کیچِدْ وِلَگْنا (کیچِت+وِلَگْناہ) دَشَنانْتَریشُ (دَشَن+انْتَریشُ) سَنْدْرِشْیَنْتے چوُرْنِتَیرُتَّمانْگَیہ (چوُرْنِتَیہ+ اُتَّم +انْگَیہ)۔

۱۱۰۲۷۔ منہوں میں آپ کے تیزی سے داخل ہو رہے ہیں، دانتوں میں +خونخوار ، تندخو ،
کُچھ +لٹکے ہوے دانتوں+ کے بیچ دِکھ رہے ہیں کُچھ چورن +ہوتے ہوے، +سِروں سے۔

۱۱۰۲۷۔ جلتے منہوں کی طرف آپکے، تیزی سے کھنچتے چلے جارہے ہیں۔
دانتوں میں کئی دکھ رہے چپکے، سروں سے لٹکے پسے جارہے ہیں۔

11.28 यथा नदीनां (नदीनाम्) बहवोअम्बुवेगाः (बहवः + अम्बु + वेगाः) समुद्रमेवाभिमुखा (समुद्रम् + एव + अभिमुखा) द्रवन्ति।
तथा तवामी (तव + अमी) नरलोकवीरा (नर + लोक + वीरा) विशन्ति वक्त्राण्यभिविज्वलन्ति (वक्त्राणि + अभिविज्वलन्ति)।।

11.28 जैसे नदियाँ अनेक + जल तरंगों के + वेग से, समुद्र + ही + की ओर, दौड़ती हैं।
वैसे ही आप + के अन्दर भी, संसार के + वीर + पुरुष, घुस रहे हैं, मुखों में जल रहे हैं।।

11.28 जैसे नदियाँ उमंग तरंग से, समुद्र की ओर दौड़ी चलतीं।
वैसे यह वीर सेना भी आपके, जलते मुखों में सवेग बढ़ती।।28।।

11.28 Yathaa nadeenaam bahawoambuvegaah (bahawah + ambu+vegaah) samudramevaabhimukhaa (samudram + eva + abhimukhaa) dravanti.

Tathaa tawaamee naralokaveera (nara + loka + veerah) vishanti vaktraanyabhivijvalanti (vaktraani + abhi + vijvalanti).

11.28 Just as the rivers through various+ water currents'+ speedy velocity, towards+only+ oceans, run. Like that, within You are entering the mighty+ men +of the world, within mouths, +for burning.

11.28 As the river streams ever run,towards oceans to immerse speedily.
Brave men towards your fiery mouths, entering to burn as rapidly. ||28||

۱۱۰۲۸۔ یتھا ندینام بہووامبو ویگاہ(بہوہ+امبُ+ ویگاہ) سمُدرمیوابھمکھا(سمُدرم+ایو +ابھمکھاہ) دروَنتِ،
تتھا توامی نرلوکویرا(نر+لوک+ ویراہ) وِشنتِ وکترانیابھِوِجولنتِ (وکتران+ابھِ+وِجولنتِ) ۔

۱۱۰۲۸۔جیسے ندییاں کی+لہروں میں+تیزی سے، ساغر+ ہی کی+طرف دوڑتی ہیں ،
ویسے ہی آپ میں یہ سارے آدم+سنسارکے+ویر ، گھس رہے ہیں، منھوں میں+جل رہے ہیں۔

۱۱۰۲۸۔ ندیوں کے سیلاب جیسے سموچے ،بہاؤ کے ساتھ ساغر میں اُمڑتے۔
ویسے ہی آپکے منھوں میں تیزی سے، فوجی کھنچتے ہوئے گھستے جلتے۔

11.29 यथा प्रदीप्तं ज्वलनं (ज्वलनम्) पतंगा विशन्ति नाशाय समृ)वेगाः (समृ) + वेगाः)।
तथैव (तथा + एव) नाशाय विशन्ति लोकास्त्वापि (लोकाः + तु + अपि) वक्त्राणि समृ)वेगाः (समृ) + वेगाः)।।

11दृ29 जैसे जलती हुई आग में पतंगे, घुसते हैं, नष्ट होने के लिये, पूरे + वेग से । वैसे + ही, नष्ट होने के लिये, घुस रहे हैं, संसार + भी + लेकिन, आपके मुखों में, पूरे + वेग से।।

11दृ29 जैसे पतंगे जलती आग में, जल मरने को सवेग उड़ते।
वैसे ही संसार आपके मुखों में, विनाश को सवेग खिंचते।।29।।

11.29 Ythaa pradeeptam jwalanam patangaa vishanti naashaaya samriddhavegaah (samriddha + vegaah).

Tathaiva (Tathaa+eva) naashaaya vishanti lokaastavaapi (lokaah + tu + api) vaktraani samriddhavegaah (samriddha + vegaah).

11.29 As in the burning fire, do the moths, rush, to be destroyed, with speedy+velocity. Just like+ that, to be finished, are rushing the worlds + too+ but, in Your mouths, with full+ force.

11.29 As moths towards the burning fire, speedily enter to be burned.
The planets are also rushing towards, Your mouths to be burned. ||29||

۱۱۰۲۹۔ یتھا پردیپتم جولنم پتنگا وشنتِ ناشای سمردّھویگاہ(سمرِدّھ+ویگاہ)،
تتھیو ناشای وشنتِ لوکاستواپ (لوکاہ+تو+اپِ) وکتراںِ سمرِدّھ+ویگاہ(سمرِدّھ+ویگاہ)۔

۱۱۰۲۹۔ جیسے جلتی آگ میں پتنگے گھُستے ہیں تباہ ہونے کے لیے تیز +رفتار سے،
ویسے ہی ختم ہونے کے لیے گھُس رہے ہیں لوگ+آپ میں+بھی تیز+ رفتار سے۔

۱۱۰۲۹۔ جیسے پتنگے زندہ جلنے کو،جلتی ہوئی آگ کی طرف اُڑتے۔
ویسے ہی پورے زور سے جلنے کو، آپکے منہوں میں یہ افواج بڑھتے۔

11.30 लेलिह्यसे ग्रसमानः समन्ताल्लोकान्समग्रान्वदनैर्ज्वलद्भिः (समन्तात् + लोकान् + समग्रान् + वदनैः + ज्वलद्भिः)।
तेजोभिरापूर्य (तेजोभिः + आपूर्य) जगत्समग्रं (जगत् + समग्रम्) भासस्तवोग्राः (भासः + तव + उग्राः) प्रतपन्ति विष्णो।।

11.30 निगलते हुए, खा रहे हैं आप, सभी दिशाओं से, + सभी संसारों को, + सारे जलते हुए मुखों में। तेज से + भर कर, संसार + सारा, झुलसा रही हैं + आपकी + उग्र किरणें, हे! विष्णु।।

11.30 सब ओर से चाटते हुए निगल रहे, जलते मुखों में आप इन सबको।
जलते तेज से ब्रह्माण्ड जल रहे, प्रभु! किरणों से झुलसाते सबको।।30।।

11.30 Lelihyase grasamaanah samantaallokaansamagraanvadanairjwaladbhih (samantaat + lokaan + samagraan + vadanaih + jwaladbhih). Tejobhiraapoorya (Tejobhih + aapoorya) jagatsamagram (jagat + samagram) bhaasastavograah (bhaasah + tava + ugraah) pratapanti Vishno.

11.30 Gulping, You are eating from all directions,+ all the worlds,+ in Your all the +blazing+ mouths. Filling+ with terrible+ splendour, the universe+ whole, Your+cruel rays are scorching, O! Vishnu.

11.30 With your burning mouthsYou are, gulping licking men from all sides.
Making the world inferno,Vishnu! your fiery rays spreading worldwide. ||30||

۱۱۰۳۰۔ لیلِہئیسے گرسمانہ سمنتالوکانسمگرانودنیرجولدبھِ (سمنتات+لوکان+سمگران+ودنیہ+جولدبھِ)،
تیجوبھِراپوری (تیجوبھِ+آپوری) جگتسمگرم(جگت+سمگرم) بھاستوگراہ(بھاسہ+تو+اُگراہ) پرتپنتِ وشنو۔

۱۱۰۳۰۔ چاٹ رہے ہیں،نگلتے ہوئے ،سب سمت سے+سنساروں کو+سارے+مونہوں کی+جلتی+آگ سے،
شعلوں میں+ بھری ہوئی ،کائنات کو +ساری، کرنیں+آپکی+ڈراونی ہوکے، جھلسا رہی ہیں، یا! وشنو۔

۱۱۰۳۰۔ نگل رہے ہیں چاٹتے ہوئے، سبھی کو سبھی طرف سے کھا کے آپ۔
یا! وِشنو! آپکے آتشی شعلوں کی پھینک، گرما کے جلا رہے کائنات۔

11.31 आख्याहि मे को भवानुग्ररूपो (भवान् + उग्र + रूपः) नमोऽस्तु (नमः + अस्तु) ते देव + वर प्रसीद।
विज्ञातुमिच्छामि (विज्ञातुम् + इच्छामि) भवंतमाद्यं (भवंतम् + आद्यम्) न हि प्रजानामि तव प्रवृत्तिम्।।

11.31 बता दें मुझे, कौन हैं आप, + उग्र + रूप में, नमस्कार + है आपको, हे! देव + वर खुश हो जाएं। जानना + चाहता हूँ, हे! आदि आपको, नहीं जानता आपकी भावना।।

11.31 इस उग्र रूप में हैं कौन बताएं, प्रार्थना है हे! देववर खुश हो जाएं।
जानना चाहता हूँ इच्छा बताएं, किस कारण से आप हे! देव आए।।31।।

11.31 Aakhyaa + hi me ko (kah) bhawanugraroopo (bhawan + ugra + roopah) namoastu (namah + astu) te (Te) devavara (Deva + vara) praseeda. Vigyaatumichchhami (Vigyaatum + ichchhami) bhawantamaadyam (Bhawantam + Aadyam) na hi prajaanaami tava (Tava) pravrittim.

11.31 Please tell me, who You are,+ in this cruel+ Form, I bow down O! God+ be happy. I want+ to know You, O! Primeval, I do not know Your intention.

11.31 Who are You in This Hard Formation, I bow you O! God be happy.
Want to know You God Primeval, Don't know Your intentions hearty. ||31||

۱۱۰۳۱۔ آخیا ہِ مے کو بھوانُگرروپو (بھوان+اُگر+روپہ) نموآستُ (نمہ+آستُ) تے دیووَر (دیوَ+وَر) پرسید،
وِگیاتُمِچھامِ (وِگیاتُم +اِچھامِ) بھوَنتماذیم (بھوَنتم+آذیَم) نَ ہِ پرجانامِ تَو پرورِتِم۔

۱۱۰۳۱۔ احساس کرادیں مُجھے کہ آپ+اِس ڈراونے+روپ میں کون+ہیں، آداب+عرض ہے آپکو خُدا+مالک خوش ہوں،
جاننا+چہتاہوں آپ کو +یا! پہلے خُدا، نہیں جانتا آپکی نیت ۔

۱۱۰۳۱۔ دیا کر فرمائیں ایسے، ڈراونے روپ میں ہیں کون کس لئے ہیں آپ۔
مالک! سلام لیں! خش ہوں، شروعاتی وجود یہ کس لیئے لائے ہیں آپ۔

श्रीभगवानुवाच Shree Bhagawaana Uvaacha **श्री भगवान बोले** Lord Shri said

شری بھگوانُواچ خُدا بولے

11.32 कालोऽस्मि (कालः + अस्मि) लोकक्षयकृत्प्रवृ)ो (लोक + क्षय + कृत् + प्रवृ):) लोकान्समाहर्तुमिह (लोकान् + समाहर्तुम् + इह) प्रवृत्तः। ऋतेऽपि

(ऋते + अपि) त्वां (त्वाम्) न भविष्यन्ति सर्वे येऽवस्थिता (ये+अवस्थिता) प्रत्यनीकेषु (प्रति + अनीकेषु) योधाः।।

11.32 मृत्यु + हूँ मैं, संसार + नष्ट + करने + बढ़ा हुआ, संसारों को + नष्ट करने में यहाँ + लगा हूँ ।
तुम्हारे अतिरिक्त नहीं बचेंगे सब में वह जो + खड़े हैं एक एक + विरोधियों में सैनिक।।

11.32 मैं काल हूँ सर्वलोक नाशी, संसार नष्ट करने में लगा हूँ।
पाण्डवों को छोड़ के मैं, सब यो)ाओं को मारने चला हूँ।।32।।

11.32 Kaaloasmi (Kaalah + asmi) lokakshayakritpravriddho (loka + kshaya + krit + pravriddhhah) lokaansamaahartumih (lokaan + samaahartum + ih)
pravrittah. Riteapi (Rite + api) twaam na bhavishyanti sarve yeavisthitaah
(ye + avisthitaah) pratyaneekeshu (prati + aneekeshu) yodhaah.

11.32 Death + I am, for world's + distruction,+ work+ appared, engaged+ in finishing+ all the worlds+here. Other than you, none will survive + amongst all+who are+ standing in opposition , each one of these + warriors.

11.32 Death Time I Am the Killer God, engaged in finishing people in world.
Except you none will be left alive. all the soldiers will leave the world. ||32||

۱۱۰۳۲۔ کالوٗاَسْمِ (کالَہ +اَسْم)لوٗک کْشَیکْرِ تپْرَوْرِدّھوٗ (لوک +کْشَی +کْرِت +پْرَوْرِدّھَ) لوٗکاںسَماہَرْتُمِہ (لوکاں+سَماہَرْتُم +اِہ) پْرَوْرِتَّہ،
رِتےاَپِ (رِتے+اَپِ) تْوامْ نَ بھَوِشْیَنْتِ سَرْوے یےاَوَسْتِھتاہ (یے+اَوَسْتِھتاہ) پْرَتْیَنِیکیش (پْرَتِ+اَنِیکیش) یوٗدھاہ۔

۱۱۰۳۲۔ موت+ہوں مئیں، سنسار+ختم+کرنے میں+لگا ہوا، سب سنسار+حل کرنے+یہاں کے منسوبے سے ،
بغیر +(لڈے) ہی، تُمہارے نہیں ہوینگے(مرجائیں گے/ختم ہوں گے) سب ہی ، یہ+ یہاں خڈے، (ہر ایک دشمن) سپاہیوں ۔

۱۱۰۳۲۔ خاتمہ کرتی موت ہوں مئیں، ہر سنسار کے سب کو ماردونگی۔
تمہارے لڑے بنا لگی ہوں مئیں، پانڈووں کے سوا سبکو ماردونگی۔

11.33 तस्मात्त्वमुत्तिष्ठ (तस्मात् + त्वम् + उत्तिष्ठ) यशो (यशः) लभस्व जित्वा शत्रून् भुङ्क्ष्व राज्यं (राज्यम्) समृ)म्। मय्येवैते (मया + एव + एते) निहिताः पूर्वमेव (पूर्वम् + एव) निमित्त मात्रं (मात्रम्) भव सव्यसाची।।

11.33 इसलिये + तुम + उठो, यश लाभ लो, जीत कर शत्रुओं को, भोगो समृ) राज्य । मुझसे + निशचित ही + यह, मारे जा चुके हैं, पहले + ही, केवल साधन बनो, हे! सव्यसाची।।

11.33 अतः उठो तुम अपना यश लो, शत्रु जीतो सम्पन्न राज्य लो ।
मैंने मार दिये पहले ही यह, बस सव्य साची! निमित्त बनो।।33।।

11.33 Tasmaattwamuttishtha (Tasmaat + twam + uttishtha) yasho (yashah) labhaswa jitwaa shatroon bhungkshwa raajyam Samriddham.

Mayyevaite (Mayaa + eva + ete) nihataah poorvameva (poorvam + eva)
nimittamaatram (nimitta + maatram) bhava Savyasaachin (Savya + saachin).

11.33 Therefore+ you+ get up, earn fame, conquer enemy, enjoy the pleasure of ruling prosperous kingdom. By Me, they have been killed+ already, be only the tool, O! Savyasachi.

11.33 Hence you rise earn your name, conquering foes enjoy ruling pleasure.
I have already killed them, Savysachi! be only the means altogether. ||33||

۱۱۰۳۳۔ تسماتوُمتُشٹھ (تسمات+توم +اُتشٹھ) یشوُ (یشہ) لبھسوَ جتوا شترون بھنگشو راجیم سمردّھم،
میّویتے (مَیا+ایوَ+ایتے) نہتاہ پوُروَمیوَ (پوُروَم+ایوَ) نمتّماترم (نمتّ+ماترم) بھوَ سوَیساچن (سوَی+ساچن)۔

۱۱۰۳۳۔ اس لیئے+تُم+اُٹھو شہرت کا فایدہ اُٹھاؤ ،دُشمن فتح کرو ، لطف اُٹھاؤ خُشحال بادشاہت کا ،
مُجھ (خُدا) سے+ ہی+ یہ سب مارے جا چُکے ہیں پہلے+ہی ، بنو ذریعے+ صرف ، یا! سوَیساچی (اَرجُن)۔

۱۱۰۳۳۔ اسلئے شہرت لینے کے لیئے اُٹھو، جیت کے دُشمن خُشحال ریاست کا لطف لو۔
پہلے ہی مَیں نے مار ڈالے ہیں، سوَیساچی! نام کو لڑو صرف ذریعے تُم ہو۔

11.34 द्रोणं (द्रोणम्) च भीष्मं (भीष्मम्)च जयद्रथं (जयद्रथम्) च कर्णं (कर्णम्) तथान्यानपि (तथा + अन्यान् + अपि) योधवीरान् (योध + वीरान)। मया हतांस्त्वं (हतान् + त्वम्) जहि मा व्यतिष्ठा यु)स्व जेतासि (जेता + असि) रणे सपत्नान्।।

11.34 द्रोण व भीष्म व जयद्रथ व कर्ण एवं + और + भी यु) + वीर।
मैंने मार दिये हैं, + तुम मारो, बिना शोक किये लड़ो, जीतोगे यु) में, शत्रुओं को।।

11.34 द्रोण भीष्म जयद्रथ कर्ण, और भी सब यु) वीर।
पहले ही मार दिये, न दुःखी हो मारो जीतो वीर।।34।।

11.34 Dronam cha Bhishmam cha Jayadratham cha Karnam tathaanyaanapi (tathaa + anyaan + api) yodhaveeran (yodha + veeran).

Mayaa hataanstwam (hataan + twam) jahi maa vyathishthaa yuddhyaswa jetaasi (jeta+asi) rane sapatnaan.

11.34 Dron and Bheeshm and Jaidrath and Karn and other mighty warriors too. I have killed, you kill, without being unhappy in war, conquer the enemies.

11.34 Dron Bhishm Jaydrath Karn,and the rest of mighty warriors.
I have already killed don't panic, conquer as a hero warrior. ||34||

۱۱۰۳۴۔ ڈرونم چ بھیشمم چ جیدرتھم چ کرنم تتھانیاپ (تتھا+انیان+اپ) یدھویران (یودھ+ویران)،
میا ہتانستوم (ہتان+توم) جہ ما ویتھشٹھا یدھیسو جیتاسِ رنے سپتنان۔

۱۱۰۳۴۔ ڈرون اور بھیشم اور جیدرتھ اور کرن اور+دوسرے+بھی جنگجو + بہادر ،
مجھ سے مارے جا چکے ہیں، مارو+ تم ، مت ہو پریشان ، جیتو گے جنگ میں دشمنوں کو۔

۱۱۰۳۴۔ ڈرون بھیشم جیدرتھ کرن مارے،اور سارے ویر جنگجوں دوسرے۔
پہلے ہی مار دیئے ہیں میں (خدا) نے ، ہرادو گے دشمن لڑو بن ڈرے۔

संजय उवाच Sanjaya Uvaacha संजय बोले Sanjay Said

سنجیٔ اُواچ سنجی بولے

11.35 एतच्छ्रुत्वा (एतत् + श्रुत्वा) वचनं केशवस्य कृताञ्जलिवेपमानः (कृत + अंजलि + वेपमानः) किरीटी। नमस्कृत्वा (नमः + कृत्वा) भूय एवाह (एव + आह) कृष्णं सगद्‌गदं (स + गद् + गदम्) भीत + भीतः प्रणम्य।।

11.35 ऐसे + सुन कर बोल केशव के, हाथ + जोड़ + काँपते हुए, अर्जुन ने। नमस्कार + करके, फिर से यह + कहा, कृष्ण से, रुँधे + गले + से, डरते + डरते प्रणाम करते हुए।।

11.35 कृष्ण की बातें सुन के अर्जुन, हाथ जोड़कर काँपते हुए।
नमश्कार करते हुए कृष्ण से, डरे डरे बोला हकलाते हुए।।35।।

11.35 Etachchhrutwaa (Etat + shrutwaa) vachanam Keshwasya kritaanjlirvepamaanah (krita + anjlih + vepamaanah) kireetee. Namaskritwaa bhooyah aewaah (eva+aah) Krishnam sagadgadam bheeatabheetah pranamya.

11.35 These +having listened to, the words of Keshav, folded+ hands + shivering, Arjun. Offered obeisance + again, thus +said, to Krishn, choked+ throat, fearfully, paying homage.

11.35 Listening to these of Keshav's words, folded hands shivered Arjun.
Bowed down and prayed to Krishn, in broken fearful voice Arjun. ||35||

۱۱۰۳۵۔ اتّھرتوا (ایت+شرتوا) وچنم کیشوسی کرتانجلز ویپمانہ (کرت+انجلہ+ویپمانہ) کریٹی،
نمسکرتوا (نمہ+کرتوا) بھوی (بھویہ) ایواہ (ایو+آہ) کرشنم سگدگدم (س+گدگدم) بھیتبھیتہ (بھیت+بھیتہ) پرنمی۔

۱۱۰۳۵۔ یہ+سن کے، لفظ کیشو کے، ہاتھ+جوڑے+کانپتے ہوئے مکٹ والے (ارجن)،
تسلیم+کر کے پھر+ایسے+بولے کرشن سے، رندھے گلے سے ،ڈرے+ڈرے، سلام کرتے ہوئے۔

۱۱۰۳۵۔ سن کے کیشو کی یہ باتیں، ارجن ڈر سے کانپ کے ہاتھ جوڑ اٹھا۔
جھوک کے شری کرشن کے سامنے، ہکلاتی زبان میں یہ بول اٹھا۔

अर्जुन उवाच Arjuna Uvaacha **अर्जुन बोले** Arjun Said

ارجن اواچ ارجن بولے

11.36 स्थाने ऋषिकेश तव प्रकीर्त्या जगत्प्रहृष्यत्यनुरज्यते (जगत् + प्रहृष्यति + अनुरज्यते) च।
रक्षांसि भीतानि दिशो (दिशः) द्रवन्ति सर्वे नमस्यन्ति च सि)संघाः (सि) + संघाः)।।

11.36 ठीक हो रहा है, / अपनी जगह है सब, हे! इन्द्रियों के स्वामी (ऋषिकेश), आपके यश से, संसार + हर्षित और + और मगन है।
राक्षस डरे हुए, हर ओर भाग रहे हैं, और सारे नमन कर रहे हैं, सि)ों के + समूह ।।

11.36 ऋषिकेश! आपकी कीर्ति से, जग खुश आपसे सीख रहा है।
राक्षस डरके भागते आपसे, सि) नमन करें ठीक हो रहा है।।36।।

11.36 Sthaane Hrishikesha tava prakeertyaa jagatprahrishyatyanurajyate (jagat + prahrishyati + anurajyate) cha. Rakshaansi bheetaani disho (dishah) dravanti sarve namasyanti cha siddhasanghaah (siddha + sanghaah).

11.36 Things are set right, O! Conquerer of senses (Hrishikesh)! by Your grace, the world + rejoices +and + is being enamored/ aflow. The devils are fearfully, in all directions, running, and are paying homage ,all the skilled sages,+ in groups.

11.36 Things go perfect through Your Fame, world rejoices being attracted.
Devils run away hither thither, saints pray Hrishikesh totally devoted. ||36||

۱۱۰۳۶۔ ستھانے ہرشکیش توَ پرکیرتیا جگتپرہرشیتیزرجیتے (جگت+پرہرشیت+انرجیتے) چ،
رکشانسِ بھیتانِ دشو دروَنتِ سروے نمسینتِ چ سِدّھسنگھاہ (سِدّھ+سنگھاہ)۔

۱۱۰۳۶۔ صحیح ہے یا! ہرِشکیش (مالک حواس)،آپکے فضل سے،سنسار + خوش ہوکے +مگن ہے اور،
راکشس ڈر کے ہرطرف بھاگ رہے ہیں اورسارے، تسلیم کررہے ہیں، قابل+اتحاد۔

۱۱۰۳۶۔ ٹھیک ہیں ہرِشکیش! آپ کی وجہ سے، سب خشی سے مگن ہورہے ہیں۔
شیطان آپکے ڈر سے بھاگ رہے، ولی باکمال عبادت میں جھک رہے ہیں۔

11.37 कस्माच्च (कस्मात् + च) ते न नमेरन्महात्मन् (नमेरन् + महात्मन्) गरीयसे ब्रह्मोऽप्यादिकर्त्रे (ब्रह्मणः + अपि + आदि + कर्त्रे)।
अनन्त देवेश जगन्निवास (जगत् + निवास) त्वमक्षरं (त्वम् + अक्षरम्) सदसत्तत्परं (सत् + असत् + तत् + परम्) यत्।।

11.37 और + कैसे वे न नमन करें + हे! महात्मन्, अच्छे लोग आपको, ब्रह्मा के + भी + पहले + करने वाले आप हैं।
हे!अनन्त हे! देवों के देव, हे! जग के + धाम, आप + अविनाशी हैं, सत्य + असत्य + उससे + परे हैं, क्योंकि।।

11.37 कैसे श्रेष्ठ नमन न करें महात्मन, आदि सृष्टा आप ब्रह्मा से ऊँचे।
जगत के आधार देवेश अनन्त, अक्षर आप सत्य असत्य दिव्य ऊँचे।।37।।

11.37 Kasmaachcha (Kasmaat + cha) te (Te) na nameranmahaatman (nameran + Mahaa+Aatman) gareeyase brahmanoapyaadikartre (brahmanah + api + Aadi + kartre). Ananta Devesha (Dev + eesha) Jaganniwaasa (Jagat + niwaasa) twamaksharam (Twam + aksharam) Sadasattatparam (Sat + Asat + tat + param) yat.

11.37 And+how will they,the good people, not bow before You+, O! Great+ Soul, You are the Creator, earlier than+ even+ Brahma (The Source of Universe). O! Infinite, O! God+ of Gods, O! World's+ Abode, You are indestructible , true+untrue,+ are That+ beyond +Who is.

11.37 Why will we not bow down to You, erlier than even Brahma are You.
God Infinite God's Lord and Support, Indestructible beyond true–untrue. ||37||

۱۱۰۳۷۔ کَسماچّ (کَسمات+چ) تے نَ نَمیرَنمہاتمَن (نَمیرَن+مَہا+آتمَن) گَریِیَسے بْرَہمنواَپیادِکَرتْرے
(بْرَہمَنَہ+اَپِ+آدِ+کَرتْرے)،
اَننت دیویش (دیوَ+ایش) جگنّواس (جَگت+نِواس) تْوَمَکشَرَم (تْوَم+اَکشَرَم) سَدَسَتّتپَرَم (سَت+اَسَت+تَت+پَرَم) یَت۔

۱۱۰۳۷۔اور+کس لیئے آپکو ناکریں سلام یا! بڑی+روح (خُدا)، بہتر ہیں خلّاق سے+بھی+پہلے+خالق ہیں آپ،
لامحدود دیووں کے+خُدا ، دُنیا کے+گھر ،آپ ہیں+لازوال، سچ +جھوٹ + سے+ لاُوپر (الٰہی) ہیں کیوں کی۔

۱۱۰۳۷۔ کیوں نہ جھکیں سب آپکے آگے، سبکے باپ اور زریہ ہیں آپ۔
لامحدود خدا جہاں پناہ ہمیشہ کام، اور کام کا زریہ عبدی ہیں آپ۔

11.38 त्वमादिदेवः (त्वम् + आदि + देवः) पुरुषः पुराणस्त्वमस्य (पुराणः + त्वम् + अस्य) विश्वस्य परं (परम्) निधानम्। वेत्तासि (वेत्ता + असि) वेद्यं (वेद्यम्) च परं (परम्) च धाम त्वया ततं (ततम्) विश्वमनन्तरूप (विश्वम् + अनन्तरूप)।।

11.38 आप़ + आदि देवता, आत्मा प्रथम + आप हैं + इस, विश्व के सर्वोच्च निवास / धाम हैं।
ज्ञाता हैं + आप, वेदों के, और सबसे ऊँचा आश्रय है आपका, फैले हैं विश्व में अनन्त रूपों में।।

11.38 आदि परमेश्वर पुरुष पुरातन, आप ही परम आधार संसार के ।
ज्ञान ज्ञेय दिव्य निकेतन, अनन्त रूपों में हैं व्याप्त संसार में।।38।।

11.38 Twamaadidevah (Twam + aadi + devah) purushah puraanastwamasya (puraanah + Twam+asya) vishwasya param nidhaanam. Vettaasi (Vettaa + asi) vedyam cha param cha dhaam twayaa tatam vishwamanantaroopa (vishwam + ananta + roopa).

11.38 You are+ Primeval+ God, Soul Primary + You+ are,+ of this universe ,the Highest+ Abode. You+ know the Veds,and the Highest+ support is Yours, and pervade in the universe+ through innumerable+ Forms.

11.38 Preemptive God, Primeval Soul, Unlimited Highest Universal Abode.
Knower Knowledge Knowledge's Goal, all pervading Form is Yours. ||38||

۱۱۰۳۸۔ توَمادِدیوَہ (توَم+آدِ+دیوَہ) پُرُشَہ پُرانَستوَمَسی (پُرانہ+توَم+اَسی) وِشوَسی پَرَم بِدھانَم،
ویتّاسِ ویدیَم چَ پَرَم چَ دھامَ توَیا تَتَم وِشوَمَننتَروُپ (وِشوَم+اَننت+روُپ)۔

۱۱۰۳۸۔ آپ+ پہلے+خُدا ہیں، روح+ پہلی+آپ کی ہے، یا! کائنات کے سبسے اونچے گھر،
جانکار ہیں آپ، قابل علم ہیں، سب سے اونچی پناہ ہے آپ کی، پھیلے ہیں کائنات میں، + بے شُمار+ روپوں میں۔

۱۱۰۳۸۔ شروعاتی خدا ہمیشہ آپ، پناہ اسیم جہاں کی آپ۔
کابل علم سبسے اونچے گھر، پھیلے ہر سو عالمی روپ آپ۔

11.39 वायुर्यमोऽग्निवरुणः (वायुः + यमः + अग्नि + वरुणः) शशांकः प्रजापतिस्त्वं (प्रजापतिः + त्वम्) प्रपितामहश्च (प्रपितामहः + च)।
नमोनमस्तेऽस्तु (नमः + नमः + ते + अस्तु) सहस्त्र + कृत्वः पुनश्च (पुनः + च) भूयाऽअपि (भूयः + अपि) नमो (नमः) नमस्ते (नमः + ते)।।

11.39 वायु, + यम, + अग्नि, + वरुण, चन्द्रमा, प्रजापति, + आप हैं, और + परबाबा।

नमश्कार + बार बार है + आपको + हो, हजार बार + कर के, फिर + और फिर + भी नमन कर, नमश्कार है + आपको।।

11.39 वायु यम अग्नि वरुण शशि, प्रजापति और परदादा हैं आप।
हजारों बार नमो नमन, बारबार फिर फिर नमस्कार लें आप।।39।।

11.39 Vaayuryamoagnirvarunah (Vaayuh + yamah + agnih + varunah) shashaankah (shasha+ankah) Prajapatistwam (Prajapatih + twam) Prapitaamahashcha (Prapitaamahah + cha).

Namo (Namah) namastestu (namah + te + astu) sahastrakritwah (sahastra + kritwah) punashcha (punah + cha) bhooyoapi (bhooyah + api) namo (namah) namaste (namah + te).

11.39 Air,+ Yam (God of death),+ Fire,+ Varun, Moon, Lord of public,+You are, Forefather+ and. I hail +You, thousands time,+ having done, again,+ and then+ again,+also, I bow down + against You (repeatedly).

11.39 You are Air, Yam, Fire, Varun, Moon, Brahm, Fore Father, people's Lord.
Thousands times I hail You, again and again pay obescence Great Lord. ||39||

۱۱۰۳۹۔ وایُرْیَموْاَگْنِرْوَرُنَہ (وایُہ +یَمَہ +اَگْنِہ +وَرُنَہ) ششانْکَہ پْرَجاپَتِسْتْوَم (پْرَجاپَتِہ+تْوَم) پْرَپِتامَہَشْچ (پْرَپِتامَہَہ+چ)،
نَموٗ نَمَسْتےاَسْتُ (نَمَہ+ نَمَہ+تے+اَسْتُ) سَہَسْتْرَکْرِتْوَہ (سَہَسْتْرَ+کْرِتْوَہ) پُنَشْچ (پُنَہ+چ) بھوٗیواَپِ (بھوٗیَہ +اَپِ)
نَموٗ (نَمَہ) نَمَسْتے (نَمَہ+تے)۔

۱۱۰۳۹۔ ہوا ،+یم،+آگ، + برسات ، چاند ،سنسار وں کے+ مالک ہیں+آپ، پردادے+ اور،+بڑے خُدا (مَہیش) ،
تسلیم پر، تسلیم +کرتا ہوں +آپ کو، آداب عرض ہے+ہزار بار ، بھِر+اور، پھر +بھی آداب ۔و۔سلام +آپ کو۔

۱۱۰۳۹۔ ہوا یم آگ پانی چاند، مالک پِتا اورآپ دادے سبکے۔
آپ کو باربار ہزاروں بار، پھر پھر سلام میرا پہنچے۔

11.40 नमः पुरस्तादथ (पुरस्तात् + अथ) पृष्ठतस्ते (पृष्ठतः + ते) नमोऽस्तु (नमः + अस्तु) ते सर्वत एव सर्व। अनन्तवीर्यामितविक्रमस्त्वं (अनन्त + वीर्य अमित + विक्रमः + त्वम्) सर्व समाप्नोषि ततोऽसि (ततः + असि) सर्व।।

11.40 नमश्कार सामने से + भी, पीछे से + आपको, नमश्कार + है, आपको सब ओर से, हे! सब कुछ। अनन्त + पौरुष, असीम + शक्ति से + आप, सब कुछ छाते हैं, अतः + आप ही सब कुछ हैं।।

11.40 आगे से पीछे से नमश्कार आपको, चारो तरफ से नमश्कार आपको।
अनन्त पौरुष वाले अनन्त बल के, सब कुछ हैं आप ओढ़ें हैं सबको।।40।।

11.40 Namah purastaadatha (purastaat + atha) prishthataste (prishthatah + te) namoastu (namah + astu) te sarvat (sarvatah) eva sarva (sarvah).

Anantaveeryaamitavikramastwam (Ananta+veerya + amita + vikramah + Twam) sarvam samaapnoshi tatoasi (tatah + asi) sarvah.

11.40 Salutations from the front+ too,from the back+ to You, and salutations from all sides, to You O! All in All. By infinite+ energy and + immeasurable+ potential, You , pervade everything, hence+ You are All in All.

11.40 Salutations from front back, and in circumference to You All in All.
With Infinite strength Hero You are, You pervade all hence are All. ||40||

۱۱۰۴۰۔ نَمہ پُرَستاد تھ (پُرَستات+اتھ) پِرِشْٹھتَستے (پِرِشْٹھتہ+تے) نَموَاَسْتُ (نَمہ+اَسْتُ) تے سَروَت (سَروَتہ) ایوَ سَروَ،
اَنَنت وِیرْیامِت وِکرَمَستْوَم (اَنَنت+وِیرْیَ+اَمِت+وِکرَمہ+تْوَم) سَروَم سَماپْنوشِ تتواَسِ (تتہ+اَسِ) سَروَہ۔

۱۱۰۴۰۔ سلام، سامنے سے+بھی، پیچھے سے +آپکو ، سلام+ ہے، آپکو ہر طرف سے ، یقیناً، یا!سب کُچھ،
بےشُمار+استعداد، بےحد+ طاقت کے+ آپ، سب کچھ ڈھانپتے ہیں، اِسلئے+آپ ہیں، سب کُچھ۔

۱۱۰۴۰۔ آگے پیچھے ہر طرف سے،ادب آداب یا!اسکے سب کچھ۔
اسیم توانائی لافانی ویرتا کے، آپمیں سب آپ ہی سب کچھ۔

11.41 सखेति (सखा + इति) मत्वा प्रसभं (प्रसभम्) यदुक्तं (यत् + उक्तम्) हे कृष्ण हे यादव हे सखेति (सखा + इति)। अजानता महिमानं (महिमानम्) तवेदं (तव + इदम्) मया प्रमादात्प्रणयेन (प्रमादात् + प्रणयेन) वापि (वा + अपि)।।

11.41 मित्र हैं, + ऐसा, मान के, हठ कर यदि (मैंने) कहा हो, हे! कृष्ण, हे! यादव हे! सखा +, इस तरह से। बिना जाने, महिमा आपकी + ऐसी, मैंने पागलपन अथवा प्यार में भी।।

11.41 मित्र मान जिद से पुकारा, हे! कृष्ण हे! यादव हे! सखा आदि।
महिमा जाने बिना मूर्खता वश, या प्यार से भूल की दे दें माफी।।41।।

11.41 Sakheti (Sakhaa + iti) matwaa prasabham yaduktam (yat + uktam) he Krishna he Yaadava he Sakheti. Ajaanataa mahimaanam tavedam (Tava + idam) mayaa pramaadaatpranayena (pramaadaat + pranayena) vaapi (vaa + api).

11.41 Friend You are, +considering this, if obstinately did I address You as O! Krishn, O! Yaadav, O! friend. Without knowing Your Might,to You+ here by me, out of madness or+ affection,+ or+ else too.

11.41 Knowing you friend if ever I called you, O! Krishn O! Yadav O! friend.
Not knowing Your great glories, consider my folly as love of a friend. ||41||

۱۱۰۴۱۔ سَخیتِ متوا پرسبھم یدُکتم (یت+اُکتم) ہے کرشن ہے یادَو ہے سَخیتِ (سَکھا+اِتِ)،
اَجانَتا مہِمانَم تویدَم (تو+اِدَم) مَیا پرَماداتپرَ نئین (پرَمادات+پرَ نئین) واپِ(وا+اَپِ)۔

۱۱۰۴۱۔ دوست مان کے ضد میں اگر+کہا ہو، یا! کرشن، یا! یادَو ، یا! یار+ اِس طرح،
ناجان کے عظمت آپکی+ یہاں مُجھ سے ،جہالت میں+یا پیار میں ، اگر+بھی ۔

۱۱۰۴۱۔ معفی دیں آپکی اونچی، عظمتوں اور درجہ نہ جان کے۔
جہالت یا پیار میں، یا! کرشن یا! یادَو یا! دوست رہا پکارتے۔

11.42 यच्चावहासार्थमसत्कृतोऽसि (यत्+च+अवहास+अर्थम्+असत्+कृतः+असि) विहारशय्यासनभोजनेषु (विहार+शय्या+आसन+भोजनेषु)। एकोऽथवाप्यच्युत (एकः+अथवा+अपि+अच्युत)तत्समक्षं (तत्+समक्षम्)तत्क्षामये (तत्+क्षामये)त्वामहमप्रमेयम् (त्वाम्+अहम्+अप्रमेयम्)।।

11.42 और+ यदि+ हँसी+ में+ निरादर+ किया+ गया हो+ आपका, टहलते,+ आराम करते, +बैठते या+ भोजन करते हुए। अकेले में+ अथवा+ हे! अच्युत, उन (साथियों) के सामने+ भी,+ तो, उन सबके लिये+ क्षमा माँगता हूँ, आपसे+मैं+ हे! अचिन्त्य।।

11.42 हँसी में मुझसे अनादर हुआ हो, घूमते लेटते बैंठते या खाते।
अकेले में या दोस्तों में तो, अचिन्त्य प्रार्थना है मुझे क्षमा दें।।42।।

11.42 Yachchaavahaasaarthamasatkritoasi (Yat + cha + avahaasa + artham + asat + kritah + asi) vihaarashaiyyaasanabhojaneshu (vihaara + shaiyyaa + aasana + bhojaneshu). Ekoathawaapyachyuta (Ekah + athawaa + api + Achyuta) tatsamaksham (tat + samaksham) tatkshaamaye (tat + kshaamaye) twaamahamaprameyam (Twaam + aham + aprameyam).

11.42 And + if+ in jest+did I cause+wrong + doing +towards You,while +taking rest+while lying down+seated+or while taking meal. While being alone+ or + also+ O! Achyut, amongst+ friends (in front of them), for that+ I beg Your pardon+ O! Unthinkable.

11.42 Or if I have disregarded You, while walking, sleeping, seated or eating.
While alone or among friends, O! Unthinkable! forgive! I am pleading. ||42||

۱۱۰۴۲۔ یچّاوحاسارتھمستکرِتو اَسِ (یت+چ+اَوہاس+ارتھم+اَست+کرِتہ+اَسِ) وِحارَھیاسنبھوجنیشُ (وِحارَ+ھیا+آسَن+
بھوجنیشُ)،
ایکوا تھواپیچُیت (ایکہ+اتھوا+اَپِ+اَچُیت) تت سمکشم (تت+سمکشم) تت کشامیے تواُمہمپرمییَم (توام+اہم+اپرمییَم)۔

۱۱۰۴۲۔ جیسے بھی+مذاق+میں + بے عزتی+کی ہو+آپکی گھومتے+لیٹے+بیٹھے +یا کھاتے ہوئے ،
یا اکیلے میں، یا ! اچیُت (کرِشن) سبکے سامنے،اُس کے لئے معافی مانگتا ہوں آپ سے+مَیں+یا! عظیم (نا قابل پیمائش)۔

۱۱۰۴۲۔ کھیلتے سوتے بیٹھتے کھاتے، پیتے اکیلے یا دوستوں میں گھرے۔
یا مذاق میں ہوئی ہو مجھ سے،آپ کی توہین تو معاف کریں۔

11.43 पितासि (पिता + असि) लोकस्य चराचरस्य (चर + अचरस्य) त्वमस्य (त्वम् + अस्य) पूजश्च (पूजः + च) गुरुर्गरीयान् (गुरुः + गरीयान्)।

न त्वत्समोऽस्त्यभ्यधिकः (त्वत् + समः + अस्ति + अभ्यधिकः) कुतोअन्यो (कुतः + अन्यः) लोकत्रयेअप्यप्रतिमप्रभाव (लोक + त्रये + अपि + अप्रतिम + प्रभाव)।।

11.43 पिता हैं + आप, संसारों के और चल + अचलों के, आप ही पूज्य + और यशस्वी + गुरु भी। नहीं, आपके + जैसा + है + आपसे बढ़ कर, कहीं + कोई और, तीनो + लोकों में + भी अद्वितीय + प्रभाव का।।

11.43 चराचर के जगत पिता और, पूज्य गुरु की कीर्त्ति आपकी।
तीनों लोकों में है कौन, जिसमें अतुल्य हो शक्ति आपसी।।43।।

11.43 Pitaasi (Pita + asi) lokasya charaacharasya (chara+acharasya) twamasya (Twaam + asya) poojyashcha (poojyah + cha) gururgareeyaan (guruh + gareeyaan).

Na twatsamoastyabhyadhikah (twat + samah + asti + abhyadhikah) kutoanyo (kutah + anyah) lokatrayeapyapratimaprabhaawa (loka + traye + api + apratima + prabhaawa).

11.43 Father+ You are, of the worlds, and of movables+and immovables, You are + our worshipped + and, teacher+ well known. There is none in Your+ comparison+ also+ beyond You, where+ any other, in the three+ worlds,+be + of Your immense effect.

11.43 The Father of planets and beings, worshipped glorious teacher.
No one is better than You, controlling the worlds You are Leader. ||43||

۱۱۰۴۳۔ پِتاسِ (پِتا+اَسِ) لوکَسْیَ چَراچَرسْیَ (چَر+اَچَرسْیَ) تْوَمَسْیَ (تْوَم+اَسْیَ) پُوجْیَشْچَ (پُوجْیَہ+چَ) گُرُرگَریان (گُرُہ+گَریان)،
نَ تْوَتْسَموَاسْتْیَبھْیَدھِکَہ (تْوَت+سَمَہ+اَسْتِ+اَبھْیَدھِکَہ) کُتوَانْیو (کُتَہ+اَنْیَہ) لوکَتْرَیےاَپْیَپْرَتِمَپْرَبھاوَ (لوک+تْرَیے+اَپِ+اَپْرَتِم+پْرَبھاوَ)۔
۱۱۰۴۳۔ باپ+ہیں آپ، سنساروں کے،متحرک+اور غیر منکولہ کے،آپ +ہیں، قابل عبادت+اور اُستادوں +مشہور شخصیات کے،
نہیں آپ کے+مقابلہ +ہے+بڑھ کے کہیں+ اور دوُسرا، سنساروں میں+تینوں+بھی+یا! کسیر+اثر۔

۱۱۰۴۳۔ سنساروں کے منقولہ غیر منقولوں کے باپ، قابل عبادت اُستاد آپ ہی۔
تینو جہانوں میں آپ سے بہتر، آپ جیسے حیرت انگیز اثر کا کوئی نہیں۔

11.44 तस्मात्प्रणम्य (तस्मात् + प्रणम्य) प्रणिधाय कायं (कायम्) प्रसादये त्वामहमीशमीड्यम् (त्वम् + अहम् + ईशम् + ईड्यम्)। पितेव पुत्रस्य सखेव सख्युः प्रियप्रियायार्हसि (प्रिय + प्रियायाः + अर्हसि) देव सोढुम्।।

11.44 इसलिये + प्रणाम करता हूँ, झुका कर शरीर, कृपा पाने के लिये, आपकी + मैं, हे! ईश्वर, हे! पूज्यनीय। पिता– पुत्र, मित्र– मित्र, प्रियतम– प्रिया के समान हे! प्रभु सहन कीजिये।।

11.44 अतः हे!प्रभु, हे!पिता, हे! पूज्य, मैं साष्टांग प्रणाम कर कृपा याचना करता।
पिता पुत्र को, मित्र मित्र को, प्रिय प्रिया को, सहते वैसे सहें प्रार्थना करता।।44।।

11.44 Tasmaat + pranamya praanidhaaya kaayam prasaadaye twaamahameeshameedyam (twaam + aham + Eesham + eedyam).

Piteva (Pitaa + iva) putrasya sakheva (sakhaa + iva) sakhyuh
priyah priyaayaarhasi (priyaayaah + arhasi) deva sodhum.

11.44 Hence+ I offer salutations, bowing my body, for Your grace, to You + I, O! God, O! Worshippable. Like father–son, friend–friend, lover–beloved, O! Lord do tolerate.

11.44 Hence I implore and welcome You, bowing prostrating parallel to floor.
Like father to son lover to beloved, friend to friend forgive me O! Lord. ||44||

۱۱۰۴۴۔ تسماتپرنمی (تسمات+پرنمی) پرنِدھای کایَم پرسادَیے توا مہمیشمیڈیَم (توام+اہَم+ایشَم+ایڈیَم)،
پِتیوَ (پِتا+ایوَ) پُترسی سکھیوَ (سکھا+ایوَ) سکھیُہ پریَہ پرِیایارہَسِ (پرِیایاہ+ارہَسِ) دیوَ سوڈھُم۔

۱۱۰۴۴۔ اِس لئے+سلام کرکے، جھکا کے دیہ کرم کی غذارش کرتاہوں آپ سے+میں،+خُدا اے+قابل+عبادت سے،
باپ+جِس طرح بیٹے کو، دوست+جِس طرح دوست کو، عاشق محبوب کو، ویسے ہی یا! خُدا آپ مُجھے سہ لیں۔

۱۱۰۴۴۔ یاخدا! اسلئے سجدہ کرتے، آپ سے رحمت کی دعا کر رہا۔
تمام غلطیاں سہ لیں میری، باپ دوست محبوب کی طرح۔

11.45 अदृष्टपूर्वं (अदृष्ट + पूर्वम्) हृषितोऽस्मि (हृषितः + अस्मि) दृष्ट्वा भयेन च प्रव्यथितंमनो (प्रव्यथित + मनः) मे।

तदेव (तत् + एव) मे दर्शय देवरूपं (देव + रूपम्) प्रसीद जगन्निवास (जगत् + निवास)।।

11.45 न देखे गए + पहले, को देख कर, खुश + हूँ मैं, और देख के, भय से विचलित भी + है मन मेरा । इसी + लिये, मुझे दिखाएं देवता + रूप, खुश हो जाएं हे! जगत के + धाम।।

11.45 अनदेखा देख के खुश हूँ मगर, मन में डर से मैं कांप भी रहा हूँ।
दिखा दें वो देव रूप खुश हो कर, हे! ईश्वर प्रार्थना कर रहा हूँ।।45।।

11.45 Adrishtapoorvam (Adrishta + poorvam) hrishitoasmi (hrishitah + asmi) drishtaa bhayena cha pravyathitam (pra + vyathitam) mano (manah) me.

Tadeva (tat+eva) me darshaya deva roopam praseeda Devesha (Deva + isha) Jaganniwaasa (Jagat + niwaasa).

11.45 To The Never Seen +earlier, happy +I am to see, and also with fear+ is trembling +heart mine. There+fore, please show me, the Deity Form, be happy O! God+ of Gods, O! Universal +Abode.

11.45 I am happy to see The Unseen You, but am also afraid in my heart.
Please take Your previous God Form. Lord of Gods! be happy heart. ||45||

۱۱۰۴۵۔ اَدرِشٹپُوْ رْوَم (اَدرِشٹ+پُوْرْوَم) ہرِشِتوَاَسْمِ (ہرِشِتہ+اَسْمِ) دْرِشْٹا بھَیینَ چ پْرَوْیتھِتَم مَنوَ مے،
تَدیوَ (تَت+ایوَ) مے دَرشَئے دیوَ روُپَم پْرَسِیدَ دیویش (دیوَ+ایش) جَگَنِواس (جَگَت+نِواس)۔

۱۱۰۴۵۔ کبھی نا دیکھا گیا+ جو پہلے، خوش ہوں+ میں، اُسے دیکھ کے اور ڈر سے گھبرایا بھی ہوں اندر سے (من میں)،
اس لئے +ہی مجھے دِکھا دیں دیوتا والا+ روپ ،خوش ہوجایئے یا! دیووں کے+ خُدا ! یا! سنسار کے+ پناہ گاہ۔

۱۱۰۴۵۔ ان دیکھا عالمی روپ آپکا ، دیکھا تو خوشی سے پھولا ہوں کہ دیکھا۔
ڈرا ہوں گھبرایا ہوں پھر بھی خدایا! خوش ہو کے اُسی روپ میں آئیں جو دکھا۔

11.46 किरीटिनं (किरीटिनम्) गदिनं (गदिनम्) चक्रहस्तमिच्छामि (चक्र + हस्तम् + इच्छामि) त्वां (त्वाम्) द्रष्टुमहं (द्रष्टुम् + अहम्) तथैव (तथा + एव)।

तेनैव (तेन् + एव) रूपेण चतुर्भुजेन (चतुः + भुजेन) सहस्त्र + बाहो भव विश्व + मूर्ते।।

11.46 मुकुट, गदा, चक्र + हाथ में, + चाहता हूँ, आपके, देखना + मैं, इसी + लिये।
उस + ही रूप के, चार + भुजा वाले, हे! हजार बाहु हो जाइये, हे! विश्व मूर्ति।।

11दृ46 मुकुट चक्र गदा वाले रूप में, फिर से चाहता हूँ आपको देखना।
हजार बाहु हे! विश्व रूप हे, चार भुजा रूप हो जायं है प्रार्थना।।46।।

11.46 Kireetinam gadinam chakrahastamichchhaami (Chakra + hastam + ichchhaami) twaam drishtumaham (drishtum + aham) tathaiva (tathaa+aiva).

Tenaiva (Ten + aiva) roopena chaturbhujena (chatuh + bhujena) Sahashtrabaaho (Sahashtra + baaho) bhava Vishwamoorte (Vishwa + moorte).

11.46 Crown, mace, discus+ in hand,+ wishing, You to see+ I am. There+fore, that +very Form of Four+ Armed, O! Thousands+ Armed , please become Universal+ Deity.

11.46 Crown mace with discus in hand,want to see You in that Normal Form.
O! Universal Thousands Armed Form! be that Idol of Four Armed Form. ||46||

۱۱۰۴۶۔ کِرِیٹِنم گدِنم چکرَ ہستَمِچّھامِ (چکرَ + ہستم + اِچّھامِ) توام دِرِشٹُم (دِرِشٹُم + اَہَم) تتھیوَ (تتھا + ایوَ)،
تینیوَ (تینَ + ایوَ) روُپینَ چتُربھُجینَ (چتُ + بھُجینَ) سہسترباہوَ (سہسترَ + باہوَ) بھَوَ وِشوَ موُرتے (وِشوَ + موُرتے)۔

۱۱۰۴۶۔ مُکٹ، گدا، چکرا+ ہاتھ میں+خواہش ہے میری ، آپ کو دیکھنے کی+مُجھے اور +اِسی لئے،
اُس+ہی روپ میں+چار+باذو والے، یا! خُدا ہزار باذو، ہو جائیں ، یا! بُت +کائنات۔

۱۱۰۴۶۔ خدا یا! پھر سے لیں آدم روپ، یا! بت جہان وہی شفیق دیکھنا چاہتا آپکا ۔
یا! ہزار باذو گدا شنکھ کمل چکر ، پھر چار ہاتھ روپ دیکھنا چاہتا آپکا۔

श्रीभगवानुवाच Shree Bhagawaan Uvaacha **श्री भगवान बोले** Lord Shri Said

شری بھگوانُواچ خدا بولے

11.47 मया प्रसन्नेन तवार्जुनेदं (तव + अर्जुन + इदम्) रूपं (रूपम्) परं (परम्) दर्शितमात्मयोगात् (दर्शितम् + आत्म + योगात्)।
तेजोमयं (तेजः + मयम्) विश्वमनन्तमाद्यं (विश्वम् + अनन्तम् + आद्यम्) यन्मेतदन्येन (यत् + मे + तत् + अन्येन) न दृष्टपूर्वम् (न दृष्ट + पूर्वम्)।।

11.47 मैनें प्रसन्न हो कर तुम्हें + हे! अर्जुन, + यहाँ, रूप सबसे ऊँचा, दिखाया, अपने + योग से। तेज भरा, विश्व का + अनन्त, + आदि / पहला, वो + मेरा, + जिसे + किसी दूसरे ने, नहीं देखा + पहले ।।

11.47 खुश हो तुम्हें जो दिखाया अपना, परम रूप योग शक्ति से मैंने।
तेज भरा अनन्त ब्रह्माण्ड का प्रथम, देखा न जो पहले किसी ने।।47।।

11.47 Mayaa prasannena tavaarjunedam (tava + Arjuna + idam) Roopam Param darshitamaatmayogaat (darshitam + aatma + yogaat).
Tejomayam (Tejah + Mayam) vishwamananatmaadyam (vishwam + ananatm + aadyam) yanme (yat + me) twadanyena (twat + anyena) na drishtapoorvam (drishta + poorvam).

11.47 I, being pleased, to you +O! Arjun + here, Form The Highest, showed+ My Self + through Yog. Blazed,+ Mine, Universal,+ Infinite,+ Primeval,that + of Mine, besides you+by none other ,was ever seen+ before.

11.47 Being happy with you I have shown, This Form of Mine by My Self Yog.
Blazing, Universal, Unlimited, Primeval, Unseen, showed you by My yog. ||47||

۱۱۰۴۷۔ مَیا پْرَسنّین تَوارجُنیدَم (تَوَ+ارجُنَ+اِدَم) روُپَم پَرَم دَرشِتماتم یوگاتْ (دَرشِتَم+آتم+یوگاتْ)،
تیجومَیَم (تیجہ+مَیَم) وِشوَمَنَنتَماذیَم (وِشوَم+اَنَنتَم+آدیَم) یَنمے (یَت+مے) تْوَدَ نْیینَ (تْوَت+اَنْیینَ) نَ دْرِشٹ پوُرْوَم (دْرِشٹَ+پوُرْوَم)۔

۱۱۰۴۷۔ میں نے خوشی کے ساتھ تُمہیں،+ یا! ارجُن+ یہاں، روپ سب سے اونچا دِکھایا +خود کے+یوگ سے،
تعز+بھرا ،کائنات کا+اصیم+ پہلا(میرا روپ) جس کو +مَیں نے تُمہارے+سوا +کس اور کو، نہیں دِکھایا+پہلے کبھی، یا! گُربترینہ۔

۱۱۰۴۷۔ خوشی سے ارجن !یوگ طاقت سے، تمہے جوعالی روپ دکھایا۔
چمکیلا بے شمار جہانوں بھرا، تھا پہلا جوکوئی اور نہ کبھی دیکھ پایا۔

11.48 न वेदयज्ञाध्ययनैर्न (वेद + यज्ञ + अध्ययनैः + न) दानैर्न (दानैः + न) च क्रियाभिर्न (क्रियाभिः + न) तपोभिरुग्रैः (तपोभिः + उग्रैः)।

(एवम् + रूपः + शक्य) अहं (अहम्) नृ + लोके द्रष्टुं (द्रष्टुम्) त्वदन्येन (त्वत् + अन्ये + न) कुरुप्रवीर (कुरु + प्रवीर)।।

11.48 न वेदों, + न यज्ञों, + न अध्ययन + न ही + दान और न + करने से, तपस्या + कठिन । यह + रूप + समर्थ है मेरा, नर लोक में, देखने के लिये, तुम्हारे + सिवा + कोई और नहीं, हे! कौरव श्रेष्ठतम (अर्जुन)।।

11.48 न वेद अध्ययन न यज्ञ न दान से, न पुण्य कर्म न कठोर तप से।
कुरुयो)ा! नहीं सामर्थ्य किसी में, तुम्हारे सिवा जो देख पाए इसे।।48।।

11.48 Na vedayagyaadhyayanairna (veda + yagya + adhyayanaih + na) daanairna (daanaih + na) cha kriyaabhirn (kriyaabhih + na) tapobhirugraih (tapobhih + ugraih). Evamroopah (Evam+Roopah) shakya aham (Aham) nri + loke drishtum twadanyena (twat + anyena) kurupraveera (Kuru + praveera).

11.48 Neither by Ved Scriptures,+ nor by offering rituals,+nor by studies +nor by +alms giving, nor even through hard practices of penance. This+ Form of Mine, anyone is capable, in this human+ world, to see , except you,+ any one else, O! the best kaurav.

11.48 Neither by ved,yagya, studies, donation, nor by hardest penance O! Kuru.
Worlds be able to see My This Form,The One seen by you O! best Kuru. ||48||

۱۱۰۴۸۔نَ ویدَیگیادھیَینیرنَ (ویدَ+یگیَ+اَدھیَینیہ+نَ) دانیرنَ (دانیہ+نَ) چ کْرِیابھِرنَ (کْرِیابھِہ+نَ) طپوبھِرُگریہ (طپوبھِہ+اُگریہ)،
ایوَمرُوپہ (ایوم+روُپہ) شکّی اہَم نْرِ+لوکے دْرِشٹُم تْوَدَنْیینَ (تْوَت+انْیینَ) کُرُپْرَویرَ (کُرُ+پْرَویرَ)۔

۱۱۰۴۸۔ ناوید(مقدس کتابیں)+رسم قربانی(یگیئں)+پڑائی کرنے سے،نا دان اور ،کرنے سے+ناعبادت برداشتگی (تپ)
ہی+ بمُشکل،
ایسے+روپ کو، قابلیت نہیں ہے، میرے ،آدم سنسار میں دیکھ پانے کی، سوا (محض) تُمہارے کِسی اور میں، یا! گُرُ بہترین (اَرجُن)۔

۱۱۰۴۸۔ نہ علم صحیفے نہ رسم قربانی،نہ داب نہ سواب نہ تپ کرکے،کوئی دیکھ سکتا ہے میرا یہ روپ۔
گُرُ بہترین!سواتمہارے، نہ مادی جہان میں کوئی اور دیکھ سکتا ہے خدا کا یہ روپ۔

11.49 मा ते व्यथा मा च विमूढभावो (विमूढ + भावः) दृष्ट्वा रूपं (रूपम्) घोरमीदृङ्गममेदम् (घोरम् + ईदृक् + मम + इदम्)।
व्यपेतभीः (व्यपेत + भीः) प्रीतमनाः (प्रीत + मनाः) पुनस्त्वं (पुनः + त्वम्) तदेव (तत् + एव) मे रूपमिदं (रूपम् + इदम्) प्रपश्य।।

11.49 न तुम दुःखी और न मूर्ख + भाव बनो, देखकर रूप, भयानक + ऐसा + मेरा + यहाँ।
छोड़कर + डर, प्रेमी + मन से, फिर से + तुम, वह + ही, मेरा रूप + यह देखो।।

11.49 न हो दुःखी न भ्रमित हो मन में, देख के मेरा यह रूप डरावना।
भगा के डर हो प्रसन्न फिर से, देखो मेरा वो रूप जिसकी चाहना।।49।।

11.49 Maa te vyathaa maa cha vimoodhabhaavo (vimoodha + bhaavah) drishtaa Roopam ghorameedrigmamaidam (ghoram + eedrik + Mama + idam). Vyapetabheeh (Vyapeta + bheeh) preeta + manaah punastvam (punah + tvam) tadeva (tat + eva) me (Me) roopamidam (Roopam + idam) prapashya.

11.49 Neither you be unhappy, and nor have ignorance+ in mind, on seeing This Dreaded Form+like this+ of Mine+here. Leave+ fear, with loving+ heart, once again+ you see, My that+very Form + here again.

11.49 Leave your sorrow and your doubt, grown by seeing My fierce Form.
Leave fear be loving heart again, see My wished regularly seen Form. ||49||

۱۱۰۴۹۔ ما تے وْیتھا ما چ وِموْڑھ بھاوو(وِموْڑھ+ بھاوَہ) دْرِشٹا روْپَم گھوَرمیدْرِگْممیدَم (گھوَرَم+ایدْرِک+مَم+اِدَم)،
وْیَپیتَبھیہ (وْیَپیت+بھیہ) پْریتمَناہ(پْریت+مَناہ) پُنستْوَم(پُنہ+تْوَم) تدیوَ(تت+ایوَ) مے روْپمِدَم(روْپَم+اِدَم) پْرَپشْیَ۔

۱۱۰۴۹۔ نا تُم دُکھی ہو اور نا جہالت کا +احساس لو، دیکھ کے روپ، ڈراونا+ اِس طرح کا+میرا(خُدا کا)+ یہاں،
چھوڑ کے+ڈر ، خوش+دِل ہوکے ، پھِر سے+تُم ، وہ+ہی میرا(خُدا کا)، روپ+ یہاں دیکھو۔

۱۱۰۴۹۔ڈراونا میرا روپ دیکھ کے،پیدا ڈر و درد شک چھُڑا کے۔
دِل چاہا روپ میرا دیکھو پھر سے، بغیر ڈرے پرسکون ہوکے۔

संजय उवाच Sanjaya Uvaacha संजय बोले Sanjay Said

سنجیٰ اُواچ سنجی بولے

11.50 इत्यर्जुन (इति + अर्जुन) वासुदेवस्तथोक्त्वा (वासुदेवः + तथा + उक्त्वा) स्वकं (स्वकम्) रूपं (रूपम्) दर्शयामास (दर्शयाम् + आस) भूयः।
आश्वासयामास (आश्वासयाम् + आस) च भीतमेनं (भीतम् + एनम्) भूत्वा पुनः सौम्यवपुर्महात्मा (सौम्य + वपुः + महा + आत्मा)।।

11.50 यह सब + अर्जुन से, वासुदेव ने + इस तरह + कह कर, अपना रूप दिखा, + दिया फिर से।
और आश्वस्त + किया, डरे हुए + उसको, पुनः सौम्य सुंदर, महान + आत्मा बन कर।।

11.50 यह कहके अर्जुन को वासुदेव ने, दिखाया अपना वह रूप फिर से।
डर दूर कराया धीरज बँधा के, महात्मा हो गए वो सौम्य फिर से।।50।।

11.50 Ityarjunam (Iti + Arjunam) Vaasudevstathoktwaa (Vaasudevah + tathaa + uktwaa) swakam roopam darshayaamaasa (darshayaam + aasa) bhooyah.
Aashwaasayaamaasa (Aashwaasayaam + aasa) cha bheetamenam (bheetam + enam) bhootwaa punah saumyavapurmahaatmaa (saumya + vapuh + mahaa + aatmaa).

11.50 All this+to Arjun, Vasudev + thus +having said, His Own Form showed +him again.
And pacified, that scared+ him (Arjun), by becoming again, the soft +and beautiful + Great +Soul.

11.50 Vasudev saying this to Arjun, manifested to show His Form again.
Pacified the terrified Arjun, in soft beautiful Sage Form regained. ||50||

۱۱۔۵۰ اِتیرجُنم (اِتِ+اَرجُنم) واسُدیوستتھوکتوا (واسُدیوہ+تتھا+اُکتوا) سوکم روپم درشیاماس بھوئیہ،
آشواسیاماس (آشواسیام+آس) چ بھیتمینم (بھیتم+اینم) بھوتوا پنہ سومیوپُرمہاتما (سومی+وپہ+مہا+آتما)۔

۱۱۔۵۰ اِس طرح+ارجُن سے ، واسُدیوکرِشن نے+یہ+کہ کے اپنا روپ دِکھایا پھِر سے،
اور دِلاسا +دِیا ڈرے ہوئے+اُس (اَرجُن) کو ہوکے پھِر سے،خوبصورت، +روپ کی+عظیم+ روح بن کے۔

۱۱۔۵۰ یہ کہ کے ارجن سے کرِشن جی نے، پھر سے چار باہوں کا روپ لیا۔
خوبصورت اور عظیم آدمی بن کے، تسلی دی اُس کو پھر مطمئن کیا۔

अर्जुन उवाच Arjuna Uvaacha अर्जुन ने कहा Arjun Said

اَرْجُنَ اُواچ   ارجُن بولے

11.51 दृष्ट्वेदं (दृष्ट्वा + इदम्) मानुषं (मानुषम्) रूपं (रूपम्) तव सौम्यंजनार्दन (सौम्यम् + जनार्दन)।
इदानीमस्मि (इदानीम् + अस्मि) संवृत्तः सचेताः प्रकृतिं गतः।।

11.51 देख कर, + यह मनुष्य रूप आपका, सौम्य, + हे! शत्रुओं को दण्ड देने वाले जनार्दन (कृष्ण) । अब + मैं स्थिर / शान्त, सचेत प्रकृति पा गया हूँ।।

11.51 जर्नादन! देख के आपको इस, सुदर्शन मानव के रूप में।
मेरा मन स्थिर हो अपनी चेतना में, है स्वाभाविक रूप से।।51।।

11.51 Drishtvedam (Drishtva + idam) Maanusham Roopam Tava saumyam Janaardana.
Idaaneemasmi (Idaaneem + asmi) samvrittah sachetaah (sa + chetaah) prakritim gatah.

11.51 Watching+ This, of Your benign human Form, O! Punisher of enemies Janaardan (Krishn). Now+ I have, peaceful ,+ alert nature, regained.

11.51 Janardan! seeing this of Yours, Gentle Human Form again.
My natural previous, balanced conscience I have got again. ||51||

۱۱۰۵۱۔ دِرِشْٹْویدَم(دْرِشْٹْوا+اِدَم) مانُشَم روُپَم تَوَ سوَمْیَم جَنارْدَنَ ،
اِدانِیمَسْمِ (اِدانِیمْ+اَسْمِ) سَمْوِرِتَّہ سَچیتاہ پْرَکْرِتَم گَتہ۔

۱۱۰۵۱۔ دیکھ کے+ یہاں آدمی کا روپ آپ کا نرم یا! جناردن(دشمنوں کوسزادینے والے کْرِشْنَ) ،
اب+ حواسوں میں مستقل با ہوش فطرت پا کے پھِر سے۔

۱۱۰۵۱۔ جناردن !آپ کا آدم روپ، پھر سے دیکھ کے چین آ گیا۔
قائم ہوگیا سکون پھر سے ، اپنی اصلی فطرت پا گیا۔

श्रीभगवानुवाच Shree Bhagawaan Uvaacha श्री भगवान बोले Lord Shri Said

شْرِی بھَگَوانُواچ لارْڈ خُدا بولے

11.52 सुदुर्दर्शमिदम् (सु + दु + र्दर्शम् + इदम) रूपं (रूपम्) दृष्टवानसि (दृष्टवान् + असि) यन्मम (यत् + मम)। देवा अप्यस्य (अपि + यस्य) रूपस्य नित्यं (नित्यम्) दर्शनकांक्षिणः (दर्शन + कांक्षिणः)।।

11.52 अच्छी तरह + देख पाने में + कठिन, + यह रूप देख रहे हो + तुम, जो + मेरा। देवता भी + इस रूप को, सदैव / सतत देखने की + इच्छा रखते हैं।।

11.52 है मुश्किल जिसे देख पाना, तुमने देखा मेरा जो रूप।
देवता भी चाहते हैं देखना, हमेशा से ही मेरा यह रूप।।52।।

11.52 Sudurdarshamidam (Su + durdarsham + idam) roopam drishtavaanasi (drashtawaan + asi) yanmama (yat + Mama).

Devaah apyasya (api + asya) roopasya nityam darshanakaankshinah (darshana + kaankshinah).

11.52 Properly, +hard to see+ This Formation, seen by you, that+ of Mine. Demi gods too+ This Form, forever wish +to see.

11.52 This beautiful Formation Mine,Which you are seeing here.
Even Demi gods wish to see, perpetualy themselves here. ||52||

۱۱۰۵۲۔ سُدُرْدَرْشَمِدَم (سُ+دُرْدَرْشَم+اِدَم) رُوْپَم دْرِشْٹَوانَسِ (دْرِشْٹَوانْ+اَسِ) یَنْمَم (یَتْ+مَم)،
دیوا (دیواہ) اَپْیَسْیَ (اَپِ+اَسْیَ) رُوْپَسْیَ نِتْیَم دَرْشَن کانْکْشِنہ (دَرْشَن+کانْکْشِنہ)۔

۱۱۰۵۲۔ دیکھ سکنے میں بہت مشکل+ یہاں روپ دیکھا+تُم نے جو+میرا (خُدا کا)،
دیوتا+بھی+اُس روپ کو روز دیکھنے کی + چاہت رکھتے ہیں ۔

۱۱۰۵۲۔ میرا تمنے روپ جو دیکھا، بڑا مشکل ہے اسے دیکھ پانا۔
دیوتا تک میرا یہ روپ، چاہتے رہے ہیں دیکھ پانا۔

11.53 नाहं (न + अहम्) वेदैर्न (वेदैः + न) तपसा न दानेन न चेज्यया (च + इज्यया)। शक्य एवं (एवम्) विधो (विधः) द्रष्टुं (द्रष्टुम्) दृष्टवानसि (दृष्टवान् + असि) मां (माम्) यथा।।

11.53 न + मुझे वेद, + न तप से, न दान से, और + न ही पूजा से।
संभव है, इस तरह, देख पाना, देखा है, + तुमने मुझे जैसे।।

11.53 न वेद पढ़ने न ही तप से, न दान करके न पूजा से।
समर्थ नहीं कोई कि देखे, रूप देखा मेरा तुमने जैसे।।53।।

11.53 Naaham (Na + Aham) Vedairna (Vedaih + na) tapasaa na danena na chejyayaa (cha + ijyayaa). Shakya evamvidho (evam + vidhah) drishtum drishtavaanasi (drishtavaan + asi) Maam yathaa.

11.53 Neither+ to Me, through Ved,+ nor through penance, nor through donation and not even+ through worship. One is capable , like+ this, to see, as seen+ by you, to Me thus.

11.53 Neither scriptures nor penance, nor alms giving nor even worshipping.
Make you worthy to see,The Form of Mine which you saw frightening. ||53||

۱۱۰۵۳۔ ناہَم (نَ+اہَم) ویدیرنَ (ویدیہ+نَ) تپسا نَ دانین نَ چیجیا (چ+اِجیا)،
شکی (شکیہ) ایوم وِدھو (ایوم+وِدھ) دِرشٹم دِرشٹوانسِ (دِرشٹون+اسِ) مام یتھا۔

۱۱۰۵۳۔ نا+مجھے (خُدا کو) ویدوں سے،+نا تپیا (عبادت بردشتگی) سے، نا دان سے، اور نا+عبادت سے ،
ممکن ہے اِن+طریقوں سے، دیکھ پانا دیکھا +تم نے ، مُجھے جیسا۔

۱۱۰۵۳۔ ناوید پڑھ کے نادان دے کے، ناعبادت سے کبھی کسی نے دیکھا۔
ناممکن ہے کسی طرح دیکھنا، میرا روپ جو تمنے ابھی دیکھا۔

11.54 भक्त्या त्वनन्या (तु + अनन्या) शक्य अहमेवंविधोऽर्जुन (अहम् + एवम + विधः + अर्जुन)।
ज्ञातुं (ज्ञातुम्) द्रष्टुं (द्रष्टुम्) च तत्वेन प्रवेष्टुं (प्रवेष्टुम्) च परंतप।।

11.54 भक्ति से लेकिन, + अटूट, संभव है मुझे, + इस + तरह + हे! अर्जुन।
जानना, देखना और सच पाने को, प्रवेश कर पाना भी, हे! परंतप (बलिष्ट भुजाओं वाले कृष्ण) ।।

11.54 मगर अनन्य भक्ति के द्वारा, मेरा यह रूप देखा जा सकता है।
मुझे जान सकता है सच में पाने, घुस भी कोई ऐसे सकता है।।54।।

11.54 Bhaktyaa tvananyayaa (tu + ananyayaa) shakya ahmevamvidhoarjuna (Aham + evam + vidhah + arjuna).
Gyaatum drishtum cha tatvena praveshtum cha Parantapa.

11.54 But by +staunch devotion, it is possible, to see Me + like + this +O! Arjun. To know, to see and to truly know , even come within Me too, O! Parantap (Mighty armed Arjun).

11.54 Arjun! but with single mind devotion, one can even connect to Me.
Having known and seen Me truly, Parantap! one can get into Me. ||54||

۱۱۰۵۴۔ بھکتیا تونینیا (تُ+اَننیا) شکی اہمیومودھوارجن (اہم+ایوم+وِدھ+ارجن)،
گیاتم دِرشٹم چ توین پرویشٹم چ پرنتپ۔

۱۱۰۵۴۔ عقیدت سے لیکن+لگاتار ممکن ہے مُجھے (خُدا کو) اِن+طریقوں سے+ پالینا، یا! ارجن،
جاننا، دیکھنا اور سچ میں (مجھ خُدا میں) گھس پانا بھی، یا! پرنتپ (ارجن)۔

۱۱۰۵۴۔ ارجن! سچی ایماندار عقیدت، دکھا سکتی ہے یہ روپ مجھ خدا کا۔
پرنپ! دیکھ سمجھ کے رؤپ کو، گھس سکتے جان کے بیچ اِسکا۔

11.55 मत्कर्मकृन्मत्परमो (मत् + कर्म + कृत् + मत् + परमः) मद्भक्तः (मत् + भक्तः) संगवर्जितः (संग + वर्जितः)। निर्वैरः (निः + वैरः) सर्व + भूतेषु यः स (सः) मामेति (माम् + एति) पाण्डव।।

11.55 मेरे + काम + करते हुए, + मुझे + परम मानते हुए, मेरा + भक्त, साथ + छोड़ कर (मुक्त अकेला, लगाव संगत छोड़ कर) । बिना + बैर किये, सारे जीवों से, वह मेरे + पास आ जाता है, हे! पाण्डव।।

11.55 सबसे पहले मेरा काम कर, केवल मेरी भक्ति करके।
जीवों से बैर छोड़, पाण्डव! मुझे रहता वो प्राप्त करके।।55।।

11.55 Matkarmakrinmatparamo (Mat + karma + krit + mat + paramah) madbhaktah (Mat + bhaktah) sangvarjitah (sang + varjitah).

Nirvairah (Nih + vairah) sarvabhooteshu (sarva + bhooteshu) yah sa (sah) maameti (Maam + eti) Paandava.

11.55 My + works+ having done, considering Me+ as Supreme, My + devotee, associtions+having left (free alone ,without any thing/anybody). Having left hatred, from all beings, comes to Me, O! Pandav.

11.55 Working for Me taking refuge in Me, the one singly devoted to Me.
Without hatred for any being, Pandav! will undoubtedly reach Me. ||55||

۱۱۰۵۵۔ مَتکَرمکرِنمَتپَر موَ (مَت + کَرمَ + کرِت + مَت + پَرَمہ) مَدبھکتہ (مَت + بھکتہ) سَنگوَرجِتہ (سَنگ + وَرجِتہ) ،
نِروَیرہ سَروَبھوتیش (سَروَ + بھوتیش) یَہ س (سَہ) مامیتِ (مام + ا یتِ) پانڈوَ۔

۱۱۰۵۵۔ میرا (خُدا کا) + کام + کرنے میں + لگا + مُجھے (خُدا کو) + سب سے اونچا مان کے، مُجھ خُدا کا + عقیدتمند، ساتھ + لئے بغیر (اکیلے)،
دُشمنی کے بغیر سارے + مخلوقات میں جو، وہ مُجھے (خُدا کو) + پاتا ہے، یا! پانڈو۔

۱۱۰۵۵۔ میری خدمت میری عقیدت، پہلی مان اکیلا مجھ سے جُٹ لیتا جو۔
سب مخلوقات سے دوستی، یا! پانڈو! عقیدتمند مجھ کو ہے پالیتا وہ۔

अध्याय-12 : भक्ति योगः

CHAPTER– 12 : Bhakti Yogah

باب۔(۱۲) بھکتِ یوگِہ

- ईश्वर के सगुण रुप की भक्ति निर्गुण रुप की भक्ति से सहज है, अतः श्रेष्ठतर है।
- ईश्वर में ध्यान, समदृष्टि, ईश्वर का कहा मानना, उसके लिये कार्य करना, आत्म संयमी बनना और कुछ न हो सके तो ज्ञानोपार्जन करके ही शान्ति पानी चाहिये।
- ईश्वर को सात्विक लोग प्रिय हैं।
- Devotion to God's Physical Being is easier, hence better way of worshipping Him than deovtion to His Unmanifested Imperishable Form.
- Single minded fixation to God, seeing all beings with same eye, to work for Him, to have self control and if nothing of these is possible one should acquire peace by gaining knowledge.
- God loves noble people.

۱۔ خدا کے جسمانی وجود کی عقیدت آسان ہوتی ہے۔ اسلیئے اُسکی عبادت کرنے کا یہ راستہ اُسکے پوشیدہ ناقابل تقسیم روپ کی عقیدت کرنے سے بہتر ہے۔

۲۔ ایک زہن سے خدا کے ساتھ جُڑے رہنا، ایک آنکھ سے مخلوقات کو دیکھنا۔ خود پر لگام رکھنا، اُسکے لئے کام کرنا اور اگر اِن سب میں سے کچھ بھی نا ممکن ہو سکے تو علم حاصل کرکے بندے کو پرسکون ہونا چاہئے۔

۳۔ خدا بھی عظیم لوگوں سے ہی محبّت کرتے ہیں۔

अध्याय-12 Chapter–12

باب۔(۱۲)

अर्जुन उवाच Arjuna Uvaacha **अर्जुन ने कहा** Arjun Said

ارجن اُواچ ارجن بولے

12.1 एवं (एवम्) सतत + युक्ता ये भक्तास्त्वां (भक्ताः + त्वाम्) पर्युपासते। ये चाप्यक्षरमव्यक्तं (च + अपि + अक्षरम् + अव्यक्तम्) तेषां (तेषाम्) के योग वित्तमाः।।

12.1 इस तरह लगातार + जुड़ कर, जो भक्त + आपको, ठीक से पूजते हैं।
अथवा जो + न मिटने वाले, + न दिखने वाले को, (पूजते हैं)ए उनमें कौन योग विद्या में अधिक निपुण होते है।।

12.1 जो भक्त आपके रूप से जुड़ के, निरंतर पूजा ठीक से करते।
या निर्गुण अव्यय जो भजते, कौन से भक्त अधिक सि) बनते।।1।।

12.1 Evam satatayuktaa (satata + yuktaah) ye bhaktaastvaam (bhaktaah + tvaam) paryupaasate. Ye chaapyaksharamavyaktam (cha + api + aksharam + avyaktam) teshaam ke yogavittamaa (yogavit + tamaah).

12.1 Thus the constantly+ connected, those devotees + of Yours, who worship You perfectly.And +also (Or)+ those+ who worship +The Imperishable+ Invisible (You),out of these, who attain perfect yog skill?

12.1 Which devotees get better yog skill, those who serve Your Manifested Form.
Or the ones who fix minds to Your, indestructible and unmanifested Form. ||1||

۱۲۰۱۔ ایوم ستتیکتا (ستت + یکتاہ) یے بھکتاستوام (بھکتاہ+توام) پریپاستے،
یے چاپیکشرمویکتم (چ+اپ+اکشرم+اویکتم) تیشام کے یوگوتماہ ۔

۱۲۰۱۔ اِس طرح لگاتار+جُڑ کے جو عقیدتمند+ آپ کی ، عبادت کرتے ہیں،
جو ، اور+پھر+لافانی+ پوشیدہ کو (پوجتے ہیں)، اُن میں سے، کون ہوتے ہیں، یوگ میں+کمال حاصل۔

۱۲۰۱۔ خدایا! زیادہ قابل ہوتے کون سے عقیدتمند، آپکے کس روپ کی عبادت کرکے۔
سندرروپ کی خدمت کرکے یا، لافانی پوشیدہ روپ کی عقیدت کرکے۔

श्रीभगवानुवाच Shree Bhagawaan Uvaacha **भगवान बोले** Lord Shri Said

شری بھگوانوچ لارڈ خدا بولا

12.2 मय्यावेश्य (मयि + आवेश्य) मनो (मनः) ये मां (माम्) नित्य + युक्ता उपासते। श्र)या परयोपेतास्ते (परया + उपेताः + ते) मे युक्तमा (युक्त + तमाः) मताः।।

12.2 मुझमें + रख के मन, जो मुझ से, लगातार + जुड़के पूजा करते हैं।
श्र)ा की पराकाष्ठा + ले लेते + वे, मुझसे, योग + निपुण माने जाते हैं।।

12.2 भक्त जो मुझमें मन लगा के, नित्य जुड़े मेरी पूजा करते।
दिव्य श्र)ा वे मुझसे पा के, सर्व सि) योगी बना करते।।2।।

12.2 Mayyaaveshya (Mayi + aaveshya) mano (manah) ye maam nitya + yuktaa (nitya + yuktaah) upaasate.

Shridhayaa parayopetaaste (paraya + upetaah + te) me (Me)
yukttamaa (yukt + tamaah) mataah.

12.2 Within Me+having put the heart, who to Me, constantly+ connected, perfectly worship.
Faith divine+ having got + they, from Me, yog+ perfect are considered.

12.2 Those who with their heart fixed into Me, regularly worship Me.
Are considered Yog perfect ,through faith divinity got from Me. ||2||

۱۲۰۲۔ مَیّاویشّی (مَیِ+آویشّے) مَنوَ (مَنہ) یے مام نتّی یکتا (نتّی + یکتاہ) اُپاستے،
شرَدّھیا پَرَیوپیتاستے (پَرَیا+اُپیتاہ+ تے) مے یکتتما (یکت +تماہ) مَتاہ۔

۱۲۰۲۔ مُجھ میں+رکھ کے من جو میری (خُدا کی) روز جُڑ کے (یوگ سے) عبادت کرتے ہیں،
ایمان +الٰہی +پائے ہوئے+وے، مُجھ (خُدا) سے بہترین جُڑے (یوگی) مانے جاتے ہیں۔

۱۲۰۲۔ من سے مجھ میں قائم رہ کے جو، میری عبادت کرتے ہیں۔
ایمانداری سے جڑے مجھ خدا سے، بہترین بھکت بنتے ہیں۔

12.3 ये त्वक्षरमनिर्देश्यमव्यक्तं (तु + अक्षरम् + अनिर्देश्य + अव्यक्तम्) पर्युपासते सर्वत्रगमचिन्त्यं (सर्वत्र + गम + अचिन्त्यम्) च कूटस्थमचलं (कूट + स्थम् + अचलम्) ध्रुवम्।।

12.3 जो लेकिन + उस न मिटने वाले (अमर / अक्षर), + अनुभव न होने वाले (अनिर्दिश्ट / अनिश्चित), + दिखाई न देने वाले (अप्रकट / अव्यक्त), की पूजा करते हैं।
सब जगह + रहने वाले (सर्वव्यापी), + सोच में न आने वाले (अकल्पनीय), + न बदलने वाले (अपरिवर्तनीय), + और न हिलने वाले (स्थिर) + ध्रुव की।।

12.3 अक्षर अनिश्चित अव्यक्त और, सर्वव्यापी अकल्पनीय की।
स्थिर अचल अटल भी है जो, भजते पूजते हैं उसको भी।।3।।

12.3 Ye twaksharamanirdeshyamavyaktam (tu + aksharam + anirdeshyam + avyaktam) paryupaasate. Sarvatragamachintyam (Sarvatra+ gam + achintyam) cha
kootasthamachalam (koota + stham + achalam) dhruvam.

12.3 But who + to The Beyond feeling + Unindicative, + Unapparent, worship truly. All pervading +. Unthinkable and Un+changeable + Fixed + Stable Definite/Pole.

12.3 But worshipping My beyond senses, undetermined unmanifested Form.
All pervading beyond thought, unchangeable immovable fixed Form. ||3||

۱۲۰۳۔ یے تُو اَکشَرَمَنِردیشیَموِیکتَم (تُ+اَکشَرَم+ اَنِردیشیَم+اَوِیکتَم) پَرْیُپاستے،
سَرْوَترَگَمَچِنتیَم (سَرْوَترَ+گَم+اَچِنتیَم) چَ کُوٹَستھَمَچَلَم (کُوٹَ+ستھَم+اَچَلَم) دھْرُوَم۔

۱۲۰۳۔جو لیکن +احساس اور حواس سے پرے(دور) + غیرہدایت+پوشیدہ میں عبادت مند ہیں،
سب جگہ+ پھیلے+ بےتدبیر (ناقابل تصور) اور ناقابل تبدیلی +ایک جگہ+مقررہ کھڑے(جوں کا توں رقطب)۔

۱۲۰۳۔ لازوال ہر جگہ ہے پھیلا، پوشیدہ وہ روپ محسوس نہ پر ہو۔
بنا بدلے رہتا جو ایک سا، بنا سوچ میں آئے کھڑا اَمگر ہو۔

12.4 सन्नियम्येन्द्रियग्रामं (सन्नियम्य + इन्द्रिय + ग्रामम्) सर्वत्र सम + बु)यः। ते प्राप्नुवन्ति मामेव (माम् + एव) सर्वभूतहितेरताः (सर्वभूत + हिते + रताः)।।

12.4 नियमित करके, + इन्द्रियों का + पूरा समूह, सभी जगहों पर, समान बुा) + रख के।
वे मुझे + ही पाते हैं, सब प्राणियों के + हित में + लग कर।।

12.4 समस्त इन्द्रियां वश में करके, हर एक पर समबुा) रख के।
वो भक्त भी मुझे पा सकते, सबके कल्याण में रत रह के।।4।।

12.4 Sanniyamyendraiyagraamam (Sanniyamya + indraiya + graamam) sarvatra samabuddhyah. (sama + buddhyah). Te praapnuvanti maameva (Maam + eva) sarvabhootahite (sarva + bhoota + hite) rataah.

12.4 Having regularised+ the senses' + whole group, at all places keeping+ equal mind.
They acquire Me+ only, in all creatures+ well being , by being engaged.

12.4 I can be got by having controlled senses, and one heart for all beings.
And by engaging oneself, in the service of others for their well being. ||4||

۱۲۰۴۔ سَنّیَمیَندرِیَگْرامَم (سَنّیَمیَ+اِندرِی+گْرامَم) سَرْوَتر سَمَبُدھَیَہ (سَم+بُدھَیَہ)،
تے پْراپْنُوَنتِ مامیوَ سَرْوَبھُوتہِتے (سَرْوَ+ بھُوتَ + ہِتے) رَتاہ ۔

۱۲۰۴۔ قابو میں +حواس+خمسہ ، سب طرف ایک برابر+دماغ رکھتے ہیں جو،
وے پاتے ہیں، مجھ(خُدا) کو +ہی سب+مخلوقات کی + بہتری میں مصروف رہ کے۔

۱۲۰۴۔ قابو میں خمسہ حواس کر کے، ایک نظر سبکے لیئے رکھ کے۔
کام خیریت سب کے کر کے، میرے اس روپ کو بھی پا سکتے۔

12.5 क्लेशोऽधिकतरस्तेषामव्यक्तासक्तचेतसाम् (क्लेशः + अधिकतरः + तेषाम् + अव्यक्त + आसक्त + चेतसाम्)।
अव्यक्ता हि गतिर्दुःखं (गतिः + दुःखम्) देहवद्भिरवाप्यते (देह + वद्भिः + अवाप्यते)।।
12.5 क्लेश + भी + अधिकतर + उनकी + अव्यक्त + आसक्त + चेतना है।
निश्चय ही अप्रकट (ईश्वर) की ओर देह वाले + दुःख से हो कर + जा पाते हैं।।
12.5 अधिक तर मगर दुःखी हो जाते, आसक्ति की अव्यक्त चेतना से।
देह वालों को दुःख ही मिलते, खिंचने लगते हैं जब अव्यक्त से।।5।।

12.5 Kleshoadhikatarasteshaamavyaktaasaktchetasaam.
(Kleshah + adhikatarah + teshaam + avyakt + aasakt + chetasaam)
Avyaktaa hi gatirdukham (gatih + dukham) dehavadbhiravaapyate (deha + vadbhih + avaapyate).
12.5 Pain too + is more often+ their + unapparent + attached + conscience. Towards The Unapparent, undoubtedly, those with bodies+ move +with pain.
12.5 They are mostly unhappy due to, unapparently attached minds.
Hence the body gets pain, while moving towards Unformed kinds. ||5||

۱۲۰۵۔ کلیشو اَدھِکتَر سْتیشامَوْ یکْتا سَکْت چیتسامْ (کْلیشَہ + اَدھِکتَرَہ + تیشامْ + اَوْ یکْت + آسَکْت + چیتسامْ)،
اَوْ یکْتا ہِ گتِرْ دُکھَمْ (گتِہ + دُکھَمْ) دیہوَدْبھِرَ واپْیَتے (دیہَ + وِدْبھِہ + اواپْیَتے)۔

۱۲۰۵۔ تشویش + زیادہ تر + اُنہیں ہوتی ہے + جو پوشیدہ + میں منسلک + ہوش والے ہیں،
پوشیدہ میں ہی بڑھنا + مشکل ہوتا ہے، جسم والوں کے لیئے + میسر نا ہو پانے سے۔

۱۲۰۵۔ میرے پوشیدہ روپ میں، کھنچ کے من دکھ جھیلتے ہیں۔
کیوں کے گُم راستوں میں، جسم والے مشکل پاتے ہیں۔

12.6 ये तु सर्वाणि कर्माणि मयि संयस्य मत्पराः (मत्+पराः)।
अनन्येनैव (अनन्येन + एव)योगेन मां (माम्) ध्यावन्त उपासते।।
12.6 जो लेकिन सारे काम मुझपर (ईश्वर पर) छोड़ कर मेरे (ईश्वर के) सहारे।
अनन्य रूप से जुड़े (योग से), मुझे (ईश्वर को) ध्यान से पूजते हैं।।

12.6 मगर जो करते हैं सारे काम, छोड़ के मुझ ईश्वर के सहारे।
ध्यान से पूजते हैं मुझको, अटूट योग से जोड़ के सहारे।।6।।

12.6 Ye tu sarvaani karmaani mayi sanyasya matparaah (mat + paraah).
Ananyenaiva (Ananyena + eva) yogena maam (Maam) dhyaayanta upaasate.

12.6 Those but who all the works having renounced on Me, under My refuge. uninteruptedly+ever, connected with mind, all focused, worship Me.

12.6 But who leave all their actions, into Me and take refuge in Me.
And with single mind focus , fixed in Me with faith worship Me. ||6||

۱۲۰۶۔ یے تُ سَرْوانِ کَرْمانِ مَیِ سَنْیَسْیَ مَتْپَراہ(مَت+پَراہ)،
اَنَنْیینیوَ (اَنَنْیینَ+ایوَ) یوگینَ مامْ دھیایَنْت (دھیایَنْتہ) اُپاسَتے۔

۱۲۰۶۔ وے لیکن جو سارے کام مُجھ (خُدا) پر چھوڑ کے میری (خُدا کی) پناہ میں ،
خاص طور سے ہی جُڑنے (یوگ) سے، میری (خُدا کی) مرکز دماغ سے عبادت کرتے ہیں۔

۱۲۰۶۔ ارجن! پر جو سب کام کر کے، میرے حوالے کر دیتے ہیں۔
ایمان عقیدت یوگ مشقت، دھیان سے مجھ میں رہتے ہیں۔

12.7 तेषामहं (तेषाम् + अहम्) समु)ता मृत्युसंसारसागरात् (मृत्यु + संसार + सागरात्)।
भवामि न चिरात्पार्थ (चिरात् + पार्थ)मय्यावेशितचेतसाम् (मयि + आवेशित + चेतसाम्)।।

12.7 उनको + मैं पार करता हूँ, मृत्यु + संसार के + सागर से ।
कराता / लगाता नहीं हूँ देर, + हे! पार्थ, मुझमें + बसी + चेतना वालों को ।

12.7 उन्हें मैं इस मृत्यु लोक का, सागर पार कराता हूँ।
मुझमें मन रखने वालों को, पार्थ! देर नहीं कराता हूँ।।7।।

12.7 Teshaamaham (Teshaam + aham) samuddhartaa mritusansaarasaagaraat (mritu + sansaara+ saagaraat).
Bhawaami na chiraatPaartha (chiraat + Paartha) Mayi + aaveshita+ chetasaam (Mayi + aaveshita+ chetasaam).

12–7 To them+ I take across the death+world's+ sea. I do not be late+ , O! Parth, in this for, within Me + dwelling + conscience.

12.7 Parth! I row them all across, the sea of this mortal world.
Who fix their mind in Me, I quickly free them from rebirth. ||7||

۱۲۰۷۔ تیشامہم (تیشام + اہم) سمدّھرتا مرتیُسنسارساگرات (مرتی +سنسار+ساگرات)،
بھوامِ نَ چِراتپارتھ (چِرات + پارتھ) مَیاویشتچیتسام (مَی +آویشت +چیتسام)۔

۱۲۰۷۔ اُنکو +میَں پارکرادیتا ہوں موت والے+ سنسار کے+ اِس ساغرسے،
ہوگی نہیں دیری ،+ یا!پارتھ، مُجھ میں+ بسے ہوش والوں +کو (اِس میں)۔

۱۲۰۷۔ اُنہیں نجات دلادیتا میَں ، اس جہان موت ساغرسے۔
پارتھ! جلد کنارا کرتے ہیں ،من کو مجھ میں ڈبا کروے۔

12.8 मय्येव (मयि + एव) मन आधत्स्व मयि बुि (बुि)म्) निवेशय। निवसिशस्यि मय्येव (मयि + एव) अतऊर्ध्व (अतः + ऊर्ध्वम्)न संशयः।।

12.8 मुझमें + ही, मन लगाकर, मुझमें बुि लगाओ।
निवास करोगे, मुझमें + ही, उसके + बाद, नहीं है, इसमें संशय ।।

12.8 स्थिर करके मन मुझमें, बुि ध्यान में रखो।
फिर रहते होगे मुझमें, न संशय इसमें रखो।।8।।

12.8 Mayyeva (Mayi + eva) man aadhatswa mayi (Mayi) buddhim niveshaya.
Nivasishyasi mayyeva (mayi + eva) ataoordhwam (atah+oordhwam) na sanshayah.

12.8 In Me+only, heart keeping fixed , within Me, the mind being focused. You will be dwelling in Me+ only, after that, there is no doubt in this.

12.8 Have your heart fixed to Me, and mind focused in Me.
Thus living in Me you will, definitely move up to Me. ||8||

۱۲۰۸۔ مَیّیوَ (مَیِ +ایوَ) مَن آدھتسوَ مَیِ بُدّھم نِویشَی،
نِوَسشیَسِ مَیّیوَ (مَیِ +ایوَ) اَت (اَتہ) اوَرْدھوَم نَ سَنشَیہ۔

۱۲۰۸۔ مُجھ (خُدا) میں+ ہی من بساکر مُجھ (خُدا) میں دماغ لگا لو،
رہاکروگے مُجھ میں+ ہی اُسکے بعد بلاشک۔

۱۲۰۸۔ من قائم کرکے مجھ میں، زہن میرے اندر رکھ کے۔
رہنے لگوگے تب تم مجھ میں، نہیں ہے کوئی شک اِس میں۔

12.9 अथ चित्तं (चित्तम्) समाधातुं (समाधातुम्) न शक्नोषि मयि स्थिरम्। अभ्यास + योगेन ततो (ततः) मामिच्छाप्तुं (माम् + इच्छ + आप्तुम्) धनंजय (धनम् + जय)।।

12.9 इस तरह, मन, लगा कर (ध्यानस्थ / समाधिस्थ) न रख पाओ (असमर्थ रहो), मुझमें स्थिर, तो। अभ्यास + योग से, मेरी + इच्छा + प्राप्त करो, हे! धनन्जय।।

12.9 धनंजय! स्थिर नहीं हो सके, यदि मन तुमसे मुझमें।
धनंजय! अभ्यास योग, इच्छा मेरी जगा देगा तुममें।।9।।

12.9 Atha chittam samaadhaatum na shaknoshi mayi (Mayi) shthiram.
Abhyaasa + yogen tato (tatah) maamichchhaaptum (Maam + ichchhaaptum) Dhanamjaya (Dhanam + jaya).

12.9 If mind, to focus, you are unable, in Me, to fix. By practicing+ yog, then ,to attain Me+ you wish, O! Dhananjay (Arjun).

12.9 But if you are incapable, to fix your heart in Me.
Dhannjay! practice yog, with a will to acquire Me. ||9||

۱۲۰۹۔ اَتھ چِتّم سَمادھاتُم نَ شکنوشِ مَیِ شتھِرَم،
ابھیاسیوگین (اَبھیاس+یوگین) تتوٗ (تتہ) مامچھاپتُم(مام+اِچھّ+ آپتُم) دھننجے۔

۱۲۰۹۔ اگر دِل لگانے (جوڑنے) میں قابل، نارہ سکو، مُجھ خُدا میں قائم رکھنے میں،
مشقت + یوگ (جُڑاؤ) سے تب مُجھ خُدا کو پانے کی چاہت حاصل کرو، یا! دھننجے۔

۱۲۰۹۔ من نہ قائم رکھ پاؤ، دھننجے! اگر تم مجھ خدا میں۔
یوگ مشقت سے پاؤ، میری خواہش تُم دل میں۔

12.10 अभ्यासेऽप्यसमर्थोअसि (अभ्यासे + अपि + असमर्थः + असि) मत्कर्मपरमो (मत् + कर्म + परमः) भव। मदर्थमपि (मत् + अर्थम् + अपि) कर्माणि कुर्वन्सिद्धिमवाप्स्यसि (कुर्वन + सिद्धिम् + अवाप्स्यसि)।।

12.10 अभ्यास में + भी + असमर्थ + रहो तुम, तो मेरे लिये + काम करो + सबसे ऊपर। मेरे + लिये + भी कामों को, करके, + सिद्धि + पाओगे।।

12.10 अभ्यास भी न हो सके, तो मेरे लिये करो तुम काम।
मेरे लिये काम करने से, सिद्धि देंगे तुम्हें यह काम।।10।।

12.10 Abhyaaseapyasamarthoasi (Abhyaase + api + asamarthah + asi) Matkarmaparamo (Mat + karma + paramah) bhava. Madarthamapi (Madartham + api) karmaani kurvansiddhimawaapsyasi (kurvan + siddhim + awaapsyasi).

12.10 In practice+ also,+ If failed+are you, for My sake + worker+ on priority be.
For Me + also,in works, by doing,+ perfection+ you will get.

12.10 If you can't practice yog, then actively be devoted to Me.
You can also get perfection, having worked towards Me. ||10||

۱۲۰۱۰۔ اَبھیاسےاپیَسَمرتھوٗاَسِ(اَبھیاسے +اَپِ+ا سَمرتھ+اَسِ) مَتکَرمپرَموٗ(مت+کَرم+پرَمہ) بھوٗ،
مَدَرتھمَپِ(مت+اَرتھم+اَپِ) کَرمانِ کُروَنسِدّھموَاپسّیَسِ(کُروَن+سِدّھم+اَواپسّیَسِ)۔

۱۲۰۱۰۔مشقت میں+بھی+ معذور+رہو +تُم، تو میرے (خُداکے) لئے +کام میں + ترجیح دو،
میرے(خُداکے)+ لئے+ بھی، کام کرنے سے + مہارت + حاصل کروگے۔

۱۲۰۱۰۔ یوگ مشقت بھی نہ کرسکو، تو میری خاتر کام کرو۔
میرے لئے کرکرکے،تُم حاصل کمال کام کرو۔

12.11 अथैतदप्यशक्तोऽसि (अथ + एतत् + अपि + अशक्तः + असि) कर्तुं (कर्तुम्) मद्योगमाश्रितः (मत् + योगम् + आश्रितः)। सर्वफलत्यागं (सर्व + फल + त्यागम्) ततः कुरु यतात्मवान (यत + आत्मवान्)।।

12.11 यदि + इसमें + भी + असमर्थ + हो, तो करो, मुझसे + जुड़ने + . के सहारे। सारे + फल + त्याग दो, तब करो, जैसे + आत्मनिर्भर ।।

12.11 मेरे लिये भी न हो सके तो, करो मेरी भक्ति के योग से अभ्यास।
फिर कामों के फल छोड़ दो, करो आत्म स्थित होने का प्रयास।।11।।

12.11 Athaitadapyashaktoasi (Atha + etat + api + ashaktah + asi) kartum madyogamaashritah (Mat + yogam + aashritah).
Sarva + karma + phala + tyaagam tatah kuru yat + aatmavaan.

12.11 If + in this + also + incapable + you are, then do it by focusing on My support. All the +work+ fruits+you leave, and then perform+ like +self dependent.

12.11 If in working for Me also, incapable you be.
Leave action fruits ,focused on self you be. ||11||

۱۲۰۱۱۔ اَتھیتَدپیَشکتوٗاَسِ (اَتھ+ایتَت+اَپِ+ا شَکتہ+اَسِ) کَرتُم مَدیوگماشرِتہ (مَت+یوگم+آشرِتہ)،
سَروَکَرمپھلتیاگَم(سَروَ+کَرمَ+پھل+تیاگَم) تَتہ کُرُ یَتاتموان (یَت+آتموان)۔

۱۲۰۱۱۔ اگر+ ایسا+بھی کرنے میں+ ناقابل رہو +تُم تو، کرو + مُجھ(خُدا) سے+ جُڑنے(یوگ) کا+سہارالو۔
سارے+کام کے+ پھل(نتیجہ) چھوڑنے کے بعد (تب) کرو جیسے + روح سے (جود سے/اپنے آپ)۔

۱۲۰۱۱۔ اگر کام نا ہو پائے، تب میری پناہ لے کر بھی۔
چھوڑ دو سب کاموں کے پھل، اور رہو قائم خود پر ہی۔

12.12 श्रेयो (श्रेय:) हि ज्ञानमभ्यासाज्ज्ञाना)यानं (ज्ञानम् + अभ्यासात् + ज्ञानात् + ध्यानम्) विशिष्यते। ध्यानात्कर्मफलत्यागस्त्यागाच्छान्तिरनन्तरम् (ध्यानात् + कर्म फल + त्यागः + त्यागात् + छान्तिः + अनंन्तरम)।।

12.12 श्रेष्ठ हो जाता है, ज्ञान + अभ्यास से, + ज्ञान से + ध्यान विशिष्ट हो जाता है। ध्यान से + कर्म + फल + छोड़ना, + छोड़ने से + शान्ति + उसके बाद आती है।।

12.12 अभ्यास से ज्ञान पक्का हो जाता है, और ज्ञान से हो जाता ध्यान।
यदि फल त्याग ध्यान से होता है, तो शान्ति देता है वह त्याग।।12।।

12.12 Shreyo (shreah) hi gyanamabhyaasaajgyaanaaddhyaanam (gyanam+abhyaasaat+gyaanaat+dhyaanam) vishishyate.
Dhyaanaatkarmaphalatyaagastyaagaachchhaantiranantaram.
(Dhyaanaat + karma + phala + tyaagah + tyaagaat + shaantih + anantaram)

12.12 Knowledge becomes better, + through practice, + through knowledge + focus, and through focus + actions + grow to become special. Renunciation of action fruits + by + focus, gives peace after that.

12.12 Knowledge is good to practice, but focus makes it special.
Focus on renunciation of fruits, gets mental peace eternal. ||12||

۱۲۰۱۲۔ شریوٗ ہِ گیانَ مَبھیاساجگیاناڈھیانَم (گیانَم+ابھیاساث+گیاناث+دھیانَم) وِششیتے،
دھیاناتکرمپھلتیاگستیاگاچھانتِرننترم (دھیاناث+کرمَ+پھل+تیاگہ+تیاگاث+شانتِہ+اننترم)۔

۱۲۰۱۲۔ بہتر (ہو جاتا) ہے بے شک+علم +مشقت (کرنے) سے+ علم + ذہن مرکوذی (دھیان) سے خصوصی بن جاتا ہے ،
مرکوز ذہن سے+کام کے+پھل (نتیجہ) +چھوڑنا (آتا ہے)+ چھوڑنے سے+سکون +اُسکے بعد (آتا ہے)۔

۱۲۰۱۲۔ خدپے قائم رہ کے علم لو، علم بہتر کرو یوگ مشقت سے۔
بہترین کرو دھیان سے علم، پھل چھوڑ پرسکون رہو سب سے۔

12.13 अद्वेष्टा सर्वभूतानां (सर्व + भूतानाम्) मैत्रः करुण एव च। निर्ममो (निः + ममः) निरहंकारः (निः + अहंकारः) समदुःखसुखः (सम + दुःख + सुखः) क्षमी।।

12.13 ईर्ष्या हीन, सब + प्राणियों से मित्रता और दया भी रखने वाला।
प्रभुत्व हीन, अहंकार + हीन, एक सा, + दुःख में + सुख में, क्षमावान।।

12.13 जीवों से करे दया मित्रता, छोड़े बैर सुख दुःख में एक ।
क्षमा करने वाला होता वो, प्रभुत्व अहं भाव छोड़ हो नेक।13।।

12.13 Adveshtaa sarvabhootaanaam (sarva + bhootaanaam) maitrah karunah eva cha.
Nirmamo (Nirmamah) nirahankaarah samadukhasukhah (sama + dukha + sukhah) kshamee.

12.13 The one who does not hate,and is friendly and also compassionate to all beings. Is not possessive, not egoistic, equal in joy–pain, is a forgiver.

12.13 The one who has no hatred, and is friendly and good to all.
Is unattached non egoist, same in pain–joy and forgives all. ||13||

۱۲۰۱۳۔ اَدْویشٹا سَرْوَبھوْتانامْ (سَرْوَ+بھوْتانامْ) مَیتْرہ کَرُنَ ایوَ چَ،
نِرْ مَموْ (نِرْ مَمَہ) نِرَہَنْکارَہ سَمَدُکھسُکھ (سَمَ+دُکھَ+سُکھَ) کْشَمی ۔

۱۲۰۱۳۔ خوشگواری ، سارے+ مخلوقات کے ساتھ دوستی اور رحم دِلی بھی،
ملکیت ناجتانے والا ، انا بغیر، دکھ سکھ میں ایک سا ، معاف کرنے والا۔

۱۲۰۱۳۔ بغیر نفرت انا یا احساس ملکیت، جو شخص دوستی اور دیا رکھے۔
ایک ناظر ہو درد خوشی میں، معافی دے دینے کا صلہ رکھے ۔

12.14 संतुष्टः सततं (सततम्) योगी यतात्मा (यत् + आत्मा) दृढनिश्चयः (दृढ + निश्चयः)।
मय्यर्पितमनोबुि)र्यो (मयि + अर्पित + मनः + बुि)योः) मद्भक्तः (मत् + भक्तः) स (सः) मे प्रियः।।

12.14 सदा संतुष्ट योगी, जो + स्वयं में, दृढ + निश्चयी है।
मुझमें + समर्पित है, + मन + बुि) से, मेरा प्रिय है।।

12.14 निरंतर हो संतुष्ट भक्ति युक्त, आत्म संयमी दृढ़ निश्चयी।
`मुझे करता मन बुि) अर्पित, भक्त सर्व प्रिय वो निश्चय ही।।14।।

12.14 Santushtah satatam yogi yataatmaa (yat + aatmaa) dridhnishchayah (dridh + nishchayah).
mayyarpitamanobuddhiryo (Mayi + arpita + manah + buddhih + yah) Madbhaktah (Mat + bhaktah) sa me (Me) priyah.

12.14 Always satisfied yogi, who+ is self +determinant strong+willed. And to Me+ is dedicated +with heart+ and mind,who is My +devotee,he is My beloved.

12.14 Always satisfied strong willed, and self determinant yogi.
Offers heart and mind to Me, I love that of My devotee. ||14||

۱۲۰۱۴۔ سَنتُشٹَہ سَتَتَم یوگی یَتاتما (یَت+آتما) دِرڑھنشچیَہ (دِرڑھ+نشچیَہ)،
مَیّرپِتمَونبُدّھِریو (مَیِ+اَرپِت+مَنَہ+بُدّھِہ+یَہ) مَدبھکتَہ (مَت+بھکتَہ) س (سَہ) مے پریَہ۔

۱۲۰۱۴۔ مطمئن، مسلسل یوگی، جس کی +روح +پرعزم ہو ،
میری (خُدا کی) +پیش خدمت کر کے +دِل+دماغ ، میرا (خُدا کا) +عقیدتمند وہ (ایسا) مُجھے (خُدا کو) پیارا ہے۔

۱۲۰۱۴۔ ہمیشہ مطمئن یوگی جس کی، روح میں پکا یقین بھرا۔
من اور ذہن مجھ کو دے کے، ہوجاتا پیارا وہ بھکت میرا۔

12.15 यस्मान्नोद्विजते (यस्मात् + न + उद्विजते) लोको (लोकः) लोकान्नोद्विजते (लोकान् + उद्विजते) च यः। हर्षामर्षभयोद्योगैर्मुक्तो (हर्ष + अमर्ष + भयः + उद्वेगैः + मुक्तः) यः स (सः) मे प्रियः।।

12.15 जिससे + नहीं होते + उत्तेजित, लोग, और जो लागों को + उत्तेजित नहीं करता है (और जो)। खुशी + दुःख + भय + उद्वेग से + मुक्त है, ऐसा जो है वह मुझे प्रिय है।।

12.15 जो स्वयं उद्विग्न नहीं होते, न जग को उत्तेजना देते हैं।
हर्ष दुःख डर उद्वेग छोड़ते, मेरे सबसे प्रिय वही होते हैं।।15।।

12.15 Yasmaannodvijate (Yasmaat + na + udvijate) loko (lokah) lokaannodvijate (lokaat + na + udvijate) cha yah.
Harshaamarshabahyodwegairmukto (Harsha + amarsha + bahya + udwegaih + muktah) yah sa cha me priyah.

12.15 By whom + are not + excited , the people, and who by people +does not get+ provoked, (and that). Who is free of joy+pain +fear + and disquiet , such person I love.

12.15 My devotee who is neither aroused by, nor agitates the world.
Is free of joy, pain, fear and disturbances, is My most beloved. ||15||

۱۲۰۱۵۔ یَسمانّوَدوِجتے (یَسمات+نَ+اُدوِجتے) لوکو (لوکَہ) لوکانّوَدوِجتے (لوکات+نَ+اُدوِجتے) چ یَہ،
ہرشامرشبھیودوگیرمُکتو (ہرش+اَمرش+بھیَہ+اُدویگَہ+مُکتَہ) یَہ س (سَہ) چ مے پریَہ۔

۱۲۰۱۵۔ جن سے نہیں پریشان ہوتے لوگ ، اور لوگوں کو نہیں دِق کرتے ہیں جو ،
خوشی+ دکھ+ ڈر+ بےچینی + سے آزاد جو ہو (ایسا ہو) وہ میرا (خُدا کا) محبوب ہے۔

۱۲۰۱۵۔ پریشان جو نا ہو لوگوں سے، نہ ہی انہیں دق کرتا۔
خوشی یا ڈر پر جوشی بغیر ہو، ایسے بھکت کو مَیں پیار کرتا۔

12.16 अनपेक्षः शुचिर्दक्ष (शुचिः + दक्ष) उदासीनो (उदासीनः) गतव्यथः (गत + व्यथः) । सर्वारम्भपरित्यागी (सर्व + आरम्भ + परित्यागी) यो (यः) मद्भक्तः (मत् + भक्तः)
स (सः) मे प्रियः।।

12.16 अपेक्षा नहीं करता, सफाई पसंद है, + दक्ष है, उदासीन है, दुःख से + परे है।
सब कुछ + पहले ही + छोड़ कर, जो मेरा + भक्त है, वह मुझे प्रिय है।।

12.16 सच्चा दक्ष उदासीन, दुःख अपेक्षाएं छोड़ के रहता।
मुझे प्यारा वो भक्त जो, शपथ पहले से छोड़े रख़ता ।।16।।

12.16 Anapekshah shuchirdaksha (shuchih + daksha) udaaseeno (udaaseenah) gatavyathah (gata + vyathah).

Sarvaarambhaparityaagi (Sarva + aarambha+ parityaagi) yo (yah) Madbhaktah (Mat + bhaktah) sa Me priyah.

12.16 Without expectation, clean,+ skilled, neutral , and beyond+ pain /sorrow. Leaves +everything + earlier,who is My+ devotee, such is My beloved.

12.16 The one who expects not, is pure, skilled, neutral and never sad.
And is without biased determination, My love that one ever had. ||16||

۱۲۰۱۶۔ اَنپیکْشہ شُچِرْدَکْش (شُچِہ+دَکْشہ) اُداسینو (اُداسینہ) گَتَوْیَتھہ (گَت+وْیَتھہ)،
سَرْوارَمْبھَپَرِتْیاگی (سَرْوَ+آرَمْبھَ+پَرِتْیاگی) یوْ(یہ) مَدْبھَکْتہ (مَت+بھَکْتَہ) س(سَہ) مے پْرِیَہ۔

۱۲۰۱۶۔امید نا کرے، پاک صاف ہو+،قابل ہو، غیر جانبدار ہو، پار ہو+ دکھوں کے،
ساری قسمیں + پہلے سے+چھوڑنے والا ہو ، جو میرا (خُدا کا) +عقیدتمند ہے ، وہ مُجھ خُدا کو پیارا ہے۔

۱۲۰۱۶۔ امید نہ رکھتا پاک رہتا ،غیرجانبدار ہو فکر دکھ کے ہو جو پار۔
سب کچھ چھوڑ کے عقیدت کرتا، پاتا میرا وہ بھکت پیار۔

12.17 यो (यः) न हृष्यति न द्वेष्टि न शोचति न कांक्षति।
शुभाशुभपरित्यागी (शुभ + अशुभ + परित्यागी) भक्तिमान्यः (भक्तिमान् + यः) स (सः) मे प्रियः।।

12.17 जो न सुखी न दुखी होता है, न पछतावा न चाहना करता है।
शुभ + अशुभ + छोड़ कर रहता है, भक्ति में रत, + जो, वह मेरा प्रिय है।।

12.17 जो न हर्षित न हो दुःखी, न इच्छुक हो न पछताए।
शुभ अशुभ का त्यागी, वो ही भक्त मेरा प्यार पाए।।17।।

12.17 Yo na hrishyati na dweshti na shochati na kaankshati. Shubha + ashubha parityaagi bhaktimaanyah (bhakti + maan + yah) sa Me priyah.

12.17 The one who is neither happy nor sorry, neither regrets nor desires. Leaving good –bad, lives in devotion+ who, he is My beloved.

12.17 The one who neither rejoices nor is sad, neither regrets nor craves.
Who renounces good and bad. My whole love that one braves. ||17||

۱۲۰۱۷۔ یو نَ ہرِشیَتِ نَ ڈویشٹیِ نَ شوچتِ نَ کانکشتِ،
شُبھاشُبھ پَرِتیاگی (شُبھ+اشُبھ+پَرِتیاگی) بھکتِمانیہ سَ(سَہ) مے پرِیَہ۔

۱۲۰۱۷۔جو نا خوش ہوتا ہے نا دکھی نا پریشان ہوتا ہے نا چاہ کرتا ہے،
اچھا+برا+ چھوڑنے والا ،عقیدتمند ہے جو وہ مجھ خُدا کا محبوب ہے۔

۱۲۰۱۷۔ جو نا بہت خوش نا دکھی نا بیر کرتے، نہ سوچتے نہ چاہ کرتے ہیں۔
اچھا برا سب چھوڑ دیتے، خدا ایسے بھکت سے پیار کرتے ہیں ۔

12.18 समः शत्रौ च मित्रे च तथा मानापनानयोः (मान + अपनानयः)। शीतोष्णसुखदुःखेषु (शीत + उष्ण + सुख + दुःखेषु) समः
संगविवर्जितः (संग + विवर्जितः)।।

12.18 समान रहे, शत्रु, व मित्र में, और मान + अपमान में । सर्दी– गर्मी, सुख–दुःख में भी एक सा, लाग–लगाव + छोड़ कर।।

12.18 समान भाव शत्रु मित्र से, आदर निरादर में एक सा।
सर्दी–गर्मी सुख–दुःख में, एक अकेला रहे एक सा।।18।।

12.18 Samah shatrau cha mitre cha tathaa maanaapamaanayoh (maana + apamaanayoh). Sheetoshnasukhadukheshu (Sheeta + ushna + sukha + dukheshu) samah sangavivarjitah (sanga+vivarjitah).

12.18 Same towards friend or foe and honour +or dishonour. In cold+hot + pain+joy, is same, their attachment+having left (without being attached with them).

12.18 Same to friends and foes, and towards respect disrespect.
Same in hot–cold joy– pain, all the attachments who rejects. ||18||

۱۲۰۱۸۔ سَمہ شترَو چ مِترے چ تتھا مانَاپمانیوَہ(مانَ+اَپمانیوَہ)،
شیتوشنَسُکھدُکھیشُ (شیت+اُشنَ+سُکھ بھی، + دُکھیشُ) سَمہ سنگوِوَرجِتہ(سنگ+وِوَرجِتہ)۔

۱۲۰۱۸۔ ایک سا رہے دُشمن اور دوست کے لئے، اور عزت + بے عزتی میں ،
سردی+گرمی ،سکھ سکھ برابر (رہ کے سہے) ساتھ + ہٹا کے ۔

۱۲۰۱۸۔ دُشمن۔دوست عزت ۔بےعزت، گرمی۔سردی سکھ۔دکھ کے سامنے۔
ایک سا رہے ساتھ کوئی نہ چاہ کے، بھکت وہ پیارا ہے میرے سامنے۔

12.19 तुल्यनिन्दास्तुतिर्मौनी (तुल्य + निन्दा + स्तुतिः + मौनी) सन्तुष्टो (सन्तुष्टः) येन केनचित्। अ + निकेतः स्थिर्मतिर्भक्तिमान्मे (स्थिर + मतिः + भक्तिमान् + मे) प्रियो (प्रियः) नरः।।

12.19 तुला हुआ / संयमित + निन्दा + और प्रशंसा पर, + मौन, संतुष्ट सा, ऐसे वैसे कैसे भी। बे + घर, दृढ + बुि) + मेरी भक्ति में लगा हुआ, + मेरा प्रिय है वो मनुष्य।।

12.19 प्रशंसा–बुराई में एक सा भाव, चुप है हर तरह से जो संतुष्ट।
बिना ठिकाना स्थिर स्वभाव, ध्यान भक्त है वो मेरा प्रिय मनुष्य।।19।।

12.19 Tulyanindaastutirmauni (Tulya+ nindaa + stutih + mauni) santushto (santushtah) yena kenachit. Aniketah sthiramatirbhaktimaanme (sthira + matih + bhaktimaan + Me) priyo (priyah) narah.

12.19 Balanced +over contempt+ or praise+ is quiet, as if satisfied, be this or that whatever. Homeless, sound + mind + devotedly lives +in Me, is My bloved person.

12.19 Balanced towards praise and contentment, satisfied in every sense.
Homeless but mind fixed in devotion, is loved by Me in every sense. ||19||

۱۲۰۱۹۔ تُلیَنِنداستُتِرمونی (تُلی +نِندا+سْتُتِہ+مونی) سَنتُشٹو (سَنتُشٹَہ) یین کینچِت (کین+چِت)،
انِکیتہ سْتِھرَمتِر بھکتِمانْمے (سْتِھرَ+مَتِہ+بھکتِمانْ+مے) پْرِیوْ نَرہ۔

۱۲۰۱۹۔ متوازن+ بڈائی میں + برائی میں+چُپ ، مطمئن اِس اُس کسی+ طرح سے،
بے گھر، مقرر +ذہن+عقیدت مند+ میرا(خُدا کا) ہے، پیارا وہ آدمی۔

۱۲۰۱۹۔ بڑائی برائی میں ایک سا چپ، ہر طرح سے رکھتا اطمینان۔
بے گھر مقرر ذہن کا ہے جو ، وہ بھکت میرا مجھے پیارا مان۔

12.20 ये तु धर्मामृतमिदं (धर्म + अमृतम् + इदम्) यथोक्तं (यथा + उक्तम्) पर्युपासते। श्रद्)ाना (श्रद्)ानाः) मत्परमा भक्तास्तेअतीव (भक्ताः + ते + अतीव) मे प्रियाः।।

12.20 लेकिन जो 'धर्म + अमृत + है यहाँ', ऐसा + कह कर, ठीक से पूजते हैं।
श्र)ा से, मुझे सबसे ऊपर मानते हुए, भक्त + वे, + मेरे अति प्रिय हैं, ।।

12.20 जो 'धर्म अमृत है' यह कथन, पूरी तरह निभा पूजा करते हैं।
श्र्)ा से मुझे मान के सब कुछ, पूरी तरह मेरे प्रिय बनते हैं।।20।।

12.20 Ye tu dharmaamritamidam (dharma+amritam+idam) yathoktam paryupaasate.
Shraddhaanaa Mat + paramaa bhaktaasteateeva (bhaktaah + te+ ateeva) Me priyaah.

12.20 Those but who "Religion is+ ambrosia+ here", thus saying, worship. Faithfully, Me+ The Supreme, those + devotees + are My best beloveds.

12.20 One who considering religion,as ambrosia worships Me.
With full faith trusts Me, that devotee is best loved by Me. ||20||

۱۲۰۲۰۔ یے تُ دھرَ مامرِتَمِدَم (دھرَم+آمرِتَم+اِدَم) یتھوکتم (یتھا+اُکتم) پرِیُپاستے،
شرَدّھانا مَتپَرَ ما (مَت+پرَما) بھکتاشتے اَتیوَ (بھکتاہ+ تے+اَتیوَ) مے پرِیاہ۔

۱۲۰۲۰۔ جو لیکن مذہب +امرت ہے +یہاں، ایسا + کہتے ، عبادت کرتے ہیں ،
ایمان سے میرے(خُداکے) بہترین عقیدت مند+ ہیں+ بہت زیادہ ، میرے (خُداکے) محبوب ہیں۔

۱۲۰۲۰۔ سب سے اونچے میرے بھکت، جو مذہب امرت ہے، یہ سچ مانتے۔
ایمان سے میری عبادت کرتے، میرے بہت پیارے ہوجاتے۔

अध्याय-13: क्षेत्र क्षेत्रिय विभाग योगः

Chapter–13 : Kshetr Kshetriy Vibhag Yogah

باب۔(۱۳) کشیتر کشیتری وبھاگ یوگہ

- शरीर क्षेत्र है।
- आत्मा उसकी दृष्टा एवं जानकार जिसको क्षेत्रज्ञ अथवा पुरुष भी कहते हैं।
- आत्मा अर्थात स्वयं पर नियंत्रण दृष्टि रखना सच्चा ज्ञान है।
- क्षेत्र अर्थात शरीर में 24 तत्व होते हैं। जिनमें सात विकार लाने वाले और 5 महातत्व हैं। इसके अतिरिक्त प्रत्येक शरीर में तीन प्रकृतिक गुण होते हैं।
- प्रकृति अथवा देह प्रभाव पैदा करती है और पुरुष अथवा जीवात्मा झेलता है। दोनों अनादि हैं।
- परमात्मा सच्चे ज्ञान का लक्ष्य, सर्वोच्च प्रकाशक एवं अनश्वर तथा सर्वदृष्टा आत्मा/पुरुष/क्षेत्रज्ञ है।
- Body is field.
- Soul is it's onlooker and knower, the Ksetragyn, also called purush the self.
- To keep a vigilant eye on soul/self is the true knowledge.
- The fields ie bodies have 24 elements. 5 elements are chief and 7 cause variabilities. The bodies also carry three natural traits.
- Nature ie. body creates effects and purush ie. soul bears them. Both the nature and the souls are without beginning.
- The Supreme Soul is the Goal of true knowledge.
- He is Supreme Enlighter, Eternal and All Seeing Super Soul / Purush / Kshetragyn.

۱۔ جسم ایک میدانی علاقاہ یعنی کام ہونے کی جگہ ہے۔

۲۔ اسکوجاننے والی اور اس کے کاموں پر نظر رکھنے والی روح ہوتی ہے۔

۳۔ سچا علم ہے جسم اور روح کا علم، جسم کو رقبہ یعنی کشیتر اور روح کو خدا یعنی کشیتر گین کا نام دیا گیا ہے۔

۴۔ جسمانی کھیت ۲۴ عناصر کے بنے ہوتے ہیں، جن میں نادکھائی دینے والے عقل اور انا بھی شامل ہیں۔

۵۔ جو گیارہ حواس اور پانچ اشیاء کے ساتھ کام کرتے ہیں۔

۶۔ یہ کام جسم میں تین خصوصیات والے سات بدلاؤ لاتے ہیں۔

۷۔ خصوصیات جسم کی قدرت یعنی فترت ہیں۔ جو جسم میں اثر ڈالتی ہے، اور روح یہ اثر جھیلتی ہے۔ رقبہ اور روح دونوں بغیر شروعات کے یعنی ہمیشہ سے ہوتے ہیں۔

۸۔ سبسے زیادہ اونچی روح (خدا کی) ہوتی ہے۔ جس کو پانا، سچے علم کا مقصد ہوتا ہے۔

۹۔ خدا کی روح سب کچھ دیکھنے والی سبسے زیادہ اونچی اور عبدی ہوتی ہے، سب کے اندر باہر اور سب کی نگران ہے۔

۱۰۔ اس لیئے خود کی روح بھی روح خدا کا حصہ ہے۔ اِس سے پوچھ کے ہی کام تے کرنے چھاہیئے۔

अभ्यास-13 Chapter–13

باب۔(۱۳)

अर्जुन उवाच Arjuna Uvaacha अर्जुन बोले Arjun Said

اَرجُن اُوَاچ ارجُن بولے

13.1 प्रकृतिं पुरुषं चैव क्षेत्रं क्षेत्रज्ञमेव च। एतद्वेदितुमिच्छामि (एतत् + वेदितुम् + इच्छामि) ज्ञानं ज्ञेयं च केशव।।

13.1 प्रकृति और पुरुष तथा क्षेत्र और क्षेत्रज्ञ भी। यह सब + जानने की + मुझे इच्छा है, ज्ञान और जानने योग्य को भी, हे! केशव ।।

13.1 प्रकृति क्या है और पुरुष है क्या, है क्षेत्र और क्षेत्रज्ञ क्या।
केशव! जानना चाहता हूँ, ज्ञान और जानने योग्य है क्या।।1।।

13.1 Prakritim purusham chaiva (cha+eva) kshetram kshetragyameva (kshetra+gyam+ eva) cha. aitadveditumichchhaami (aitat+veditum+ichchhaami) gyaanam gyeyam cha Keshava.

13.1 Nature , purush and+also Field and kshetragyn. All these + I want + to know, abut knowledge and worth knowing too, O!Keshav.

13.1 I wish to know what are, nature, purush, field and it's kshetragyn.
Keshav! also tell what is, knowledge and knowledge worthy thing. ||1||

۱۳۰۱۔ پْرَکْرِتم پُرُشم چیوَ (چَ+ایوَ) کْشیتْرَم کْشیتْرَگْیَمیوَ (کْشیتْرَ+گْیَم+ایوَ) چَ،
ایتدْ وید تُمِچّھام (ایتَت+ویدِتُم+اِچّھامِ) گْیانَم گْیَیَم چَ کیشوَ۔

۱۳۰۱۔ قُدرت، روح اور+اِسی طرح، کشیتْرَ اور کشیتْرَگْیَں بھی ،
انہیں+جاننا+چاہتا ہوں اور علم اور قابلِ علم کو بھی، یا! کیشوَ (کْرِشنَ)۔

۱۳۰۱۔ کیشو! جاننا چاہتا ہوں، قدرت کیا ہے اور روح کیا۔
رقبہ اور رقبے کا عالم ہے کیا، علم اور علم کا مقصد کیا۔

श्रीभगवानुवाच Shree Bhagawaan Uvaacha **श्री भगवान बोले** Lord Shri Said

شری بھگوانواچ خدا بولے

13.2 इदं शरीरं कौन्तेय क्षेत्रमित्यभिधीयते (क्षेत्रम् + इति + अभिधीयते)। एतद्यो (एतत् + यः) वेत्ति तं (तम्) प्राहुः क्षेत्रज्ञ इति तद्विदः (तत् + विदः)।।

13.2 यह शरीर हे! कुन्तीपुत्र, क्षेत्र (खेत) है + ऐसा + कहा जाता है।
जानता है + इसे जो वह, कहलाता है क्षेत्रज्ञ, ऐसे उसको (क्षेत्रज्ञ को) + जानो।।

13.2 कुन्ती पुत्र! हमारा यह शरीर, क्षेत्र कहलाता है ।
क्षेत्र को जानने वाले को, क्षेत्रज्ञ कहा जता है ।।2।।

13.2 Idam shareeram Kaunteya kshetramityabhidheeyate (kshetram + iti+abhidheeyate).
Etadyo (Etat + yah) vetti tam prahuh kshetragya (kshetra + gyah) iti tadvidah (tat + vidah).

13.2 This body O! Kunti's son, is field, + thus + it is said. The one who +knows it is called Kshetragyn, the field's+ knower/ on looker, like this, to him + know.

13.2 Kunti's son! this body, is considered to be a field.
The One Who knows it ,is the Onlooker of the field. ||2||

۱۳۰۲۔ اِدم شری رَم کونتیے کشیتر متیبھدھییتے (کشیترم+اتِ+ابھدھییتے)،
ایتدیوٗ (ایتت+یہ) ویتِ تمْ پراہُہ کشیتر+ گیہ اِتِ تدوِدہ(تت+وِدہ)۔

۱۳۰۲۔ یہ جسم ، یا! کونتی زادے، رقبہ ہے +ایسا+ کہتے ہیں ،
اِسے (رقبے کو)+جو +جانتا ہے، وہ کہلاتا ہے، کشیتر گیں، اِسے ایسے+سمجھو۔

۱۳۰۲۔ یا! کنتی زادے! کشیتر ہے رقبہ، ہوتا ہے رقبہ ہی جسم بھی سبک۔
جسم کو جاننے والا ہے کشیتر گیں، ہوتا ہے کشیتر گیں ہی روح جسم کا۔

13.3 क्षेत्रज्ञं (क्षेत्रज्ञम्) चापि (च + अपि) मां (माम्) विद्धि सर्व + क्षेत्रेषु भारत। क्षेत्रक्षेत्रज्ञयोर्ज्ञानं (क्षेत्र + क्षेत्रज्ञोः + ज्ञानम्) यत्तज्ज्ञानं (यत + तत् + ज्ञानम्) मतं (मतम्) मम।।

13.3 और क्षेत्रज्ञ, मुझे भी, समझो सारे + क्षेत्रों का, हे! भारत।
क्षेत्र (खेत) और क्षेत्रज्ञ (खेत देखने वाले) + का ज्ञान, जो है + वही + ज्ञान है, मेरे विचार में।।

13.3 मुझे सभी क्षेत्रों का क्षेत्रज्ञ, अर्थात परम आत्मा मानो हे! भारत।
क्षेत्र–क्षेत्रज्ञ यानी देह–आत्मा का, ज्ञान ही असली है मेरा मत।।3।।

13.3 Kshetragyam cha + api Maam viddhi sarva kshetreshu Bhaarata.

Kshetra kshetragyayorgyaanam (kshetragyayoh + gyaanam) yattajgyaanam (yat + tat + gyaanam) matam Mama.

13.3 And Onlooker of field + also, know Me, to be of all the fields, O! Bharat. Field's and +of onlooker of field's + knowledge, that is, + which is + the real knowledge, in My opinion.

13.3 Bharat! know Me Supreme Soul,the On Looker of all the fields.
True knowledge I opine is, to know the On Looker and the fields. ||3||

۱۳۰۳۔ کشیتر گیم (کشیتر+گیں م) چاپِ(چ +اَپِ) مام وِدّھِ سَرو کشیتریشُ (سَرو+کشیتریشُ) بھارَت،
کشیتر کشیتر گییورگیانم (کشیتر+کشیتر+گییوہ+گیانم) یتّجگیانم (یت+تت+گیانم) مَتم مَم ۔

۱۳۰۳۔ کشیترگین (کشیتر یعنی رقبہ+گیں یعنی عالم)، اور +بھی، مُجھے (خُداکو) سمجھو تمام کشیتروں کا ، یا! بھارت،
کشیتر (رقبہ، جسم) +اور کشیترگی (عالم رقبہ، روح جسم) +کا علم ہی جو ہے+وہ (سچا) علم ہے، خیال سے میرے (خُداکے)۔

۱۳۰۳۔ بھارت! ہر ایک رقبہ یا جسم کا دیکھنے والا، کشیترگیں یا عالم ہوں میں خدا۔
سچ ہے علم اِن دو کا، دیہ جو رقبہ ہے اور روح جو عالم ہے نگران ہے خدا۔

13.4 तत्क्षेत्रं (तत् + क्षेत्रम्) यच्च (यत् + च) यादृक्च (यादृक् + च) यद्विकारि (यत् + विकारि) यतश्च (यतः + च) यत्। स (सः) च यो (यः) यत्प्रभावश्च (यत् + प्रभावः + च) तत्समासेन (तत् + समासेन) मे शृणु।।

13.4 वह + क्षेत्र, जो है, + और, जैसा है, + और, उसके जो + विकार (बदलाव) हैं, जिसके द्वारा + और, जैसे भी। वह और जो उस का + असर (बदलाव) है, + वह भी जैसे का तैसा, + संक्षेप में (औसतन), मुझसे सुनो।।

13.4 क्षेत्र बनता है किसका, कहां से आता है कैसे बदलता।
कौन है जानकार इसका, किस प्रभाव से इसे बदलता।।4।।

13.4 Tat + kshetram yachcha (yat + cha) yaadrik + cha yadwikaari (yat + wikaari) yatashcha (yatah + cha) yat.

Sa cha yo (yah) yatprabhaavashcha (yat + prabhaavah + cha) tat + samaasena Me shrinu.

13.4 This+ field, which +and whatever it is,+and whatever is it's+change, by whomsoever, +and whichever/whoever is he/ that. And whatever is +his/it's effect (change) , all that as such +concluded, by Me+ listen.

13.4 Listen from Me about the field, what field is and how it changes.
Also listen in brief Who cuases,and how He affects the changes. ||4||

۱۳۰۴۔ تتکشیترم (تت+کشیترم) تچّ (یت+چ) یادرِکچّ (یادرِک+چ) یدوکارِ (یت+وکارِ) یتشچّ (یتہ+چ) یت،
س (سہ) چ یو(یہ) یتپربھاوشچّ (یت+پربھاوہ+چ) تتسماسین (تت+سماسین) مے شرِنُ۔

۱۳۰۴۔ وہ +رقبہ، جو+اور جیسا +بھی ہے، جس + بدلاؤ کا جس کی +بھی وجہ سے ہے ویسا،
وہ (رقبے میں بدلاو کی وجہ) +اور (اُنمیں سے) جس کا+ جو+اثر ہے وہ +مجموعی طور پر مُجھ خُدا سے سنو۔

۱۳۰۴۔ رقبہ کیا ہے کس نے بنایا، کس میں بدلتا چھوٹے میں سنو۔
زریعہ کشیترگیں کون ہے اُسکا، اثر وہ رقبہ پر کیا کرتا سنو۔

13.5 ऋषिभिर्बहुधा (ऋषिभिः + बहुधा) गीतं (गीतम्) छन्दोभिर्विविधैः (छन्दोभिः + विविधैः) पृथक्।
ब्रह्मसूत्रपदैश्चैव (ब्रह्मसूत्र + पदैः + च + एव) हेतुमद्भिर्विनिश्चितैः (हेतु + मद्भिः + विनिश्चितैः)।।

13.5 ऋषियों ने + बहुत से गीतों, छन्दों, + बहुत प्रकार के अलग । ब्रह्म सूत्रों + और पदों + द्वारा भी इन के, (क्षेत्र व उसके बदलावों के / विकारों के) कारणों के लिये + सुझाव + निश्चित किये हैं।।

13.5 गीतों, छन्दों, ब्रह्म सूत्रों, और पदों में, ऋषियों ने कई तरह इन्हें बताया।
क्षत्रों के कार्य निश्चित कर उनमें, बदलाव क्यों व कैसे होता है जताया।।5।।

13.5 Rishibhirbahudhaa (Rishibhih+bahudhaa) geetam chhandobhirvividhaiah (chhandobhih+vividhaiah) prithak.
Brahmsutrapadaishchaiva (Brahmsutra + padaih + cha + eva) hetumadbhirvinishchitaih (hetu + madbhih + vinishchitaih).

13.5 Saints + through many Hymns,couplets + of various kinds, separately. Godly formulae + and by verses +like this, for the causes+ have given opnion + and certified (the fields ,it's changes with cause and effects).

13.5 Saints after thought have written, songs and hymns of various types.
To confirm causes and field reactions, in linguistics Brahm prescribed. ||5||

۱۳۰۵۔ رِشبھِر بہُدھا (رِشبھِہ+بہُدھا) گیتم چھندوبھِر وِوِدھیہ (چھندوبھِہ+ وِوِدھیہ) پرِتھک،
برہم سوترپدیشچیو (برہم+سوتر +پدیہ+چ+ایو) ہیتُمدبھِر وِنِشچِتیہ (ہیتُ+مدبھِہ+وِنِشچِتیہ) ۔

۱۳۰۵۔ ریشیوں نے+ زیادہ تر نغموں اور آیات میں+ بہت طرح کے مختلف ،
خلاّق کے + قاعدے +اور+ تدبیر + شعروں میں +اِس طرح کے (رقبوں میں بدلاو کے) ذریہ اور وجہیں طے گئے ہیں۔

۱۳۰۵۔ تجذیاتی سوچ کے بعد آقا عالم،آیات رباعیات اور عشعر لکھ گئے۔
رقبوں کے علم اور بدلاؤ کی،صحیفوں میں تصدیق نغمے لکھ گئے۔

13.6 महाभूतान्यहंकारो (महा + भूतानि + अहंकारः) बुि़ख्यक्तमेव (बुिः + अव्यक्तम् + एव) च। दशैकं (दश + ऐकम्) च पंच चेन्द्रियगोचराः (च + इन्द्रिय + गो + चराः)।।

13.6 (चौबीस) बड़े + तत्वों में + अहंकार भी, अप्रकट + बुि + भी, और। दस + एक (ग्यारह) इन्द्रियॉ और, पॉच इन्द्रियों + के विषय + उन्हें (इन्द्रियों को) चलाने वाले भी (शामिल हैं)।।

13.6 बताया देह है चौबीस तत्वों की, कार्य क्षेत्र में ग्यारह इन्द्रियां हैं।
तीनो गुण, अहं और बुि से, पॉच विषयों में चलती इन्द्रियॉ हैं।।6।।

13.6 Mahaabhootaanyahankaaro (Mahaa + bhootaani + ahankaarah) buddhiravyaktameva (budhih + avyaktam + eva) cha.

Indriyaani dashaikam (dash + aikam) cha pancha cheindriyagocharaah (cha + indriya + gocharaah).

13.6 Amongst (twenty four) macro+ elements + there is ego, also Intellect + unapparent + these too. And ten+one (Eleven) + senses + and their five movers ie the sense objects.

13.6 Made of chief physical elements, two non physical the pride and intellect.
Bodies are fields driven by, ten senses ,one heart and five sense objects. ||6||

۱۳۰۶۔ مَہا بھوُتانْیَہَنْکارُوَ(مہا+بھوُتانِ+اَہَنْکارَہ) بُدّھِرَوْیکْتَمیوَ(بُدّھِ+اَوْیکْتَم+ایوَ)چ،
اِنْدْرِیانِ دَشَیکَم(دَش+ایکَمْ) چَ پَنْچْ چیندِریگوچَراہ(چَ+اِندِری+گوچَراہ)۔

۱۳۰۶۔ بڑے +اناساروں میں +انا اور عقل +پوشیدہ+ ہی ہوتے ہیں اور ،
حواس گیارہ اور پانچ اور+ حواس کی +اشیاء +نمودار ہیں۔

۱۳۰۶۔ پوشیدہ ہوتے ہیں انا اور عقل، بندوں میں دو اور چابی عناصار۔
گیارہ حواس ہوتے ہیں جسم میں، حواس وں کے پانچ اشیاء کامگار۔

13.7 इच्छा द्वेषः सुखं (सुखम्) दुखं (दुखम्) सङ्घातश्चेतना (सङ्घातः + चेतना) धृतिः। एतत्क्षेत्रं (एतत् + क्षेत्रम्) समासेन सविकारमुदाहृतम् (स + विकारम् + उदाहृतम्)।।

13.7 इच्छा, बैर, सुख, दुःख, सामाजिक + समझदारी, धीरज। यह + क्षेत्र के, संक्षेप में, विकारों + सहित + उदाहरण हैं।।

13.7 इच्छा बैर सुख दुःख और, मिलना जुलना समझदारी व धैर्य ।
मन में छुपे चुप से रहते, शरीर में करते बदलावों के कार्य ।।7।।

13.7 Ichchha dweshah sukham dukham sanghaatashchetanaa (sanghaatah+chetanaa) dhritih. Etat + kshetram samaasena savikaaramudaahritam (sa + vikaaram + udaahritam).

13.7 Desire, hatred, pleasure, sorrow, social + conscience, patience. These are+ of field, briefly cited exemples,+ along with+ it's (field's/body's) changes (with+changes+examples).

13.7 Desire–hatred, pleasure–sorrow, grouping, conscience and patience,
Have been cited in brief, as the field's reactants that cause changes. ||7||

۱۳۰۷۔ اِچّھا ذویشَہ سُکھَم دُکھَم سَنگھاتشچیتنا (سَنگھاتہ+چیتنا) دھرِتہ،
ایتتکشیترَم (ایتَت+کشیترَم) سَماسین سَوِکارَمُداہرِتَم (سَ+وِکارَم+اُداہرِتَم)۔

۱۳۰۷۔ چاہت ، حقارت ، سکھ، دکھ ، ٹکراؤ ، + ہوش اور صبر،
یہ + رقبہ(دیہ) میں ، مجموعی طور پر بدلاؤ +کی +مثالیں دی گی ہیں۔

۱۳۰۷۔ چاہ تیں۔ نفرتیں سکھ۔دکھ مارنا۔ جوش یا صبر گرہو جایں تو۔
مثالیں ہیں یہ تمام علاقوں(جسموں) میں لاتیں تبدیلی جو۔

13.8 अमानित्वमदम्भित्वमहिंसा (अमानित्वम् + अदम्भित्वम् + अहिंसा) क्षन्तिरार्जवम् (क्षान्तिः + आर्जवम्)। आचार्योपासनं (आचार्यः + उपासनम्) शौचं (शौचम्) स्थैर्यमात्मविनिग्रहः (स्थैर्यम् + आत्म + विनिग्रहः) ।।

13.8 विनम्र होना + दम्भ न करना + हिंसा न करना + सहनशील होना + सरल होना।
गुरु की + उपासना करना, शु)ता रखना, और दृढ़ता से + आत्म + संयम रखना।।

13.8 विनम्र होना दम्भ न होना, अहिंसक सहनशील सरल होना।
गुरु का उपासक होना, धैर्यवान पवित्र और संयत होना।।8।।

13.8 Amaanitvamadambhitvamahimsaa (Amaanitvam+adambhitvam+ahimsaa) kshaanti-raarjavam (kshaantih + aarjavam).

Aachaaryopaasanam (Aachaaryah + upaasanam) shaucham
sthairyamaatmavinigrahah (sthairyam + aatma + vinigrahah).

13.8 Humility, no pretention + non violence, tolerance + simplicity.Taecher +worshipping and keeping strong + Self +control.

13.8 Softness, ego, freeness, non violence, peacefulness and simplicity.
Teacher worship, purity, firmness and self controlling sensitivity. ||8||

۱۳۰۸۔ اَمانِتوَمدَمبھِتوَمہمسا (اَمانِتوَم +اَدَمبھِتوَم+اَہمسا) کشانتِراَرجوَم (کشانتِہ+آرجوَم)،
آچاریوپاسَنَم (آچارِی+اُپاسَنَم) شوَچَم ستھیریَماتمَوِنگرہہ (ستھیریَم+آتمَ+ وِنگرہہ)۔

۱۳۰۸۔ عاجزی+ منکسر مزاج +غیر مشدد مزاگمت ، سہنا + سادگی ،
اُستاد کی+عبادت، صفائی ، مستحکم+ خود +لگامی ۔

۱۳۰۸۔ شائستا ہونا، دکھاوہ نا کرنا،غیرمتشدد ہونا،رواداری رکھنا۔
اُستادکی خدمت کرنا،سادگی پاکیزگی مضبوطی،خدلگامی رکھنا۔

13.9 इन्द्रियार्थेषु (इन्द्रिय + अर्थेषु) वैराग्यमनहंकार (वैराग्यम् + अनहंकार) एव च। जन्ममृत्युजराव्याधिदुःखदोषानुदर्शनम् (जन्म + मृत्यु + जरा + व्याधि + दुःख + दोष + अनुदर्शनम्)।।

13.9 इन्द्रियों के + मुद्दों से, वैराग्य, + और अहंकारहीनता भी। जन्म + मृत्यु + बुढापा + रोग + दुःख + बुराई देख कर भी (उपरोक्त व्यवहार रखने चाहिये)।।

13.9 इन्द्रियों के कामों में और, अहंकार में न पड़ना।
जन्म मृत्यु बुढ़ापा रोग, दुःख बुराई देख बढ़ना।।9।।

13.9 Indriya + artheshu vairaagyamanahankaara (vairaagyam + anahankaara) eva cha. Janmamrityujaraayaadhidukhadoshaanudarshnam (Janma+ mrityu + jaraa + vyaadhi + dukha + dosha + anu + darshnam).

13.9 Senses+related all issues, leaving/renouncement+ and+ no egotism +also. Birth,+ death,+ old age,+ sickness,+ pain+ sin/mistakes+despite+seeing/understood. (the above mentioned behaviour must be owned)

13.9 Neutrality to senses abscence of pride, ability to realise truth in life.
Despite sighting birth, death, sickness, old age, pain and the like. ||9||

۱۳۰۹۔ اِندرِیارتھیش (اِندرِی+اَرتھیش) وَیراگیمَنہنکار (وَیراگیم+اَنہنکارہ) ایو چ،
جنمَمرِتیُجراوَیادھِدُکھدوَشانُدرشنَم (جنمَ+مرِتیُ+جرا+وَیادھِ+دُکھ+دوَش+اَنُدرشنَم)۔

۱۳۰۹۔ حواس + کے معاملے میں لاتعلق + بغیر خود بینی ہونا اور،
پیدائش + موت + بڑھاپا + بیماری + تکلیف + غلتی + دیکھتے ہوئے (آگے بڑنا)۔

۱۳۰۹۔ ہوش و حواس کو رکھنا درست، انا اور جانبداری سے من کو دور۔
موت۔ پیدائیش بڑاپا۔ بیماری، دکھ۔درد دیکھ کے بھی ڈر سے دور۔

13.10 असक्तिरनभिष्वङ्गः (असक्ति + अनभिष्वङ्गः) पुत्रदारगृहादिषु (पुत्र + दार + गृह + आदिषु)। नित्यम् च समचित्तत्वमिष्टानिष्टोपपत्तिषु (सम + चित्तत्वम् + इष्ट + अनिष्ट + उपपत्तिषु) ।।

13.10 आसक्ति व + जकड़ / प्रभुत्व न रखना, पुत्र + पत्नी + घर + आदि से। और सदैव एक सा + मनोभाव + प्रिय + अप्रिय + पाने पर रखना।।

13.10 बिना लाग लगाव लिप्त हुए, पुत्र स्त्री घर सब रखना।
एक दृष्टि एक मन जोड़े, चाहे–अनचाहे सब से रखना।।10।।

13.10 Asaktiranabhishvangah (Asaktih + anibhishvangah) putradaaragrihaadishu. (putra + daara + griha + aadishu).
Nityam cha Sama + chittatvam + ishta nishto (nishtah) upapattishu.

13.10 without attachment + without association, to son + wife + house + etc.And always to be single minded whether + wanted +or unwanted + having got.

13.10 Unattached without clasping clinging, son wife or home folks.
Always keep equal heart, whether liked or disliked are folks. ||10||

۱۳۰۱۰۔ اَسَکتِرَنبھِشوَنگَہ (اَسَکتِہ + اَنبھِشوَنگَہ) پُترَ دارَ گرِہادِشُ (پُترَ + دارَ + گرِہ + آدِشُ)،
نِتیَم چ سَمَچِتّتوَمِشٹانِشٹوپَپَتّشُ (سَمَ + چِتّتوَم + اِشٹَ + اَنِشٹَ + اُپَپَتّشُ)۔

۱۳۰۱۰۔ منسلک رد لچسپی + رکھے بغیر، بیٹے + بےغم + گھر وغیرہ کے ساتھ ،
اور ہمیشہ ایک سا + دل رکھنا + پسندیدہ، ناپسندیدہ + پا کے بھی۔

۱۳۰۱۰۔ موہ اور تعلقات بغیر رہنا، بیٹا جورو گھر ہونے پر بھی۔
ایک سا دل سبکے لیئے رکھنا، چاہا نہ چاہا پانے پر بھی۔

13.11 मयिचानन्ययोगेन (मयि + च + अनन्य + योगेन) भक्तिरव्ययभिचारिणी (भक्तिः + अव्ययभिचारिणी) । विविक्तदेशसेवित्वमरतिर्जनसंसदि (विविक्त + देश + सेवित्वम् + अरतिः + जन + संसदि) ।।

13.11 और + मुझमें + अटूट योग से / जोड़ से निरन्तर रहना, भक्ति + लगातार करते हुए। एकान्त + जगहों की + इच्छा करते + बिना आसक्ति भाव रखे + जन साधारण से ।।

13.11 मन अनन्य भक्ति से मुझसे, जोड़े योग से लगातार।
अपनी अकेले की शक्ति से, जन सत्ता से निराधार।।11।।

13.11 Mayi chaananyayogena (cha + ananya + yogena) bhaktiravyabhichaarinee (bhaktih + avyabhichaarinee). Viviktadeshasevitvamaratirjanasansadi (Vivikt + desha + sevitvam + aratih + jana+sansadi).

13.11 And in Me exists + with continuous+yog/connection with devotion+ unhurdled. Wanting + lonely + places + being unattached + to general populace.

13.11 Has yog fixed focus in Me, with uninterrupted faithful devotion.
Willing to have a lonely site, unmindful of public commotion. ||11||

۱۳•۱۱۔ مَیِ چانَنیُوگین (چَ+انَنی+یوگین) بھکتِرِوْیبھیچارِنی (بھکتِہ+اَوْیبھیچارِنی)،
وِوِکتَدیشَسیوِتْوَمَرتِرجَنَسَنسَدِ (وِوِکت+دیش+سیوِتْوَم+اَرتِہ+جَن+سَنسَدِ)۔

۱۳•۱۱۔ اور میری (خُدا کی)+ مرکز دماغ سے بےدالہ (جبکہ دل سے / انتہائی / خراج) عقیدت +رکاوٹ کے بغیر کرنا،
اکیلی+جگہ +کی خواہشمندگی +معاشرہ سے علیحدگی (کے ساتھ)۔

۱۳•۱۱۔ پورے یوگ سے میری عقیدت، لگاتار ہمیشہ رکاوٹ بغیر۔
اکیلی جگہ پے الہدگی کے ساتھ، معشرے سے دور خواہش بغیر۔

13.12 अध्यात्मज्ञाननित्यत्वं (अधि + आत्म + ज्ञान + नित्यत्वम्) तत्वज्ञानार्थदर्शनम् (तत्व + ज्ञान + अर्थ + दर्शनम्)।एतज्जानमिति (एतत् + ज्ञानम् + इति) प्रोक्तमज्ञानं (प्रोक्तम् + अज्ञानम्) यदतोऽन्यथा (यत् + अतः + अन्यथा)।।

13.12 अधि + आत्म, अर्थात स्वयं का + ज्ञान + सतत है, सत्य + जानने + हेतु + आत्मा / स्वयं को देखना। यही + ज्ञान + सम्पूर्ण है, कहलाता है, + अज्ञान वो सब, जो + इसके अलावा / अतिरिक्त + दूसरा कुछ है।।

13.12 अपने को जानने में जुटो, सत्य दिखाई इससे पड़ता है।
ज्ञान इसे ही कहा करो, इनसे उल्टा अज्ञान जड़ता है।।12।।

13.12 Adhyaatmagyaananityatvam (Adhyaatma + gyaana + nityatvam) tatvagyaanaarthadarshanam (tatva + gyaana + artha + darshanam).

Aetajgyaanamiti (Aetat + gyaanam + iti) proktamagyanam (proktam + agyanam) yadatoanyathaa (yat + atah + anyathaa).

13.12 Self + knowledge + is eternal, for true+knowledge's+sake+ seeing the truth. This + knowledge (of self)+ is whole, rest all is called + ignorance, whichever + is otherwise+ opposite of it.

13.12 Daily practice self knowledge, to be able to have the truth in sight.
All above is called knowledge, opposite to that is ignorance of night. ||12||

۱۳۰۱۲۔ اَدھیاتم گیانَ نتیتوَم (اَدھیاتم + گیانَ + نتیتوَم) تتوَگیانارتھ درشنم (تتوَ + گیانَ + ارتھ + درشنم)،
اتجگیانَمِت (ایتت + گیانَم + اِتِ) پروکتمگیانم (پروکتم + اَگیانم) یدَتو انیتھا (یت + اَتہ + انیتھا)۔

۱۳۰۱۲۔خودکا (روحانی)+علم + ہمیشہ رہنا سچ کے+ علم + کے+دیدار کے لئے ،
یہ ہی+ علم ہے+ پورا، بتایا گیاہے + لاعلمی اُسے +جو + اِن سبکے برخلاف ہے۔

۱۳۰۱۲۔ خود کا علم پانے میں لگنا، اصلیت سمجھنے کی کوشش میں جٹنا۔
یہ سب علم ہیں مَیں (خدا) اعلان کرتا ہوں، اسکا سب اُلٹا جہالت کہنا۔

13.13 ज्ञेयं (ज्ञेयम्) यत्तत्प्रवक्ष्यामि (यत् + तत् + प्रवक्ष्यामि) यज्ज्ञात्वामृतमश्नुते (यत् + ज्ञात्वा + अमृतम् + अश्नुते)। अनादिमत्परं (अनादि + मत् + परम्) ब्रह्म न सत्तन्नासदुच्यते (सत् + तत् + न + असत् + उच्यते)।।

13.13 जानने योग्य वह + जिसके बारे में + मैं यहाँ कहूँगा, जिसे + जानकर + अमृत + मिलता है। सदा से है, + मेरी + सर्वोच्च, वह आत्मा / ब्रह्म, जो न सत्य + न + असत्य + कहलाती है।।

13.13 जिसे जान के अमरत्व मिलता, जानने योग्य है वो बतलाता ।
वो अनादि परम ब्रह्म होता, न सत्य न असत्य जो कहलाता।।13।।

13.13 Gyeyam yat + tat + pravakshyaami yajgyaatwaamritamashnute (yat + gyaatwaa + amritam + ashnute). Anaadimatparam (Anaadi + Mat + param) Brahm na sattannasaduchyate (sat + tat + na + asat + uchyate).

13.13 Worth knowing+ He, + I shall tell here + knowing Whom + immortality / ambrosia + is acquired. Unborn/Since eternity + is My+ Highest / Supreme / Ultimate / Absolute Soul (Brahm) , Who neither + True + nor + Untrue + is called.

13.13 Worthy of knowledge is that Ambrosia, which I will tell you here.
Is Unborn Brahm within My refuge, is beyond true and untrue mere. ||13||

۱۳۰۱۳۔ گیئیم یتتتپرَوکشیامِ (یت + تت + پرَوکشیامِ) یجگیاتوامرِتمشنُتے (یت + گیاتوا + امرِتم + اشنُتے)،
انادِ متپرم (انادِ + مت + پرم) برہم نَ ستّناسدُچیتے (ست + تت + نَ + اَست + اُچیتے)۔

۱۳۰۱۳۔ قابل علم جو ہے+اُسے+بتاوں گا ، جسے +جان کے + امرت +کا صواد مِلتا ہے،
بغیر شروعات کا+وہ +بہترین خلّاق نا سچ+ نا + جھوٹ+ کہلاتا ہے۔

۱۳۰۱۳۔ بتاتا ہوں قابل علم وہ خلاق، جسکے علم میں امرت ہوتا ہے۔
پیدا نہ ہووہ ہمیشہ ہے راجا، نہ وہ سچ اور نہ جھوٹ ہوتا ہے۔

13.14 सर्वतः पाणि पादं तत्सर्वतोऽक्षिशिरोमुखम् (तत् + सर्वतः + अक्षि + शिरः + मुखम्)। सर्वतः श्रुतिमल्लोके (श्रुति + मत् + लोके) सर्वमावृत्य (सर्वम् + आवृत्य) तिष्ठति।।

13.14 हर जगह, हाथ पैर, उसके + हर जगह + आँखें + सिर + मुख। हर जगह, कान + जड़े हैं, + (उसके) संसार में, सब कुछ + ढक कर, बैठा है (वह)।।

13.14 हर जगह जो हाथ पाँव और, सिर आँखें फैलाए बैठा।
हर जगह कान भी संसार में, सब कुछ रच के ढ़के बैठा।।14।।

13.14 Sarvatah+ paani + paadam Tatsarvatoakshishiromukham (Tat + sarvatah + akshi + shirah + mukham). Sarvatahshrutimalloke (Sarvatah + shruti + mat + loke) sarvam + aavritya tishthati.

13.14 Every where+ hands,+ legs, His + everywhere + eyes + head + mouth. Every where+ ears +are there + in the world, and covering +everything, He is seated.

13.14 Who spreads His hands legs eyes, head mouth and ears everywhere.
And is seated covering the universe around, pervading all everywhere. ||14||

۱۳۰۱۴۔ سَرْوَتہ پانِپادَم (سَرْوَتہ+ پانِ+ پادَم) تتسَرْوَتوآکْشِ شِرومُکھَم (تت+سَرْوَتہ+اَکْشِ+شِرو مُکھَم)،
سَرْوَتہشْرتِملّوکے (سَرْوَتہ+شْرُتِ+مَت+لوکے) سَرْوَماوْرِتی (سَرْوَم+آوْرِتی) تِشْٹھتِ۔

۱۳۰۱۴۔ سب طرف + ہاتھ+ پیر اُس کے+آنکھیں+ سر+ اور مُنہ ہیں ،
ہر جگہ+ کان لئے +دنیا میں، سب کُچھ +ڈھال پ کے + وہ بیٹھا ہے۔

۱۳۰۱۴۔ ہاتھ پیر آنکھیں سر منہ، کان وہ ہر طرف پھیلائے رہتا۔
جہان میں سب جگہ وہ ہے، سب کچھ ڈھکے بیٹھا رہتا۔

13.15 सर्वेन्द्रियगुणाभासम् (सर्व + इन्द्रिय + गुण + आभासम्) सर्वेन्द्रियविवर्जितम् (सर्व + इन्द्रिय + विवर्जितम्)। असक्तं (असक्तम्) सर्वभृच्चैव (सर्व + भृत + च + एव) निर्गुणं (निर्गुणम्) गुण + भोक्तृ च।।

13.15 सभी + इन्द्रियों + तथा गुणों का + मूल स्त्रोत, सभी + इन्द्रियों से + रहित। अनासक्त, सभी + (इन्द्रियों / गुणों) का पालक + और + वही, गुण रहित, मगर गुणों का स्वामी भी है।।

13.15 देता सब इन्द्रियां व गुण, पर इन्द्रियां गुण उसमें नहीं।
आसक्त नहीं मगर पालता, गुणों का स्वामी है गुण नहीं।।15।।

13.15 Sarveindrayagunaabhaasam (Sarva+indraya+guna+aabhaasam) sarvendriya vivarjitam (sarva + indriya + vivarjitam). Asaktam sarvabhrichchaiv (sarva + bhrit + cha + ev) nirgunam guna bhoktri cha.

13.15 Of all + the senses +and characters, +Original Source, all + senses + absent in Him. Unattached, but is + Nurturer/ Rearer (of all), and + also, has no traits / characters and is The Lord (of all characters).

13.15 Source of all characters and senses, but Himself has none of them.
Unattached but rears all, is devoid of characters but rules on them. ||15||

۱۳۰۱۵۔ سَرْ ویندْرِیگُنابھاسَم (سَرْ وَ+اِ نْدْرِی+گُن +آبھاسَم) سَرْ ویندْرِیَوَرْجِتَم (سَرْ وَ+اِنْدْرِی+وِوَرْجِتَم)،
اَسَکْتَم سَرْوَبھْرِچْیْوَ (سَرْ وَ+بھْرِت+چ+ایوَ) نِرْگُنَم گُنبھوکْتْرِ (گُن+بھوکْتْرِ) چ۔

۱۳۰۱۵۔سب+ حواس کا+ذریہ ، سارے +حواس +بغیر ہے،
غیر منسلک، سب کُچھ+ محسوس کرتا ہے+اور+ یقیناً بغیر+خصوصیات+ کے ہوتا ہے۔

۱۳۰۱۵۔ زریہ حواس خمسہ ہے، پھر بھی بغیر حواس ہی ہے ۔
لاتعالق ہے پھر بھی پالتا، بغیر خصوصیات بھی اُن کا اُستاد ہے۔

13.16 बहिरन्तश्च (बहिः + अन्तः + च) भूतानामचरं (भूतानाम् + अचरम्) चरमेव (चरम् + एव) च । सूक्ष्मत्वात्तदविज्ञेयं (सूक्ष्मत्वात् + तत् + अविज्ञेयम्) दूरस्थं (दूर + स्थम्) चान्तिके (च + अन्तिके) च तत्।।

13.16 बाहर है, + और + अन्दर + भी है, जीवों, + अचल, चल में + भी है। सूक्ष्म होने से + वह + पहचान में नहीं आता, दूर + स्थित है, और + पास भी है वह।।

13.16 बाहर भी है अन्दर भी, चल अचल जीवों में भी।
सूक्ष्म है पता न चले कभी, अति दूर है पास भी।।16।।

13.16 Bahirantashcha (Bahih+antah+cha) bhootaanaam+acharam charam+eva cha. Sookshmatwaattadavigyeyam (Sookshma + twaat + tat+avigyeyam) doorastham (doora + stham) chaantike (cha + antike) cha Tat.

13.16 Outside+ and+ inside (is He),+and in beings+ immovale and movable+too, (is He). Micro + hence+ He is+ not known,far away + situated+ and + near too, He is.

13.16 Exists within and outside, the moveable and immovable beings.
Unrecognizably micro sized, too far but too close to all beings. ||16||

۱۳۰۱۶۔ بہرنتہ (بہہ+انتہ+چ) بھوتانامچرم (بھوتانام+اچرم) چرمیو (چرم+ایو) چ،
سوکشموانتدوگیم (سوکشمواث+تت+اوگیم) دورستھم (دور+ستھم) چانتکے (چ+انتکے) چ تت۔

۱۳۰۱۶۔ باہر +اندر +اور، مخلوقات کے +، غیرمنقولہ، متحرک میں +اسی طرح ہے، اور،
نادکھنےوالا (مائکرو) ہونے کی وجہ سے+اس کی+ معالومات نہیں ہوتی، دور+ہے، اور+پاس بھی ہے وہ (سبسے اونچا سچ/خدا)۔

۱۳۰۱۶۔ سارے متحرک غیرمتحرکوں کے، اندرباہر وہ ہے وہ موجود۔
ہوش و حواس کی پکڑ سے دور، پھربھی پاس میں ہے وہ موجود۔

13.17 अविभक्तम् च भूतेषु विभक्तमिव (विभक्तम् + इव) च स्थितम्। भूतभर्तृ (भूत + भर्त) च तज्ज्ञेयं (तत् + ज्ञेयम्) ग्रसिष्णु प्रभविष्णु च।।

13.17 बिना बँटा समूचा है, और जीवों में + मानो बँटा हुआ + भी स्थित है। जीवों को + पालने वाला, और उसे + जानो, निगलने तथा विकास करने वाला भी।।

13.17 पूरा एक है पर हर एक, जीव में बँट कर ही वो रहता है।
पालता है वो समझो उसको, जन्म विकास संहार करता है।।17।।

13.17 Avibhaktam cha bhooteshu vibhaktam + iva cha sthitam.
Bhoota + bhartri cha Tajgyeyam (Tat + gyeyam) grasishnu prabhavishnu cha.

13.17 Undivided whole , and in beings + goes devided + even, and is seated.
To beings,+ Nurture, and to Him+ know as The Destroyer and The Developer.

13.17 Exists as a Single whole entity, but lives divided within beings.
Know Him the nurture of all, Who grows but to digest the beings. ||17||

۱۳۰۱۷۔ اوبھکتم چ بھوتیش وبھکتمو (وبھکتم+اِو) چ ستھتم،
بھوتبھرتر (بھوت+بھرتر) چ تجگییم (تت+گییم) گرسشن پربھوشن چ۔

۱۳۰۱۷۔ ایک پورا اور مخلوقات میں بنٹا ہوا +ہی ہے اور قائم ہے،
مخلوقات کو پالتا ہے اور اسکو سمجھو نگلنے (مارنے) والا بڑھاتے ہوئے بھی ۔

۱۳۰۱۷۔ زندوں میں بٹا لگتا ہے پر وہ، ایک ہی ہے قطعی پورا۔
سبکو پالتا ہے قابل علم، بڑھا کے بھی مارتا یہ جہاں پورا۔

13.18 ज्योतिषामपि (ज्योतिषाम् + अपि) तज्ज्योतिस्तमसः (तत् + जयोति + तमसः) परमुच्यते (परम् + उच्यते) । ज्ञानं (ज्ञानम्) ज्ञेयं (ज्ञेयम्) ज्ञानगम्यं (ज्ञानगम्यम्) हृदि सर्वस्य विष्ठितम्।।

13.18 ज्योतियों में + भी, उसकी + ज्योति, + अन्धकार में, सबसे ऊँची + कहलाती है। ज्ञान है, + जानने योग्य है, + ज्ञान से पहुँचने योग्य है, (ईश्वर) हृदय में सबके बैठा है।।

13.18 हर प्रकाश का तेज है वो, अंधेरों के पार सर्वोच्च ज्योति है वो।
ज्ञान है जानने योग्य है, ज्ञान का लक्ष्य हर दिल में बैठा है वो।।18।।

13.18 Jyotishaamapi (Jyotishaam + api) Tajjyotistamasah (Tat + jyotih + tamasah) paramuchyate (param + uchyate).

Gyaanam Gyeyam Gyaana + gamyam hridi sarvasya vishthitam. ||18||

13.18 Amongst lights++++ + too, His + Light + in darkness, The Highest+ is said to be The Highest. Knowledge + worth knowing + reachable through knowledge,(God) is seated on every body's heart.

13.18 Of all the lights He is the Source, is Beyond darkness cuts in dark.
Knowledge Worth knowing, reached by knowledge, sits in hearts. ||18||

۱۳۰۱۸۔ جیوتِشامَپِ (جیوتِشام+اَپِ) تجیوتِستمَسہ (تت+جیوتِہ+تمَسہ) پرَمُچیتے (پرَم+اُچیتے)،
گیانَم گییَم گیانَ گمیم (گیانَ + گمیم) ہرِدِ سَروَسیَ وِشٹھتم۔

۱۳۰۱۸۔ روشنیوں میں +بھی، اُس کی+ روشنی +ہر اندھیرے کے ، اوپر +کہی جاتی ہے ،
علم ، قابل علم ، علم کی+ منزل ، دِل میں سب کے رہتا ہے۔

۱۳۰۱۸۔ اُسکا شعلہ ہر روشنی، ہر اندھیرے کے اوُپر ہے۔
وہ ہی علم قابل علم منزل علم، بیٹھا ہر دل پہ چڑھکر ہے۔

13.19 इति क्षेत्रं (क्षेत्रम्) तथा ज्ञानं (ज्ञानम्) ज्ञेयं (ज्ञेयम्) चोक्तं (च + उक्तम्) समासतः। मद्भक्त (मत् + भक्त) एतद्विज्ञाय (एतत् + विज्ञाय) मद्भावायोपपद्यते (मत् + भावाय + उपपद्यते)।।

13.19 इस तरह क्षेत्र और ज्ञान तथा जानने योग्य के बारे में, बताया, संक्षेप में ।
मेरे + भक्त, इसे + जानकर, मेरा भाव पा (समझ) लेते हैं।।

13.19 संक्षेप में क्षेत्र और ज्ञान तुमको, जानने योग्य भी बता दिया।
मेरा भक्त यह सब जान ले तो, मेरा स्वभाव समझो पा गया।।19।।

13.19 Iti kshetram tathaa gyaanam gyeyam choktam (cha + uktam) samaasatah.
Madbhakta (Mat + bhakta) etadwigyaaya (etat + wigyaaya) Madbhaavaayopapadyate (Mat + bhaavaaya + upapadyate).

13.19 Hence about the field (body) ,and knowledge and That Worth Knowing,+was described in breif. My + devotees,to this+ having known ,to My+ nature+ get to/ reach (understand).

13.19 Hence I told briefly about field, knowledge and One Worth Knowing.
Having known this My devotees, get My nature and keep knowing. ||19||

۱۳۰۱۹۔ اِتِ کشیترم تتھا گیانم گییَم چوکتم (چ+اُکتم) سماسَتہ،
مَدْبھکت (مَت+بھکتہ) ایتدْ وِگیایَ (ایتَت+وِگیایَ) مَدْبھاولیُوپَپدْیتے (مَت+بھاوایَ+اُپَپدْیتے)۔

۱۳۰۱۹۔ اس طرح رقبہ (جسم)، علم اور قابل علم مَیں نے (خُدا نے) مجموعی (مکمل) طور پر (مختصرا بیان کیا) بتایا،
میرے (خُدا کے) عقیدتمند اِسے +جان کے، میرے (خُدا کے) اظہار میں آجاتے ہیں۔

۱۳۰۱۹۔ رقبہ وکشیتر گیں اور اُن کے کام، علم اور قابل علم کیا ہیں یہ جانو۔
عقیدتمند میرے یہ سب جان کے، مُجھ خدا کی ہی قدرت پاتے ہیں سُو ۔

13.20 प्रकृतिं (प्रकृतिम्) पुरुषं (पुरुषम्) चैव (च + एव) वि)यनादी (विि + अनादी) उभावपि (उभौ + अपि)। विकारांश्च (विकारान् + च) गुणांश्चैव (गुणान् + च + एव)विि प्रकृतिसम्भवान् (प्रकृति + सम्भवान्)।।

13.20 प्रकृति (शरीर), और पुरुष (आत्मा) को भी समझो + सतत, दोनों + ही आदि रहित हैं । विकारों / बदलावों + और गुणों को + भी + ऐसे समझो, प्रकृति (शरीर), से + उत्पन्न अर्थात बदलाव तथा गुण, प्रकृति / शरीर से पैदा होते हैं।।

13.20 प्रकृति या आत्मा, दोनों को ही सतत अनादि समझो।
बदलावों या गुणों का आना, प्रकृति जन्माती समझो।।20।।

13.20 Prakritim Purusham chaiva (cha + eva) viddhyanaadee (viddhi + anaadee) ubhaavapi (ubhau + api). Vikaaraanshcha (Vikaaraan + cha) gunaanshchaiva (gunaan + cha + eva) viddhi prakriti sambhavaan.

13.20 Nature (body) and +also to Prush (soul), know as+ continuous/without beginning. And changes+ and characters+ too+like that, know to have appeared by nature (body) ie, they both (changes and characters) are natural / bodily.

13.20 Know that nature and the soul, both these are without beginning.
Know that changes and characters, nature has been producing. ||20||

۱۳۰۲۰۔ پْرَکْرِتم پُرُشم چیْو(چ+ایْوَ) وِدّھینادِ(وِدّھِ+اَنادِ) اُبھاوَپِ(اُبھَوْ+اَپِ)،
وِکاراںْ شْچ (وِکاراںْ+چ) گُناںْشْچیْو(گُناںْ+چ+ایْوَ) وِدّھِ پْرَکْرِتِسَمْبھَوانْ(پْرَکْرِتِ +سَمْبھَوانْ)۔

۱۳۰۲۰۔قدرت ، روح اور +اِسی طرح سمجھو +بغیر شروعات کے ، دونو کو +ہی ،
اور +(اِن میں) بدلاؤوں کو +اور خصوصیات +کو بھی سمجھو، قدرت کی دین۔

۱۳۰۲۰۔ قدرت کے ساتھ روح بھی جانو، دونو ہی ہیں ہمیشہ سے۔
خصوسیات اور تبدیلی بھی اُن میں، قدرت سے آتے ہمیشہ سے۔

13.21 कार्यकारणकर्तृत्वे (कार्य + कारण + कर्तृत्वे) हेतुः प्रकृतिरुच्यते (प्रकृतिः + उच्यते)। पुरुषः सुखदुखानां (सुख + दुखानाम्) भोकृत्वे हेतुरुच्यते (हेतुः + उच्यते)।।

13.21 कामों के होने, और उनके होने के कारणों को पैदा करने का माध्यम प्रकृति + बताई गई है। आत्मा (पुरुष) सुख दुःख भोगने की माध्यम कही गयी है।।

13.21 कार्य और कारण पैदा करके, बदलाव भी प्रकृति ही लाती है।
बदलाव से पैदा सुःख दुःख से, निपटने को आत्मा होती है।।21।।

13.21 Kaarya+ kaarana+ kartritve hetuh prakritiruchyate (prakritih + uchyate).
Purushah sukhadukhaanaam (sukha + dukhaanaam) bhoktritve heturuchyate (hetuh + uchyate).

13.21 The works+ their causes+ and their creation, nature is said to be the means / medium.
Purush (soul), is said to be the medium, to bear the joy and pain.

13.21 Nature produces , actions and their cause.
Soul senses , the joy–pain the two cause. ||21||

۱۳۰۲۱۔ کارْیَ کارَنَ کَرْتْرِتْوے (کارْیَ+کارَنَ+کَرْتْرِتْوے) ہیتُہ پْرَکْرِتِرُچْیَتے (پْرَکْرِتِہ+اُچْیَتے)،
پُرُشہ سُکھَ دُکھانامْ (سُکھَ+دُکھانامْ) بھوکْتْرِتْوے ہیتُرُچْیَتے (ہیتُہ+اُچْیَتے)۔

۱۳۰۲۱۔ (بدلاؤ لانے کا) کام +(بدلاؤ لانے کی رکام کی) وجہ +(کام کا) کرنے کا ذریہ قودرت(دیہ)+بتائی جاتی ہے،
(رقبوں میں تبدیلی قدرت کے ذریہ سے اُس کے ہی کرنے اور اُسکی ہی وجہ سے آتی ہے)
روح سکھ+دکھ کو محسوس کرنے کا ذریہ + بتائی گی ہے۔

۱۳۰۲۱۔ قدرت زریعہ ہے کام کا، کام لاتے ہیں تبدلی اُس میں۔
اِن کے اثر سے پیدا سکھ۔دکھ کا ، ہے روح زریعہ وہ جو جھیلے۔

13.22 पुरुषः प्रकृतिस्थो (प्रकृति + स्थः) भुङ्क्ते प्रकृतिजान्गुणान् (प्रकृति + जान् + गुणान्)। कारणं (कारणम्) गुणसंगोऽस्य (गुण + संगः + अस्य)सदसद्योनिजन्मसु (सत् + असत् + योनि + जन्मसु)।।

13.22 आत्मा प्रकृति में + बैठी भोगती है, प्रकृति + से पैदा हुए + गुणों को। अच्छे / बुरे गुणों का + मिलन, + इसको / आत्मा को, सत् / अच्छी + असत् / बुरी + योनियो में + जन्म दिलाता है।।

13.22 आत्मा या पुरुष, प्रकृति या देह में, रहते हैं बदलाव झेलने।
प्राकृतिक गुणों से मिल यह, अच्छी बुरी योनियों से जन्म लें।।22।।

13.22 Purushah prakritistho (prakriti + sthah) hi bhungkte prakriti + jaan + gunaan. Kaaranam gunasangoasya (guna + sangah + asya) sadasadyonijanmasu (sat + asat + yoni + janmasu).

13.22 The soul seated in+ nature, feels nature + born+ characters. Because of it's (soul's) +assosiation with+ (good / bad) characters ,it (the soul) finds good + bad + wombs + to take birth.

13.22 The soul in nature (body), bears natural (bodily)good–bad characters.
It takes birth by good–bad wombs, by contact with such characters. ||22||

۱۳۰۲۲۔ پُرُشہ پْرَکْرِتِسْتھوَ (پْرَکْرِتِ+سْتھہ) ہِ بھُنْگْتے پْرَکْرِتجا گُنان (پْرَکْرِتِ+ جان+ گُنان)،
کارَنَم گُنسَنگوَاسْیَ (سَنْگہ +اَسْیَ) سَدَسَدْیونِ جَنْمَسُ (سَت+اَسَت+یونِ+جَنْمَسُ) ۔

۱۳۰۲۲۔ روح قدرت(دیہ) میں +رہ کے ہی محسوس کرتی ہے قدرت کی دی ہوئی +خصوصیات کو ، (وجہ ہے) خصوصیات کا ساتھ اِس کے(روح کے) اچھی بری بچہ دانیوں میں پیدائش کی وجہ ہے۔

۱۳۰۲۲۔ قدرت جنتی ہے خوبیاں، روح اُس میں بیٹھی جھیلتی ہے۔
اچھی بری خوبی سے بندھی، ویسی ہی بچہ دانی میں چلتی ہے۔

13.23 उपदृष्टानुमन्ता (उपदृष्टा + अनुमन्ता) च भर्ता भोक्ता महेश्वरः (महा + ईश्वरः)। परमात्मेति (परम् + आत्मा + इति) चाप्युक्तो (च + अपि + उक्तः) देहेऽस्मिन्पुरुषः (देहे + अस्मिन् + पुरुषः) परः।।

13.23 देखने वाला + अनुमति देने वाला, भरण–पोषण करने और सहन करने वाला महा + ईश्वर है। और यह परम् + आत्मा + ऐसे + भी, कहलाता है, इस + देह में भी + यही / आत्मा + परम / सर्वोच्च है।।

13.23 संसार देखने वाला, पालक भोक्ता महा ईश्वर।
परम आत्मा है देह बसी, आत्मा का परमेश्वर।।23।।

13.23 Upadrishtaa + Anumantaa cha Bhartaa Bhoktaa Maheshwarah (Mahaa + eeshwarah). Paramaatmeti (Paramaatmaa + iti) chaapyukto (cha + api + uktah) dehe + asmin + Purushah Parah.

13.23 The Spectator + The Permitter and The Nurture , The Enjoyer ,The Great Lord. The Supreme+ Soul +like this, He is called, and + within body also+ This + Soul + is called Supreme.

13.23 Spectator Permitter Nurture Enjoyer,The Greatest God soul is.
The soul seated within body, The Divine The Supreme Soul is. ||23||

۱۳۰۲۳۔ اُپدرشٹانمنتا (اُپدرشٹا+انمنتا) چ بھرطا بھوکتا مہیشورہ(مہا+ایشورہ)،
پرماتمیت (پرم+آتما+اِتِ) چاپیکتو (چ+اَپ+اُکتہ) دیہے اسمنپرشہ(دیہے+اَسمن+پرشہ) پرہ۔

۱۳۰۲۳۔ نظر رکھتے ہیں+اجازت دیتے ہیں، پیٹ بھرتے اور محسوس کرتے ہیں خداوں کے خدا ،
اور سب سے بڑی روح +بھی یہی اللہ+کہی جاتی ہے+ دیہ +کی +روح سے اونچی۔

۱۳۰۲۳۔ جسم کے رقبہ میں بیٹھی، یہ روح ہی ہوتی ہے اللہ۔
جو دیکھتا اجازت دیتا پالتا، جھیلتا بھی سب ہی یہ اللہ۔

13.24 य (यः) एवं (एवम्) वेत्ति पुरुषं (पुरुषम्) प्रकृतिं (प्रकृतिम्) च गुणैः। सर्वथा वर्तमानोअपि (वर्तमानः + अपि) न स (सः) भूयोऽभिजायते (भूयः + अभिजायते)।।

13.24 जो, इस तरह जानता है, पुरुष (आत्मा), प्रकृति (शरीर), और गुणों को।
हमेशा यहाँ होते हुए + भी, नहीं वह फिर जन्म लेता है।।

13.24 जो जानता है पुरुष को इसकी, प्रकृति और गुणों को भी।
सामने रहता वह फिर भी, जन्म न ले के लौटता कभी।।24।।

13.24 Ya evam vetti Purusham prakritim cha gunaih saha.
Sarvathaa vartamaanoapi (vartamaanah + api) na sa (sah) bhooyoabhijaayate (bhooyah + abhijaayate).

13.24 Whoever knows the purush ie. soul , the nature ie. body and the characters. Always being here+also, never does he, take birth + again.

13.24 The one who knows the nature, character and soul.
Being present here, he does not take birth here at all. ||24||

۱۳۰۲۴۔ یَ ایوَم ویتِّ پُرُشَم پْرَکْرِتم چ گُنَیہ سَہ،
سَرْوَتھا وَرْتَمانواَپ(وَرْتَمانَہ+اَپِ) نَ س(سَہ) بھوْیوْاَبھجایتے(بھوْیَہ+اَبھجایتے)۔

۱۳۰۲۴۔ جو اِس طرح جانتاہے ، روح کو قدرت اورخصوصیت کے ساتھ،
ہمیشہ موجود رہتے ہوئے+بھی، نہیں وہ پھرسے+ پیدا ہوتے ۔

۱۳۰۲۴۔یوں جو روح ، قدرت اور،خصوسیات کوجان لیتاہے۔
ہمیشہ اُن کےسنگ رہ کےبھی، وہ پھرنا کبھی پیدا ہوتاہے۔

13.25 ध्यानेनात्मनि (ध्यानेन + आत्मनि) पश्यन्तिकेचिदात्मानमात्मना (केचित् + आत्मानम् + आत्मना)। अन्ये सांख्येन योगेन कर्मयोगेन चापरे (च + अपरे)।।

13.25 ध्यान से + आत्मा को देखते हैं, कुछ + आत्मा से + आत्मा को (दिल से स्वयं को) । कुछ अन्य, लिखित निर्देशों से जुड़ कर (सांख्य योग से), और कुछ कर्मो से जुड़कर (कर्मयोग से) ।।

13.25 कुछ लोग मन में ध्यान से, परमात्मा को देख लेते हैं।
कुछ दूसरे सांख्य से, कुछ कर्म योग से देख लेते हैं।।25।।

13.25 Dhyaanenaatmni (Dhyaanen + aatmni) pashyanti kechidaatmaanamaatmanaa (kechit + aatmaanam + aatmanaa). Anye saankhyena yogena karmayogena (karma + yogena) chaapare (cha + apare).

13.25 By focused mind+ see the self, some people, see the self+ some others, by soul (heart). Some others by connecting to scripted directives (saankhy) and still others by connecting to actions (by karm yog).

13.25 Some see the soul by focusing mind, others see by focusing heart.
Still others by yog per scriptures, and the rest by yog focus on work. ||25||

۱۳۰۲۵۔ دھیانیناتْمَنِ (دھیانینَ+آتْمَنِ) پَشْیَنْتِ کیچِداتْماَنماتْمَنا(کیچِت +آتْمانَم+آتْمَنا)،
اَنْیے سانْکھْیِینَ یوْگینَ کَرْمَیوْگینَ (کَرْمَ+یوگینَ) چاپَرے(چَ +اَپَرے)۔

۱۳۰۲۵۔ مرکوذ دماغ (دھیان)سے+خود میں، دیکھتے ہیں کچھ لوگ+اپنی +روح(سبسے اوْنچے اللہ)کو ،
کچھ دوسرے فلسفیانہ طورپر جوڑسے(سانْکھْیَ یوگ)، کام سے+جوڑ سے(کام یوگ / کَرْمَ یوگ) اور+ کچھ دوسرے۔

۱۳۰۲۵۔ کچھ لوگ دھیان سے کچھ علم سے، کچھ یوگ سے کچھ صحی کام سے۔
اپنے اندر بیٹھی روح کو، خدد سے دیکھ لینا جان لیتے۔

13.26 अन्ये त्वेवमजानन्तः (तु + एवम् + अजानन्तः) श्रुत्वान्येभ्य (श्रुत्वा + अन्येभ्यः) उपासते। तेऽपि (ते + अपि) चातितरन्त्येव (च + अति + तरन्ति + एव) मृत्युं (मृत्युम्) श्रुतिपरायणाः (श्रुति + परायणाः)।।

13.26 कुछ दूसरी तरह के लोग, लेकिन + उस परमात्मा को + नहीं जानते, मगर दूसरों की + सुनकर, + उसके दूसरे रूपों की, पूजा करने लगते हैं।
वे + भी, और + भली प्रकार से + उसके द्वारा तर जाते हैं, + इसी तरह, सुन कर + (पूजा) करने वाले होने के कारण।।

13.26 अन्दर न देख पाने वाले, सुन कर उसे पूज लेते हैं।
सुन के उसे समझने वाले, फिर से जन्म नहीं लेते हैं।।26।।

13.26 Anye twevamajaanantah (tu + evam + ajaanantah) shrutwaanyebhya (shrutwaa + anyebhyah) upaasate.

Teapi (Te + api) chaatitarantyeva (cha + ati + taranti + eva) mrityum shruti + praayanaah.

13.26 Still others,but+ who do not know+ The Supreme Soul,
but on the basis of listening to + others+ start worshipping His other Forms. They+ also,and+ perfectly + reach across death (beyond birth–death cycle, reach Him) +being devoted to act, (towards Him/ worshipping) , by listening.

13.26 Some ignorants of Highest soul, listen about Him and worship His Forms.
They also go beyond birth cycle, due to worship as per listening norms. ||26||

۱۳۰۲۶۔ اَنیے تویوَمجانَنتہ (تُ+ایوم+اَجانَنتہ) شرُتوانیبھی (شرُتوا+انیبھی) اُپاستے،
تےاَپِ (تے+اَپِ) چاتِترَنتیوَ (چَ+اَتِ+ترَنتِ+ایوَ) مرِتیُم شرُتِپرایَناہ (شرُتِ+پرایَناہ)۔

۱۳۰۲۶۔ کُچھ اور لوگ لیکین یہ سب+نا جانتے ہوئے ، سن کر +دوسروں سے عبادت کرنا شروع کرتے ہیں،
وے +بھی اور+آگے + پار کرتے ہیں +یقیناً موت (کی راہ) ، سون کے +کر لینے کی وجہ سے۔

۱۳۰۲۶۔ کچھ لوگ خدا کو جانے بن، دوسروں سے سن کے پوجتے ہیں۔
سن کے کی گئی عبادت سے، وہ بھی پیدائش سے چھوٹتے ہیں۔

13.27 यावत्संजायते (यावत् + संजायते)किंचित्सत्वं (किंचित् + सत्वम्) स्थावरजंगमम् (स्थावर + जंगमम्) । क्षेत्रक्षेत्रज्ञसंयोगात्तद्विद्धि (क्षेत्र + क्षेत्रज्ञ + संयोगात् + तत् + विद्धि) भरतर्षभ।।

13.27 जो कुछ भी, + उत्पन्न होता है, किसी + अस्तित्व में आता है, चल + अचल।
उसे क्षेत्र (शरीर) + और क्षेत्रज्ञ (आत्मा) + के जोड़ से / संबन्ध से + पैदा हुआ जानो हे! सर्वश्रेष्ठ भरत वंशी (अर्जुन)।।

13.27 शरीर और आत्मा मिलते जब, तभी कोई अस्तित्व है पाता।
क्षेत्र और क्षेत्रज्ञ मिलन के अब, भरत श्रेष्ठ! बनो तुम ज्ञाता।।27।।

13.27 Yaavatsanjaayate (Yaavat + sanjaayate) kinchitsatvam (kinchit + satvam) sthaavarjagamam (sthaavar +jagamam). Kshetraksehtragya sanyogaattadwiddhi (kshetra + ksehtragya + sanyogaat + tat + widdhi) Bharata + rishabh.

13.27 Whoever+takes birth, comes into existence, moving+ unmoving. From field's (body's) + and knower of the field's (soul's)+association+ know that to be resulted O! the best Bharat+ scion.

13.27 Movable or immovable whoever takes birth, and comes into being.
Good Bharat ! got existence due to, association of body– soul beings. ||27||

۱۳۰۲۷۔ یاوتسنجایتے (یاوت+سنجایتے) کنچتستوم (کنچت+ستوم) سٹھاورجگمم (سٹھاور+جگمم)،
کشیتر کشیترگیین سنیوگاتتد ودّھ (کشیتر+کشیترگیین م +سنیوگات+ تت+ ودّھ) بھرترشبھ (بھرت+ رشبھ)۔

۱۳۰۲۷۔ جو+ پیدا ہوکے کسی + وجود میں آتا ہے غیرمنقولہ +متحرک ،
رقبہ(دیہ)+ رقبہ کے عالم (روح) کے جُڑنے سے آیا ہوا+اُسے+سمجھو ، یا! بہترین بھرت۔

۱۳۰۲۷۔ بھرت! جو بھی منقولہ۔غیرمنقولہ، پیداہوکےوجود پاتا۔
سمجھوکہ جسم اور روح کے، ملنے سے ہی زندگی میں آتا۔

13.28 समं (समम्) सर्वेषु भूतेषु तिष्ठन्तं (तिष्ठन्तम्) परमेश्वरम् (परम् + ईश्वरम)। विनश्यत्स्वविनश्यन्तं (विनश्यत्सु + अविनश्यन्तम्) यः पश्यति स (सः) पश्यति।।

13.28 बराबर से, सभी प्राणियों में बैठा है सबसे ऊँचा + ईश्वर।
नाशवान शरीर में + अविनाशी आत्मा (परमात्मा तत्व), जो देखता है, वह ही (सच) देखता है।।

13.28 हर प्राणी में बराबर से, बैठा रहता है परमेश्वर।
प्राणी की नश्वर देह में, सच बसता है अनश्वर।।28।।

13.28 Samam sarveshu bhooteshu tishthantam Parameshwaram (Parama + eeshwaram). Vinashyatswavinashyantam (Vinashytsu + avinashyantam) yah pashyati sa pashyati.

13.28 Equally, in all the beings, is seated The Supreme+ Lord. Within destructible (body) + as indestructible (soul) , who sees thus, (truth/reality) he sees.

13.28 The one who sees God to be, equally situated in all beings.
Who never dies with body, sees truth and realises The Being. ||28||

۱۳۰۲۸۔ سَمَم سَرْویشُ بھوْتیشُ تِشْٹھنْتَم پَرمیشْوَرَم (پَرَمَ+اِیشْوَرَم)،
وِنَشْیَتْسْوَوِ نَشْیَنْتَم (وِنَشْیَتْسُ+اَوِنَشْیَنْتَم) یہ پَشْیَتِ س(سَہ) پَشْیَتِ۔

۱۳۰۲۸۔ برابر سے سارے مخلوقات (جسم) میں بیٹھے ہُوئے سبسے اونچے+ اللّٰہ (روح) کو ،
مرنے والے (جسم) میں+ لافانی (سبسے بڑے خُدا روح) کو جو دیکھتا ہے وہی سچ دیکھتا ہے۔

۱۳۰۲۸۔ جوایک ہی اللہ بیٹھا دیکھتے، ہر زنداہ میں وہ دیکھتے سچ۔
فانی جسم میں لافانی روح، دیکھنے والے ہی دیکھتے سچ۔

13.29 समं (समम) पश्यन्हि सर्वत्र समवस्थितमीश्वरम् (सम् + अवस्थितम् + ईश्वरम्)। न हिनस्त्यात्मनात्मानं (हिनस्ति + आत्मना + आत्मानम्)
ततो (ततः) याति परां (पराम्) गतिम्।।

13.29 बराबर / एक समान, देखते हुए ही, सब जगह, समान रूप से + बैठे + परमात्मा को। नहीं गिराते हैं + आत्मा को + स्वयं से, तब पाते हैं, परम गति ।।

13.29 समान रूप से देखते हुए, सब में सब ओर हैं ईश्वर।
उन्हें जो मन से न गिरने दे, उसे ही रखते हैं ईश्वर।।29।।

13.29 Samam pashyan + hi sarvatra samavasthitameeshwaram (sama + avasthitam + eeshwaram). Na hinastyaatmanaatmaanam (hinasti + aatmanaa + aatmaanam) tato (tatah) yaati paraam gatim.

13.29 Evenly sees+surely, everywhere equally+ situated +God. Lets not fall + his soul (self) + by himself (heart), to Supreme (does he) move/reach.

13.29 Having seen God to be equally spread, everywhere in all beings.
Never allows soul to be fallen, by heart takes it to Eternal Being. ||29||

۱۳۰۲۹۔ سَمَم پَشْیَنْہِ سَرْوَتْرَ سَمَوَسْتھِتَمیشْوَرَم (سَمَوَسْتھِتَم+ایشْوَرَم)،
نَ ہِنَسْتْیاتْمَناتْمانَم (ہِنَسْتِ+آتْمَنا+آتْمانَم) تَتو(تَتَہ) یاتِ پَرامْ گَتِم۔

۱۳۰۲۹۔ برابر سے دیکھتے ہیں سب جگہ ایک سے+رہتے+ خُدا کو،
نہیں گِراتا ہے +من سے +من کو (خود سے خود کو) ، تب پاتا ہے، سبسے اونچا مقصدر منزل۔

۱۳۰۲۹۔ اعلیٰ روح کو ہرجگہ، ایک سا موجود ہے جان کے جو۔
اپنی روح نا مرنے دیتا، مقصد پاتا من میں ٹھان کے وہ۔

13.30 प्रकृत्यैव (प्रकृति + एव) च कर्माणानि क्रियामाणानि सर्वशः। यः पश्यति तथात्मानमकर्तारं (तथा + आत्मानम् + अकर्त्तारम्) स (सः) पश्यति।।

13.30 प्रकृति (शरीर) + के ही, काम हैं और उन्हें करने वाली भी वही है, सब तरह से। और + आत्मा कुछ + नहीं करती, जो ऐसा देखता है, वही (सच) देखता है।।

13.30 प्रकृति अथवा शरीर के ही, काम होते हैं करते भी वही।
उन्होंने किये हुए न मुझसे, यह सोचते जो सच्चे भी वही।।30।।

13.30 Prakritya + aiv cha karmaani kriyamaanaani sarvashah.
Yah pashyati tathaatmaanamakartaaram (tathaa + aatmaanam + akartaaram) sa pashyati.

13.30 Nature (body) + only possesses works, and does them too, by all means. And + the soul + does nothing, the one who sees thus,+the self to be+ non doer, sees the truth.

13.30 All actions belong to nature, which performs them in every way.
Body does and self is non doer,this thuought is true in every way. ||30||

۱۳۰۳۰۔ پْرَکْرِ تْیَیْوَ (پْرَکْرِتْیا+ایوَ) چَ کَرْمانِ کْرِیَمانانِ سَرْوَشَہ،
یَہ پَشْیَتِ تَتھاتْمانَمَکَرْتارَمْ (تَتھا+آتْمانَمْ+اَکَرْتارَمْ) سَ (سَہ) پَشْیَتِ۔

۱۳۰۳۰۔ قدرت (دیہ) سے+ ہی، سارے کام کئے جاتے ہیں سب طرح سے،
اور جو دیکھتا ہے اِسی طرح +روح کو +نا کرنے والی، وہ (سچ) دیکھتا ہے۔

۱۳۰۳۰۔ قدرت سے ہی ہوتے سب کام، ہر طرح وہی کرتی ہے۔
کرتی نہیں خود روح کام، یہ جان کے نظریں سچ دیکھتی ہیں۔

13.31 यदा भूतपृथग्भावमेकस्थमनुपश्यति (भूत + पृथक् + भावम् + एक + स्थम् + अनुपश्यति)। तत एव च विस्तारं (विस्तारम्) ब्रह्म सम्पद्यते तदा।।

13.31 जब कोई + भिन्न + प्रकार के + जीवों को / आत्माओं को + एक ही + स्थान पर + जुड़ा देखता है। और वहीं से फैला हुआ, तब वह ब्रह्म तक पहुॅच अर्थात ब्रह्म को समझ जाता है ।।

13.31 अलग अलग जीवों में देखता, बसा हुआ जो एक परमात्मा।
उन्हीं से फैला सबको देखता, तब कहीं वो देखता परमात्मा।।31।।

13.31 Yadaa bhootaprithagbhaavamekasthamanupashyati (bhoota + prithak + bhaavam + eka + stham + anupashyat).

Tata eva cha vistaaram Brahm Sampadyate tadaa.

13.31 When one sees, different + forms/souls of+ beings, + at one+ place,+to be rooted. And also spread from that very place , then some one realises, The Source of creations ie. Brahm.

13.31 The one who sees single soul, equally existing in different beings.
He sees the expansion of Brahm, The True Source of all beings. ||31||

۱۳۰۳۱۔ یدا بھوتپرتھگبھاومیکستھمنپشیتِ (بھوت+پرتھک+بھاوم+ایک+ستھم+انپشیت)،
تت (تتہ) ایو چ وستارم برہم سمپدیتے تدا۔

۱۳۰۳۱۔ جب مخلوق کے+الگ+ احساسات +ایک+جگہ دیکھتا ہے ،
اُسکے بعاد ہی پھیلاؤ خلاق مِلتاہے اُسے اُس وقت۔

۱۳۰۳۱۔ الگ الگ جسموں کی روحیں، جب کسی ایک سے جڑی جان لیتا ہے۔
اُسی ایک سے پھیلی دیکھتا، اس علم سے وہ خالق خلاق کو پالیتا ہے۔

13.32 अनादित्वान्निर्गुणत्वात्परमात्मायमव्ययः (अनादित्वात् + निर्गुणत्वात् + परम् + आत्मा + अयम् + अव्ययः)। शरीरस्थोऽपि (शरीर + स्थः + अपि) कौन्तेय न करोति न लिप्यते।।

13.32 अनादि / नित्य / सतत होने से, + गुण रहित होने से, + सर्वोच्च + आत्मा + यह+ अविनाशी । शरीर में + रहते हुए + भी, हे! कुन्ती पुत्र, न कुछ करती है, न ही कहीं लिपटती है।

13.32 वो अनादि है बिना गुणों का, कभी न नष्ट होता परमात्मा।
कुन्तीपुत्र! देह भर फैला, अलग रहता उसका तत्व आत्मा।।32।।

13.32 Anaaditwaannirgunatwaatparamaatmaayamavyayah.
(Anaaditwaat + nirgunatwaat + Param + aatmaa + ayam + avyayah)
Shareerasthoapi (Shareera + sthah + api) Kauntey na karoti na lipyate.

13.32 Being without beginning / continuous / eternal + without characters, Supreme This (Soul) + The Imperishable. Within body +being present+too, O! Kunti's son, neither does anything nor + attaches.

13.32 The Continuous Non Physical, Highest Soul The indistructible One here.
Kunti's son! existsting in bodies, neither works nor attaches anywhere. ||32||

۱۳۰۳۲۔ اَنادِتوانِرگُنتوانچَر ماتمایَم وِییَہ (اَنادِتوات+نرگُنتوات+پَرَم+آتما+اَیَم+اَوِییَہ)،
شَریرَستھواَپ (شَریرَ + ستھ+اَپ) کونتیے نَ کَروتِ نَ لِپّیتے۔

۱۳۰۳۲۔ بغیر شروعات (ہمیشہ سے) +بغیرخصوصیات (عبدی)+سبسے اونچی + روح+ایسی +لافانی ،
جسم میں+رہ کے+بھی، یا! کُنتی زادے، نا کُچھ کرتی ہے ناہی لیپٹتی ہے۔

۱۳۰۳۲۔ نہ شروعات نہ خوبیاں روح میں،عالی لافانی یہ ہوتی ہے۔
رہتی جسم میں مگر جسم کا ، نہ کرتی کوئی کام نہ بندھتی ہے۔

13.33 यथासर्वगतं (यथा + सर्व + गतम्) सौक्ष्म्यादाकाशं (सौक्ष्म्यात् + आकाशम्) नोपलिप्यते (न + उपलिप्यते)। सर्वत्रावस्थितो (सर्वत्र + अवस्थितः) देहे तथात्मा (तथा + आत्मा) नोपलिप्यते (न + उपलिप्यते)।।

13.33 जैसे सब जगह फैला सूक्ष्म होने के कारण + आकाश नहीं+ लिपटता।
हर जगह देह में रहने वाली आत्मा भी, + उसी तरह, (शरीर से कहीं) नहीं लिपटती।।

13.33 जैसे सूक्ष्म आकाश का तत्व, हर जगह फैला रहे अछूता।
वैसे ही शरीर में परमात्मा तत्व, हर जगह होके उसे न छूता।।33।।

13.33 Yathaa sarva + gatam saukshmyaadaakaasham (saukshmyaat + aakaasham) nopalipyate (na + upalipyate). Sarvatraavasthito (Sarvatra + avasthitah) dehe tathaa aatmaa nopalipyate (na + upalipyate).

13.33 Just as all over+ spread, micro elemental+ sky, does not+ attach anywhere. All over+ spread in the body,just like that, (this micro elemental) soul (too) +does not attach anywhere.

13.33 As the sky spreading everywhere around, does not link to anywhere.
The soul spreads everywhere in body, also lies unlinked everywhere. ||33||

۱۳۰۳۳۔ یتھا سَروَگتَم (سَروَ+گتَم) سوکشمیاداکاشَم (سوکشمیات+آکاشَم) نوپلِپّیتے (نَ+اُپ لِپّیتے)،
سَروَتراوَستھِتو (سَروَتر+اَوَستھِتَہ) دیہے تتھا+آتما نوپلِپّیتے (نَ+اُپ لِپّیتے)۔

۱۳۰۳۳۔ جیسے، سب جگہ+رہتے (مائکرو ہونے سے) نا دِکھنے والا+آسمان نہیں+ لپٹتا،
سب جگہ+بسی رہنے والی، دیہ میں، اُسی طرح+ روح بھی، نہیں لپٹتی۔

۱۳۰۳۳۔جیسے ہر طرف پھیلے،آسمان کوکوئی چیز نہیں چھوتی ہے۔
جسم میں ہر جگہ رہتی، روح بھی جسم کو نہیں چھوتی ہے۔

13.34 यथा प्रकाशयत्येकः (प्रकाशयति + एकः) कृत्स्नं (कृत्स्नम्) लोकमिमं (लोकम् + इमम्) रविः। क्षेत्रं (क्षेत्रम्) क्षेत्री तथा कृत्स्नं (कृत्स्नम्) प्रकाशयति भारत।।

13.34 जैसें प्रकाशित करता है, + अकेला, पूरे इस + संसार को सूर्य।
क्षेत्र (शरीर) को भी क्षेत्री / क्षेत्रज्ञ (आत्मा), वैसे ही पूरा शरीर प्रकाशित करती है, हे! भारत।।

13.34 जैसे जगमगा देता पूरा जग, एक ही सूरज निपट अकेला।
भारत! वैसे देह का क्षेत्री, प्रकाश देह में भर देता अकेला।।34।।

13.34 Yathaa prakashayatyekah (prakashayati + ekah) kritsnam lokam + imam ravih.
kshetram kshetree tathaa kritsnam prakaashayati Bhaarata.

13.34 Just as lights+alone, the whole of this+ world, the sun. The whole body (whole field) is also lighted by the soul ,ie. the kshetragyn.

13.34 As one sun lights, the whole of the world's each and every area.
Bharat! within body one soul, enlights whole of the body's area. ||34||

۱۳۰۳۴۔ یتھا پرکاش یتییکہ (پرکاش یت+ایکہ) کرتسنم لوکمم (لوکم+امم) روہ،
کشیترم کشیتری تتھا کرتسنم پرکاشیت بھارت۔

۱۳۰۳۴۔ جیسے روشن کرتا ہے +ایک ہی+ پورے اس سنسار کو سورج ،
رقبہ دیہ میں روح اُسی طرح پوری دیہ روشن کرتی ہے ، یا!بھارت۔

۱۳۰۳۴۔ جیسے ایک ہی سورج، کرتا ساری کائنات روشن۔
ویسے ایک ہی کشیترگیں یعنی روح، کرتی سارا جسم روشن۔

13.35 क्षेत्रक्षेत्रज्ञोरेवमन्तरं (क्षेत्र + क्षेत्रज्ञोः + एवम् + अन्तरम्) ज्ञान + चक्षुषा। भूतप्रकृतिमोक्षं (भूत + प्रकृति + मोक्षम्) च ये विदुर्यान्ति (विदुः + यान्ति) ते परम्।।

13.35 क्षेत्र (शरीर) + क्षेत्रज्ञ (शरीर के ईश्वर / जीव तत्व / आत्मा), + को ऐसे + अलग अलग ज्ञान + चक्षु वाले देखते हैं। और जीव तत्व का + प्रकृति (शरीर) से + छुटना / मुक्ति पाना जब जान लेते हैं, + तब वे परम लक्ष्य / परम तत्व / परम आत्मा को पाते हैं, / समझ पाते हैं।।

13.35 क्षेत्र क्षेत्रज्ञ भली प्रकार से, ज्ञान की आँखों स्वयं ही देखते जो।
परम आत्मा को शरीर छोड़ते, अपने आप ही ब्रह्म को देखते वो।।35।।

13.35 kshetrakshetragyayorevamantaram (kshetra + kshetragyayoh + evam + antaram) gyanachakshushaa (gyana + chakshushaa).

Bhootaprakritimoksham (Bhoota + prakriti + moksham) cha ye viduryaanti (viduh + yaanti) te Param.

13.35 Field (body) + and field knower (body's God / live soul being) +like this+ with difference, seen by+ wisdom+ eyes. Soul (Kshetragyn) + leaving + from nature (body),and who learns, then he sees/finds the Supreme Goal / Soul / Life element.

13.35 With knowledge eyes who sees, the difference between field and spectator.
Identifies soul separately from body, understands Truth of Supreme's Nature. ||35||
(The Truth of Supreme's Nature should be understood as Body/ Soul as self the spectator, with respect to Field/Param Brahm as Spectator)

۱۳۰۳۵۔ کشیتر کشیتر گیور یومنترم (کشیتر + کشیتر + گیوہ + ایوم + انترم) گیا نچکشا (گیان + چکشا)،
بھوتپر کرتِ موکشم (بھوت + پرکرتِ + موکشم) چ یے وِدُریانتِ (وِدُہ + یانتِ) تے پرم۔

۱۳۰۳۵۔ رقبہ دیہ اور اُس کی مالک روح میں اِس طرح کا فرق علم کی +آنکھوں سے (دیکھنے والے)،
روح کا+قدرت رجسم سے +آزاد ہونا بھی جانتے ہیں وے سبسے اونچے (جاتے) ہیں (خدا تک)۔

۱۳۰۳۵۔ خود کے علم کی نظر سے، رقبہ اور روح میں جوفرق سمجھتے ہیں۔
روح کا جسم چھوڑنا بھی جان کے، اعلی منزل تک پہنچتے ہیں۔

अध्याय-14 : गुण त्रय विभाग योगः

Chapter– 14 : Guna Traya Vibhag Yogah

باب-(۱۴) گن ترَی وِبھاگ یوگہ

- मनुष्य की प्रकृति में निम्नलिखित तीन गुण होते हैं:–
- सतोगुण – जो पाप नाशी है। तथा ज्ञान और आन्नद देता है।
- रजोगुण – जो आत्मा को तृष्णा से बाँधता है।
- तमोगुण – वह गुण जो उसे आलस्य और पागलपन देता है।
- परम् ज्ञान अर्जित कर के मनुष्य अपनी प्रकृति के उपरोक्त तीनों गुणों से ऊपर उठ सकता है। और परम धाम पा सकता है।
- जिस गुण के प्रभाव में मनुष्य शरीर छोडता है, परमपिता उसी प्रभाव की योनि में उसका बीज रखकर उसे अगला जन्म देता है।
- परन्तु ईश्वर भक्ति करके मनुष्य इन सब गुणों के पार उठ जाता है। और शान्ति प्राप्त करता है।

Men have undermentioned three characters in their nature :–

The trait Sattv – Which is sin destroyer. And provides knowledge and happiness.

The trait Rajas – Which binds the soul with lust.

The trait Tamas – It gives laziness and madness.

– By gaining supreme knowledge, the human beings can transcend all the above mentioned traits of their nature and can reach Supreme abode.

– Under effect of whichever trait, the man leaves his body, the Almighty father puts his seed in the womb of the same trait and effects his rebirth.

– But by being devoted to God, he transcends all the traits and acquires peace.

۱۔ سبسے اوُنچے درجہ کا (آلا)علم حاصل انسان اپنے کردار کی تین قدرتی خصوصیات کو پار کرکے اللہ کے گھر پہنچ جاتاہے۔ اُس کے کردار کی یہ تین خوبیاں ہیں :-

۲۔ 'ستو'۔ درجہ کی خصوصیات پاپ ختم کرنے والی ہوتی ہیں۔جو علم اور خوشی دیتی ہیں۔

'رجس'۔ درجہ کی خصوصیات روح کو حوس سے باندھنے والی ہوتی ہیں۔

'تمس'۔ درجہ کی خوبیاں آلس اور پاگلپن دینے والی ہوتی ہیں۔

۳۔ کردار کی اِن تینوں خصوصیات میں جس کے اثر میں بندے کی روح جسم چھوڑتی ہے، اِس کائنات کو بنانے والا اُس کردار کو اُسی قدرتی خصوصیت کے ساتھ پیدا کرتاہے۔ اُسی خوبی کے بیج سے ویسی ہی بچہدانی کے زریعہ ۔

۴۔ خدا کی عقیدت کرکے تینوں خصوصیات کو لانگھ کے آدمی پرسکون ہو سکتا ہے۔

अभ्यास–14 Chapter–14

باب۔(۱۴)

श्रीभगवानुवाच Shree Bhagawaan Uvaacha **श्री भगवान बोले** Lord Shri Said

شری بھگوانواچ خدا بولے

14.1 परं (परम्) भूयः प्रवक्ष्यामि ज्ञानानां (ज्ञानानाम्) ज्ञानमुत्तमम् (ज्ञानम् + उत्तमम्)।
यज्ज्ञात्वा (यत् + ज्ञात्वा) मुनयः सर्वे परां (पराम्) सि)मितो (सि)म् + इतः) गताः।।

14.1 सर्वोच्च फिर से कहूँगा ज्ञानों में वह ज्ञान + सर्वश्रेष्ठ ।
जिसे + जान कर मुनि सारे, परम सि) + यहाँ / इस संसार में, हो गए।।

14.1 फिर से बताऊँगा मैं तुम्हें, ज्ञानों में सबसे अच्छा ज्ञान।
जिसे जान के मुनियों ने, जगत में पाई सि) महान।।1।।

14.1 Param bhooyah pravakshyaami gyaanaanaam
gyaanamuttamam (gyaanam+uttamam).
Yajgyaatwaa (Yat+gyaatwaa) munyah sarve paraam sidhimito (sidhim+itah) gataah.

14.1 The highest, again I shall impart , amongst knowledge that knowledge+ which is the best. Which,+ having known, the learneds, all of them, +the highest (perfect) skill+ here (in this world), have acquired.

14.1 I will tell you about, the highest knowledge amongst knowledge.
To which having known, all the saints perfected their knowledge. ||1||

۱۴۰۱۔ پَرَم بھوئیہ پْرَوَکْشیامِ گیانانامْ گیانْمُتَّمَم (گیانَم +اُتَّمَم)،
یَجْگیاتْوا (یَت+گیاتْوا) مُنَیہ سَرْوے پَرامْ سِدّھِمْ اِتو (سِدّھِمْ+اِتہ) گتاہ۔

۱۴۰۱۔ سب سے اونچا پھر کہوں گا علم میں علم+بہترین ،
جسے +جان کے دانش سارے سب سے اونچی قابلیت + یہاں پاتے ہیں ۔

۱۴۰۱۔ پھر سے بتاتا ہوں تمکو، وہ علم جو ہے سب سے اعلی۔
جسے جہاں مین سارے مُفکّر، ہوئے قابل سبسے اعالی۔

14.2 इदं (इदम्) ज्ञानमुपाश्रित्य (ज्ञानम् + उपाश्रित्य) मम साधर्म्यमागताः (साधर्म्यम् + आगताः)। सर्गेअपि (सर्गे + अपि) नोपजायन्ते (न + उपजायन्ते) प्रलये न व्यथन्ति च।।

14.2 इस ज्ञान के + सहारे, मेरे (ईश्वर के) जैसे भाव में, + आ जाते है।
सृष्टि में + भी, नहीं + लेते जन्म, और न मृत्यु में विचलित होते हैं।।

14.2 इस ज्ञान को पा कर मानव, मेरे दिव्य धर्म में आ जाता है।
सृष्टि में फिर न जन्मता मानव, प्रलय में दुःख नहीं पाता है।।2।।

14.2 Idam gyaanamupaashritya (gyaanam + upaashritya) mama saadharmyam aagataah (saadharmyam + aagataah).
Sargeapi (Sarge + api) nopajaayante (na + upajaayante) pralaye na vyathanti cha.

14.2 Having resorted to+ this knowledge, they come into the same conception+ as Mine (God's). Here at creation (in universe)+too,neither do they+ take birth nor at death, do they agitate.

14.2 Depending on this divine knowledge, people get My nature of equality.
Neither take birth nor get perturbed, at universe's birth – death certainty. ||2||

۱۴۰۲۔ اِدَم گیانَمُپاشْرِتی (گیانَم+اُپاشْرِتی) مَمَ سادھَرْمْیما گتاہ (سادھَرْمْیم+آگتاہ)،
سَرْگے اَپِ (سَرْگے+اَپِ) نوپَجایَنْتے (نَ+اُپَجایَنْتے) پْرَلَیے نَ وْیَتھَنْتِ چَ۔

۱۴۰۲۔ اِس علم کی+ پناہ میں ، میرے (خُدا کے) برابر کے+مذہب میں+آ کے ،
کائنات میں+بھی ، نہیں+ پیدہ ہوتے ، وقتِ تحلیل دکھی (بھی)نہیں ہوتے ۔

۱۴۰۲۔ اس علم سے مجھ میں جڑ کے، اس جہان میں نہیں پیدا ہوتے۔
آخر وقت موت میں بھی ، کبھی وہ دکھی نہیں ہوتے۔

14.3 मम योनिर्महद्ब्रह्म (योनिः + महत् + ब्रह्म) तस्मिन्गर्भं (तस्मिन् + गर्भम्)दधाम्यहम (दधामि + अहम्) । संभवः सर्वभूतानां (सर्व + भूतानाम्) ततो (ततः) भवति भारत।।

14.3 मेरी (मुझ भगवान की) योनि + महान है, + ब्रह्म, उसमें + गर्भ / बीज + देता हूँ + मैं (भगवान) । जन्म संभव, सारे + प्राणियों के, उस के बाद, होते हैं, हे! भारत।।

14.3 स्त्रोत मेरी योनि महद्ब्रह्म, गर्भ डालता हूँ जिसमें मैं।
सारे प्राणी करती उत्पन्न, भारत! जन्माता जिससे मैं।।3।।

14.3 Mama yonirmahadBrahm (yonih + mahat + Brahm) tasmingarbham (tasmin + garbham) dadhaamyaham (dadhaami + aham).

Sambhawah sarvabhootaanaam (sarva + bhootaanaam) tato (tatah) bhawati Bhaarata.

14.3 My (God's) womb is,+ great + Brahm , in that+womb,+featus/ seed + provide I (God). Make possible, all the+ living beings, after that, to be (they take birth/appear/exist) O! Bharat.

14.3 Brham is My grand womb, in which I put the seeds.
Bharat! hence all the beings, take birth by My seeds. ||3||

۱۴۰۳۔ مَم یونِرمہدبْرَہْم (یونِہ+مہَت+بْرَہْم) تَسمِن گربھَم دَدھامْیَہَم (دَدھامِ +اہَم)،
سَمبھَوَہ سَرْوَبھوُتانامْ (سَرْوَ+بھوُتانامْ) توُ(تَتَہ) بھَوَتِ بھارَت۔

۱۴۰۳۔ میری (خُدا کی) رحم (بچہ دانی)عظیم+خلّاق ہیں، جس میں جنین (اَدھورا بچہ) میَں (خُدا)پیدا کرتا ہوں ،
امکان ہو کے سارے مخلوق باد میں (وجود میں) آتے ہیں، یا! بھارت۔

۱۴۰۳۔ قدرت ہے میری اعلی بچہدانی، میَں پیدائش کا بیج جس میں رکھتا۔
یا!بھارت!اِس طرح میَں باپ ہو،سارے مخلوقوں پیدا کرتا۔

14.4 सर्व + योनिषु कौन्तेय मूर्तयः सम्भवन्ति याः ।तासाम् ब्रह्म महद्योनिरहं (महत् + योनिः + अहम्) बीजप्रदः (बीज + प्रदः) पिता।।

14.4 सभी योनियों के, हे! कुन्ती पुत्र, रूप दिखाई देते हैं, जो भी। उन सबकी ब्रह्म, अर्थात पैदा करने वाली महान् + योनि, का + मैं (ईश्वर) ही, बीज देने वाला + पिता हूँ।।

14.4 कुन्ती पुत्र! सारी योनियों से, जो जो भी प्राणी उत्पन्न होते हैं।
सबकी ब्रह्म महानयोनि में, मैं बीज देता सबका पिता कहते हैं।।4।।

14.4 Sarvayonishu (Sarva + yonishu) Kaunteya moortayah sambhawanti yaah.

Taasaam Brahm Mahadyoniraham (Mahat + yonih + Aham) beejapradah (beeja + pradah) Pitaa.

14.4 All the+ wombs, O! Kunti's son, in which ever form, may appear, whoever. Of Their Brahm, The Greatest Source, I (God), am the seed + provider + Father.

14.4 Kunti's son! through all wombs, are produced which ever beings.
I am the Source for all wombs, and Seeding Father for all beings. ||4||

۱۴۰۴۔ سَرْوَیونِشُ (سَرْوَ+یونِشُ) کَونْتیَی مُوْرتیَہ سَمْبھَوَنْتِ یاہ،
تاسامْ بْرَہْمْ مَہَدْیونِرْہَمْ (مَہَت+یونِہ+اہَمْ) بِیجَپْرَدَہ (بِیج+پْرَدَہ) پِتا۔

۱۴۰۴۔ ساری +بچہ دانیوں میں ،یا! کُنتی زادے ، جن میں بدانن ممکن ہوتے ہیں ،
اُن سب کا خلّاق+ عظیم + بچہ دانی + مَیں (خُدا)، بیج +دینے والا + والد ہوں۔

۱۴۰۴۔ کُنتی زادے! سب رحموں میں، جو جس روپ میں پیدا ہوتا۔
میری قدرت ہی اعلیٰ بچہ دانی ہوتی، پِتا ہوں سب کا بیج دیتا۔

14.5 सत्वं (सत्वम्) रजस्तम (रजः + तमः) इति गुणाः प्रकृति संभवाः। निबध्नन्ति महाबाहो देहे देहिनमव्ययम् (देहिनम् + अव्ययम्)।।

14.5 सत्व, रजस + और तमस, यह गुण प्रकृति देती है। जो बांधते हैं, हे! महाबाहु, देह से + अव्यय तत्व को (आत्मा को) ।।

14.5 सत्व रजस और तमस तीन गुण, प्रकृति से पैदा होते हैं यह।
महाबाहु! बाँध देते हैं तीन गुण, आत्मा को शरीर से हैं यह।।5।।

14.5 Satvam rajastama (rajah+tama) Iti gunaah prakritisambhawaah (prakriti+ sambhawaah). Nibadhnanti Mahaabaaho (Mahaa + baaho) dehe dehinamavyayam (dehinam + avyayam).

14.5 Satv (of light / knowledge), rajas (kingly) and Tamas (of darkness / folly), these characters appear+ by nature.They bind the body, O! Mighty armed, with body's + indestructible element ie. soul (person himself/ person's self).

14.5 Mighty armed! 'satv' 'rajas' 'tamas', nature produces three characters.
The indestructible soul is bound to body, by these three characters. ||5||

۱۴۰۵۔ سَتْوَم رَجَسْتَم (رَجَہ+تَمَہ) اِتِ گُناہ پْرَکْرِتِ سَمْبھَواہ،
نِبَدْھنَنْتِ مَہاباہو دیہے دیہِنَمَوْییَم (دیہِنَم+اَوْییَم)۔

۱۴۰۵۔ نجیب (سَتْو) ، راجاوں والی (رَجَس) + اندھیرے کی (تَمَس) ،یہ (تین) خصوصیات قدرت (دیہ) ممکن کرتی ہے،
باندھتے (قید کرتے) ہیں ، یا! مضبوط باذو والے (ارجُن)، دیہ میں روح + لافانی کو۔

۱۴۰۵۔ مہاباہو! میری قدرت ہے دیتی، ستو رجس تمس تین خوبیاں۔
لازوال روح کو جسم سے باندھ کے، کرتی ہیں بے بس یہ خوبیاں۔

14.6 तत्र सत्वं (सत्वम्) निर्मलात्वात्प्रकाशकमनामयम् (निर्मलत्वात् + प्रकाशकम् + अनामयम्)। सुखसंगेन (सुख + संगेन) बध्नाति ज्ञानसंगेन (ज्ञान + संगेन) चानघ (च + अनघ)।।

14.6 वहॉ अर्थात देह में सतोगुण + निर्मल होने के कारण (बिना पाप का) + प्रकाश + लाता है। सुख + के साथ बॉधता है (आत्मा को), और ज्ञान के साथ, + हे! निष्पाप (अर्जुन)।।

14.6 देह में सत्व गुण जब आता, शु) निर्मल प्रकाश वहॉ फैलता।
हे! निष्पाप जो आत्मा को, सुख और ज्ञान संगत से बाँधता ।।6।।

14.6 Tatra 'satvam' nirmaalatwaatprakaashakamanaamayam (nirmaalatwaat+prakaashakam+a naamayam).

Sukha + sangen (Sukha + sangen) badhnaati gyaanasangen (gyaana + sangen) chaanagha (cha+Aanagha).

14.6 There (in the body)Satv (character) + being pure (without sin) + brings + light. With pleasure+ binds (the soul/self/person) and with+ knowledge, O! Anagh (Sinless/ Arjun).

14.6 Out of these 'satv' is character of purity, that brings light.
O! sinless to pleasure and knowledge, the soul it binds. ||6||

۱۴۰۶۔ تتر سَتوَم نِرمَلتواتپْرکاش کَمنامَیم (نِرمَلتوات+پْرَکاشَکم+اَنامَیم)،
سُکھَسَنگین (سُکھَ +سَنگین) بَدھناتِ گیانسَنگین (گیانَ+سَنگین) چانگھ (چ+اَ نگھَ)۔

۱۴۰۶۔ ان (خصوصیات) میں سے 'سَتوَ' نجیب ہونے کی وجہ سے+پاک صاف روشنی+لاتا ہے،
سُکھَ کے+ساتھ یہ باندھتا ہے اور علم کے+ساتھ ، یا! بے گناہ (ارجُن) ۔

۱۴۰۴۔ کُنتی زادے! سب دہموں میں، جو جس روپ میں پیدا ہوتا۔
میری قدرت ہی اعلی بچے دانی ہوتی، پِتا ہوں سب کا بیج دیتا۔

14.7 रजो (रजः) रागात्मकं (राग + आत्मकम्) विा) तृष्णासङ्गसमुद्भवम् (तृष्णा + संग + समुद्भवम्)। तन्निबध्नाति (तत् + निबध्नाति) कौन्तेय कर्मसंगेन (कर्म + संगेन) देहिनम्।।

14.7 रजो गुण को, लगाव + वाला समझो, जो तृष्णा (प्यास) + के साथ + उत्पन्न (पैदा) होता है। जो + बॉधता है, हे! कुन्ती पुत्र, कर्म के + साथ आत्मा (व्यक्ति/स्व/स्वयं उस) को।।

14.7 रजस गुण आता है चाहना से, लोभ लपस्या से जो बाँधता।
कुन्ती पुत्र! आत्मा कर्म से बाँध, कर्म के बंदीगृह में डालता।।7।।

14.7 Rajo raaga + aatmakam viddhi trishnaasangasamudbhavam (trishnaa + sanga + samudbhavam).

Tannibadhnaati (Tat + nibadhnaati) Kauntey karmasangena (karma+ sangena) dehinam.

14.7 Rajas is the character+of attachment, know it to be thirst/greed+attachment+ born.
That+ binds, O! Kunti's son, with work's+attachment+to the soul (self/himself).

14.7 Know 'rajas' to be the character of lust, born of greed.
Kunti's son! it binds the soul, to desire fruits of deeds. ||7||

۱۴۰۷۔ رَجوُ(رَجَہ) راگاتمکَم(راگ+آتمکَم) وِدّھِ ترِشنا سنگسمدبھوَم (ترِشنا+سَنگ+ سَمدبھوَم)،
تنبدھناتِ(تت+ نِبدھناتِ) کونتیے کرمَ+سنگین دیہنَم۔

۱۴۰۷۔ رَجَس (خصوصی) تعلقات +پیدا کرنے والی (خصوصی) سمجھو پیاس + کے ساتھ +پیدا ،
وہ +باندھتی ہے، یا! کُنتی زادے، کام +کے ساتھ روح کو۔

۱۴۰۷۔ سمجھو رَجَس خوبی خواہشوں کی، بہت پیاس جو پیدا کرتی۔
کُنتی زادے! روح کو جسم کے، کاموں سے باندھ کے یہ کستی۔

14.8 तमस्त्वज्ञानजं (तमः + तु + अज्ञान + जम्) विद्धि मोहनं (मोहनम्) सर्व + देहिनाम्।
प्रमादालस्यनिद्राभिस्तन्निबध्नाति (प्रमाद + आलस्य + निद्राभिः + तत् + निबध्नाति) भारत।।

14.8 तमस गुण + लेकिन + अज्ञान से + पैदा होता है, समझो मोहता / भ्रमित करता है, सब को।
पागलपन + आलस + और नींद से + यह+ बाँधता है, हे! भारत।

14.8 अज्ञान मानो तमस के गुण को, पूरी देह अंधकार से भरता।
पागलपन आलस व नींद से, बाँध के देह से आत्मा हरता।।8।।

14.8 Tamastwagyaanajam (Tamah + tu + agyaana + jam) viddhi mohanam sarvadehinaam (sarva + dehinaam).

Pramaadaalasyanidraabhistannibadhnaati (Pramaada + aalasya + nidraabhih + tat + nibadhnaati) Bhaarata.

14.8 Tamas (character) + but is + ignorance + born, know it 'entempts' every one. O! Bhaarat, to madness + laziness + and sleep + it + binds.

14.8 Tamas is the character born of ignorance, that puts in doubt.
Bharat! it binds with madness, sleep and laziness throughout. ||8||

۱۴۰۸۔ تمستوگیانجم (تمہ+تُ+اَگیانَ+جَم) وِدّھِ موہَنَم سرو دیہنام (سرو+دیہنام)،
پرمادالسّیندرابھِستِنِبدھناتِ (پرماد+آلسّی+ندرابھِ+تت+نِبدھناتِ) بھارت۔

۱۴۰۸۔ تمس (خصوصی) + لیکن + جہالت سے پیدا سمجھو کشش والی سب +روحوں کے لئے،
پاگلپن +آلس+نیند سے+وہ + باندھتی ہے روح ،یا! بھارت۔

۱۴۰۸۔ خوبیاں تمس کی جہالت سمجھو، موہ سے ذہن سے حوش چھڑاتیں۔
نیند سے روح کو جسم سے باندھتیں، یابھارت! پاگل اور آلسی بناتیں۔

14.9 सत्वं (सत्वम्) सुखे सन्जयति रजः कर्मणि भारत। ज्ञानमावृत्य (ज्ञानम् + आवृत्य) तु तमः प्रमादे संजयत्युत (संजयति + उत)।।

14.9 सतो गुण सुख से बाँधता है, रजोगुण कर्म से हे! भारत।
मगर ज्ञान + ढक कर, लेकिन तमोगुण, पागलपन से बॉध देता है, + ऐसा कहा जाता है।।

14.9 सत्व सुख से बाँधता हैं, रजस कामों से भारत।
तमस प्रमाद से बाँधता है, ज्ञान ढ़ॉप के भारत।।9।।

14.9 'Satvam' sukhe sanjayati 'rajah' karmani Bhaarata.
Gyaanamaavritya (Gyaanam + aavritya) tu 'tamah' pramaade sanjayatyuta (sanjayati + uta).

14.9 'Satv' (character) with joy, it binds, and 'Rajas' with actions O! Bharat. But Enveloping+ wisdom but 'Tamas' (character) with madness, binds+it is said.

14.9 'Rajas' binds soul with actions, 'satv' binds soul with happiness.
But 'tamas' encovers knowledge, and binds soul with craziness. ||9||

۱۴۰۹۔ سَتوَم سُکھے سنجیت رَجہ کرمَنِ بھارت،
گیانماوِرتی (گیانَم +آوِرتی) تُ تمہ پرمادم سنجیتیت (سنجیتِ+اُت)۔

۱۴۰۹۔ ستو (خصوصی) سکھ سے باندھتا ہے رجس کاموں سے یا! بھارت،
علم کو +ڈھانپ کر، لیکن تمس پاگلپن سے باندھتا ہے + ایسا کہتے ہیں۔

۱۴۰۹۔ بھارت! ستو خوبی سکھ سے، اور رجس کاموں سے باندھتی۔
تمس کی خوبی عقل چھپاکے، ذہن کو پاگلپن سے باندھتی۔

14.10 रजस्तमश्चाभिभूय (रजः + तमः + च + अभिभूय) सत्वं (सत्वम्) भवति भारत। रजः सत्वं (सत्वम्) तमश्चैव (तमः + च + एव) तमः सत्वं (सत्वम्) रजस्तथा (रजः + तथा)।।

14.10 रजो + व + तमो गुणों + को हरा कर सतो गुण बढता है, हे! भारत। रजो + और सतो गुणों को हरा कर तमो, तथा तमो और सतो को हरा कर रजोगुण ।।

14.10 रजस तमस दोनों को हरा के, सत्व बढ़ता है भारत।
रजस सत्व हरा के तम, तमस सत्व गिरा के राजस।।10।।

14.10 Rajastamashchaabhibhooya (Rajah + tamah + cha + abhibhooya) satvam bhavati Bhaarata. Rajah satvam tamshchaiv (tamah + cha + eva) tamah satvam rajastathaa (rajah + tathaa).

14.10 To 'Rajas'+ and+ 'Tamas' characters + having conquered, 'Satv' character rises up/ increases/takes the lead, O Bharat. Supressing 'Rajas' and+ also + even, 'Satv', the character 'Tamas' takes charge, and winning over 'Tamas' and 'Satv' , character 'Rajas' becomes incharge.

14.10 O! Bharat pressing two characters , the third one goes up.
Out of 'rajas' 'satv' 'tamas', the one which leads shows up. ||10||

۱۴۰۱۰۔ رَجَستَمَشچابھِبھوٗ ی (رَجہ+تمَہ+چ+اَ بھِبھوٗ ی) سَتوَم بھوَتِ بھارَت،
رَجہ سَتوَم تَمَشچَیوَ (تَمہ+چ+ایوَ) تَمہ سَتوَم رَجَستَتھا (رَجہ+تتھا)۔

۱۴۰۱۰۔ رَجَس اورتمس (دونو)کو دباکے سَتوَ اوپر آتا ہے، یا! بھارت ،
رَجَس اور سَتوَکو ہرا کے تَمَس بھی، اور اُسی طرح تَمَس اور سِتوَکو ہرا کے رَجَس۔

۱۴۰۱۰۔ رجس کو +تمس کو + ہراکے، سَتوَ (کی خوبی) آتی ربڑھتی ہے، یا! بھارت ،
رجس کو اور سَتوَکو (ہراکے) اِسی طرح+ تَم، تَم کو اور سَتوَکو (ہرا کے) رَجَس (بھی) +اِسی طرح (چڑھتا)ہے۔

14.11 सर्व + द्वारेषु देहेऽस्मिन्प्रकाश (देहे + अस्मिन् + प्रकाश) उपजायते।ज्ञानम् यदा तदा विद्याद्विवृ)म् (विद्यात् + विवृ)म्) सत्वमित्युत (सत्वम् + इति + उत)।।

14.11 इस देह में सब द्वारों में जब प्रकाश उगता है।
ज्ञान का जब, तब समझो + बढा हुआ है, सत्व + ऐसा + कहा गया है।।

14.11 देह के सब द्वारों से जब, ज्ञान उज्ज्वलता भरता ।
समझो ज्ञान बढ़ने से तब, सत्व गुण बसने लगता ।।11।।

14.11 Sarvadwaareshu deheasminprakaashah (dehe + asmin+ prakaashah) upajaayte. Gyaanam yadaa tadaa vidyaadwiriddham satvamityuta (satvam +iti + uta).

14.11 Through all+ gates of+ this body,+ when light spreads. Of wisdom, then know + 'Satv' character+ to have grown,+ it is said.

14.11 When all the doors of body, are lightened by own knowledge.
It is said that satv character, is expressed by grown knowledge. ||11||

۱۴۰۱۱۔ سرِوَ دْواریشُ (سرِوَ +دْواریشُ) دیہیسمِنپرَکاشَ (دیہے+اسمِن+پرَکاشَ) اُپجایتے،
گیانَم یَدا تَدا وِدْیا دْوِوْرِدّھَم (وِدْیات+وِوْرِدّھَم) ستوَمِتیُت (ستوَم+اِتِ+اُت)۔

۱۴۰۱۱۔سب + دروازوں سے دیہ میں+اِس + روشنی لاتا ہے ،
علم جب (آتاہے) تب دوگنا+ بڑھا دیتاہے ستوَ (خدائی خصوصیات)+ ایسا+کہتے ہیں۔

۱۴۰۱۱۔ جسم کے ہر دروازے سے،جب علم کی روشنی آتی ہے۔
علم سے بڑھتی عقل تو کہتے ،ستو کی خوبی آتی ہے ۔

14.12 लोभः प्रवृत्तिरारम्भ (प्रवृत्तिः + आरम्भ) कर्मणामशमः (कर्मणाम् + अशमः) सपृहा। रजस्येतानि (रजसि + एतानि) जायन्ते विवृद्धे भरतर्षभ (भरत + ऋषभ)।।

14.12 लालच की प्रवृत्ति + प्रारम्भ करती है, कर्मों में + अनियंत्रित कामनाएं।
रजस गुण + इसके, बढ़ने से यह (अनियंत्रित इच्छाएं) उगी हैं, हे! प्रमुख + भरत वंशी।।

14.12 कामों में लालच का आना, अनियंत्रित इच्छाएं आना।
रजस गुण की बाढ़ आना, भरतश्रेष्ठ! कामनाएं आना।।12।।

14.12 Lobhah pravrittiraarambhah (pravrittih + aarambhah) karmanaamashamah (karmanaam + ashamah) spriha.
Rajasyetaani (Rajasi + etaani) jaayante vivriddhe Bharatarishabha (Bharata+rishabha).

14.12 Greed's tendency+starts in works, + uncontrolled desire. Due to 'Rajas' + these are born , on it's growth (when the character grows) ,O! The chief of Bharat race.

14.12 the intent of greed, creates insatiable crave in deeds.
It happens when, rajas character rules mind and leads. ||12||

۱۴۰۱۲۔ لوبھہ پرَوْرِتیرارَمبھہَ (پرَوْرِتیہ+آرَمبھہَ) کَرمَنامَشمہَ (کَرمَنام+اَشمہَ) سپرِہا،
رَجَسْیتانِ (رَجَسِ+ایتانِ) جایَنتے وِوْرِدّھے بھَرَترِشبھَ۔

۱۴۰۱۲۔لالچی نیت سے +شروعات کاموں کی +بیلگام خواہشات کے ساتھ،
رجس + ایسی خوبی دکھاتا ہے بڑھنے پر ، یا! بہترین بھرت ۔

۱۴۰۱۲۔ عیاش کام کرنے کی لالچی، بیلگام چاہت آتی ہے۔
بھَرَت رِشبھَ! جب رجس خوبی کی، بدن میں باڑھ آتی ہے۔

14.13 अप्रकाशोऽप्रवृत्तिश्च (अप्रकाशः + अप्रवृत्तिः + च) प्रमादो (प्रमादः) मोह एव च। तमस्येतानि (तमसि + एतानि) जायन्ते विवृ) कुरुनन्दन।।

14.13 अंधकार, + आलस, + और पागलपन और संदेह / भ्रम भी । तमस गुण + से यह सब, उसके बढने पर, पैदा होते हैं, हे! कुरु पुत्र।।

14.13 देह भर में अंधकार फैलाए, भ्रम आलस पागलपन छाए।
तमस गुण बढके इन्हें लाए, कुरुनन्दन बुि) छुप जाए ।।13।।

14.13 Aprakaasho apravrittishcha pramaado (Aprakaashah apravrittih + cha pramaadah) moh aev cha.

Tamsyetaani (Tamsi + etaani) jaayante vivriddhe Kurunandana (Kuru + nandana).

14.13 Darkness,+ idleness,+ madness+ and also delusion. Through 'Tamas' ,+these (characters) take birth, on it's growth (growth of Tamas), O! Kuru's son.

14.13 Darkness worklessness madness and doubt, when the body shows.
Ignorence covers mind, Kuru's son! when Tamas character grows. ||13||

۱۴۰۱۳۔ اپْرَکاشوَ اَپْرَوْرِتّشْچ (اپْرَکاشَہ+اَپْرَوْرِتّیہ+چ) پْرَمادوَ موَہَ ایوَ چ،
تَمَسْیتانِ (تَمَسِ+ایتانِ) جاءَنْتے وِوْرِدّھے کُرُ نَنْدَنَ۔

۱۴۰۱۳۔ اندھیرا+ بےکاری +اور ، پاگلپن اور موہ بھی (اور)،
تمس +ان سب کو دکھانے لگتا ہے ، بڑھنے پر یا! کُرُ زادے۔

۱۴۰۱۳۔ کُرُزادے! جب خصوصیات تمس کی، عقل پر ہوتیں ہیں حاوی بُری۔
بےخبری اندھیروں کی اور آلس، شک سے چھپا سوچ کرتے بُری۔

14.14 यदा सत्वे प्रवृद्धे प्रलयं (प्रलयम्) याति देहभृत्। तदोत्तमविदां (तदा + उत्तम + विदाम्) लोकानमलान्प्रतिपद्यते (लोकान् + अमलान् + प्रतिपद्यते)।।

14.14 जब सत्व की अधिकता में मरता है + देहधारी। तब + उत्तम + विद्वानों के शु) लोक पाता है।।

14.14 जब सत्व गुण बढ़ जाने पर, देह छोड़ कोई जाता है।
अच्छे ऋषियों वाले लोक तब, मर के प्राणी पाता है।।14।।

14.14 Yadaa satve pravriddhe tu pralayam yaati dehabhrit.
Tadottamavidaam (Tada + uttama + vidaam) lokaanamalaanpratipdyate (lokaan + amalaan + pratipdyate).

14.14 When during 'Satv predominance but, dies the bodied fellow. Then + the good+ wise people's worlds of+ purity+ he achieves.

14.14 When a person leaves his body, during the period of satva whirls.
The farewell from world is noble, as the soul leaves to pure worlds. ||14||

۱۴.۱۴۔ یَدا سَتوے پْرَوْرِدّھے ت پْرَلَیَم یاتِ دیہَبھرِت،
تَدوَتّمَوِدام (تَدا+اُتّم+وِدام) لوکانَملانپْرَتِپدْیتے (لوکان+اَملان+پْرَتِپدْیتے)۔

۱۴.۱۴۔ جب سَتوْ کے بڑنے پر سنسار، چھوڑ کے جاتا ہے دیہ والا،
تب +اونچے +دانشوں کے پاک +سنساروں کو پاتا ہے۔

۱۴.۱۴۔ سَتوَ کے اثر میں جب کوئی، جسم چھوڑ کے جاتا ہے۔
رِشیوں کے پاک صاف، جہانوں میں جگہ وہ پاتا ہے۔

14.15 रजसि प्रलयं (प्रलयम्) गत्वा कर्मसड़्गिषु (कर्म + संगिषु) जायते।। तथा प्रलीनस्तमसि (प्रलीनः + तमसि) मूढ़योनिषु (मूढ़ + योनिषु) जायते।।

14.15 राजसी प्रभाव में मर कर सकाम कर्मियों की + संगति में जन्म लेते हैं।
वैसे ही, मरने पर+तमस में (अंधकार/अज्ञान के असर में), मूर्खों की (पशुओं की)+ योनियों से जन्मते है।।

14.15 रजस गुण के दबाव में मरके, काम प्रेमियों में पैदा होते।
अंधेरों में जान जो मूर्ख खोते, पशु योनियों से पैदा होते।15।।

14.15 Rajasi pralayam gatwaa karmasangishu (karma + sangishu) jaayate.
Tathaa praleenastamasi (praleenah + tamasi) moodhayonishu (moodha + yonishu) jaayate.

14.15 Under effect of Rajas character, on death, they leave, amongst attached workers+ to take birth. Like that, on death + in Tamasic effect (effect of dark characters/ ignorance), through fool's (animal's) + wombs, do they take birth.

14.15 Those who die in rajas ruling, are born amongst work bound people.
And those gone under tamas ruling, are born amongst ignorant people. ||15||

۱۴۰۱۵۔ رَجَسِ پْرَلَیم گتْوا کَرمَ سَنگِشُ جایَتے،
تتھا پْرَلیِنَہ+ تَمَسِ موُڈھیوُنِشُ (موُڈھَ +یوُنِشُ) جایتے۔

۱۴۰۱۵۔ رجس میں سنسار چھوڑ کے جانے پر ہوس کرنے والوں میں پیدا ہوتاہے،
اورموت ہونے پر+تَمَس میں ، بے وقوف جانوروں کی + بچہدائیوں میں پیدا ہوتے ہیں ۔

۱۴۰۱۵۔ رجس کے اثرمیں موت کے بعاد ، پیدائش ہوتی ہوس پرستوں میں۔
اور تَمَس کے اثرمیں انتقال ، پیدا کراتا جانوروں اور جاہلوں میں۔

14.16 कर्मण: सुकृतस्याहु: (कर्मण: + सुकृतस्य + आहु:) सात्विकं (सात्विकम्) निर्मलं (निर्मलम्) फलम्।
रजसस्तु (रजस: + तु) फलं (फलम्) दु:खमज्ञानं (दु:खम् + अज्ञानम्) तमस: फलम्।।

14.16 कर्म + अच्छे / पुण्य + कहलाते हैं, सात्विक, निर्मल होते हैं, जिनके फल।
राजसिक (कामों के) + लेकिन फल दु:ख, + और अज्ञान होते हैं, तामसिक (कामों के) ।।

14.16 पुण्य कर्म जो करते हैं, वे शु) सात्विक फल पाते हैं।
राजसिक फल दु:ख हैं, तामकिस अज्ञान फल पाते हैं।।16।।

14.16 Karmanah sukritasyaahuh (su + kritasya + aahuh) saatvikam nirmalam phalam.
Rajasastu (Rajasah + tu) phalam dukhmagyaanam (dukhm + agyaanam) Tamasah phalam.

14.16 Works + good+ are called, Satvic + which provide pure fruits. Raajasic / kingly acts+but, give sad fruits+ and ignorance is tamsic / dark action's fruits.

14.16 Satvic people with noble deeds, always earn pure fruits.
Rajasic bring fruits of pain,tamsic bring ignorance fruits. ||16||

۱۴۰۱۶۔ کَرمَنَہ سُکْرِتَسیاہُہ (سُ+کْرِتَسی +آہُہ) ساتْوِکَم نِرمَلَم پھَلَم،
رَجَسَسْتُ (رَجَسَہ+ تُ) پھَلَم دُکھَمَگْیانَم (دُکھَم+اَگْیانَم) تَمَسَہ پھَلَم۔

۱۴۰۱۶۔اچھے کاموں کے پھل ساتوِک (سَتْوَ کی اچھی خوبیوں والے) کہے گئے ہیں ،
رجس (راجاوں والے کاموں) کے+مگر پھل دُکھ ہیں ، ناعلمی ر جہالت تامسِک (اندھیروں والے کاموں کے) پھل ہیں۔

۱۴۰۱۶۔ ساتوِک کام ہوتے ہیں مقدس، پاک نتیجے ہردم دیتے ہیں۔
رَجَس کے پھل ہیں دکھ، تمس کے جہلات کا اندھاپن دیتے ہیں ۔

14.17 सत्वात्संजायते (सत्वात् + संजायते) ज्ञानं (ज्ञानम्) रजसो (रजसः) लोभ एव च। प्रमादमोहौ (प्रमाद + मोहौ) तमसो (तमसः) भवतोऽज्ञानमेव (भवतः + अज्ञानम् + एव) च।।

14.17 सत्व से + पैदा होता है ज्ञान, और रजस से लोभ और ऐसे ही। पागलपन, + मोह तमस से, होता है + अज्ञान भी इसी तरह।।

14.17 सत्व गुणों से ज्ञान हो पैदा, और रजस से होता लालच।
तमस अज्ञान से मोह करे पैदा, और है कर देता पागल।।17।।

14.17 Satwaatsanjaayate (Satwaat + sanjaayate) gyaanam rajaso (rajasah) lobha eva cha. Pramaadamohau (Pramaada + mohau) tamaso (tamasah) bhavatoagyaanameva (bhavatah+ agyaanam + eva) cha.

14.17 'Satv'+ gives birth to knowledge, 'Rajas' to greed, and like that. Madness,+ attachment, are born of Tamas and also appears ignorance +like that too.

14.17 Satv character produces knowledge, rajas produces greed.
Tamas produces craze and doubt, and to ignorance it leads. ||17||

۱۴۰۱۷۔ سَتّوا تسنجایتے (سَتّوات+سَنجایتے) گیانَم رَجَسو لوبھ ایوَ چ،
پْرَمادَموہَو (پْرَمادَ+موہَو) تَمَسو بھَوَتوا گیانَمیو (بھَوَتہ+اگیانَم+ایوَ) چ۔

۱۴۰۱۷۔ سَتّو سے+پیدا (پھل ہے)، علم، رَجَس سے+لالچ+ ایسے ہی، +اور ،
پاگلپن+اور موہ تَمَس سے، ہوتے ہیں، اِسی سے ہی +جہالت +بھی ۔

۱۴۰۱۷۔ سَتّو کی خوبیوں سے علم، رَجَس سے لالچ آتے ہیں۔
تَمَس سے پاگلپن موہ، اور جہالت پیدا ہوتے ہیں۔

14.18 ऊर्ध्वं गच्छन्ति सत्वस्था (सत्व + स्थाः) मध्ये तिष्ठन्ति राजसाः। जघन्यगुणवृत्तिस्था (जघन्य + गुण + वृत्ति + स्थाः) अधो (अधः) गच्छन्ति तामसाः।।

14.18 ऊँचे जाते हैं सत्व + स्थित / सात्विक, बीच में बैठते हैं राजसिक।
घृणित + गुण + आचार + स्थित + नीचे जाते हैं तामसी।।

14.18 सतोगुणी उन्नत होते हैं, रजोगुणी वहीं रह जाते।
तमोगुणी जघन्य कार्य करते, नीचे ही गिरते जाते।।18।।

14.18 Oordhvam gachchhanti satvasthaa (satva + sthaah) madhye tishthanti raajasaah. Jaghanyagunavrittishthaa (Jaghanya+ guna + vritti + shthaah) adho gachchhanti taamasaah.

14.18 Upwards move the Saatviks, in the middle sit the Raajasiks. In heinous + character + tendencies +situated, down fall the Taamasiks.

14.18 Satvic people rise vertically up, rajasics sit in the middle.
Tamsics act with cruel intentions,to fall down and diddle. ||18||

۱۴۰۱۸۔ اوُرْدھْوَم گچھنتِ ستوَستھا مَدھیے تِشٹھنتِ راجساہ،
جَگھنیگُنْورِتّستھا(جگھنیَ+گُنَ+وْرِتّ+ستھا) اَدھو گچھنتِ طامساہ۔

۱۴۰۱۸۔ اوپر اُٹھتے ہیں ستو میں رہتے ہوئے لوگ، بیچ میں بیٹھے رہ جاتے ہیں رجس والے،
بے رحم +خصوصی کی+ نیت میں +رہنے والے، نیچے گرتے ہیں تامسی (لوگ)۔

۱۴۰۱۸۔ ستوُ کے آدمی اوُنچے اُڑتے، اونچے جہانوں میں جا کے بستے۔
راجسِک بیچ میں ہی رہتے، تامسِک نیچے ہی نیچے گرتے جاتے۔

14.19 नान्यं (न + अन्यम्) गुणेभ्य: कर्तारं (कर्तारम्) यदा द्रष्टानुपश्यति (द्रष्टा + अनुपश्यति)। गुणेभ्यश्च (गुणेभ्य: + च) परं (परम्) वेत्ति मद्भावं (मत् + भावम्) सोऽधिगच्छति (स: + अधिगच्छति)।।

14.19 नहीं + किसी और को, गुणों के अतरिक्त, करने वाला, जब + देखने वाला देखता / मानता है। और + गुणों को ही, सबसे ऊपर कर्ता मानता है, वह मेरे + भाव में आ जाता है।।

14.19 सिवा गुणों के कोई न करता, यह देखता जो वो सच समझता।
गुण ही होते हैं सबमें कर्ता, ईश्वर समझ पाता जो यह समझता।।19।।

14.19 Naanyam gunebhyah kartaaram yadaa drishtaanupashyati (drishtaa + anupashyati). Gunebhyashcha (Gunebhyah + cha) param vetti Madbhaavam (Mat + bhaavam) soadhigachchhati (sah + adhigachchhati).

14.19 To none other, than the characters,as the doer, when one+ sees.
And knows +characters as supreme doer, in My (God's)+ mind he+ comes /reaches.

14.19 The one who sees the characters, the only doer sees the truth.
He then reaches to God's heart , by understanding the truth. ||19||

۱۴۰۱۹۔ نانیَم (نَ+اَنیَم) گُنیبھیَہ کرتارَم یدا دْرِشٹانُپشیَت (دْرِشٹا+اَنُپشیَت)،
گُنیبھیَشچ (گُنیبھیَہ+ چ) پَرَم ویتِّ مَدْبھاوَم سوادھِگچھتِ (سہ+اَدھِ+گچھتِ)۔

۱۴۰۱۹۔ کوئی دوسرا +نہیں ہوتا خصوصیات کے سوا کرنے والا، جب دیکھنے والا+ یہ سچ دیکھتا ہے،
خصوصیات کو سب سے اونچا سمجھ کے میرے (خُدا کے، جو خصوصیات کے اوپر ہے، اُس کے) اظہار میں وہ + چلا+ جاتا ہے۔

۱۴۰۱۹۔ خوبیوں کے علاوہ کام کوئی نا کرتا، جب یہ نظر کوئی پا جاتا۔
مجھے(خداکو)خوبیوں کے پارجان کے، میری(خداکی)سوچ تک آ جاتا۔

14.20 गुणानेतानतीत्य (गुणान् + एतान् + अतीत्य) त्रीन्देही (त्रीन् + देही) देहसमुद्भवान् (देह + समुद्भवान्)। जन्ममृत्युजरादुःखैर्विमुक्तोऽमृतमश्नुते (जन्म + मृत्यु + जरा + दुःखैः + विमुक्तः + अमृतम् + अनुश्नते)।।

14.20 गुणो को + इन (तीनो को) + पार कर के, तीनो (गुणो के पार हो कर) + आत्मा, देह + में उत्पन्न । जन्म + मृत्यु + बुढ़ापे के + दुखों से + मुक्त हो कर + अमृत + भोगती है।।

14.20 जब देह बसे तीनों ही गुण, लांघ जाती है जीवात्मा।
जन्म मृत्यु बुढ़ापे दुःख, से मुक्त देह पाती जीवात्मा।।20।।

14.20 Gunaanetaanateetya (Gunaan+etaan + ateetya) treendehee (treen + dehee) dehasamudbhavaan (deha + samudbhavaan). Janmamrityujaraaduhkhairvimuktoamritamashnute (Janma + mrityu + jaraa + duhkhaih + vimuktah+ amritam + ashnute).

14.20 The characters+ these (three) +, having come across, three (all characters)+ the soul, body+borne(natural characters). Birth + death + old age + pain+ free + ambrosia/ necter+ it enjoys.

14.20 When the soul comes, beyond the three characters born by body.
Beyond birth death old age pain, it is free within an immortal body. ||20||

۱۴۰۲۰۔ گُنانیتاَتیتیَ (گُنان+ایتان+اَتیتیَ) ترِیندیہی (ترِین+دیہی) دیہ+سَمُدبھوان (دیہ+سَمُدبھوان)،
جنمرِتیُجرادُکھیرِوِمُکتو اَمرِتمشنُتے (جنم+مرِتیُ+جَرا+دُکھیہ+وِمُکتہ+اَمرِتم+اَشنُتے)۔

۱۴۰۲۰۔ خصوصیات +تہ+ پار کرکے تینوں ،+روح جسم میں + اونچی اُٹھتی ہے،
پیدائش +موت+ بڑھاپا + دُکھ سے+ چھوٹ کے + امرت سے+لطف اندوز ہوتی ہے۔

۱۴۰۲۰۔ تینوں خوبیاں لانگھ گئے جو، انکی روحیں اونچی اُٹھتیں ہیں۔
موت. پیدائش کے چکر سے آزاد، امر ہوکے وہ اوپر اُٹھتی ہیں۔

अर्जुन उवाच Arjuna Uvaacha अर्जुन बोले Arjun Said

ارجن اُواچ ارجن بول

14.21 कैर्लिङ्गैस्त्रीन्गुणानेतानतीतो (कैः + लिंगैः + त्रीन् + गुणान् + एतान् + अतीतः) भवति प्रभो। किमाचारः (किम् + आचारः) कथं (कथम्) चैतांस्त्रीन्गुणानतिवर्तते (च + ऐतान् + त्रीन् + गुणान् + अतिवर्तते)।।

14.21 किन + लक्षणों का + तीन + गुणों से + इन + पार पाया हुआ + होता है, हे! प्रभु। किस + आचरणो से, और कैसे इन + तीन + गुणों से + पार हो पाते हैं।।

14.21 प्रभु क्या देख के पहचाने जाते, तीनों गुणों को जो लांघ जाते।
कैसे व्यवहारों से या कैसे, गुणों से पार पा के वो जीत जाते।।21।।

14.21 Kairlingaistreengunaanetaanateeto (Kaih + lingaih + treen + gunaan + etaan + ateetah) bhavati Prabho.

Kimaachaarah (Kim + aachaarah) katham chaetaanstreengunaanativartate (cha + etaan + treen + gunaan + ativartate).

14.21 Of what+ significance + three+ characters+ these,+ the one who has come across (won over), is O! Lord. By which + conduct , and how , these+ three characters, + does one surpass.

14.21 God ! by which characteristics is identified, the winner of three characters.
By which behaviour and how does he ,conquers these three characters. ||21||

۱۴۰۲۱۔ کیرلنگیزتریںگنانیتاناتیتو (کیہ+لنگیہ+ترہن+گنان+ایتان+اتیتہ) بھوتِ پربھو،
کِم +آچارہ کتھم چیتانستریں گنانتِ ورتتے (چ+ایتان+ترہن+ گنان+اتِورتتے)۔

۱۴۰۲۱۔ کِس +صلاحیت سے+ تینوں + خصوصیات + یہ+ پار ہوتی ہیں ، یا! مالک،
کِس سلوک سے اور کیسے+ یہ +تینوں +خصوصیات + لانگھی جاتی ہیں ۔

۱۴۰۲۱۔تینوں خوبیاں لانگھ گئے جو، اُنکی کیا پہچان ہے یا اللہ!۔
کس طرح کا برتاؤ کرتے وہ، خوبیاں کرتے پار کیسے اللہ۔

श्रीभगवानुवाच Shree Bhagawaan Uvaacha **श्री भगवान बोले** Lord Shri Said

شری بھگوانواچ خُدا بولے

14.22 प्रकाशं (प्रकाशम्) च प्रवृत्तिं (प्रवृत्तिम्) च मोहमेव (मोहम् + एव) च पाण्डव। न द्वेष्टि सम्प्रवृत्तानि न निवृत्तानि कांक्ष्यति।।

14.22 (सत्व के) प्रकाश, (रजस की) लिप्तता और (तमस के) अज्ञान / भ्रम + के भी, हे! पाण्डव। न तो घृणा करता है, उनसे बढ़ने पर, न समाप्ति पर उनकी चाहना।।

14.22 प्रकाश आसक्ति या मोह के, पाण्डव! गुणो के बढ जाने पर।
घृणा नहीं करता है आने से, न चाह करता है हट जाने पर।।22।।

14.22 Prakaasham cha pravrittim cha mohameva (moham + eva) cha Paandava.
Na dwaeshti sampravrittaani na nivrittaani kankshati.

14.22 The light (of Satv), lust (of Rajas) and ignorance+even, (of Tamas), O! Paandav. He neither hates, when they grow, nor when they are lost / finished, craves for them.

14.22 Pandav! the characters of enlightenment intentions or doubt.
He neither hates when they grow, nor desires when left out. ||22||

۱۴۰۲۲۔ پْرَکاشَم چ پْرَوْرِتّم چ موہَمیوَ چ پانڈَوَ،
نَ ڈْویشْٹِ سَمْپْرَوْرِتّانِ نَ نِوْرِتّان کانْکْشَتِ۔

۱۴۰۲۲۔روشنی(ستوکی/اچھی خصوصیات کی) اور نمیت لالچی لگاؤ(رجس کی/راجا والی)اورشک(تمس/اندھیرے کی)ہوں تب یا! پانڈو،
نا اُن سے نفرت کرتا ہے بڑھنے پر اور نا ختم ہونے پر چاہت کرتا ہے ۔

۱۴۰۲۲۔ پانڈوزادے! ستوکی روشنی، رجس کی قید یا تمس کا موہ۔
بڑھیں جب تو کوئی بیر نا کرتا، نا ہٹنے پر انکی رکھتا چاہ۔

14.23 उदासीनवदासीनो (उदासीनवत् + आसीनः) गुणैर्यो (गुणैः + योः) न विचाल्यते। गुणा वर्त्तन्त इत्येवं (इति + एव) योऽवतिष्ठति (यः + अवतिष्ठति) नेड्गते (न + इड्गते)।।

14.23 उदासीन जैसा + आसीन/स्थित, गुणो से + जो, नहीं विचलित होता। गुण ही करते हैं, ऐसा + ही, सोच कर, जो + स्थित/अडिग रहता है, कभी नहीं + हिलता, ।।

14.23 गुणों से रह कर उदासीन वो, विचलित उनसे नहीं होता है।
आपस में उन्हें निपटने दे वो, अपनी जगह पे अडिग रहता है।।23।।

14.23 Udaaseenavadaaseeno (Udaaseenavat + aaseenah) gunaiyryo (gunaiyh + yah) na vichaalyate. Gunaah vartante ityevam (iti + evam) yoavatishthati (yah + avatishthati) nengate (na + ingate).

14–23 As neutral + being static ,from characters + who does not deviate. Characters only + do, with+ this in mind,who +remains constant, never+ diverts.

14.23 Being neutral to characters, remains unmoved by joy– pains they provide.
Letting the fight go amongst characters, himself remains fixed and quiet. ||23||

۱۴۰۲۳۔ اُداسینَوداسینو (اُداسین +وَت+آسینہ) گُنئیر یوُ(گُنئیہ+یہ)نَ وِچالیتے،
گُنا وَرتنت اِتیوَم (اِتِ + ایوَم) یوآوَتشٹھتِ (یہ+آوَتشٹھتِ) نیگتے۔

۱۴۰۲۳۔غیرجانبدار + کی طرح +بیٹھے ہوئے، حروف / علامت کے ذریعے جو +نہیں پھیرتا ہے انحراف (توجہ)،
خصوصیات کرتی رہیں ،ایسا + ہی مان کے جو قائم رہتاہے بنا ہلے (ڈِگے)۔

۱۴۰۲۳۔غیر جانبدار وہ ہوکے، اثر خوبیوں کا کچھ نا لیتا۔
آپس میں انہیں نپٹنے دے کے، من مضبوتی سے مقرر رکھتا۔

14.24 समदुःखसुखः (सम + दुःख + सुखः) स्वस्थः (स्व + स्थः) समलोष्टाश्मकान्चनः (सम + लोष्ट + अश्म + कान्चनः)। धीरस्तुल्यनिन्दात्मसंस्तुतिः (धीरः + तुल्य + निन्दा + आत्म + संस्तुतिः)।।

14.24 समान रहता है, + दुःख में + सुख में, अपने में / स्व में + स्थित, समान रहता है + मिट्टी + पत्थर + सोना पाकर । धैर्यवान + तुला हुआ + अपनी + बुराई में + प्रशंसा में (दोनों के समय) ।।

14.24 दुःख सुख में एक सा रहे, सोना मिट्टी पत्थर जो मिले।
प्रिय अप्रिय पा के धैर्य रखे, निन्दा प्रशंसा चाहे जो मिले।।24।।

14.24 Samadukhasukhah (Sama + dukhah + sukhah) swasthah (swa+sthah) samaloshtaashmakaanchanah (sama + loshta + ashma + kaanchanah).

Tulyapriyaapriyo (Tulya + priya + apriyah) dheerastulyanindaatmasanstutih (dheerah + tulya + nindaa + aatma + sanstutih).

14.24 Remains Like minded, in pleasure+ or pain, self+ fixed, remains same+ having got clay + stone + or gold. Patient + and self balanced, + in blame + or his own+ praise.

14.24 Remains equal in pain and joy, self fixed whether gets clay or gold.
Confronted with likes–dislikes, or praise–blame is patiently controlled. ||24||

۱۴۰۲۴۔ سَمَدُکھسکہ(سَم +دُکھ+سُ کہ) سْوَسْتھَ(سْوَ+سْتھَ) سَملوشٹاشمَکانچنہ(سَم+لوَ شٹ+اَشم+کانچنہ)،
تُلیَپریاپریہ (تُلیَ+پریَ+اپریَہ) دھیرستُلیَنِندا تمسنستُتیہ (دھیرہ+ تُلیَ+نِندا+آتم+سنستُتیہ)۔

۱۴۰۲۴۔ ایک سا +دکھ میں +سکھ میں اپنے میں +قائم ، برابر سمجھے + مٹی + پتھر+ سونا،
متواذن + عزیز + ناخشگوار پاکے سبر رکھے+ معقول رہے+ وقت بُرائی +وقت بڑائی میں۔

۱۴۰۲۴۔سکھ میں دکھ میں ایک سا قائم، مٹی سونا سب پاکے ایک۔
پیار۔نفرت میں نگاہ ایک، بڑائی۔ برائی میں صبر سے ایک۔

14.25 मानापमानयोस्तुल्यस्तुल्यो (मान + अपमानयः + तुल्यः + तुल्यः)
मत्रारि (मित्र + अरि)पक्षयोः। सर्वारम्भपरित्यागी (सर्व + आरम्भ + परित्यागी) गुणातीतः (गुणः + अतीतः) स (सः) उच्यते।।

14.25 आदर + निरादर में + जो तुला हुआ,. संतुलित रहता हो, और मित्र + शत्रु पक्षों में भी। सब (भावों के पूर्वाग्रह) + पहले ही छोड़ कर, वह गुणों के पार हुआ कहलाता है।।

14.25 आदर निरादर में तुला हुआ, मित्र शत्रु में एक सा भाव।
सब कुछ छोड़ त्यागी हुआ, गुणों से परे होता स्वभाव।।25।।

14.25 Maanaapamaanayostulyastulyo (Maana + apamaanayoh + tulyah + tulyah) mitraaripakshayoh (mitra + ari + pakshayoh). Sarvaaarmbhaparityaagi
(Sarvaaarmbha + parityaagi) gunaateetah (guna + ateetah) sa uchyate.

14.25 On facing regard + disregard, remains equally + balanced, also on facing friends + and foes sides. Having renounced all the + prejudices + he is called + to have risen above the traits.

14.25 In front of respect disrespect or friends foes, behaves equally balanced.
Renouncing all bias since the beginning, three characters he ascends. ||25||

۱۴۰۲۵۔ ماناپمانیوستُلیَستُلیو(مان+اَپمانیوہ+تُلیَہ+تُلیَہ) مِترارِپکشیوہ(مِتر+اَرِ+پکشیوہ)،
سروارمبھپرِتیاگی(سَرو +آرمبھ+پرِتیاگی) گُناتیتہ(گُن+اَتیتہ) سَ(سَہ) اُچیتے۔

۱۴۰۲۵۔ احترام میں+ بے عزتی میں بھی +متواذن+معقول دوست+ دُشمن + کی طرف سے ،
ساری طرفداریاں + پہلے ہی+ چھوڑنے والا سب خصوصیات کے اوپر وہ کہلاتا ہے۔

۱۴۰۲۵۔ عزت۔بے عزتی دوستی۔دشمنی، سب میں ایک سا رہتا۔
پہلے سے ہی تینوں کو جیت کے، ہر خوبی کے اوپر اٹھا رہتا۔

14.26 मां च योऽव्यभिचारेण (यः + अव्यभिचारेण) भक्तियोगेन (भक्ति + योगेन) सेवते।
स गुणान्समतीत्यैतान्ब्रह्मभूयाय (गुणान् + समतीत्य + एतान् + ब्रह्म + भूयाय) कल्पते।।

14.26 और मेरी जो + लगातार भक्ति + योग से सेवा करता है। वह गुणों को + लाँघ कर / पार कर + इनसे + ऊपर ब्रह्म तक + उठा हुआ हो जाता है।।

14.26 मेरी सेवा जो करता, बिना रुके भक्ति योग से।
गुणों को लांघ लेता, ऊपर उठ मिलता ब्रह्म से।।26।।

14.26 Maam cha yoavyabhichaarena (yah + avyabhichaarena) bhakti + yogena sevate.
Sa gunaansamateetyaitaanbrahmbhooyaaya (gunaan + samateetya + etaan + Brahm+ bhooyaaya) kalpate.

14.26 And to Me who+continuously, devotedly through+ yog connection, serves. He having come across + these traits / characters + moves + above them up to Brahm.

14.26 The one who worships Me, with continuous devotion of yog.
Comes across all three characters, and up to Brahm he goes. ||26||

۱۴۰۲۶۔مامْ چَ یوُ اَوْیَبھچارینَ (یَہ+اَ وْیَبھچارینَ) بھکتیوگینَ (بھکتِ+یوگینَ) سیوتے،
سَ (سَہ) گُناسمتیتیَیتانْبرہمھوُیایَ (گُنانْ+سمتیتیَ+ایتانْ+بْرَہمْ+بھوُیایَ) کلپتے۔

۱۴۰۲۶۔ اور مُجھ خُدا کی جو غیر مُنحَرِف عقیدتمند+جوڑ (یوگ) سے خدمت کرتا ہے،
وہ خصوصیات+پار کر کے+ یہ ساری،+ خلّاق کے+درجہ تک+ اونچا اُٹھ جاتا ہے۔

۱۴۰۲۶۔ بغیر پاپ کے بھکتی یوگ سے، میری خدمت جو کرتا ہے۔
قدرتی وہ ہر خوبی لانگھ کر، خالق خلّاق تک اٹھ جاتا ہے۔

14.27 ब्रह्मणो (ब्रह्मणः) प्रतिष्ठाहममृतस्याव्ययस्य (प्रतिष्ठा + अहम् + अमृतस्य + अव्ययस्य) च। शाश्वतस्य च धर्मस्य सुखस्यैकान्तिकस्य (सुखस्य + ऐकान्तिकस्य) च।।

14.27 उस ब्रह्म का आश्रय हूँ + मैं ही + उस अमृत का + उस अव्यय का । और उस शाश्वत (हमेशा रहने वाले) का + धर्म का + और + सुख का + चरम का भी।।

14.27 अमर अव्यय उस ब्रह्म का, आश्रय दाता हूँ मैं ही।
ब्रह्म के अन्तिम सुख के, स्वाभविक पद का भी।।27।।

14.27 Brahmno (Brahmnah) hi pratishthaahamamritasyaavyayasya
(pratishthaa + Aham + amritasya + avyayasya) cha.
Shaashvatasya cha dharmasya sukhasyaikaantikasya (sukhasya + aikaantikasya) cha.

14.27 Of that Brahm (The universal source), The Support + I Am + of That Immortal +of That Undestructibe. And + of That + eternal + religion/natural rank + of That joy+ and of That extreme too.

14.27 I am the basis of Brahm's, ambrosia and non destruction.
Of His ultimate happiness, and also of His eternal religion. ||27||

۱۴۰۲۷۔ برہمنو (برہمنہ) ہِ پرتشٹھاہمَمرِتسیاوییّسی (پرتشٹھا +اہَم +اَمرِتسی +اَوییّسی) چ ،
شاشوتسی چ دھرمسی سکھسئیکانتکسی (سکھسی + آےکانتکسی) چ۔

۱۴۰۲۷۔ خلّاق کی ہی بُنیاد ہوں +مَیں (خدا) +امر+اور لافانی ہونے کی ،
اور عبدی مذہب کے، سکھ / خوشی +ایک ہی آخری / حتمی ، کا بھی ۔

۱۴۰۲۷۔ خلّاق کے امرت کی، لازوال ہونے کی بنیاد ہوں مَیں خدا۔
ابدی مذہب اور اصل سکھ کا بھی، صرف ایک سہارا ہوں مَیں خدا ۔

अध्याय-15 : पुरुषोत्तम योगः

Chapter–15 : Purushottama Yogah

باب-(۱۵) پُرشوتّم یوگ

- ब्रह्माण्ड की तुलना माया के एक शाश्वत (सनातन/मजमतदंस) काल्पनिक उल्टे बरगद के वृक्ष से की गयी है। जिसको समझना वेद ज्ञान पाने के बराबर है।
- इस बरगद की जड़ें ब्रह्मा की ओर ऊपर उठती हैं। और क्योंकि यह मानव के कर्मों से बँधी हैं, अतः उनके कर्मों से संसार में नीचे की ओर खिंचती हैं।
- शाखाएं ऊपर नीचे फैली और टहनियां एक दूसरे में उलझी, विषयी संसार दिखाती हुई नीचे की ओर चलती हैं। मानवीय गुणो से पोषित हो कर यह ऊपर की ओर बढ़ती हैं।
- पत्ते वैदिक छंद हैं।
- इस वृक्ष को अलगाव के शस्त्र से जड़ से काट देना चाहिये।
- शरीर छोड़ने पर, आत्मा विषयी सोच को दूसरी देह में भोगने को ले जाती है।
- मानव क्षमता से परे की इस स्थिति को समझने के लिये लोगों को परमात्मा की भक्ति एवम् योग शास्त्र में निपुणता प्राप्त करनी चाहिये।
- The universe is compared to an eternal illusory upside down banyan tree.
- The roots of which go up towards Brahm. And as they are bound by the acts of men, hence are pulled down towards the world by their acts.
- The branches are spread up down, entangled amongst each other. And depict sense objects, going downwards. They grow upwards on being nourished by human traits.
- Leaves are like hymns.
- The illusionary tree can be cut through roots by the weapon of detachment.
- After leaving the old body,the soul carries the sense objects to new body for enjoyment.
- To understand this transcendent act of souls, the people should be devoted to God and should earn perfection by gaining knowledge through religious scriptures.

۱۔ دنیا نظر کےفریب کا ایک عابدی، الٹا برگد کا درخت ہے۔حقیقی روحانی درخت کی تسویر ، ائینے میں صرف ایک جھلک۔
۲۔ جسکی جڑیں اوپر خدا کی طرف جاتی ہیں۔
۳۔ جڑیں بندوں کے کاموں سے بندھی ہوتی ہیں۔

۴۔ اسلئے اُنکی کرتوتوں سے سنسار میں نیچے کی طرف کھنچتی آتی ہیں۔
۵۔ اسکی چھوٹی بڑی شاخیں اوٗپر نیچے دونوطرف پھیلتی ہیں۔مگر انسانی خصوصیات اور اشیاء سے غذائیت پاکے پلتی ہیں ، اور اوپر کی طرف بڑھنے لگتی ہیں۔
۶۔ پتیاں پاک آیتوں جیسی ہیں۔خدا کی طرف اوٗپر لے جانے والی۔
۷۔ خدا تک اوٗپر پہنچنے کے لئے نذر کے پھیر کا یہ وہمی پیڑ الگاوٗ کے ہتھیار سے کاٹا جاسکتا ہے۔
۸۔ روح احساسات کے موضوع ، پرانی دیہ سے، نئ میں لے جاتی ہے۔
۹۔ ایک سے دوسرے جسم میں کسی شے کے جانے کو سمجھنے کے لئے خدا کی عقیدت اور صحیفوں کے زریعہ علم حاصل کرنا چاہیئے۔

अध्याय-15 Chapter–15

باب۔(۱۵)

श्रीभगवानुवाच Shree Bhagawaan Uvaacha **श्रीभगवान बोले** Lord Shri Said

شری بھگوَنوٗواچ خدا بولے

15.1 ऊर्ध्वमूलमधःशाखमश्वत्थम् (ऊर्ध्व + मूलम् + अधः + शाखम् + अश्वत्थम्) प्राहुरव्ययम् (प्राहुः + अव्ययम्)। छन्दांसि अस्य पर्णानि यस्तं (यस्तम्) वेद स (सः) वेदवित्।।

15.1 ऊपर + जड़ + नीचे + शाखों का + बर्गद का, बताया गया है, + एक शाश्वत पेड़ । छन्द हैं, इसके पत्ते, जो इसे जानता है, वेद ज्ञानी है।।

15.1 ऊपर जड़ों नीचे शाखों का, पत्तियाँ छन्द होतीं ऐसा है जग ।
अव्यय बर्गद मोह माया का , इसकी जानकारी बनाती वेदज्ञ ।।1।।

15.1 Oordhvamoolamadhahshaakhamashwattham (Oordhva + moolam + adhah + shaakham + ashwattham) praahuravyayam (praahuh + avyayam).

Chhandaansi yasya parnaani yastam (yah + tam) veda sa vedavit.

15.1 with vertically up+ the roots + and down wards + the branches + a banyan tree,is said to be+ eternal. Hymns are, it's leaves, the one who know it, he has the knowledge of Veds.

15.1 An eternal banyan tree, is said with roots up and branches downwards.
Leaves are holy verses, one who knows it Ved knower he is considered. ||1||

۱۵۰۱۔ اوڑ دھوَمولَمد ھَھشا کھمَشوَتھم (اوڑ دھو +مولَم +اَدھَہ +شاکھم +اَشوَتھم) پْرا ہُرَوْیَیم (پْراہُہ +اوْیَیم)،
چھندانسِ یسّی پَرنانِ یَسْتَم (یَہ +تَم) وید س(سہ) وید وِث۔

۱۵۰۱۔ اوپر + جڑیں + نیچے + شاخیں + درخت برگد کہا گیا ہے + لافانی ،
آیات ہیں اِس کے پتے اور جسے + اِس(درخت) کی سمجھ ہے، وید رصحیفہ جانتا ہے رسمجھتا ہے ردانش ہے ۔

۱۵۰۱۔ اُلٹے برگد کے پیڑ جیسا ، دُنیا کو مانتے ہیں ازلی دھوکھا۔
پتے درخت کے آیات سمجھ کے، دانشمند صحیفوں سے اِس کو سمجھتا۔

15.2 अधश्चोर्ध्वं (अधः + च + ऊर्ध्वं) प्रसृतातस्य (प्रसृता + तस्य) शाखा गुण प्रवृ)ा विषय प्रवालाः। अधश्च मूलान्यनुसन्तनानि (मूलानि + अनुसन्तनानि) कर्मानुबन्धीनि (कर्म + अनुबन्धीनि) मनुष्यलोके।।

15.2 नीचे + और + ऊपर, फैली + उसकी शाखाएं, जो गुणों से + पोषित हैं, + विषय + टहनियां हैं। नीचे की ओर, जड़ों को + बढ़ाते हैं, कर्म + जिनसे वे बँधी हैं + मनुष्य लोक में।।

15.2 ऊपर नीचे फैली हैं शाखें, विषय हैं टहनियां गुण करते पोषित।
ब्रह्म छूतीं जड़ें बरगद की, मानव कार्य बँध नीचे आतीं खिंच।।2।।

15.2 Adhashchordhvam (Adhah + cha + urdhvam) prasritaastasya (prasritaah + tasya) shaakhaa (shaakhaah) guna + pravarddha vishaya pravaalaah.

Adhashcha (Adhah + cha) moolaanyanusantataani (moolaani + anusantataani) karmaanubandheeni (karma + anubandheeni) manushyaloke (manushya + loke).

15.2 Downwards,+and + upwards, spread + it's branches, are nourished by traits/characters, sense objects are + the branchlets. Downwards, the roots + grow, towards deeds + bound in human+ world.

15.2 Branches like sense objects spread up and down, nourished by characters.
Roots are pulled down towards the world, bound by human work factors. ||2||

۱۵۰۲۔ اَدھَشچوَردھوَم (اَدھَہ +چ +اوَردھوَم) پْرَسْرِتاسْتَسیَم (پْرَسْرِتاہ +تَسیَم) شاخا گُنپْرَوَرِدّھا (گُن +پْرَوَرِدّھا) وِشَیپْروالاہ،
اَدھَشچ (اَدھہ +چ) مولانیَنُسنْتتانِ (مولانِ +اَنُسنْتتانِ) کرما نُبندھِینِ (کرم +انُبندھِینِ) منُشیَلوکے (منُشیَ +لوکے)۔

۱۵۰۲۔ نیچے +اور + اوپر پھیلتی ہیں +اُس کی شاخیں، خصوصیات کی غذائیت پر +بڑھ کے، اشیاء پرچھوٹی شاخیں (بڑھتی ہیں) ،
اور +نیچے کی طرف جڑوں کو + بڑھا کر کاموں سے + باندھ دیتی ہے، آدم سنسار میں۔

۱۵۰۲۔ شاکھیں بڑھتیں دونو طرف، خصوصیات و اشیاءسےخوراک لے کے۔
جڑیں کھنچتی ہیں نیچے کی طرف،آدمی کےکاموں سےبندھ قیدلے کے۔

15.3 न रूपमस्येह (रूपम् + अस्य + इह) तथोपलभ्यते (तथा + उपलभ्यते) नान्तो (न + अन्तः) न चादिर्न (च + आदिः + न) न सम्प्रतिष्ठा। अश्वत्थमेनं (अश्वत्थम् + एनम्) सुविरूढ़मूलमसङ्ग़शस्त्रेण (सु + विरूढ़ + मूलम् + असंग + शस्त्रेण) दृढेन छित्वा।।

15.3 न तो रूप + इस का (पेड़ का) + यहां, इस प्रकार + उपलब्ध है, न + अन्त, न + आदि + और न ही नींव। बर्गद के + इस पेड़ को, भली + भॉति + जड़ से + अलगाव के + शस्त्र द्वारा, दृढता से काट कर।।

15.3 कभी किसी ने देखा न वृक्ष को, न अन्त न आदि न इसकी नींव।
पर काटा जा सकता वृक्ष को, अलगाव का शस्त्र दृढ़ता से खींच।।3।।

15.3 Na roopamasyeha (roopam + asya + iha) tathopalabhyate (tathaa + upalabhyate) naanto (na + antah) na chaadirna (cha + adih + na) na cha sampratishthaa.

Ashwatthamenam (Ashwattham + enam) suviroodhamoolamasangashashtrena (su + viroodha + moolam + asang + shashtrena) dridhena chhitwaa.

15.3 Neither + it's (tree's) form+here, like this + is available nor+ the ends,and + nor + beginning, nor base. Banyan tree + this with full strength + uproot it + with separation + weapon, strongly having cut it.

15.3 The tree is never experienced , it's beginning end or base unknown.
But can be cut off through roots, by weapon of detachment is known. ||3||

۱۵۰۳۔ نَ روُ پَمسیہ (روُپَم +اَسی +اِہ) تتھوپلبھیتے (تتھا+اُ پلبھیتے) نانتو (نَ+ا نتہ) نَ چادِرنَ (چ+آدِہ+نَ) چ سمپرتِشٹھا،
اَشوَتھمینَم (اَشوَتھم+اینَم) سُورُوڈھموُلمَسَنگشستر ینَ (سُ+وِروُڈھ+موُلَم +اَسَنگ+شَستر ینَ) دْرِڈھینَ چھتوا۔

۱۵۰۳۔ نا+روپ+اِس(برگد) کا+یہاں ، ویسا+دِکھتا ہے ، نا+آخر، اور+نا+شروعات،+ نا+ہی + بنیاد ،
یہ+برگد اچھی طر+جڑ سے +الگاؤ کے + ہتھیار سے مضبوتی سے کاٹ کے۔

۱۵۰۳۔ دنیاکو احساس پیڑ نا ہوتا، نا شروع ناآخر نا اسمیں نیو ہے۔
مگریقیناً ہتھیار الگاؤ سے، جڑسے اسےکاٹ دیناترکیب ہے۔

15.4 ततः पदं तत्परिमार्गितव्यं (तत् + परिमार्गितव्यम्)यस्मिन्गता (यस्मिन् + गताः) न निवर्तन्ति भूयः। तमेव (तम् + एव) चाद्यं (च + आद्यम्) पुरुषं (पुरुषम्) प्रपद्ये। यतः प्रवृत्तिः प्रसृता पुराणी।।

15.4 उस के बाद, स्थिति वो + खोजें, जिसमें + जाकर, नहीं लौटते हैं, फिर से। और उसी आदि पुरुष की शरण लें। जिससे हर प्रवृत्ति फैली है आदि काल से।।

15.4 उसके बाद वो घर खोजो, जहां से वापस कभी न आते।
आदि पुरुष का है वो जो, ब्रह्माण्ड रच कर सब फैलाते।।4।।

15.4 Tatah Padam Tatparimaargitavayam (Tat + parimaargitavayam)
Yasmin gataa (Yasmin + gataa) na nivartanti bhooyah.
Tameva (Tam + eva) chaadyam (cha + Aadyam) Purusham prapadye Yatah pravrittih prasritaa puraanee.

15.4 There after, that + state should be + searched, In Whom + having gone , you do not come back again. And take refuge in the same Primeval Soul, from Whom all characters spread + since ages.

15.4 Thereafter that position is sought, where from never returns any one.
Where one takes refuge in Primeval God, The Source of every one. ||4||

۱۵۰۴۔ تتہ پدم تتپر مارگتویم (تت+پر مارگتویم) یسمنگتا(یسمن+گتاہ) نَ نِورتنتِ بھوئیہ،
تمیوَ(تم+ایوَ) چاڈیم(چ +آڈیم) پوروشم پرشم پرپدیے یتہ پرورتیہ پرسرتا پرانی۔

۱۵۰۴۔ تب وہ درجہ اُسے+خوجنا چاہیئے جسے + پاکے نہیں لوٹتے ہیں پھر سے ،
اور اُس+ ہی (اور)+پہلی روح(خدا) کی پناہ لیں، جس سے خصوصیات پھیلی ہیں شروع سے۔

۱۵۰۴۔ اسکے بعد وہ اک درجہ کھوجیں، جہاں جاکے کوئی واپس یہاں نالوٹتے۔
جہاں ہے پناہ شروعاتی روح کی، ہے جو پھیلاؤ خوبیوں کا شروع سے۔

15.5 निर्मानमोहा (निः + मान + मोहा) जितसंगदोषा (जित + संग + दोषाः) अध्यात्मनित्या (अध्यात्म + नित्याः) विनिवृत्त + कामाः। द्वन्द्वैर्विमुक्ताः (द्वन्द्वैः + विमुक्ताः) सुखदुःख संज्ञैर्गच्छन्त्यमूढ़ाः (सुख + दुःख + संज्ञैः + गच्छन्ति + अमूढ़ा) पदमव्ययं (पदम् + अव्ययम्) तत्।।

15.5 बिना + मान (झूठी प्रतिष्ठा) + व मोह के, जीत कर / हटा कर, + संगत की बुराई, स्वयं को पढ़ते रहो + नित्य, छुट कर + कामनाओं / इच्छाओं से। दोहरी सोचों (की लड़ाई) से + मुक्त, सुख + दुःख को, + मात्र नाम समझ कर / झेल कर + पहुँच जाते हैं, + मूर्खता (मोह) विहीन लोग, उस + पद पर / स्थान तक + शाश्वत है, / अविनाशी है, वो / जो।।

15.5 झूठे मान मोह संगत इच्छाएं छोड़ो, लगातार अपने ही मन को पढ़ो।
दोहरी सोचों सुख दुःख में न पड़ो, अव्यय ईश्वर का पद पाने बढ़ो।।5।।

15.5 Nirmaanamohaa (Nih + maana + mohaah) jitasangadoshaa (jita + sanga + doshaah) Adhyaatmanityaa (Adhyaatma + nityaah) vinivritta+kaamaah.

Dwandairvimuktaah (Dwandaih + vimuktaah) sukhadukhasangyair gachchhantyamoodhaah (sukha + dukha +sangyaih+gachchhanti + amoodhaah) Padamavyayam (Padam + Avyayam) Tat.

15.5 Without + pride + and attachment, leaving +company+ the bad, studying the self,+ regularly, having left + the desires/lust. Double thoughts+ free , bearing Joy + pain + the wise get off + to the + Immortal rank/place, That (of God).

15.5 False pride company renounced, always remain self focused.
Fighting thoughts joy pain desire free, be to God's abode thus.||5||

۱۵۰۵۔ نِرمانمُوہا(نِہ+مانَ+موہاہ) جِتسَنگدوِشا(جِت+سنگ+دوشاہ) اَدھیاتم نِتیا(اَدھیاتم+نِتیاہ) وِنِورِتّکاماہ(وِنِورِتّ+کاماہ)،
دْوَندْویرَ وِمُکتاہ(دْوَندْ ویہ+ وِمُکتاہ) سُکھدُکھسنگیر گچھنتیموڈھاہ(سُکھ+دُکھ+سنگیہ+گچھنتِ+اموڈھاہ) پدموّییم(پدم+اوّییم)تت۔

۱۵۰۵۔بغیر +غلت احترام +یا لگاؤ کے، ساتھ ہونے کے+کھور کا فاتح ، خودکو پڑھے+ہردم ،آزاد ہوکے+ہوس سے،
دو مخالف سوچوں کی لڑائی سے +آزاد ،سکھ+دکھ +محض نام +جیسے قبول کرکے+سمجھدار پاتے ہیں، درجہ+لافانی +اُس (خُدا) کا۔

۱۵۰۵۔ جھوٹی شہرت موہ اور ساتھ کی غلطیوں بغیر، خودکے علم میں ہمیشہ لگا عیاشی سے آزاد۔
مخالف سوچوں کی لڑائیوں بنا، سکھ دکھ جھیل کے، عقلمند درجہ خدائی پاکے پاتے نجات۔

15.6 न तद्भासयते (तत् + भासयते) सूर्यो (सूर्यः) न शशांको (शशांकः) न पावकः। न निर्वतंते तद्बाम (तत् + धाम) परमं (परमम्) मम।।

15.6 न प्रकाशित करता है उसको (उस ईश्वर को / उसके घर को) सूरज न चन्द्रमा और न ही आग। न ही लौटते हैं, मेरे (ईश्वर के) उस परम धाम से।।

15.6 ईश्वर के घर में सूरज चन्द्रमा, और न ही आग जलते हैं।
सबसे ऊँचे उसके धाम से, कभी लोग नहीं लौटा करते हैं।।6।।

15.6 Na Tadbhaasayate (Tat+bhaasayate) sooryo (sooryah) na shashaanko (shashaankah) na paavakah.

Yadgatwaa (Yat + gatwaa) na nivartanate taddhaama (tat + dhaama) Paramam Mama.

15.6 Neither that (abode)+ lights, the sun nor moon and not even fire.Where +having reached, No one returns, that + Abode, the highest/ the eternal, is Mine.

15.6 That position of Mine is not lighted, by sun moon or fire.
Being here none returns, from My abode none is higher. ||6||

۱۵۰۶۔ نَ تَدْ بھاسَیتے (تَت+ھاسَیتے) سوُ رْیو(سوُ رْیَہ) نَ شَشانکوُ(شَشانکَہ) نَ پاوَکَہ،
یَدْ گَتْوا(یَت+گَتْوا) نَ نِرْوَرتَنتے تَدْ دھامَ(تَت+دھامَ) پَرَمَمْ مَمَ۔

۱۵۰۶۔ نہیں اُسے+روشن کرتاہے+ سورج، نا چاند ، نا آگ ،
جہاں پہُنچ کر نہیں ہوتی واپسی ، وہ +گھر ، سبسے اونچا، میرا (خُدا کا) ہے۔

۱۵۰۶۔ مجھ خدا کا عالی گھر روشن ہے، سورج ،چاند ،آگ سےنہیں۔
یہاں پہنچ کے مادی دنیا سے، لوگ کبھی واپس آتے نہیں۔

15.7 ममैवांशो (मम् + एव + अंशः) जीवलोके जीवभूतः (जीव + भूतः)
सनातनः। मनःषष्ठानीन्द्रियाणि (मनः + षष्ठानि + इन्द्रियाणि) प्रकृति + स्थानि कर्षति।।

15.7 मेरा + ही + कण, प्राणिलोक में जान / प्राण + तत्व (आत्मा / स्व) है + सदा से सदा तक रहने वाला। मन + समेत छः + इन्द्रियां, प्रकृति + क्षेत्र में (नई देह में) जो खींच लाता है।।

15.7 इस संसार में प्राणियों के प्राण, यानि आत्मा मेरा सनातन अंश है।
प्रकृति में अर्थात देह में प्राण से, खिंचके मन व इन्द्रियाँ मिलती हैं।।7।।

15.7 Mamaivaansho (Mama + eva + anshah) jeevaloke (jeeva + loke) jeeva+bhootah sanaatanah. Manah shashthaaneendriyaani (shashthani + indriyaani) prakriti + sthaani karshati.

15.7 Mine+ is the+ particle , in the living+ world, the life + element (soul/self) + that is eternal. Including heart + the six + senses, within natural field (body) which drags along.

15.7 My Essence stays in the living world, as the eternal element of life ie.self.
In body It struggles with senses and heart, pulls them to new body itself. ||7||

۱۵۰۷۔ مَمیو اَنْشوَ(مَمَ+ایوَ+اَنْشَہ) جیوَ+لوکے جیوَ+بھوتَہ سَناتَنَہ،
مَنَہ شَشْٹھانیندْ رِیانِ(مَنَہ +شَشْٹھانی + اِندْ رِیانِ) پْرَکْرِتِ+سْتھانِ کَرْشَتِ۔

۱۵۰۷۔ میرا(خُدا کا)+ہی +ذرہ، زندہ+دنیا میں، زندگی کا+ عنصر (روح)ہے+ ہمیشہ سے ہمیشہ تک(کل جی/روقت فتح کرنےوالی/ امر)،
جو من سمیت+چھ +حواسات ، قدرت کی+جگہ (دیہ میں) پر کھینچتاہے۔

۱۵۰۷۔ ہرجسم میں رہنے والی روح، میرے عبدی ہوش کا زرہ ہوتاہے۔
پانچوں حواس اور ایک من سے جو، جسم کی قدرت میں لڑتاہے۔

15.8 शरीरं (शरीरम्) यदवाप्नोति (यत् + आप्नोति) यच्चाप्युत्क्रामतीश्वरः (यत् + च + अपि + उत्क्रामति + ईश्वरः) गृहीत्वैतानि (गृहीत्वा + ऐतानि) संयाति वायुर्गन्धानिवाशयात् (वायुः + गन्धान् + इव + आशयात्)।।

15.8 शरीर + जिसे + पाता है, + और जिसे + छोड़ता भी + है। वो ईश्वर (आत्मा), ऐसे लेकर + इनको (मन और इन्द्रियों को) + चलता है, + हवा + गन्धों को + जिस तरह लेती है + स्त्रोत से।।

15.8 ईश्वर का अंश जो शरीर पाता है, वो ही मृत्यु बाद छोड़ इसे जाता है।
यह अंश बुद्धि भाव उठा लाता है, अँधड़ जैसे स्त्रोत से गंध उड़ाता है।।8।।

15.8 Shareeram yadavaapnoti (yat + avaapnoti) yachchaapyutkraamateeshwarah (yat + cha + api + utkraamati + eeshwarah). Griheetvaitaani (Griheetvaa + etaani) sanyaati vaayurgandhaanivaashayaat (vaayuh + gandhaan + iva + aashayaat).

15–8 Body +to whom+ gets , and also + to whom + leaves,+ That God particle (soul). Carrys + these (heart and senses) to move along, as air +to smell+ lifts,+like that+ from the source.

15.8 This soul element of God, picks the senses and heart from old body.
Like air picks smell from source, and carries them off to the new body. ||8||

۱۵۰۸۔ شَریرَم یَدَواپنوتِ(یَت+اَواپنوتِ) یچّاپیُتکرامتیشوَرہ(یَت+چ+اَپ+اُتکرامَتِ+ایشوَرہ)،
گرِہیتوَیتانِ(گرِہیتوا+ایتانِ) سَنیاتِ وایُرگَندھانِواشیات(وایُہ+گَندھان+اِوَ+آشیات)۔

۱۵۰۸۔ (نئی)دیہ جو + پاتی بھی ہے، اور جو (پُرانی) چھوڑ+بھی+دیتی ہے +روح+(ذرہ) خُدا،
اُٹھا کے+اِنہیں (حواس سارے)، لے جاتی ہے یہ(روح)، ہوا + بو کو + جیسے + ذریہ (پُرانی دیہ) سے۔

۱۵۰۸۔ جیسے مہک کو ہوا اپنے ساتھ، ذریعہ سے کھینچ کے لے جاتی ہے۔
ویسے روح بھی چھوٹے جسم سے، احساسات نئے جسم میں لے جاتی ہے۔

15.9 श्रोत्रं (श्रोत्रम्) चक्षुः स्पर्शनं (स्पर्शनम्) च रसनं (रसनम्) घ्राणमेव (घ्राणम् + एव) च। अधिष्ठाय मनश्चायं (मनः + च + अयम्) विषयानुपसेवत (विषयान् + उपसेवते)।।

15.9 कान, ऑख, त्वचा, जीभ और नाक पे भी। और बैठकर मन पे भी, यह (अंश), इन्द्रीय विषयों को + भोगता है।।

15.9 नई देह पा के सुनना देखना, छूना स्वाद सूँघना यह अंश करता है।
वहाँ पे मन को भी बैठा कर, उससे इन्द्रियों के विषय भोगा करता है।।9।।

15.9 Shrotram chakshuh sparshanam cha rasanam ghraanameva (ghraanam + eva) cha. Adhishthaaya manashchaayam (manah + cha + ayam) vishayaanupasevate (vishayaan + upasevate).

15.9 There with ears, eyes,skin, tongue. And also with nose + even.
Having seated +to heart +also, It (The God's grain) enjoys senses' objects.

15.9 Over ears eyes tongue nose , and even heart the soul gets seated.
And enjoys sound sight touch, taste smell by heart as It reaches. ||9||

۱۵۰۹۔ شرترم چکشہ سپرشنم چ رسنم گھرانمیو (گھرانم+ایو) چ،
ادھشٹھای منشچایم (منہ+چ+ایم) وشیانپسیوتے (وشیان+اپسیوتے)۔

۱۵۰۹۔کان، آنکھ ، خال، جیب(زبان) اور ناک بھی ،
بیٹھاکے من کو بھی یہ(روح) احساس+ اشیاء کے ساتھ لطف اٹھاتی ہے۔

۱۵۰۹۔ سننے،دیکھنے،چھونے کے،سواد (زائقہ) کے، سونگھنے کے اورمن کےبھی۔
احساسات روح محسوس کرتی ہے ، نئے جسم میں آ کے بھی۔

15.10 उत्क्रामन्तं (उत्क्रामन्तम्) स्थितं (स्थितम्) वापि (वा + अपि) भुंजानं (भुंजानम्) वा गुणान्वितम् (गुण + अन्वितम्)। विमूढ़ा नानुपश्यन्ति (न + अनुपश्यन्ति) पश्यन्ति ज्ञान चक्षुषः।।

15.10 शरीर छोड़ते, स्थित होते / बैठते, या भोग करते भी, अथवा गुणों को लाते हुए, इस का (ईश्वर के इस अंश को / आत्मा को) । मूर्ख नहीं + देख पाते, देखते हैं + ज्ञान के + नेत्रों वाले।।

15.10 शरीर में रहते हुए या छोड़ते, गुणों को लाते भोगते उसे ।
मूर्ख नहीं देख पाते अंश को, ज्ञानी ज्ञान से देखते उसे ।।10।।

15.10 Utkraamantam sthitam vaapi (va + api) bhunjaanam vaa gunaanvitam (guna + anvitam). Vimoodhaa naanupashyanti (na + anupashyanti) pashyanti gyaanachakshushah (gyaana + chakshushah).

15–10 Leaving the body, being seated, or+also, enjoying / bearing/feeling,or characters+ while bringing. Ignorants + can not see, it is seen +by those with knowledge + eyes.

15.10 Leaving and dwelling in body, which characters the soul brings or enjoys.
The ignorants can't see this, but the wise see with their knowledge eyes. ||10||

۱۵۰۱۰۔ اتکرامنتم ستھتم واپ(وا+اپ) بھنجانم وا گناوتم(گن+انوتم)،
وموڑھا نانپشینت(ن+انپشینت) پشینت گیان چکششہ۔

۱۵۰۱۰ (پرانی) دیہ چھوڑتے ،(نئی) پاکے بیٹھتے + یا خصوصیات کی تحت +ہوتے(محسوس کرتے) ہوے بھی ،
بے عقل نہیں + دیکھ پاتے(روح کو) ، دیکھتے ہیں علم کی آنکھوں والے (توجہ مرکوز)۔

۱۵۰۱۰۔ جسم میں رہتے چھوڑتے یا جھیلتے،قدرتی خوبیوں سے کارفرما ہوتے۔
جاہل نہیں دیکھ پاتے ہیں روح کو،عقل مند مرکوز نضر سے دیکھ سکتے۔

15.11 यतन्तो (यतन्तः) योगिनश्चैनं (योगिनः + च + एनम्) पश्यन्त्यात्मन्यवस्थितम् (पश्यन्ति + आत्मनि + अवस्थितम्)। यतन्तोअप्यकृतात्मानो (यत् + अन्तः + अपि + अकृत + आत्मनः) नैनं (न + एनम्) पश्यन्त्यचेतसः (पश्यन्ति + अचेतसः)।।

15.11 प्रयास करते हुए, योगी + भी + इसको (ईश्वर के अंश को / आत्मा को) देखते हैं + अपने आप में (अपनी आत्मा में / अपने 'स्व' में) स्थित होकर। जिसे + प्रयास करके भी, + बिना + अपनी आत्मा को (स्वयं को) देखे, नहीं देख सकते, न ही + इसको (ईश्वर के अंश को / आत्मा को), देख सकते हैं, + बिना चेतना वाले ।।

15.11 देख लेते हैं ध्यान प्रयत्न से, योगी स्वयं को अपने अन्दर।
देख न पाते अचेतन मूर्ख जो, झाँक न पाते अपने अन्दर।।11।।

15.11 Yatanto (Yatantah) yoginashchainam (yoginah + cha + enam) pashyantyaatmanyavasthitam (pashyanti + aatmani + avasthitam).

Yatantoapyakritaatmaano (Yatantah + api + akritaatmaanah) nainam (na + enam) pashyantyachetasah (pashyanti + achetasah).

15.11 By practice,and+ yogis+ to it (the God's particle/ soul the self), see + within them selves (within their own self) + being fixed. By practice, + also,+ without seeing + self/ soul, It (God's particle), can not+ even, be seen + without conscience.

15.11 By practice yogis can also see, through their 'self' situated within them.
Unpracticed in self seeing can't see, having no conscience within them. ||11||

۱۵۰۱۱۔ یَتَنْتو(یَتَنْتَہ) یوگِنشچَینَم (یوگِنہ+چ+ایِنَم) پَشْیَنْتیاتمَنْیَوَستھِتَم (پَشْیَنْتِ+آتمَنِ+اَوَستھِتَم) ،
یَتَنْتواَپْیَکرِتاتماںو (یَتَنْتَہ+اَپِ+اَکرِت+آتمانَہ) نَینَم (نَ+ایِنَم) پَشْیَنْتیَچیتَسَہ (پَشْیَنْتِ+اَچیتَسَہ)۔

۱۵۰۱۱۔ کوشش کر کے یوگی +بھی+ اِسے (روح خداکو) دیکھ لیتے ہیں +اپنے اندر +بیٹھے ہوے،
کوشش کر کے بھی+نہیں+اِس (روح خدا) کو دیکھ پاتے ہیں + بغیر ہوش والے۔

۱۵۰۱۱۔ دھیان یوگ کی ذہنی توجہ سے، مرکوز دیکھ سکتے ہیں روح کو۔
بغیر دھیان کیئے بے ہوش ذہن سے، کبھی نہیں دیکھ سکتے روح کو۔

15.12 यदादित्यगतं (यत् + आदित्य + गतम्) तेजो (तेजः) जगद्भास्यतेऽखिलम् (जगत + भास्यते + अखिलम्)। यच्चन्द्रमसि (यत् + चन्द्रमसि) यच्चाग्नौ (यत् + च + अग्नौ) तत्तेजो (तत् + तेजः) विि) मामकम्।।

15.12 जिसके + सूर्य में + स्थित, तेज से, जगत + प्रकाशित होता है + सारा । जिसका तेज + चन्द्रमा में, और + जिसका + अग्नि में भी है, उस + तेज को, समझो / जानो, मेरा (ईश्वर का ही तेज) ।।

15.12 जिसके तेज से होता है, यह सारा संसार प्रकाशित।
मेरा है जो करता है, सूरज चाँद व आग प्रज्ज्वलित।।12।।

15.12 Yadaadityagatam (Yat + aaditya+gatam) tejo (tejah) jagadbhaasayateakhilam (jagat + bhaasayate+ akhilam). Yachchandramasi (Yat + chandramasi) yachchaagnau (yat + cha + agnau) tattejo (tat + tejah) viddhi Maamakam.

15.12 Whose+ sun+ laid, blaze enlightens the whole world. Whose blaze is in+ moon, and+ whose+ is in fire also,that+blaze, know That to be + Mine (God's).

15.12 Whose blaze comes across the sun,enlights entire world is Mine.
And also that which is in moon and also in fire, know to be Mine. ||12||

۱۵۰۱۲۔ یداِدتیگتم (یت+آدِتی+گتم) تیجو (تیجہ) جگدبھاسیتےاَ کِھلم (جگت+بھاسیتے+اَ کِھلم)،
یچندرمَسِ (یت+چندرمَسِ) یچاگنو (یت+چ+آگنو) تتیجو (تت+تیجہ) وِدّھِ مامکم۔

۱۵۰۱۲۔ جیسے+سورج+کی روشنی دنیا+چمکاتی ہے + ساری کی ساری،
جو ہے+چاند میں، جو + اور+آگ میں بھی ہے اُس + روشنی کو سمجھو مُجھ(خُدا) سے مِلی ہوئی۔

۱۵۰۱۲۔ سورج چاند اور آگ، جن کے تیز سے ہوتی دنیا روشن۔
ان سب کا سارا یہ تیز، مجھ خدا سے ہی ہے ہوتا روشن۔

15.13 गामाविश्य (गाम् + आविश्य) च भूतानिधारयाम्यहमोजसा (भूतानि + धारयामि + अहम् + ओजसा) । पुष्णामि चौषधीः (च + औषधीः) सर्वाः सोमो (सोमः) भूत्वा रसात्मकः (रस + आत्मकः)।।

15.13 लोकों + में समाकर, और + जीवों में + समाकर, धरता हूँ + मैं (भगवान) अपना तेज उनमें । पोषण + दवा + और सबका अमृत + बन कर उनमें रस (प्राण) + भरता हूँ।।

15.13 घुसता हूँ संसारों में उनके, तत्वों और प्राणियों में भी।
धरता हूँ ओज व प्राण अमृत, पोषको औषधियों में भी।।13।।

15.13 Gaamaavishya (Gaam + aavishya) cha bhootani dhaaryaamyahamojasaa (dhaaryaami + Aham + ojasaa).

Pushnaami chaushadheeh (cha + aushadheeh) sarvaah somo (somah) bhootwaa rasaatmakah (ras + aatmakah).

15.13 Having entered In the worlds and + with in beings, I (God) put+ My+ energy into them.Being nourishment + medicine + and every one's + ambrosia, I fill soulful+ juice (life) in them.

15.13 Entering the worlds and the beings, I put in My life energy there.
To nourish to medicate all, and to become ambrosial juice there. ||13||

۱۵۰۱۳۔ گاماوِشی (گام+آوِشی) چ بھوٗطانِ دھاریامیہموجسا(دھاریامِ+اہم+اوجسا)،
پُشنامِ چوشدھیہ(چ+اوشدھیہ) سَرواہ سومو بھوٗتوا رساتمکہ۔

۱۵۰۱۳۔ سنساروں میں گھُس کے (اندر مشمول/موجود ہو کے) مخلوق کے اندر رکھتا ہوں اپنی طاقت ،
غذائیت، دوائی اورسب کا امرت بن کر رس زندگی بھرتا ہوں(مَیں خُدا) ۔

۱۵۰۱۳۔کائنات کے اندرآ کے، بشرمیں اپنی توانائی بھرتا ہوں۔
غزائیت، دوا اور امرت بن کے،سب میں زندگی بھرتا ہوں۔

15.14 अहं (अहम्)वैश्वानरो (वैश्वानरः) भूत्वा प्राणिनां (प्राणिनाम्) देहमाश्रितः (देहम् + आश्रितः)। प्राणापानसमायुक्तः (प्राण + अपान + समायुक्तः) पचाम्यन्नं (पचामि + अन्नम्) चतुर्विधम् (चतुः + विधम्)।।

15.14 मैं (भगवान), विश्व की पाचक अग्नि होकर / बनकर, प्रणियों की देह में बसता हूँ। प्राण वायु (शरीर में अन्दर आने वाली श्वास वायु) + अपान वायु (शरीर से बाहर निकलने वाली निःश्वास वायु) + में घुस़ कर, पचाता हूँ, + भोजन / अन्न, चार + तरह के (चबाने, चूसने, निगलने व पीने वाले) ।।

15.14 घुस जाता हूँ प्राणि शरीर में, मैं वैश्वानर की आग हो जाने।
बराबर आती जाती श्वास कर, पचाता हूँ चार तरह के खाने।।14।।

15.14 Aham vishwaanaro (vishwaanarah) bhootwaa praaninaam deham+aashritah.

Praanaapaanasamaayuktah (Praana + apaana + samaayuktah) pachaamyannam (pachaami + annam) chaturvidham (chatuh + vidham).

15.14 I as world's digestive fire, exist within the bodies of living beings. Within the inhalation (breathe in air/ life air) +and exhalation (breathe out air) airs,+ being entered, I digest foods, of four+ types (chewable,suckable,swallowable and drinkable).

15.14 I also become universal digestive fire, within bodies of all the beings.
Becoming part of breathing air, digest four types of foods in beings. ||14||

۱۵۰۱۴۔ اَہَم وَیشوانرو(وَیشوانرہ) بھوتوا پْرانِنام دیہماشرِتہ(دیہم+آشرِتہ)،
پْرانا پانسما یُکْتہ(پْرانَ +اَپانَ +سَمایُکْتہ) پَچامیَنّم (پچامِ+اَنّم) چَتُروِدھم(چَتُہ+وِدھم)۔

۱۵۰۱۴۔ مَیں(خُدا) دنیا کی ہاضم آگ بن کر مخلوقوں کی دیہ میں رہتا ہوں،
آتی +جاتی+سانس کی +ہوا میں بس کرعمل انہضام فراہم کراتا ہوں چارطرح کےکھانے(چبانے،چوسنے، نِگلنے، اور پینے والے)۔

۱۵۰۱۴۔ آگ انہضام بن کےمَیں خدا، سب کےجسم میں رہتاہوں۔
آنے جانے کی ہواؤں سے جُڑ، چاروں کھانے پچاتاہوں۔

15.15 सर्वस्य चाहं (च + अहम्) हृदि सन्निविष्ठो (सन्निविष्ठः) मत्तः स्मृतिर्ज्ञानमपोहनं (स्मृतिः + ज्ञानम् + अपोहनम्) च । वेदैश्च (वेदैः + च) सर्वैरहमेव (सर्वः + एवः + अहम् + एव) वेद्यो (वेद्यः) वेदान्तकृद्वेदविदेव (वेदान्त + कृत् + वेद + वित् + एव) चाहम् (च + अहम्)।।

15.15 और + मैं, सबके हृदय में बैठा, बुि), याद रखना, + ज्ञान + और भूलना देता हूँ।
और + वेदों में भी, सब + ही में, + मैं + ही जानने योग्य हूँ, वेद विद्या भी + वेदान्त संकलन कर्त्ता (इकट्ठा करने वाला) भी + वेदों का + विद्वान + भी, मैं ही हूँ।।

15.15 हृदय में सबके मैं बैठा हूँ, याद ज्ञान व भूलना होता हूँ।
जानने योग्य हूँ ज्ञान मैं हूँ, संकलक वेद विद्वान होता हूँ।।15।।

15.15 Sarvasya chaaham (cha + aham) hridi sannivishto (sannivishtah) Mattah smritirgyaanamapohnam (smritih + gyaanam + apohnam) cha.

Vedaishcha (Vedaih + cha) sarvairahameva (sarvaih + Aham + eva) vedyo (vedyah) Vedantakridvedavideva chaaham (Vedanta + krit + vedavit + eva) chaaham (cha + aham).

15.15 And on every one's heart, being seated, I be mind, memory + knowledge + and forgetfulness. And Ved scriptures too, all of them (Ved scriptures) + I am+even, worthy of knowledge, Vedant + compiler, + and Ved knowledge skilled+ too+ I am.

15.15 I am seated in every body's heart. as memory loss, memory and knowledge.
I am all the holy scripts,Vedant compiler worth knowing and knowledge. ||15||

۱۵۰۱۵۔ سَرْوَسی چاہَم (چ+اَہَم) ہْرِدِ سَنّیوِشٹو مَتّہ سْمرِتِرْگیانَم پوہَنَم (سْمرِتِہ+گیانَم+اَپوہَنَم) چ۔
وےدَیشْچ (ویدَیہ+چ) سَرْوَیرَ ہَموَ (سَرْوَیہ+اَہَم+ایوَ) ویدْیوَ (ویدْیَہ) ویدانْتکْرِدْ ویدَ وِدیوَ (ویدانْت+کْرِت+ویدَوِت+ایوَ) چاہَم (چ+اَہَم)۔

۱۵۰۱۵۔ اور+سب کے+دِل میں بیٹھا ہوا میَں (خُدا) یاداشت، علم اور بھولنا فراہم کرتا ہوں،
سارے وید (مقدس صحیفہ) +میَں (خُدا)+ہی+ہوں ،مقصد علم ، مؤلف علم (ویدانت) اور ماہر عالم بھی، میَں (خُدا) ہی ہوں۔

۱۵۰۱۵۔ اور میَں سبکے دِل میں بیٹھا ہوں، علم یاداشت بھولنا دیتا ہوں۔
کتابوں کا منزل قصود علم، اجتیما علم ہوں کامِل علم بھی ہوں۔

15.16 द्वाविमौ (द्वौ + इमौ) पुरुषौ क्षरश्चाक्षर (क्षरः + च + अक्षरः) एव च। क्षरः सर्वाणि भूतानि कूटस्थोअक्षर (कूट + स्थः + अक्षरः) उच्यते।।

15.16 दो तरह की + इनमें (शरीर में), आत्माएं, संसारों में, क्षर + व + अक्षर इस प्रकार हैं।
क्षर, सारे प्राणी (जिनमें शरीर छोड़ के जाने वाली च्युत आत्माएं हैं), तथा एक जगह+ स्थित + अक्षर (ईश्वर जुड़ी ध्यानस्थ / पन्नों में स्थाई रूप से अंकित, अपनी जगह छोड़ कर न जाने वाली अच्युत), कहलाती हैं।।

15.16 लोगों में क्षर और अक्षर, जीवात्माएं संसार में रहती हैं।
क्षर च्युत हैं छोड़ जाती हैं, अक्षर अच्युत ठुंकी रहती हैं।16।।

15.16 Dwaavimau (Dwau + imau) purushau loke ksharashchaakshara (ksharah + cha + aksharah) eva cha.
Ksharah sarvaani bhootaani kootastho (koota + sthah) akshara uchyate.

15.16 Here people have two kinds of, souls in the world, Kshar (destructible)+ and + Akshar (indestructible) and like this. Kshar are all the living beings (whose souls leave the body), those fixed / unmoved+ from place, (do not leave), are letters ie Akshar.

15.16 This world has two types of beings, the destructible and the indestructible.
Those who leave are destructible, those fixed in letters be indestructible. ||16||

۱۵۰۱۶۔ دْواوِمو (دْوو+اِمو) پُرشو لوکے کْشَرَشْچاکْشَرَ (کْشَرَہ+چ+اَکْشَرَہ) ایوَ چ،
کْشَرَہ سَرْوانِ بھوتانِ کوٹَسْتھوَ اَکْشَر (کوٹ+سْتھہ+اَکْشَرَہ) اُچیتے۔

۱۵۰۱۶۔ دو طرح کی+ اِن(جسموں)میں ، روحیں سنساروں میں ہوتی ہیں ، فانی اور لافانی بھی،
فانی تمام مخلوقات (جگہ سے غائب)، اور لافانی مقرر + جگہ + موجود (حرف) کہلاتی ہیں۔

۱۵۰۱۶۔ دوطرح کےلوگ ہیں جہاں میں، ایک مرتے دوسرے نہیں مرتے ہیں۔
مرنے والے تمام مخلوقات ہیں، نقشہ ہونے والوں کو حروف کہتے ہیں۔

15.17 उत्तमः पुरुषस्त्वन्यः (पुरुषः + तु + अन्यः) परमात्मेत्युदाहृतः (परम् + आत्मा + इति + उदाहृतः) । यो (यः) लोकत्रयमाविश्य (लोक + त्रयम् + आविश्य) बिभर्त्यव्यय (बिभर्तिः + अव्यय) ईश्वरः।।

15.17 सर्वश्रेष्ठ आत्मा, लेकिन एक और है, जो परम् + आत्मा + इस तरह + उदाहरित किया जाता है / कहा जाता है। जो लोकों में, + तीनो, + समा कर / बस कर, उन्हें पालता है + अविनाशी, ईश्वर ।।

15.17 इन दोनों से श्रेष्ठ एक और, परम आत्मा ऊपर है।
तीनों लोकों में समाया, अव्यय पालक वो ईश्वर है।।17।।

15.17 Uttamah Purushastvanyah (Purushah + tu + anyah) Paramaatmetyudaahritah (Parama + aatmaa + iti + udaahritah). Yo (yah) lokatrayamaavishya (loka + trayam + aavishya) bibhartyavyaya (bibharti + avyayah) Eeshwarah.

15.17 The Best Soul+ but+ Another ,is also there, Who +The Highest Soul+ like this+ is called. Who entering all the three worlds,+ rears them like+ Indestructible, God.

15.17 Better than these two is Another Being, exemplified as Supreme Soul.
Who enters to nourish all three worlds, and is known as God the Whole. ||17||

۱۵۰۱۷۔ اُتّمَہ پُرُشَستوَنیَہ(پُرُشَہ+تُ+اَنیَہ) پَرَماتمیتیُدابرِتہ(پَرَم+آتما+اِتِ+اُدابرِتہ)،
یہ لوکَترَیماوِشیٖ(لوک+ترَیَم+آوِشیٖ) بِھرتیوِیَیَ(بِھرتِ+اَوییَہ) ایشوَرہ۔

۱۵۰۱۷۔ بہترین روح+مگر + ایک اور ، سب سے اونچی + عالی روح + اِس طرح کی+مثال دیتے ہیں اُسے،
جو جہانوں+تینو میں+ داخل ہوکرکے پالتی پوستی لازوال (روح) اللہ ہے۔

۱۵۰۱۷۔ ان سے اَچھا ایک اور ہے، اعلی روح جو کہلاتا ہے۔
ہرجہان میں آکے اُسے پالتاہے، لافانی اللہ کہلاتا ہے۔

15.18 यस्मात्क्षरमतीतोऽहमक्षरादपि (यस्मात् + क्षरम् + अतीतः + अहम् + अक्षरात् + अपि) चोत्तमः (च + उत्तमः)। अतोऽस्मि (अतः + अस्मि) लोके वेदे च प्रथितः पुरुषोत्तमः (पुरुषः + उत्तमः)।।

15.18 जो + क्षरों के भी + ऊपर + मैं हूँ + अक्षरों से + भी, और + श्रेष्ठतम । इसलिये + मैं लोकों में और वेदों में, विख्यात हूँ, परम + आत्मा / पुरुषोत्तम के नाम से ।।

15.18 क्षरों से दिव्य हूँ और, अक्षरों से परे सबसे अच्छा हूँ मैं।
तभी तो इस जग और वेदों में, पुरुषोत्तम विख्यात हूँ मैं।।18।।

15.18 Yasmaatksharamateetoahamaksharaadapi (Yasmaat + ksharam + ateetah + aham + aksharaat + api) chottamah (cha + uttamah). Atoasmi (Atah + asmi) loke vede cha prathitah Purushottamah (Purusha + uttamah).

15.18 Who is beyond the destructible and better than even the indestructible. That is +Me Who in the planets and scriptures is famous as The Supreme+ / The Highest +Soul.

15.18 I am beyond and better, than both destructible and indestructible.
In the world and holy scripts, famous as Supreme Soul Indestructible. ||18||

۱۵۰۱۸۔ یَسماتکشَرمَتیتوٗاَہمکشَر ادپِ(یَسمات +کشَرَم +اَتیتہ+اہَم+اَکشَرات +اَپ) چوتمَہ(چَ+اُتمَہ)،
اَتوٗاَسمِ(اتہ+اَسمِ) لوٗکے ویدے چَ پرتھِتہ پرُشوتمَہ(پرُش+اُتمَہ)۔

۱۵۰۱۸۔ جس سے+زوال پذیر وجود رحرف+پارکر کے +میَں(خُدا)متحکم (لازوال)حرف ر وجود سے +بھی اور +بہتر ہوں،
اِس وجہ سے+ میَں(خُدا) جہانوں میں اور ویدوں(صحیفوں)میں مشہور ہوں بہترین روح (کی طرح)۔

۱۵۰۱۸۔ فانی لافانی سے اونچا اور اَچھا ، جو جود ہے وہ میَں ہوں۔
اعلیٰ روح ہوں تبھی اِس نام سے،صحیفوں جہانوں میں مشہور ہوں۔

15.19 यो (यः) मामेवसम्मूढो (माम् + एव + असम्मूढः) जानाति पुरुषोत्तमः (पुरुषः + उत्तमः)। स सर्वविद्भजति (सर्व + वित् + भजति) मां (माम्) सर्वभावेन (सर्व + भावेन) भारत।।

15.19 जो मुझको + ही, + निसंदेह, जानता है, पुरुष / आत्मा + परम / सर्वश्रेष्ठ ।
वह सब + तरह से, + भजता है, मुझे सब भावों से हे! भारत।।

15.19 परमात्मा की तरह मुझे, संदेह बिना जो जानता है ।
भारत! वो हर तरह मुझे, हर एक भाव से भजता है ।।19।।

15.19 Yo Maamevamasammoodho (Maam + evam + asammoodhah) jaanaati Purushottamam (Purusha + uttamam).

sa (sah) sarvavidbhajati (sarva + vit + bhajati) Maam sarvabhaavena (sarva + bhaavena) Bhaarata.

15.19 Whoever knows Me+even+beyond doubt, as Soul+ The Highest. He , to Me+ in every way+ worships, in every+ mood, O! Bhaarat.

15.19 The one who undoubtedly, knows Me as Supreme Soul.
Knows Me fully and truly, Bharat! worships Me with soul. ||19||

۱۵۰۱۹۔ یوٗ مامیوَمسَمّوٗڈھوٗ(مام+ایوم+اَسَمّوٗڈھہ)جاناتِ پُرشوٗتّمَم(پُرُش+اُتّمَم)،
س (سَہ) سَرْوَوِ ڈبھِجَتِ(سَرْوَ+وِت+بھِجَتِ) مام سَرْوَبھاوینَ(سَرْوَ+بھاوینَ) بھارَتَ۔

۱۵۰۱۹۔جو مُجھے(خُدا کو) +ہی+بلا شک جانتے ہیں روح+ بہترین ،
وہ سب +جاننے والے+عبادت کرتے ہیں مُجھ خُدا کی ہر طرح+ اظہار کرکے ، یا! بھارت۔

۱۵۰۱۹۔ بھارت!جوشک کیئے بغیر، اعلی روح مجھے سمجھتے ہیں۔
وہ عارف ہر دل ہر طرح سے، میری عقیدت کرتے ہیں۔

15.20 इति गुह्यतमं (गुह्यतमम्) शास्त्रमिदमुक्तं (शास्त्रम् + इदम् + उक्तम्) मयानघ (मया + अनघ)। एतद्बुद्ध्वा (एतत् + बुद्ध्वा) बुद्धिमानस्यात्कृतकृत्यश्च (बुद्धिमान् + स्यात् + कृत + कृत्यः + च) भारत।।

15.20 इस तरह सबसे गहरा शास्त्र, + यहाँ + कहा, मैंने, + हे! निष्पाप।
इसको जानकर बुद्धिमान भी + हो जाते हैं, + कृत + कृत्य (सि)कर्म), हे! भारत।।

15.20 हे! निष्पाप तुम्हें दिया मैंने, सबसे गहरे रहस्य का वो ज्ञान।
बु)िमान भी पूर्ण सि) होते, भारत! जिस राजविद्या को जान।।20।।

15.20 Iti guhyatamam (guhya + tamam) shaastramidamuktam (shaastram + idam + uktam) mayaanagha (mayaa + anagha).

Etadbuddhwaa (Etat + buddhwaa) buddhimaansyaatkritakrityashcha (buddhimaan + syaat+ krita+krityah+cha) Bhaarata.

15.20 Hence, the deepest ,here+ the Shaastr+ scripted, knowledge I (God) gave you + O! sinless. To this+ having learned, the wisest+ even are+ done with+ the ultimate, O! Bharat.

15.20 O! sinless! I have told you here, the deepest mystery of scripted science.
By which even the most knowledgeable, fulfills life's issues of all kinds. ||20||

۱۵۰۲۰۔ اِتِ گُہیتَمَم(گُہی +تَمَم) شاشتَرَمِدَمُکتَم (شاشتَرَم +اِدم+اُکتَم) مَیانگھ(مَیا+اَنگھَ)،
ایتَدبُدّھوا (ایتَت+بُدّھوا) بُدّھِمانشیاتکَرِتکَرِتیَشچَ (بُدّھِمان +شیات+کَرِت+کَرِتیَہ +چ) بھارَت۔

۱۵۰۲۰۔ اِس طرح سبسے+گہرا راز شاستروں(صحیفوں) کا +یہاں + بتایا مَیں نے(خُدانے)، یا! بے گُناہ(ارجُن)،
اِسے +جان کے عقلمند+ہوجاتاہے+کام میں ماہر+تکمیل شدہ/فارِغ+اور(مشقت کرنے سے)(مقروض+شکرگزار) ،یا! بھارت۔

۱۵۰۲۰۔ یا! کامِل! یوں بتایا صحیفوں میں بیان سبسے گہرا راز مَیں نے۔
یا! بھارت! جسے سمجھ کے،کام سے فارغ ہوتا عارف پا کے مکمل کمال اُن میں۔

अध्याय-16 : दैवासुर सम्पदा विभाग योग

CHAPTER – 16 : Daivasura Sampadaa Vibhaga Yogah

باب۔(۱۶) ڈیواسُرَ سَمپدا وِبھاگ یوگہ

- सारी अच्छाइयां दैवी सम्पदाएं हैं।
- सतो गुणी होना परम आवश्यक है।
- रजस बुरे कर्म सुखमय बताता है।
- तमोगुण सुलाकर पतन में गिराता है।
- शास्त्रोल्लिखित कार्य करके, शान्ति व मुक्ति के लक्ष्य पाने चाहिये।
- All the goodness are Godly treasures.
- To be of Satvic character is must.
- Rajsic character takes all the evil acts as joy.
- Tamsic character pushes you down in sleep.
- Working on scriptural directives, one should acquire peace and the goal of liberation.

۱۔ ہرطرح کی نیکیاں خدائی خذانہ ہوتی ہیں۔

۲۔ اسلئے انسان کو ساتوِکی سیرت کا ہونا ضروری ہے۔

۳۔ راجسِک علامت ساری بدکار کاروائیاں کرنے کو ہی خوشی مانتی ہے۔

۴۔ تامسِک خاصیت نیند اور پاگلپن میں دھکیلتی ہے۔

۵۔ مقدس صحیفوں کی حدایتوں پر عمل کرکے زندگی میں ذہنی سکون اور آزادی کا مقصد حاصل کرنا چاہیئے۔

अध्याय-16 Chapter – 16

باب۔(۱۶)

श्रीभगवानुवाच Shree Bhagavaan Uvaacha **श्री भगवान बोले** Lord shri said

شری بھگوانُواچ خُدا نے کہا

16.1 अभयं (अभयम्) सत्वसंशुद्विर्ज्ञानयोगव्यवस्थितिः (सत्व + संशुद्विः + ज्ञान + योग + व्यवस्थितिः)। दानं (दानम्) दमश्च (दमः + च) यज्ञश्च (यज्ञः + च) स्वाध्यायस्तप (स्वाध्यायः + तपः) आर्जवम्।।

16.1 निडर होना, अपने अस्तित्व शुद्धि, + ज्ञान, + जुड़ने / योग की + व्यवस्थित स्थिति। दान करना, मन वश में रखना (मन दमन) + और, यज्ञ करना, स्वाध्याय करना, + तप करना और सरल होना।।

16.1 निडर रहना अपनी शुद्धि, ज्ञान से जुड़ने की स्थिति।
दान यज्ञ नियंत्रित मन, स्वाध्याय तप सरल प्रकृति।।1।।

16.1 Abhayam satvasanshuddhirgyanayogavyavasthitih (satva+sanshudhhih + gyaana + yoga + vyavasthitih).

Daanam damashcha (damah + cha) yagyashcha (yagyah + cha) swaadhyaayastapa (swaadhyaayah + tap) aarajvam.

16.1 Fearlessness, nobility+ purity, + knowledge, + yog fixed+ organised state. To practice alms giving, heart control, +and offering rituals, self study, + penance and simplicity.

16.1 Fearlessness,goodness,purity,knowledge, yog, charity, controlling sensetivity.
To perform offering ritual yagyan, self studies, penance and simplicity. ||1||

۱۶۰۱۔ اَبھَیَم سَتوَسَنشُدھِرگیانیوگویَوستھِتہِ (اَبھَیَم + سَتوَ+ سَنشُدھِ+گیان + یوگ +وَیوَستھِتہِ)،
دانَم دَمشچ (دَمہ+چ) یگیشچ (یگیہ+چ) سْوادھیایَسطَپ (سْادھیایہ +طَپ) آرجوَم۔

۱۶۰۱۔ ڈر نہیں ہونا، وجود کی پاکیزگی ہونا، خود مطالعہ کی شمولیت،
دان دینا، من پے قابو رکھنا اور رسم قربانی (یگیں) کرنا، خود پڑھنا، تپ (عبادت بے حد برداشت گی) کرنا، سیدھا سادہ ہونا۔

۱۶۰۱۔ بے خوف ہونا، پاکیزگی، علم لینا، یوگ سے من قایم رکھنا، دان دینا۔
رسم قربانی کرنا، خدکو پڑھنا تپ (مشق وبادت جھیل) کرنا، سیدھا ہونا۔

16.2 अहिंसा सत्यमक्रोधस्त्यागः (सत्यम् + अक्रोधः + त्यागः) शान्तिरपैशुनम् (शान्तिः + अपैशुनम्)। दया भूतेष्वलोलुप्त्वं (भूतेषु + अलोलुप्त्वम्) मार्दवं (मार्दवम्) ह्रीरचापलम् (ह्रीः + अचापलम्)।।

16.2 मार काट न करना, सच्चा होना, + क्रोध छोड़ना, + त्याग करना, शान्ति रखना + बुराई न देखना / न खोजना। दया होना जीवों में, + लालच न रखना, भद्रता / सज्जनता / अच्छा होना, लज्जाशील होना + संकल्प होना।।

16.2 अहिंसक सच्चा क्रोधहीन शान्त होना, बुराई व इच्छा न करना।
जीवों पर दया करना लोभ छोड़ना, भद्रता शर्म संकल्प रखना।।2।।

16.2 Ahimsaa satyamakrodhastyaagah (satyam + akrodhah + tyaagah) shaantirapaishunam (shaantih + apaishunam).

Dayaa bhooteshvaloluptvam (bhooteshu + aloluptvam) maardavam hreerachaapalam (hreeh + achaapalam).

16.2 Non violence, truthfulness, + without anger, +renunciation, being peaceful + aversion to criticism. kindness towards creatures, + no greed, gentleness, modesty + determination.

16.2 Having non violence, truthfulness, kindness , renunciation, peace of mind.
No anger, no criticism, no greed, gentleness, modesty, and fixed mind. ||2||

۱۶۰۲۔ اَ ہِمسا سَتیَمَکرُودھستیا گہ (سَتیَم +اَکرُودھہ+تیا گہ) شانتِرپَیشُنَم (شانتِہ+اَپَیشُنَم)،
دَیا بھوُ تیشوَلوَلُپتوَم (بھوُ تیشُ+الولُپتوَم) مارْدَوَم ہْریرچاپَلَم (ہْریہ+اَچاپَلَم)۔

۱۶۰۲۔ عدم تشدد ہونا، +سچائی ہونا،+غصہ+چھوڑنا، پُرسکون ہونا، +تنقید(نکتہ چینی) نا کرنا،
ہمدردی مخلوقوں کے ساتھ ہونا، لالچ نا ہونا، شرافت، شرم ،پکا اِرادہ (پُرعظم) ہونا۔

۱۶۰۲۔ عدم تشدد ہونا سچا ہونا غصہ چھوڑ نا، پرسکون ہونا برائی نہ کرنا۔
رحم کرنا لالچ نہ کرنا عظیم ہونا، شائستہ ہونا حل کرنے لأَک ہونا۔

16.3 तेजः क्षमा धृतिः शौचमद्रोहो (शौचम् + अद्रोहः) नातिमानिता (न + अति + मानिता)। भवन्ति सम्पदं (सम्पदम्) दैवीमभिजातस्य (दैवीम् + अभिजातस्य) भारत।।

16.3 तेज, क्षमा, धैर्य, पवित्रता, + द्वेष हीनता, तथा न होना, + अति + गर्व ।
गुण सम्पदाएं हैं + दिव्य प्रकृति से + उत्पन्न होने वाले की हे! भारत।।

16.3 तेज क्षमा धैर्य स्वच्छता, बैर या सम्मान की चाह न होना।
भारत! यह सम्पदाएं हैं, दैवी गुणों की देवताओं सा होना।।3।।

16.3 Tejah kshamaa dhritih shauchamadroho (shaucham + adrohah) naatimaanitaa (na + ati + maanitaa). Bhavanti sampadam daiveemabhijaatasya (daiveem + abhijaatasya) Bhaarata.

16.3 Energy, forgiveness, patience, absence of envy and too+ much+ pride. Are the (character) treasures of the person born with devine nature , O! Bhaarat.

16.3 Energy, forgiveness, forbearance, purity, freedom from envy and false pride.
Bharat! these are the characters of people, born with Godly nature of Mine. ||3||

۱۶۰۳۔ تیجۂ کشما دھرِتہ شوچمدروھو ناتِ ماِنتا،
بھونتِ سمپدم دیویمبھجاطسی بھارت۔

۱۶۰۳۔ چمک، معافی ،صبر، صفائی، بیر اور جھوٹا گھمنڈ ناہونا ،
ہوتے ہیں خزانے ربانی اظہار سے پیدا ہوئے لوگوں کے، یا! بھارت۔

۱۶۰۳۔ روشن ہونا،معاف کرنا، صبرکرنا،پاک صاف ہونا،حسداورفخر سےآزاد ہونا۔
بھارت! الٰہی خذانے ہوتے ہیں،اِن قدرتی خوبیوں کےساتھ پیدا ہونا۔

16.4 दम्भो (दम्भः) दर्पोऽभिमानश्च (दर्पः + अभिमानः + च) क्रोधः पारुष्यमेव (पारुष्यम् + एव) च। अज्ञानं (अज्ञानम्) चाभिजातस्य (च + अभिजातस्य) पार्थ सम्पदमासुरीम् (सम्पदम् + आसुरीम्)।।

16.4 दम्भ, दर्प, + और + अभिमान, क्रोध और नि÷ठुरता भी। एवं अज्ञान, पैदा होने वाले की, हे! पार्थ, आसुरी सम्पदाएं हैं।।

16.4 दिखावा घमण्ड और अभिमान, क्रोध और नि÷ठुर होना।
और अज्ञान हैं पार्थ! आसुरी सम्पदाएं लिये जन्म होना।।4।।

16.4 Dambho (Dambhah) darpoabhimaanshcha (darpah + abhimaanh + cha) krodhah paarushyamevacha (paarushyam + eva+ cha). Agyaanam chaabhijaatasya (cha + abhijaatasya) Paartha sampadamaasureem (sampadam + aasureem).

16.4 Hypocricy, arrogance, conceit, anger and also cruelty. And ignorance too are of the person born with the characters of, O! Parth, demonic treasures.

16.4 Show off, arrogance, conceit, anger, harshness and ignorance Parth!.
Are the characters of people, born with demonic predominance Parth!. ||4||

۱۶۰۴۔ دَمبھو (دَمبھہ) دَرپوابھمانشچ (دَرپہ+ابھمانہ+چ) کرودھہ پارشیمیوچ (پارشیم +ایو+چ)،
اگیانم چابھجاتسے (چ +ابھجاتسے) پارتھ سمپدَماسُریم (سمپدم+آسُریم)۔

۱۶۰۴۔ انا ، غرور + فخر +اور غصہ ، اور+ بےرحمی +بھی ،
اور جہالت سے پیدا لوگوں کے ، یا! پارتھ ، شیطانی خزانے ہیں ۔

۱۶۰۴۔ پارتھ!دکھاوہ ،گھمنڈ غصہ اورظلم کرنے والوں کے ۔
جہالت کے پیدائشی خزنے ہیں یہ، شیطانی قدرت والوں کے۔

16.5 दैवीसम्पद्विमोक्षाय (दैवी + सम्पत् + विमोक्षाय) निबन्धायासुरी (निबन्धाय + आसुरी) मता। मा शुचः सम्पदं (सम्पदम्) दैवीमभिजातोऽसि (दैवीम् + अभिजातः + असि) पाण्डव।।

16.5 दैवी + संपत्तियां + मुक्ति के लिये, और बॉधने वाली होती हैं, + आसुरी ।
मत करो चिन्ता, संपदाएं दैवी जन्म वाली हैं, तुम्हारी, हे! पाण्डव।।

16.5 दैवी सम्पदाएं मुक्त करती हैं, और आसुरी बाँध देती हैं।
पाण्डव! दुखी न हो तुम में, दैवी सम्पदाएं जन्म से ही हैं।।5।।

16.5 Daivee sampadvimokshaaya (sampat + vimokshaaya) nibandhaayaasuree (nibandhaay + aasuree) mataa.

Maa shuchah sampadam daiveemabhijaatoasi (daiveem + abhijaatah + asi) Paandava.

16.5 Divine treasures are + for freedom, and demonic for binding. Do not + worry Pandav! as ,with divine treasures + you are born.

16.5 Demonic characters bind you, freedom comes by Godly characters.
Pandav! but don’t you worry, since you are born of Godly characters. ||5||

۱۶۰۵۔ ڈیوی سَم پَدْ وِموکْشای (سَم پَت + وِموکْشای) نِبَنْدھایاسُری (نِبَنْدھای+آسُری) مَتا،
ما شُچہ سَمْپَدَم ڈیوَمَبھِجاتواسِ (ڈیویَم+اَبھِجاتہ+اَسِ) پانڈَوَ۔

۱۶۰۵۔الٰہی خزانہ (قدرتی خصوصیات) + نجات پانے کے لئے ہیں، باندھنے کے لئے+شیطانی (خزانہ فطرتیں) مانے جاتے ہیں ،
نہ بے چین ہو، خزانے، ربانی+خصوصیات کے ساتھ +پیدا ہوئے +ہو تُم ، یا! پانڈَوَ (پانڈُ زادے اَرْجُن) ۔

۱۶۰۵۔ خدائی خزانے نجات دلاتے ہیں، شیطانی رکھتے ہیں باندھ کے۔
پانڈوزادے! تمہیں کیسی پریشانی، پیدا ہوئے خزانے خدائی لے کے۔

16.6 द्वौ भूत + सर्गौ लोकेऽस्मिन्दैव (लोके + अस्मिन् + दैव) आसुर एव च। दैवो (दैवः) विस्तरशः प्रोक्त (प्रोक्तः) आसुरं (आसुरम्) पार्थ मे शृणु।।

16.6 दो तरह के लोगों की+ गुण संपदाएं हैं, इस + संसार में + एक दैवी, और दूसरी आसुरी। दैवी विस्तार से बताई, हे! पार्थ, अब आसुरी मुझसे सुनो ।।

16.6 असुरों और देवों की तरह की, जग में सृष्टियाँ कहीं गयीं दो।
बताई अभी देवों की तरह की, सुनो सम्पदाएं असुरों वाली जो।।6।।

16.6 Dvau bhooatasargaau (bhooata + sargaau) lokeasmindaiva (loke + asmin + daiva) aasura ev cha.

Daivo (Daivah) vistarashah proktah aasuram Paartha Me shrinu.

16.6 Two types of people’s + characters, in this + world + are here, Godly, and demonic. Fully described the Godly, now listen to the demonic by Me.

16.6 Godly and demonic two kind of, people are in this world.
I described the Godly Parth!, now listen to demonic ones. ||6||

۱۶۰۶۔ دْوَو بھوْتسرگوْ (بھوْت+سرگو) لوْکےاَسْمِنْدیوَ (لوکے+اَسْمِنْ+دَیوَہ)آسُرَ (آسُرَہ) ایوَ چ،
دَیوَ وِسْتَرَشَہ پْرُوْکْتَ آسُرَمْ پارْتھَ مے شْرِنُ۔

۱۶۰۶۔ دو طرح کے مخلوقات (کی خصوصیات) +تخلیق ہوتے ہیں اِس +دنیا میں + الٰہی بھی اور شیطانی بھی ،
الٰہی مکمل طور پر بیان کیے، اب شیطانی، یا! پارْتھ ، مُجھ (خُدا)سے سنو۔

۱۶۰۶۔ جہاں میں دو طرح کے لوگ، بن کے آئے ہیں مجھ (خدا) سے۔
میںنے وضاحت خدائی کی کری، پارتھ! سنو شیطانی اب مجھ (خدا) سے۔

16.7 प्रवृत्तिं (प्रवृत्तिम्) च निवृत्तिं (निवृत्तिम्) च जना न विदुरासुराः (विदुः + असुराः)। न शौचं (शौचम्) नापि (न + अपि) चाचारो (च + आचारः) न सत्यं (सत्यम्) तेषु विद्यते।।

16.7 न कामों में जुटना और न ही कर चुकना जानते हैं + असुर लोग / (आसुरी गुण सम्पदा वाले लोग) । न पवित्रता न + ही आचरण, और न ही सच्चाई होती है उनमें।।

16.7 किस काम को करना किस को नहीं, असुरों की बुद्धि नहीं सोच पाती।
उनमें पवित्रता होती नहीं, अच्छे और सच्चे व्यवहार भी करा नहीं पाती।।17।।

16.7 Pravrittim cha nivrittim cha janaa na viduraasuraah (viduh + aasuraah).
Na shaucham naapi (na + api) chaachaaro (cha+aachaarah) na satyam teshu vidyate.

16.7 Neither to do, nor to have done with the deeds, understand + the devils, (people with the treasure of demonic characters).Neither do they have purity,nor behaviour, nor even truthfulness.

16.7 What to do and what not, can't be analyzed by a demonic mind.
They lack purity and good behavior, and also truthfulness in mind. ||7||

۱۶۰۷۔ پْرَوْرِتّمْ چ نِوْرِتّمْ چ جَنا نَ وِدُراسُر اہ(وِدُہ+آسُر اہ) ،
نَ شوْچَمْ ناپِ(نَ+اَپِ) چاچاروُ(چ+آچارَہ) نَ سَتْیَمْ طیشُ وِدْیَتے۔

۱۶۰۷۔ اِس کام کو انجام دیں یا چھوڑدیں ، نہیں جانتے ہیں + شیطان(خصوصیات کے لوگ) ،
نا صفائی نا+ہی سلوک +اور نا سچائی ہی اُنہیں سمجھ میں آتی ہے۔

۱۶۰۷۔ کریں یا نہ کریں یہ کام، شیطانی من سوچ نہیں پاتے۔
سچّے اچھّے پاکیزہ صاف، برتاؤ بھی وہ کر نہیں پاتے۔

16.8 असत्यमप्रतिष्ठं (असत्यम् + अप्रतिष्ठम्) जगदाहुरनीश्वरम् (जगत् + आहुः + अनीश्वरम्)। अपरस्परसम्भूतं (अपरस्पर + सम्भूतम्) किमन्यत्कामहैतुकम् (किम् + अन्यत् + काम + हैतुकम्)।।

16.8 झूठा + आधारहीन, संसार को + बताते हैं, + ईश्वर के बिना । अकारण + जन्म लिया, क्या है + कुछ और, + जियें कामुकता ही + के लिये बस।।

16.8 जगत झूठा मानके कहते हैं यह, आधार हीन इसको व ईश्वर बिना।
अकारण ही आया हूँ सृष्टि में कह, जीते न काम इच्छा पूर्ति बिना।।8।।

16.8 Asatyam + apratishtham te jagadaahuraneeshwaram (jagat + aahuh + aneeshwaram). Aparaspara + sambhootam kimanyatkaamahaitukam (kim + anyat + kaama + haitukam).

16.8 False + baseless they describe, + the world + without God. Without reason, + have taken birth, what +else is there + other than, + lust, live only for the sake of it.

16.8 They consider the world to be false, baseless and without God or rules.
They consider birth of no use, but only to enjoy lust spend life the fools. ||8||

۱۶۰۸۔ اَ ستیَم پْرَتِشْٹھَم (اَ ستیَم + اَ پْرَتِشْٹھَم) تے جَگَداہُرنیشْوَرَم (جَگَت + آہُہ + اَنیشْوَرَم)،
اَپَرَسْپَر سَمْبھُوتَم (اَپَرَسْپَرَ + سَمْبھُوتَم) کِمَ نیَتکام ہیتُکَم (کِم + اَنیَت + کامَ + ہیتُکَم)۔

۱۶۰۸۔ جھوٹ پھیلاتے ہیں وے ، سنسار کو+بیاں کرتے ہیں +خُدا بغیر ،
بے مقصد+ آ گئے ہیں دنیامیں ،ہوس کےعلاوہ+ یہاں اور کیاہے۔

۱۶۰۸۔ اللہ تعالی بغیر ہی وہ، یتیم اِس جہان کو ہیں مانتے۔
بدحواس بے مقسد آئے یہاں، زندگی لطف ہی ہے مانتے۔

16.9 एतां (एताम्) दृष्टिमवष्ठभ्य (दृष्टिम् + अवष्ठभ्य) नष्टात्मानोऽल्पबुद्धयः (नष्ट + आत्मानाः + अल्प + बुद्धयः)। प्रभवन्त्युग्रकर्माणः (प्रभवन्ति + उग्र + कर्माणः) क्षयाय जगतोऽहिताः (जगतः + अहिताः)।।

16.9 इस + दृष्टिकोण को + मानकर, नष्ट + आत्मा वाले, + अल्प ज्ञानी / तुच्छ बुद्धि वाले। फैलाते हैं, + हिंसक, + काम, सर्वनाश के लिये, संसार का + अहित करने वाले ।।

16.9 इस दृष्टि से खो कर आत्मा, अल्पज्ञ निम्न बुद्धि वाले।
दुःखदायी कामों में लिप्त रह, भूलते हैं जग हित वाले।।9।।

16.9 Etaaam drishtimavashtabhya (drishtim + avashtabhya) nashtaatmaanoalpabuddhayah (nashta + aatmaanah + alpa + buddhaayah. Prabhvantyugrakarmaanah (Prabhvanti + ugra + karmaanah) kshayaay jagatoahitaah (jagatah + ahitaah).

16.9 This view point, + having accepted, these destroyed + selves / souls + of small + minds. Propagate + cruel + activities, for destruction,of the world, to harm it.

16.9 Viewing world a lustful chance, the ignorants live to kill the self.
Working on destruction of world, waste the world by killed self. ||9||

۱۶۰۹۔ ایتام ذرشٹوشٹبھی (ذرشٹم+اوشٹبھی) نشٹاتمانوا لپبدھیہ (نشٹ+آتمانہ+ا لپ+بدّھیہ)،
پربھونتیگر کرمانہ (پربھونت+اُگر+کرمانہ) کشیای جگتوا ہتاہ (جگتہ+اہِتاہ)۔

۱۶۰۹۔ اِس نظریہ کو+منظور کرکے ، ختم +روح والے+کم+عقل ،
اعمال مسلط کرتے ہیں+ظالمانہ +کام ، تباہی سے دنیا کے+نقسان کے لئے۔

۱۶۰۹۔ نظریہ زندگی محض لطف رکھ کے یہ لوگ، کم عقل ہو جاتے ہین۔
بغیر میہمت کے پھلتے پھولتے، بے کار جہاں کرتے جاتے ہیں۔

16.10 काममाश्रित्य (कामम् + आश्रित्य) दुष्पूरम् दम्भमानमदान्विताः (दम्भ + मान + मद + अन्विताः)। मा
`हादगृहीत्वासदग्राहान्प्रवर्तन्तेऽशुचिव्रताः (मोहात् + गृहीत्वा + असत् + ग्राहान् + प्रवर्तन्ते + अशुचि
+ व्रताः)।।:

16.10 विषय भोग + करते, अतृप्त दिखावे + और आदर सत्कार के + नशे में + चूर रहने वाले। मोहित / भ्रमित होकर + झूठी + बातें मान कर, + फैलाते हैं, + अपवित्र + व्रत / शपथ लेने वाले।।

16.10 काम इच्छा से हरदम अतृप्त, मान दिखावे के मद में चूर।
संदेह में क्षण भंगुर असत्य, फैलाते हैं झूठे संकल्प में चूर।।10।।

16.10 Kaamamaashritya (Kaamam + aashritya) dushpooram dambhamaanamadaanvitaah (dambha + maana + mada + anvitaah). Mohaadgriheetwaasadgraahaanpravartanteashuchivrataah (Mohaat + griheetwaa + asat + graahaan + pravartante + ashuchi + vrataah).

16.10 Under+ unsatiable lust, down with hypocricy, + and false reputation+on intoxication/ in liquor+ high/steeped. Deluded, +accept+ false notions+ and spread, +these impure + oath takers.

16.10 Down with insatiable lust, and unconscious with false ignorance and pride.
Under doubt they take impure vows, to propagate falsehood world wide. ||10||

۱۶۰۱۰۔ کامماشرِتی (کامم +آشرِتی) دُشپورم دمبھ مانمدانوِطاہ (دمبھ+مان+مد+انوِطاہ)،
موحادگرِہیتواسدگراحانپرورتنتے اشچو رطاہ (موہات+گرہیتوا+اسَت+گراہان+پرورتنتے+اشچِ+ور تاہ)۔

۱۶۰۱۰۔ ہوس کی پناہ میں پیاسے ، جھوٹی انا + عزت+کے نشے+ میں ڈوبے ،
شک میں+ پڑکے+جھوٹی +چیذیں +قبول کرکے زندہ رہتے ہیں + ناپاک + قرار والے۔

۱۶۰۱۰۔ دکھاوے یا حوس کے پیاسے، گھمنڈ کے نشے میں چور رہتے۔
جاہل شکّی جھوٹی سوچ سے، برے کاموں میں مشغول رہتے۔

16.11 चिन्तामपरिमेयां (चिन्ताम् + अपरिमेयाम्) च प्रलयान्तामुपाश्रिताः (प्रलयान्ताम् + उपाश्रिताः)।
कामोपभोगपरमा (काम + उपभोग + परमा) एतावदिति (एतावत् + इति) निश्चिताः।।

16.11 चिन्ता में + अपार, और + मरने तक + उसी पर आश्रित रहने वाले। इन्द्रिय तृप्ति + से सुख पाना + सबसे ऊँचा है, ऐसा + सब + निश्चित करके रहते हैं।।

16.11 मरने तक अपार चिन्ता में, झूठी सोच में घुलते रहते हैं वे।
काम उपभोग परम मान के, उसी में लिप्त जिया करते हैं वे।।11।।

16.11 Chintaam + aparimeyaam cha pralayaantaam + upaashritaah.
Kaamopabhogaparamaa (Kaama + upabhoga + paramaah) etaavaditi (etaavat+iti) nishchitaah.

16.11 In anxiety + unlimited, and till death + living on it. Sensory satisfaction + is highest, + like + all this + having decided, lead the life.

16.11 Thinking lust to be supreme in life, decide to live only for sense's satiation.
Till death remain highly anxious, faiing to do for unsatiable's satisfaction. ||11||

۱۶۰۱۱۔ چِنتامپَرِمییام (چِنتام+ اَپَرِمییام) چ پْرَلَیانتامُپاشْرِطاہ (پْرَلَیانتام+ اُپاشْرِطاہ)،
کامَوپبھوگ پَرَما (کامَ + اُپبھوگ + پَرَ ماہ) ایطاوَدِتِ (ایطاوَت+اِتِ) نِشْچِطاہ۔

۱۶۰۱۱۔ فکرمند + بری طرح اور موت تک + بے چینی میں رہتے ہوئے،
لطف+ ہوس+ نہایت اعلی ، یہی + سب کچھ ہے + طے کرتے ہیں ۔

۱۶۰۱۱۔ بے شمار دکھڑوں کی سوچ لیۓ ہی، رہتے ہیں آخر تک۔
حواسوں کی پیاس سب سے اوپر، بجھاتے جیتے تا عمران تھک۔

16.12 आशापाशशतैबद्धाः (आशा + पाश + शतैः + बद्धाः) कामक्रोधपरायणाः (काम + क्रोध + परायणाः)।
ईहन्ते काम भोगार्थमन्यायेनार्थसंचयान् (भोग + अर्थम् + अन्यायेन + अर्थ + संचयान्) ।।

16.12 आशाओं की + सौ बेड़ियों में + बँधे, काम + क्रोध + में पडेदृ। चाहते हैं, काम भोग + के लिये, + अन्याय से + धन + जमा करते रहना।।

16.12 आशा की सैकड़ों बेड़ियों में, बँधे काम और क्रोध से भी।
बिताते काम भोग इच्छा में, जोड़ते धन काली राह से भी।।12।।

16.12 Aashaapaashashatairbadhaah (Aashaa + paasha + shtaih + badhaah) kaamakrodhaparaayanaah (kaama + krodha+ paraayanaah). Eehante kaamabhogaarthamanya ayenaarthasanchayaan
(kaama + bhoga + artham + anyaayena + artha sanchayaan).

16.12 Bound by hundreds chains of hope , lust+ and anger+ drowned. Desire + senses satiation + for pleasure + illegally + keep minting money.

16.12 Tied in hundreds chains of hope, gripped with lust and anger.
Desire only pleasure, and work otherwise to collect treasure. ||12||

۱۶۰۱۲۔ آشاپاشش تیزبدّھاہ(آشا+پاش+ش تیہ+بدّھاہ) کامَ کرودھپَرایناہ(کامَ+کرودھَ+پَرایناہ)،
اِیہنتے کامبھوگارتھمَنیایینارتھ سنچیان (کامَ+بھوگ+ارتھم+اَنیایین+ارتھَ+سنچیان)۔

۱۶۰۱۲۔ امید کی+سیکڑوں زنجیروں سے جکڑے ہوے، ہوس+غصہ+میں پڑے ہوے،
خواہش کرتے ہیں ، لطف ہوس+اُٹھانے +کے لیئے+ غلط طریقوں سے +دولت جمع کرنے کی۔

۱۵۰۱۲۔ سورج چاند اور آگ، جن کے تیز سے ہوتی دنیا روشن۔
ان سب کا سارا یہ تیز، مجھ خدا سے ہی ہے ہوتا روشن۔

16.13 इदमद्य (इदम् + अद्य) मया लब्धमिमं (लब्धम् + इमम्) प्राप्यसे मनोरथम्। इदमस्तीदमपि (इदम् + अस्ति + इदम् + अपि) मे भविष्यति पुनर्धनम् (पुनः + धनम्)।।

16.13 यह + आज, मैंने पा लिया, + वह भी पा लूँगा, (अपने) मन का। यह + है, + यह + भी, मेरा होगा, + फिर से + धन।।

16.13 आज पा लिया यह मैंने, कल भी करूँगा पूरी चाह।
आज यह पाया फिर और, धन की होगी पूरी चाह।।13।।

16.13 Idamadya (Idam+adya) mayaa labdhamimam (labdham + imam) praapsye manoratham (manah + ratham). Idamasteedamapi (Idam + asti + idam + api) me bhavishyati punardhanam (punah + dhanam).

16.13 This+ today, I have got + that too, I shall get + as I desire.This + I have, + that + also will be mine + again + all the treasure.

16.13 I have got this today, will fulfill that desire again.
This has been now mine, will get wealth again. ||13||

١٦٠١٣۔ اِدَمَدیٰ (اِدَم+اَدیٰ) مَیا لَبدھَمم (لَبدھَم+ اِمَم) پَراپسیے منورتھم (مَنہ+رَتھم)،
اِدَمستیدَمَپ (اِدَم+اَستِ +اِدَم +اَپ) ے بھَوِشیَتِ پُنَردھَنَم (پُنہ+دھَنَم)۔

١٦٠١٣۔ یہ+ آج، مَیں نے پایا ہے+ اِسے ، یہ بھی پا لونگا دِل + چاہا ،
یہ+ ہے+ یہ +بھی ، میری ہوگی پھر سے+ دولت ۔

١٦٠١٣۔ آج یہ پایا کل بھی میرا ہی، پورا ہوگا جو بھی کریگا جب من۔
آج جیسے میرا ہوا ویسے ہی، کل پھر سے میرا ہی ہوگا سب دھن۔

16.14 असौ मया हतः शत्रुर्हनिष्ये (शत्रुः + हनिष्ये) चापरानपि (च + अपरान् + अपि)। ईश्वरोऽहमहं (ईश्वरः + अहम् + अहम्) भोगी सिद्धोऽहं (सिद्धः + अहम्) बलवान्सुखी (बलवान + सुखी)।।

16.14 वह मुझसे मारा गया शत्रु, + मारूँगा और + दूसरे + भी। ईश्वर भी + मैं + मैं ही + भोगने वाला, सिद्ध / निपुण भी + मैं, बलशाली + और सुखी भी।।

16.14 आज इसे मारा है मैंने, कल मार दूँगा मैं और भी दुश्मन ।
ईश्वर हूँ भोगी हूँ सिद्ध हूँ मैं, बल से भरा हूँ स्वयं प्रसन्न।।14।।

16.14 Asau mayaa hatah shatrurhanishye (shatruh + hanishye) chaaparaanapi (cha + aparaan + api). Ishwaroahamaham (Ishwarah+aham+aham) bhogi siddhoaham (siddhah + aham) balwaansukhee (balwaan + sukhee).

16.14 That one, by me, was killed, enemies+ I shall kill, and + shall kill+ others + too. God is Me , + I am enjoyer, perfect, + I am , strong + and happy.

16.14 This has been killed by me, shall kill other enemies also.
I am god, I am consumer, perfect with joy and energy also. ||14||

١٦٠١٤۔ اَسَو مَیا ہَتہ شَترُرہنِشیے (شَترُہ+ہنِشیے) چاپَرانَپ (چ+اَپَران+اَپ) ،
اِیشوَروَاَہَمہَم (اِیشوَرہ+اَہَم+اَہَم) بھوگی سِدّھواَہَم (سِدھہ+اَہَم) بلواَنسُکھی (بلوان+سُکھی)۔

١٦٠١٤۔ اِسے مَیں نے مار ڈالا ، دشمن+مار دونگا دوسرے اور +بھی ،
آقا ہوں+مَیں، + مَیں ہی لطف لؤنگا ، کمال حاصل ہوں+مَیں طاقت والا ہوں+سکھی ہوں۔

١٦٠١٤۔ آج یہ دشمن مار دیے مَیں نے، کل دوسرے بھی مار دونگا مَیں۔
مَیں ہی خدا ہوں لطف بھی لونگا، قابل طاقتور ہوں سکھ لونگا مَیں۔

16.15 आढ्योऽभिजनवानस्मि (आढ्यः + अभिजनवान् + अस्मि) कोऽन्योऽस्ति (को + अन्यः + अस्ति) सदृशो (सदृशः) मया। यक्ष्ये दास्यामि मोदिष्य इत्यज्ञानविमोहिताः (इति + अज्ञान+ विमोहिताः)।।

16.15 धनी + कुलीन सम्बन्धियों वाला + मैं हूँ, कौन + दूसरा + है, मेरे जैसा । यज्ञ करूँगा, दान दूँगा, खुशियां मनाऊँगा, ऐसे + अज्ञानता वश, भ्रमित रहते हैं।।

16.15 धनी कुलीन परिवार है मेरा, मेरे जैसा कोई कहाँ।
यज्ञ दान खुश दूँगा, अज्ञान से ऐसे मोहित यहाँ।।15।।

16.15 Aadhyoabhijanavaanasmi (Aadhyah + abhijanavaan + Asmi) koanyoasti (kah + anyah + asti) sadrishomayaa (sadrishah + mayaa). Yakshye daasyaami modishya Ityagyaanavimohitaah (Iti + agyaana + vimohitaah).

16.15 Monied, + with respected relatives + I am, who + else + is like + me. I shall perform offering rituals, shall donate, shall enjoy celebrations, Like this + due to ignorance + remain in doubt.

16.15 I am rich with class relatives, none can ever be equal to me.
Shall perform yagyan to celebrate, ignorants in doubt thus be. ||15||

۱۶۰۱۵۔ آڈھیوَابھِ جَن وانَسْم (آڈھیَہ+ابھِ جَن+وان+اَسْمِ) کوَانْیوَاَسْتِ (کہ+اَنْیَہ+اَسْتِ) سَدْرِشوٗ(سَدْرِشَہ)مَیا،
یَکْشِیے داسْیامِ موَدِشْیَ اِتْیَگْیانوِموَہِتاہ (اِتِ+اَگْیانَ+وِموَہِتاہ)۔

۱۶۰۱۵۔ عالی+طبقے سے+طعلق رکھتاہوں+مئیں،کون +دوسرا+ہے ،جیسا +مئیں ہوں،
رسم قربانی(یگّیں) اوردان کروں گا خوشیاں مناوں گا، ایسی+ناعلمی سے+شک میں رہتے ہیں۔

۱۶۰۱۵۔ امیرعظیم پیدائشی ہوں مئیں، میرے جیسا کوئی دوسرا ہے کہاں۔
حوم دان کروں گا خشی منائیں گے،موہ سے جاہل سوچتا ہے یہاں۔

16.16 अनेकचित्तविभ्रान्ता (अनेक + चित्त + विभ्रान्ताः) मोहजालसमावृताः (मोह + जाल + समावृताः)। प्रसक्ताः कामभोगेषु (काम + भोगेषु) पतन्ति नरकेऽशुचौ (नरके + अशुचौ)।।

16.16 अनेक + सोचों से + भ्रमित, मोह + जाल में फँसे। आसक्त, इन्द्रिय तृप्ति को + भोगने में, + गिरते हैं + नरक में, + अपवित्र।।

16.16 कई कई इच्छाओं में उलझे, संदेह जाल में फँसे हुए।
काम भोग में लिप्त उलझे, गिरते नरक में अशु) हुए।।16।।

16.16 Anekachittavibhraantaa (Aneka+ chitta+ vibhraantaah) mohjaalasamaavritaah (moh + jaala samaavritaah).

Prasaktaah kaamabhogeshu (kaama + bhogeshu) patanti narakeashuchau (narake + ashuchau).

16.16 Many (by split)+ mind, + deluded ones, trapped in the web of+ doubt. Attached to sense satiation, +pleasures, fall into the hell, + dirty those.

16.16 Those confused under many minds, captured into web of doubts.
Engaged in lust satiation, into hell these false people fall down. ||16||

۱۶۰۱۶۔ اَنیک چِتّوِبھرا نْطا (اَنیک + چِتّ + وِبھرنْطاہ) موہَجالَسما وْرِتاہ (موہ + جالَ + سَماوْرِتاہ)،
پْرسکْتاہ کامَبھوگیشُ (کامَ + بھوگیشُ) پَتَنْتِ نَرکےاَشُچَو (نَرکے + اَشُچَو)۔

۱۶۰۱۶۔کئی +سوچوں سے+ پریشان، شک کے + جال میں+ پھنسے اُلجھے ہوئے،
منسلک لطف ہوس +اُٹھانے کے لیئے گر پڑتے ہیں ، دوزخ میں +ناپاک۔

۱۶۰۱۶۔ بہت سی چاہیں پالے ،شک کے موہ جال میں پھنستے ہیں۔
حوس لطف میں ڈوبے ناپاک،دوزخ میں گر پڑتے ہیں۔

16.17 आत्म सम्भाविताः स्तब्धा (स्तब्धाः) धनमानमदान्विताः (धन + मान + मद + अन्विताः)। यजन्ते नामयज्ञैस्ते (नाम + यज्ञैः + ते) दम्भेनाविधिपूर्वकम् (दम्भेन् + अविधि + पूर्वकम्)।।

16.17 अपने आप पर अचम्भित, धन + मान + के नशे में + चूर । पूजन करते हैं, मात्र नाम के लिये, + यज्ञ करते हैं, + वे, दिखावे से + बिना विधि + विधान के।।

16.17 अपनी ही अच्छाइयों में डूबे, झूठे धन व मान मद में लीन।
यज्ञ करते बस नाम के लिये, दम्भ में विधि विधान विहीन।।17।।

16.17 Aatmasambhaavitaah (Aatma + sambhaavitaah) stabdhaa (stabdhaah) dhanamaanamadaanvitaah (dhana + maana + mada + anvitaah).
Yajante naamayagyaiste (naama + yagyaih + te) dambhenaavidhipoorvakam (dambhena + avidhi + poorvakam).

16.17 Under self +superiority complex, in awe, money + and honour + intoxicated+ on high. Worship + just for name, perform +offering rituals, +they, enloaded with show off + without rules and regulations.

16.17 In awe with self pride, unconscious by wealth rank and reputation.
Perform rituals only for show, without following rules regulations. ||17||

۱۶۰۱۷۔ آتْمَسَمْبھاوِتاہ (آتْمَ + سَمْبھاوِتاہ) سْتَبْدھا دھَنَمانَمَدا نْوِتاہ (دھَنَ + مانَ + مَدَ + اَنْوِتاہ)،
یَجَنْتے نامَیَگّیشْتے (نامَ + یَگّیہ + تے) دَمْبھیناوِدھِپوُرْوَکَمْ (دَمْبھینَ + اَوِدھِ + پوُرْوَکَمْ)۔

۱۶۰۱۷۔ خود پے+ فدا ، (اپنے پر) حیران، پیسے +عزت کے+ نشے میں+ چوُر ،
رسم قربانی (یگّیں) کرتے ہیں ، شہرت کے لئے ،+یگّیں سے +وے، دِکھانے کے لئے، + بغیر طور طریقے +عمل کیئے۔

۱۶۰۱۷۔ جوخود غرور میں کھوئے ہیں، جھوٹی دولت عزت سے دوچار ہیں۔
عبادت کرتے خودشہرت کے لیئے، روایات کی پیروی میں بیکار ہیں۔

16.18 अहंकारं (अहंकारम्) बलं (बलम्) दर्पं (दर्पम्) कामं (कामम्) क्रोधं (क्रोधम्) संश्रिताः। मामात्मपरदेहेषु (माम् + आत्म + पर + देहेषु) प्रद्विषन्तोऽभ्यसूयकाः (प्रद्विषन्तः + अभ्यसूयकाः)।।

16.18 अहंकार, बल, घमण्ड, काम, और क्रोध में रहने वाले। मुझको (परमात्मा को) + जो + इनके अपने + व दूसरों के + शरीरों में हूँ, दोष देते हैं + ईर्ष्यालु होकर।।

16.18 अहंकार शक्ति घमण्ड हवस, और क्रोध के बल, मुझ ईश्वर से जलते।
अपने व सबके शरीर में बैठे, भगवान को भी निन्दित व बदनाम करते।।18।।

16.18 Ahankaaram balam darpam kaamam krodham cha sanshritaah. Maamaatmaparadeheshu (Maam + aatma + para + deheshu) pradwishantoabhyasooyakaah (pradwishantah + abhyasooyakaah).

16.18 Ego, strength, pride, lust and anger filled. To Me (God) + who is in their selves + and others + body, blame (Me the God) + being envious (of Me).

16.18 Down with egotism, power and false pride, pressed by lust and anger.
Enviously criticize Me Who is, seated in their hearts and of others. ||18||

۱۶۰۱۸۔ اَہَنْکارَم بَلَمْ دَرْپَم کامَمْ کْروُدھَمْ چ سَنْشْرِطاہ،
ماماتْم پَرَدیہیشُ (مام+آتمَ+پَرَ+دیہیشُ) پْرَدْوِشَنْتوْ اَبھْی سوُیَکاہ (پْرَدْوِشَنْتَہ+اَبھْی سوُیَکاہ)۔

۱۶۰۱۸۔غرور، طاقت، دِکھاوا ، ہوس اور غصہ میں پڑکے ،
مُجھ(خُدا)سے، جو +خود اُن کے+اور دوسروں کے+ جسموں میں ہوں، خامیاں نکالتے+رشک کرتے ہیں۔

۱۶۰۱۸۔ گھمنڈاورطاقت میں ڈوبے متشدد، دکھاوٹی فحش غصے بازلوگ۔
جلتے برائی کرتے ہیں مجھ خدا کی ،ہوں سب کی دیہ میں جان کے بھی لوگ۔

16.19 तानहं (तान् + अहम्) द्विषतः क्रूरान्संसारेषु (क्रूरान् + संसारेषु) नराधमान (नर + अधमान्)। क्षिपाम्यजस्त्रमशुभानासुरीष्वेव (क्षिपामि + अजस्त्रम् + अशुभान् + आसुरीषु + एव) योनिषु।।

16.19 उन्हें + मैं, ईर्ष्यालु व क्रूरों के + संसार में, और नीच मनुष्यों के (संसार में) ।
डाल देता हूँ, + हर दम + अशुभ, + आसुरी + ऐसी ही, योनियों में, ।।

16.19 उन ईर्ष्यालुओं जालिमों को, संसार के नीच मानवों को।
अशुभ आसुरी योनियों में, फिर जन्म लेने डालता उनको।।19।।

16.19 Taanaham (Taan + Aham) dwishatah krooraansansaareshu (krooraan + sansaareshu) naraadhamaan (nara + adhamaan).

kshipaamyajastramashubhaanaasureeshveva (kshipaami + ajastram + ashubhaan + aasureeshu + eva) yonishu.

16.19 To those + envious, cruel+ and world's+ lowly people. I put + always + into inauspicious, + demonic+ such type of + wombs.

16.19 To such envious and cruel, the lowly people of the world.
I always put in to impure, demoniac wombs to take rebirth. ||19||

۱۶۰۱۹۔ طانَہَم (طانْ+اَ ہَمْ) دْوِشَتَہ کْرُوْرا نْسَنْسَاریشُ (کْرُوْرانْ+سَنْسَاریشُ) نَرادھَمانْ (نَرَ+اَدھَمانْ)،
کْشِپامْیَجَسْتْرَمَ شُبھانا سُریشْویوَ (کْشِپا مِ+اَجَسْتْرَم+اَ شُبھانْ+آسُریشُ+ایوَ) یُو نِشُ۔

۱۶۰۱۹۔ اُن حسد کرنے والے ظالم+ دنیا میں، نیچ لوگوں کو (مَیں خُدا)،
ڈال دیتا ہوں + ہمیشہ+ناپاک+ شیطانی +اَیسی ہی، بچہ دانیوں میں ۔

۱۶۰۱۹۔ نفرت بھرے ظالم لوگوں کو، اس دنیا کے نیچ انسانوں کو مَیں۔
یقیناً ہمیشہ ڈال دیتا ہوں، شیطانی غلافوں میں نیچوں کے مَیں۔

16.20 आसुरीं (आसुरीम्) योनिमापन्ना (योनिम् + आपन्ना) मूढा (मूढाः) जन्मनि जन्मनि। मामप्राप्यैव (माम् + अप्राप्य + एव) कौन्तेय ततो (ततः) यान्त्यधमां (यान्ति + अधमाम्) गतिम्।।

16.20 आसुरी योनि + पाकर, मूर्ख जन्म जन्मान्तर में। मुझे (परमात्मा को) + न पाकर + इसी प्रकार, हे! कुन्तीपुत्र, इसके बाद, जाते हैं + नीच + गति को।।

16.20 आसुरी योनि पाके यह मूर्ख, जन्म जन्मान्तर मुझे न पाते।
कुन्ती पुत्र! मुझे न पा यह मूर्ख, बार बार अधम गति पाते।।20।।

16.20 Aasureem yonimaapannaa (yonim + aapannaa) moodhaa janmani janmani. Maamapraapyaiva (Maam + apraapya + eva) Kauntey tato yaantyadhamaam (yaanti + adhamaam) gatim.

16.20 Demonic wombs, + having got, the ignorants, birth after birth. To Me (Supreme Suol) + not having got, +like this, O! Kunt's son, after that, go to + lowly + of the lowest goal.

16.20 These ignorants take birth again and again, through devilish wombs.
Kunti's son! fall into lower worlds, far away from Me the God's home. ||20||

۱۶۰۲۰۔ آصُریم یونِماپنّا (یونِم+آپنّا) موڑھا جَنمَنِ جَنمَنِ،
مامپراپیو (مام+اپراپی+ایو) کونتیی تتو (تتہ) یانتیدھمام (یانتِ+ادھمام) گتم۔

۱۶۰۲۰۔ شیطانی +بچہدانی +پاکے +جاہل + پیدائش در پیدائش،
مُجھ خُدا کو+نہیں+ پاکے+ہی، اُس کے باد گرتے ہیں + نیچے کی (بُرائی کی) طرف۔

۱۶۰۲۰۔ شیطانی بچہدانی میں گر کے، یہ جاہل بار بار پیدا ہوتے جاتے۔
کنتی زادے! مجھ خدا کو نہ پاکے، نچلے مقاموں میں گرتے جاتے۔

16.21 त्रिविधं (त्रिविधम्) नरकस्येदं (नरकस्य+इदम्) द्वारं (द्वारम्) नाशनमात्मनः (नाशनम् + आत्मनः)।
कामः क्रोधस्तथा (क्रोधः + तथा) लोभस्तस्मादेतत्त्रयं (लोभः + तस्मात् + एतत् + त्रयम्) त्यजेत ।।

16.21 तीन तरह के, नरक के द्वार हैं, जो नाश करते हैं + आत्मा का। काम, क्रोध + और लोभ, + इसीलिये + इन + तीनों को, + छोड़ देना चाहिये।।

16.21 आत्मा को नष्ट करते हैं, नरक के ये तीन द्वार ।
छोड दो विनाशकारी, काम क्रोध लोभ के द्वार।।21।।

16.21 Trividham narakasyedam (narakasya + idam) dwaaaram naashanamaatmanah (naashanam + aatmanah).
Kaamah krodhastathaa (krodhah + tathaa) lobhastasmaadetattrayam (lobhah + tasmaat + etat + trayam) tyajet.

16.21 Of three kinds, hell's+ here/in this world, doors are, which destroy + the soul (self). Lust, anger+ and greed, + therefore + these + three, must be renounced.

16.21 There are three doors of hell, destructive to the self.
They are lust anger and greed, which should be left. ||21||

۱۶۰۲۱۔ ترِوِدھم (ترِ+وِدھم) نرکسییدم (نرکسی+اِدم) دوارم ناشنماتمنہ (ناشنم+آتمنہ)،
کامہ کرودھستتھا (کرودھہ+تتھا) لوبھستسمادیتترییم (لوبھہ+تسمات+ایتت+ترییم) تیجیت۔

۱۶۰۲۱۔تین+طرح کے، جہنم + کے یہاں، دروازہ تباہ کرتے ہیں+ روح کو ،
ہوس،غصہ +اور، لالچ +اِس لیۓ + اِن + تینوں کو، چھوڑ دینا چاہیۓ ۔

۱۶۰۲۱۔ ہوس غصہ اور لالچ کے،روح ناشی ہوتے ہیں جذبات یہ تین۔
جہنم کے ہوتے ہیں دروازے، چھوڑ دینے چاہیۓ احساس یہ تین۔

16.22 एतैर्विमुक्तः (एतैः + विमुक्तः) कौन्तेय तमोद्वारैस्त्रिभिर्नरः (तमः + द्वारैः + त्रिभिः + नरः)। आचरत्यात्मनः (आचरति + आत्मनः) श्रेयस्ततो (श्रेयः + ततः) याति परां (पराम्) गतिम्।।

16.22 इनसे (नारकीय द्वारों से) + मुक्त होकर, हे!कुन्तीपुत्र, अंधेरे (अज्ञान के) + द्वारों से, + तीनों से, + मनुष्य। व्यवहार करता है, + आत्मा से / स्वयं से + अच्छे, + तब जाता है, परम गति / लक्ष्य / ईश्वर को।।

16.22 नरक के तीनों द्वारों से छुट के, अपने आप श्रेष्ठ व्यवहार करता।
कल्याणकारी कामों को कर के, अन्त में परम गति प्राप्त करता।।22।।

16.22 Aetairvimuktah (Aetaih+vimuktah) Kaunteya tamodwaaraistribhirnarah (tamah + dwaaraih + tribhih + narah).

Aacharatyaatmanah (Aacharati + aatmanah) shreyastato (shreyah + tatah) yaati paraam gatim.

16.22 From these, + being free, O! Kunti's son, the darkness (ignorance) doors, + three + of hell, + a man. Performs/Behaves + through self + nicely, + after that leaves to Highest Abode.

16.22 Kunti's son! having renounced these three, hellish doors of darkness.
The person behaves nobly himself, and reaches Supreme Highness. ||22||

۱۶۰۲۲۔ ایطیرٔ وِمُکتہ (ایطیہ+وِمُکتہ) کَونتیَ تموَدواریسترِبھرنرَہ(تمہ+دواریہ+ترِبھِہ+نرَہ)،
آچرَتیاتمنہ (آچرَتِ+آتمنہ) شریَستَتوَ(شریَہ+تتہ) یاتِ پرامْ گتمْ۔

۱۶۰۲۲۔ اِن سے +آزاد ہوکے، یا! کُنتی ذدے، اندھیرے+تین +دروازوں سے +آدمی ،
سلوک کرتاہے + اپنی بہتری کے لیۓ+اور تب جاتاہے عالی مقصد کی طرف۔

۱۶۰۲۲۔ جہنم کےان تین اندھیرے دروازوں سے، جوشخص نجات پاجاتاہے۔
کُنتی ذادے!اپنی روح سے وہی، مومن کام کرکے جنّت پاتاہے۔

16.23 यः शास्त्रविधिमुत्सृज्य (शास्त्र + विधिम् + उत्सृज्य) वर्तते कामकारतः (काम + कारतः)। न स सिद्धि
मवाप्नोति (सिद्धिम् + आप्नोति) न सुखं (सुखम्) न परां (पराम्) गतिम्।।

16.23 जो शास्त्र + विधि + छोड़कर, करता है + लुत्फ़ / इच्छाओं + के वशीभूत कार्य। न वह सिद्धि + पाता है, न सुख, न परम गति।

16.23 छोड के शास्त्रों में लिखी विधियां, मनमाने ढ़ंग से करता है जो।
सिद्धि न सुख न ही परम गति, मनुष्य कभी भी नहीं पाता है वो।।23।।

16.23 Yah shaastravidhimutsrijya (shaastra + vidhim + utsrijya) vartate kaama kaaratah (vartate kaama + kaaratah).
na sa siddhimavaapnoti (siddhim + avaapnoti) na sukham na paraam gatim.

16.23 Whoever, Scriptural + ordinances + having left, performs + for desirous enjoyment, + the deeds. Neither + he + gets skill, + nor joy, + nor even + The Highest + Goal.

16.23 The one who renounces the paths, prescribed by religious scriptures.
Works as desired gets neither perfection, nor Supreme nor pleasures. ||23||

۱۶۰۲۳۔ یَہ شاشتر وِدھم اُتسرِجی (شاشتر + وِدھم + اُتسرِجی) وَرتتے کامکارتہ (کام + کارتہ)،
نَ س (سَہ) سِدّھموا پنوتِ (سِدّھم + اَواپنوتِ) نَ سُکھم نَ پَرام گتم۔

۱۶۰۲۳۔ جو صحیفوں میں + بیان طریقے + چھوڑ کے ، کرتا ہے کام + منمانی سے،
نا وہ قابلیت + حاصل کرتا ہے، نا سکھ اور نا ہی عالی مقام۔

۱۶۰۲۳۔ روایتیں صحیفوں کی چھوڑ کے جو، کام اپنے من سے ہی کیا کرتے۔
نا قابلیت نہ سکھ نہ خشی کبھی وہ، اور نہ اعلی مقصد ہی پایا کرتے۔

16.24 तस्माच्छास्त्रं (तस्मात् + शास्त्रम्) प्रमाणं (प्रमाणम्) ते
कार्याकार्यव्यवस्थितौ (कार्य + अकार्य + व्यवस्थितौ)। ज्ञात्वा शास्त्र विद्यानोक्तं (विधान + उक्तम्) कर्म कर्तुमिहार्हसि (कर्तुम् + इह + अर्हसि)।।

16.24 अतः + शास्त्रों के प्रमाण, तुम्हारा कार्य (कौन सा) करना + (कौन सा) न करना + व्यवस्थित करते हैं। जानकर शास्त्रों में बताए हुए + विधान, के अनुसार, कार्य करने के, + यहां + योग्य हो तुम।। अर्थात यहां तुम्हें शास्त्रों में बताए हुए विधानों की जानकारी ले कर, योग्यता से काम करना चाहिये।।

16.24 शास्त्र प्रमाणित करते हैं, करने और न करने वाले काम।
वहां से जान के योग्य हो के, करो योग्यता से सारे काम।।24।।

16.24 Tasmachchhaastram (Tasmat + shaastram) pramaanam te
kaaryaakaarya vyavasthitau (kaarya + akaarya + vyavasthitau).
Gyaatvaa shaashtra + vidhaanoktam (vidhaana + uktam) karma kartumihaarhasi (kartum + iha + arhasi).

16.24 Hence, + on scriptural certification, you should organise dos + and don'ts + of works. Having known + the Shastr's + scripted ordinances,to perform + here (in this world), you are capable.

16.24 Hence one should organize deeds, as per religiously scripted rules.
And do all works accordingly, having perfectly learned those rules. ||24||

۱۶۰۲۴۔ تَسماچّھاشترمْ (تَسمات+شاشترمْ) پْرَمانَمْ تے کازیاکازیَوْیَوَستِھطَو (کازی+اکازی+وْیَوَستِھطَو)،
گیاتوا شاشترَوِدھانوکتَمْ (شاشتر+ وِدھان+اُکتَمْ) کَرمَ کَرتُمِہازحَسِ (کَرتُم+اِہَ+اَزحَسِ)۔

۱۶۰۲۴۔اِس لئے +مقدس صحیفوں کے مطابق اُنہیں فرائض+ نا قابل فرائض کام تجزیہ کرنے چاہیئے ،
جان رسمجھ کے صحیفوں میں+ بیان طریقے تُمہیں فرض کرنے چاہیئے۔

۱۶۰۲۴۔روایتیں ضحیفوں کی چھوڑ کے جو، کام اپنے من سے ہی کیا کرتے۔
نا قابلیت نہ سکھ نہ خشی کبھی وہ، اور نہ اعلی مقصد ہی پایا کرتے۔

अध्याय-17 : श्रद्धा त्रय विभाग योग

CHAPTER – 17 : Shriddha Tray Vibhag Yogah

باب۔(۱۷) شرؔدھا ترَی وِبھاگ یوگہ

- व्यक्ति की प्रकृति तथा सम्पूर्ण व्यक्तित्व उसके गुणों द्वारा निर्धारित होते हैं। उसकी श्रद्धा से लेकर भोजन तक उसी प्रकार के होते हैं, जैसे उसके अपने गुण। यह सारे गुण तीन प्रकार के होते हैं, जो व्यक्ति को प्रकृति द्वारा जन्म से ही मिलते हैं। इन तीन गुणों के आधार पर व्यक्ति भी तीन प्रकार के होते हैं :–
- सात्विक – सत्वगुणी – भले
- राजसिक – रजसगुणी – घमण्डी व दिखावटी
- तामसिक – तमसगुणी – अज्ञानी व झूठे
- 'ऊँ' 'तत्' 'सत्' उच्चारित कर कार्यों को शुभ मंगलकारी बनाएं।
- एक दृष्टया एक निष्ठ ईश्वर भक्ति शाश्वत सुख का आधार है।
- The type of natural trait of a person decides the kind of his own nature and personality. His faith to food and everything is retained by the type of character he owns. All these characters are of three types, which one gets from nature since birth. Based on three characters, the persons are also of three types
- Satvic – with trait of goodness. – noble
- Rajsic – with trait of showoff. – showoff and egoistic
- Tamsic – with trait of lies and ignorance. – idle and ignorant
- By uttering the syllable
- 'OHM' 'TAT' 'SAT' one should perform and declare one's acts to be pure and auspicious.
- Through single minded faithful devotion to God, eternal peace can be attained.

۱۔ انسان کےکردار کی قدرتی خصوصیات اسکی خود کی قدرت اور شخصیت طے کرتی ہیں۔ شخص کا ایمان ، اسکے کھانے اور یہاں تک کہ ہر چیز جنہیں وہ زندگی میں برقرار رکھتاہے ، اسکی خصوصیات کی تصویر ہوتی ہیں ۔ سبھی خصوصیات تین طرح کی ہوتی ہیں۔

ساتوِک ۔ اچھے کرداروں کی خصوصیات۔

راجسِک ۔ دکھاوےبازی کی خصوصیات۔

تامسِک ۔ جہالت اور جھوٹ کی خصوصیات۔

۲۔ اومْ تَتْ سَتْ یہ تین لفظ بول کے پاک کام صاف اعلان کے ساتھ کرنے چاہئے۔
۳۔ خدا کی ایک ذہنی ایماندار عقیدت کر کے آبدی سکون حاصل کیا جانا چاہئے ۔

अध्याय-17 Chapter – 17

باب۔(۱۷)

अर्जुन उवाच Arjuna Uvaacha अर्जुन बोले Arjun Said

اَرْجُن اُواچ ارجُن بولے

17.1 ये शास्त्रविधिमुत्सृज्य (ये + शास्त्र + विधिम् + उत्सृज्य) यजन्ते श्रद्धयान्विताः (श्रद्धया + अन्विताः)।
तेषां (तेषाम्) निष्ठा तु का कृष्ण सत्वमाहो (सत्वम् + आहो) रजस्तमः (रजः + तमः)।।

17.1 जो + शास्त्र + विधि + छोड़कर, भजते हैं, श्रद्धा + से भरे । उनकी श्रद्धा परन्तु कैसी, हे! कृष्ण, सत्व + कही जाएगी, रजस + या तमस।।

17.1 पूजा शास्त्र विधि से नहीं, पर करते अपनी श्रद्धा से।
कृष्ण! सत्व रजस या तमस, कैसी होती है श्रद्धा ये।।1।।

17.1 Ye shaashtravidhimutsrijya (shaashtra + vidhim + utsrijya) yajante shradhayaanvitaah (shradhayaa + anvitaah).
Teshaam nishthaa tu kaa Krishna satvam + aaho rajastamah (rajah + tamah).

17.1 Those, who+ shastr (scriptural) + dictions, + having left/unfollowed, worship faith + fully.Their faith, but what, O! Krishn, is Satv, + called, Rajas + or will be Tamas.

17.1 Those who work not following, the scripted ruling but with faith.
Krishn! Satv rajas or tamas, of which kind will be his this faith. ||1||

۱۷۔۱ یے شاشتر وِدِھمُتسرِجی (شاشتر+وِدھم+اُتسرِجی) یجنتے شردّھیانوِطاہ(شرِدّھیا+انوِطاہ)،
تیشامْ نِشٹھا تُ کا کرِشن ستوماہو (ستوم+آہو) رجستمہ(رجہ+تمہ)۔

۱۷۔۱ جو + صحیفوں کے+طریقے +چھوڑ کے عبادت کرتے ہیں ایمان+ کے ساتھ،
اُن کا ایمان مگر کیسا ہوتا ہے، یا! کرشن کہیے، ستوٗ+ رجس+یا کہ تمس۔

۱۷۔۱ یا! کریشن! روایتیں صحیفوں کی چھوڑ کے، عبادت دل ایمان سے کرتے جو۔
ستوٗ رجس تمس کس خوبی کی، ایمانداری ہوتی ہیں کیسے طریقے کی وہ۔

श्रीभगवानुवाच Shree Bhgawaan Uvaacha श्रीभगवान बोले Lord Shri Said

شری بھگوانُواچ خُدا بولے

17.2 त्रिविधा भवति श्रद्धा देहिनां (देहिनाम्) सा स्वभावजा (स्व + भाव + जा)।
सात्विकी राजसी चैव (च + एव) तामसी चेति (च + इति) तां (ताम्) शृणु।।

17.2 तीन तरह की, होती है श्रद्धा, जीवधारियों में, उनके प्राकृतिक + गुणों + जैसी।
सात्विकी राजसी और + इसी तरह तामसी, इन्हें सुनो।।

17.2 स्वभाव से तीन तरह की ही, देहधारियों में श्रद्धा भी होती।
सात्विक राजसिक व तामसी, गुणों के जैसी श्रद्धा भी होती।।2।।

17.2 Trividhaa (Tri + vidhaa) bhavati shraddhaa dehinaam sa swabhaavajaa (swa + bhaava + jaa). Saatvikee raajasee chaiva (cha + eva) taamasee cheti (cha + iti) taam shrinu.

17.2 Three+ types of faith possess, the bodied people, their own/self+ nature/character+ like/type. Satviki, Rajasi and+like that, Tamasi, listen to these.

17.2 People have three kinds of faith, according to their own nature.
Satvic, rajsic or tamsic, listen how as per the natural characters. ||2||

۱۷۰۲۔ ترِوِدھا (ترِ+ وِدھا) بھَوَتِ شرَدّھا دیہِنام سا سْوَبھاوَجا(سْوَ+ بھاوَ+ جا)،
ساتوِکی راجَسی چَیوَ(چَ+ ایوَ) تامَسی چیتِ (چَ+ اِتِ) تام شرِنُ۔

۱۷۰۲۔ تین +طرح کا ہوتاہے ایمان جسم والوں میں ،جیسی خودکی +قدرتی خصوصی+ سے پیدا ،
ساتوِکَ ، راجَسِکَ اور +یا تامَسِکَ ، اور + سارا وہ تُم سنو۔

۱۷۰۲۔ لوگوں میں تین طرح کے ایمان بھی، قدرتی خوبیوں کے جیسے ہوتے۔
ساتوِک راجسِک اور تامسِک، جسم میں ایمان بھی شخصیت سے سنو ہوتے۔

17.3 सत्वानुरूपा (सत्व + अनुरूपा) सर्वस्य श्रद्धा भवति भारत। श्रद्धामयोऽयं (श्रद्धामयः + अयम्) पुरुषो (पुरुषः) यो (यः) यच्छ्रद्धाः (यत् + श्रद्धाः) स (सः) एव सः।।

17.3 अस्तित्व में + गुणों जैसी, सबकी + श्रद्धा हो जाती है, हे! भारत।
श्रद्धा + भरी इस आत्मा में, जैसी + श्रद्धा जिसकी, वैसा ही वह।।

17.3 भारत! व्यक्तित्व के जैसी, श्रद्धा हो जाती सबकी।
अर्जित गुणों के जैसी, श्रद्धा विशिष्ट होती सबकी।।3।।

17.3 Satvaanuroopaa (Satva + anuroopaa) sarvasya shraddha bhawati Bhaarata.
Shraddhaamayoayam (Shraddhaamayah + ayam) purusho (purushah) yo (yah) yachchhraddhah (yat + shraddhah) sa eva sah.

17.3 Personal quality / character + like, every one's faith, becomes O! Bhaarat. Faith filled+ this person is what is + his faith, he too is like that.

17.3 Bharat! each person possesss, certain specific characters.
Which make his personality, his faith is like his characters. ||3||

۱۷۰۳۔ سَتّوا نُروُپا(سَتّوُ+انُروُپا) سَرْوَسْیَ شْرَدّھا بھَوَتِ بھارَت،
شْرَدّھامَیوَاَیَمْ(شْرَدّھامَیَہ+اَیَمْ) پُرُشوَ(پُرُشَہ) یوَ(یَہ) یَچّھرَدّھَہ(یَت+شْرَدّھَہ) سَ (سَہ) ایوَ سَہ۔

۱۷۰۳۔ شخصیت +جیسا سب کا ایمان ہوتا ہے، یا! بھارت،
ایماندار+ اِس شخص کا جیسا +ایمان ویسا ہی +وہ۔

۱۷۰۳۔شخصیت کی خوبی جیسی بھارت! ویسا ہی ایمان بھی اُس کا ہوتا ہے۔
کردار کی خوبی کی طرح کا،بندوں کا ایمان بھی ہو جاتا ہے۔

17.4 यजन्ते सात्विका देवान्यक्षरक्षांसि (देवान् + यक्ष + रक्षांसि) राजसाः। प्रेतान्भूतगणांश्चान्ये (प्रेतान् + भूत गणान् + च + अन्ये) यजन्ते तामसा (तामसाः) जनाः।।

17.4 पूजते हैं, सतो गुणके लोग, देवताओं को, + यक्षों + राक्षसों को, + रजो गुणी लोग। प्रेतों को, + भूतगणों को, + तथा + औरों को + पूजते हैं, तामसी लोग।।

17.4 सात्विक पूजते हैं देवता, राक्षस पूजते है राजसिक।
पूजते भूतों को तामसिक, जैसी श्रद्धा वैसा व्यक्तित्व ।।4।।

17.4 Yajante saatvikaa (saatvikaah) devanyaksharakshaansi (devan+yaksha+rakshaansi) Raajasaah.
Pretaanbhootaganaanshchaanye (Pretaan + bhoota + ganaan + cha + anye) yajante taamasaa Janaah.

17.4 Worship Satvik people to Gods, + to Yakshs + Rakshas, Rajsic people.
To spirits, + ghosts + and + others + worship, the Tamasic people.

17.4 Those with satvic characters worship God, and rajsic worship devils.
While those with tamsic characters, worship ghosts and spirit evils. ||4||

۱۷۰۴۔ یَجَنْتے ساتْوِکا دیوانْیَکْشَرَکْشانْسِ (دیوَن +یَکْش+رَکْشانْسِ) راجَساہ،
پْریتانْبھوتْ گَنانْشْچانْیے (پْریتانْ+بھوتْ+گَنانْ+چ+اَنْیے) یَجَنْتے طامَسا جَناہ۔

۱۷۰۴۔عبادت کرتے ہیں ساتوِک لوگ دیوتاوں (خداوں) کی،+یکشوں+راکشسوں کی راجسِک لوگ،
سایوں +بھوتوں کی +ایک+اور +دوسرے (لوگ) عبادت کرتے ہیں، طامسِک لوگ۔

۱۷۰۴۔ساتوِک بندے نیک ہوتے ہیں،خدا کی عبادت جو کرتے ہیں ۔
راجسِک بندے راکشسوں کی،طامسِک بھوت پریتوں کی کرتے ہیں۔

17.5 अशास्त्रविहितं (अशास्त्र + विहितम्) घोरं (घोरम्) तप्यन्ते ये तपो (तपः) जनाः। दम्भाहंकारसंयुक्ताः (दम्भ + अहंकार + संयुक्ताः) कामरागबलान्विताः (काम + राग + बल + अन्विताः)।।

17.5 शास्त्रों में + न निर्देशित, घोर तप में जो तपते हैं लोग।
वे दिखावटी + अहंकार + से युक्त, कामना + और लगाव के + बल से, जुटे रहते हैं।।

17.5 शास्त्र विधियां न मानके, तप करते हैं तपस्वी जो घोर।
झूठे घमण्ड व अहं से, भोग की चाह शक्ति के जोर।।5।।

17.5 Ashaastravihitam (A+shaastra+ vihitam) ghoram tapyante ye tapo (tapah) janaah. Dambhaahankaarasanyuktaah (Dambha + ahankaara+ sanyuktaah) kaamaraagabalaanvitaah (kaama + raaga + bala+anvitaah).

17.5 Undirected+ through+ scriptures, in heinous penances, are burnt whosoever. False + pride + filled, bound under strength of + lust + and attachment.

17.5 Those who practice terrible penances, not following scripted directives.
Remain under false pride and ego, are lust and attachment sensitive. ||5||

۱۷۰۵۔ اَشاشْتْرَوِہِتَمْ (اَشاشْتْر+وِہِتَمْ) گھورَم تَپْیَنْتے یے طپوْ جَناہ،
دَمْبھاہَنْکارَ سَمْیُکْتاہ (دَمْبھَ +اَہَنْکارَ+سَمْیُکْتاہ) کامَراگَبَلانْوِطاہ (کامَ+راگَ+بَلَ+انْوِطاہ)۔

۱۷۰۵۔ بغیر عمل کیے + تحریر ہدایتوں پر ، مشکل تَپَسْیا (عبادت برداشتگی) کرتے ہیں جو لوگ،
دکھاوے +انا +ناز ، ہوس + رابطہ کی+ طاقت کے والیہ ۔

۱۷۰۵۔ ہدایتیں صحیفوں کی نہ مان کے،گہری تَپَسْیا میں جُٹتے جو بندے۔
دکھاوت انا سے بھرے ہوئے،ہوس رابتوں سے کھنچے بندھتے۔

17.6 कर्षयन्तः शरीरस्थं (शरीर + स्थम्) भूतग्राममचेतसः (भूतग्रामम् + अचेतसः)। मां (माम्) चैवान्तःशरीरस्थं (च + एव + अन्तः + शरीर + स्थम) तान्विद्धयासुरनिश्चयान् (तान् + वि) + असुर + निश्चयान्)।।

17.6 खींचते हैं / कष्ट देते हैं, शरीर में + रह रहे तत्वों को, + अनजाने में।
और + इस तरह + अन्त में + शरीर + स्थित + मुझ भगवान को भी, उन्हें + जानों असुर + निश्चित ही।।

17.6 अचेतन मन के भ्रमित लोग, देह बैठे मुझे करते दुःखी।
भौतिक तत्वों को खींचते, असुर कहो इन्हें करते दुःखी।।6।।

17.6 Karshayantah shareera + stham bhootagraamamachetasah (bhoota + graamam+achetasah). Maam chaivaantahshareerastham (cha + eva + antah shareera + stham) taanvidhyaasuranishchayaan (taan +vidhi + aasura +nishchayaan).

17.6 They torment the body+situated , elements'+ group, + unknowingly / unconsciously.
And to Me too, + ultimately, + enliving + within the bodies, know them + to be devils, + undoubtedly

17.6 The devils torment body's elements, do not know what they do.
Ultimately they torture Me the self, sitting within bears pain Who. ||6||

۱۷۰۶۔ کرشینتہ شریرستھم (شریر+ستھم) بھوتگرامچیتسہ (بھوت+گرامم+اچیتسہ)،
مام چیوانتہ (چ+ایو+انتہ) شریرستھم (شریر+ ستھم) تانودھیاسرنشچیان (طان+ودھے+ آسر + نشچیان)۔

۱۷۰۶۔ دکھی کرتے ہیں، جسم کے اناصر + تمام + بےہوشی سے،
اور +مجھ خدا کو+ بھی +جو دیہ میں اندر+ رہتا ہے، اُن لوگوں کو+ سمجھو + شیطان+ یقیناً ۔

۱۷۰۶۔ ہلا دیتے جسم کے قدرتی اناصر، اور دل میں بیٹھے اعلی کو بھی وہ۔
شی ذہن رکھنے والے ہوتے، شیطانی ایمان پانے والے بھی وہ۔

17.7 आहारस्त्वपि (आहारः + तु + अपि) सर्वस्य त्रिविधा (त्रि + विधः) भवति प्रियः। यज्ञस्तपस्तथा (यज्ञः + तपः + तथा) दानं (दानम्) तेषां (तेषाम्) भेदमिमं (भेदम् + इमम्) शृणु।।

17.7 आहार + भी + लेकिन + सबके, तीन + तरह के, होते हैं प्रिय।
यज्ञ + तप + और दान, उनके प्रकार + भी यह सुनो।।

17.7 तीन तरह के भोजन होते, तीन गुणों के लोगों को प्रिय।
यज्ञ तप दान भी होते, तीन तीन तरह के सुनो हे! प्रिय।।7।।

17.7 Aahaarastwapi (Aahaarah + tu + api) sarvasya trividho (trividhah) bhavati priyah. Yagyastapastathaa (Yagyah + tapah + tathaa) daanam teshaam bhedamimam (bhedam + imam) shrinu.

17.7 Foods + but, + also, of all the people, are of three kinds + which they love. Offering rituals, + penances, + and donations , their types too, + here, listen.

17.7 People differ in their food habits, which also are of three types.
Offering rituas, penance and alms giving also, are of three types. ||7||

۱۷۰۷۔ آحارَستوَپ(آہاراہ+تُ+اَپ) سَروَسیَ ترِودھوَ(ترِ+ودھ) بھَوَتِ پرِیَہ،
یگ یَستَپستتھا(یگ یَہ+تپَہ+تتھا) دانَم تیشامٌ بھیدَم+اِمَم شرِنُ۔

۱۷۰۷۔ کھانے + لیکِن+بھی سب کے تین+ طرح کے ہوتے ہیں پسندیدہ ،
رسم قربانی(یگیں) + عبادت برداشتگی(تپَسّیا)+اور دان بھی ، سب کی الگ الگ مثالیں+یہاں سنو ۔

۱۷۰۷۔ بندوں کی قدرت کے جیسے ہی، پسندیدہ کھانے تین طرح کے اُن کے۔
ویسے ہی رسم قربانی تپَسّیا اور دان، سنو مجھ سے کیسے تین طرح کے اُن کے۔

17.8 आयुः सत्त्वबलारोग्यसुखप्रीतिविवर्धिनाः (सत्त्व + बल + आरोग्य + सुख + प्रीति + विवर्धिनाः)। रस्याः स्निग्धाः स्थिरा हृद्या आहाराः सात्विकप्रियाः (सात्विक + प्रियाः)।।

17.8 आयु + अच्छाई + शक्ति + स्वास्थ्य + सुख + प्रेम + बढ़ाने वाले ।
रसीले, मुलायम, शान्त हृदय वाले आहार, सत्विकों के + प्रिय हैं।।

17.8 आयु शक्ति आरोग्य सुख, व प्रीति बढ़ाने वाले जो होते ।
रसीले मीठे तृप्ति देते जो, वो खाने सात्विकों के प्रिय होते।।8।।

17.8 Aayuh satwabalaarogyasukhapreetivivardhanaah (satwa + bala + aarogya + sukha + preeti + vivardhanaah).
Rasyaah snigdhaah sthiraa hridyaa aahaaraah saatvikapriyaah (saatvika + priyaah).

17.8 Age + nobility + strength + health + happiness + affection + enhancing. Juicy, soft , eateries, pacified hearted saatvik people, love.

17.8 People with satvic characters, like foods that increase age and nobility.
Increase health pleasure and love, and the fruits which are soft and juicy. ||8||

۱۷۰۸۔ آیُہ سَتوَبلاروگیَسُکھپرِیتِوِوَردھناہ (سَتوَ+بَل+آروگیَ+سُکھ +پرِیتِ+وِوَردھناہ)،
رَسیاہ سنِگدھاہ شتھِرا (شتھِراہ) ہرِدیا آحاراہ ساتوِکپرِیاہ(ساتوِک+پرِیاہ)۔

۱۷۰۸۔ اُمر اچھائی+طاقت+ صحت+خوشی+پیار بڑھانے والے،
رسیلے نرم قائم دِل والوں کے کھانے ساتوِک(نجیب)لوگوں کو+پسند ہوتے ہیں ۔

۱۷۰۸۔کھانے جو زندگی توانائی بل، صحت خوشی اطمینان بڑھاتے ہیں۔
رسدار ملائم مقدر ذہن دینے والے، ساتوِک پیار سے کھاتے ہیں۔

17.9 कट्वम्ललवणात्युष्ण (कटु + अम्ल + लवण + अति + उष्ण) तीक्ष्णरूक्षविदाहिनः (तीक्ष्ण + रूक्ष + विदाहिनः)। आहारा (आहाराः) राजसस्येष्टा (राजसस्य + इष्टा) दुःखशोकामयप्रदाः (दुःख + शोक + आमय + प्रदाः)।।

17.9 कड़वे, + खट्टे, + नमकीन, + बहुत + गर्म, तीखे, + रुखे, + जलन पैदा करने वाले। आहार / भोजन, राजसिकों के + इष्ट / प्रिय हैं, जो दुःख + दर्द + रोग + पैदा करते हैं।।

17.9 कडुवे खट्टे नमकीन गर्म, तीखे रुखे जलते भोजन।
राजसिकों को अति प्रिय, दुःख दर्द देते जो भोजन।।9।।

17.9 Katvamlalavanaatyushnateekshnarookshavidaahinah (Katu + amla + lavana + ati + ushna+ teekshna + rooksha + vidaahinah).

Aaahaaraa raajasasyeshthaa (raajasasya + ishtaa) dukhashokaamayapradaah (dukha + shoka + aamaya+ pradaah).

17.9 Bitter, + sour + salty, + very+ hot, pungent, + and dry + which cause burning within.
Such foods, Rajsic (Kingly) people + love, which produce sadness + pain + and illness.

17.9 Bitter, acidic, salty, hot, spicy, dry and burning.
Rajsic like foods, which are lust and pain giving. ||9||

۱۷۰۹۔ کٹوملّلوَ ناتیُشن تیکشنرُوکشوِ داہنہ (کٹ+اَ مل + لوَن+اَتِ+ اُ شن +تیکشن +روُکش +وِداحِن ہ)،
آحارا راجَسَسیِشٹا(راجَسَسے+ اِشٹاہ) دُکھشوَ کامیَپرَ داہ(دُکھ+شوک+آمَی+پرَ داہ)۔

۱۷۰۹۔ تلخ+کھٹے+نمکین + بھی+گرم+تیکھے+روکھے +جلانے والے ،
کھانے راجسِک لوگوں کے+ عزیز دُکھ+ غم +بیماری + دینے والے ہوتے ہیں۔

۱۷۰۹۔کڑوے کھٹے تیکھے نمکین کھانے جو،گرم چٹپٹے روکھے جلاتے ہیں۔
راجسِک لوگوں کے پسندیدہ ہوتے جو،دکھ درد اور بیماری دیتے ہیں۔

17.10 यातयामं (यातयामम्) गतरसं (गत + रसम्) पूति पर्युषितं (पर्युषितम्) च यत्। उच्छिष्टमपि (उच्छिष्टम् + अपि) चामेध्यं (च + अमेध्यम्) भोजनं (भोजनम्) तामसप्रियं (तामस + प्रियम्)।।

17.10 देर का + पका, चुक गये + रस के, बासी, सूखे, बदबूदार, सड़े और ऐसे ही। छोड़े हुए / जूठन + भी, और + न छूने योग्य भोजन, तामसियों के + प्रिय हैं।।

17.10 बासी स्वाद रहित बदबू दार, बची खुची बिगड़ी जूठन।
छुए न जाने योग्य आहार, तामसिकों के प्रिय भोजन।।10।।

17.10 Yaatayaamam gatarasam (gata + rasam) pooti paryushitam cha yat.
Uchchhishtamapi (Uchchhishtam + api) chaamedhyam (cha + amedhyam) bhojanam taamasapriyam (taamasa + priyam).

17.10 long kept, + dry, + bad smelling, decayed and like these. Remnants + also, and + food which can not be touched, Tamsic (darkness covered minds / ignorants) love.

17.10 Long cooked, non juicy, badly odoured and decayed.
Ruminants and untouchable foods, tamsic love to take. ||10||

۱۷۰۱۰۔ یاتیامَمْ (یاتَ+یامَمْ) گترَسَمْ (گتَ+رَسَمْ) پوُتِ پَرْیُشتَمْ چ یَت،
اُچّھِشْٹمَپِ (اُچھِشْٹَمْ+اَپِ) چامیدھیَمْ (چ+اَمیدھیَمْ) بھوجَنَمْ طامَسپْرِیَمْ (طامَس+پْرِیَمْ)۔

۱۷۰۱۰۔ باسی+رکھاہوا، بغیر+رس (صواد) نابیدہ بدبودار اور بوسیدہ ہوں جو،
بچے کھچے+بھی اور + اچھوت کھانے تامسِک (جاہل) لوگ + پسند کرتے ہیں۔

۱۷۰۱۰۔باسی بےسواد سڑے بدبودار، بچے کھچے اورجھوٹے کھانے۔
تامسِک لوگوں کو پسند آتے ہیں، اسی طرح کے گندے کھانے۔

17.11 अफलाकाङ्क्षिभिर्यज्ञो (अफल + आकाक्षिभिः + यज्ञः) विधिदिष्टो (विधि + दिष्टः) य (यः) इज्यते।
यष्टव्यमेवेति (यष्टव्यम् + एव + इति) मनः समाधाय स (सः) सात्विकः।।

17.11 बिना फल + की इच्छा से + यज्ञ, विधि + निर्देशों के अनुसार, जो किये जाते हैं, संपन्न। यज्ञ किया जाता है, + जो इस तरह, + पूरा + मन + जोड़कर / स्थिर करके / लगा कर, + वह + सात्विक है।।

17.11 फल की इच्छा रखे बिना, विधि पूर्वक मन लगा के।
किये जाते हैं जो यज्ञ, सात्विक तरह के कहे जाते।।11।।

17.11 Aphalaakaankshibhiryagyo (Aphala +aakaakshibhih + yagyah) vidhidishto (vidhi + dishtah) ya (yah) ijyate.

Yashtavyam + eveti (Yashtavyam + eva + iti) manah samaadhaaya sah saatvikah.

17.11 Without + desiring fruits, + the offering rituals (Yagyns), by process, + directed in scriptures, which + are done.
Yagyn (Offering ritual) + done like this, with heart + being + wholely fixed, (whole heartedly) + that is satvic (pure / noble).

17.11 Heartfully done offering ritual, without having fruits in mind.
Following scripted regulations, are said to be of satvic kind. ||11||

۱۷۰۱۱۔ اَپھلا کانکشبھر یگیو (اَپھَل +آ کانکشبھِ + یگیہ) وِدھِ دِشٹو(وِدھِ+دِشٹہ) ےَ(یہ) اِجیتے،
یَشٹوَیمیوِیتِ (یَشٹوَیم+ایوَ+اِتِ) مَنَہ سَمادھایَ سَ(سَہ) ساتوِکہ۔

۱۷۰۱۱۔ نتیجہ(پھل) کی+ طلب بغیر +رسم قربانی(یگّی)+تلقین کے+ مطابق جسے انجام دیا جاتا ہے ،
کارکردگی +یقیناً +ایسے دِل مقرر کرکے کیا گیا یگیں ساتوِک ہوتا ہے۔

۱۷۰۱۱۔کتاب مقدس کے مطابق، قربانی کی روایت ساتوِ کی ہوتی ہے۔
بغیر پھل کی خواہش کئے جو، یقین سے باقائیدہ تکمیل ہوتی ہے۔

17.12 अभिसन्धाय तु फलं (फलम्) दम्भार्थमपि (दम्भम् + अर्थम् + अपि) चैव (च + एव) यत्। इज्यते भरतश्रेष्ठ (भरत + श्रेष्ठ) तं (तम्) यज्ञं (यज्ञम्) विद्धि राजसम्।।

17.12 किया जाता है, लेकिन जो, फल, दिखावे / घमण्ड, + के लिए + भी, और + ऐसे जो । संपन्न किया जाता है, हे! भरत श्रेष्ठ, उस यज्ञ को जानो राजसिक।

17.12 लेकिन फल की इच्छा से, यज्ञ जो दिखावे के लिये होते हैं।
भरत श्रेष्ठ! ऐसे हुए यज्ञ, समझो राजसिक गुण लिये होते हैं।।12।।

17.12 Abhisandhaaya tu phalam dambhaarthamapi (dambha + artham + api) chaiva (cha + eva) yat.
Ijyate Bharatashreshtha (Bharata+shreshtha) tam yagyam viddhi raajasam.

17.12 Done but for fruits, with show off / pride + for + also, and+like this, which is. Performed, O! Good Bharat, that offering ritual, is known to be Rajsic

17.12 Those offering rituals performed, with fruits and show off in mind.
Good Bharat! consider their character, to be that of rajsic kind. ||12||

۱۷۰۱۲۔ ابھِسَندھایَ تُ پھَلَم دَمبھارتھمَپِ (دَمبھَ+اَرتھَم+اَپِ) چیوَ (چَ+ایوَ) یَت،
اِجیتے بھرتشریشٹھ(بھرت+شریشٹھ) تَم یگیم وِدّھِ راجَسَم۔

۱۷۰۱۲۔ چاہت رکھ کے لیکن پھل پانے کی ، دکھانے + کے لئے+بھی ، اور+یقیناً جسے،
پورا کیا جاتا ہے، یا! بہترین + بھارت ، وہ یگیں (رسم قربانی) سمجھو راجسک (راجاوں والی خوبی کا)۔

۱۷۰۱۲۔اچھے بھرت! مگر وہ یگیں جو،پھل کی اِچھا سے کرتے ہیں۔
گھمنڈ یا دکھاوے کے ساتھ، اُن سب کو راجسک کہتے ہیں۔

17.13 विधिहीनमसृष्टान्नं (विधि + हीनम् + असृष्ट + अन्नम्)
मन्त्रहीनमदक्षिणम् (मन्त्र + हीनम् + अदक्षिणम्) श्रद्धाविरहितं (श्रृद्धा + विरहितम्) यज्ञं (यज्ञम्) तामसं (तामसम्) परिचक्षते।।

17.13 विधान + बिना + बिना दिये + अनाज, मन्त्र + बिना + बिना दान दिये, श्रृद्धा + रहित, होने वाला यज्ञ तामसिक माना जाता है ।।

17.13 विधि विधान प्रसाद दान बिन, मन्त्रोच्चारण बिना जो होते।
जो यज्ञ किये जाते श्रद्धा बिन, तामसिक तरह के वो यज्ञ होते।।3।।

17.13 Vidhiheenamashrishtaannam (Vidhiheenam+ ashrishta + annam)
mantraheenamadakshinam (mantra + heenam + adakshinam).
Shraddhaavirahitam (Shraddhaa + virahitam) yagyam taamasam parichakshate.

17.13 Directives + without following, + without giving + cereals, chanting + without, + without giving donation. Without faith, that offering ritual is understood to be Tamasik.

17.13 Tamsic offering rituals are performed, without following regulations.
Without distributing food or articles, or chanting or faithful execution. ||13||

۱۷۰۱۳۔ وِدھیہینمَسرِشٹانّم (وِدھِ+ہینَم + اَشرِشٹ+ اَنّ) مَنترہینَمدَکشنَم (مَنتر+ہینَم+اَدَکشنَم)،
شرَدّھاوِرَہتَم (شرَدّھا+وِرَہتَم) یگیَم طامَسَم پرِچکشتے۔

طریقہ +عمل کیۓ بغیر+تقسیم کئے +خدائی نزرانہ ، بغیر حمد عبادت گاۓ + بغیر چندہ دِۓ ،
بغیر ایمان مکمل کی گئی رسم قربانی (یگیں) تامِسک کہی جاتی ہے۔

۱۷۰۱۳۔ تامَسِک وہ یگیں کہلاتا ہے جو، مقدس صحیفوں بغیر ہوتا ہے۔
بنادِۓ کچھ بنا سورۃ الفاتحہ، یا ایمان کے ساتھ بغیر ہوتا ہے۔

17.14 देवद्विजगुरुप्राज्ञपूजनं (देव + द्विज + गुरु + प्राज्ञ + पूजनम्) शौचमार्जवम् (शौचम् + आर्जवम्) । ब्रह्मचर्यमहिंसा (ब्रह्मचर्यम् + अहिंसा) च शरीरं तप उच्यते।।

17.14 देवताओं, + ब्राह्मणों, + गुरुओं, + व पूज्य लोगों की पूजा करना, साफ़ रहना + सरल रहना।
ब्रह्मचारी रहना, + और हिंसा न करना, शरीर से होने वाले तप कहलाते हैं।।

17.14 देवों ब्राह्मणों गुरुओं ज्ञानियों की, पूजा करना पवित्र सरल होना।
ब्रह्मचर्य व अहिंसा पालन करना, कहलाते हैं शरीर से तप होना।।14।।

17.14 Devadwijagurupraagyapoojanam (Deva + dwija + guru + praagya + poojanam) shaucham aarjavam (shaucham+ aarjavam). Brahmcharyamahimsaa (Brahmcharyam + ahimsaa) cha shareeram tapa uchyate.

17.14 Worshipping gods, brahmins, teachers, and venerables, cleanliness and simplicitly.
Practicing celibacy and non violence, are bodily done penance called.

17.14 Worshipping gods, brahmins, teachers, with fullest purity and simplicitly.
Practicing celibacy and non violence, are called the penance done bodily. ||14||

۱۷۰۱۴۔ دیوَدوِجگُرُپراگی پُوجنَم (دیوَ+دوِج+گُرُ+پراگی+پوجنَم) شوچَم آرجوَم (شوچَم+آرجوَم)،
برہمچریہِمسا (برہمچریَم+اہِمسا) چ شریرَم طَپ (طپہ) اُچیتے۔

۱۷۰۱۴۔ دیوتا+براہمن+اُستاد +قابل عبادت لوگوں کی پرستش ،پاکیزگی، سادگی،
برہمیت کا عزمہ +اور عدم تشدد ہونا دیہ کی تپسیا(عبادت برداشتگی) کہلاتی ہیں ۔

۱۷۰۱۴۔ خدا کے رسولوں نبیوں عقلمندوں، اور استادوں کی عبادت۔
پاکیزہ، سادہ، عدم تشدد، ہونیے کی مشق ہیں جسمانی تپ۔

17.15 अनुद्वेगकरं (अन + उद्वेग + करम्) वाक्यं (वाक्यम्) सत्यं (सत्यम्) प्रियहितं (प्रियहितम्) च यत्।
स्वाध्यायाभ्यसनं (स्व + अध्याय + अभ्यसनम्) चैव (च + एव) वाङ्मयं (वाक् + मयम्) तप उच्यते।।

17.15 उत्तेजित + न करने वाले बोल, सच्चे, प्रिय व लाभ के, हैं और जो।
अपने + अध्ययन के + अभ्यास के लिये हों, और भी ऐसे, वो वाणी का तप कहलाते हैं।।

17.15 आवेश न दिलाने वाले वाक्य, सच्चे होते प्रिय लगते जो।
अध्ययन अभ्यास वाले वाक्य, बोली का तप कहते उनको।।15।।

17.15 Anudwegakaram (Anudwega + karam) vaakyam satyam priyahitam (priya + hitam) cha yat.

Swaadhyaayaabhyasanam (Swaadhyaaya + abhyasanam) chaiva (cha + eva) vaangmayam (vaak+mayam) tapa uchyate.

17.15 Unagitating words, spoken for truth, affection and for+ welfare,and those. For self study practices, are called the penance of speech,

17.15 Unexcitable sentences spoken, with truth and love for good deed.
Or for practicing self study, are said to be the penance of speech. ||15||

۱۷۰۱۵۔ اَنُدویگکَرمْ (اَنُدویگ+کَرمْ) واکیم ستیمْ پریہتمْ چ یت،
سْوادھیایا بھیَسنمْ (سْوادھیای+اَ بھیَسنم) چیو (چ+ایوَ) واگمیمْ (واک+میمْ) طپ اُچیتے۔

۱۷۰۱۵۔ نا اکسانے+والے جملے سچے پیارے اور فایدہ دینے کےہوتےہیں جو ،
خود مطالعہ+اور مشقت +کے لئے بولےجانےوالے ہیں ، وہی بولی کا تپ (عبادت جھیل) کہلاتے ہیں۔

۱۷۰۱۵۔ سچی بولی جو درد نہ دے، فائدے کی اورمیٹھی ہوتی ہے۔
پڑھائی کی مشقت کرائے ،بولنے کی تپسیا وہ تبھی ہوتی ہے۔

17.16 मनःप्रसादः सौम्यत्वं (सौम्यत्वम्) मौनमात्मविनिग्रहः (मौनम् + आत्म + विनिग्रः)। भावसंशुद्धिरित्येतत्तपो (भाव + संशुद्धिः + इति + एतत् + तपः) मानसमुच्यते (मानसम् + उच्यते)।।

17.16 मन से संतुष्ट, सौम्य होना, मौन रखना, + आत्म + नियंत्रित रहना। स्वभाव + स्वच्छ रखने वाली, + यह सब + ऐसी + तपस्याएं, मन की + कहलाती हैं।

17.16 तृप्त निश्छल मन का, मौन और अपने नियंत्रण में होना ।
भाव शुद्ध हों मन के, उसे कहते हैं मन तप रत होना।।16।।

17.16 Manah prasadah saumyatvam maunamaatmavinigrahah (maunam + aatma + vinigrahah). Bhaavasanshuddhirityetattapo (Bhaava +sanshuddhih + iti + etat + tapah) maanasamuchyate (maanasam + uchyate).

17.16 satisfied by heart, + being soft, + calm / quiet, + self + controlled,
Keeping nature + purified + all + such + penances, + of heart + are told.

17.16 Deeds for mental purity and satisfaction, done with softness and silence.
And for acquiring self control, are called the intellectually done penance. ||16||

۱۷۰۱۶۔ منہ پرسارہ (منہ+پرسارہ) سومیتوم مونَ ماتم وِنگرہہ (مونم+آتم+وِنگرہہ)،
بھاوسنشدھرِ تییتتپو (بھاوَ+سنشدھِ+اِت+ایتت+تپہ) مانسمچیتے (مانسم+اُچیتے)۔

۱۷۰۱۶۔ مطمئن دِل ، نرم دِل ، خاموشی ،خود لگامی ،
احساسات +پاک صاف رکھنا+ یہ سب+ عبادت برداشتگی (تپسیا) + دِل(من) کی +کہلاتی ہیں۔

۱۷۰۱۶۔ رہتے پرسکون فیاضی ہوکے، سنجیدہ من رکھ کے قابو کرتے۔
پاک صاف مزاج رکھ کے، کہتے ہیں من کی تپّسیا کرتے۔

17.17 श्रद्धया परया तप्तम् तपस्तत्त्रिविधं (तपः + तत् + त्रिविधम्) नरैः। अफलाकांक्षिभिर्युक्तैः (अफल + आकांक्षिभिः + युक्तैः) सात्विकं (सात्विकम्) परिचक्ष्यते।।

17.17 श्रद्धा से तपाकर, दिव्य किये गए तप, + उन्हें + तीन तरह से करते हैं, मनुष्य।
बिना फल की + आशा से + जुड़े, होने वाले तप, सात्विक कहलाते हैं।।

17.17 शरीर वाणी और मन से, तीन तरह के तप करते हैं लोग।
होते फल चाहे बिना तो, सात्विक तप उन्हें कहते हैं लोग।।17।।

17.17 Shraddhayaa parayaa taptam tapastattrividham (tapah + tat + trividham) naraih. Aphala + aakaankshibhiryuktaih (aakaankshibhih + yuktaih) saatvikam parichakshate.

17.17 Faithfully happening, divine penances, + these,are performed + in three ways +by humans. Those done without desiring fruits, Saatvik (of noble character) are called.

17.17 All the three penances that men, practice by body speech and mind.
Without desiring fruits from them, are said to be of satvic kind. ||17||

۱۷۰۱۷۔ شرَدّھَیا پَرَیا تپّتَم تپَستَترِ وِدھم (تَپہ+تَت+ترِ+وِدھَم) نَرَیہ،
اَپھلا کانکشِ بھِرَ یکتَیہ (اپھل+آ کانکشِبھِ+یکتَیہ) سا توِکم پَرِچکشتے۔

۱۷۰۱۷۔ ایمانداری کے ساتھ کی گئی عبادت برداشتگی (تپسیا)+ تین + طریقوں سے+کرتے ہیں لوگ،
بغیر پھل کی + چاہت کئے + (خدا کے ساتھ) جُڑ (یوگ) کے ساتھ، کئے جانے والے تپ ساتوِک (نجیب) کہلاتے ہے۔

۱۷۰۱۷۔ ایمان بولی اور من پاک رکھنے کو، اعلیٰ تپّسیائیں کرتے ہیں لوگ۔
تین تین طرح کی ہوتی ہیں سبھی، خواہش پھل بغیر کو ساتوِک کہتے لوگ۔

17.18 सत्कारमानपूजार्थं (सत्कार + मान + पूजा + अर्थम्) तपो (तपः) दम्भेन चैव (च + एव) यत्। क्रियते तदिहं (तत् + इहम्) प्रोक्तं (प्रोक्तम्) राजसं (राजसम्) चलमध्रुवम् (चलम् + अध्रुवम्)।।

17.18 आवभगत, + आदर + व पूजा पाने + के लिये, और + वो भी दम्भ से, जो तप । किये जाते हैं वह, + यहां कहलाते हैं राजसी, चल + अस्थिर / न टिकने वाले ।।

17.18 आदर सत्कार पूजा के लिये, मगर दिखावे को तप हों जो।
इस संसार में कहे जाते वे, राजसिक तप कुछ दिन के जो।।18।।

17.18 Satkaarmaanapoojaartham (Satkaar + maana + pooja + artham) tapo (tapah) dambhena chaiva (cha + eva) yat.

Kriyate tadiha (tat + iha) proktam raajasam chalamadhruvam (chalam + adhruvam).

17.18 Honour, + respect + worship, + caused,penances, with show off,
and+like+ that. Performed,as such+ here are called Raajasik (kingly charactered) type, movable + temporary.

17.18 The penances done for gaining respect, and hospitality with pride.
Are said to be of rajsic type, which will soon set off to hide. ||18||

۱۷•۱۸۔ سَتکارمانپوجارتھم (ستکار+ مان+پوجا+ارتھم) طپو (طپہ) دمبھین چیو (چ+ایو) یت،
کریتے تدِہ (تت+اِہ) پروکتم راجسم چلمدھروم (چلم+ادھروم)۔

۱۷•۱۸۔عزت+تواضع+پرستش+کے لئے ہُوا تپ (عبادت برداشتگی)+ دکھانے کے لئے، اور +اِس طرح جب،
کرتے ہیں تب + یہاں، کہلاتا ہے راجسِک ، چلنے والا+ناٹھہرنے والا ۔

۱۷•۱۸۔تپسّیا جو عزت پانے،یادکھانے کے لئے کی جاتی ہے۔
نہیں ٹھہرتی پل میں چلی جاتی، راجسِک کہی جاتی ہے۔

17.19 मूढग्राहेणात्मनो (मूढ + ग्राहेण + आत्मनः) यत्पीड़या (यत् + पीड़या) क्रियते तपः। परस्योत्सादनार्थं (परस्य + उत्सादन + अर्थम्) वा तत्तामसमुदाहृतम् (तत् + तामसम् + उदाहृतम्)।।

17.19 मूर्खतावश, + यत्न से + अपने ही + उत्पीड़न के लिये, जो किये जाएं तप।
या दूसरों के + विनाश + के लिए, उन्हें + तामसी का + उदाहरण दिया जाता है।।

17.19 मूर्खता से अपने को ही, पीड़ा देने को करते जो तप।
या नष्ट करने दूसरो को, तामसिक कहलाते वो तप।।19।।

17.19 Moodhagraahenaatmano (Moodha + graahen + aatmanah) yat + peedayaa kriyate tapah. parasyotsaadanaartham (parasya + utsaadana + artham) vaa tat + taamasam + udaahritam.

17.19 With ignorance, + practicing+by self, the penances for self pain. Or for + destruction of others, those are+ Tamsic + concluded.

17.19 Painfully practiced penances, done by self guided ignorance.
To ruin others or self , are said the 'Tap' of tamsic performance. ||19||

۱۷•۱۹۔ موڑھ گراہیناتمنو (موڑھ + گراہین+آتمنہ) یتپیڑیا (یت+پیڑیا) کریتے تپہ،
پرسیوتسادنارتھم (پرسی+اُتسادن+ارتھم) وا تتّامسمدا ہرتم (تت+تامسم+اُدا ہرتم)۔

۱۷۰۱۹۔ جہالت +کے ساتھ(بے وقفی میں) +خود کے ، جو+درد کے ساتھ کرتے ہیں تپّسیا (عبادت جھیل/برداشتگی)،
یاجو دوسروں کو+تباہ کرنے+کے لئے کی جائے+وہ+ تپّسیا+تامسِک (اندھیرے/جہالت) کی مثال ہے۔

۱۷۰۱۹۔ جہالت کے ساتھ کی گئی تپّسیا، درد نقصان جو پھیلاتی ہے۔
دکھ اُٹھانے یا پہنچانے کے لئے، تب تامسِک کہلاتی ہے۔

17.20 दातव्यमिति (दातव्यम् + इति) यद्दानं (यत् + दानम्) दीयतेऽनुपकारिणे (दीयते + अनुपकारिणे)। देशे काले च पात्रे च तद्दानं (तत् + दानम्) सात्विकं (सात्विकम्) स्मृते।।

17.20 देने में भी, + ऐसे वो, जो + दान दिये जाते हैं, + बिना उपकार किये।
सही जगह और समय पर, व सही पात्र को, वो + दान सात्विक माने जाते हैं।।

17.20 दानों में भी वैसे दान जो, उपकार के लिये नहीं किये जाएं।
सही जगह समय व पात्र, देख के दान सात्विक कहे जाएं।।20।।

17.20 Daatavaymiti (Daatavaym + iti) yaddaanam (yat + daanam)
deeyate anupakaarine (deeyate + anupakaarine).
Deshe kaale cha paatre cha taddaanam (tat + daanam) saatvikam smritam.

17.20 In alms giving, +all such +donations, which are done, + not to oblige. On right place and time and to right person Satvic (noble) are considered.

17.20 Amongst donations that which is, when done without gain in mind.
At the correct place and time, to deserving person is of satvic kind. ||20||

۱۷۰۲۰۔ داتَویمِتِ (داتَویَم+اِتِ) یَدّانَم (یَت+دانَم) دییتے اَنُپکارِنیے (دییتے+انُپکارِنیے)،
دیشے کالے چَ پاترے چَ تَدّانَم ساتوِکَم سْمرِتَم۔

۱۷۰۲۰۔ دانوں میں اِسی طرح جو+دان دِیا جاتا ہے، بغیر احسان کئے ،
صحیح جگہ پر، صحیح وقت پر اور صحیح شخص کو، اُس دانوں کو ساتوِک کی مثال دی جاتی ہے۔

۱۷۰۲۰۔ بغیر احسان کئے ٹھیک جگہ اور، ٹھیک سمئے پر کِیا گیا دان۔
بنا فائدہ لئے ٹھیک انسان کو، تو وہ ساتوِک کہا گیٔ دان۔

17.21 यत्तु (यत् + तु) प्रत्युपकारार्थं (प्रत्युपकार + अर्थम्) फलमुद्दिश्य (फलम् + उद्दिश्य) वा पुनः।
दीयते च परिक्लिष्टम् तद्दानं (तत् + दानम्) राजसं (राजसम्) स्मृतम्।।

17.21 जो + लेकिन, उपकार के बदले + के लिये, अथवा फल के + उद्देश्य से या फिर।
कष्ट से / पश्चाताप से दिये जाएं, वह + दान राजसी कहलाते हैं।।

17.21 उपकार के बदले कुछ पाने या, फल की आशा से जो दान होते।
पछतावे के साथ दिये जाते, राजसिक तरह के वो दान होते।।21।।

17.21 Yattu (Yat + tu) pratyupakaaraartham (prati + upakaara + artham) phalamuddhishya (phalam + uddhishya) vaa punah.
Deeyate cha pariiklishtam taddaanam (tat + daanam) raajasam smritam.

17.21 That+ but, which is given viewing return+to obligation,or with the desire of fruits or else. Given with grief / regret, those + donations are called Raajasik (kingly).

17.21 The alms giving performance, which is done for gaining returns.
Or with fruit in mind or regrets, is called rajsic ie. kingly in terms. ||21||

۱۷۰۲۱۔ یَتُّ (یَت + تُ) پْرَتْیُپ کارارْتھَم (پْرَتِ + اُپ کارَ + اَرْتھَم) پھَلَمُدِّشی (پھَلَم + اُدِّشی) وا پُنَہ،
دیِیتے چ پَرِ کْلِشْٹَم تدّانَم (یَت + دانَم) راجَسَم سْمرِتَم۔

۱۷۰۲۱۔ جو دان + مگر احسان اُتارنے + کے لئے یا پھر پھل پانے کے مقصد کے ساتھ کیا جائے ،
اور افسوس کے درد کے ساتھ دیا جائے ، وہ دان راجِسک سمجھا جاتا ہے۔

۱۷۰۲۱۔ ملازمت کے بدلے یا بے دلی کے ساتھ، یا فایدہ لینے کے لئے ہوں دان۔
راجِسک طرح کے کہلاتے ہیں، اِن صورتوں میں ہوتے جو دان۔

17.22 अदेशकाले (अदेश + काले) यद्दानमपात्रेभ्यश्च (यत् + दानम् + अपात्रेभ्यः + च) दीयते। असत्कृतमवज्ञातं (असत् + कृतम् + अवज्ञातम्) ततमसमुदाहृतम् (तत् + तामसम् + उदाहृतम्)।।

17.22 गलत जगह और समय पर, जो + दान + अपात्र को / अयोग्य व्यक्ति को, + दिये जाते हैं। अनादर + करके, + बिना सोचे, उन्हें तामसी कहा जाता है।।

17.22 समय जगह पात्र देखे बिन, जो दान दिये जाते हैं वो।
निरादर से ध्यान दिये बिन, तामसिक दान होते हैं वो।।22।।

17.22 Adeshakaale (Adesha+kaale) yaddaanamapaatrebhyashcha (yat + daanam + apaatrebhyah + cha) deeyate. Asatkritamavagyaatam (Asatkritam + avagyaatam) tattaamasamudaahritam (tat + taamasam + udaahritam).

17.22 Donations at wrong places, and to undeserving persons, which + are given. With dishonour, without thinking, those are termed Taamasik (that of darkness).

17.22 Donation done at wrong place and time, to undeserving person.
With disrespect without thought, is cosidered as to be tamsic one. ||22||

۱۷۰۲۲۔ اَدیشکالے (اَدیش+کالے) یدانمپاترے بھیشچ (یَت+دانَم+اَپاترے بھ یہ+چ) دییتے،
اَستکرِتموَگیاتَم (اَسَت+کرِتَم+اَوَگیاتَم) تتتامسمُداہرِتَم (تَت+تامَسَم+اُداہرِتَم)۔

۱۷۰۲۲۔ بغیر صحیح جگہ+ صحیح سے دیکھے دِیا گیا +اور غلط شخص کو دِیا جانے والا دان،
جو دِیاجاے، بےعظتی کے ساتھ+ ناسمجھی کے ساتھ ، اُس دان کو تامسِک کی مثال دی جاتی ہے۔

۱۷۰۲۲۔ نامناسب ناپاک جگہ پر ، غلط وقت پر دِیاجاتا ہے جو دان۔
ناقابل بندےکو دتکارکر، بےعذتی سے تامسِک ہوتاہے وہ دان۔

17.23 ऊँ तत्सदिति (ऊँ + तत् + सत् + इति) निर्देशो (निर्देशः) ब्रह्मणस्त्रिविध (ब्रह्मणः + त्रिविधः):स्मृतः
। ब्राह्मणास्तेन (ब्राह्मणाः + तेन) वेदाश्च (वेदाः + च) यज्ञाश्च (यज्ञाः + च) विहिताः पुरा।।

17.23 'ओह्म' 'तत्' + 'सत्', + यह सूत्र / निर्देश होते हैं, ब्रह्म के, + तीन तरह के। यह ब्रह्म शब्द / ब्रह्म सूत्र, वेदों और यज्ञों में भी थे, आदि काल से
(शुरुआत से) ।।

17.23 'ओम' 'तत्' 'सत्' ब्रह्म के ही, शब्द निर्देश हैं ध्यान के।
वेदों और यज्ञों में थे ये तीन, ब्रह्म सूत्र आदि काल से।।23।।

17.23 Om tatsaditi (tat + sat + iti) nirdesho (nirdeshah) Brahmanastrividhah (Brahmanah + tri + vidhah) smritah.

Braahmanaasten (Braahmanaah + ten) Vedaashcha (Vedaah + cha) Yagyaashcha (Yagyaah + cha) vihitaah puraa.

17.23 'Ohm' 'Tat' + 'Sat' + these are directives of Brahm, which of+ three+ types, are known. Brahm's+ these formulations,have been in Veds+also, and also in offering rituals (Yagyn), there since beginning.

17.23 'Ohm' 'Tat' 'Sat' are God Brahma's words , in Ved and Yagyn as His presence.
Since ages wise pronounced these , before starting holy works for excellence. ||23||

۱۷۰۲۳۔ اوم تتسدِتِ (اوم+تَت+سَت+اِتِ) نِردیشو (نِردیشہ) برہمنسترِودھہ (برہمنہ+ترِ+ودھہ) سْمرِتہ،
براہمناستین (براہمناہ+تین) ویداشچ (ویداہ+چ) یگیاشچ (یگیاہ+چ) وِہِتاہ پُرا۔

۱۷۰۲۳۔ اوم+ تَت+سَت +یہ ہدایات خلّاق +تین + طرح کے + مانے جاتے ہیں،
پنڈِت (عالم)+اُنہیں ویدوں (صحیفوں)+اور یگیوں (رسم قربانی) میں استعمال کرتے ہیں، پیشگی حکمنامہ کے طورپر۔

۱۷۰۲۳۔ 'اوم' 'تت' 'ست' یہ تین لفظ، نام خدا ہیں ثبوت یاد۔
پہلے کے عالموں نے کی بدستور، ان سے ویدوں یگیوں کی شروعات۔
کاموں میں برکت ظاہر کرتے تھے، روح اعلی کو کرتے ہوئے یاد۔

17.24 तस्माद् (तस्मात्) ऊं इत्युदाहृत्य (इति + उदाहृत्य) यज्ञदानतपःक्रियाः (यज्ञ + दान + तपः + क्रियाः) । प्रवर्तन्ते विधानोक्ताः (विधान + उक्ताः) सततं (सततम्) ब्रह्म + वादिनाम्।।

17.24 इसीलिये 'ॐ' इसे + कहकर, यज्ञ दान व तप की क्रियाएं।
शुरू करते हैं, विधान + बताने वाले, सदा से चले आए, ब्रह्म को मानने वाले।।

17.24 तभी 'ओम' कहके प्रारम्भ, किये जाते हैं तप यज्ञ और दान।
विधानोक्ता व मोक्ष चाहने वाले, 'ओम' कह करते सारे काम।।24।।

17.24 Tasmaadohm (Tasmaat + ohm) ityudaahritya (iti + udaahritya) yagyandaanatapahkriyaah (yagyan + daana + tapah+ kriyaah).
Pravartante vidhaanoktaah (vidhaana + uktaah) satatam Brahmavaadinaam (Brahma + vaadinaam).

17.24 That is why, + saying 'Ohm', offering rituals (Yagyan), +donations (Daan) +and penance (Tap) like deeds. Begin the ordinance+ speakers (scriptors), the eternal + Brahm (Source) followers.

17.24 Pronouncing 'Ohm' before Yagyan, Daan, Tap, confirmed Brahm in deeds.
By 'Ohm' announced Brahm's presence, following 'Eternal Brahm' Yogis. ||24||

۱۷۰۲۴۔ تسماذ (تسمات) 'اوم' اتیدا ہرتی (اتِ+اُدا ہرتی) یگیں+دانَ+تپہ کریاہ،
پرورتنتے (پرورت نتے) ودھانوکتاہ (ودھانَ+اُکتاہ) ستتم برہم+وادِنام۔

۱۷۰۲۴۔ اُن میں سے 'اوم' اِس (لفظ) کی+ مثال دی جاتی ہے یگیں +دان +اور تپ کرنے میں،
نافذہ (لاگو) کرتے ہیں قانون سازی+ کرنے والے (خُدا) کا عبدی ہونا، خالق پیروکار۔

۱۷۰۲۴۔اس لئیے 'اوم' لفظ بول کے، یگیں دان اور تپ شروع کرتے ہیں۔
'اوم' کہکے ازلی اعلم اپنے کاموں میں، خدا کی موجودگی کا اعلان کرتے ہیں۔

17.25 तदित्यनभिसंधाय (तत् + इति + अनभिसंधाय) फलं (फलम्) यज्ञ + तपः + क्रियाः। दानक्रियाश्च (दान + क्रियाः + च) विविधाः क्रियन्ते मोक्षकांक्षिभिः (मोक्ष + कांक्षिभिः)।।

17.25 'तत्' बोल कर + इस तरह + फल की इच्छा छोड़ते हुए, यज्ञ तप क्रियाएं।

और + दान की + क्रियाएं भी, बहुत तरह से, करते हैं, मोक्ष + चाहने वाले ।।

17.25 'तत्' कह फल की इच्छा छोड़ते, यज्ञ व तप क्रियाओं में।
मोक्ष चाहने वाले 'तत्' कहते, विभिन्न दान क्रियाओं में।।25।।

17.25 Tadityanabhisandhaaaya (Tat + iti + anabhisandhaaaya) phalam yagyantapahkriyaah (yagyan + tapah + kriyaah).
Daanakriyaashcha (Daana + kriyaah + cha) vividhaah kriyante mokshakaankshibhih (moksha +kaankshibhih).

17.25 'Tat' having pronounced they + hence + leave desiring fruits, while doing the offering ritual (Yagyan) and penance (Tap) deeds. And donate (Daan), through myriad ways, the salvation + seekers.

17.25 By pronouncing 'Tat' prior to Yagyan, Daan, Tap proceedings.
No desire for gaining fruits, is indicated for salvation seeking. ||25||

۱۷۰۱۔تدِ تیَن بھِسَند ھای (تت + اِتی + ا نبھِ سَند ھای) پھلَم یگیَں+ تَپہ + کرِیاہ،
دانَ کرِیاشچ (دانَ+کرِیاہ+چ) وِوِدھاہ کرِیَنتے موکشکانکشِ بھِ (موکشَ+کانکشِ بھِ)۔

۱۷۰۱۔تَت +اِس طرح +کہ کے خواہش نہیں ہے+پھل کی، یگیں +تَپ کے کام،
دان جیسے+کام +اور بھی بہت طرح کے ایسے کرتے ہیں، جہاں سے نجات پانے کے +خواہشمند ۔

۱۷۰۱۔ جہاں موت سے نجات جو پانا چاہتے ہیں، یگیں دان تپ جیسے بہت کام کرتے ہیں۔
میرے اِس کام میں پھل کی چاح نہیں ہے ،'تت' لفظ کہ کے ہر بار اظہار کرتے ہیں۔

7.26 सद्भावे (सत् + भावे) साधु + भावे च सदत्येतत्प्रयुज्यते (सत् + इति + एतत् + प्रयुज्यते)। प्रशस्ते कर्मणि तथा सच्छब्दः (सत् + शब्दः) पार्थ युज्यते।।

17.26 'सच्चे + भाव' और 'भले + भाव' में 'सत्' + यह + यहां + प्रयोग करते हैं।
प्रमाणित करते हैं कर्मों में 'सच्चाई', 'सत्' + शब्द, हे! पार्थ, जोड़ के।।

17.26 'सत्' कहके अच्छा भाव और, सच का बसना सूचित करते हैं।
कामों में सच है प्रमाण ये, 'सत्' शब्द जोड़ के पार्थ! करते हैं।।26।।

17.26 Sadbhaave (Sat + bhaave) Saadhu + bhaave cha sadityetat (sat + iti + etat) prayujyate.
Prashaste karmani tathaa sachchhabdah (sat + shabdah) Paartha yujyate. ||26||

17.26 ‘ Truly’ + the thoughts, are good/noble +thoughts ,and ‘Sat’+ this word+ here, is alredy used. Certified in deeds and ‘Truth’ / ‘Sat’+ word , O! Parth, is added / is prementioned.

17.26 To indicate good and noble intentions, ‘SAT’ is pronounced before the deeds.
Parth! to annexure true intentions, ‘SAT’ is linked to yagya, Daan, Tap deeds. ||26||

۱۷۰۲۶۔سَدْ بھاوے (سَت+بھاوے) سادھ+بھاوے چ سَدِ تییَت پرَیُجیتے (سَت+اِت+ایَت+پرَیُجیتے)،
پرَشستے کرمَنِ تتھا شبدَہ(سَت+شبدَہ) پارتھ اُچیتے۔

۱۷۰۲۶۔سچ (خدا) کا+احساس ہے، اور اچھی+نیت ہے(پرستش میں) 'ست' (سچائی، شرافت،خدائی)+سب ہے + یہاں،(احساس دلانے کے لئے 'ست') استعمال
کیا جاتا ہے،
تصدیق کرنے کے لئے کاموں کو، 'ست' لفظ، یا! پارتھ بولتے ہیں۔

۱۷۰۲۶۔'ست' لفظ سے سچی،اوراچھی بھکتی ہے،عبادت میں ظاہر کرتے ہیں۔
پارتھ! 'ست' لفظ کو بول کے،مبارک کام میں سچائی بتاتے ہیں۔

17.27 यज्ञे तपसि दाने च स्थितिः सदिति (सत् + इति) चोच्यते (च + उच्यते)। कर्म चैव (च + एव) तदर्थीयं (तत् + अर्थीयम्) सदित्येवाभिधीयते (सत् + इति + एव + अभिधीयते)।।

17.27 'यज्ञ' 'तप' और 'दान' में, स्थित है', सच ('सत') + सब, और ('सत') + बोला जाता है। काम में, और + इसी तरह 'उस' ('सच' / ईश्वर / ब्रह्म) + के लिये, सच में है', ('सत') + ऐसे + इसी तरह, कहा जाता है।।

17.27 'सत्' कहकर सच का होना, यज्ञ तप दान में करते हैं उजागर।
काम उसी सच्चे ब्रह्म के लिये, किया जाना करते हैं उजागर।।27।।

17.27 Yagye tapasi daane cha sthitih saditi (sat + iti) chochyate (cha + uchyate).
Karma chaiva (cha + eva) tadartheeyam (tat + artheeyam) sadityevaabhidheeyate (sat + iti + eva + abhidheeyate).

17.27 In offering ritual, alms giving and penance, presence of whole+ truth is announced by ‘Sat’,and + is spoken. And the whole deeds are truly for Him/ God,/’Sat’+wholely+ is this (‘Sat’) + is spoken.

17.27 In Yagyn, Daan, Tap is situated, Truth the ‘SAT’ the Brahm they say.
The cause of work too is Truth only, Truth Brahm by ‘Sat’ confirm they. ||27||

۱۷۰۲۷۔ یگیے تپَسِ دانے چ ستھتِہ سدِت(سَت+اِتِ) چوچیتے (چ+اُچیتے)،
کرمَ چیوَ(چ+ایوَ) تدرتھییَم (تت+ارتھییَم) سدِتیواَبھدھییتے (سَت+اِتِ+ایوَ+اَبھدھییتے)۔

۱۷۰۲۷۔ یگیّن میں، تپ میں اور دان میں مَوجود ہے 'سچ' اور اِس لئے+ یہ (لفظ'ست') کہتے ہیں،
اور +کام +بھی'سچ' +کے لئے ہو رہا ہے ، 'ست' + اِس لفظ+ سے ہی+ کہ کے ظاہر کرتے ہیں ۔

۱۷۰۲۷۔ یگیّن میں دان یا تَپ میں ، سچ ہے یہ ظاہر کرتے ہیں۔
اسی کے لئے کام ہو رہا، 'ست' کہ کے اعلان کرتے ہیں۔

17.28 अश्रद्धया हुतं (हुतम्) दत्तं (दत्तम्) तपस्तप्तं (तपः + तप्तम्) कृतं (कृतम्) च यत्। असदित्युच्यते (असत् + इति + उच्यते) पार्थ न च तत्प्रेत्य (तत् + प्रेत्य) नो (न+उ) इह।।

17.28 श्रद्धा रहित आहुति देना, तप + दिव्य करना, और जो भी ऐसे काम हैं। सब झूठ + यह + कहलाते हैं, हे! पार्थ जिनसे, न तो मरने + के बाद, न+उस लोक में, न इस में (ही भला होता है)।।

17.28 बिना श्र)ा के किये गए, आहुति दान और तप के काम।
पार्थ! असत्य से हुए, व्यर्थ करते दोनों जन्म यह काम।।28।।

17.28 Ashradhayaa hutam dattam tapastaptam (tapah + taptam) kritam cha yat.
Asadityuchyate (Asat + iti + uchyate) Paartha na cha tatpretya (tat + pretya) no (na+u) ih.

17.28 Without faith to sacrfice,or divine+ penance performances and other such deeds. Untrue + all + are said to be, Parth! and (are of no use), neither after+ death, there (in other world), nor in this.

17.28 Whoever does Yagyn, Daan, Tap, like deeds without truth and faith.
Parth! in both the worlds he allows, all his efforts to go waste. ||28||

۱۷۰۲۸۔ اَشْرَدّھَیا ہُتَم دَتَّم تَپَستَپْتَم (تَپَہ+تَپْتَم) کْرِتَم چَ یَث،
اَسَدِتیُچّیَتے (اَسَث + اِتِ+اُچّیَتے) پارْتھَ نَ چَ تَتْپْرِیتْیَ (تَث +پْرِیتْیَ) نو (نَ+اُ) اِہ۔

۱۷۰۲۸۔ بے ایمانی سے دان دینا اور تَپ (عبادت برداشتگی)+میں جتنا بھی کرتے ہیں جو ،
جھوٹ + سارے+ کہے جاتے ہیں ، یا! پارتھ، جن سے نا یہاں کُچھ حاصل ہے، نا + موت کے باد۔

۱۷۰۲۸۔بغیر ایمان ہونے والی روایت قربانی، یامشقت تپ جھوٹی ہوتی ہے۔
یا! پارتھ! اُس سے کچھ بھی اچھائی ، نہ اس جہاں میں نہ اسکے بعد ہوتی ہے۔

अध्याय-18 : मोक्ष सन्यास योग

CHAPTER 18 : Moksha Sanyasa Yogah

باب۔(۱۸) موکش سنیاس یوگہ

अट्‌ठारहवाँ अध्याय पिछले सभी अध्यायों की शिक्षा का सार है। जिनके अनुसारः–
त्याग कर्मः–

- फलों का होना चाहिये।
- तथा कर्त्तापन का होना चाहिये।
- उपरोक्त दोनो त्याग केवल सात्विक व्यक्ति करते हैं।
- राजसिक केवल ढोंग अर्थात दिखावे के लिये त्याग करते हैं।
- तामसिक सब कुछ झूठ मान कर सोते रहते हैं।
- This chapter is the extract of all the education of the previous seventeen chapters. According to which:–
- The Act of Renunciation should be:–
- Of the fruits of actions.
- And of the pride of being the performer.
- The above mentioned renouncements are done only by the Satvic persons ie the persons with noble traits.
- Where as the Rajsic persons do these acts of renouncement only to show off.
- The Tamsic persons sleep on the facts knowing them to be untrue. And do nothing

۱۔ اٹھارہواں باب پچھلے سترہ بابوں کا اقتباس(نچوڑ) ہے۔
۱۔ دست برداری :-
۔ کام کے پھلوں(نتائج) کی ہونی چاہیئے۔
۔ کام کرنے کی اپنی انا اور گھمنڈ کی ہونی چاہیئے،
۲۔ اوپر لکھی گئی دست برداری بھلی اور اچھی خصوصیات کے ساتوِکَ لوگ کرتے ہیں۔
۴۔ راجسِکَ بندے اُنہیں صرف دکھانے (بناوٹ)کے لئے کرتے ہیں۔
۵۔ جب کہ تامَسِکَ خصوصیات والے لوگ ہر سچ سے آنکھ موند اُنہیں جھوٹ سمجھ کر سب اُلٹا کرتے ہوئے جیتے ہیں۔

अध्याय-18 Chapter–18

باب۔(۱۸)

अर्जुन उवाच Arjuna Uvaacha अर्जुन बोले Arjun Said

اَرجُن اُوَچ ارجن بولے

18.1 संयासस्य महाबाहो तत्वमिच्छामि (तत्वम् + इच्छामि) वेदितुम्।
त्यागस्य च हृषीकेश पृथक्केशिनिषूदन (पृथक् + केशि + निषूदन)।।

18.1 संयास अर्थात त्याग का हे! महाबाहु, मैं सार + जानना चाहता हूँ।
और संयासी / त्यागमय जीवन को भी, हे! हृषीकेश, अलग से + समझना चाहता हूँ, हे! इंद्रियों के स्वामी हे! केशि + संहारक।।

18.1 महाबाहु! सन्यास क्या है कहें, तत्व जानना चाहता हूँ।
ऋषिकेश! केशिनि सूदन, त्याग भी जानना चाहता हूँ।।1।।

18.1 Sanyaasasya Mahaabaaho tatvamichchhaami (tatvam + ichchhaami) veditum | Tyaagasya cha Hrisheekesha prithakkeshinishoodana (prithak + keshi + nishoodana).

18.1 O! Mighty armed, the essence of renunciation+ I wish to know. And also separately understand O! Hrishikesh, the renounced order of life O! Sense Controller O! Killer of Keshi demon.

18.1 Mahabahu! Please make me understand, the renounced order of life.
Renunciations and their aim, Hrishikesh! O! taker of Keshi devil's life. ||1||

۱۸۰۱۔ سَنیاسَسی مَحابا ہوَ تتوَمِاِچھامِ (تتوَم+اِچھامِ) ویدِتُم،
تیاگَسی چ ہرِشیکیش پرِتھکّے شِنِ شوُدَنَ (پرِتھکَ+کیشِ+نِشوُدَنَ)۔

۱۸۰۱۔ سَنیاس کا، یا! مضبوط باذو(کرِشن)، سچ جاننا چاہتا ہوں، بیان کریں،
اور چھوڑنے کا بھی، یا! ہرِشکیش (مالک حواس شری کرِشن) الگ بیان کیجئے یا! کیشِنشودَنَ(کیشِ شیطان کو مارنے والے کرِشن)۔

۱۸۰۱۔ مہاباہو ہرِشکیش! بتائیں، دستبرداری کا مقصد زندگی میں مجھے۔
کیشوَ! سمجھائیں قربانی کا مقصد، اور دونوں کے بیچ کا فرق بھی مجھے۔

श्रीभगवानुवाच Shree Bhagawaan Uvaacha **श्रीभगवान बोले** LordShri said

شری بھگوانواچ خدا بولے

18.2 काम्यानां (काम्यानाम्) कर्मणां (कर्मणाम्) न्यासं (न्यासम्) संयासं (संयासम्) कवयो (कवयः) विदुः।
सर्वकर्मफलत्यागं (सर्व + कर्म + फल + त्यागम्) प्राहुस्त्यागं (प्राहुः + त्यागम्) विचक्षणाः।।

18.2 कामनाओं को काम में छोड़ना संयास है, जानते हैं, ज्ञानी।
सारे + कामों के + फलों को + त्यागना, त्याग बताते हैं अनुभवी।।

18.2 इच्छा काम में छोड़ने को, संयास बताते विद्वान सभी।
सब कामों के फल छोड़ने को, कहते हैं त्याग अनुभवी।।2।।

18.2 Kaamyaanaam karmanaam nyaasam sanyaasam kavayo (kavayah) viduh. Sarvakarmaphalatyaagam (Sarva+karma+phala+tyaagam) praahustyaagam (praahuh+tyaagam) vichakshanaah.

18.2 The desires from works to leave is, renunciation, the wise know.
All the+ action+ fruits+ to leave is said to be, abandonment, by the experienced.

18.2 Quitting desires from actions is renunciation, know the wise.
To leave fruits of actions is abandonment, experienced advise. ||2||

۱۸۰۲۔ کامیانام کرمنام نیاسم سنیاسم کویو(کویہ) وِدُہ ،
سَروَکرمپھل تیاگم(سَروَ+ کرمَ+پھل+تیاگم) پراھستیاگم (پراھہ+تیاگم) وِچکشناہ۔

۱۸۰۲۔چاہت۔و۔ہوس کام میں چھوڑنے کو، سنیاس مانتے ہیں عالم،
سب+کاموں کے+پھل+ چھوڑنے کو تیاگ کہتے ہیں تجربہ کار لوگ۔

۱۸۰۲۔ خواہشات کاموں میں چھوڑنا ، سنیاس ہے دستبرداری یعنی۔
سب کاموں سے ملنے والے، پھل چھوڑنا ہی کہلاتا ہے قربانی ۔

18.3 त्याज्यं (त्याज्यम्) दोषवदित्येके (दोषवत् + इति + एके) कर्म प्राहुर्मनीषिणः (प्राहुः + मनीषिणः)
। यज्ञदानतपःकर्म (यज्ञ + दान + तपः + कर्म) न त्याज्यमिति (त्याज्यम् + इति) चापरे (च + अपरे)।।

18.3 छोड़ो + दोष भरे + ऐसे + सारे + काम, कहते हैं + महान चिन्तक।
यज्ञ, + दान, + तप के + काम, नहीं त्यागने चाहिये + यह, तथा + इन जैसे अन्य भी।।

18.3 सारे बुरे काम छोड़ दो, मनीषि कहते हैं ऐसे।
यज्ञ दान तप न छोड़ो, काम पुण्य के हैं ऐसे।।3।।

18.3 Tyaajyam doshavadityeke (doshavat+iti+eke) karma praahurmaneeshinah (praahuh+maneeshinah). Yagyadaanatapahkarma (Yagya+daana+tapah+karma) na tyaajyamiti (tyaajyam+iti) chaapare (cha+apare).

18.3 Leave , + faulty deeds, + all such,works, say the great thinkers. Offering rituals,(yagya) + donations + and penance deeds, are not worth leaving, +these and+ such others.

18.3 All the sinful actions must be abandoned, Say the great thinkers.
Never abandon acts like sacrifice, donation ,penance and others. ||3||

۱۸۰۳۔ تیاجیم دوشوَدِتیکے (دوش+وَت+اِتِ+ایکے) کرم پراہُرمنیشِنہ (پراہُہ+منیشِنہ)،
یگیہ دانتپہ کرمَ (یگیہ+دانَ+تپہ+کرمَ) نَ تیاجیمِت (تیاجیم+اِتِ) چاپرے (چ+اپرے)۔

۱۸۰۳۔ چھوڑنے کے قابل ہیں غلط + اعمال کے +سارے+ایسے (برے) کام، کہتے ہیں دانش،
یگیہ+دان+ تپ + کے کام نہیں چھوڑنے چاہیئے اور + ایسے دوسرے بھی۔

۱۸۰۳۔دانش کہتے ہیں غلط کام چھوڑ دو ، ناگوار ہوتے ہیں چھوڑنے قابل۔
تپ دان یگیہ جیسے ثواب کے کام، نہیں ہوتے ہیں یہ چھوڑنے قابل۔

18.4 निश्चयं (निश्चयम्) शृणु मे तत्र त्यागे भरत + सत्तम्। त्यागो (त्यागः) हि पुरुष + व्याघ्र त्रिविधः (त्रि + विधः) सम्प्रकीर्तितः।।

18.4 निश्चय सुनो मेरा, उस त्याग के बारे में हे! भरतश्रेष्ठ।
त्याग भी हे! नर बाघ, तीन + तरह के बताए गए हैं / घोषित हुए हैं।।

18.4 त्याग के बारे में मेरा, भरतश्रेष्ठ! यह निश्चय सुनो।
तीन तरह के त्याग भी, मानव शेर! हैं घोषित सुनो।।4।।

18.4 Nishchayam shrinu Me tatra tyaage Bharata+sattam.
Tyaago (Tyaagah) hi purushavyaaghra (purusha+vyaaghra) trividhah (tri+vidhah) samprakeertitah.

18.4 To decision, listen, of mine, about renunciation O! Bharat+ the best. The renunciation too O! human +lion, of three+ types, are said / announced.

18.4 Bharat King! listen to My decision, on abandonments.
Lion man! there are, three types of abandonments. ||4||

۱۸۰۴۔ نشچیم شرِنُ مے تتر تیاگے بھرتستّم (بھرت+ستّم)،
تیاگو ہِ پُرشویاگھر (پُرش+ویاگھر) ترِودھ سمپرکیرتِتہ۔

۱۸۰۴۔ فیصلہ سنو میرا (خُدا کا)، وہ جو تیاگ (قربنی) کے مضمون پے ہے، یا! بھرت + بہترین (اَرْجُن) ،
تیاگ بھی، یا! آدم شیر، تین طرح کے اعلان کِئے گئے ہیں۔

۱۸۰۴۔ مجھ خدا کا سنو خیال یہ ،کہ خصوصیات کی طرح کی۔
کرتا ہوں اعلان ہوتی ہیں، قربانی بھی تین طرح کی ۔

18.5 यज्ञदानतपः (यज्ञ+दान+तपः) कर्म न त्याज्यं (त्याज्यम्) कार्यमेव (कार्यम् + एव) तत्। यज्ञो (यज्ञः) दानं (दानम्) तपश्चैव (तपः + च + एव) पावनानि मनीषिणाम्।।

18.5 यज्ञ, दान, तप के काम नहीं छोड़ने चाहिये, निश्चित ही करना चाहिये उन्हें।
यज्ञ, दान, और तप पावन / शुद्धकारी हैं, महान चिंतकों के भी।।

18.5 कार्यों में यज्ञ दान तप, नहीं छोड़ने चाहिये कभी।
मनीषियो को भी करते पवित्र, इन्हें न छोड़ो कभी।।5।।

18.5 Yagyadaanatapah (Yagya + daana + tapah) karma na tyaajyam kaaryameva (kaaryam + eva) tat.

Yagyo (Yagyah) daanam tapshchaiva (tapah + cha + eva) paavanaani maneeshinaam.

18.5 Offering ritual, + alms giving + and penance,like deeds are never to be renounced, done + must be + these. Offering rituals, donations and+like that + penances, purify even the great thinkers.

18.5 Yagya, Daan, Tap like deeds, should never be abandoned.
Purify they even the wise thinkers, never to be abandoned. ||5||

۱۸۰۵۔ یگیہ دانتپہکرمَ (یگیں+دانَ+تپہ+کرمَ) نَ تیا جیم کارْیَمیوَ (کارْیَم+ایوَ) تت،
یگیو دانم تپشچیوَ (تپہ+چ+ایوَ) پاوَنانِ منیشِنام۔

۱۸۰۵۔ یگیں+دان+تپ+کے کام نہیں چھوڑنے چاہیئے ایسے اور کام بھی ،
یگیں، دان تپ +اور +اَیسے ہی (دوسرے کام) پاک کر دے دیتے ہیں ، دانشوں کو بھی۔

۱۸۰۵۔ نہیں چھوڑنے چاہیئے کبھی، یگی دان اور تپ جیسے مبارک کام۔
دانشوں کو بھی پاک کرنے والے، ہوتے ہیں یہ ثواب کے کام۔

18.6 एतान्यपि (एतानि् + अपि) तु कर्माणि संग त्यक्त्वा फलानि च। कर्त्तव्यानीति (कर्तव्यानि + इति) मे पार्थ निश्चितं मतमुत्तमम् (मतम् + उत्तमम्)।।

18.6 इनको + भी, (अर्थात यज्ञ, दान व तप को भी) लेकिन, लगाव और फल छोडदृ कर ही करना चाहिये। कर्त्तव्य + की तरह, हे! पार्थ! यह मेरा निश्चित दिव्य विचार है।।

18.6 यज्ञ दान तप जैसे पुण्य, काम भी फल छोड़ के करो।
कर्त्तव्य समझ के यह पुण्य, पार्थ! करना निश्चित करो।।6।।

18.6 Etaanyapi (Etaani+api) tu karmaani sangam tyaktwaa phalaani cha.
Kartavyaaneeti (Kartavyaani+iti) Me Paartha nishchitam matam+uttamam. ||6||

18.6 These +too, ie. offering rituals, alm giving and penance deeds, but should be done leaving attachment and fruits. As duties, O! Paarth, this is My decisive divine+ thought.

18.6 But these purifying deeds, should also be done without desiring fruits.
Parth! this is My firm belief, to be performed like duty they should. ||6||

۱۸۰۶۔ ایتانیپِ (ایتانِ+اَپِ) تُ کرمانِ سنگم تیکتوا پھلانِ چ،
کرتویانیتِ (کرتویانِ+اتِ) مے پارتھ نشچتم متمتمم (متم+اُتمم)۔

۱۸۰۶۔ یہ+سارے کام بھی لیکن پھلوں کی طلب چھوڑ کے کرنے چاہئے، اور،
فرض سمجھ کے کرنے چاہئے ، ایسا مجھ خدا کا یا! پارتھ، طے شدہ نیک خیال ہے،

۱۸۰۶۔ یگیں دان تپ جیسے ثواب کے کام بھی، نہیں کرو کبھی پھل کے لئے۔
فرائض سمجھ کئے جانے چاہئے، پارتھ! یہ میری سوچ یقین ہے لئے۔

18.7 नियतस्य तु संयासः कर्मणो (कर्मणः) नोपपद्यते (न + उपपद्यते)। मोहात्तस्य (मोहात् + तस्य) परित्यागस्तामसः (परित्यागः + तामसः) परिकीर्तितः।।

18.7 नियत / निर्दिष्ट कार्य का लेकिन, छोडदृना, नहीं + होता कभी योग्य ।
मोह / संदेह में किया गया त्याग, + तामसी कहलाता है।।

18.7 नियति से मिले हुए, काम न छोड़ने के योग्य हैं।
भ्रम से छोड़े गए तामसिक, घोषित करने योग्य हैं।।7।।

18.7 Niyatasya tu sanyaasah karmano (karmanah) nopapadyate (na+upapadyate). Mohaattasya (Mohaat+tasya) parityaagastaamasah (parityaagah+taamasah) parikeertitah.

18.7 Allotted / given (assigned by nature through characters) but, to leave the tasks, is never+ deserving. Under doubt, +his abandonement (of work), 'Taamasik' (darkness born / ignorance born) + is termed.

18.7 Works fallen on you as duty, must not be acquitted.
Their acquittal in doubt, 'Tamsic tyag' it is admitted. ||7||

۱۸۰۷۔ نیِیَتسْی تُ سَنیاسَہ کَرمَنو (کَرمَنَہ) نوپَپدْییتے (نَ+اُپَپدْییتے)،
موہاتَسْی (موہات+تَسْی) پَرِتیاگسْتامَسَہ (پَرِتیاگَہ+تامَسَہ) پَرکِیرْتِتہ۔

۱۸۰۷۔ طے شدہ (فرائض) لیکن چھوڑنے قابل کام نہیں ہوتے ہیں ،
شک میں+ اُنہیں چھوڑ دینا +تامسِک اعلان ہوتا ہے۔

۱۸۰۷۔ کسی کے اپنے فرائض کام، چھوڑنے قابل نہیں ہوتے ہیں۔
موہ یا شک میں فرض چھوڑ دینا، تامسی قربانی اِسے کہتے ہیں۔

18.8 दु:खमित्येव (दु:खम् + इति + एव) यत्कर्म (यत् + कर्म) कायक्लेशभयात्यजेत् (काय + क्लेश + भयात् + त्यजेत)। स (स:) कृत्वा राजसं (राजसम्) त्यागं (त्यागम्) नैव (न + एव) त्यागफलं (त्याग + फलम्) लभेत।।

18.8 दु:ख हैं + सारे + ऐसे, वह + काम, जो शरीर के + कष्ट के + डर से, + छोड़े / त्यागे जाते हैं। ऐसा राजसी त्याग करने से, त्याग + फल लाभ नहीं देते।।

18.8 शारीरिक कष्ट से डर से, छोड़ दिये जाने वाले काम।
राजसिक त्याग के होने से, फलते नहीं इस के काम।।8।।

18.8 Dukhamityeiva (Dukham+iti+eva) yatkarmakaayakleshabhyaattyajet (yat+karma kaaya+klesha+bhyaat+tyajet).

Sa (Sah) kritwaa raajasam tyaagam naiva (na+eva) tyaagaphalam (tyaaga+phalam) labheta.

18.8 Pain are+ all+ such deeds, + which due to the body + pain, + fear ,are left. He having done 'Raajasik' / kingly renunciation, never+ by such (kingly renunciation) is fruited / benefitted.

18.8 To leave duties considering them troublesome, or for the pain's fear.
Consider this renunciation as Rajasic, one of the type that pays never. ||8||

۱۸۰۸۔ دُکھَ مِتیوَ (دُکھَم+اِتِ+ایوَ) یتکَرمَ (یَت+کَرمَ) کایکلیشبھیاتّیجیت (کاے+ کلیش+بھیات+تیجیت)،
س (سَہ) کرِتوا راجسَم تیاگَم نیوَ (نَ+ایوَ) تیاگپھلَم (تیاگ+پھلَم) لبھیت۔

۱۸۰۸۔ دکھ +ہی دیتے +ہیں یہ ایسے+کام جسمانی +درد +کے ڈر سے+ چھوڑ دئے جاتے ہیں جو۔
ایسا کرنا راجِسک تیاگ ہے ، وہ تیاگ جو کبھی فایدے کا پھل نہیں دیتا ۔

۱۸۰۸۔ جسمانی دکھ جھنجھٹ یا ڈر سے، فرز چھوڑنا راجِسک تیاگ ہے۔
راجِسک خوبی کے تیاگ کے پھل، کبھی نہ فایدہ دے پاتے ہیں۔

18.9 कार्यमित्येव (कार्यम् + इति + एव) यत्कर्म (यत् + कर्म) नियतं (नियतम्) क्रियतेऽर्जुन (क्रियते + अर्जुन)। संग त्यक्त्वा फलं (फलम्) चैव (च + एव) स (सः) त्यागः सात्विको (सात्विकः) मतः।।

18.9 करने योग्य कार्यों में + सारे ऐसे, जो + कर्म नियत किये जाते हैं, + हे! अर्जुन।
आसक्ति छोडदृ कर, और + इसी तरह, फल भी, वह त्याग सात्विक समझे जाते हैं।।

18.9 अर्जुन ! कर्त्तव्य मान के, नियत काम जो निश्चित करते।
छोड़ के फल व लगाव, 'सात्विक त्याग' उन्हें ही कहते।।9।।

18.9 Kaaryamityeiva (Kaaryam+iti+eva) yatkarma (yat+karma) niyatam kriyateArjun (kriyate+Arjun). Sang tyaktwaa phalam chaiva (cha+eva) sa (sah) tyagah saatviko (saatvikah) matah.

18.9 Amongst worth doing actions+ all+such which+ are done regularly, O! Arjun. Leaving attachment and fruits, those renunciations are of 'Satvic' (ie. of noble character) consideration.

18.9 Arjun! the works done as duty,not desiring fruits and in regular manner.
And without attaching with them,are considered to be of satvic character. ||9||

۱۸۰۹۔ کارْیَمِتْیَو (کارْیَم+اِتِ+ایوَ) یَتْکَرْم (یَت+کَرْم) نِیَتَم کْرِیَتے اَرْجُن (کْرِیَتے+اَرْجُن)،
سَنگ تْیَکْتْوا پھَلَم چَیوَ (چَ+ایوَ) سَ (سَہ) تْیاگَہ ساتْوِکو (ساتْوِکَہ) مَتَہ۔

۱۸۰۹۔کام +سارے +ایسے ہی ، جو+کام طے شدہ ہیں (قدرت سے ملے، فرائض سمجھ کے) کرنا + یا! ارجُن،
چاہت چھوڑ کے پھلوں کی ، اور تب یہ تیاگ (قربانی) ساتوِک کہلاتا ہے ، خیال سے میرے (مُجھ خدا کے)۔

۱۸۰۹۔ ارجن !اپنے فرض کرتے جب، ملنے والے پھلوں کو چھوڑتے۔
اِسی کو کہتے ہیں قربانی، پھل تیاگ کی میری سوچ سے۔

18.10 न द्वेष्ट्यकुशलं (द्वेष्टि + अकुशलम्) कर्म कुशले नानुषज्जते (न + अनुषज्जते)। त्यागी सत्वसमाविष्टो (सत्व + समाविष्टः) मेधावी छिन्न संशयः।।

18.10 न बुराई / घृणा + अकुशल काम की, न कुशल काम से प्रेम / आसक्ति। ऐसा (कुशल– अकुशल का) त्याग करने वाले में / छोड़ने वाले में, + सत्व + भरा है, वह बुद्धिमान है, (बुद्धि द्वारा) काट दिये हैं, उसने भ्रम ।

18.10 अशुभ कामों से घृणा नहीं उसे, न शुभ कार्यों में आसक्ति उसे।
बुद्धि से भ्रम नष्ट कर काम छोड़े, सत्व गुणी त्यागी कहते उसे ।।10।।

18.10 Na dweshtyakushlam (dweshti+akushlam) karma kushale naanushajjate (na+anushajjate). Tyaagi satvasamaavishto (satva+samaavishtah) medhaavi chhinnasanshayah (chhinna+sanshayah).

18.10 Neither hates + imperfect works, nor + attaches to the perfect / skilled ones. Such renouncer is, Satv + filled wise, (with wisdom he), + has cut, + all doubts.

18.10 Neither hates unskilled work, nor attaches to those of masterly skills.
A Satvic renouncer leaves work, killing doubts with intellectual skills. ||10||

۱۸۰۱۰۔ نَ دْویشیکُشلَم (دْویشٹِ+اَکُشلَم) کَرمَ کُشلے نانُشجّتے (نَ+انُشجّتے)،
تیاگی سَتوَسماوِشٹوَ(سَتوَ+سماوِشٹہ)میدھاوی چھِنّسنشَیَہ (چھِنّ+سنشَیَہ)۔

۱۸۰۱۰۔ نا نفرت کرتا ہے + غیرہنرمند کاموں سے، نا مکمل کاموں میں منسلک ہوتا ہے،
تارِک شرافت میں+غرق ذہین (ساتوِک خصوصیات کاعقلمند بندا)، بلاشک کام کرتا ہے ۔

۱۸۰۱۰۔نہ ناقابل ہوکے کاموں سے بیر، نہ قابل ہونے پرکاموں سے پیار۔
سَتوَ (پاک) خوبیوں کاتیاگی بندا، شک کو عقلمندی سے دیتا ہے مار۔

18.11 न हि देहभृता शक्यं (शक्यम्) त्यक्तुं (त्यक्तुम्) कर्माण्यशेषतः (कर्माणि + अशेषतः)। यस्तु (यः + तु) कर्म + फल त्यागी स (सः) त्यागीत्यभिधीयते (त्यागी + इति + अभिधीयते)।।

18.11 नहीं है, निश्चित ही, देहधारियों के लिये संभव, छोडदृना सारे कर्म, + पूरी तरह।
जो + लेकिन, कर्म + फल + छोड़ता है, वही त्यागी + पूरा + कहलाता है।।

18.11 सम्भव नहीं देहधारियों को, सारे काम पूर्णतया छोड़ना।
वास्तविक त्याग तो होता है, कार्यों के फलों का छोड़ना।।11।।

18.11 Na hi dehbhritaa shakyam tyakatum karmaanyasheshatah (karmaani+asheshatah). Yastu karmphal (karm+phal) tyaagi sa tyageetyabhidheeyate (tyagi + iti + abhidheeyate).

18.11 Definitely not, for the bodied people, it is possible, to leave all works+ totally. But the one who, leaves fruits + of works , a renouncer + perfect / in totality, + he is considered.

18.11 None with body is capable, to leave all works and do nothing.
Hence the one who renounces fruits, does the real renouncing. ||11||

۱۸۰۱۱۔ نَ ہِ دیہبھرِتا شکیَم تیکتُم کَرمانیشیشتہ (کَرمانِ+ اشیشتہ)،
یَستُ (یَہ+تُ) کَرمپھلتیاگی (کَرمَ+پھلَ+تیاگی) سں (سَہ) تیاگیتیبھِدھییتے (تیاگی+اِتِ+ابھِدھییتے)۔

۱۸۰۱۱۔نا ہی دیہ والے قابل ہیں کام پوری طور پر چھوڑنے کے ،
جو +مگر کاموں کے+پھل +چھوڑ دیتاہے، وہ 'تیاگی' (قربانی کرنےوالا) +پورا (سچا)+ کہلاتا ہے۔

۱۸۰۱۱۔ناممکن ہے جسم والوں کو، ہرکام پوری طرح پچھوڑنا۔
پرممکن ہے کام کے پھل،سچا تیاگی بن کے چھوڑنا۔

18.12 अनिष्टमिष्टं (अनिष्टम् + इष्टम्) मिश्रं (मिश्रम्) च त्रिविधं (त्रिविधम्) कर्मणः फलम्। भवत्यत्यागिनां (भवति + अत्यागिनाम्) प्रेत्य न तु संयासिनाम् क्वचित्।।

18.12 बुरे + अच्छे, और मिले जुले, तीन तरह के कर्म फल। होते हैं + न छोड़ने / न त्यागने वालों के, मरने के बाद, लेकिन संयासियों (जिन्होंने जीवन में ही सारे फल छोड़ दिये, उन) के लिये कोई नहीं रहते / बचते।।

18.12 अच्छे बुरे या मिले जुले, मरने के बाद तक मिलते कामों के फल।
जीवन में ही छोड़ देते जो फल, संयासी वे मरने पे न पाते फल।।12।।

18.12 Anishtamishtam (Anishtam+ishtam) mishram cha trividham (tri+vidham) karmanah phalam.

Bhavatyatyaaginaam (Bhavati+atyaaginaam) pretya na tu sanyaasinaam kwachit.

18.12 Bad + Good , and mixed three+ types of works' fruits are there. For those who do not renounce (those who do not leave fruits, in life), get them (fruits) after death, there are none (left), but for the renouncers.

18.12 Good bad and mixed, three types of actions fruits people bear after life.
Renouncers having renounced all the fruits, do not have fruits after life. ||12||

۱۸۰۱۲۔ اَنِشٹمِشٹم(اَنِشٹم+اِشٹم) مِشرم چ ترِوِدھم (ترِ+وِدھم) کرمنہ پھلم،
بھوتیتیاگنام(بھوتِ+اتیاگنام) پریتیہ نَ تُ سنیاسنام کوچِت۔

۱۸۰۱۲۔ منحوس ، مبارک اور مرکب ، تین + طرح کے ہوتے ہیں کاموں کے پھل ،
ہوتے ہیں +اَتیاگیوں کے(قربانی ناکرنے والوں کو ملتے ہیں) نا ہی سنیاسیوں (پھل چھوڑ دینے والوں)کےلئے کوئی (پھل) کبھی ۔

۱۸۰۱۲۔ اچھے برےاور ملے جلے پھل، مرکےبھی ملتے ہیں نا چھوڑنے والوں کو۔
منکراورتیاگی زندگی میں ہی، پھل چھوڑکےمرتے پھرنہیں پاتے ہیں وہ۔

18.13 पंचैतानि (पंच + एतानि) महाबाहो कारणानि निबोध मे।
सांख्ये कृतान्ते (कृत + अन्ते) प्रोक्तानि सिद्धये सर्वकर्मणाम् (सर्व + कर्मणाम्)।।

18.13 पांच होते हैं + यह (काम पूरे / सिद्ध करने वाले) हे! महाबाहु, जिनके कारण (सारे काम होते हैं), जानो मुझसे । सांख्य / वेदान्त में, निष्कर्ष के रूप में बताए गए है, (वे जिनके कारण) जिनसे सिद्ध होते हैं, / पूरे होते हैं, + सारे काम।।

18.13 पाँच होते हैं हे! महाबाहु, कर्मों के करने वाले जानों मुझसे।
वेदान्त में यह बताए गए हैं, सिद्ध होते कैसे काम उनसे।।13।।

18.13 Panchaaitaani (Pancha+aitaani) mahaabaaho (mahaa+baaho) kaaranaani nibodha Me.
Saankhye kritaante (krita+ante) proktaani siddhaye sarvakarmanaam (sarva+karmanaam).

18.13 Five are + these (the causes of actions), the reasons, O! Mighty+ armed, get to know + by Me. These (reasons of work perfection) have been conclusively scripted (in Sankhy/Vedant), as nessessary for completion/perfection, of + all works.

18.13 Understand from Me the five doers, who together complete each task.
As summed up in Vedant scriptures, they cause perfection of all tasks. ||13||

۱۸۰۱۳۔ پنچیطانِ (پنچ+ایتانِ) مَہاباہوَ کارنانِ نِبوُدھ مے،
سانکھیے کِرطانتے (کِرِت+اَنتے) پْروکتانِ سِدھیے سَروَکَرمَنام۔

۱۸۰۱۳۔ پانچ + اِن ، یا! مہا باہُ (مضبوط باذوُ والے ارجُن)، وجھوں کو سمجھو مُجھ (خُدا) سے ،
ویدانتوں (صحیفوں) میں کہی گی ہیں سب ہی مکمل کاموں کی (وجہیں) ۔

۱۸۰۱۳۔ سیکھو محاباحو ! مجھ خداسے، وہ پانچ مِل کے جوکرتے کام۔
سنوصحیفوں کےخلاصے، جو بتاتے ہیں کون مکمل کرتے کام۔

18.14 अधिष्ठानम् तथा कर्त्ता करणं च पृथग्विधम् (पृथक् + विधम्)। विविधाश्च (विविधाः + च) पृथक्चेष्टा (पृथक् + चेष्टा) देवं (देवम्) चैवात्र (च + ऐवात्र) पंचमम्।।

18.14 काम की जगह, तथा काम करने वाला, काम के उपकरण और काम की अलग अलग + विधियाँ। और + अलग अलग तरह के + प्रयास, और + ईश्वर (प्रदत्त गुण / कौशल), + यह हैं, पांच (कर्म कारक, जिनके कारण काम सि) होते हैं) ।।

18.14 काम की जगह व करने वाला, यन्त्र और करने के विविध प्रयास।
पांचवा ईश्वर का दिया कौशल, काम सिद्धि के यह पॉच हैं खास।।14।।

18.14 Adhishthaanam tathaa kartaa karanam cha prithagvidham (prithak+vidham). Vividhaashcha (Vividhaah+cha) prithkcheshtaah (prithk+cheshtaah) Daivam chaivaatra (cha+iva+atra) panchamam.

18.14 Place of work , and doer , tools and , various procedures.
And +various + separate/different + efforts , and God (given skill) + these are +the five (work factors, the reasons that complete/ perfect the tasks).

18.14 The place of work and the worker, the tools and various efforts.
Fifth God the skill provider, these five complete all the works. ||14||

۱۸۰۱۴۔ اَد ھِشٹھانَم تَتھا کَرتا کَرنَم چَ پِرِ تھَگ وِدھَم (پِرتھَک+وِدھَم)،
وِوِدھاشچ (وِوِدھاہ+چ) پِرتھَک چیشٹا (پِرتھَک+چیشٹا) دیوَم چَیواترَ (چَ+ایوَ+اَترَ) پنچمَم۔

۱۸۰۱۴۔ کام کی جگہ اور فاعل اور آلات (اشیاء) طرح طرح کے،
اور +طرح طرح کی الگ +کوششیں اور خُدا (کے دیے ہنر)+ یہ پانچ ۔

۱۸۰۱۴۔ کام ہوتے ہیں جگہ پر اوزار سے، بندوں کی مشقت ہنر جو خُدا دیں۔
جسم جگہ اور اوزار حواس ہیں، مشقت مہارت بندوں میں جُدا سے۔

18.15 शरीरवाङ्मनोभिर्यत्कर्म (शरीर + वाक् + मनोभिः + यत् + कर्म) प्रारभते नरः। न्याय्यं (न्याय्यम्) वा विपरीतं (विपरीतम्) वा पंचैते (पंच + एते) तस्य हेतवः।।

18.15 शरीर + वाणी + मन से + जो + काम शुरू करता है मानव। न्याय स,` या अन्याय से, पांचों + यही, उसकी (मनुष्य के काम पूरे होने की) वजहें हैं ।।

18.15 शरीर से बोली और मन से, जो भी काम करते हैं लोग।
न्याय पूर्वक या अन्याय से, इन्हीं पाँचों से करते हैं लोग।।15।।

18.15 Shareeravaagmanobhiryatkarma (Shareera+vaak+manobhih+yat+karma) praarabhate narah. Nyaayyayam vaa vipareetam vaa panchaite (pancha+aite) tasya hetawah.

18.15 By body + speech + or heart, + whatever + work, a man begins to do.
Lawfully , or unlawfully, five + these, are it's (work's) means (reasons of completion).

18.15 Whatever work the people do, by body, by speech or by heart.
Lawfully or illegally, these five together perform to do all works. ||15||

۱۸۰۱۵۔ شَریرواگمنوبھِریتکرمَ (شَریر+واک+منوبھِہ+یَت+کَرمَ) پْرارَبھتے نَرَہ،
نیایَیم وا وِپَریتَم وا پنچیتے (پنچ+ایتے) تَسیَ ہیتَوَہ۔

۱۸۰۱۵۔جسم+بولی+یا دِل سے جو بھی + کام کرتے ہیں لوگ ،
قانونی یا غیرقانونی طور پر پانچ+ یہی اُن کے ذریے ہیں ۔

۱۸۰۱۵۔کرتابنداِجوبھی کام، جسم ذہن یابولی سے ۔
غلط صحیح انصاف یاظلم سے،کرتانہیں پانچوں سے۔

18.16 तत्रैवं (तत्र + एवम्) सति कर्तारमात्मानं (कर्तारम् + आत्मानम्) तु यः। पश्यत्यकृतबुद्धित्वान्न (पश्यति + अकृत + बद्धित्वान् + न) स (सः) पश्यति दुर्मतिः।।

18.16 इस पर + भी, यदि कर्त्ता + स्वयं को ही, परन्तु जो। (मान कर, देखता है) देखते हुए भी, + निष्क्रिय + बुद्धि से, + नहीं, वह, देख पाता है (सच नहीं देख पाता), मूर्ख / दुर्मति / बुरी बुद्धि वाला ।।

18.16 इस पर भी जो स्वयं को ही, अकेला कर्त्ता मानते हैं ।
दुर्बुद्धि की वजह से ही, मूर्ख हुए सच नहीं जानते हैं ।16।।

18.16 Tatraivam (Tatra+aivam) sati kartaaramaatmaanam (kartaaram+aatmaanam) kevalam tu yah.
Pashyatyakritabuddhitwaanna (Pashyati+akrita+buddhitwaat+na) sa (sah) pashyati durmatih.

18.16 There+ like this, being , the doer + himself only but who.
Sees + with non working + mind, +does not realise/see the truth , he ,the foolish / ignorant/ inactive/evil mind.

18.16 Ignoring these five workers, if one sees only him to be the doer.
Such ignorant with bad intellect, can not see the true workers. ||16||

۱۸۰۱۶۔ تتریوم(تتر+ایوم) سَتِ کرتارماتمانم(کرتارم+آتمانم) کیولَم ت یَہ،
پشیتیکرِتبدھتوانّ (پشیتِ+اکرت+بدھتوات+نَ) سَ (سَہ) پشیتِ دُرمَتِہ۔

۱۸۰۱۶۔اُس+پر بھی ہوکے فاعل خود کو ہی صِرف لیکن جو،
دیکھتا ہے +مسخ / غیرفعال/ست دماغ +کی وجہ سے +نہیں وہ دیکھ پاتا ہے(سچ نہیں دیکھتا) خراب دماغ والا۔

۱۸۰۱۶۔ پانچ نےمل کرکِیانا سمجھے،صرف خودکوسوچ کرنےوالا۔
نہیں دیکھ پاتایہ سچ، جہالت بھرا ذہن رکھنے والا۔

18.17 यस्य नाहङ्कृतो (न + अहंकृतः) भावो (भावः) बुद्धिर्यस्य (बुद्धिः + यस्य) न लिप्यते। हत्वापि (हत्वा + अपि) स (सः) इमॉल्लोकान्न (इमॉन् + लोकान् + न) हन्ति न निबध्यते ।।

18.17 जिसकी बिना + अहंकार भाव की बुद्धि, + उसके कर्मों से लिप्त नहीं होती। मार कर + भी, वह, इन + संसारों में + नहीं हत्या करता अर्थात हत्या (के कर्म) से + नहीं बंधता।।

18.17 जो भी बिना अहंकार के, और बुद्धि लिप्त किये बिना।
करते जो भी हैं शुद्ध बुद्धि से, करते हैं पाप के बिना।।17।।

18.17 Yasya naahankrito (na+ahankritah) bhaavo (bhaavah) buddhiryasya (buddhih+yasya) na lipyate. Hatwaapi (Hatwaa+ api) sa imaanllokaanna (imaan+lokaan+na) hanti na nibadyate.

18.17 The one who is without + ego, naturally, mind+whose, does not attach (with works). Having killed +also, he, in these+ planets, + is not bound with, the act of killing.

18.17 The one who works without ego, and doesn't allow his mind to attach.
In this world if he kills also, unbound by killing he remains unattached.
(even with this act, ie. due to sinless mind the act remains sinless). ||17||

۱۸۰۱۷۔ یَشیٰ ناہنکرِتوٗ(نَ+اہنکرِتہ) بھاوو بُدّھِر یَشیٰ (بُدّھِہ+یَشیٰ) نَ لِپیتے،
ہَتواپِ(ہَتوا+اَپِ) س (سَہ) اِمانلوکانّ(اِمان+لوکان+نَ) ہنتِ نَ نِبدھیتے۔

۱۸۰۱۷۔ جس میں نہیں ہوتی +اناپرست فطرت ، ذہن جسکا نا منسلک ہے،
مار کے + بھی وہ اِن سنساروں میں مارنے سے نہیں بندھتا ۔

۱۸۰۱۷۔خو جھوٹی فخر سے پاک ہیں، ذہن سے بھی پاک ہوتے ہیں۔
مار کے بھی اِن جہانوں میں،مارنے سے پاک ہوتے ہیں۔

18.18 ज्ञानं (ज्ञानम्) ज्ञेयं (ज्ञेयम्) परिज्ञाता त्रिविधा (त्रि+विधा) कर्म चोदना। करणं (करणम्) कर्म कर्त्तेति (कर्त्ता + इति) त्रिविधः कर्म संग्रहः।।

18.18 ज्ञान / जानकारी, + जानने योग्य (क्या जानना चाहिये अर्थात ज्ञान का लक्ष्य क्या है) + तथा जानकार, यह तीनो काम करने की + प्रेरणा देते हैं। इन्द्रियां, + कर्म + और कर्त्ता, + यह तीन + कर्म + को संचय (संग्रह / इकट्ठा) करने वाले होते हैं।।

18.18 ज्ञान, ज्ञान योग्य, व ज्ञानी, यह तीनो हैं कामों की प्रेरणा।
इन्द्रियां कर्म और कर्त्ता, तीनो करते काम एकत्र करना।।18।।

18.18 Gyaanam gyeyam parigyaataa trividhaa (tri+vidhaa) karmachodanaa (karma+chodanaa). Karanam karma karteti trividhah (tri+vidhah) karmasangrahah (karma+sangrahah).

18.18 Knowledge, worth knowing (aim of knowledge) knower, are the three types of work + motivators.Senses, actions and doers, these three+ kinds, are the work + compilers.

18.18 Knowledge, it's aim and the knower, these three are the work inducers.
Senses, work and the doer of work, these three are the work compliers. ||18||

۱۸۰۱۸۔ گیانم گیئیم پرگیاں طا ترِودھا کرمچودنا (کرم+چودنا)،
کرنم کرمَ کرتیتِ ترِ+ودھہ کرمَ سنگرہہ (کرم+سنگرہہ)۔

۱۸۰۱۸۔ علم ، قابل ر مقصدِعلم ، عالم (جاننےوالا) ، کاموں کے تین طرح کے عمل انگیز+ عملان ر عامل کار ہوتے ہیں، حواس(اوزار)،کام اورکرنے والا، یہ تین (طرح کے) کاموں کے+مؤلف(مرتب کرنے والے) ہوتے ہیں۔

۱۸۰۱۸۔علم اسکا مقصد اور عالم ، یہ تین کام کےعامال ہوتےہیں۔
حواس کام اورکرنے والا ، یہ تین کام کے مرتب ہوتے ہیں۔

18.19 ज्ञानं (ज्ञानम्) कर्म च कर्ता च त्रिधैव (त्रिधा + एव) गुण भेदतः। प्रोच्यते गुण + संख्याने यथावच्छृणु (यथावत् + शृणु) तान्यपि (तानि + अपि)।।

18.19 ज्ञान, कर्म और कर्ता, तीन तीन + इन्हीं गुणो द्वारा अलग अलग हैं। बताए गए हैं, वे गुण + सांख्य में जिस प्रकार, जैसे के तैसे + सुनो, वे + भी।।

18.19 ज्ञान कर्म और कर्त्ता भी, गुणों के अनुसार हैं सभी तीन तीन।
गुण जो सांख्य में लिखे गए, मुझसे सुनो वही कैसे हैं तीन।।19।।

18.19 Gyaanam karma cha kartaa cha tridhaiva (tridhaa+eva) guna+bhedatah.
Prochyate guna+sankhyaane yathaavachshrinu (yathaavat+shrinu) taanyapi (taani+api).

18.19 Knowledge, works and doers are, each of three types , by character+differences. Described are , these characters, + through Sankhy Scriptures, as such + listen about them +too.

18.19 Knowledge, work and workers, are of three types as per characters.
Listen to each one of these also, how they too follow the characters. ||19||

۱۸۰۱۹۔ گیانم کرمَ چ کرتا چ ترِدھیو گنبھیدتہ (گن+ بھیدتہ)،
پْروچیتے گنسنکھیانے (گن+ سنکھیانے) یتھاوچھرنُ (یتھا+وت+شرنُ) تانیپ (تانِ+اپ)۔

۱۸۰۱۹۔علم، کام اور کرنےوالے تینو قدرتی علامات کے + متابق تین تین طرح کے ہوتے ہیں، بیان کِے گَے ہیں، علامات+ صحیفوں میں ، بلکل+ ویَسا ہی+ سنو، اُنہیں(وہ سب)+ بھی۔

۱۸۰۱۹۔ علم کام اورکرنے والے،سبھی،تین طرح کے ہوتے ہیں۔
تین تین قدرتی خوبوں سے،سنوالگ وے کیسے ہوتے ہیں۔

18.20 सर्व + भूतेषु येनैकं (येन् + एकम्) भावमव्ययमीक्षते (भावम् + अव्ययम् + ईक्षते)। अविभक्तं (अविभक्तम्) विभक्तेषु तज्ज्ञानं (तत् + ज्ञानम्) विद्धि सात्विकम् ।।

18.20 सब + जीवों में, जो + एक ही, भाव (आत्मा) + अव्यय को + देखता है। वह बिना बँटा एक, अर्थात ईश्वर, जो बँटे हुओं, अर्थात जीवों में है, उस एक का + ज्ञान समझो सात्विक है।।

18.20 सभी जीवों में एक ही ईश्वर, अव्यय आत्मा जो देखता है।
बँटा हुआ जो पर एक है, समझो उसका ज्ञान सत्व होता है।।20।।

18.20 Sarva+bhooteshu yenaikam (yena+ekam) bhaavam+avyayam+eekshate.
Avibhaktam vibhakteshu tajgyaanam (tat+gyaanam) viddhi saatvikam.

18.20 In all +beings who + One Soul+ indestructible + sees. The Undivided Whole (Almighty), amongst the devided ones (creatures), His + knowledge, know to be + Saatvik (good).

18.20 Whole knowledge that sees, One Soul Element in all living beings.
Is Satvic knowledge that sees, The Undivided One divided in beings. ||20||

۱۸۰۲۰۔ سَرْوَ بھُوْ تیش (سَرْوَ+بھُوْ تیش) ییْنَیْکَم (یین+اَیکم) بھاوَمَوْ ییمِکْشتے (بھاوَم+اَوْیَم+اِیکْشتے)،
اَوِبھَکْتَم وِبھَکْتیش تَجّیانَم وِدّھِ ساتْوِکَم۔

۱۸۰۲۰۔ سب+مخلوقوں میں جو+ ایک ہی موجودہ عظہار+ لافانی + دیکھتا ہے،
ایک پورا (غیر منقسم، روح، خدا)، تسویم شدہ (الگ الگ مخلوقات) کے بیچ، وہ علم سمجھو ساتوِک (نجیب)۔

۱۸۰۲۰۔ ساتوِک علم دکھا دیتا ہے، الگ مخلوقوں میں ایک روح۔
ایک ہی پوری، لافانی، سب میں تقسیم اعلی ایک روح۔

18.21 पृथक्त्वेन (पृथक् + तु + एन) तुयज्ज्ञानं (यत् + ज्ञानम्) नानाभावान्पृथग्विधान् (नाना + भावान् + पृथक् + विधान)। वेत्ति सर्वेषु भूतेषु तज्ज्ञानं (तत् + ज्ञानम्) राजसम् ।।

18.21 विभाजन के कारण, / बंटे होने से, + मगर जो + ज्ञान, नाना + शरीरों में + अलग + अलग + आत्माएं दिखाए। जानो, सभी जीवों के, वैसे + ज्ञान को, राजसी।।

18.21 वो ज्ञान जो सब जीवों में, अलग अलग आत्मा पाता है।
ईश्वर अलग जानता जीवों में, ज्ञान ऐसा रजस होता है।।21।।

18.21 Prithaktvena (Prithak+tu+ena) tu yajgyaanam (yat+gyaanam) naanaa+bhaavaan prithagvidhaana (prithak+vidhaana). Vetti sarveshu bhooteshu tajgyaanam (tat+gyaanam) viddhi raajasam.

18.21 Being divided / split, +but, which+ knowledge, in various+ bodies, + shows different different + souls. Know that, in all those beings, such+ knowledge, is known as Raajasik (kingly)

18.21 The devided knowledge which sees, different souls in various beings.
Of Rajsic type this split knowledge, sees separate Gods in all beings. ||21||

۱۸۰۲۱۔ پرِتھکتوین تُ گیانم (یت+گیانم) ناناِبھاواںپرِتھکوِدھان (نانا+بھاوان+پرِتھک+ودھان)،
ویتّ سرویشُ بھوتیشُ تجگیانمْ (تت+ گیانم) وِدّھِ راجسم۔

۱۸۰۲۱۔حصے / تقسیم ہونے کی وجہ سے لیکن جو + علم کی+ تاثرات میں+ الگ الگ (منقسم/ مختلف)+ہستیاں/روحیں،
دِکھاتا ہے ،سارے مخلوقات میں ، اُس علم کو سمجھو راجسِک۔

۱۸۰۲۱۔ راجسِک علم دِکھاتا مخلوق سارے، بےشمار خیالوں اور دستوروں میں۔
جس سے دِکھاتا وہ تمام، الگ الگ روحیں الگ الگ جسموں میں۔

18.22 यत्तु (यत् + तु) कृत्सनवदेकस्मिन्कार्ये (कृत्सनवत् + एकस्मिन + कार्यें) सक्तमहैतुकम् (सक्तम् + अहैतुकम्) । अतत्वार्थवदल्पं (अतत्व + अर्थ + वत् + अल्पम्) च तत्तामसमुदाहृतम् (तत् + तामसम् + उदाहृतम्)।।

18.22 जो + परन्तु, पूरी तरह + एक ही + कार्य में, जुटा दे, आसक्ति से + बिना कारण। और असत्य + के लिये + तुच्छ + सा बने, वह ज्ञान + तामसी + कहलाता है।।

18.22 पूरी आसक्ति एक ही काम की, अकारण निरर्थक दे जो ज्ञान।
बने तुच्छ सा झूठ के लिये भी, तमोगुणी अंधकार है वो ज्ञान।।22।।

18.22 Yattu (Yat+tu) kritsnavadekasminkaarye (kritsnavat+ekasmin+kaarye) saktamahaitukam (saktam+ahaitukam).
Atattwaarthavadalpam (Atattwa+artha+vat+alpam) cha tattaamasamudaahritam (tat+taamasam+udaahritam).

18.22 That+ but , which wholely + and only in one + deed , makes one engrossed + without reason. And for false +cause+ becomes+ small, that knowledge + is called +Tamsic (of darkness).

18.22 The knowledge that attaches, to a single task without reason.
For unreal acts lowly, such blind knowledge is of Tamas vision. ||22||

۱۸۰۲۲۔ یتُ (یت+تُ) کرِتسنوَ دیکسمِنْ کارْیے (کرِتسنوت+ایکسمِن+کارْیے) سکتمحیتکم (سکتم+اَحیتکم)،
اَ تتوارتھوَ دلپم (اَ تتو+ارتھ+وت+ا لپم) چ تتامسمداہرِتم (تت+تامسم+اُدا ہرِتم)۔

۱۸۰۲۲۔ جو +مگر پوْرے طور پر +ایک ہی+کام میں مشغول رہتاہے+ بلا وجہ ،
جھوٹ+کے لئے +گویا+نیچ جیسا ،اور اُس (علم)کو+ تامسِک کی +مثال دیتے ہیں۔

۱۸۰۲۲۔لیکن جٹادے پوری طورپے، بیکار ہٹکے کاموں میں جو،
حقیقت سے دور قیمت میں کم، تامسِک کہلاتا ہےعلم وہ۔

18.23 नियतं (नियतम्) सगड़्रहितमरागद्वेषतः (संग + रहितम् + अराग + द्वेषतः) कृतम्। अफलप्रेप्सुना (अफल + प्रेप्सुना) कर्म यत्तत्सात्विकमुच्यते (यत् + तत् + सात्विकम् + उच्यते)।।

18.23 नियमित, अपने आप + लगाव + बैर बिना, किया गया। फल की इच्छा बिना काम, जो + हो, + वह + सात्विक + कहलाता है।।

18.23 बिना आसक्ति बैर के नियमित, अकेले किये जाते हैं जो काम।
तथा फल की इच्छा रखे बिन, सतोगुणी कहलाते हैं वो काम।।23।।

18.23 Niyatam sangarahitamaraagadweshatah (sanga+rahitam+araaga+dweshatah) kritam. Aphalaprepsunaa (Aphala+prepsunaa) karma yattatsaatvikamuchyate (yat+tat+saatvikam+uchyate).

18.23 The work done regularly / orderly + by one self + without love–hate. Without desiring +fruits, that action, which+is done like that, is called + Saatavik.

18.23 The regular work done singly, without attachment or love–hate.
And without desiring fruits, is the example of Satvic work trait. ||23||

۱۸۰۲۳۔ نیتم سنگرحِت مراگدْ ویشتہ (سنگ+رحِتم+اراگ+دْویشتہ) کرِتم،
اَ پھل پْرپسُنا (اَ پھل+پْرپسُنا) کرمَ یتّتساتوِکمُچیتے (یت+تت+ساتوِکم+اُچیتے)۔

۱۸۰۲۳۔ باقاعدگی کے، ساتھ، +بغیر +منسلک ہوئے+ (بغیر) نفرت کے، کِئے گئے کام،
پھل کی+چاہت بغیر، جو (ہوتے ہیں)+وہ+ ساتوِک + کہے جاتے ہیں۔

۱۸۰۲۳۔ کِیا جائے باقاعیدگی سے، پیار۔نفرت کے بغیر جو کام۔
بغیر پھل کی خواہش کِیے، ساتوِک خوبی کا ہوتا وہ کام۔

18.24 यत्तु (यत् + तु) कामेप्सुना (काम + ईप्सुना) कर्म साहंकारेण (स + अहंकारेण) वा पुनः। क्रियते बहुलायासं (बहुल + आयासम्) तद्राजसमुदहृतम् (तत् + राजसम् + उदाहृतम्)।।

18.24 जो + लेकिन, इच्छा + फल की रख के, काम हो, अहंकार के + साथ या फिर।
किये जाते हैं, कठिन + परिश्रम से, उसे + राजसी + कहते हैं।।

18.24 फल चाहना या अहंकार से, या बार बार फिर से होते जो काम।
कठिन परिश्रम या प्रयास से, रजोगुणी तरह के कहलाते वो काम।।24।।

18.24 Yattu (Yat + tu) kaamepsunaa (kaama + eepsunaa) karma saahankaarena (sa + ahankaarena) waa punah.

Kriyate bahulaayaasam (bahula + aayaasam) tadraajasamudaahritam (tat + raajasam + udaahritam).

18.24 That work +but , which is done desiring+ fruit, done with+ ego, or repeatedly. Done with hard+ work , that +is called+ Rajsic (kingly).

18.24 The work that is done by one, desiring fruits with false pride.
By putting great effort, of Rajsic trait that work is exemplified. ||24||

۱۸۰۲۴۔ یَتُّ کامیپسُنا(یَت+تُ+کامَ+اِیپسُنا) کرمَ ساہنکارینَ(سَ+اَہنکارینَ) وا پُنہ،
کرِیتے بہُلایاسَم (بہُلَ+آیاسَم) تدراجسمُدا ہرِتم(تَت+راجسَم+اُدا ہرِتم)۔

۱۸۰۲۴۔جو+ لیکن +کام+ نتیجہ خیز (پھلوں کی خاطر) کئے جایں ساتھ+انا کے ، یا پھر،
کیئے جاتے ہیں، کڑی +محنت کے ساتھ، اُنہیں+ راجسِک کہتے ہیں ۔

۱۸۰۲۴۔ کڑی مشقت سے مگر جو کام، گھمنڈ کے ساتھ کیے جاتے ہیں۔
پھل کی خواہش کے ساتھ کام، دکھانے کو کرتے وہ راجسِک ہوتے ہیں ۔

18.25 अनुबन्धं (अनुबन्धम्) क्षयं (क्षयम्) हिंसाम्अनपेक्ष्य (हिंसाम् + अनपेक्ष्य) च पौरूषम्। मोहादारभ्यते (मोहात् + आरभ्यते) कर्म यत्तत्तामसमुच्यते (यत् + तत् + तामसम् + उच्यते)।।

18.25 समझौता / सहमति नष्ट करके हिंसा से + एवं परिणाम व शक्ति देखे बिना।
जो मोह / संशय से + प्रारम्भ होते हैं, काम जो, + उन्हें + तामसी कहते हैं।।

18.25 अनुबंध नुकसान और सामर्थ्य, देखे बिना होते हैं जो काम।
भ्रम में हिंसा से शुरु जो होते, तमोगुणी कहलाते वो काम।।25।।

18.25 Anubandham kshayam himsaamanapekshhya (himsaam+anapekshhya) cha paurusham. Mohaadaarabhyate (Mohaat+aarabhyate) karma yattaamasamuchyate (yat+taamasam+uchyate).

18.25 With accord destroyed + with violence + without thinking about result and without assessment of strength / potential. Through doubt+ the works which begin,those (works)+ are Taamasik (blinded by darkness/ ignorance), + said to be.

18.25 The work done ignoring it's binding, potential and destructive nature.
Begin without assessment ,and with doubt in mind is of Tamsic nature. ||25||

۱۸۰۲۵۔ انُبندھَم کشَیَم ہِنسامَنپیکشی (ہِنسام+اَنپیکشی) چ پورُشَم،
موَحادارَبھیَتے (موَہات+آرَبھیَتے) کَرمَ یَتّتامَسَمُچیَتے (یَت+تَت+تامَسَم+اُچیَتے)۔

۱۸۰۲۵۔ معاہدہ / تعلقات ختم کرنے موہ میں ظلم پر+ غور کِیے بغیر(بے رحمی سے)، اور +طاقت(استعداس)دیکھے بغیر،
شک میں شروع کِیے جاتے ہیں جو کام وہ +تامسِک+کہے جاتے ہیں۔

۱۸۰۲۵۔ قیدنقصان تشدد قوت، یا معاہدہ دیکھے بغیرکِیے جاتے ہیں۔
ایسےکام تامسک کہلاتے ہیں جو، جنون میں ہی کِیے جاتے ہیں ۔

18.26 मुक्तसङ्गोऽनहंवादी (मुक्त + संगः + अन् + अहम् + वादी) धृत्युत्साहसमन्वितः (धृति + उत्साह + समन्वितः)।
सिद्ध्यसिद्ध्योर्निर्विकारः (सिद्धि + असिद्धियोः + निर्विकारः) कर्ता सात्विक उच्यते।।

18.26 मुक्त + साथ से,+ बिना+ अहंकार के, जो धैर्य + उत्साह+ भरा हो।
सफलता + असफलता से, + उदासीन, कर्ता को सात्विक कहते हैं।।

18.26 अकेले करे काम अहंकार बिना, धैर्य और उत्साह के साथ जो।
सफल विफल के विचार बिना, कर्त्ता होता है सत्व गुण का वो।।26।।

18.26 Muktasangoanahamvaadee (Muktasagah+anaham+vaadee) dhrityutsaaha samanvitah (dhriti+utsaaha+ samanvitah). Siddhyasiddhyornirvikaarah (Siddhi+asiddhyoh+nirvikaarah) kartaa Saatvikah uchyate.

18.26 Without support + and without ego, full of patience and enthusiasm. Nuteral+ to success+ failure , such performers, are called Satvic.

18.26 A self sufficient worker with no ego, a patient and enthusiastic worker.
who is neutral to being successful or not, is said to be a Satvic worker. ||26||

۱۸۰۲۶۔ مُکتَسَنگوَاَنہَمْوادِی (مُکتَسَنگہ+اَنَہَم+وادِی) دھرِتیُتساہسَمَنوِتہ (دھرِتِ+ اُتساہ+سَمَنوِتہ)،
سِدّھیَسِدّھیورْنِروِکارَہ (سِدّھِ+اَسِدّھیوہ+نِروِکارَہ) کَرتا ساتوِک اُچیَتے۔

۱۸۰۲۶۔ آزاد ،+ ساتھ کے+بغیر+انا+نہ رکھنے+ والا، صبر +سرگرمی+کے ساتھ،
کامیابی+ ناکامیابی+کی طرف سے +غیر جانبدار فاعل ساتوِک کہاجاتا ہے۔

۱۸۰۲۶۔ کرنے والے وہ ہوتے ساتوِک، جو اکیلے کام کرتے ہیں انابنا۔
جوشی کے ساتھ مضبوط ارادے سے، ملے نہ ملے پھل سوچے بنا۔

18.27 रागी कर्मफलप्रेत्सुर्लुब्धो (कर्म + फल + प्रेत्सुः + लुब्धः) हिंसात्मकोऽशुचिः (हिंसात्मकः + अशुचिः) ।
हर्षशोकान्वितः (हर्ष + शोक + अन्वितः) कर्ता राजसः परिकीर्तितः।।

18.27 लिप्त रहने वाला, कर्म + फल + इच्छुक, + लालची, हिंसक + अपवित्र।
हर्ष + शोक + भरा, कर्ता राजसिक कहलाता है।।

18.27 चिपक के फल के लालच में, पवित्रता बिन नृशंस होके करता।
सुखी दुखी हो परिणामो से, रजस गुणी कर्त्ता काम ऐसे करता।।27।।

18.27 Raagikarmaphalaprepsurlubdho(karma+phala+prepsuh+lubdhah) hinsaatmakoashuchih (hinsaatmakah + ashuchih). Harshashokaanvitah
(Harsha + shoka + anvitah) kartaa raajasah parikeertitah.

18.27 Passionate, action+ fruits + desirous , +greedy, cruel + and + impure. Joy+ and pain+ filled doer, is called Rajsik (of kingly character).

18.27 A worker attached to desiring fruits, is greedy envious and impure.
Deviates by pleasure–pain, is considered a Rajsic worker for sure. ||27||

۱۸۰۲۷۔ راگی کرمپھلپرپیپسُرلُبدھو(کرم+پھل+پرپیپسہ +لُبدھہ) ہنساتمکواشُچہ (ہنسا+آتمکہ+اشُچہ)،
ہرش+شوک+انوِتہ کرتا راجسہ پرکیرتیتہ۔

۱۸۰۲۷۔منسلک ، کام کے + پھل+ چاہنے والا+لالچی ، متشدد + ناپاک ،
خوشی+درد +کاساتھی فاعل راجسِک اعلان ہوتاہے۔

۱۸۰۲۷۔راجسِک ہوتے ہیں وہ کرنے والے، جوپھل کی چاہ میں لگے کام کرتے ہیں۔
لالچی ظالم ناپاک ہوتے ہیں ، ہمیشہ دکھ۔سکھ کی پرواہ میں رہتے ہیں۔

18.28 अयुक्तः प्राकृतः स्तब्धः शठो (शठः) नैष्कृतकोऽलसः (नैष्कृतकः + अलसः)। विषादी दीर्घ सूत्री च कर्ता तामस उच्यते।।

18.28 मनमौजी, भौतिकवादी, ज़िद्दी, छली, अपमान करने वाला,+ आलसी, दुःखी और काम में धीमा कर्ता, तामसी (अंधेरों से घिरा मूर्ख कर्ता) कहलाता है।

18.28 विधि विधान नहीं मानता, हठी, पदार्थवादी, धीमा काम करता।
अपमानित करता काम टालता, दुःखी होता तमस गुणी कर्त्ता।।28।।

18.28 Ayuktah praakritah stabdhah shatho (shathah) naishkratikoalasah (naishkritikah+alasah). Vishaadee deergha sootree cha Kartaa taamasah uchyate.

18.28 Unsteady, materialistic, obstinate, wicked, disrespecting, + idle. Gloomy and slow worker, is said to be Tamsik (Darkness covered ignorant worker).

18.28 A worker who works without following scripted directives, is materialistic.
And also is stubborn, cheat, idle, slow and sad, is considered Tamsic. ||28||

۱۸۰۲۸۔ اَیُکتہ پْراکْرِتہ سْتَبْدھہ شَٹھوَ(شَٹھہ) نَیشکْرِتکوَاَلسہ (نَیشکْرِتکہ+اَلسہ)،
وِشادی دیرْگھَ+سوُتْری چ کرْتا طامَس اُچْیتے۔

۱۸۰۲۸۔ خُدا سے منسلک نہیں (غیر مستحکم)، مادیت پسند، حیرت زدہ، دھوکے باز، ذلت آمیز+ آلسی،
غمگین اور دیر کا+ کاہل (سست) کارکن تامسِک کہا جاتا ہے۔

۱۸۰۲۸۔ضدی مکّار وہ ہوتا تامسِک، صحیفوں کو مانے بغیر جو کرتا۔
بے عزتی کرتا آلسی ہوتا، دکھی ہوسو کے دھیما کام کرتا۔

18.29 बुद्धेर्भेदं (बुद्धेः + भेदम्) धृतेश्चैव (धृतेः + च + एव) गुणतस्त्रिविधं (गुणतः + त्रि + विधम्) शृणु।
प्रोच्यमानमशेषेण (प्रोच्यम् + आनम् + अशेषेण) पृथक्त्वेन (प्रथक् + तु + एन) धनन्जय।।

18.29 बुद्धि + के प्रकार, और + संकल्प के + भी, गुण + तीन प्रकार के सुनो।
बताता हूँ + मैं + सारे, अलग अलग + मगर + इन्हें (गुणों को), हे! धनन्जय।।

18.29 गुणों के अनुसार बुद्धि और धृति भी, तीन तीन प्रकार की हैं होती सुनो।
धनंजय! बताता हूँ पूरी तरह से, अलग अलग तीन तीन तरह की सुनो।।29।।

18.29 Buddherbhedam (Buddheh+bhedam) dhriteshchaiva (dhriteh + cha + aiva) gunatastrividham (gunatah + trividham) shrinu. Prochyamaanamasheshena (Prochyamaanam+asheshena) prithaktvena (prithak+tu+ena) Dhananjaya.

18.29 Different + minds, and + determination + also , have three characters each , listen. I shall tell you + wholely, separately, + but + these (the characters), O! Dhananjay.

18.29 Dhananjay! intellect and oath too, follow these natural characters.
I am going to tell you in detail, each kind of both listen their nature. ||29||

۱۸۰۲۹۔ بُدّھیرْ بھیدَمْ (بُدّھیہ+بھیدَمْ) دھرِتیشْچیوَ (دھرِتیہ+چ+ایوَ) گُنَتہ+تْرِ+وِدھَمْ شْرِنُ،
پْرووَچْیمانَمَ شیشین (پْروچْیمانَمْ+اشیشین) پْرِتھکْتْوینَ دھننجی۔

۱۸۰۲۹۔ دماغ(عقل) کی+قسمے، اور +صبر کے+بھی (متعدد نمونے) +اَیسے ہی، تین خوبیوں کی بنیاد پر سنو،
اُن کی وضاحت کروں گا+مکمل تفصیل سے الگ الگ، یا! دھننجے۔

۱۸۰۲۹۔ دماغ اور اُنکی قوت ارادی، خوبیوں کے جیسے ہی تین طرح کی۔
الگ الگ مئیں پوری طرح سے، دھننجے! وضاحت کرونگا اُنکی۔

18.30 प्रवृत्तिं (प्रवृत्तिम्) च निवृत्तिं (निवृत्तिम्) च कार्या कार्ये भयाभये (भय+अभये)। बोधं (बोधम्) मोक्षं (मोक्षम्) च या वेत्ति बुद्धि सा पार्थ सात्विकी।।

18.30 करते रहने या कर चुकने में, और करने योग्य है या न करने योग्य, किसमें डर है+ किसमें नहीं। बंधने और मुक्ति के कर्मों में जो भेद करना जानती है, वह बुद्धि हे! पार्थ, सात्विकी (भलाई की) कहलाती है।।

18.30 किस काम को करना है किसको नहीं, किस काम में है डर किसमें नहीं।
काम कौन से बांधते कौन मुक्त करते,जानती जो बुद्धि पार्थ! है सात्विकी।।30।।

18.30 Pravrattim cha nivrittim cha kaaryaakaarye (kaarya+akaarye) bhayaabhaye (bhaya+abhaye).
Bandham moksham cha yaa vetti buddhih saa Paartha saatvikee.

18.30 Which work is to continue which is to be finished,and which is worth doing which is not, from which to fear, from which not to fear. Binds which work and which makes free, knows which intellect, that O! Paarth , is Satvic (noble).

18.30 The wisdom that knows, what is worth doing and what is not.
Parth! is Satvic which sees, what is fearing and what is not. ||30||

۱۸۰۳۰۔ پرَوِرِتّم چ نِوِرِتّم چ کاڑیاکاڑیے (کاڑے+اَکاڑیے) بھیابھیئے (بھئے+ابھیئے)،
بَندھم موکشم چ یا ویتّ بُدھِہ س(سہ) پارتھ ساتوِکی۔

۱۸۰۳۰۔ لگنا چاہیئے یا چھوڑنا چاہیئے، اور کرنے کا ہے+یانہیں کرنے والا، اِس میں ڈر ہے+یا ڈرنہیں ہے(اِس کام میں)،
(یہ کام) باندھیگا+یا نجات دیگا یہ سب جو عقل سمجھتی ہے، وہ یا! پارتھ ساتوِک ہوتی ہے ۔

۱۸۰۳۰۔ دماغ وہ ساتوِک ہے یا! پارتھ، جو کام کیا کرنے کیا نہیں سمجھتا ہے۔
کِن کاموں میں ڈر کِن میں نہیں ہے، قید اور آزادی والے بھی سمجھتا ہے۔

18.31 यया धर्ममधर्मं (धर्मम् + अधर्मम्) च कार्यं (कार्यम्) चाकार्यमेव (च + अकार्यम् + एव) च। अयथावत्प्रजानाति (अयथावत् + प्रजानाति) बुद्धिः सा पार्थ राजसी।।

18.31 जो धर्म और अधर्म तथा करने व न करने योग्य कामों को । पूरी तरह से नहीं +जानती, बुद्धि वो पार्थ! राजसी है।।

18.31 किस काम में धर्म है किसमें नहीं, किसे करना चाहिये किसको नहीं।
पार्थ! उस बुद्धि को समझो राजसी, जो यह ठीक प्रकार जानती नहीं।।31।।

18.31 Yayaa dharmamadharmam (dharmam+adharmam) chs karyam chaakaaryameva (cha+akaaryam+eva) cha.
Ayathaavatprajaanaati (Ayathaavat+prajaanaati) buddhih saa Paartha raajasee.

18.31 The intellect that between religion and irreligion and between worthy and unworthy actions. Does not reflect with clarity, Parth! is Rajsic
(kingly mind).

18.31 Intellect wich has unclear vision, for religious and irreligious thought.
Parth! is Rajsic which can’t see, what should be done and what not. ||31||

۱۸۰۳۱۔ یَیا دھرَمدھرَمَم (دھرَمَ+اَدھرَمَم) چَ کارْیَم چاکارْیَمیوَ(چَ+اَکارْیَم + ایوَ) چَ،
اَیتھاوَتپرَجاناتِ (اَیتھا +وَت + پرَجاناتِ) بُدّھِ سا پارْتھَ راجَسی۔

۱۸۰۳۱۔ جس سے مذہب + غیر مذہب اور کرنے قابل اور + نا کرنے قابل + بھی اور ،
پورے طور + پرنہ +علم کرا سکے ، عقل وہ یا! زمین کے بیٹے (اَرْجُن) ، راجَسِک ہے ۔

۱۸۰۳۱۔ یاپارتھ! راجسِک دماغ موہ میں پڑا، ٹھیک طرح سے فرق نہیں کر پاتا۔
مذہبی۔غیر مذہبی میں فرق اور ناہی، کرنے نہ کرنے قابل کام سمجھ پاتا۔

18.32 अधर्मं धर्ममिति (धर्मम् + इति) या मन्यते तमसावृता (तमसा + आवृता)। सर्वार्थान्चिपरीतांश्च (सर्व + अर्थान् + विपरीतान् + च) बुद्धिः सा पार्थ तामसी।।

18.32 अधर्म धर्म है, + सारा, ऐसा जो बुद्धि मानती है, अंधेरे (अज्ञान) से + ढंकी हुई।
और+ सब+ अर्थों में+ उल्टी है, वह बुद्धि, हे! पार्थ, तामसी (अंधेरों में छुपी, अंधी) है।।

18.32 समझे अधर्म के काम जो धर्म के, अंधेरों से ढक कर छुपी जो बुद्धि।
उल्टा देखे हर अर्थ जो हर कर्म में, पार्थ! तामसी होती है वो बुद्धि।।32।।

18.32 Adharmam dharmamiti (dharmam + iti) yaa manyate tamasaavritaa (tamasaa + aavritaa).
Sarvaarthaanvipareetaanshcha (Sarva + arthaan + vipareetaan + cha) buddhih saa Paartha taamasee.

18.32 Irreligion is religeon, + wholely like this, which (intellect) agrees, covered with darkness (ignorance). And+in all+respects+acts opposite to truth , that intellect O! Parth is Taamasik (covered with darkness of ignorance).

18.32 The intellect covered with darkness, which takes irreligion as religion.
Every reality in opposite sense, Parth! is Tamsic with blinded vision. ||32||

۱۸۰۳۲۔ اَدھَرمَم دھَرمَمِت (دھَرم+اِتِ) یا مَنیتے تَمساوِرِطا(تَمسا+آوِرِطا)،
سَروارتھا وِپَریتانشچ (سَروَ+ارتھان+وِپَریتان+چ) بُدّھِ سا پارتھ طامسی۔

۱۸۰۳۲۔غیر مذہب میں مذہب+ اعتماد سے جو سمجھتی ہے اندھیرے لباس میں،
اور+تمام+معنی میں + سچائی سے بر خلاف ، عقل وہ یا! پارتھ، تامِسک ہوتی ہے۔

۱۸۰۳۲۔اور پارتھ! جو دماغ، اندھیروں میں گھرے دھوکھے میں رہتے۔
غیر مذہبی کو مذہبی مانتے، تامسک ہوتے ہیں سب الٹا کرتے۔

18.33 धृत्या यया धारयते मनःप्राणेन्द्रियक्रियाः (मनः + प्राण + इन्द्रिय + क्रियाः)। योगेनाव्यभिचारिण्या (योगेन + अव्यभिचारिण्या) धृतिः सा पार्थ सात्विकी।।

18.33 धैर्य, जो ठहराते (धीरज रखवाते) हैं (संकल्प/ इच्छा शक्ति/इरादा), मन, + प्राण, + व इन्द्रियों की क्रियाओं में। योग से / जोडदृ से, +लगातार, इरादा ऐसा, पार्थ! सात्विक है।।

18.33 जो इच्छा–शक्ति क्रियाओं में, मन प्राणों और इन्द्रियों की।
बुद्धि योग से निरंतर साधती, पार्थ! वो होती है सात्विकी।।33।।

18.33 Dhrityaa yayaa dhaarayate manahpraanendriyakriyaah (manah+praana+indriya+kriyaah). Yogena+avyabhichaarinyaa
(Yogena+avyabhichaarinyaa) dhritih saa Paartha saatvikee.

18.33 Determation by which are held (through patience) the actions of heart, life and senses. By Yog / connection, + without interruption, oath that, O! Parth, is Satvik (noble).

18.33 Will that holds the activities of, heart senses and life.
By uninterrupted mental Yog, Parth! is of Satvic type. ||33||

۱۸۰۳۳۔ دھرِتیا یَیا دھارَیتے مَنہ پرانینڈرِی+کرِیاہ(مَنہ+پرانَ+اِنڈرِے+کرِیاہ)،
یوگیناوْیَبھچارِنیا(یوگین+اوْیَبھچارِنیا) دھرِتِہ سا پارتھ ساتوِکی۔

۱۸۰۳۳۔ اِرادہ جس کی بنیاد پے کرتے ہیں دِل+جان +اور حواسوں +کے کام،
خُدا سے جُڑ کے(یوگ سے)+ پاکیزہ ہونے والا وہ ارادہ ، یا! پارتھ ساتوِک ہوتا ہے۔

۱۸۰۳۳۔یا پارتھ!دماغ کی قوت ارادی جو، من اور حواسوں کو دے لگام۔
ساتوِک ہے جو من روک کے کراتی، یوگ اور بھلائی کے اچھے کام۔

18.34 यथा तु धर्मकामार्थान्धृत्या (धर्म + काम + अर्थान् + धृत्या) धारयतेऽर्जुन। प्रसंगेन फलाकांक्षी (फल + आकांक्षी) धृतिः सा पार्थ राजसी।।

18.34 जिससे (संकल्प/ विचार/धारणा से) लेकिन धर्म + काम + या धन में ठहरते हैं, (धैर्य लाते हैं), हे! अर्जुन। आसक्ति से फल की +इच्छा की, धारणा वो, हे! पार्थ, राजसी (बन जाती) है।।

18.34 धर्म में काम में धन में फल हेतु रोके, अर्जुन वो प्रण राजसी है।
इच्छा कामों के फल की बँधाती, हे! पार्थ वो धारणा राजसी है।।34।।

18.34 Yayaa tu dharmakaamaarthaandhrityaa (dharma+kaama+arthaan+dhrityaa) dhaarayate-arjuna (dhaarayate+Arjuna).

Prasangena phalaakaankshee (phala+aakaankshee) dhritih saa Paartha rajasee.

18.34 Through which (patience providing determination/will/oath) but (one is) held in religion + lust, +and money, + that patience O! Arjun.With reference to being desirous of+ fruits, Parth! is Rajsic.

18.34 Oath held in religion,lust or money related practice.
Desiring fruits from these activities, Parth! is Rajsic. ||34||

۱۸۰۳۴۔ یَیا تُ دھرمَکامارتھاندھرِتیا (دھرم َ+کام َ+اَرتھان+دھرِتیا) دھارَیتے اَرجُن،
پرسنگین پھلا کانکشی (پھل+آکانکشی) دھرِتِہ سا پارتھ راجسی۔

۱۸۰۳۴۔جو لیکن مذہبی+ شاہواتی +یا مالیاتی فائدے کے لئے ارادہ رکھا جاتا ہے،
اِس کے حوالے سے پھل+کی خواہش والا ارادہ ، یا! پارتھ، راجسِک ہوتا ہے۔

۱۸۰۳۴۔ ارجُن! راجسِک قوت ارادی ، مذہب لطف اور دولت میں باندھے رکھتی ہے۔
کاموں کے پھلوں کی خواہشات میں، یا! پارتھ! دماغ یہ ہمیشہ قید میں رکھتی ہے۔

18.35 यथा स्वप्नं (स्वप्नम्) भयं (भयम्) शोकं (शोकम्) विषादं (विषादम्) मदमेव (मदम् + एव) च। न विमुंचति दुर्मेधा धृतिः सा पार्थ तामसी।।

18.35 जो (संकल्प/ धारणा /विचार/प्रण) सपने में, भय में, शोक में, दुःख में और नशे में भी। नहीं छोड़ता है, बुरी बु), वो ठहरना/ वो धैर्य, हे! पार्थ, तामसी है।।

18.35 धृति जो ठहराती है स्वप्न में, डर में, दर्द में, और नशे में भी।
दुर्बुद्धि नहीं छोड़ती है जिसे, हे! पार्थ वो धृति होती तामसी।।35।।

18.35 Yayaa swapnam bhayam shokam vishaadam madameva (madam+eva) cha.
Na vimunchati durmedhaa dhritih saa Paartha taamasee.

18.35 By which (one is) held in sleep, fear, gloom and also depression. Does not leave + bad mind, + that patience O! Parth, is Tamsic.

18.35 Patience that holds into, dream, fear, sadness and unconsciousness.
And into doubts, Parth! is of Tamsic character of ignorance of darkness. ||35||

۱۸۰۳۵۔ یَیَا سْوَپْنَمْ بھَیَمْ شوکَمْ وِشادَمْ مَدَمیو (مَدَمْ+ایوَ) چ،
نَ وِمُنْچَتِ دُرْمیدھا دھرِتِہ سا پارْتھ طامَسی۔

۱۸۰۳۵۔جو خواب ، ڈر ، غم ، اُداسی اور نشہ میں بھی ،
نہیں چھوڑتا ، خراب دماغ کا ارادہ وہ یا! پارتھ ، تامِسک ہوتا ہے۔

۱۸۰۳۵۔ اور پارتھ! وہ قوت ارادی جو، سپنوں ڈر دُکھ اور نشے میں۔
دماغ ڈالتی ہے تامسک کہلاتی ہے ، ذہن ڈُباتی ہے بُری عقل میں۔

18.36 सुखम् त्विदानीम् (तु + इदानीम्) त्रि + विधम् शृणु मे भरतर्षभ (भरत + ऋषभ)। अभ्यासाद्रमते (अभ्यासात् + रमते) यत्र दुःखान्तम् (दुःख + अन्तम्) च निगच्छति।।

18.36 सुख लेकिन + यहां, तीन + तरह के सुनो मुझसे, हे! भरत श्रेष्ठ । अभ्यास में + जुटते हैं जहां, दुःख का अन्त पाते हैं।।

18.36 अब सुनो तीन तरह के, भरतश्रेष्ठ! सुख भी मुझसे।
अभ्यास में रमे रह के, दुःख नष्ट होते हैं जिससे।।36।।

18.36 Sukhamtwidaaneem (Sukham+tu+idaaneem) trividham (tri+vidham) shrinu Me Bharatarishabha (Bharata+rishabha).
Abhyaasaadramate (Abhyaasaat+ramate) yatra duhka+antam cha nigachchhati.

18.36 Pleasure but+ here, of three+ types, listen from Me, O! good Bharat.
Where you get engrossed in practice, end of sorrow is got.

18.36 O! Good Bharat! listen from Me, the three types of happiness,
The state acquired by practicing, to do away with sadness. ||36||

۱۸۰۳۶۔ سُکھَم تْوِدانیمْ (تُ+اِدانیمْ) ترِوِدھَم (ترِ+وِدھَم) شرِنُ مے بھَرَتَرِشَبھ ،
اَبھیاساذرَمَتے (ابھیاسات+رَمَتے) یترَ دُکھا نْتَمْ (دُکھَ+اَنْتَمْ) چ نِگَچھَتِ۔

۱۸۰۳۶۔ سکھ لیکن +اب تین+طرح کے سنو مُجھ خُدا سے، یا! اچھے بھرت ،
مشقت میں+ لگنے سے جہاں دکھ کا خاتمہ بھی مِل جاتا ہے ۔

۱۸۰۳۶۔ بھرت رِشبھ یا!سنو اب مُجھسے، تین طرح کے سکھ بھی جو ہوتے ہیں۔
جن کی مشقت بار بار کرکے، ہم ختم سارے دکھ کر پاتے ہیں۔

18.37 यत्तदग्रे (यत् + तत् + अग्रे) विषमिव (विषम् + इव) परिणामेऽमृतोपमम् (परिणामे + अमृतः + उपमम्)। तत्सुखं (तत् + सुखम्) सात्विकं (सात्विकम्) प्रोक्तमात्मबुद्धिप्रसादजम् (प्रोक्तम् + आत्म + बुि + प्रसादजम्)।।

18.37 वो (सुख) + जो + पहले, विष + जैसा हो, परिणाम में + अमृत + जैसा हो, अमृत + सदृश है।
वो + सुख, सात्विक कहा गया है + अपनी + बुद्धि का + प्रसाद फल, (बुद्धि की संतुष्टि से उत्पन्न सुख) ।।

18.37 सुख जो लगे विष सा पहले, परिणाम दे अमृत जैसा।
बुद्धि की तुष्टि से जन्म ले, होता सुख सत्विक ऐसा।।37।।

18.37 Yattadagre (Yat+tat+agre) vishamiva (visham+iva) parinaameamritopamam (parinaame+amrita+upamam). Tat+sukham saatvikam proktamaatma buddhiprasaadajam (prok tam+aatma+buddhi+prasaada+jam).

18.37 That (joy)+ which+ earlier , is poison + like, and as a result + ambrosia + like. That + joy,Satvic (noble/ enlighted), Is said to be + self + intellect's + fruit+ born (happiness / satisfaction.).

18.37 The happiness that feels poison in the beginning, ends like ambrosia.
Is of Satvic nature, which is said to be born of the self intelligentia. ||37||

۱۸۰۳۷۔ یتّدگرے (یَت+تَت+اَگرے) وِشمِو (وِشَم+اِو) پَرنامے اَمرِتوپَمَم (پَرنامے+اَمرِت +اُپمَم)،
تتسکھم (تت+سکھم) ساتوِکم پْروکتماتم بُدّھِ پْرَسادَجم (پْروکتم +آتم+بُدّھِ +پْرَساد+جم)۔

۱۸۰۳۷۔ وہ +جو +پہلے زہر +ہی لگے اور خاتمہ ہو+غذائے ربانی(امرت)+ کی طرح،
وہ+سکھ ساتوِک کہلایا ہے،+ جو خود کی+ عقل کے+نتیجہ سے + پیدا ہو۔

۱۸۰۳۷۔ ساتوک کہتے ہیں اُن سکھوں کو، جو زہر شروع میں نتیجہ دیں امرت۔
پیدا ہوتے ہیں خود کی عقل سے، اور خود اتمنانی کا دیتے امرت۔

18.38 विषयेन्द्रियसंयोगाद्यत्तग्रेऽमृतोपमम् (विषय + इन्द्रिय + संयोगात् + यत् + अग्रे + अमृतः + उपमम्) । परिणामे विषमिव (विषम् + इव) तत्सुखं (तत् + सुखम्) राजसं (राजसम्) स्मृतम्।।

18.38 विषयों के + इन्द्रियों से + मिलने से, + जो + पहले + अमृत + जैसा होता है।
और बाद में विष + ही, वह सुख राजसी कहलाता है।।

18.38 विषयों के इन्द्रियों से मिलने पर, सुख जो लगता अमृत जैसा।
यह सुख राजसी है जो जाने पर, परिणाम देता विष जैसा।।38।।

18.38 Vishayendriyasanyogaadyattadagreamritopamam (Vishaya + indriya + sanyogaat + yat + tat + agre + amrita + upamam).

Parinaame vishamiva (visham+iva) tatsukham (tat+sukham) raajasam smritam.

18.38 Of objects + with senses + contact, + the joy + which is earlier + ambrosia + like. And as a result becomes poison+only, that joy is said to be Rajsic (kingly).

18.38 The happiness which is born of, senses with their objects in contact.
Appears ambrosia in the beginning, but ends as poison Rajsic is that. ||38||

۱۸۰۳۸۔ وِشَیِنْدْرِیَسَنْیوگاڈیَتَ دَگْرےاَمرِتوپَمَم (وِشَی + اِندرِیَ +سَنْیوگات +یَت +تَت +اَگْرے+اَمرِت+اُپَمَم)،
پَرِنامے وِشَمِوَ (وِشَم+اِوَ) تَتْسُکھَم (تَت+سُکھَم) راجَسَم سْمرِتَم۔

۱۸۰۳۸۔ اشیاء کے+اُن کی حواس +کےساتھ جوڑنے پَر +پہلے+ آب حیات+ جیسا ،
نتیجہ میں+ زہر+جیسا ہو ، وہ +سکھ راجسِک مانا جاتا ہے۔

۱۸۰۳۸۔ وہ سکھ جو اشیاء کے ساتھ حواسوں کے، ملنے پر وجود میں آتے ہیں۔
شروع میں امرت کے جیسے لگتے،نتیجہ زہر دیتے راجسک ہوتے ہیں۔

18.39 यदग्रे (यत् + अग्रे) चानुबन्धे (च + अनुबन्धे) च सुखं (सुखम्) मोहनमात्मनः (मोहनम् + आत्मनः) । निद्रालस्यप्रमादोत्थं (निद्रा + आलस्य + प्रमाद + उत्थम्) तत्तामसमुदाहृतम (तत् + तामसम् + उदाहृतम्)।।

18.39 जो + पहले, और + बाद में भी, सुख लगे, और मोहता रहे + आत्मा को। नींद + आलस + व उन्माद से + जन्मा हुआ वह (सुख), + तामसी (अन्धेरे / अज्ञान का) + कहलाता है।।

18.39 सुख जो आने पर जाने पर, हर दम मोहता आत्मा को।
नींद आलस पागलपन से पैदा, तामसी कहलाता सुख वो।।39।।

18.39 Yadagre (Yat+agre) chaanubandhe (cha+anubandhe) cha sukham mohanamaatmanah (mohanam+aatmanah).

Nidraalasyapramaadottham (Nidraa+aalasya+pramaada+uttham) tattamasamudaahritam (tat+tamasam+udaahritam).

18.39 That which+ earlier , and + in the end also appears to be pleasure, and attaches + to self (binds the self althrough).
Sleep + laziness +madness+ born that (pleasure), + is called+ Tamsic (encovered by darkness of ignorance).

18.39 Happiness which binds the self, with doubt from beginning to end.
Is born of sleep, laziness and unconsciousness, is of Tamas intent. ||39||

۱۸۰۳۹۔ یدّگرے (یَت+اگرے) چ انُبندھے چ سُکھَم موہنماتمنہ (موہنَم+آتمنہ)،
نِدرالسیپرمادوتھم (نِدرا+آلسی+پرماد+اُتھم) تتّامسمُداہرِتم (تت+تامسم+اُداہرِتم)۔

۱۸۰۳۹۔ جو+ شروع میں اور آخر تک سکھ لگتا ہا، اپنی طرف متوجہ کرتا ہے + روح کو،
نیندآلس اور پاگلپن سے+ اُٹھتا ہے ، اُسے(اُس سکھ کو)+ تامسِک کی+ مثال دیتے ہیں۔

۱۸۰۳۹۔ وہ سکھ جو شروع سے آخر تک، روح کو دلکشی سے باندھے رہتے ہیں۔
نینداور پاگلپن سے پیدا ہویے ، یہ سکھ تامسک ہوتے ہیں۔

18.40 न तदस्ति (तत् + अस्ति) पृथिव्यां (पृथिव्याम्) वा दिवि देवेषु वा पुनः।
सत्त्वं (सत्त्वम्) प्रकृतिजैर्मुक्तं (प्रकृति + जैः + मुक्तम्) यदेभिः (यत् + एभिः) स्यास्त्रिभिर्गुणैः (स्यात् + त्रिभिः + गुणैः)।।

18.40 नहीं वहां + है, पृथ्वी पर या देवी देवाओं के लोकों में, या फिर।
अस्तित्व में, प्रकृति से + उत्पन्न, + मुक्त, जो + प्रभावित न हो, + तीन + गुणों से ।।

18.40 न पृथ्वी पर ही है कोई, न देवी देवों के संसारों में ही।
प्राकृतिक गुण जिसमें न हों, या उनके असर में नहीं।।40।।

18.40 Na tadasti (tat+asti) prithivyaam vaa divi deveshu vaa punah.
Satvam prakritijairmuktam (prakriti+jaih+muktam) yadebhih syaattribhirgunaih (syaat+tribhih+gunaaih).

18.40 There is nowhere, on Earth or even on God, Godesses' planets or again. Any existence, free of+ nature+ born, who is + ineffective of these+ three+ characters.

18.40 None is there neither on Earth, nor amongst the planets of Gods.
Who exists free of these three characters, given by nature God. ||40||

۱۸۰۴۰۔ نَ تدَسْتِ (تَت+اَسْتِ) پرتھِوْیامْ وا دِوِ دیویشُ وا پُنَہ،
سَتّوَمْ پْرَکرتِجَیرْمُکتَم (پْرَکرِت+جَیہ+مُکتَمْ) یَدیبھِہ (یَت+ابھِہ) سْیاتْرِبھِرْگُنیہ (سْیات+تْرِبھِہ+گُنیہ)۔

۱۸۰۴۰۔ نہیں وہ +ہے زمین پر یا ربانی سنساروں میں یا خُداوں میں ہی یا پھر،
وجود میں کوئی جو قدرت سے+پیدہ+ آزاد یہاں ہو +اِن + تین + علامات(خصوصیات)سے۔

۱۸۰۴۰۔ نہ زمین نہ جنّت میں، نہ فرشتوں میں ہے ایسا کوئی۔
جو قدرت کی اِن تین خوبیوں کے، بغیر رہتا ہو کہیں کوئی۔

18.41 ब्राह्मणक्षत्रियविशां (ब्राह्मण + क्षत्रिय + विशाम्) शूद्राणां (शूद्राणाम्) च परन्तप। कर्माणि प्रविभक्तानि स्वभावप्रभवैर्गुणैः (स्वभाव + प्रभवैः + गुणैः)।।

18.41 ब्रह्मणों + क्षत्रियों + वैश्यों, और शूद्रों के हे! परन्तप (शत्रु विजेता अर्जुन)।
काम बाँटे गए हैं, उनके + स्वभाव / प्रकृति + से पैदा (अपने स्वाभाविक) + गुणों के अनुसार।।

18.41 परन्तप! ब्राह्मणों और क्षत्रियों, तथा वैश्यों और शूद्रों के।
प्राकृतिक गुणों से स्वाभाविक, काम बाँट दिये चारों के।।41।।

18.41 Braahmanakshatriyavishaam (Braahmana+kshatriya+vishaam) shoodraanaam cha Parantapa.
Karmaani pravibhaktaani swabhaavaprabhavairgunaih (swabhaava+prabhavaih+gunaih).

18.41 Of brahman's, + kshtriy's, + vaish's + and kshudr's, O! Parantap (enemy winner). Works have been classified , on the basis of their own nature+ born (natural)+ characters.

18.41 Brahmin, Kshatriy, Vaish, Kshudr, Parantap! I made four human groups.
Based on their natural characters, governed four kinds of work groups. ||41||

۱۸۰۴۱۔ بْراہْمنکْشَتْری وِشامْ (بْراہْمَن+کْشَتْریہ+وِشامْ) شُوْدرانامْ چ پَرنْطپ،
کَرْمانِ پْرَوِبھکْتانِ سْوَبھاوَپْرَبھَوَیرْگُنَیہ (سْوَبھاوَ+پْرَبھَوَیہ+گُنَیہ)۔

۱۸۰۴۱۔ بْراہمنوں(عالموں)+کْشَتْرِیوں(سپاہیوں / بادشاہوں)+وَیشیوں(کاروباریوں) اور شودروں(خدمتگاروں)میں،یا! پَرنْتپ،
کاموں کو تقسیم کِیا گیا ہے قدرت (فطرت)کے+مطابق+ کارفرما دیکھ کر۔

۱۸۰۴۱۔ قدرتی خوبیاں جیسی تھیں ویسے، یا! پرنتپ! حصہ کاموں کے کِئے مَیں نے۔
بْراہمنوں،کْشَتْرِیوں، وَیشیوں اور شُوْدرں کو، خصوصیات جیسے کام دِئے مَیں نے۔

18.42 शमो (शमः) दमस्तपः (दमः + तपः) शौचं (शौचम्) क्षन्तिरार्जवमेव (क्षान्तिः + आर्जवम् + एव) च।
ज्ञानं (ज्ञानम्) विज्ञानमास्तिक्यं (विज्ञानम् + अस्तिक्यम्) ब्रह्मकर्म
(ब्रह्म + कर्म) स्वभावजम् (स्वभाव + जम्) ।।

1842 शान्तिप्रियता, संयम + तप, शुद्धि / पवित्रता, सहनशीलता + और सरलता + भी और। ज्ञान, विज्ञान + और धार्मिकता, ब्राह्मण के + कर्म हैं, अपने स्वभाव / अपनी प्रकृति + से पैदा (स्वाभाविक गुण कर्म) ।।

18.42 शान्ति संयम तप पवित्रता, सहना सच्चाई सरलता के गुण।
ज्ञान विज्ञान धर्म परायणता, इन गुणों से करते काम ब्राह्मण।।42।।

18.42 Shamo (Shamah) damastapah (damah + tapah) shaucham shaantiraarjavameva (shaantih + aarjavam + eva) cha.
Gyaanam vigyaanamaastikyam (vigyaanam+aastikyam) brahmakarma (Brahma+karma) swabhaavajam (swabhaava+jam). ||42||

18.42 Peace , self control + Tap (penance) , cleanliness/purity , forbearance and simplicity. Knowledge, science + and religion , are brahman's+ deeds, nature +born (natural).

18.42 Peace, self control, penance, purity, patience, simplicity, and knowledge.
Science and religion are Brahmin's works, natural characters governed. ||42||

۱۸۰۴۲۔ شموَ (شَمَہ) دَمَستَپہ (دَمَہ+تَپہ) شوچَم کشانتِرار جوَمیوَ (کشانتِہ+آرجوَم+ایو) چَ،
گیانَم وِگیانَماستِکیم(وِگیانَم+آستِکیم) بَرَہمَکرمَ(بَرَہم+کرمَ) سُوَبھاوَجَم۔

۱۸۰۴۲۔ امن پسندگی+ خود پرقابو+عبادت جھیل (تَپ)، پاکیزگی رواداری+اور سچائی پر یقین ،
علم، علم سائنس، + صداقت، براہمنوں کے کام ہیں فطرت سے۔

۱۸۰۴۲۔ امن پسندگی، تَپ، خودلگامی، پاکیزگی، صبر، سچائی، علم سائنس۔
مذہب اور خدا میں یقین، براہمنوں نے کام کی یہ خوبیاں پائیں۔

18.43 शौर्य (शौर्यम्) तेजो (तेजः) धृतिर्दाक्ष्यम् (धृतिः + दाक्ष्यम्) यु) चाप्यपलायनम् (युद्ध + च + अपि + पलायनम्) । दानमीश्वरभावश्च (दानम् + ईश्वर + भावः + च) क्षात्रम् कर्म स्वभावजम् (स्वभाव + जम्) ।।

18.43 शौर्य, तेज, धैर्य, + दक्षता / कौशल, युद्ध करना + और उससे + न भागना + भी। दान करने + और + ईश्वरत्व / प्रभुत्व + की भावना, क्षत्रियों के काम हैं, (उनके स्वयं के) स्वभाव + से पैदा (स्वाभाविक)।।

18.43 शौर्य, तेज, धैर्य, दक्षता, युद्ध करना व उससे न भागना भी।
दान, नेतृत्व, हैं क्षत्रियों की, स्वाभाविक गुण कर्म भावना ही।।43।।

18.43 Shauryam tejo (tejah) dhritirdaakshyam (dhritih+daakshyam) yuddhe chaapyapalaayanam (cha+api+apalaayanam). Daaanmeeshwarabhaavashcha (Daaanm+eeshwara+bhaavah+cha) kshatram karma swabhaavajam (swabhaava+jam).

18.43 Strength, might, Patience, +perfection/ skill, in war, and + also +not to run away from it. To donate+ lordship, are Kshatriy's/ warrior's works/deeds , nature+born (natural/ by nature).

18.43 Power, energy, tolerance, battle expertise, and confrontational nature.
To donate and to possess, are kshatriy's characteristic deeds by nature. ||43||

۱۸۰۴۳۔ شَورْیَم تیجوُ(تیجہ) دھرِتِرْداکْشیَمْ (دھرِتہ+داکْشیَمْ) یُدّھے چاپْیَپلاینَم (چ+اَپ+یَپلاینَم)،
دانْمیشْوَربھاوَشْچ (دانْمْ+ایشْوَرَ+بھاوَہ+چ) کْشاتْرَمْ کَرْمَ سْوَبھاوَجَم(سْوَبھاوَ+جَم)۔

۱۸۰۴۳۔ بہادری، ذکاوت ،طاقت مرضی+ ہنر جنگ میں + فرار نا ہونا +بھی،
دان دینا+اور +خود خُدا ہونے کا +احساس ،کشتریوں(راجا/جنگجو)کے کام ہیں ، اُن کی فطرت سے+ پیدہ۔

۱۸۰۴۳۔ ویرتا، توانائی ،مضبوطی ، قابلیت حل، جنگ کی قدرتی خوبیاں۔
دان، بڑا دل اور ملکیت، پائی کشتریوں نے کاموں کی خوبیاں۔

18.44 कृषिगोरक्ष्यवाणिज्यम् (कृषि + गोरक्ष्य+ वाणिज्यम्) वैश्यकर्म (वैश्य + कर्म) स्वभावजम् (स्वभाव + जम्)। परिचर्यात्मकम्कर्म (परिचर्यात्मकम्+ कर्म) क्षूद्रस्यापिस्वभावजम् (क्षूद्रस्य + अपि + स्वभाव + जम्) ।।

18.44 कृषि गोरक्षा वाणिज्य, वैश्यों के + कर्म हैं (उनके अपने) स्वभाव + से पैदा। सेवा आदि क्षूद्रों के भी स्वाभाविक (अपनी प्रकृति से पैदा गुणों से निर्धारित) काम हैं ।।

18.44 खेती गाय पालना व्यापार, स्वभाव से हैं वैश्यों के काम।
जुट के सेवा कर्त्तव्य व्यवहार, शूद्रों के हैं स्वाभाविक काम।।44।।

18.44 Krishigorakshyavaanijyam (Krishi + go + rakshya + vaanijyam) vaishyakarma (vaishya + karma) swabhaavajam (swabhaava+jam).

Paricharyaatmakam (Paricharyaa+aatmakam) karma kshoodrasyaapi (kshoodrasya+api) swabhaavajam (swabhaava+jam).

18.44 Irrigation + cow+ protection (and) buisiness are vaishys'+ works, nature + born (their natural works). Service + related works of kshoodrs + too are (their natural works) nature+born.

18.44 Agriculture, cow rearing and trade, are Vaish's natural work characters.
And to serve is of Kshoodr's deed, as per their nature given characters. ||44||

۱۸۰۴۴۔ کرِشِ گوَ رَکشی وانجیم (کرِشِ+گوَ رَکشی +وانجیم) وَیشیَکرمَ (وَیشی+کرمَ) سُوبھاوَجَم (سُوبھاوَ+جَم)،
پَرِچَریا تمکَم کرمَ شوُدرَسیاپ (شوُدرَسیَ+اَپ) سُوبھاوَجَم (سُوبھاوَ+جَم)۔

۱۸۰۴۴۔ ذراعت+گایوں کی حفاظت کرنا، + کاروبارکرنا ویشیوں کے+کام ہیں اُن کی فطرت سے پیدہ ،
خِدمت +سے جُڑے کام شوُدروں کے+بھی فطرت سے پیدہ کام ہیں۔

۱۸۰۴۴۔ کھیتی کرنا، جانورپالنا، لین۔ دین کرنا اور ویاپار کرنا۔
ویشیوں کی ہیں قدرتی خوبیاں، کشوُدروں کی ہوتی ہیں خدمت کرنا۔

18.45 स्वे स्वे कर्मण्यभिरतः (कर्मणि + अभिरतः) संसिद्धि लभते नरः। स्व + कर्म + निरतः सिद्धिम् यथा विन्दति तच्छृणु (तत् + शृणु)।।

18.45 अपने अपने कामों में + रत रह कर सिद्धि / दक्षता का लाभ पाते हैं मनुष्य । अपने + कामों में + लगे रह कर, सिद्धि जिस प्रकार, मिलती है, वह + सुनो ।।

18.45 अपने अपने कामों में जुट कर, सिद्धि पा लेते हैं लोग।
कैसे अपने कामों में जुट, सिद्धि पाते सुनो मुझसे लोग।।

18.45 Swe swe karmanyaabhiratah (karmanya+abhiratah) sansiddhim labhate narah. Swakarmaniratah (Swa+karma+niratah) siddhim yathaa vindati tatchhrinu (tat+shrinu).

18.45 In their own works, + being engaged, perfection benefit get the men. In own + works + being engaged, perfection, is how, got, listen+ to that.

18.45 By themselves performing their own, naturally characterized duties.
How people get perfection in works, listen from Me how to achieve. ||45||

۱۸۰۴۵۔ سْوے سْوے کرمَنیبھِرَتہ (کرمَنِ+ابھِرَتہ) سَنسِدّھم لبھتے نرہ ،
سْوکرمنِرَتہ (سْوَ +کرمَ+نِرَتہ) سِدّھم یتھا وِندتِ تَت+چھرِنُ (تَت+شرِنُ)۔

۱۸۰۴۵۔ اپنے اپنے فرض +میں لگے ہوئے کمال حاصل کرنے کا فایدہ لیتے ہیں لوگ ،
اپنے +طے شدہ + کام کرکے کیسے قابلیت پاتے ہیں لوگ وہ+سنو ۔

۱۸۰۴۵۔ اپنے اپنے کاموں میں لگ کر، قابلیت پاتے ہیں سارے لوگ۔
سنو اب مجھ سے کہ کیسے اپنے، کاموں سے قابلیت پاتے ہیں لوگ۔

18.46 यतः प्रविृत्तिर्भूतानाम् (प्रविृत्तिः + भूतानाम्) येन सर्वमिदम् (सर्वम् + इदम्) ततं (ततम्) । स्व + कर्मण ाा तमभ्यर्च्य (तम् + अभ्यर्च्य) सिद्धिम् विन्दति मानवः।।

18.46 जिससे + भावना / प्रवृत्ति है + जीवों की, जिससे सब कुछ है + यहां व्याप्त। अपने + कामों से, उसकी + अर्चना / पूजा से, सिद्धि / कौशल + पाता है मनुष्य।।

18.46 जीवों की प्रकृति का स्त्रोत जो, काम करते सब जगह है व्याप्त।
उसी की करके पूजा अचर्ना, सिद्धि कामों में हो जाती है प्राप्त।।

18.46 Yatah pravrittirbhootaanaam (pravrittih+bhootaanaam) yena sarvamidam (sarvam+idam) tatam.

Swakarmanaa (Swa+karmanaa) tamabhyarchya (tam+abhyarchya) siddhim vindati maanavah.

18.46 By Whom , are intentions + of all the beings, by Whom every thing+ here is full. By way of worshipping + Him, perfection acquires a man.

18.46 That One Source of nature of beings, and Who is everywhere.
By worshipping Him through deeds, skillful become men here. ||46||

۱۸۰۴۶۔ یتہ پْرَوْرِتْتِرْ بھوْطانامْ(پْرَوْرِتْتِہ+بھوْطانامْ) ییْنَ سَرْوَمِدَمْ (سَرْوَمْ +اِدَمْ) تَتَمْ ،
شْوَکَرْمَنا(شْوَ+کَرْمَنا) تَمَبْھیَرْچْیَ (تَمْ+ابھیَرْچْیَ) سِدّھمْ وِنْدَتِ ماَوَہ۔

۱۸۰۴۶۔ جس سے فطرتیں آتی ہیں+ مخلوقات میں ، جس سے سب کُچھ +یہاں پھیلا ہے ،
اپنے کاموں سے اُس(خُدا) کی+پرستش کر کے مہارت حاصل کرتے ہیں انسان۔

۱۸۰۴۶۔ زریعہ مخلوق وہ خدا، جس سے پھیلی ہے کائینات یہ بے مثال۔
بندے کاموں سے اسی خدا کی، عبادت سے پا جاتے ہیں کمال۔

18.47 श्रेयान्स्वधर्मो (श्रेयान् + स्व + धर्मः) विगुणः परधर्मात्स्वनुष्ठितात् (पर + धर्मात् + सु + अनुष्ठितात्) । स्वभावनियतं (स्वभाव+नियतम्) कर्म कुर्वन्नाप्नोति (कुर्वन् + न + आप्नोति) किल्बिषम्।।

18.47 अच्छा है + अपनी + प्रकृति से किया गया काम, दोष भरा हो कर भी, दूसरे की + प्रकृति वाला, + अच्छी तरह किये जाने पर भी। स्वाभाविक प्रकृति से निर्धारित काम करके, + नहीं + मिलता है, क्लेश / दुःख / पाप।।

18.47 सहज हैं अपने स्वभाव के काम, गलती भरे हों फिर भी।
क्योंकि करके स्वाभाविक काम, पाप नहीं लगता है कभी।।47।।

18.47 Shreyaanswadharmo (Shreyaan+swadharmah) vigunah paradharmaatswanushthitaat (para+dharmaat+su+anushthitaat).

Swabhaavaniyatam (Swabhaava+ niyatam) karma kurvannaapnoti (kurvan+na+aapnoti) kilbisham.

18.47 Better + is to do the work of own nature/character driven, besides being erroneous, than those driven by others'+ nature, + despite properly + having been done. Self nature + born /driven /decided work, having been done, + does not + provide repugnance/pain/ sin.

18.47 Faulty work of own character, is better to do than of others with perfection.
Because one's own nature driven works, never push into sinful rendition. ||47||

۱۸۰۴۷۔ شْریاںشْوَدھرْموَ(شْریان+شْوَدھرْمَہ) وِگُنَہ پَرَدھرْ ماتْشْوَنُشْٹِھتات(پَرَ+دھرْ مات+سُ+اَنُشْٹِھتات)،
شْوَبھاوَنِیَتَم(شْوَبھاوَ+نِیَتَم) کَرْمَ کُرْوَنّاپْنوتِ(کُرْوَنْ+نَ+اپْنوتِ) کِلْبِشَمْ۔

۱۸۰۴۷۔ بہتر ہے+اپنے فطرتی کام غلطیاں کر کے بھی، دوسروں کی فطرت والے +کام مکمل کرنے سے،
فطرت سے+طے ہوئے کام کرنے سے+نہیں ملتے ہیں پاپ۔

۱۸۰۴۷۔ اپنے فرض کمال نا کرتے بھی، دوسروں کے باکمال کرنے سے بہتر۔
اپنے قدرتی کام کرنے سے، نا کوئی خیانت نا ہی پاپ چھوتے آخر۔

18.48 सहजं कर्म कौन्तेय सदोषमपि (सदोषम् + अपि) न त्यजेत। सर्वारम्भा (सर्व + आरम्भा) हि दोषेण ध
ूमेनाग्निरिवावृताः (धूमेन + अग्निः + इव + आवृताः)।।

18.48 सहज / स्वाभाविक काम, हे! कुन्ती पुत्र, दोष भरे होने पर + भी, नहीं छोड़ो।
सभी + प्रारम्भ में दोषों से, धुंएं से + अग्नि के समान + ही + ढके रहते हैं।

18.48 कुन्तीपुत्र! सहज काम, गलती भरे भी न चाहिये छोड़ने।
गलतियां शुरु में हर काम, आग को धुएं सी लगतीं ओढ़ने।।48।।

18.48 Sahajam Karma Kaunteya sadosham+api na tyajet. Sarvaarambhaa (Sarva+aarambhaah) hi doshena dhoomenaagnirivaavritaah (dhoomena+agnih+iva+aavritaah).

18.48 Natural tasks , O! son of Kunti, despite being full of mistakes+also, do not leave. All works+ in the beginning remain mistakes encovered,as by smoke+ fire + is covered.

18.48 Kunti's son! let them be erroneous, do not leave your natural works.
In beginning like smoke covers fire, on each work the mistakes lurk. ||48||

۱۸۰۴۸۔ سَہَجَم کَرمَ کَونتیِ سَدوَ شَمپِ (س+دوَشَم+اپِ) نَ تیَجیت،
سَروارَمبھا(سَروَ +آرَمبھا) ہِ دوَشینَ دھوئیناگنِ رِواوِرتاہ(دھومینَ+اَ گنِہ+اِوَ+آوِرتاہ)۔

۱۸۰۴۸۔ قدرتی کام ، یا! کُنتی زادے، غلتی ہونے+پر +بھی نہیں چھوڑنے چاہئے ،
سب+شروع میں ہی غلطیوں میں، دھویں میں +آگ +کی طرح ہی+ گھرے رہتے ہیں ۔

۱۸۰۴۸۔ کنتی زادے!اپنے قدرتی ہنر کے، نہ چھوڑو غلطی بھرے بھی کام۔
شروع میں آگ کو دھویں کے جیسے، گھیر کے غلطیاں کرتیں ناکام۔

18.49 असक्तबुद्धिः (असक्त + बुद्धिः) सर्वत्र जितात्मा (जित + आत्मा) विगतस्पृहः (विगत + स्पृहः)।
नैष्कर्म्यसिद्धिं (नैष्कर्म्य + सिद्धिम्) परमां (परमाम्) सन्यासेनाधिगच्छति (सन्यासेन + अधिगच्छति)।।

18.49 बिना बँधी / स्वतंत्र + बुद्धि, हर जगह, जीत कर + आत्मा, मिटा देती है + इच्छाएं ।
निष्कर्म की + सिद्धि / कुशलता, सबसे ऊँची, सन्यास से, + अर्जित की जाती है।।

18.49 स्वतंत्र बुद्धि नियन्त्रित आत्मा, मन से सारी इच्छाएं छुड़वाती है।
काम न करने की ऊॅची सिद्धि, परम संयास से ही पाई जाती है।।49।।

18.49 Aasaktabuddih (Aasakta+buddih) sarvatra jitaaatmaa (jita+aatmaa) vigatasprihah (vigata+sprihah).
Naishkarmyasiddhim (Naishkarmya+siddhim) paramaam sanyaasenaadhigachchhati (sanyaasena+adhigachchhati).

18.49 Unbound/Free+ intelligence , every where conquered+ self, erases+ desires.
No work's + perfection/skill ,the highest, by renunciation+ is acquired.

18.49 The unattached mind, through conquered self, makes men desire free.
The highest perfection is got by renunciation, to be wholely work free. ||49||

۱۸۰۴۹۔ اَسَکتَ بُدّھِہ (اَسَکتَ+بُدّھِہ) سَروَتر جِتاتما (جِتَ+آتما) وِگَتَسپرِہ (وِگَت+سپرِہ) ،
نیشکَرمیَسِدّھِم (نیشکَرمی + سِدّھِم) پَرمام سَنیاسےنادھِگچھتِ(سَنیاسےنَ+اَدھِگچھتِ)۔

۱۸۰۴۹۔غیر منسلک (آزاد)+ دماغ ، سب جگہ مفتوحہ + روح سے، خواہشات چھوڑاتے ہیں،
کوئی کام نہیں ہونے کی +مکمل قابلیت عالی، (پوری مشقت کے بعد کی سب سے اُونچی) سنیاس (پھل چھوڑنے)سے+پاتے ہے۔

۱۸۰۴۹۔ آزاد خیال خود پر اختیار سے ، معادی دنیا کی چاہ چھوٹتی ہے۔
کِنارہ کشی سے مشقت کر کے، کام کی عالی مہارت حاصل ہوتی ہے۔

18.50 सिद्विम् प्राप्तो (प्राप्तः) यथा ब्रह्म तथाप्नोति (तथा + आप्नोति) निबोध मे। समासेनैव (समासेन + एव) कौन्तेय निष्ठा ज्ञानस्य या परा।।

18.50 सिद्धि प्राप्ति भी, ब्रह्म पाने जैसी + ही प्राप्ति है, जानो मुझसे।
कुल मिला कर / संक्षेप में, + ऐसे ही, कुन्ती पुत्र! श्रद्धा ज्ञान की पराकाष्ठा है।।

18.50 ज्ञान सिद्धि है परम ब्रह्म जैसी, कुन्तीपुत्र! समझो सबसे ऊँची।
ज्ञान में होती निष्ठा जैसी, ज्ञान की दिव्यता भी वैसी ऊँची।।50।।

18.50 Siddhim praapto (praaptah) yathaa Brahma tathaapnoti (tathaa+aapnoti) nibodha Me. Samaasenaiv (Samaasena+ev) Kauntey nishthaa gyaanasya yaa paraa.

18.50 Perfection (extreme point) acquisition is like acquiring Brahm (like that+ is attained), know from Me. To conclude +it, O! Kunti's son, faith is knowledge's + extreme point/ Supreme/ Brahm.

18.50 The one who has acquired perfection, learn from Me also gets Brahm.
Kunti's son! in brief faith brings, all the wisdom Which is like Brahm. ||50||

۱۸۰۵۰۔ سِدّھم پْراپْتو (پْراپْتہ) یتھا برْحم تتھا پْنوتِ (تتھا +آپْنوتِ) نِبودھ مے،
سَماسینیوَ (سَماسین+ایو) کونْتیے نِشْٹھا گیانَسی یا پَرا۔

۱۸۰۵۰۔ مکمل ہنر جیسے خلّاق ویسے ہی + حاصل کِیا جاتا ہے، سمجھو +مُجھ (خُدا) سے،
مکمل طور پر +یقیناً ،یا! کُنتی زادے، ایمان ہی عقل کی اِنتہاء ہے ۔

۱۸۰۵۰۔ کُنتی زادے! قابل کمال بھی، آلا کمان کیسے پاتا ہے۔
میرے خلا سے سمجھو، اعالی درجہ اعالی ایمان دلاتا ہے۔

18.51 बुद्धया विशुद्धया युक्तो (युक्तः) धृत्यात्मानं (धृति + अत्मानम्) नियम्य च।शब्दादीनविषयांस्त्यक्त्वा (शब्द + आदि + विषयान् + त्यक्त्वा) रागद्वेषौ व्युदस्य च ।।

18.51 विशुद्ध बुद्धि योग से, धैर्य से, + आत्म / अपने को, नियमित कर के, और।
शब्द + आदि + विषयों को + छोड़ कर, और लगाव + बैर भी छोड़ कर।।

18.51 विशुद्ध बुद्धि के ध्यान से, धैर्य से मन वश में जोड़ के।
बिना आसक्ति घृणा के, आवाज़ जैसे विषय छोड़ के।।51।।

18.51 Buddhayaa vishuddhayaa yukto (yuktah) dhrityaatmaanam (dhriti + aatmaanam) niyamya cha. Shabdaadeenvishyaanstyaktwaa (Shabda + aadeen + vishyaan + tyaktwaa) raagadweshau (raaga + dweshau) vyudasya cha.

18.51 With cleansed mind and being patiently+ self organised. Sound + etcetra + objects + having renounced, and attachment+ hatred too having left.

18.51 The one who got purity of mind, with patience regulated the self.
Left sound like sense objects, keeps hate–attachment out of self. ||51||

۱۸۰۵۱۔ بُدّھیا وِشُدّھیا یُکتو (یُکتہ) دھرِتیاتمانم (دھرِتیا+آتمانم) نیمی چ،
شَبدادیِنوِشَیانستیکتوا (شَبدَ+آدیِن+وِشَیان+ تیکتوا) راگدویشو (راگ+دویشہ) وُیُدَسی چ۔

۱۸۰۵۱۔ دماغ سے پاک صاف ہوکے اور صبر سے + خود کو متوازن کرنا،
آواز + وغیرہ + اشیاء +چھوڑ کے اور محبت+دشمنی بھی ایک طرف رکھ کے ۔

۱۸۰۵۱۔ پاک ذہن کےمضبوط ارادے سے، خود پر قابو صبر سے پا کے۔
دل سے چھوڑ دیتا سارے احساسات، نفرت۔پیار ایک طرف رکھ کے۔

18.52 विविक्तसेवी (विविक्त+सेवी) लघ्वाशी (लघु + आशी) यतवाक्कायमानसः (यत् + वाक् + काय + मानसः)। ध्यान योग परो (परः) नित्यम् वैराग्यं (वैराग्यम्) समुपाश्रितः।।

18.52 एकान्त सेवक होकर, कम + खाने वाला होकर, जो वश में + वाणी + शरीर + और मन रखे। ध्यान जोड़ / योग से, परम् / ईश्वर में, नित्य रहते हुए, वैराग्य ले कर।।

18.52 अकेले रह कम खा के, बोली शरीर मन को संयत करके।
ध्यान योग से परम से जुड़के, वैरागी बन के नित्य रह के।।52।।

18.52 Viviktasevee (Vivikta+sevee) laghvaashi (laghu+aashi) yatvaakkaayamaanasah (yat+vaak+kyaaya+ maanasah). Dhyaanayogaparo (Dhyaana+yoga+parah) nityam vairaagyam samupaashritah (sama+upaashritah).

18.52 At secluded place, +serving , less+ eating, who keeps+ speech + body + and will + in control.With mind+ focused in+ Supreme, daily renouncer like+ dwelling.

18.52 Self dependant and small eater, has control over speech body and mind.
Practices yog to fix mind in God, daily leads life of renounced order kind. ||52||

۱۸۰۵۲۔ وِوِکتسیوی (وِوِکت+سیوی) لگھواشی (لگھُ+آشی) یَتواککایَمانَسَہ (یَت+واک +کای+ مانَسَہ)،
دھیانَیوگپَروَ (دھیانَ+یوگ+پَرَہ) نِتیَم ویراگیَم سَمُپاشرِتہ۔

۱۸۰۵۲۔ تنہائی + پسند ، کم +کھانےوالا ہے ، جو متوازن ہے + بولی +دیہ + اور من سے ،
گہری مداقبہ(توجہ مرکوز دماغ) سے+یوگ میں+مصروف ، روزانہ /ہر دن / ہمیشہ سب چھوڑنے کی پناہ میں(پرسکون رہتے)۔

۱۸۰۵۲۔ تنہا اکیلی جگہ پردہ کے ، کم کھاکے جسم دل دماغ قابو کرتے۔
مرکوز دماغ کے ساتھ جوڑے خداسے، پاک دامنی شخصیت رکھتے۔

18.53 अहंकारं (अहंकारम्) बलं (बलमम्) दर्पं (दर्पम्) कामं (कामम्) क्रोधं (क्रोधम्) परिग्रहं (परिग्रहम्)।
विमुच्च निर्ममः शान्तो (शान्तः) ब्रह्मभूयाय (ब्रह्म + भूयाय) कल्पते।।

18.53 बिना अहंकार, बल, घमण्ड, काम, क्रोध, सांसारिक वस्तुओं को भरे / संचित किये।
छोड़ कर निर्ममता, शान्ति से ब्रह्म को / आत्मा को + देखने योग्य हो जाता है।।

18.53 घमण्ड शक्ति दिखावा, काम क्रोध व धन जोड़ना छोड़ के।
शान्त हो देख पाता आत्मा, प्रभुत्व की भावना को छोड़ के।।53।।

18.53 Ahankaaram balam darpam kaamam krodham parigraham.
Vimuchya Nirmamah shaanto (shaantah) Brahmbhooyaaya (Brahma+bhooyaaya) kalpate.

18.53 Ego, strength, pride, desire, anger and collection (having left).
Renouncing cruelty with peace, Brahm/ self+ sight to gain, one becomes capable.

18.53 Has renounced ego, strength, hypocrisy, lust, anger and material storage.
Is in peace having left possessiveness, gaining ability of self knowledge. ||53||

۱۸۰۵۳۔ اَہنکارَمْ بَلَمْ دَرْپَمْ کامَمْ کْرودھَمْ پَرِگْرَہَمْ،
وِمُچّیَ نِرمَمَہ شانْتو (شانْتَہ) بْرَہْمبھوْیای (بْرَہْم +بھوْیای) کَلْپَتے۔

۱۸۰۵۳۔ انا، طاقت، غرور ، ہوس، غصہ ، دولت جمع کرنا ،
چھوڑکر مالکانہ حقوق ، پرسکون ،خود سے+تعرف کی قابلیت پاجاتا ہے۔

۱۸۰۵۳۔ جلن، طاقت ،گھمنڈ ،حوس، غصہ،ملقیت، اورمعادی چیزیں۔
سب چھوڑکے پرسکون ہوکے، خودکی روح کو دیکھ پاتے۔

18.54 ब्रह्मभूतः (ब्रह्म + भूतः) प्रसन्नात्मा (प्रसन्न + आत्मा) न शोचति न काड्दृंक्षति । समः सर्वेशु भूतेषु
मद्भक्तिं (मत् + भक्तिम्) लभते परांम्।।

18.54 ब्रह्म में + लीन, खुश + मन / आत्मा, न सोचती है, न इच्छा करती है।
समान देखते हुए सब जीवों को, मेरी (ईश्वर की) + भक्ति का लाभ लेती है, सर्वोच्च / दिव्य।।

18.54 ब्रह्म जुड़ी प्रसन्न आत्मा, न शोक करती न सोचती है।
सब जीवों पर एक भावना, दिव्य भक्ति मेरी पाती है।।54।।

18.54 Brahmabhootah (Brahma+bhootah) prasannaaatmaa (prasanna+aatmaa) na shochati na Kaankshati.

Samah sarveshu bhooteshu Madbhaktim (Mat+bhaktim) labhate paraam. ||54||

18.54 Brahm+ unified, happy+ soul, neither regrets nor desires.
With equal eye, on all beings, with My (God's)+ devotion, is blessed divine.

18.54 Happy with seeing self Brahm united, he who neither regrets nor desires.
Develops same eye for all beings, devoted to Me Supreme he acquires. ||54||

۱۸۰۵۴۔ بْرَہْمھوتَہ (بْرَہْم +بھوتَہ) پْرَسَنّاتْما (پْرَسَنّ+آتْما) نَ شوچَتِ نَ کانْکشَتِ،
سَمَہ سَرْویشُ بھوتیشُ مَدْبھَکْتِمْ (مَتْ+بھَکْتِمْ) لَبھَتے پَرامْ۔

۱۸۰۵۴۔ خلّاق کے ساتھ جُڑکرر ایک ہو کر، خوش روح نہ سوچتی ہے نہ خواہش کرتی ہے،
ایک برابر سب مخلوقات کو دیکھ تے ہوئے، مُجھ خُدا کی عقیدت کا فاَدہ پاتی ہے۔

۱۸۰۵۴۔ ذریعہ کائنات سے جڑا، خوش روح خواہش نہ دکھ کرتا۔
سبکو ایک نظر سے دیکھ کر، فائدہ علٰہی عقیدت کا بھرتا۔

18.55 भक्त्या मामभिजानाति (माम् + अभिजानाति) यावान्यश्चास्मि (यावान् + यः + च + अस्मि) तत्वतः।
ततो (ततः) माम् तत्वतो (तत्वतः) ज्ञात्वा विशते तदनन्तरम् (तत् + अनन्तरम्)।।

18.55 भक्ति से मुझे + समझता है, जितना + और + जो + हूँ मैं (ईश्वर), सच में। तब मुझमें सच्चाई से जान कर घुसता है उसके + बाद ।।

18.55 मेरी भक्ति से मुझको जान के, जैसा जो हूँ सच पहचान के।
मुझको अच्छी तरह से जान के, मेरे धाम में आता है बाद में।।55।।

18.55 Bhaktyaa Maamabhijaanaati (Maam+abhijaanaati) yaavaanyashchaasmi (yaavaan+yah+cha+Asmi) tatvato (tatva+tah). Tato (Tatah) Maam tatwato (tatwa+tah) gyaatwaa vishate tadanantaram (tat+anantaram).

18.55 By devotion one can know + Me (God), What +and+ Whoever+ I am truly.
Then to Me truly having known, enters there in Me after+ that.

18.55 By being devoted to God, he gets to know God truly.
Then he starts living inGod, having realized Him truly. ||55||

۱۸۰۵۵۔ بھَکْتْیا مامَبھِجاناتِ (مامْ+ابھِجاناتِ) یاوانْیَشْچاسْمِ (یاوانْ+یَہ+چَ+اَسْمِ) تَتْوَتَہ،
تَتو (تَتَہ) مامْ تَتْوَتو (تَتْوَتَہ) گْیاتْوا وِشَتے تَدَ نَنْتَرَمْ (تَتْ+اَنَنْتَرَمْ)۔

۱۸۰۵۵۔ عقیدت سے مُجھے(خُداکو) جان لیتےہیں ، جیسا+اور +جو بھی + ہوں میَں، سچ میں،
تب مُجھ خُداکو باقایدہ جان کے مُجھ(خُدا)میں آتے ہیں اُس کے+بعد۔

۱۸۰۵۵۔ پاک عقیدت مجھ خدا کی، کیا ہوں کون ہوں سچا علم پاتے ہیں۔
سچائی سے مجھ کو پہچان کے وے ، مجھ خدا میں چلے آتے ہیں۔

18.56 सर्वकर्माण्यपि (सर्व + कर्माणि + अपि) सदा कुर्वाणो मद्व्यपाश्रयः (मत् + व्यपाश्रयः) । मत्प्रसादादवाप्नोति (मत् + प्रसादात् + अवाप्नोति) शाश्वतं (शाश्वतम्) पदमव्ययम् (पदम् + अव्ययम) ।।

18.56 सारे + काम + भी, सदा करते हुए, मेरे + सहारे ।
मेरी + कृपा से + पाता है, सतत / सदा रहने वाला, पद / घर + न मिटने वाला ।।

18.56 सदा सारे काम अपने, मेरे संरक्षण में किया करो।
मेरी कृपा ले कामों में, अव्यय धाम मेरा प्राप्त करो।।56।।

18.56 Sarvakarmaanyapi(Sarva+karmaani+api) sadaakurvaano(kurvaanah)Madvyapaashrayah (Mat+vyapaashrayah).

Matprasaadaadavaapnoti (Mat+prasaadaat+avaapnoti) shaashvatam padamavyayam (padam+avyayam).

18.56 All + the deeds + also, always having done under My+ refuge.
By My+ grace, + acquires eternal abode, + indestructible.

18.56 Even while doing his works, always under My protection.
He attains My grace, and My indestructible eternal position. ||56||

۱۸۰۵۶۔ سَرْوَکَرْ مانْیپِ (سَروَ+کَرْ مانِ+اَپِ) سَدا کُرْوانْو مَدْوْیَپاشْرَیَہ (مَت+وْیَپاشْرَیَہ)،
مَتْپْرساداَدَواپْنوتِ (مَت+پْرَسادات+اَواپْنوتِ) شاشْوَتَم پَدَمَوْیَیَم (پَدَم+اَوْیَیَم)۔

۱۸۰۵۶۔ سارے+کام+بھی ہمیشہ کرو مُجھ خُدا کی+پناہ میں ،
میری(خُدا کی)+فضل سے+ پاتے ہیں ، عبدی مقام + لازوال۔

۱۸۰۵۶۔ سارے کام ہمیشہ میری، پناہ لے کے کرتے ہیں جو۔
رحم کرم میرا پاکے میرے، عبدی لازوال گھرمیں آتے ہیں وہ۔

18.57 चेतसा सर्व कर्माणि मयि संयस्य मत्परः (मत् + परः) । बुद्वियोगमुपाश्रित्य (बुद्वि + योगम् + उपाश्रित्य) मच्चित्तः (मत् + चित्तः) सततं (सततम्) भव।।

18.57 चेतना से, सारे काम मुझ में छोड़ कर मेरे + सहारे ।
बुद्धि + योग / जुड़ाव + के सहारे से, मेरे (ईश्वर के) + चित्त में हर दम रहो।।

18.57 मेरी चेतना में छोड़के, मेरे सहारे पे काम करो।
बुद्धि को मुझसे जोड़के, मेरे मन में रहा करो।।57।।

18.57 Chetasaa sarvakarmaani (sarva+karmaani) Mayi sanyasya Matparah (Mat+parah). Buddhiyogamupaashritya

(Buddhi+yogam+upaashritya) Machchittah (Mat+chittah) satatam Bhava.

18.57 Through active mind (conscience), all+ works, on Me, having left, depending on Me (God). With mental + connectivity (yog) + support , within My (God's)+ heart, all the time/permanently + dwell / be.

18.57 Consciously leave all works,to be done under Me.
With mind Yog fixed in Me, always be within Me. ||57||

۱۸۰۵۷۔ چیتسا سَرْوَکَرْمانِ (سَرْوَ+کَرْمانِ) مَیِ سَنْیَسی مَتْپَرہ (مَت + پَرہ)،
بُدّھِیوگمُپاشْرِتی (بُدّھِ+یوگم+اُپاشْرِتی) مچّتہ (مَت+چِتّہ) سَتَتَم بھَوَ۔

۱۸۰۵۷۔ باہوش سارے +کام مُجھ (خُدا) میں، چھوڑ کے، میری (خدا کی) + پناہ میں ،
دماغ سے+جُڑنے (یوگ) کی+ مشقت کرکے میرے(خُداکے) دل میں ہمیشہ رہو۔

۱۸۰۵۷۔ پورے من سے سب کام میری، نگرانی میں چھوڑے رہو۔
ذہن یوگ سے ہمیشہ میرے، ضمیر میں تم ٹھہرے رہو۔

18.58 मच्चित्तः (मत् + चित्तः) सर्वदुर्गाणि (सर्व + दुर्गाणि) मत्प्रसादात्तरिष्यसि (मत् + प्रसादात् + तरिष्यसि) । अथ चेत्वमहंकारान्न (चेत् + त्वम् + अहंकारात् + न) श्रोष्यसि विनङ्क्ष्यसि।।

18.58 मेरे (ईश्वर के) ए + हृदय में, सारी + बाधाएं, मेरी (ईश्वर की) + कृपा से + पार कर लोगे।
लेकिन अगर + तुम, + अहंकार में + नहीं सुनोगे, (मुझ ईश्वर की बात), तो नष्ट हो जाओगे।।

18.58 मेरी चेतना में बाधाएं, मेरी कृपा से करोगे पार।
मेरी बातें अनसुनी करोगे, नष्ट करेगा अहंकार।।58।।

18.58 Machchittah (Mat+chittah) sarvadurgaani (sarva+durgaani) matprasaadaattarishayasi (Matprasaadaat+tarishayasi).

Atha chettwamahankaaraanna (chet+twam+ahankaaraat+na) shroshyasi vinangshyasi.

18.58 Within My+ heart, all the+ hurdles , by My (God's)+ grace

+ you will come across. But + if + you, + out of pride, + do not listen (to Me (God) ,you will finish.

18.58 In My perception you will cross, all the hurdles through My grace.
But if you don't listen to Me due to ego, destruction you will face. ||58||

۱۸۰۵۸۔ مچِتہ(مَت+چِتہ) سَرودُرگانِ (سَرو+دُرگانِ) مَتپَرساداتِرشیَسِ (مَت +پَرسادات + ترِشیَسِ) ،
اَتھ چیتوَمہنکارانّ(چیت+ توَم+اہنکارات +نَ) شروَشیَسِ وِنَنکشیَسِ۔

۱۸۰۵۸۔ میرے(خُدا کے)+دل میں سارے+ قلعے (مشکلات) ڈال دو، میری(خُدا کی) +فضل سے +فتح(پار) کروگے،
یہ تجویز +تُم + غرور میں+ نہیں سنوگے تو تباہ ہو جاؤگے۔

۱۸۰۵۸۔ رکاوٹیں میرے ہوش میں چھوڑ، میرے کرم سے پار کر لوگے۔
ورنہ جھوٹے گھمنڈ سے میری، بات نا سن کے تم ختم ہوگے۔

18.59 यदअहंकारमाश्रित्य (यत् + अहंकारम् + आश्रित्य) न योत्स्य इति मन्यसे। मिथ्यैष (मिथ्या + एष) व्यवसायस्ते (व्यवसायः + ते) प्रकृतिस्त्वां (प्रकृतिः + त्वाम्) नियोक्ष्यति।।

18.59 यदि + अहंकार + में आकर, नहीं लड़ूँगा, ऐसा सोचोगे।
झूठे + इस व्यवहार से + तुम्हारी, प्रकृति + तुमको (लड़ाई / यु) करने के स्वाभाविक) काम में लगा देगी।।

18.59 यदि झूठे घमण्ड में आकर, 'नहीं लड़ूँगा' यह तुम सोचोगे।
व्रत लोगे स्वभाव झुठलाकर, क्षत्रिय गुणों से यु) में खिंचोगे।।59।।

18.59 Yadahankaaramaashritya (Yat+ahankaaram+aashritya) na yotsya iti manyase.
Mithyaisha (Mithyaa+esha) vyavasaayaste (vyavasaayah+te) prakritistwaam (prakritih + twaam) niyokshyati.

18.59 If + under + pride , shall not fight , like that, you will think. Due to false + this behaviour + of yours, your + nature will engage/draw you , (into your natural characters driven work of fighting).

18.59 Through false ego of yours, if you decide shall not fight.
Your thought will be untrue, nature will push you to fight. ||59||

۱۸۰۵۹۔ یَدَہنکارَماشرِتی (یَت +اَہنکارَم +آشرِتی) نَ یوتسی اِتِ منیسے،
مِتھیَیش(مِتھیا+ایش) وْیَوَسایَستے (وْیَوَسایہ +تے) پرکرِتِستوام (پرکرِتہ + توام) نیوکشیَتِ۔

۱۸۰۵۹۔ اگر+گھمنڈ میں +آکے، مَیں نہیں لڑوں گا ایسا سوچوگے،
جھوٹی + اَیسی سوچ سے تُمہاری فطرت تُم کو (جنگ میں) لگا لیگی۔

۱۸۰۵۹۔ اگر گھمنڈ میں نہں لڑونگا، ایسی من کی سوچ ہوگی۔
قسم تمہاری کریگی جھوٹی، قدرت جنگ میں لگا دیگی۔

18.60 स्वभावजेन (स्वभाव+जेन) कौन्तेय निबद्धः स्वेन कर्मणा। कर्तुं (कर्तुम्) नेच्छसि (न + इच्छसि) यन्मोहात्करिष्यस्यवशोऽपि (यत् + मोहात् + करिष्यसि + अवशः + अपि) तत्।।

18.60 स्वभाव से पैदा (गुणो के कारण), हे! कुन्ती पुत्र, बॅधे हो अपने कामों (को करने) से।
करना न + चाहोगे, तो + मोह से + करोगे, + विवश + भी तब।।

18.60 कुन्तीपुत्र! स्वाभाविक गुणो से, बँधे हो करने सब अपने काम।
मोह में न करने की सोच से, बिना इच्छा वही करोगे काम।।60।।

18.60 Swabhaavajena (Swabhaava+jena) Kaunteya nibaddhah swena karmanaa. Kartum nechchhasi (na+ichchhasi) yanmohaatkarishyasyavashoapi (yat+mohaat+karishyasi +avashah+api) tat.

18.60 By nature (born characters) , Kunti's son! you are bound to do your own works / actions. If to do, not +willing, then + attached/bound (by your nature) + you will do, + uncontrolled + also , that (action) ie. nature fascinated you will be compelled to do the natural work despite your unwillingness.

18.60 Kunti's son! each one is bound, to work according to his own nature.
It will unwillingly drag you to do, if you wish not to follow your nature. ||60||

۱۸۰۶۰۔ سْوَبھاوجین (سْوَبھاوَ+جین) کَونْتیے نِبَدّھ شوین کَرمَنا،
کَرتُم نِچّھسِ (نَ+اِچّھسِ) یَنْموحاتکَرِشْیَسیَوَشوَاپِ (یَت+موَہات+کَرِشْیَسِ+اَوَشہ+اَپِ) تَت۔

۱۸۰۶۰۔ اپنی فطرت +سے پیدہ، یا! کُنتی ذدے، بندھے ہو اپنے کاموں سے،
کرنے کی مَرضی (اِچھا) +نہیں ہوگی تو منسلک کروگے بے بس ہوکے وہی۔

۱۸۰۶۰۔ باندھ کے قدرت ہی کراتی، کنتی زادے! سارے کام۔
شک میں کروگے اُلٹی خواہش، قدرت سے مجبور کھنچے کروگے کام۔

18.61 ईश्वरः सर्व + भूतानामं (सर्व + भूतानाम्) हृद्देशेऽर्जुन (हृत् + देशे + अर्जुन) तिष्ठति। भ्रामयन्सर्वभूतानि (भ्रामयन् + सर्व + भूतानि) यन्त्रारूढानि (यन्त्र + आरूढानि) मायया।।

18.61 ईश्वर सारे + जीवों के, हृदय + स्थान में, + हे! अर्जुन! बैठता है।
भ्रमित कराता है, सब + जीवों को, यन्त्र + पर बैठा कर, (ईश्वरीय) माया के ।।

18.61 सबके हृदय में बैठा ईश्वर, माया यंत्र है घुमा रहा।
सबको भ्रमित करते ईश्वर, बिठा यंत्र पे घुमा रहा।।61।।

18.61 Ishwarah sarvabhootanaam (sarva+bhootanaam) hriddeshearjuna (hrit+deshe+Arjuna) tishthati. Bhraamayansarvbhootaani (Bhraamayan+sarva+bhootaani) yantraaroodhaani (yantra+ aaroodhaani) Maayayaa.

18.61 God , on all+ living beings', heart +place+ O!Arjun, keeps seated. In order to confuse, + all thaose + living beings, moving over his Maya machine, circulating.

18.61 Arjun! God keeps seated, within the heart of each living being.
Riding over his Maya machine, moving it to confuse the beings. ||61||

۶۱۔ ایشورہ سَروبھوتانام (سَروَ+بھوتانام) ہرِدیشے اَرجُن (ہرِت+دیشے+اَرجُن) تِشٹھتِ،
بھرامیَنسَروبھوتانِ (بھرامیَن+سَروَ+بھوتانِ) ینترارُوڈھانِ (ینتر+آروڈھانِ) مایَیا۔

۱۸۰۶۱۔ اللہ سارے+مخلوقات کے دل کی جگہ+یا! ارجُن، بیٹھتے ہیں،
بلوتے ہیں+سب+مخلوقات کو مشین/ آلہ پر+ چڑھا کے، اپنی مایا (تین توانائیوں) کی۔

۱۸۰۶۱۔ارجن! سارے مخلوقات کے، دِلوں میں بیٹھا رہتا خدا۔
شک میں ڈالتا ہے اُن سبکو، مایا مشین میں گھماتا خدا۔

18.62 तमेव (तम् + एव) शरणं (शरणम्) गच्छ सर्वभावेन(सर्व + भावेन) भारत। तत्प्रसादात्परां (तत् + प्रसादात् + पराम्) शान्तिं (शान्तिम्) स्थानं (स्थानम्) प्राप्स्यसि शाश्वतम् ।।

18.62 उसी + की, शरण में जाओ, सारे + भावों से, हे!भारत।
उसके प्रसाद से, + परम शान्ति का स्थान पाओगे, शाश्वत / सदा रहने वाला ।।

18.62 अतः उसी की शरण में जाओ, हर एक भाव से भारत।
परम शान्ति कृपा से पाओ, शाश्वत दिव्य धाम में भारत।।62।।

18.62 Tameva (Tam+eva) sharanam gachcha sarvabhaavena (sarva+bhaavena) Bhaarata. Tatprasaadaatparaam (Tat+prasaadaat+paraam) shaantim sthaanam praapyasi shaashvatam.

18.62 Under His +definite refuge , be + whole+ heartedly , O! Bharat. By His+ grace, + the highest/divine , + peace, +at place, you will acheive, eternal.

18.62 Bharat! take His shelter, in every respect be in God.
By His grace achieve peace, in His Eternal Abode. ||62||

۱۸۰۶۲۔ تمیوَ (تَم+ایوَ) شَرَنَم گچّھ سَروَبھاوین (سَروَ+بھاوین) بھارَت،
تَتپرَسادات پَرام (تَت+پرَسادات+پَرام) شانتم ستھانَم پرا پسیِ شا شوَتم۔

۱۸۰۶۲۔ اُن(اللہ) کی+ہی پناہ لو، ہر طرح کے+جذبہ اظہار سے، یا! بھارت،
اُسکے+فضل سے+ عالا سکون کی جگہ پا لوگے عبدی ۔

۱۸۰۶۲۔ پورے من سے پناہ لو بھارت! کرتا ہے پرسکون علی۔
اسکے کرم کا پرساد لو پہنچو، عابدی اسکے گھر جہاں علی۔

18.63 इति ते ज्ञानमाख्यातं (ज्ञानम् + आख्यातम्) गुह्यादगुह्यतरं (गुहयात् + गुह्यतरम्) मया। विमृश्यैतदशेषेण (विमृश्य + एतत् + अशेषेण) यथेच्छसि (यथा + इच्छसि) तथा कुरु।।

18.63 इस तरह तुम्हारे लिये ज्ञान की + आख्या की + गहरी से गहरी मैंने।
मनन करके + इस पर + पूरी तरह, फिर जैसा चाहो + वैसा करो।।

18.63 इस तरह तुमको ज्ञान दिया, गूढ़ से गूढ़ तम मैंने।
सोच विचार करो इस पर, फिर जो चाहो करो वैसे।।63।।

18.63 Iti te gyaanmaakhyaatam (gyaanm+aakhyaatam) guhyaadguhyataram (guhyaat+ guhya+taram) Mayaa.

Vimrishyaitadasheshen (Vimrishya+aitat+asheshen) yathechchhasi (yatha+ichchhasi) tathaa kuru.

18.63 Like this , for you was analysed+ knowledge , deeper than deep + by Me (God). Having thought over + this + fully , as you+ wish, as you, do.

18.63 Hence I gave you the knowledge, the most secretive one of Mine.
Think it out deeply then do, according to whatever says your mind. ||63||

۱۸۰۶۳۔ اِتِ تے گیانَماکھیاتَم (گیانَم+آکھیاتَم) گُہیادگُہیَترَم (گُہیات+گُہیَ+تَرَم) مَیا،
وِمرِشیَیتَدشیشین (وِمرِشیَ+ایتَت+اَشیشین) یَتھےچّھسِ (یَتھا+اِچّھسِ) تَتھا کُرُ۔

۱۸۰۶۳۔ اس طرح تُمہارے لئے تفصیلی وضاحت گہرے خفیہ علم سے بھی زیادہ گہری معلومات دی مَیں نے،
اس پر پوری طرح غور کرنے کے بعد ، جیسا چاہو ویسا کرو ۔

۱۸۰۶۳۔ یوں کہ ڈالا تمسے اپنے، گہرے سے گہرا راز علم۔
اسے سوچ کے پوری طرح پھر، کرو تمہارا جو چاہے دِل۔

18.64 सर्वगुह्यतमं (सर्व + गुह्य + तमम्) भूयः शृणु मे परमं (परमम्) वचः। इष्टोऽसि (इष्टः + असि) मे दृढमिति (दृढम् + इति) ततो (ततः) वक्ष्यामि ते हितम्।।

18.64 सबसे + अधिक + गहरा, फिर से + सुनो मेरा परम कथन।
प्रिय हो + तुम, मुझे बहुत + अधिक, इसलिये कह रहा हूँ, तुम्हारे भले के लिये।।

18.64 सबसे गहरा फिर से सुनो, यह परम प्रवचन मेरा अपने लिये।
सबसे प्रिय हो तभी कह रहा, फिर से तुम्हारे अच्छे के लिये, ।।64।।

18.64 Sarvaguhyatamam (Sarva+guhya+tamam) bhuyah shrinu Me paramam vachah.
Ishtoasi (Ishtah+asi) Me dridhamiti (dridham+iti) tato (tatah) vakshyaami te hitam.

18.64 Deepest + amongst+ all, again listen to My (God's) supreme/divine words. Dear + you are , to Me + very+ much, hence telling you for your benefit.

18.64 Listen again this deepest mystery, through My highest speech.
Since you are My most beloved, so for your gain I again speak. ||64||

۱۸۰۶۴۔ سَرْوَگُہیَتَمَمْ (سَرْوَ+گُہی+تَمَم) بھوُیہ شْرِنُ مے پَرَمَمْ وَچہ،
اِشْٹوٗاَسِ (اِشْٹَہ+اَسِ) مے درِڈْھَمِتِ (درِڈْھَم+اِتِ) تتوٗ(تَتَہ) وَکْشیامِ تے ہِتَم۔

۱۸۰۶۴۔ سبسے گہرے راز کی پھر سے سنو مُجھ خُدا کی عالی بات،
پیارے +ہو تُم مُجھے (خُدا کے) بہت زیادہ + اس لئے کہوں گا تُمہاری بھلائی کے لئے۔

۱۸۰۶۴۔ میرے سبسے گہرے راز کا، سبسے اونچا حکم سنو۔
بہت ہو پیارے تبھی تمہارے، فائدے کے لئے پھر کہوں سنو۔

18.65 मन्मना (मत् + मना) भव मद्भक्तो (मत् + भक्तः) मद्याजी (मत् + याजी) मां (माम्) नमस्कुरु (नमः + कुरु)। मामेवैष्यसि (माम् + एव + एष्यसि) सत्यं (सत्यम्) ते प्रतिजाने प्रियोऽसि (प्रियः + असि) मे।।

18.65 मेरे + मन से, हो कर, मेरे + भक्त होकर, मेरे + पूजक बनकर, मुझे नमस्कार करो। मेरे पास + ही + आओगे, सच में, तुमसे वादा करता हूँ, प्रिय + हो तुम, मुझको।।

18.65 मन से भक्त बनो मेरे, नमन करो आगे मेरे।
पास होगे सच में मेरे, वादा है अति प्रिय हो मेरे।।65।।

18.65 Manmanaa (Mat+manaah) bhava Madbhakto (Mat+bhaktah) Madyaaji (Mat+yaaji) Maam namaskuru. Maamevaishyasi (Maam+eva+aishyasi) satyam te pratijaane priyoasi (priyah+asi) Me.

18.65 Be Mine + by heart , be My + devotee, My +worshipper, offer obeisance to Me.To Me + Only + you will come, really to you , I promise , dear +are you to Me (God)

18.65 Whole heartedly be My devotee, bow down in front of Me.
You will surely come to Me, this is true My love are thee. ||65||

۱۸۰۶۵۔ مَنمَنا (مَت+مَناہ) بھَوَ مَدبھکتو(مَت+بھکتہ) مَدیاجی مام نَمسکرُ ،
مامیویشیَسِ (مام+ایوَ+ایَوشیَسِ) سَتیَم تے پرتِجانے پریوَ+اسِ(پریَہ+اسِ) مے۔

۱۸۰۶۵۔ میرے(خُدا کے)بارے میں سوچتے ہوئے، بنو میرے(خُداکے) عقیدتمند، نمازی ہو کے استقبال کرو،
مُجھ خُدا کے پاس+ہی+آؤ گے ، واقعیا تُم سے وعدہ کرتا ہوں ، محبوب ہو +تُم میرے(خُدا کے)۔

۱۸۰۶۵۔ دل سے میرے زاہد بنو، نمازی ہو کے سلام کرو تم۔
میرے پاس سچ میں آوگے، وعدہ ہے مجھکو پیارے ہو تم۔

18.66 सर्वधर्मान्परित्यज्य (सर्व + धर्मान् + परित्यज्य) मामेकं (माम् + एकम्) शरणं (शरणम्) व्रज। अहं (अहम्) त्वां (त्वाम्) सर्वपापेभ्यो (सर्व + पापेभ्यः) मोक्षयिष्यामि मा शुचः।।

18.66 सारे + जतन + छोडदृकर, एक + मेरी शरण लो। मैं तुम्हें सब + पापों से, मुक्ति दूँगा, मत डरो ।।

18.66 सारे धर्मों को छोड़कर, बस एक मेरी शरण रहो।
तुम्हारे सब पाप मैं दूर कर, उद्धार करूँगा मत डरो।।66।।

18.66 Sarvadharmaanparityajya (Sarva+dharmaan+parityajya) Maamekam (Maam+ekam) sharanam vraja.
Aham twaam sarvapaapebhyo (sarva+paapebhyah) mokshayishyaami Maa shuchah.

18.66 All + engagements + having left , in Me+ only, seek refuge, and be.
I , to you , from all+ sins , shall free, do not be afraid.

18.66 Leaving all kind of religions, take refuge only in Me,
I will rid you from all sins, don't worry being in Me. ||66||

۱۸۰۶۶۔ سَرْوَ+دھَرْ مانْ+پَرِتْیجْیَ مامیکَمْ (مامْ+ایکَمْ) شَرَنَمْ وْرَجَ،
اَہَمْ تْوامْ سَرْوَپاپیبھیوْ(سَرْوَ+پاپیبھیَہ) موکْشَیِشیامِ ما شُچَہ۔

۱۸۰۶۶۔ سارے+مذہب +چھوڑ کے، میری(خُداکی) +اکیلی پناہ میں آ جاؤ ،
مَیں خُدا تُمہیں تمام +گناہوں سے آزاد کروں گا ، سوچو نہ۔

۱۸۰۶۶۔ سارے مذہبی کام چھوڑ کر، بس صرف میری پناہ لو۔
ہر پاپ سے تم کو آزاد کرونگا، ڈرو نہں میری پناہ لو۔

18.67 इदं (इदम्) ते नातपस्काय (न + अतपस्काय) नाभक्ताय (न + अभक्ताय) कदाचन। न चाशुरूषवे (च + अशुश्रूषवे) वाच्यं (वाच्यम्) न च मां (माम्) योऽभ्यसूयति (यः + अभ्यसूयति)।।

18.67 यह (गहरे राज़ की विद्याद्ध तुम्हें न + अतपस्वी को, न + अभक्त को कभी। और न + अशुभकारी को, बताना चाहिये, और न उसे, जो + मेरे लिये कडदृवाहट भरा हो।।

18.67 गहरा यह ज्ञान उसे न दो, जो तपा न हो न हो भक्त मेरा।
नहीं जो सुनता हो बात मेरी, मेरा बैरी हो निन्दक हो मेरा।।67।।

18.67 Idam te naatapaskaaya (na+atapaskaaya) naabhaktaaya (na+abhaktaaya) kadaachana.
Na chaashushrooshave (cha+ashushrooshave) vaachyam na cha Maam yoabhyasuyati (yah+abhyasuyati).

18.67 This (Knowledge of deepest secret) , never+ you should impart to , neither+ a non penance doer , nor to a non+ devotee , ever. And+ neither to the inauspicious, nor to the one who is bitter/aversed to Me (God).

18.67 My this secret knowledge, must not be given to uncontrolled one.
Nor to a non devotee who hates Me, nor to one unwilling to listen. ||67||

۱۸۰۶۷۔ اِدَمْ تے ناتَپَسْکاے(نَ+اَتَپَسْکاے) نابھکتاے(نَ+ابھکتاے) کداچَن،
نَ چَ+اَشُشْرُوْشَوے واچْیَمْ نَ چَ مامْ یو(یَہ)+اَبھیَسوْیَتِ۔

۱۸۰۶۷۔اِسے اُن سے نا بیان کرنا +جو تپسوی(پرستش برداشتگی کرنے والے)نا ہوں، ذائد نا ہوں ،کبھی بھی ،
اور نا کبھی اُن سے جو عقیدت مند نہیں ہیں ،نا اُن سے جو مُجھ(خُدا) سے نفرت کرتے ہوں۔

۱۸۰٦۷۔ برداشت نا کرے نا بھکت ہو جو میرا، اسکے لئے نا یہ علم کہو تم۔
سننا نہ چاہے مجھے کہے برا، اسکو بھی یہ علم نہ کبھی بھی دو تم۔

18.68 य (यः) इदं (इदम) परमं (परमम्) गुह्यं (गुह्यम्) मद्भक्तेष्वभिधास्यति (मत् + भक्तेषु + अभिध
ास्यति)। भक्तिं (भक्तिम्) मयि परां (पराम्) कृत्वा मामेवैष्यत्यसंशयः (माम् + एव + एष्यति +
असंशयः) ।।

18.68 जो इसे, परम गहरे, मेरे + भक्तों में + कहता है।
भक्ति मेरी परम / सबसे उच्च करके, मुझे + ही + पाता है + निस्संदेह।।

18.68 लेकिन जो यह परम गूढ़ ज्ञान, मेरे भक्तों में बाँटेगा।
करके मेरी भक्ति परम वो, निसंदेह मुझको पा लेगा।।68।।

18.68 Ya Idam paramam guhyam Madbhakteshvabhidhaasyati (Mat + bhakteshu + abhidhaasyati).

Bhaktim Mayi paraam kritwaa Maamevaishyatyasanshayah (Maam + eva + aishyati + asanshayah).

18.68 Who ever this divinely deepest (knowledge) , to My+ devotees + provides.
Devotion Mine , highest, having done/having raised, he to Me + even+ acquires undoubtedly.

18.68 One who speaks My highest this, mystery amongst My devotees.
Having raised My devotion to divinity, he definitely reaches to Me. ||68||

۱۸۰٦۸۔ یَ اِدَمْ پَرَمَمْ گُہیَمْ مَدْبھکتیشوَبھِدھاشیَتِ (مَت+بھکتیشُ+اَبھِدھاشیَتِ)،
بھکتمْ مَےِ پَرامْ کرِتْوا مامیویشیَتیَسنشَیہ (مامْ+ایوَ+ایشیَتِ+اَسنشَیہ)

۱۸۰٦۸۔ جو اِس عالی گہرے راز کو میرے(خُداکے) +عقیدتمندوں +کے بیچ کہتا ہے،
عقیدت میری(خُداکی) الٰہی کر کے ، مُجھ خُداکو +ہی+ پاتا ہے+ بلاشک۔

۱۸۰٦۸۔ پر میرا یہ گہرا راز تم، اگر میرے بھکتوں سے کہو گے۔
تو میرے اعلیٰ بھکت ہو کے تم، بےشک میرے پاس آ رہو گے۔

18.69 न च तस्मान्मनुष्येषु (तस्मात् + मनुष्येषु) कश्चिन्मे (कश्चित् + मे) प्रियकृत्तमः (प्रिय + कृत् + तमः)
। भविता न च मे तस्मादन्यः (तस्मात् + अन्यः) प्रियतरो (प्रिय + तरः) भुवि।।

18.69 और न उन + मनुष्यों में, कोई + मुझे, प्रिय + है + उससे अधिक ।
होगा न और मुझे उससे अधिक + दूसरा कोई प्रिय + उतना, संसार में, ।

18.69 सारे मनुष्यों में वो मेरा, सबसे अधिक प्रिय है ही अभी।
उसके सिवा न कोई दूसरा, यहां मुझे प्रिय होगा कभी।।69।।

18.69 Na cha tasmaan + manushyeshu kashchinme (kashchit + Me) priyakrittamah (priya + krit + tamah).

Bhavitaa na cha Me tasmaadanyah (tasmaat + anyah) priyataro (priyatarah) bhuvi.

18.69 And neither + amongst those + humans, none other+ to Me, as dear +is. And nor to Me, amongst them, + any other, dearer will be, in the world.

18.69 None amongst such devotees, more beloved is to Me.
Nor any in the world in future, better loved will be to Me. ||69||

۱۸۰۶۹۔ نَ چَ تَسما مَنُشییشُ (تَسمانْ + مَنُشییشُ) کَشچِنمے (کَشچِتْ + مے) پْرِیَ کْرِتَّمہ (پْرِی + کْرِت + تَمہ)،
بھَوِتا نَ چَ مے تَسمادَنیہ (تَسمات + اَنیہ) پْرِیَتَرو (پْرِی + تَرہ) بھُوِ۔

۱۸۰۶۹۔ اور نا اُن بندوں میں کوئ مُجھے (خُداکو) اُس سے زیادہ پیارا ہوگا ،
اور نا ہوگا مُجھے (خُداکو) اُس کے علاوہ +کوئ دوسرا ، پیارا +زیادہ +سنسار میں۔

۱۸۰۶۹۔ تب تم سے پیارا بندوں میں، کوئی اور نہ مجھے ہوگا۔
نا ہی دنیا میں کبھی اتنا، پیارا کوئی اوور مجھے ہوگا۔

18.70 अध्येष्यते च य इमं (इमम्) धर्म्यं (धर्म्यम्) संवादमावयोः (संवादम् + आवयोः)। ज्ञानयज्ञेन (ज्ञान + यज्ञेन) तेनाहमिष्टः (तेन् + अहम् + इष्टः) स्यामिति (स्याम् + इति) मे मतिः।।

18.70 अध्ययन करेगा, और, जो यह पुण्य वार्ता + हमारी।
ज्ञान + यज्ञ से उसके, + मैं + पूजित होऊंगा, + ऐसा मेरा विचार है।।

18.70 जो भी अध्ययन करेगा, हमारी यह धार्मिक बातें।
ज्ञान यज्ञ से पूजा करेगा, मेरी वह मेरे मत में।।70।।

18.70 Adhyeshyate cha ya imam dharmyam samvaadamaavayoh (samvaadam+aavayoh). Gyaanayagyena (Gyaana+yagena) tenaahmishtah (tena+Aham+ishtah) syaamiti (syaam+iti) Me matih.

18.70 And will study, whosoever, this virtuous talk + of ours.
By knowledge+ offering ritual (yagyn), of theirs, + I (God) + shall be worshipped , in My opinion.

18.70 He who studies this religious talk, that went between Us.
Will worship Me by, knowledge offering ritual I opine thus. ||70||

۱۸۰۷۰۔ اَدھیشیتے چ ی اِمَمْ دھرْمیَم سَمْواَدماوَیوہ(سَمْواَدمْ +آوَیوہ)،
گیانیگیین(گیانَ+یگیین) تیناہَمِشٹہ(تینَ+اَہَم+اِشٹہ) سیامِتِ(سیام+اِتِ) مے مَتِہ۔

۱۸۰۷۰۔ اور جو بھی پڑھیگا اِس پاکیزہ بات چیت کو +ہم دونو کی ،
علم کی+رسم قربانی(یگیں)سے، وے+م یری(خُداکی)+ہی + پرستش کریں گے، میرے(خُداکے) خیال سے۔

۱۸۰۷۰۔ ہم دونوں کے بیچ ہوئی یہ، پاکیزہ بات جو بھی مطالعہ کریگا۔
میرے یقین سے قربانی علم کی، دے کے میری عبادت کریگا۔

18.71 श्रद्धावाननसूयश्च (श्रद्धावान् + अनसूयः + च) शृणुयादपि (शृणुयात् + अपि) यो (यः) नरः। सोऽपि (सः + अपि) मुक्तः शुभाल्लोकान्प्राप्नुयात्पुण्यकर्मणाम् (शुभान् + लोकान् + प्राप्नुयात् + पुण्य + कर्मणाम्)।।

18.71 श्रद्घालु हो, + बिना द्वेष का + और, सुने + भी, जो मनुष्य।
वो + भी, मुक्त हो कर, शुभ + लोक + पाता है + पुण्य + कर्मियों के।।

18.71 श्रद्धा से बिना द्वेष के, सुन भर लेगा जो भी इसे।
वो भी जाएगा मुक्त होके, पुण्यकर्मियों के लोकों में।।71।।

18.71 Shraddhaavaananasooyashcha (Shraddhaa+vaan+anasooyah+cha) shrinuyaadapi (shrinuyaat+api) yo (yah) narah. Soapi (Sah+api) muktah shubhaanllokaanprapnuyaatpunyakar manaam (shubhaan+lokaan+ prapnuyaat+ punya+ karmanaam).

18.71 Is faithful, + without aversion/bitterness, + and, listens+ too, whoever+ human.That one+ also, becomes free for, + auspicious + worlds , +to acquire, + of virtuous + workers.

18.71 And the one who faithfully, will even listen to this of Our talk.
Free from world, will reach the worlds of noble people's walk. ||71||

۱۸۰۷۱۔ شرَدّھاوانَ سوْیشْچ (شرَدّھا+ وانْ+انَسوئیہ +چ) شرِنُیادَپِ(شرِنُیٹ +اَپِ) یوَ نَرہ،
سوَ(سَہ)+اَپِ مُکتہ شُبھاں لوکان پْراپْنُیاتپُنیکَرمَنام (شُبھانْ+لوکانْ+پْراپْنُیاتْ+پُنیَ+کَرمَنامْ)۔

۱۸۰۷۱۔ ایمانداری سے اور نفرت بغیر سن بھی لیتاہے جو بندا،
وہ +بھی+آزاد ہو کے مبارک +سنساروں کو +پاتاہے + سنت+کارکنان میں۔

۱۸۰۷۱۔ایمانداری سے بنا بیر کے، ہماری بات چیت جو سُن بھر لیگا۔
نجات یہاں سے پا کے مبارک، مقدس لوگوں کے جہانوں میں ہوگا۔

18.72 कच्चिदेतच्छ्रुतं (कच्चित् + एतत् + श्रुतम्) पार्थ त्वयैकाग्रेण (त्वया + एक + अग्रेण) चेतसा। कच्चिदज्ञानसम्मोहः (कच्चित् + अज्ञानः + सम्मोहः) प्रणष्टस्ते (प्रणष्टः + ते) धनन्जय (धनम् + जय)।।

18.72 क्या + इसे + सुना, हे! पार्थ, तुमने + एकाग्र मन से।
क्या + अज्ञान का + सम्मोहन, नष्ट हुआ + तुम्हारा, हे! धनन्जय (धन पर विजय पाने वाले अर्जुन) ।।

18.72 पार्थ! तुमने सुनी है क्या, एकाग्र चेतन मन से बात चीत।
धनंजय! भ्रम टूटा है क्या, मन से सुनके हमारी बात चीत।।72।।

18.72 Kachchidetachchhrutam (Kachhit + etat + shrutam) Paartha tvayaikaagrena (tvayaa + eka + agrena) chetasaa. Kachhidagyaanasammohah (Kachchit + agyaan + sammohah) pranshtaste (pranshtah + te)Dhananjay.

18.72 Has + this (conversation)+been listened , O! Paarth, by you+ with focused mind?
Has+ ignorance born + doubt , vanished +yours, O! Dhananjay (conqerer of treasure, Arjun)?

18.72 Parth! have you listened, to this conversation with focused mind.
Dhananjay! could you rid doubts, that were troubling your mind. ||72||

۱۸۰۷۲۔ کچّدیتچھرتم(کچّت +ایتت +شرتم) پارتھ تویَکاگرین(تویا+ایک+اگرین) چیتسا،
کچّدگیانسمّوہ(کچّت +اگیان+سمّوحہ) پرنشٹستے(پرنشٹہ +تے) دھننجے۔

۱۸۰۷۲۔ کیا +یہ سب + سنا تُم نے ،یا! پارتھ ، مرکوز ذہن کے ساتھ،
کیا + ناعلمی کا + شک دور ہو گیا تُمہارا ، یا! دھننجے۔

۱۸۰۷۲۔ پارتھ! کیا تمنے میری باتیں، پورے دھیان سے سنی ابھی۔
دھننجی! سنکے انسے تمہارا، جہالت بھرا شک مِٹا کیا ابھی۔

अर्जुन उवाच Arjuna Uvaacha **अर्जुन बोले** Arjun said

ارجن اُواچ ارجن بولے

18.73 नष्टो (नष्टः) मोहः स्मृतिर्लब्धा (स्मृतिः + लब्धा) त्वत्प्रसादान्मयाच्युत (त्वत् + प्रसादात् + मया + अच्युत)। स्थितोऽस्मि (स्थितः + अस्मि) गतसंदेहः (गत + संदेहः) करिष्ये वचनं (वचनम्) तव।।

18.73 नष्ट हुआ भ्रम, स्मिृति / याद + प्राप्त हुई, आपकी + कृपा से + मुझे, + हे! अच्युत (कृष्ण) ।
स्थित हूँ + मैं, चला गया + संदेह, करूँगा कहा आपका।।

18.73 आपकी कृपा से मोह मेरा, दूर हुआ बुद्धि निशचित है अब।
संदेह गया मन शान्त है मेरा, आपकी आज्ञा मानूँगा मैं अब।।73।।

18.73 Nashto (Nashtah) mohah smritirlabdhaa (smritih+labdhaa) Twatprasaadaanmayaachyuta (Twat+prasaadaat+mayaa+Achyuta).
Sthitoasmi (Sthitah+asmi) gatasandehah (gata+sandehah) karishye vachanam Tava.

18.73 Disappeared doubt, memory + regained , by Your + grace + to me + O! Krishn.
Fixed+ I am, gone+ are doubts, shall do, as said, by You.

18.73 Achyut! by Your talk's grace, doubt free I am with memory regained.
Confident with diversions gone, shall walk Your talk am composed again. ||73||

۱۸۰۷۳۔ نشٹو (نشٹہ) موہہ سمرتِرلبدھا (سمرِتہ+لبدھا) توتپرسادانمیاچیت (توت+پرسادات+میا+اچیت)،
ستھتواسمِ (ستھتہ+اسمِ) گت+سندیہہ کرشیے وچنم تو۔

۱۸۰۷۳۔ ختم ہوا+ شک ، یادداشت+ملی، آپ کے +فضل سے +یا!میرے+ اچیت (خدا)،
محکم +ہوں میں ، دور ہونے سے+شک ، کروں گا کہنا آپکا۔

۱۸۰۷۳۔ یا!اچیوت،شک ختم ہوا،آپکے رحم نے طاقت پھیری۔
یقینی کی مستحکم عقل ملی، آپکا حکم سرآنکھوں پہ میری۔

संजय उवाच Sanjaya Uvaacha **संजय बोले** Sanjay Said

سنجے اُواچ سنجے بولے

18.74 इत्यहं (इति + अहम्) वासुदेवस्य पार्थस्य च महात्मनः। संवादमिममश्रौषमद्भुतं (संवादम् इमम् + श्रौषम् + अद्भुतम्) रोम हर्षणम् (रोम + हर्षणम)।।

18.74 ऐसे + मैंने, वासुदेव और पार्थ दो महात्माओं की। बातचीत + यह + सुनी + अद्भुत, रोंगटे + खड़े करने वाली।।

18.74 इस तरह दो महात्माओं, कृष्ण और अर्जुन की मैंने।
बातें सुनी आश्चर्य जनक, और रोमांचकारी मैंने।।74।।

18.74 Ityaham (Iti+aham) Vaasudevasya Paarthasya cha Mahaatmnah. Samvaadamimamashraushamadbhutam
(Samvaadam + imam + ashrausham + adbhutam) romaharshnam (roma + harshanam).

18.74 Hence + I have , Vaasudev's and Parth's, of these two greatest souls.
Talk + this + heard + wonderful, hair+ raising. (Heard this wonderful and hair raising talk)

18.74 I listened thus conversation of, Vasudev and Parth the two great men.
The awe striking and hair raising one, went between two great men. ||74||

۱۸۰۷۴۔ اِتیہم (اِتِ+اَہم) واسُدیوَسْیَے پارتھسْیَے چ مَہاتمنہ۔
سَمْوادَ مِمَمشْروشَمَدبھُتَم (سَمْوادَم +اِمَم+اَشْروشَم+اَدبھُتَم) روماہرشْنَم (رومَ+ہرشَنَم)۔

۱۸۰۷۴۔ اِس طرح +مَیں نے واسُدیو کرِشن اور پارتھ ، دو بڑی روحوں کی ،
باتیں +یہاں+ سنی+ حیرت انگیز، رونگٹے +کھڑے کرنے والی۔

۱۸۰۷۴۔ یوں مَیں نے دونو اعلی روحوں، واسُدیو اور ارجن کے بیچ ہوئی سنی۔
رونگٹے کھڑے کرنے والی، سنسنی خیز حیرت انگیز بات چیت سنی۔

18.75 व्यासप्रसादाच्छ्रुतवानेतद्गुह्यमहं (व्यास + प्रसादात् + श्रुतवान् + एतत् + गुह्यम् + अहम्) परम् ।दृ योगं (दृयोगम्) योगेश्वरात्कृष्णात्साक्षात्कथयतः (योग + ईश्वरात् + कृष्णात् + साक्षात् + कथयतः) स्वयम्।।

18.75 व्यास जी की + कृपा से + सुनी + यह + गहरी बातें + मैंने, परम / सर्वोच्च।
योग, योग के ईश्वर + कृष्ण से + अपने सामने + बताते हुए, स्वयं / अपने आप।।

18.75 व्यास जी की कृपा से, परम गोपनीय योग सुना।
योगेश्वर श्रीकृष्ण के, मुख से साक्षात स्वयं सुना।।75।।

18.75 Vyaasaprasaadaachchhrutavaanetadguhyamaham (Vyaasa+prasaadaat+shrutavaan+etat+ guhyam+aham) param.

Yogam yogeshwaraatkrishnaatsaakshaatkathayatah (yoga+Eeshwaraat+Krishnaat+saakshaat +kathayatah) swayam.

18.75 By Vyaas's + grace, + has been heard+ this + secret +by me, the supreme.
Of yog + from Yog+ God + Krishn, right in front, + telling , Himself.

18.75 By eyes graced by great Saint Vyas, I could be in this most secretive speech.
Through out listened yog by God of Yog, myself witnessed Lord Krishn speak. ||75||

۱۸۰۷۵۔ وْیاسپْرَساداچْھرُتوا ایتَدْ گُہیَہَم (وْیاس+پْرَسادث+شْرُتَوان+ایتَث+گُہیَم+اَہَم) پَرَم،
یوگَم یوگیشْوَراتکرِشْناتساکْشاتکَ تھَیَتَہ (یوگَ+ایشْوَرات+کرِشْنات+ساکْشات +کَ تھَیَتَہ) سْوَیَم۔

۱۸۰۷۵۔ وْیاس جی+کے فضل سے+سُنی + یہ+گہرے راز کی بات +مَیں نے عالی ،
یوگ کے+ خُدا سے+ اپنے سامنے+ کہتے ہوے، خود۔

۱۸۰۷۵ مہرشی وْیاسَ جی کے رہم سے، راز گہرا اعالی یوگ سنا۔
خدا یوگ شری کرِشن کے منہ سے ،اَرْجُن سے کہتے ہوے خود سنا۔

18.76 राजन्संस्मृत्य (राजन् + संस्मृत्य) संस्मृत्य संवादमिममद्भुतम् (संवादम् + इमम् + अद्भुतम्)।
केशवार्जुनयोः (केशव + अर्जुनयोः) पुण्यं (पुण्यम्) हृष्यामि च मुहुर्मुहुः (मुहुः + मुहुः)।।

18.76 राजन्! (धृतराष्ट्र!) + याद करते करते, बातें + यह + अद्भुत। केशव + और अर्जुन की, पुण्य / पवित्र, प्रसन्न होता हूँ बार + बार।।

18.76 राजन्! मन में दोहरा रहा हूँ, अद्भुत मैं यह वार्त्ता बार बार।
कृष्ण अर्जुन की पुण्य बातों से, पुलकित हो रहा हूँ बार बार।।76।।

18.76 Raajansansmritya (Raajan + sansmritya) sansmritya samvaadamimamadbhautam (samvaadam+imam+adbhautam). Keshavaarjunayoh
(Keshawa+Arjunayoh) punyam hrishyaami cha muhurmuhuh (muhuh+muhuh).

18.76 O! king (Dhritraashtr) + remembering, remembering (repeatedly memorizing), talk + this + amazing. Keshav's +and Arjun's + auspicious (talk) becoming happy + again and+ again.

18.76 O! King this amazing talk, repeatedly I am bringing in memory.
Keshav's Arjun's purifying talk, again again making me happy. ||76||

۱۸۰۷۶۔ راجَن+سَنْسْمرِتیَ سَنْسْمرِتیَ سَمْواد َمِمَدْبھُتَم (سَمْوادَم+اِمَم+اَدْبھُتَم)،
کیشَوارْجُنیَوہ (کیشَوَ + اَرْجُنیَوہ) پُنْیَم ہرِشْیامِ چ مُہُرْمُہُہ (مُہُہ+مُہُہ)۔

۱۸۰۷۶۔ یا! راجا (دھرِتراشٹر)+بار بار یاد کرکرکے، بات چیت +یہ+معجزانہ ،
کیشو+ اور ارجُن کی مقدس ، مَیں خوش ہو رہا ہوں بار بار۔

۱۸۰۷۶۔راجا دھرِتَراشٹر! شری کرشن اَرجُن کی بےجوڑ، یہ بات بار۔بار یاد کرتا ہوں۔
پاکیزہ اسی بات کو یاد کرکے، خوشیوں سے پھر پھر بھر اُٹھتا ہوں۔

18.77 तच्च (तत् + च) संस्मृत्य संस्मृत्य रूपमत्यद्भुतं (रूपम् + अति + अद्भुतम्) हरेः। विस्मयो (विस्मयः) मे महान्राजन्हृष्यामि (महान् + राजन् + हृ÷यामि) च पुनः पुनः ।।

18.77 उस पर, + और, याद करते करते, रूप हरि का + बहुत अधिक + अनोखा ।
चकित हूँ मैं, हे! महान + राजन (धृतराष्ट्र), + हर्षित हो रहा हूँ, और बार बार।।

18.77 हरि का अति अनूठा स्वरूप, याद कर रहा हूँ बार बार।
हे राजन! विस्मित हो हो कर, खुश हो रहा हूँ बार बार।।77।।

18.77 Tachcha (Tat+cha) sansmritya sansmritya roopamatyadbhutam (roopam+ati+adbhutam) Hareh.
Vismayo (Vismayah) me mahaanraajanhrishyaami (mahaan+raajan+hrishyaami) cha punah punah.

18.77 And + over that, remembering and remembering (again and again) , Form + super+. awe striking, of Hari (Krishn's). Awe struck I am, O! great + king (Dhritrashtr) + being happy, again and again.

18.77 Memorising the heavenly look of Hari, mesmerized again and again.
O! great King! enjoying the vision, being thrilled I am again and again. ||77||

۱۸۰۷۷۔ تچّ (تت+چ) سَنْسْمرِتی سَنْسْمرِتی رؤپَمتیَدْبھُتم (رؤپَم + اَتِ +اَدْبھُتم) ہَریہ ،
وِسْمَیوٗ مے مَہانْراجَنْ ہْرِشیامِ (مَہانَ+ راجَن+ہْرِشیامِ) چَ پُنَہ پُنَہ۔

۱۸۰۷۷۔ اور +اُس پے یادکرکرکے ، روپ+بیحد +دلکش/مقناطیس/جاذب ، ہَرِ(کْرِشن) کا،
حیرت انگیز مَیں، یا! بڑے راجَن(دھرِتَراشٹر)، خوش ہو رہا ہوں بار بار۔

۱۸۰۷۷۔ یا ! راجَن شری ہَرِ کا کریشماتی روپ، باربار ذہن میں اتر آتا ہے۔
کرکےمسرور من کو یہ روپ، خوشیوں ہی خوشیوں سے بھر دیتا ہے۔

18.78 यत्र योगेश्वरः (योग + ईश्वरः) कृष्णो (कृष्णः) यत्र पार्थो (पार्थः) धनुर्धरः। तत्र श्रीर्विजयो (श्रीः + विजयः) भूतिर्ध्रुवा (भूतिः + ध्रुवा) नीतिर्मतिर्मम (नीतिः + मतिः + मम)।।

18.78 जहाँ योग के + ईश्वर कृष्ण भी, जहाँ धनुर्धर / धनुष धारी, पार्थ भी हों।
वहाँ, विजय / जीत की + लक्ष्मी / देवी की, शक्ति + ध्रुवित / निश्चित / ठुँकी हुई होना,
नीति / नियम है (नियमित रूप से तय है), + मत से / विचार से + मेरे ।।
18.78 जहाँ योगेश्वर श्री कृष्ण और, पार्थ धनुर्धर भी हों साथ।
वहाँ नियम है विजय श्री होना, मेरा यही अटल विश्वास।।78।।

18.78 Yatra Yogeshwarah (Yog+Ishwarah) Krishno (Krishnah) Yatra Paartho (Paarthah) dhanurdharah (dhanuh+dharah).

Tatra Shreervijayo (Shreeh+vijayah) bhootirdhruvaa (bhootih+dhruvaa) neetirmatirmama (neetih+matih+mama).

18.78 Where there are, Yog + God, Krishn, where Paarth + the archer too.
There, The Godess+ of victory's, strength +stands firm, as a rule + as per+ belief of mine.

18.78 Where there is Yog God Krishn, and the great archer Parth.
I believe Goddess of Victory will stay as a rule, not to depart. ||78||

۱۸۰۷۸۔ یَتْرَ یوگیشْوَرَہ(یوگ+ایشْوَرَہ) کْرِشْنَوْ یَتْرَ پارْتھوْ (پارْتھہ) دھَنُرْدھَرَہ ،
تَتْرَ شْرِیْرْ وِجَیوْ(شْرِیہ+وِجَیَہ) بھوْتِرْدھرُوا(بھوْتِہ+دھرُوا) نِیْتِرْ مَتِرْ مَمَ(نِیتِہ+مَتِہ+مَمَ)۔

۱۸۰۷۸۔ جہاں خُدا +یوگ کرِشن بھی ہوں، جہاں پارتھ جیسے تیرَنداز بھی ہوں ،
وہاں دیوی +فتح کی کھڑی ہوجاتی ہے ، ایک اصول کےطور پر+میرے خیال میں۔

۱۸۰۷۸۔ جہان خدائ یوگ اعالی شری کرشن کا، اور تیرندازی ارجن کی رہتی ہے۔
علہی جیت کی طاقت کی عظمتیں، میرے یقین سے وہیں اصولن رہتی ہے۔

उपसंहार

हमारे शरीर काम करने के क्षेत्र हैं। इनमें तीन प्रकार के काम होते हैं :–

1. ज्ञान के काम बुद्धि द्वारा
2. चलने फिरने के काम हाथ पैरों द्वारा
3. एवं जुड़ने अलग होने के काम हृदय द्वारा।

मस्तिष्क इन तीनो प्रकार के कामों का अकेला नियंत्रक होता है। जहॉ हाथ पैर हिलने डुलने के काम करते हैं, वहीं मन भागने भगाने का करता है। इनको ठीक रास्ते पर सुचारित रखने वाला मस्तिष्क शरीर में सबसे उच्च स्थान पर रहता है। जिसको स्वयं योग अभ्यास द्वारा नियंत्रित रखा जा सकता है। योग भगवान की अराधना से प्राप्त शान्ति है। वही ईश्वर जो हमारे हृदयों में रहते हैं, उनका ध्यान करने से, वह हमारे मस्तिष्क में स्वयं आते हैं। और ज्ञान दीप जला कर अज्ञान के अंधेरे दूर करते हैं। अतः ध्यान से काम करना हमारा जन्म सि) अधिकार हो जाता है। हमारा शरीर प्रकृति द्वारा प्राप्त काम करने का स्थान है। इसमें समझ बूझ कर पूजा अर्चना के समान कार्य होने चाहिये। काम और उनके फलों को भगवान को समर्पित करके, सम्पूर्ण शान्ति अर्जित करनी चाहिये। भगवान हमें अपना लेंगे और दुःख भरे इस संसार में, जीवन मृत्यु चक्र में फिर से फॅसने के लिये नहीं आने देंगे।

Conclusion

Our bodies are the places of work. There occur three types of works in them.

1. works of knowledge by brain,
2. works of movement by hands and legs,
3. and works of connectivity and distanting by heart.

Mind is the only controller of all the above mentioned three types of works. Where hands and legs do the swaying, the heart does the running and taking off. The mind that puts them on right path is placed at the top in bodies. Which itself can be controlled by yog practices. Yog is the peace got through God's worship. God Who lives in our hearts, Himself comes to our mind, to enlighten the knowledge lamp, and while away the darkness of ignorance. We should dedicate all our works along with their fruits to God. God will own us and will not let us fall back on this world of pain, to be trapped again into the cycle of life– death here.

نتیجہ

ہمارے جسم کام کرنے کے رقبہ ہیں۔انمیں تین طرح کے کام ہوتے ہیں :۔

ا۔ علم کے کام ذہن سے،

۲۔ چلنے پھرنے کے کام ہاتھ پیروں سے،اور

۳۔ جڑے رہنے اور الگ رہنے کے کام دل سے ہوتے ہیں۔

ذہن اِن تینو طرح کے کاموں کا واحد مددگار ہوتا ہے۔

علم کے کام پانچ حواس، اپنے پانچ اشیاء کے ساتھ مِل کر کرتے ہیں۔ جن سے لمس - چھونے ، نذاروں، مہک، آوازوں اور زائقہ کے احساسات ہوتے ہیں۔

جسمانی کاموں کے حصے جیسے ہاتھ پیر چلنے ڈلنے کے کام کرتے ہیں۔

اور من بھاگتے ہوئے عقل اور روح کو بھی بھگانے کا کام کرتا ہے۔

ان سبکو اچھے برے احساسات دلانے اور سمجھانے والا جسم میں سبسے اوپر بیٹھا ہوتا ہے دماغ، جسے خود یوگ مشقت کے ذریعہ قابو کیا جاسکتا ہے۔ یوگ خدا کی عبادت سے ملا سکون ہے۔وہ خدا جو ہمارے دِلوں میں بستے ہیں۔ اُن کے دھیان سے، وہ خود ہم پر کرم کرنے کے لئے ،ہمارے ذہن میں آتے ہیں۔ اور سچے علم کا دِیا جلاکر جہالت کے اندھیرے دوٗر کر دیتے ہیں۔ اس لئے دھیان کے ساتھ کام کرنا ہمارا پیدائشی حق ہے۔ اسے قدرت سے ملی جگہ یعانی جسم پر اچھا برا سوچ کر عبادت کی طرح کام کرتے رہنا چاہیئے۔ کاموں اور اُنکے پھلوں کو خدا کی نزر کر کے پرسکون ہو جانا چاہیئے۔ خدا ہمیں اپنا لینگے، اور دکھ کے اس جہان میں زندگی موت کے چکرّمتں پھر سے پھنسنے کے لئے نہیں آنے دینگے۔

परिशिष्ट

1. यद्यपि लोग बार बार जन्म लेते हैं, परन्तु फिर भी हर बार जीवन उन्हें, शुद्ध होने के अवसर के रूप में प्राप्त होता है।
2. शुद्ध व पवित्र होने में, ईश्वर की श्रद्धा भक्ति सहायक सिद्ध होती है।
3. ईश्वर के ध्यान में लगे योगी, फल की चाह के बिना अपने कर्तव्य निभाते हुए, कामों में सिद्धि पाते हैं।
4. उसके पश्चात कामों से निबट कर उन्हें पूरे मन से फल सहित भगवान को समर्पित कर देते हैं।
5. तथा इस प्रकार कामों से स्वतंत्र हो कर सतत रूप से ईश्वर से जा मिलते हैं।

Appendix

1. Although people take birth again and again, but each time they get life, as an opportunity to be pure and sinless.
2. In order to acquire purity, God's faithful devotion proves to be helpful.
3. God connected yogis with focused mind, without desiring fruits, engaged in duties, become skilled in works.
4. And after that earn freedom from works, by whole heartedly devoting all their works along with fruits to God.
5. And thus becoming free of all work bindings, achieve God for eternity.

ضمیمہ

۱۔ حالانکہ بندے بار بار پیدا ہوتے ہیں ، مگر ہر بار انہیں پاک صاف بننے کے لئے موقا زندگی نصیب ہوتی ہے۔

۲۔ پاک صاف ہونے میں خدا کی ایماندار عقیدت مددگار ثابت ہوتی ہے۔

۳۔ خدا کے دھیان میں لگے یوگی، پھل کی خواہش بغیر اپنے فرایز کام کرتے ہوئے کاموں میں قابل کمال ہو جاتے ہیں۔

۴۔ اپنے کاموں سے فارغ ہوکر وے اپنے سارے کاموں کو انکے پھلوں کے ساتھ خدا کی نزر کر دیتے ہیں۔

۵۔ اور اس طرح، کاموں کے بندھن سے، انکی قید سے آزاد ہوکر ، ہمیشہ کے لئے خدا سے جا ملتے ہیں۔

9 789355 300300

Printed by Libri Plureos GmbH in Hamburg,
Germany